2013

中国期货市场年鉴

中国证券监督管理委员会　编

China
Futures Market Yearbook 2013

中国金融出版社

责任编辑：张智慧　王雪珂
责任校对：潘　洁
责任印制：程　颖

图书在版编目（CIP）数据

中国期货市场年鉴．2013（Zhongguo Qihuo Shichang Nianjian. 2013）/中国证券监督管理委员会编．—北京：中国金融出版社，2014. 12
ISBN 978 - 7 - 5049 - 7686 - 4

Ⅰ．①中…　Ⅱ．①中…　Ⅲ．①期货市场—中国—2013—年鉴　Ⅳ．①F832. 5 - 54

中国版本图书馆 CIP 数据核字（2014）第 240497 号

出版
发行　中国金融出版社
社址　北京市丰台区益泽路 2 号
市场开发部　(010)63266347，63805472，63439533（传真）
网 上 书 店　http：//www. chinafph. com
(010)63286832，63365686（传真）
读者服务部　(010)66070833，62568380
邮编　100071
经销　新华书店
印刷　北京市松源印刷有限公司
装订　平阳装订厂
尺寸　185 毫米×260 毫米
印张　46. 25
字数　1038 千
版次　2014 年 12 月第 1 版
印次　2014 年 12 月第 1 次印刷
定价　85. 00 元
ISBN 978 - 7 - 5049 - 7686 - 4/F. 7246
如出现印装错误本社负责调换　联系电话（010）63263947

前　　言

在中国证监会领导的关心和指导下，在上海期货交易所、郑州商品交易所、大连商品交易所、中国金融期货交易所、中国期货保证金监控中心和中国期货业协会等单位的大力支持下，我们在借鉴往年经验的基础上，继续编撰了《中国期货市场年鉴（2013）》。

《中国期货市场年鉴（2013）》的编写工作由中国证监会副主席姜洋同志、主席助理张育军同志主持，期货监管部具体负责。中国期货业协会的领导和相关同志为年鉴的编写和出版提供了大力支持，在此一并表示感谢。

欢迎期货行业人员和社会各界人士对年鉴提出批评和指正，以便今后不断改进和完善。

中国证券监督管理委员会
2014 年 8 月

目　　录

第一部分

综　　述

2013 年期货市场概述 …………………………………………………………（3）
2013 年期货市场监管概况 ……………………………………………………（5）
2013 年期货公司监管情况 ……………………………………………………（7）

第二部分

领导讲话

在国债期货上市仪式上的讲话 ………………………………………… 肖　钢（13）
加快创新　完善监管　实现期货和衍生品市场健康发展 ……………… 姜　洋（14）
在第二届金融街论坛上的演讲 ………………………………………… 姜　洋（17）
上海国际能源交易中心揭牌仪式致辞 ………………………………… 姜　洋（19）
期货市场与现代农业风险管理体系构建 ……………………………… 姜　洋（20）
在第九届中国（深圳）国际期货大会上的讲话………………………… 姜　洋（23）

第三部分

文件汇编

国务院发布文件 ……………………………………………………………………（29）
中国证券监督管理委员会发布文件 ……………………………………………………（62）
规章和规范性文件 ……………………………………………………………………（62）
行政许可文件（目录） ………………………………………………………………（83）
期货交易所发布文件 …………………………………………………………………（84）
上海期货交易所发布文件 ……………………………………………………………（84）
郑州商品交易所发布文件 ……………………………………………………………（153）
大连商品交易所发布文件 ……………………………………………………………（206）
中国金融期货交易所发布文件 ………………………………………………………（257）
中国期货业协会发布文件 ……………………………………………………………（335）

第四部分

期货市场组织结构概况

中国证券监督管理委员会期货监管部门概况 ……………………………………（359）
上海期货交易所概况 …………………………………………………………………（360）
郑州商品交易所概况 …………………………………………………………………（364）
大连商品交易所概况 …………………………………………………………………（369）
中国金融期货交易所概况 ……………………………………………………………（374）
中国期货保证金监控中心概况 ………………………………………………………（380）
中国期货业协会概况 …………………………………………………………………（382）
期货公司概况 …………………………………………………………………………（388）

第五部分

2013 年期货市场运行数据汇总

期货市场分交易所数据 …………………………………………………… (393)
期货市场分品种类型数据 ………………………………………………… (413)
期货市场客户及资金分布情况 …………………………………………… (481)
期货市场分品种持仓量、成交量及成交金额分布 ……………………… (485)
各期货品种合约汇总 ……………………………………………………… (508)
各期货品种交割仓库明细 ………………………………………………… (531)
期货从业人员及中国期货业协会会员概况 ……………………………… (546)
期货公司基本情况 ………………………………………………………… (553)
国际期货及期权市场情况 ………………………………………………… (642)

第六部分

期货市场大事记

2013 年国内期货市场大事记 ……………………………………………… (653)
2013 年国际期货市场大事记 ……………………………………………… (655)

第七部分

研究报告（摘要）

期货市场在服务城镇化建设中的作用 ……………………………………… (661)
期货市场在盘活存量资金、服务实体经济中的作用 ……………………… (666)
澳大利亚碳交易体系研究及借鉴 ………………………………………… (671)
美国商品期货持仓限制制度 ……………………………………………… (676)
ICE 市场异动处理规定探究及思考 ……………………………………… (679)
从期货市场看国家农产品宏观调控政策 ………………………………… (681)

国际铁矿石衍生品市场研究 …………………………………………………………（683）
美式期权、欧式期权比较分析 ……………………………………………………（688）
商品期权标的物选择研究 …………………………………………………………（695）
海外场外衍生品市场抵押品管理研究 ……………………………………………（699）
海外市场高频交易最新监管趋势 …………………………………………………（703）
我国期权市场引入做市商制度相关法律问题研究 ………………………………（706）
直接接入下单模式下的风险管理研究 ……………………………………………（709）
实体企业外汇风险管理调研报告——浙江嘉兴的案例 …………………………（712）
美国个股期权市场发展监管的启示 ………………………………………………（719）
期货公司创新产品审核与风险评估机制研究 ……………………………………（722）
期货市场信用交易与担保制度研究 ………………………………………………（725）
期货公司全面风险控制体系研究 …………………………………………………（728）
场外衍生产品的开发与设计 ………………………………………………………（730）

后记 ……………………………………………………………………………………（732）

第一部分

综　　述

2013 年期货市场概述

2013 年全年，国内期货市场成交量和成交额分别为 20.62 亿手（单边，下同）和 267.48 万亿元，较 2012 年分别增长了 42.14% 和 56.30%。其中，商品期货累计成交 18.68 亿手，成交额为 126.47 万亿元，金融期货累计成交 1.94 亿手，成交额为 141.01 万亿元。与 2012 年同期相比，菜籽粕、玻璃、油菜籽、白银、焦炭、黄金、铅和菜籽油的成交量明显增加。

一、上市品种更加丰富

2013 年在中国证监会的指导和督促下，各期货交易所积极推进期货品种的创新工作。2013 年，我国各期货交易所共上市了 9 个期货品种，分别是上海期货交易所的沥青期货、郑州商品交易所的动力煤期货、粳稻期货，大连商品交易所的胶合板期货、纤维板期货、铁矿石期货、鸡蛋期货、焦煤期货，以及中国金融期货交易所的国债期货。截至 2013 年底，我国期货品种共有 40 个，其中商品期货品种 38 个，金融期货品种 2 个，期货市场品种体系更加完整。我国各期货交易所交易品种见表 1－1－1。

表 1－1－1　　各期货交易所交易品种

交易所	品种	数量（个）
上海期货交易所	铜、铝、锌、铅、黄金、白银、天然橡胶、燃料油、石油沥青、螺纹钢、线材	11
郑州商品交易所	优质强筋小麦、普通小麦、棉花、菜籽油、白砂糖、精对苯二甲酸、早籼稻、甲醇、平板玻璃、菜籽粕、油菜籽、动力煤、粳稻谷	13
大连商品交易所	玉米、黄大豆一号、黄大豆二号、豆粕、豆油、棕榈油、鸡蛋、纤维板、胶合板、聚乙烯、聚氯乙烯、焦炭、焦煤、铁矿石	14
中国金融期货交易所	沪深 300 股指期货，5 年期国债期货	2

二、期货交易规模名列世界前茅

根据美国期货业协会（FIA）统计报告显示，我国连续 6 年保持全球最大商品期货市场的地位。我国多个期货品种在相应类别的期货品种中排名第一，其中豆粕在农产品类中排名第一，螺纹钢在金属类中排名第一，白银在贵金属类中排名第一。我国四大期货交易所以交易量在全球范围内的排名也依旧靠前。根据 FIA 数据，上海期货交易所、郑州商品交易所和大连商品交易所三家商品交易所分别排名第12位、第13位和第11位，中国金融期货交易所排名第19位，在前年大幅提升8位之后再次提升5位。

表1－1－2　　2013年全球期货及期权市场交易所成交量排名

排名	交易所	排名	交易所
1	芝加哥商业交易所集团	11	大连商品交易所
2	洲际交易所	12	上海期货交易所
3	欧洲期权与期货交易所	13	郑州商品交易所
4	印度国家证券交易所	19	中国金融期货交易所
5	巴西期货交易所—圣保罗证券交易所		

三、全市场资金量平稳增长

2013年，期货市场资金总量延续了2012年以来的平稳增长态势，日均资金量达到2205.73亿元，较2012年增长了15.28%。

表1－1－3　　期货市场日均资金情况

交易所	2012年日均（亿元）	市场占比（%）	2013年日均（亿元）	市场占比（%）
上期所	454.1	23.73	470.51	21.33
郑商所	175.2	9.16	166.26	7.54
大商所	245.6	12.84	278.17	12.61
中金所	230.4	12.04	273.97	12.42
银行资金	808	42.23	1016.82	46.10
全市场	1913.3	100.00	2205.73	100.00

四、市场参与度稳步提升，市场流动性状况良好

截至2013年末，期货市场有效客户总数为77.32万户，与上年相比增加了7.79%，其中，有效自然人投资者为75.24万户，有效法人投资者为2.08万户。2013年全期货市场日均持仓量为699.16万手，比2012年增长了35.73%，日均交易量为866.31万手，比2012年增长了45.13%，日均换手率为1.24%，比2012年提高了6.93%。

五、不断优化市场规则体系，深化市场服务功能

发布实施期货保证金存管银行监管工作指引，指导期货交易所制定《存管银行管理办法》。推动套利、限仓、保证金等市场制度改革，提升客户参与市场的便捷性，优化市场风险管理体系。开展《期货法》立法工作，贯彻落实修订后的《期货交易管理条例》，推进《期货交易所管理办法》等配套法规文件的修订工作。

2013 年期货市场监管概况

2013 年，中国证监会坚持以服务国民经济发展全局为主导，按照“两维护、一促进、一加强”的指导思想，牢牢把握市场化、法治化、国际化的改革方向，扎实推进期货市场改革、创新、开放工作。期货市场运行安全平稳，继续保持良好发展态势。

一、市场运行概况

2013 年，国际大宗商品期货价格总体以下跌为主。与 2012 年末相比，伦敦金属交易所（LME）铝、铜、铅、锌期货价格分别下跌 12.95%、7.17%、4.92% 和 0.57%；东京工业品交易所（TOCOM）天然橡胶期货价格下跌 8.05%；芝加哥交易所集团（CME Group）轻质原油期货价格上涨 3.99%，黄金期货价格下跌 28.30%；芝加哥商业交易所（CME）玉米、小麦、大豆、豆粕期货价格分别下跌 36.59%、22.75%、9.25% 和 0.75%；美国洲际交易所（ICE）棉花期货价格上涨 11.46%，原糖期货价格下跌 15.70%。

国内商品期货方面，期货价格走势基本与国际市场保持联动。国内金融期货方面，沪深 300 股指期货跟随现货市场呈现震荡走势，年内累计下跌 7.60%；新上市的 5 年期国债期货年内累计下跌 2.57%。

2013 年全年，我国期货市场共成交 20.62 亿手，同比增长 42.14%；成交金额为 267.48 万亿元，同比增长 56.30%。其中，商品期货的成交量、成交金额分别为 18.68 亿手和 126.47 万亿元，同比分别增长 38.85% 和 32.65%，成交量连续多年世界第一；股指期货成交量、成交金额分别为 1.94 亿手和 141.01 万亿元，同比分别增长 83.81% 和 85.52%；国债期货成交量、成交金额分别为 32.88 万手和 3063.89 亿元。

二、市场监管工作情况

（一）稳步推进市场创新

一是指导和督促期货交易所推进期货品种创新。实现了国债期货平稳上市，助推利率市场化改革；上市了铁矿石、焦煤、动力煤、沥青等战略性期货品种；主动贴近“三农”需求，成功推出鸡蛋、粳稻、胶合板、纤维板等宜农品种；扎实开展原油期货市场建设；积极开发聚丙烯、热轧卷板、晚籼稻等期货品种。二是推进新市场、新工具建设。加强对碳交易试点市场的调研、引导和总结分析，研究开展碳期货交易的可行性及路径；推进多层次商品市场体系建设，研究开展场外商品衍生品交易的思路和方案；组织开展期权和商品指数等新工具的研发工作。

（二）深化规则制度改革

一是在黄金、白银、铜、铝、锌、铅等期货品种开展了连续交易试点，增强了我国期货市场价格的连续性和权威性，提升了市场效率和对外开放水平。二是发布实施期货保证金存管银行监管工作指引，落实行政许可取消后的配套监管工作，指导期货交易所制定《指定存管银行管理办法》。三是推动套利、限仓、保证金等市场制度改革，进一步降低交易成本，提升客户参与市场交易的便捷性，优化市场风险管理体系。四是研究盘活期货市场存量资源，提高市场效率；调研期货市场风险基金状况，探索拓展风险基金的使用途径。

（三）强化市场监管执法

一是完善市场监管制度。制定国债期货风险预案，与财政部、人民银行等部委联合建立国债期货跨部委协调机制和监管框架；分析 CME 市场保护及风险控制措施，研究完善期货市场相关前端控制措施。二是严厉查处市场违法违规行为。制定期货市场重大交易异常标准及相应的信息披露制度、应急处置规则；全年共查处异常交易 1225 起，协助公安部门查处期货市场违法案件，其中对敲转移他人资金案件共 4 起，涉案金额 800 余万元。三是做好程序化交易监管、节假日风险防范、交割环节监管、实际控制关系账户等重点工作，确保市场平稳运行。四是推动保证金监控中心体制改革，完善法人治理结构，以保障其能够有效履职，加强期货市场监管力量。

（四）健全市场规则体系

一是深入开展期货法立法研究工作，推动期货法列入十二届全国人大二类立法项目。贯彻落实修订后的《期货交易管理条例》，推进相关配套法规文件的修订工作。二是组织完成 2012 年期货品种功能发挥评估工作，完成铜、黄金、黄大豆 1 号、焦炭等 14 个期货品种合约规则修订工作。三是做好各类交易场所的清理整顿工作，对 18 省市的清理整顿工作进行验收。与商务部、人民银行联合发布《商品现货市场交易管理办法（试行）》；配合有关政府、部门查处、打击非法期货交易，出具非法期货认定意见 8 件。

（五）促进市场功能发挥

一是加强期货交易所核心系统安全和运维管理工作，提升期货市场信息技术管理规范化水平。二是拓展服务“三农”渠道和机制。深化与农业部的合作，联合主办第二届风险管理与农业高端论坛；与保监会密切沟通，推进农业保险与期货市场对接；与世界银行开展期货市场服务“三农”联合调研，完成《中国农业风险管理专题报告》；组织开展“保底价订单 + 期货市场”、“保底价订单 + 期货公司风险管理子公司 + 期货市场”试点，探索市场化管理“三农”风险的新机制。

2013年期货公司监管情况

2013年，中国证监会继续认真贯彻落实党中央、国务院关于各项工作重要部署，围绕“两维护、一促进”的核心职能，坚持“市场化、法制化、国际化”的改革方向，着力推进监管转型，进一步简政放权，减少行政审批，加强事中事后监管；修订整合期货公司管理办法及有关规定，梳理完善期货行业监管法规体系；研究制定行业发展规划，稳步推动期货公司创新业务和对外开放，提高行业服务实体经济能力，促进了期货行业平稳发展。

一、推动立法修法工作，落实简政放权，完善行业监管法规制度体系

（一）推动期货立法

配合推动《期货法》立法工作，研究提出立法需求，广泛听取意见，起草期货中介机构监管的相关条款。同时，为做好《证券法》和《期货法》的衔接与协调，积极配合有关部门推动《证券法》修订工作。

（二）制定修订规章及规范性文件

推动《期货公司管理办法》修订工作，以落实《期货交易管理条例》的修订及行政审批项目的调整，进一步促进期货行业改革开放和创新发展；根据市场发展及监管需要，修订期货公司净资本监管规则，发布修订后的《期货公司风险监管指标管理办法》及《关于期货公司风险资本准备计算标准的规定》。

（三）研究制定检查工作规范

总结近年来期货公司监管实践经验，制定和发布《期货公司现场检查工作指引（试行）》，指导派出机构做好现场检查工作；全面梳理期货监管措施，制定《期货经营机构监督管理措施实施工作指导意见》，进一步完善了监管措施实施程序。

（四）进一步取消和调整行政许可项目，落实简政放权

在2012年清理行政许可项目的基础上，研究提出了2013—2015年拟进一步取消的审批项目。完善了已取消许可事项的后续管理及衔接方案。发布《关于进一步规范期货营业部设立有关问题的规定》，降低营业部准入门槛，简化营业部设立的审批程序。

二、紧紧围绕合规和风控管理，加强事中事后监管

（一）加强日常监管，促进公司合规运营

进一步加强风险防范和投资者利益保护，出台了《关于加强期货公司内部控制 保护客户资金安全有关问题的通知》；组织开展了2013年期货公司现场检查，及时发现问题督促整改，防范风险；建设完成期货公司综合信息系统（FISS系统），通过上线运行FISS系统，改进和加强了对期货公司的非现场检查和风险监测，提升了监管工作系统化、信息化水平；高度重视期货公司创新业务风险防范，重点加强了对期货公司资产管理、风险管理子公司、连续交易及证券投资基金销售等创新业务的监管工作。

（二）完成2013年度期货公司分类评价工作

2013年，A类期货公司24家，占15%；B类期货公司65家，占41%；C类期货公司65家，占41%；D类期货公司4家；无E类期货公司。期货公司合规水平大大提高，培育和发展机构投资者的能力大大增强。

（三）继续加强信息技术监管工作

组织开展2013年期货公司信息系统评级检查，对52家期货公司落实《期货公司信息技术管理指引》要求情况进行了现场检查，评定其信息技术系统达标等级；同时，做好期货公司信息安全事件的处置工作，2013年度累计处理20起期货公司突发网络与信息安全事件及4起感染病毒事件。

三、积极推动期货公司开展创新业务活动

（一）支持期货公司开展资产管理业务

截至2013年12月底，共有29家期货公司取得资产管理业务资格，其中28家正式开展业务，管理客户资金余额12.59亿元。

（二）推动期货公司风险管理子公司业务试点

指导中国期货业协会制定完善子公司备案评审工作程序和实施细则，探索完善风险管理子公司业务运作模式，研究建立子公司业务监管技术系统。截至2013年12月底，已有20家期货公司通过了期货业协会备案。

（三）支持期货公司开展连续交易

组织派出机构进行连续交易专题培训，建立连续交易业务联系人制度，督促期货公司做好连续交易技术测试、人员配备等准备工作；完成中国期货业协会制定的《期货合同关于连续交易的补充协议》的备案工作。

（四）研究期货公司参与期权交易的方案

配合有关部门起草《期权交易管理办法》，研究提出中介机构参与个股期权交易的模式与路径；参与商品期权交易上市推进工作，积极推动期货公司做好期权交易准备工作。

（五）支持并购重组

2013 年度共核准 7 件控股股东变更和 3 件吸收合并事项。

四、进一步解放思想，扩大行业对外开放

（一）加大“请进来”力度

研究制定外资参股期货公司的相关规定，允许外资直接参股期货公司，对原油期货中介政策涉及的重点问题进行研究，草拟相应办法。

（二）加快“走出去”步伐

研究制定期货公司在境外设立、收购、参股期货类经营机构的政策，引导和支持期货公司有序开展国际化经营。

第二部分

领导讲话

在国债期货上市仪式上的讲话

中国证监会主席　肖钢

（2013 年 9 月 6 日　上海）

尊敬的韩正书记，各位来宾、各位朋友：

国债期货今天正式在中国金融期货交易所挂牌上市，这是我国多层次资本市场建设取得的重要成果，是继股指期货之后期货衍生品市场创新发展的重要突破，也是推进上海国际金融中心建设的重要内容。

国债期货是场内利率衍生品中的基础性产品，在国际金融市场上早已广泛应用。目前我国国债市场化发行机制日趋完善，债券市场规模取得长足进展、交易较为活跃，利率市场化改革正在稳步推进，各类市场主体管理利率波动风险的需求日益强烈。因此，上市国债期货有利于建立市场化的定价基准，完善国债发行体制，推进利率市场化改革，引导资源优化配置；有利于风险管理工具的多样化，为金融机构提供更多的避险工具和资产配置方式；有利于完善金融机构创新机制，增强其服务实体经济能力。此外，一些国家已开始持有我国国债，推出国债期货也可以为外国包括央行在内的投资者提供套期保值工具，从而有利于推进人民币国际化进程。

作为我国第一个场内利率衍生品，国债期货的上市标志着我国期货衍生品市场进入了一个新的发展阶段。我们要牢牢把握服务实体经济的根本要求，坚持市场化、法治化、国际化的方向，积极推进期货衍生品市场改革创新。要尊重市场首创精神，激活市场创新活力，按照市场规律办事，努力开发适应市场需要的新品种、新工具。要准确把握衍生品具有“双刃剑”的特性，把风险防范始终贯穿创新全过程，使监管能力与创新举措相适应，牢牢守住不发生系统性、区域性风险的底线。要加强监管执法，严厉打击市场操纵、内幕交易等违法违规行为。要坚持做好投资者服务工作，切实维护市场“三公”和投资者合法权益。

最后，衷心祝愿国债期货平稳起步，健康发展，为资本市场改革创新和经济社会发展作出应有贡献。

谢谢大家！

加快创新　完善监管
实现期货和衍生品市场健康发展

——在第十届上海衍生品市场论坛上的致辞

中国证监会副主席　姜洋

（2013 年 5 月 28 日　上海）

尊敬的各位领导、各位嘉宾，女士们、先生们：

上午好！

很高兴参加第十届上海衍生品市场论坛。首先，我谨代表中国证监会对论坛的成功召开，表示热烈的祝贺！对长期以来关心、支持中国期货和衍生品市场发展的各界朋友，表示衷心的感谢！业界各方会聚一堂，围绕“期货市场的创新与转型”这一主题，分析形势、启迪思路、探讨合作、建立友谊，对于市场发展意义重大。

大力发展资本市场，是党中央、国务院的重要部署。作为资本市场的重要组成部分，期货和衍生品市场的创新发展和功能发挥，对于促进实体经济相关行业健康发展具有重要的现实意义。

近年来，在全行业的共同努力和有关方面的大力支持下，我国期货和衍生品市场呈现出良好的发展态势。截至目前，已经上市 31 个商品期货品种和 1 个金融期货品种、300 多个合约，涵盖了农产品、金属、贵金属、能源、化工、金融等国民经济主要领域。2012 年，期货市场共成交 14.51 亿手，成交金额 171.13 万亿元，市场规模的扩大促进了期货市场经济功能的发挥，推动了实体经济相关行业的健康发展。但我国期货和衍生品市场仍处于发展的初级阶段，与实体经济发展的需要仍有较大差距。下一步，仍然必须坚定不移地以市场为导向，坚持以服务实体经济为中心，以创新推动市场的持续健康发展。同时，要始终坚持一手抓促发展，一手抓防风险，在防风险的前提下促发展，在促发展的过程中增强防范风险的能力，要双加强、双促进。

一是必须立足于实体经济发展需要。期货和衍生品市场应当始终把提升服务实体经济能力，作为一切创新活动的根本原则。期货市场各方要继续围绕实体经济的需求，用创新的精神加大力度，有针对性地把已上市产品做深做精做细，真正实现期货和衍生品市场从“量”的扩张向“质”的提升转变。同时，积极支持产品开发创新，推动交易所建设期货与现货紧密联系、适应实体企业不同层次风险管理与商品服务需要的交易平台。2012 年以来，上市了白银、玻璃、油菜籽、菜籽粕、焦煤等期货品种，国债期货上市准备工作基本完成，加快了铁矿石、动力煤等期货品种上市步伐，原油期货市场建设准备工作稳步开展。

二是必须尊重市场首创精神。尊重市场要真正减少行政审批。要探索期货市场从产品到中介的市场准入制度改革，激发期货交易所、期货经营机构的活力与创造力，提升行业竞争力和服务能力。这是推动市场创新的重要前提。期货交易所、期货经营机构要在管好风险的前提下，主动加强自主创新，努力成为引领市场发展的“火车头”和“助推器”。

三是必须把握好与风险防范的关系。从金融市场发展历史看，创新发展与风险防控相脱节，市场发展就可能失控，甚至产生系统性风险。在“新兴加转轨”的发展阶段，我国期货市场的基础性建设以及配套政策措施仍有待完善，建立健全市场风险的监测、识别、预警、应对、处置机制不容忽视。特别是，在全球经济不确定性明显增大、大宗商品价格大幅波动的情形下，更要处理好风险防范与市场创新的关系，提升风险管控能力，牢牢守住不发生系统性、区域性风险的底线。

四是必须稳步推进对外开放。充分借鉴吸收国外先进经验，在风险可控的前提下，有步骤地引进境外投资者参与境内期货和衍生品市场，这对于提高我国期货和衍生品市场服务实体经济的能力，提升我国期货和衍生品市场的竞争力至关重要。近年来，证监会和期货交易所一直在加快这方面的步伐。比如在国际性原油期货市场建设过程中，证监会和相关交易所主动与境外交易所、投资银行、交易商、专业机构投资者、原油生产国的石油公司和监管部门进行沟通联系、咨询讨论，听取他们的意见和建议，一些好的建议我们在原油期货市场制度设计中已经吸收。同时，我们还推动完成了对《期货交易管理条例》中有关境外投资者参与我国期货市场限制性条款的修改。开展了在部分市场化、国际化程度较高的品种上引入境外投资者的可行性分析，条件成熟的即可推出。积极支持黄金、白银期货开展夜盘交易，以便更好地使境内外市场互动。研究推进境外期货经纪业务试点工作。认真探索扩大合资期货公司设立范围的有关问题。

当前和今后一段时间，中国证监会将认真贯彻落实党的十八大精神，坚持市场化、法治化、国际化的原则，按照服务实体经济发展的要求，统筹兼顾、远近结合、改革创新，加强全局性、基础性、综合性、规律性问题的研究，着力破解影响期货和衍生品市场发展的突出问题，在更高层面促进市场转型发展。

一是着力推进监管职能转变。转变监管职能，本质上是为市场参与主体营造良好的发展环境。一方面，我们将继续取消行政审批事项，对不该管的事，坚决地放、逐步地放、放到位。同时，修订完善相关法规制度，为简政放权预留法律空间。另一方面，继续完善监管资源充分利用和信息共享的制度安排，加大在监管工作中利用科技手段、信息技术系统的力度，进一步发挥期货保证金监控中心在监管工作中的技术支持作用。加强派出机构、期货交易所的一线监管职能，逐步建立起集中统一、优势互补、功能配套、信息共享、协同有效的监管体系。继续完善多年行之有效的“五位一体”监管工作机制。积极推进交易、结算、交割制度改革，建立期货品种运行评估机制。

二是大力推动市场创新发展。服务实体经济发展需要，提升行业竞争力。2013年，我们将力争推出国债期货，积极推动动力煤、铁矿石等大宗商品期货品种上市，做好沥青、铁合金、人造板以及其他钢材、稻谷、塑料等已立项期货品种上市准备工作，继续推进原油期货市场建设相关工作。研究开发期权、商品指数等产品。积极拓展市场服务“三农”的渠道和模式。继续推动期货与现货紧密联系、适应实体企业不同层次风险管理与商品服务需要的交易平台建设。同时，推动期货行业创新发展，形成结构合理、机构多元、产品丰富的行业发展格局，满足各类企业、机构和客户多层次、多样化的风险管理需求。继续推进期货公司风险管理服务业务创新。研究与国债期货和原油期货相关的中介机构参与模式及配套政策。积极推动包括各类金融机构在内的机构投资者参与期货市场。

三是不断提升监管执法效能。面对市场发展带来的问题与矛盾，我们必须把监管重心放到市场主体反映强烈、直接影响市场发展的关键领域，进一步强化维护“三公”原则、维护投资者尤其是中小投资者的合法权益和促进资本市场健康发展的核心职责，集中精力管好、管住该管的事。下一步，我们将充分利用信息系统技术手段增强监管能力，加强事中事后监管。努力做到规则公开、过程公开、结果公开，进一步提高监管的规范性和透明度。同时，不断加大执法力度，严厉打击市场违法违规行为，提升监管的公信力和威慑力。

四是切实加强投资者保护力度。投资者是市场持续健康发展的基石。要把监管工作重点切实转到保护投资者尤其是中小投资者合法权益上来，采取配套措施，确保投资者保护工作取得实效。下一步，我们将持续加强对投资者尤其是中小投资者合法权益的保护力度，继续完善期货市场投资者适当性制度，促进中介服务机构归位尽责。进一步优化投资者保障基金制度。紧紧围绕提升投资者风险意识和自我保护能力的目标，不断拓展投资者教育和服务的广度与深度。

最后，预祝本届论坛取得圆满成功。谢谢大家！

在第二届金融街论坛上的演讲

中国证监会副主席　姜洋

（2013 年 9 月 5 日　北京）

各位领导、各位来宾，女士们、先生们：

大家上午好！很高兴参加本届金融街论坛。首先，我代表中国证监会，对论坛的召开表示热烈祝贺！明天国债期货就要上市了，这是我国多层次资本市场建设取得的重要成果，是推动利率市场化改革的又一个实质性行动，也是我国期货衍生品市场发展登上一个新台阶的标志。借此介绍一下期货衍生品市场的改革发展情况。

经过二十多年的发展，作为多层次资本市场的重要组成部分，我国期货市场规模不断扩大，商品期货成交量连续多年位居全球首位。3 年前，平稳推出了第一个场内金融衍生品——股指期货，期货市场建设取得了显著成就。从本质上看，期货和衍生品市场的发展，其推动力始终是为了更好地满足实体经济和金融改革对资本市场的日益多样化的需求，集中反映了资本市场由基本的投资和融资功能，向资产定价、资产管理以及相应的流动性和风险管理功能逐步拓展的发展方向。

就商品期货而言，目前已上市 31 个商品期货品种，加上即将上市交易的动力煤期货、鸡蛋期货、沥青期货等品种，逐步形成了覆盖农产品、金属、能源、化工等国民经济重要行业的产品体系。期货市场在服务实体企业增强经营管理能力、提升企业竞争力方面的作用日益凸显。一些实体企业重视利用商品期货市场进行套期保值，锁定生产成本，有效规避了现货交易价格波动风险，实现了稳定经营。

在管理金融市场风险方面，金融期货市场的发展有效提升了证券期货经营机构和投资者主动管理风险的能力。作为我国首个场内金融衍生品，沪深 300 指数期货上市以来，证券期货经营机构积极运用股指期货对冲风险、锁定收益。2012 年，64 家证券公司利用股指期货进行风险对冲，较好地管理了价格波动风险，增强了市场的内在稳定性。有关研究表明，在不考虑其他因素的情况下，股指期货促进股市波动下降了 25% 左右。

国债期货作为金融衍生品市场的一个重要品种，是管理国债价格波动风险的金融工具，是利率衍生品中最基础的产品，在国际金融市场早已普遍应用。市场参与者可以利用国债期货套期保值，熨平国债价格波动，主动规避市场风险。通过开展国债期货交易，有利于建立市场化的定价基准，完善国债发行体制，推进利率市场化改革，引导资源优化配置；有利于风险管理工具的多样化，为金融机构提供更多的避险工具和资产配置方式；有利于完善金融机构创新机制，增强其服务实体经济的能力。

期货和金融衍生品市场的快速发展在有效拓展服务实体经济功能的同时，也将有力地促进金融市场的改革发展和稳定运行。随着商品期货衍生品和金融期货衍生品的深入发展，期货和衍生品市场已逐步成为我国多层次资本市场的重要组成部分，其功能与股票市场、债券市场既紧密联系，又显示出其独特性，三者的改革与创新，共同推动了我国多层次资本市场向深度和广度不断拓展。

当前，我国经济正处于转型升级、结构调整的关键阶段，加快建设期货和衍生品市场，进一步完善我国多层次资本市场体系，充分发挥价格发现和风险管理功能，对于增强我国期货市场在国际大宗商品定价的影响力，以及深化金融体制改革等都将产生深远的影响。为此，下一阶段，证监会将在积极推动《期货法》立法工作，进一步夯实期货和衍生品市场制度基础的同时，重点做好以下工作。

一是进一步拓展大宗商品期货品种覆盖面，继续推进原油期货市场建设准备工作，推动铁矿石等大宗商品期货和稻谷等农产品期货的研发上市工作，促进国内期货市场的经济功能更好发挥，形成对战略性资源更大的定价影响力。同时，加大期权、指数及其他场内金融衍生品的研发上市力度。

二是确保国债期货的平稳上市和安全运行，市场监管者和组织者要切实履行好相关监管和服务职责，做好国债期货市场培育和投资者培训工作，尤其是要做好跨市场的风险防范与监管执法工作。

三是稳步推进对外开放，充分利用国际、国内两个市场、两种资源，推动境外投资者参与金属、原油期货等衍生品交易和市场建设。

四是守住不发生系统性区域性风险的底线，加强监管和稽查执法。要通过切实维护市场“三公”原则来确保投资者合法权益得到有效维护，促进资本市场健康发展。

谢谢大家！

上海国际能源交易中心揭牌仪式致辞

中国证监会副主席　姜洋

（2013 年 11 月 22 日　上海）

各位来宾，各位朋友：

大家上午好！

在有关各方的共同努力下，上海国际能源交易中心股份有限公司今天正式挂牌成立了，这是我国原油期货市场建设的一件大事，也是资本市场落实国家建设上海自贸区战略的重大举措。在此，我谨代表中国证监会表示热烈的祝贺！对一直以来关心、支持我国原油期货市场建设的海内外各界朋友表示衷心的感谢！

建设原油期货市场是国家战略，也是 2013 年深化经济体制改革的重点工作。按照国务院的统一部署，中国证监会会同相关部委、上海市政府及石油企业，建立并完善了原油期货上市推进工作机制，按照“国际平台、净价交易、保税交割”的基本制度设计框架，进一步深入研究论证我国原油期货市场建设的具体方案，目前各有关部委正在抓紧制定相关配套政策。自今年 1 月启动原油期货国际平台技术系统测试以来，总体运行平稳。国际能源交易中心成立后，将具体承担国际原油期货平台的筹建工作，为加快推进原油期货市场建设提供更好的组织保障。

党的十八届三中全会提出，要紧紧围绕使市场在资源配置中起决定性作用深化经济体制改革，对推进石油等领域价格改革也提出了明确要求。这些都为下一步推进期货衍生品市场改革发展提供了难得机遇，也为加快推进我国原油期货市场建设提供了有利契机。国际能源交易中心作为原油期货市场的具体组织者，要按照“国际化、市场化、法治化、专业化”的原则开展各项工作，勇于探索，大胆创新，继续扎实做好原油期货上市的各项准备工作，确保原油期货顺利推出。要为境内外石油产业链企业、各类投资者参与我国原油期货交易提供更好服务，助力国家能源战略和实体经济发展。要积极发挥好我国期货衍生品市场深化改革、扩大开放的窗口和平台作用，为上海自贸区和“四个中心”建设作出更大贡献。

谢谢大家！

期货市场与现代农业风险管理体系构建

——在第二届风险管理与农业高端论坛上的演讲

中国证监会副主席　姜洋

（2013 年 11 月 30 日　武汉）

尊敬的各位来宾，同志们，朋友们：

大家下午好！

很高兴和大家相聚在风景秀美的武汉，共同出席由证监会和农业部联合主办的第二届风险管理与农业高端论坛。首先，我代表证监会，对本次论坛的召开表示热烈的祝贺，对各位嘉宾的到来表示衷心的感谢。

农业是国民经济的基础，“三农”问题是全党工作的重中之重。党的十八大及十八届三中全会提出“四化同步”、城乡一体化的发展思想，是对我国破解“三农”问题，全面实现现代化的顶层设计。今天，期货、证券、银行、保险等金融行业与来自全国各地的农业专家共聚一堂，围绕“期现结合”这一主题深入探讨，加强合作，对于落实十八届三中全会精神，推动农业现代化和城镇化协调发展，具有很强的针对性和重要的现实意义。

在首届风险管理与农业高端论坛上，世界银行专家提出一个观点——全球农产品市场已经进入价格高位运行且波动剧烈的高风险时代。2000 年至 2010 年十年间，粮食名义价格增长了 190%，价格波动幅度显著增大。刚才，陈晓华副部长在讲话中对市场化大背景下我国农业面临的风险进行了深刻地分析，认为市场风险对农业生产经营的影响越来越突出，并逐渐同自然风险、质量安全风险一起，构成农业风险的主要因素。对此，我非常赞同。近期，证监会和世界银行合作，就中国农业风险管理体系进行了系统地研究，也得出了相同的观点，报告将于近期向社会发布。

国际经验表明，由于农业风险的关联性、复杂性及公共性，现代农业风险管理体系一方面应建立基于“生产者－商业机构－政府部门”多方合作的风险管理框架，综合管理各类农业风险；另一方面要根据潜在损失和发生频率的不同对风险分类，并据此进行针对性的防范和管理，提供多层次和多样化的风险管理工具。近年来，我国农业风险管理体系建设取得了很大的成绩。一是政府投入不断增加。财政在农业基础设施、自然灾害救济、农业保险补贴等方面的支持力度不断加强，农业抗灾救灾能力显著增加；逐步建立了水稻、小麦、玉米、棉花等主要农产品价格支持政策。二是农产品期货市场的作用更加突出。期货套期保值是管理农产品价格风险的主要工具。截至目前，我国共上市 17 个农产品期货品种，全球主要农产品期货品种在我国基本都已上市，覆盖粮棉油糖的农产品期货品种体系基本形成，并向鲜活农产品、林产品拓展，比如近期上市的鸡蛋期货。农产品期货交易量连续多年位居世界前列，期货市场服务“三农”的广度和深度不断提高。三是涉农主体利用风险管理工具的意识和能力不断提升。2012 年，1.83 亿户农户参加农业保险。2013 年 10 月底，产业客户在农产品期货市场中持仓占比为41%。市场上涌现出了“白银模式”、“九三模式”、“奥星模式”等一批利用期货市场服务生产经营的典型案例。四是以保险公司、期货公司为代表的商业机构参与农业风险管理程度提高。2012 年，25 家保险公司开展了农业保险业务，农业保险覆盖区域及品种不断扩大；今年以来，19 家期货公司完成了风险管理子公司的备案，为农业企业提供合作套保、定价服务、仓单服务等期现结合业务，提高其风险管理能力。

价格波动是现代经济运行的常态。现代经济通过价格调整及时反映各类因素的变化并使资源配置得到优化，从而达到一个动态平衡的过程。价格调整一方面快速地消除经济中的不平衡和套利机会，避免风险累加，但另一方面也使企业面临价格波动之苦，尤其对风险管理能力弱和产业链低端的企业影响更大。当前，我国正在加速推进农业现代化和城镇化，土地适度规模经营后，农民专业合作社及种粮大户对风险更加敏感，对有效的风险管理工具更加渴望。在强烈的市场需求及动态变化的市场环境下，如果风险没有市场化、常态化的转移及释放渠道，将导致风险都向政府聚集并最终不可承受。

十八届三中全会明确提出，要紧紧围绕使市场在资源配置中起决定性作用深化经济体制改革，强调要完善农产品价格形成机制和农业保险制度。资源配置本质上是风险和收益的配置，这也意味着市场在定价及风险配置、转移、分散中的作用要进一步加强。近期，我们和保监会就期货与保险合作进行了多次探讨。当前保险公司在提供价格险产品时，面临的突出问题就是价格风险难以管理和对冲。这个问题不解决，价格险产品就很难大范围推广、普及，也不可持续。期货市场在管理价格风险方面具有独特的优势。因此，期货市场与农业保险有效对接，将助力我国农业保险体系从现有的保“成本”、保“产量”向保“价格”、保“收入”延伸，大大拓展金融服务“三农”的广度和深度，提高农民的收入水平和抗风险能力。

作为健全农产品市场体系和农业保险制度的重要内容，下一步，证监会将积极贯彻落实十八届三中全会部署，继续加强农产品期货市场建设，完善现代农业风险管理体系，更好地发挥期货市场定价和避险功能。一是积极开展涉农期货品种及交易方式创新，丰富风险管理工具。对市场化程度高，满足上市期货条件的农产品，积极研究适合“三农”需要的期货产品和服务。稳步推进农产品期权及农产品指数等新型避险工具研发工作。二是做精做细已上市期货品种，提高定价及风险管理效率。密切跟踪农产品现货市场特性及变化情况，以产业链相关主体真实需求为导向，及时完善制度规则。推进交易、交割、结算等基础制度改革，降低期货市场交易成本。加快培育期货市场机构投资者队伍，完善投资者结构。三是鼓励期货公司等各类金融机构积极开展场外衍生品创新，根据涉农主体需求提供量身定制的风险管理服务。稳步发展农产品场外衍生品市场，激发市场主体创新活力，充分发挥期货、证券、银行、保险等各类金融机构贴近实体经济的优势，支持其为客户提供风险管理服务后到期货市场对冲风险，促进期现市场深度融合。四是注重与信贷等农村金融服务相配合，与保险等其他风险管理工具相协调，有效分担农村金融风险。加强与相关部委的沟通协调，积极探索信贷服务、保险服务与期货套期保值相结合的有效途径，创新“订单＋期货＋信贷”、“订单＋保单＋期货＋信贷”等订单融资业务。五是多方协作，提高涉农企业、农民专业合作社等新型农业经营主体利用期货市场管理风险、开展期现一体化经营的能力。积极配合相关部委完善与农产品期货市场相关的法规制度，深化与中央及地方农业部门的合作，探索建立主管部门、监管机构、涉农主体、期货交易所、金融机构共同参与的“大服务”格局。继续总结、挖掘、推广期货市场服务“三农”的有效模式，开展系统化、多层次的期货市场知识培训和信息服务。

同志们、朋友们，十八届三中全会吹响了全面深化改革的号角。随着现代市场体系的加快完善，期货市场将迎来新一轮难得的发展机遇期。我们相信，经过持续而艰苦的努力，我国期货市场一定能够更好地服务现代农业发展，在推动新型城镇化与农业现代化协调发展中贡献出更大的力量。

最后，预祝本届论坛取得圆满成功！

谢谢大家。

在第九届中国（深圳）国际期货大会上的讲话

中国证监会副主席　姜洋

（2013 年 12 月 3 日）

尊敬的各位领导、各位嘉宾，女士们、先生们：

大家上午好！

很高兴参加第九届中国（深圳）国际期货大会。首先我谨代表中国证监会对大会的召开表示热烈的祝贺！对来自海内外的各位嘉宾表示热烈的欢迎！对长期以来关心、支持中国期货和衍生品市场发展的各界朋友表示衷心的感谢！在当前深入学习、贯彻落实党的十八届三中全会精神的背景下，召开此次大会对于进一步推进期货和衍生品市场改革开放具有重大意义。

稳步发展期货市场是党中央、国务院的战略部署。经过 20 多年的发展，特别是最近这些年的发展，我国期货市场在产品创新、市场规模、法规制度、功能发挥、国际影响力等方面取得了很大成就。今年以来，在全市场和全行业的共同努力下，期货市场继续保持良好发展势头，发展质量和效率不断提升，服务实体经济能力不断增强。

一是重大产品创新取得新突破。落实国务院关于 2013 年深化经济体制改革重点工作的安排，先后上市了焦煤、动力煤、铁矿石等 6 个重大商品期货品种。成功上市了国债期货，助推利率市场化改革和债券市场建设，使我国期货市场不仅有了股权类衍生品，也有了利率类衍生品，这标志着我国金融衍生品市场迈入了新的发展阶段。完善原油期货上市推进工作机制，启动开展原油期货国际平台技术系统测试，在上海自贸区成立了上海国际能源交易中心，具体承担国际原油期货平台的产品设计和原油期货上市后的运行维护工作。目前，加上即将上市的胶合板、纤维板期货，全年共上市 9 个期货品种，期货品种总数达到 40 个，为国民经济相关产业对风险管理需求提供了更多的选择。

二是市场监管制度改革有序推进。为提升市场效率、提升对外开放水平，开展了黄金、白银期货连续交易试点，目前总体运行平稳，市场规模显著扩大，投资者结构不断优化，国际影响力明显增强。进一步推进简政放权，取消期货公司、期货保证金存管银行等行政审批项目 9 项，下放给派出机构 3 项。加大期货公司现场检查和非现场检查力度，建成期货公司监管综合信息系统。

三是市场法规规则体系日益健全。贯彻落实修订后的《期货交易管理条例》，推进《期货交易所管理办法》、《期货公司管理办法》、《期货公司风险监管指标管理办法》、《期货公司境外期货经纪业务管理办法》等配套法规文件的修订和制定工作，同时，加快推进《期货法》立法工作。适应相关现货行业发展变化的需要，组织完成14个期货品种的合约规则修订工作。

四是市场服务能力和水平不断提升。研究推进多层次商品市场体系建设，探索开展场外商品衍生品交易。批准20家期货公司成立风险管理子公司，提升产业服务的专业化水平。深化与农业部、保监会及世界银行等的合作和交流，积极拓展期货市场服务农业现代化的渠道和机制。

当前，我国正处于全面深化改革开放的关键时期，经济转型和社会转型任务艰巨。党的十八届三中全会要求“紧紧围绕使市场在资源配置中起决定性作用深化经济体制改革”，明确提出了“健全多层次资本市场体系”，“鼓励金融创新，丰富金融市场层次和产品”等任务，这些都对期货和衍生品市场改革发展提供了新机遇、新契机和新要求。贯彻落实好三中全会精神，必须深刻理解上述战略任务的丰富内涵，进一步增强使命意识和责任意识，尊重市场发展规律，发挥市场首创精神，以更大的勇气和魄力深化改革、扩大开放，努力建设一个与经济金融发展程度相匹配、与风险管理需求相适应的，具有较强竞争力的期货和衍生品市场，逐步形成以期货价格为核心的、具有一定国际影响力的市场化定价体系，更好地发挥市场在资源配置中的决定性作用，提升资源配置效率。

当前和今后一段时间，中国证监会将深入贯彻落实党的十八大和十八届三中全会精神，坚持市场化、法治化、国际化的改革导向，按照服务实体经济发展的根本要求，统筹兼顾、远近结合，不断创新改革、发展、监管和服务理念，扎实推进期货和衍生品市场各项工作。

一是健全商品期货和金融衍生品市场体系。推动原油等战略性资源品种和宜农期货品种上市，完善资源性产品、农产品等重要领域的市场化价格形成机制。加快建设金融衍生品市场，发展权益类、利率类、汇率类金融衍生品。稳步发展期权、商品指数、碳排放权等新型交易工具，为投资者提供更加完善的投资工具。研究推进场外衍生品市场建设，支持实体企业、金融机构开发符合实际需要的远期、互换、场外期权等衍生产品，加强场外衍生品市场配套设施服务。

二是着力做精做细已上市期货品种。期货市场是规则导向的市场，合约规则的产业匹配度直接影响市场功能的发挥。证监会将积极支持期货交易所对已上市的产品进行评估，根据其功能发挥情况对已上市产品进行适合于实体企业需要的调整与改造。积极支持各期货交易所根据自己的产品特点开展“连续交易”的试点。要将对已上市期货品种合约规则的改造工作放在更加突出的位置，平衡好与新品种上市之间的关系。要进一步完善期货品种功能发挥的评估—反馈—改进机制，着力提升合约规则改造的针对性和有效性。各期货交易所、期货公司要注重贴近实体经济、贴近“三农”，以提升市场服务质量为核心，深入研究现货市场，全面了解行业需求，提升产业服务的能力。

三是加大监管转型和执法力度。按照放松管制、加强监管的思路，进一步简政放权，继续取消和下放行政审批事项。深化品种上市及交易、结算、交割和中介机构监管等制度改革，着力破解制约市场发展效率的突出问题，进一步释放改革红利。厘清监管边界，整合监管资源，健全多层次的风险防控网络，完善不同市场之间的风险预警、监测监控和防范处置机制，强化跨市场、跨行业的监管协作和信息共享，有效避免监管套利和监管盲区。坚持严格执法、公正执法、文明执法，严厉打击市场操纵等违法违规行为，净化市场环境。

四是积极稳妥推进对外开放。按照自主渐进安全共赢的方针，坚持“引进来”和“走出去”，充分利用国际、国内两个市场、两种资源。在成熟品种上试点引入境外投资者，扩大商品期货保税交割品种和区域的试点范围。扩大期货行业对外开放，允许境外机构参股期货公司，支持具有市场竞争力和风险承受力的期货公司开展境外期货经纪业务，设立境外分支机构。

五是夯实市场基础制度。加快推动《期货法》立法工作，为市场创新发展提供更加坚实的法制保障。完善期货市场投资者适当性制度。积极培育和发展机构投资者，推动完善各类经济实体、金融机构有序参与期货和衍生品市场的政策规定。加大期货市场宣传力度，提升全社会对期货市场的认知度、认同度和利用度。推动协调有关各方，着力清除市场壁垒和分割，破除阻碍市场发展的体制机制性障碍，形成促进市场持续健康发展的强大动力。

预祝大会圆满成功！

谢谢大家！

第三部分

文件汇编

国务院发布文件

国务院关于废止和修改部分行政法规的决定

中华人民共和国国务院令　第638号　2013年7月18日

《国务院关于废止和修改部分行政法规的决定》已经2013年5月31日国务院第10次常务会议通过，现予公布，自公布之日起施行。

为了依法推进行政审批制度改革和政府职能转变，进一步激发市场、社会的创造活力，发挥好地方政府贴近基层的优势，促进和保障政府管理由事前审批更多地转为事中事后监管，国务院对有关的行政法规进行了清理。经过清理，现决定：

一、废止《煤炭生产许可证管理办法》（1994年12月20日国务院公布）。

二、对25件行政法规的部分条款予以修改。

本决定自公布之日起施行。

附件：国务院决定修改的行政法规

附件

国务院决定修改的行政法规

一、将《中华人民共和国对外合作开采海洋石油资源条例》第七条修改为："中国海洋石油总公司就对外合作开采石油的海区、面积、区块，通过组织招标，确定合作开采海洋石油资源的外国企业，签订合作开采石油合同或者其他合作合同，并向中华人民共和国商务部报送合同有关情况。"

二、将《实验动物管理条例》第二十三条修改为："实验动物工作单位从国外进口实验动物原种，必须向该单位所在地省、自治区、直辖市人民政府科技行政管理部门指定的保种、育种和质量监控单位登记。"

第二十四条第一款修改为："出口实验动物，必须报实验动物工作单位所在地省、自治区、直辖市人民政府科技行政管理部门审批。经批准后，方可办理出口手续。"

三、删去《卫星电视广播地面接收设施管理规定》第四条。

第五条改为第四条，并修改为："工业产品生产许可证主管部门许可的生产企业，应当将卫星地面接收设施销售给依法设立的安装服务机构。其他任何单位和个人不得销售。"

第十一条改为第十条，并将第一款修改为："违反本规定，擅自生产卫星地面接收设施或者生产企业未按照规定销售给依法设立的安装服务机构的，由工业产品生产许可证主管部门责令停止生产、销售。"

四、将《中华人民共和国对外合作开采陆上石油资源条例》第八条修改为："中方石油公司在国务院批准的对外合作开采陆上石油资源的区域内，按划分的合作区块，通过招标或者谈判，确定合作开采陆上石油资源的外国企业，签订合作开采石油合同或者其他合作合同，并向中华人民共和国商务部报送合同有关情况。"

五、将《传统工艺美术保护条例》第十二条修改为："符合下列条件并长期从事传统工艺美术制作的人员，由相关行业协会组织评审，可以授予中国工艺美术大师称号：

"（一）成就卓越，在国内外享有声誉的；

"（二）技艺精湛，自成流派的。"

删去第十三条。

六、将《中华人民共和国烟草专卖法实施条例》第二十四条修改为："卷烟、雪茄烟和有包装的烟丝，应当使用注册商标。"

删去第四十七条。

七、将《国家科学技术奖励条例》第七条修改为："社会力量设立的面向社会的科学技术奖，在奖励活动中不得收取任何费用。"

删去第二十三条。

八、删去《中华人民共和国国际海运条例》第九条、第十条。

第十三条改为第十一条，并删去其中的"国际船舶代理经营者"。

第十四条改为第十二条，并删去其中的"国际船舶代理经营者"。

第十五条改为第十三条，并删去其中的"国际船舶代理经营者"。

删去第二十四条。

第三十四条改为第三十一条，并删去第一款。

第四十四条改为第四十一条，并修改为："未办理登记手续，擅自经营国际船舶管理业务的，由经营业务所在地的省、自治区、直辖市人民政府交通主管部门责令停止经营；有违法所得的，没收违法所得；违法所得5万元以上的，处违法所得2倍以上5倍以下的罚款；没有违法所得或者违法所得不足5万元的，处2万元以上10万元以下的罚款。"

第四十七条改为第四十四条，并删去其中的"国际船舶代理经营者"。

第五十二条改为第四十九条，并删去第一款。

第五十五条改为第五十二条，并删去第二项中的"国际船舶代理经营者"。

九、删去《出版管理条例》第三十五条第四款。

十、将《中华人民共和国税收征收管理法实施细则》第二十三条修改为："生产、经营规模小又确无建账能力的纳税人，可以聘请经批准从事会计代理记账业务的专业机构或者财会人员代为建账和办理账务。"

删去第三十条第一款中的"经税务机关批准"。

十一、删去《中华人民共和国中外合作办学条例》第二十五条第二款。

第四十三条第二款修改为："中外合作办学机构住所、法定代表人的变更，应当经审批机关核准，并办理相应的变更手续。中外合作办学机构校长或者主要行政负责人的变更，应当及时办理变更手续。"

十二、将《粮食流通管理条例》第十九条修改为："建立粮食销售出库质量检验制度。粮食储存企业对超过正常储存年限的陈粮，在出库前应当经过粮食质量检验机构进行质量鉴定，凡已陈化变质、不符合食用卫生标准的粮食，严禁流入口粮市场。陈化粮判定标准，由国家粮食行政管理部门会同有关部门制定，陈化粮销售、处理和监管的具体办法，依照国家有关规定执行。"

第四十五条第二款修改为："倒卖陈化粮或者不按照规定使用陈化粮的，由工商行政管理部门没收非法倒卖的粮食，并处非法倒卖粮食价值20%以下的罚款；情节严重的，由工商行政管理部门并处非法倒卖粮食价值1倍以上5倍以下的罚款，吊销营业执照；构成犯罪的，依法追究刑事责任。"

十三、删去《营业性演出管理条例》第九条第一款中的"和演出经纪机构"。

第十二条第三款修改为："依照本条规定设立演出经纪机构、演出场所经营单位的，应当依照本条例第十一条第三款的规定办理审批手续。"

第十六条第一款修改为："举办外国的文艺表演团体、个人参加的营业性演出，演出举办单位应当向演出所在地省、自治区、直辖市人民政府文化主管部门提出申请。"

十四、将《大中型水利水电工程建设征地补偿和移民安置条例》第五十一条第一款修改为："国家对移民安置实行全过程监督评估。签订移民安置协议的地方人民政府和项目法人应当采取招标的方式，共同委托移民安置监督评估单位对移民搬迁进度、移民安置质量、移民资金的拨付和使用情况以及移民生活水平的恢复情况进行监督评估；被委托方应当将监督评估的情况及时向委托方报告。"

十五、删去《期货交易管理条例》第四十三条第一款。

十六、将《中华人民共和国船员条例》第三十九条修改为："从事代理海洋船舶船员办理申请培训、考试、申领证书（包括外国海洋船舶船员证书）等有关手续，代理海洋船舶船员用人单位管理船员事务，提供海洋船舶配员等海洋船舶船员服务业务的机构，应当符合下列条件：

"（一）在中华人民共和国境内依法设立的法人；

"（二）有2名以上具有高级船员任职资历的管理人员；

"（三）有符合国务院交通主管部门规定的船员服务管理制度；

"（四）具有与所从事业务相适应的服务能力。"

第四十条第一款修改为："从事海洋船舶船员服务业务的机构，应当向海事管理机构提交书面申请，并附送符合本条例第三十九条规定条件的证明材料。”

第四十一条第一款中的“船员服务机构”修改为“从事内河船舶、海洋船舶船员服务业务的机构（以下简称船员服务机构）”。

第四十七条中的“船员服务业务许可”修改为“海洋船舶船员服务业务许可”。

第六十三条中的“船员服务”修改为“海洋船舶船员服务”。

第六十七条中的“船员服务机构”修改为“海洋船舶船员服务机构”。

十七、将《中华人民共和国水文条例》第二十七条修改为：“编制重要规划、进行重点项目建设和水资源管理等使用的水文监测资料应当完整、可靠、一致。”

删去第四十一条第二项。

十八、将《全民健身条例》第三十二条中的“县级以上人民政府体育主管部门”修改为“县级以上地方人民政府体育主管部门”。

十九、将《防治船舶污染海洋环境管理条例》第二十九条修改为：“船舶修造、水上拆解的地点应当符合环境功能区划和海洋功能区划。”

删去第五十三条第三款。

二十、将《外国企业常驻代表机构登记管理条例》第五条第一款修改为：“省、自治区、直辖市人民政府工商行政管理部门是代表机构的登记和管理机关（以下简称登记机关）。”

二十一、将《乡镇煤矿管理条例》第四条、第十四条中的“煤炭生产许可证”修改为“安全生产许可证”。

二十二、将《煤矿安全监察条例》第三十七条、第四十三条中的“煤炭生产许可证”修改为“安全生产许可证”。

删去第四十七条中的“煤炭生产许可证”。

二十三、将《安全生产许可证条例》第四条修改为：“省、自治区、直辖市人民政府建设主管部门负责建筑施工企业安全生产许可证的颁发和管理，并接受国务院建设主管部门的指导和监督。”

删去第七条第二款中的“在申请领取煤炭生产许可证前”。

二十四、删去《中华人民共和国进出口商品检验法实施条例》第十二条第二款、第三款、第四款。

删去第二十二条第一款、第二款中的“经国家质检总局指定的”。

删去第三十三条、第三十四条。

第三十九条改为第三十七条，并删去其中的“人员资格”。

第四十三条改为第四十一条，并删去第一款中的“办理原产地证明的申请人应当依法取得出入境检验检疫机构的注册登记。”

第四十八条改为第四十六条，并删去第一款、第三款中的“情节严重的，并撤销其报检注册登记、报检从业注册”。

第五十二条改为第五十条，并删去其中的“化妆品”。

第五十八条改为第五十六条，修改为：“代理报检企业、出入境快件运营企业违反国家有关规定，扰乱报检秩序的，由出入境检验检疫机构责令改正，没收违法所得，可以处10万元以下罚款，国家质检总局或者出入境检验检疫机构可以暂停其6个月以内代理报检业务。”

二十五、删去《国务院关于预防煤矿生产安全事故的特别规定》第五条第一款、第六条第一款、第八条第二款第十四项、第十一条第一款中的“煤炭生产许可证”。

删去第八条第二款第十三项中的“和煤炭生产许可证”。

此外，对相关行政法规的条文顺序作了相应调整。

国务院关于取消和下放一批行政审批项目等事项的决定

国发〔2013〕19号　2013年5月15日

各省、自治区、直辖市人民政府，国务院各部委、各直属机构：

第十二届全国人民代表大会第一次会议批准的《国务院机构改革和职能转变方案》明确提出，要减少和下放投资审批事项，减少和下放生产经营活动审批事项，减少资质资格许可和认定，取消不合法不合理的行政事业性收费和政府性基金项目。经研究论证，国务院决定，取消和下放一批行政审批项目等事项，共计117项。其中，取消行政审批项目71项，下放管理层级行政审批项目20项，取消评比达标表彰项目10项，取消行政事业性收费项目3项；取消或下放管理层级的机关内部事项和涉密事项13项（按规定另行通知）。另有16项拟取消或下放的行政审批项目是依据有关法律设立的，国务院将依照法定程序提请全国人民代表大会常务委员会修订相关法律规定。

各地区、各部门要认真做好取消和下放管理层级行政审批项目等事项的落实和衔接工作，切实加强后续监管。要按照深化行政体制改革、加快转变政府职能的要求，继续坚定不移推进行政审批制度改革，清理行政审批等事项，加大简政放权力度。要健全监督制约机制，加强对行政审批权运行的监督，不断提高政府管理科学化、规范化水平。

附件：

1. 国务院决定取消和下放管理层级的行政审批项目目录（共计91项）
2. 国务院决定取消的评比、达标、表彰项目目录（共计10项）
3. 国务院决定取消的行政事业性收费项目目录（共计3项）

附件 1

国务院决定取消和下放管理层级的行政审批项目目录

（共计 91 项，其中取消 71 项、下放 20 项）

序号	项目名称	实施机关	设定依据	处理决定	备注
1	企业投资扩建民用机场项目核准	国家发展改革委	《国务院关于投资体制改革的决定》（国发〔2004〕20号）	取消	对取消的投资审批项目，国土资源、环保、安全生产监管等有关部门要切实履行职责，加强监管，投资主管部门通过备案发现不符合国家有关规划和产业政策要求的投资项目，要通知有关部门和机构，在职责范围内依法采取措施，予以制止。
2	企业投资城市轨道交通车辆、信号系统和牵引传动控制系统制造项目核准	国家发展改革委	《国务院关于投资体制改革的决定》（国发〔2004〕20号）	取消	对取消的投资审批项目，国土资源、环保、安全生产监管等有关部门要切实履行职责，加强监管，投资主管部门通过备案发现不符合国家有关规划和产业政策要求的投资项目，要通知有关部门和机构，在职责范围内依法采取措施，予以制止。
3	企业投资纸浆项目核准	国家发展改革委	《国务院关于投资体制改革的决定》（国发〔2004〕20号）	取消	对取消的投资审批项目，国土资源、环保、安全生产监管等有关部门要切实履行职责，加强监管，投资主管部门通过备案发现不符合国家有关规划和产业政策要求的投资项目，要通知有关部门和机构，在职责范围内依法采取措施，予以制止。

续表

序号	项目名称	实施机关	设定依据	处理决定	备注
4	企业投资日产300吨及以上聚酯项目核准	国家发展改革委	《国务院关于投资体制改革的决定》（国发〔2004〕20号）	取消	对取消的投资审批项目，国土资源、环保、安全生产监管等有关部门要切实履行职责，加强监管，投资主管部门通过备案发现不符合国家有关规划和产业政策要求的投资项目，要通知有关部门和机构，在职责范围内依法采取措施，予以制止。
5	企业投资日处理糖料1500吨及以上项目核准	国家发展改革委	《国务院关于投资体制改革的决定》（国发〔2004〕20号）	取消	对取消的投资审批项目，国土资源、环保、安全生产监管等有关部门要切实履行职责，加强监管，投资主管部门通过备案发现不符合国家有关规划和产业政策要求的投资项目，要通知有关部门和机构，在职责范围内依法采取措施，予以制止。
6	企业投资年产100万吨及以上新油田开发项目核准	国家发展改革委	《国务院关于投资体制改革的决定》（国发〔2004〕20号）	取消	对取消的投资审批项目，国土资源、环保、安全生产监管等有关部门要切实履行职责，加强监管，投资主管部门通过备案发现不符合国家有关规划和产业政策要求的投资项目，要通知有关部门和机构，在职责范围内依法采取措施，予以制止。
7	企业投资年产20亿立方米及以上新气田开发项目核准	国家发展改革委	《国务院关于投资体制改革的决定》（国发〔2004〕20号）	取消	对取消的投资审批项目，国土资源、环保、安全生产监管等有关部门要切实履行职责，加强监管，投资主管部门通过备案发现不符合国家有关规划和产业政策要求的投资项目，要通知有关部门和机构，在职责范围内依法采取措施，予以制止。

续表

序号	项目名称	实施机关	设定依据	处理决定	备注
8	企业投资冷轧项目核准	国家发展改革委	《国务院关于投资体制改革的决定》（国发〔2004〕20号）	取消	对取消的投资审批项目，国土资源、环保、安全生产监管等有关部门要切实履行职责，加强监管，投资主管部门通过备案发现不符合国家有关规划和产业政策要求的投资项目，要通知有关部门和机构，在职责范围内依法采取措施，予以制止。
9	企业投资乙烯改扩建项目核准	国家发展改革委	《国务院关于投资体制改革的决定》（国发〔2004〕20号）	取消	对取消的投资审批项目，国土资源、环保、安全生产监管等有关部门要切实履行职责，加强监管，投资主管部门通过备案发现不符合国家有关规划和产业政策要求的投资项目，要通知有关部门和机构，在职责范围内依法采取措施，予以制止。
10	企业投资医学城、大学城及其他园区性建设项目核准	国家发展改革委	《国务院关于投资体制改革的决定》（国发〔2004〕20号）	取消	对取消的投资审批项目，国土资源、环保、安全生产监管等有关部门要切实履行职责，加强监管，投资主管部门通过备案发现不符合国家有关规划和产业政策要求的投资项目，要通知有关部门和机构，在职责范围内依法采取措施，予以制止。
11	企业投资精对苯二甲酸（PTA）、甲苯二异氰酸酯（TDI）项目及对二甲苯（PX）改扩建项目核准	国家发展改革委	《国务院关于投资体制改革的决定》（国发〔2004〕20号）	取消	对取消的投资审批项目，国土资源、环保、安全生产监管等有关部门要切实履行职责，加强监管，投资主管部门通过备案发现不符合国家有关规划和产业政策要求的投资项目，要通知有关部门和机构，在职责范围内依法采取措施，予以制止。

续表

序号	项目名称	实施机关	设定依据	处理决定	备注
12	企业投资卫星电视接收机及关键件、国家特殊规定的移动通信系统及终端等生产项目核准	国家发展改革委	《国务院关于投资体制改革的决定》（国发〔2004〕20号）	取消	对取消的投资审批项目，国土资源、环保、安全生产监管等有关部门要切实履行职责，加强监管，投资主管部门通过备案发现不符合国家有关规划和产业政策要求的投资项目，要通知有关部门和机构，在职责范围内依法采取措施，予以制止。
13	企业投资F1赛车场项目核准	国家发展改革委	《国务院关于投资体制改革的决定》（国发〔2004〕20号）	取消	对取消的投资审批项目，国土资源、环保、安全生产监管等有关部门要切实履行职责，加强监管，投资主管部门通过备案发现不符合国家有关规划和产业政策要求的投资项目，要通知有关部门和机构，在职责范围内依法采取措施，予以制止。
14	价格评估人员执业资格认定	国家发展改革委	《国务院对确需保留的行政审批项目设定行政许可的决定》（国务院令第412号）	取消	
15	电力用户向发电企业直接购电试点	国家能源局	《国家电力监管委员会、国家发展和改革委员会关于印发〈电力用户向发电企业直接购电试点暂行办法〉的通知》（电监输电〔2004〕17号）《国家电力监管委员会、国家发展和改革委员会、国家能源局关于完善电力用户与发电企业直接交易试点工作有关问题的通知》（电监市场〔2009〕20号）	取消	
16	电力市场份额核定	国家能源局	《电力监管条例》（国务院令第432号）	取消	
17	卫星地面接收设施生产企业指定	工业和信息化部	《卫星电视广播地面接收设施管理规定》（国务院令第129号）	取消	

续表

序号	项目名称	实施机关	设定依据	处理决定	备注
18	电信业务经营者拍卖码号审批	工业和信息化部	《国务院对确需保留的行政审批项目设定行政许可的决定》（国务院令第412号）	取消	
19	通信信息网络系统集成企业资质认定	工业和信息化部	《国务院对确需保留的行政审批项目设定行政许可的决定》（国务院令第412号）	取消	
20	通信用户管线建设企业资质认定	工业和信息化部	《国务院对确需保留的行政审批项目设定行政许可的决定》（国务院令第412号）	取消	
21	通信建设工程概预算人员资格认定	工业和信息化部	《国务院对确需保留的行政审批项目设定行政许可的决定》（国务院令第412号）	取消	
22	通信建设监理企业资质认证和监理工程师资格认定	工业和信息化部	《国务院对确需保留的行政审批项目设定行政许可的决定》（国务院令第412号）《国务院关于第六批取消和调整行政审批项目的决定》（国发〔2012〕52号）	取消	
23	举办全国性人才交流会审批	人力资源和社会保障部	《国务院对确需保留的行政审批项目设定行政许可的决定》（国务院令第412号）	取消	
24	安全培训机构资格认可	安全监管总局	《国务院对确需保留的行政审批项目设定行政许可的决定》（国务院令第412号）	取消	
25	只读类光盘生产设备引进、增加与更新审批	新闻出版广电总局	《国务院对确需保留的行政审批项目设定行政许可的决定》（国务院令第412号）	取消	
26	设立出版物全国连锁经营单位审批	新闻出版广电总局	《出版管理条例》（国务院令第594号）	取消	
27	举办全国性出版物订货、展销活动审批	新闻出版广电总局	《国务院办公厅关于保留部分非行政许可审批项目的通知》（国办发〔2004〕62号）	取消	
28	在境外展示、展销国内出版物审批	新闻出版广电总局	《国务院办公厅关于保留部分非行政许可审批项目的通知》（国办发〔2004〕62号）	取消	

续表

序号	项目名称	实施机关	设定依据	处理决定	备注
29	国际船舶运输经营者之间兼并、收购审核	交通运输部	《中华人民共和国国际海运条例》（国务院令第335号）	取消	
30	承担船舶油污损害民事责任保险的商业性保险机构和互助性保险机构的确定	交通运输部	《防治船舶污染海洋环境管理条例》（国务院令第561号）	取消	
31	国际船舶代理业务审批	交通运输部	《中华人民共和国国际海运条例》（国务院令第335号）	取消	
32	船舶修造、水上拆解地点确定	交通运输部直属海事局	《防治船舶污染海洋环境管理条例》（国务院令第561号）	取消	
33	从事内河船舶船员服务业务审批	省级地方海事机构	《中华人民共和国船员条例》（国务院令第494号）	取消	
34	企业铁路专用线与国铁接轨审批	原铁道部	《国务院对确需保留的行政审批项目设定行政许可的决定》（国务院令第412号）	取消	
35	企业自备车辆参加铁路运输审批	原铁道部	《国务院对确需保留的行政审批项目设定行政许可的决定》（国务院令第412号）	取消	
36	水利工程开工审批	水利部	《国务院对确需保留的行政审批项目设定行政许可的决定》（国务院令第412号）	取消	
37	水文监测资料使用审查	水利部	《中华人民共和国水文条例》（国务院令第496号）《国务院对确需保留的行政审批项目设定行政许可的决定》（国务院令第412号）	取消	
38	大中型水利工程移民安置监督评估单位资质认定	水利部	《大中型水利水电工程建设征地补偿和移民安置条例》（国务院令第471号）	取消	
39	农作物种子质量检验机构考评员的考核评定	农业部	《农作物种子质量检验机构考核管理办法》（农业部令第12号）	取消	

续表

序号	项目名称	实施机关	设定依据	处理决定	备注
40	渔业船舶设计、修造单位资格认定	农业部	《国务院对确需保留的行政审批项目设定行政许可的决定》（国务院令第412号）	取消	
41	渔业污染事故调查鉴定机构资格认定	农业部	《国务院办公厅关于保留部分非行政许可审批项目的通知》（国办发〔2004〕62号）	取消	
42	远洋渔业船舶、渔业科研船和教学实习船的船名核定	农业部	《中华人民共和国船舶登记条例》（国务院令第155号）	取消	
43	石油、天然气、煤层气对外合作合同审批	商务部	《中华人民共和国对外合作开采海洋石油资源条例》（国务院令第607号）《中华人民共和国对外合作开采陆上石油资源条例》（国务院令第606号》	取消	
44	境内单位或者个人从事境外商品期货交易品种核准	商务部	《期货交易管理条例》（国务院令第489号）	取消	
45	“中国服务外包基地城市”认定	商务部、工业和信息化部、科技部、财政部	《商务部关于实施服务外包“千百十工程”的通知》（商资发〔2006〕556号）《商务部、信息产业部关于开展“中国服务外包基地城市”认定工作有关问题的通知》（商资函〔2006〕102号）	取消	
46	对纳税人申报方式的核准	税务机关	《中华人民共和国税收征收管理法实施细则》（国务院令第362号）	取消	
47	印制有本单位名称发票的审批	税务总局	《中华人民共和国发票管理办法》（国务院令第587号）	取消	
48	中外合作办学机构以及内地与香港特别行政区、澳门特别行政区、台湾地区合作办学机构聘任校长或者主要行政负责人核准	教育部	《中华人民共和国中外合作办学条例》（国务院令第372号）	取消	

续表

序号	项目名称	实施机关	设定依据	处理决定	备注
49	高等学校部分特殊专业及特殊需要的应届毕业生就业计划审批	教育部	《国务院办公厅关于保留部分非行政许可审批项目的通知》（国办发〔2004〕62号）	取消	
50	非营利性科研机构认定	科技部、财政部、税务总局	《国务院办公厅关于保留部分非行政许可审批项目的通知》（国办发〔2004〕62号）	取消	
51	社会力量设立的面向全国、跨国境和跨省区域的科学技术奖登记	科技部	《国家科学技术奖励条例》（国务院令第396号）《社会力量设立科学技术奖管理办法》（1999年12月26日科学技术部令第3号发布，2006年2月5日科学技术部令第10号修订）	取消	
52	国家级示范生产力促进中心认定	科技部	《国务院办公厅关于保留部分非行政许可审批项目的通知》（国办发〔2004〕62号）	取消	
53	中外合资经营、中外合作经营的演出经纪机构名称、住所、法定代表人或者主要负责人、营业性演出经营项目变更审批	文化部	《营业性演出管理条例》（国务院令第528号）	取消	
54	香港特别行政区、澳门特别行政区投资者在内地投资设立合资、合作、独资经营的演出经纪机构名称、住所、法定代表人或者主要负责人、营业性演出经营项目变更审批	文化部	《营业性演出管理条例》（国务院令第528号）	取消	
55	台湾地区投资者在内地投资设立合资、合作经营的演出经纪机构名称、住所、法定代表人或者主要负责人、营业性演出经营项目变更审批	文化部	《营业性演出管理条例》（国务院令第528号）	取消	

续表

序号	项目名称	实施机关	设定依据	处理决定	备注
56	世界博览会标志使用许可合同备案	工商总局	《世界博览会标志保护条例》（国务院令第422号）《特殊标志管理条例》（国务院令第202号）	取消	
57	外国人乘自备交通工具在华旅游审批	公安部	《国务院对确需保留的行政审批项目设定行政许可的决定》（国务院令第412号）	取消	
58	专项海洋环境预报服务资格认定	国家海洋局	《国务院对确需保留的行政审批项目设定行政许可的决定》（国务院令第412号）	取消	
59	建立国家级苗木花卉市场审批	国家林业局	《国家林业局关于加快林木种苗发展的意见》（林场发〔2004〕135号）	取消	
60	全国经济林、花木之乡命名	国家林业局	《国家林业局办公室关于印发〈全国经济林、花木之乡命名工作管理暂行办法〉、〈全国经济林、花卉示范基地命名工作管理暂行办法〉、〈关于审批主办全国性经济林产品节（会）活动的暂行规定〉的通知》（办造字〔2002〕51号）	取消	
61	主办全国性经济林产品节（会）活动审批	国家林业局	《国家林业局关于印发〈全国性经济林产品节（会）管理规定〉的通知》（林造发〔2010〕269号）	取消	
62	全国经济林、花卉示范基地命名	国家林业局	《国家林业局办公室关于印发〈全国经济林、花木之乡命名工作管理暂行办法〉、〈全国经济林、花卉示范基地命名工作管理暂行办法〉、〈关于审批主办全国性经济林产品节（会）活动的暂行规定〉的通知》（办造字〔2002〕51号）	取消	
63	国家林业局重点开放性实验室命名	国家林业局	《林业部关于印发〈林业部重点开放性实验室评审办法〉、〈林业部重点开放性实验室管理办法〉的通知》（林科通字〔1994〕133号）	取消	

续表

序号	项目名称	实施机关	设定依据	处理决定	备注
64	林业科技示范县审批	国家林业局	《国家林业局关于印发〈“百县千村万户”林业科技示范行动实施方案〉的通知》（林科发〔2008〕97号）	取消	
65	天保工程示范点建设单位审批	国家林业局	《国家林业局关于开展天然林保护工程第一批示范点建设工作的通知》（林天发〔2005〕49号）	取消	
66	天保工程森工企业职工“四险补助”和混岗职工安置办法、安置标准审批	国家林业局	《国家林业局关于做好天然林保护工程区森工企业职工“四险补助”和混岗职工安置等工作的通知》（林计发〔2006〕92号）	取消	
67	天保工程森工企业下岗职工一次性安置审批	国家林业局	《财政部、国家林业局关于做好森工企业下岗职工一次性安置工作的通知》（财农〔2000〕83号）	取消	
68	开办烟草专卖品交易市场审批	国家烟草局	《中华人民共和国烟草专卖法实施条例》（国务院令第223号）	取消	
69	烟草基因工程事项审批	国家烟草局	《国务院办公厅关于保留部分非行政许可审批项目的通知》(国办发〔2004〕62号)	取消	
70	厂办大集体改革试点审批	国务院国资委	《国务院关于同意东北地区厂办大集体改革试点工作指导意见的批复》（国函〔2005〕88号）《国务院办公厅印发关于中部六省实施比照振兴东北地区等老工业基地和西部大开发有关政策的通知》（国办函〔2008〕15号）	取消	
71	出入境检验检疫报检员从业注册	出入境检验检疫机构	《中华人民共和国进出口商品检验法实施条例》（国务院令第447号）	取消	

续表

序号	项目名称	实施机关	设定依据	处理决定	备注
72	企业投资在非主要河流上建设的水电站项目核准	国家发展改革委	《国务院关于投资体制改革的决定》（国发〔2004〕20号）	下放地方政府投资主管部门	
73	企业投资分布式燃气发电项目核准	国家发展改革委	《国务院关于投资体制改革的决定》（国发〔2004〕20号）	下放省级投资主管部门	
74	企业投资燃煤背压热电项目核准	国家发展改革委	《国务院关于投资体制改革的决定》（国发〔2004〕20号）	下放省级投资主管部门	
75	企业投资风电站项目核准	国家发展改革委	《国务院关于投资体制改革的决定》（国发〔2004〕20号）	下放地方政府投资主管部门	
76	企业投资330千伏及以下电压等级的交流电网工程项目，列入国家规划的非跨境、跨省（区、市）500千伏电压等级的交流电网工程项目核准	国家发展改革委	《国务院关于投资体制改革的决定》（国发〔2004〕20号）	下放地方政府投资主管部门	
77	企业投资钾矿肥、磷矿肥项目核准	国家发展改革委	《国务院关于投资体制改革的决定》（国发〔2004〕20号）	下放省级投资主管部门	
78	企业投资国家规划矿区内新增年生产能力低于120万吨的煤矿开发项目核准	国家发展改革委	《国务院关于投资体制改革的决定》（国发〔2004〕20号）	下放省级投资主管部门	
79	企业投资非跨境、跨省（区、市）的油气输送管网项目核准	国家发展改革委	《国务院关于投资体制改革的决定》（国发〔2004〕20号）	下放省级投资主管部门	
80	企业投资除稀土矿山开发项目和已探明工业储量5000万吨及以上规模的铁矿开发项目外的其他矿山开发项目（不含煤矿、铀矿）核准	国家发展改革委	《国务院关于投资体制改革的决定》（国发〔2004〕20号）	下放省级投资主管部门	

续表

序号	项目名称	实施机关	设定依据	处理决定	备注
81	企业投资稀土深加工项目核准	国家发展改革委	《国务院关于投资体制改革的决定》（国发〔2004〕20号）	下放省级投资主管部门	
82	企业投资城市快速轨道交通项目按照国家批准的规划核准	国家发展改革委	《国务院关于投资体制改革的决定》（国发〔2004〕20号）	下放省级投资主管部门	
83	企业投资国家重点风景名胜区、国家自然保护区、全国重点文物保护单位区域内总投资5000万元以上的旅游开发和资源保护项目，世界自然和文化遗产保护区内总投资3000万元及以上的项目核准	国家发展改革委	《国务院关于投资体制改革的决定》（国发〔2004〕20号）	下放省级投资主管部门	
84	外国企业常驻代表机构登记	工商总局	《外国企业常驻代表机构登记管理条例》（国务院令第584号）	下放省级工商行政管理部门	
85	外国（地区）企业在中国境内从事生产经营活动核准	工商总局	《国务院对确需保留的行政审批项目设定行政许可的决定》（国务院令第412号）	下放省级工商行政管理部门	
86	外国文艺表演团体、个人来华在非歌舞娱乐场所进行营业性演出审批	文化部	《营业性演出管理条例》（国务院令第528号）	下放省级文化行政部门	
87	中央管理的建筑施工企业安全生产许可	住房和城乡建设部	《安全生产许可证条例》（国务院令第397号）	下放省级住房和城乡建设行政部门	
88	实验动物出口审批	科技部	《实验动物管理条例》（1988年10月31日国务院批准，1988年11月14日国家科学技术委员会令第2号发布，根据2011年1月8日《国务院关于废止和修改部分行政法规的决定》修改）	下放省级科技行政管理部门	

续表

序号	项目名称	实施机关	设定依据	处理决定	备注
89	实验动物工作单位从国外进口实验动物原种登记单位指定	科技部	《实验动物管理条例》（1988年10月31日国务院批准，1988年11月14日国家科学技术委员会令第2号发布，根据2011年1月8日《国务院关于废止和修改部分行政法规的决定》修改）	下放省级科技行政管理部门	
90	加工利用国家限制进口、可用作原料的废五金电器、废电线电缆、废电机等企业认定	环境保护部	《国务院对确需保留的行政审批项目设定行政许可的决定》（国务院令第412号）	下放省级环境保护行政部门	
91	经营高危险性体育项目许可	体育总局	《全民健身条例》（国务院令第560号）	下放省级以下体育行政主管部门	

附件2

国务院决定取消的评比、达标、表彰项目目录

（共计10项）

序号	项目名称	主办单位	处理决定
1	部级电子工程设计奖评选	工业和信息化部	取消
2	中国工艺美术大师评选	工业和信息化部	取消部门评选，转由中国轻工业联合会举办
3	民爆行业企业信息化和工业化融合评估	工业和信息化部	取消
4	全国居民家庭经济状况核对示范单位命名	民政部	取消
5	全国财政协作研究课题评比	财政部	取消部门评比，转由中国财政学会举办
6	全国农村优秀人才评选	人力资源和社会保障部	并入全国杰出创业技术人才评选
7	留学人员创业园评估	人力资源和社会保障部	取消
8	劳动保障监察“两网化”管理标准执行情况评估	人力资源和社会保障部	取消
9	城镇房屋拆迁管理规范化考核	住房和城乡建设部	取消
10	全路节能环保绿化先进集体、先进个人评选	原铁道部	取消

附件 3

国务院决定取消的行政事业性收费项目目录

（共计 3 项）

序号	项目	收费部门	依据	处理决定
1	电子工程概预算人员培训费	工业和信息化部门	《国家计委、财政部关于电子工程建设概预算人员培训费收费标准的通知》（计价格〔2000〕876 号）	取消
2	烟草制品及原辅材料检验费	烟草部门	《国家物价局、财政部关于发布烟草专卖系统行政事业性收费项目及标准的通知》（价费字〔1992〕187 号）	取消
3	保密证表包装材料费	保密部门	《国家保密局、国家物价局、财政部关于保密工作部门执行有关管理规定收取工本费问题的通知》（国保〔1991〕48 号）	取消

国务院办公厅关于金融支持经济结构调整和转型升级的指导意见

国办发〔2013〕67 号　2013 年 7 月 1 日

各省、自治区、直辖市人民政府，国务院各部委、各直属机构：

当前，我国经济运行总体平稳，但结构性矛盾依然突出。金融运行总体是稳健的，但资金分布不合理问题仍然存在，与经济结构调整和转型升级的要求不相适应。为深入贯彻党的十八大、中央经济工作会议和国务院常务会议精神，更好地发挥金融对经济结构调整和转型升级的支持作用，更好地发挥市场配置资源的基础性作用，更好地发挥金融政策、财政政策和产业政策的协同作用，优化社会融资结构，持续加强对重点领域和薄弱环节的金融支持，切实防范化解金融风险，经国务院同意，现提出以下指导意见。

一、继续执行稳健的货币政策，合理保持货币信贷总量

统筹兼顾稳增长、调结构、控通胀、防风险，合理保持货币总量。综合运用数量、价格等多种货币政策工具组合，充分发挥再贷款、再贴现和差别存款准备金动态调整机制的引导作用，盘活存量资金，用好增量资金，加快资金周转速度，提高资金使用效率。对中小金融机构继续实施较低的存款准备金率，增加“三农”、小微企业等薄弱环节的信贷资金来源。稳步推进利率市场化改革，更大程度地发挥市场在资金配置中的基础性作用，促进企业根据自身条件选择融资渠道、优化融资结构，提高实体经济

特别是小微企业的信贷可获得性，进一步加大金融对实体经济的支持力度（人民银行牵头，国家发展改革委、工业和信息化部、财政部、银监会、证监会、保监会、外汇局等参加）。

二、引导、推动重点领域与行业转型和调整

坚持有扶有控、有保有压原则，增强资金支持的针对性和有效性。大力支持实施创新驱动发展战略。加大对有市场发展前景的先进制造业、战略性新兴产业、现代信息技术产业和信息消费、劳动密集型产业、服务业、传统产业改造升级以及绿色环保等领域的资金支持力度。保证重点在建续建工程和项目的合理资金需求，积极支持铁路等重大基础设施、城市基础设施、保障性安居工程等民生工程建设，培育新的产业增长点。按照“消化一批、转移一批、整合一批、淘汰一批”的要求，对产能过剩行业区分不同情况实施差别化政策。对产品有竞争力、有市场、有效益的企业，要继续给予资金支持；对合理向境外转移产能的企业，要通过内保外贷、外汇及人民币贷款、债权融资、股权融资等方式，积极支持增强跨境投资经营能力；对实施产能整合的企业，要通过探索发行优先股、定向开展并购贷款、适当延长贷款期限等方式，支持企业兼并重组；对属于淘汰落后产能的企业，要通过保全资产和不良贷款转让、贷款损失核销等方式支持压产退市。严禁对产能严重过剩行业违规建设项目提供任何形式的新增授信和直接融资，防止盲目投资加剧产能过剩（国家发展改革委、工业和信息化部、财政部、商务部、人民银行、国资委、银监会、证监会、保监会、外汇局等按职责分工负责）。

三、整合金融资源支持小微企业发展

优化小微企业金融服务。支持金融机构向小微企业集中的区域延伸服务网点。根据小微企业不同发展阶段的金融需求特点，支持金融机构向小微企业提供融资、结算、理财、咨询等综合性金融服务。继续支持符合条件的银行发行小微企业专项金融债，所募集资金发放的小微企业贷款不纳入存贷比考核。逐步推进信贷资产证券化常规化发展，盘活资金支持小微企业发展和经济结构调整。适度放开小额外保内贷业务，扩大小微企业境内融资来源。适当提高对小微企业贷款的不良贷款容忍度。加强对科技型、创新型、创业型小微企业的金融支持力度。力争全年小微企业贷款增速不低于当年各项贷款平均增速，贷款增量不低于上年同期水平。鼓励地方人民政府建立小微企业信贷风险补偿基金，支持小微企业信息整合，加快推进中小企业信用体系建设。支持地方人民政府加强对小额贷款公司、融资性担保公司的监管，对非融资性担保公司进行清理规范。鼓励地方人民政府出资设立或参股融资性担保公司，以及通过奖励、风险补偿等多种方式引导融资性担保公司健康发展，帮助小微企业增信融资，降低小微企业融资成本，提高小微企业贷款覆盖面。推动金融机构完善服务定价管理机制，严格规范收费行为，严格执行不得以贷转存、不得存贷挂钩、不得以贷收费、不得浮利分费、不得借贷搭售、不得一浮到顶、不得转嫁成本，公开收费项目、服务质价、效用功能、优惠政策等规定，切实降低企业融资成本（国家发展改革委、科技部、工

业和信息化部、财政部、人民银行、工商总局、银监会、证监会、保监会、外汇局等按职责分工负责)。

四、加大对“三农”领域的信贷支持力度

优化“三农”金融服务，统筹发挥政策性金融、商业性金融和合作性金融的协同作用，发挥直接融资优势，推动加快农业现代化步伐。鼓励涉农金融机构在金融服务空白乡镇设立服务网点，创新服务方式，努力实现农村基础金融服务全覆盖。支持金融机构开发符合农业农村新型经营主体和农产品批发商特点的金融产品和服务，加大信贷支持力度，力争全年“三农”贷款增速不低于当年各项贷款平均增速，贷款增量不低于上年同期水平。支持符合条件的银行发行“三农”专项金融债。鼓励银行业金融机构扩大林权抵押贷款，探索开展大中型农机具、农村土地承包经营权和宅基地使用权抵押贷款试点。支持农业银行在总结试点经验的基础上，逐步扩大县域“三农金融事业部”试点省份范围。支持经中央批准的农村金融改革试点地区创新农村金融产品和服务（财政部、国土资源部、农业部、商务部、人民银行、林业局、法制办、银监会等按职责分工负责)。

五、进一步发展消费金融促进消费升级

加快完善银行卡消费服务功能，优化刷卡消费环境，扩大城乡居民用卡范围。积极满足居民家庭首套自住购房、大宗耐用消费品、新型消费品以及教育、旅游等服务消费领域的合理信贷需求。逐步扩大消费金融公司的试点城市范围，培育和壮大新的消费增长点。加强个人信用管理。根据城镇化过程中进城务工人员等群体的消费特点，提高金融服务的匹配度和适应性，促进消费升级（人民银行牵头，国家发展改革委、工业和信息化部、商务部、银监会等参加)。

六、支持企业“走出去”

鼓励政策性银行、商业银行等金融机构大力支持企业“走出去”。以推进贸易投资便利化为重点，进一步推动人民币跨境使用，推进外汇管理简政放权，完善货物贸易和服务贸易外汇管理制度。逐步开展个人境外直接投资试点，进一步推动资本市场对外开放。改进外债管理方式，完善全口径外债管理制度。加强银行间外汇市场净额清算等基础设施建设。创新外汇储备运用，拓展外汇储备委托贷款平台和商业银行转贷款渠道，综合运用多种方式为用汇主体提供融资支持（人民银行牵头，外交部、国家发展改革委、财政部、商务部、海关总署、银监会、证监会、保监会、外汇局等参加)。

七、加快发展多层次资本市场

进一步优化主板、中小企业板、创业板市场的制度安排，完善发行、定价、并购重组等方面的各项制度。适当放宽创业板对创新型、成长型企业的财务准入标准。将中小企业股份转让系统试点扩大至全国。规范非上市公众公司管理。稳步扩大公司（企业）债、中期票据和中小企业私募债券发行，促进债券市场互联互通。规范发展各

类机构投资者，探索发展并购投资基金，鼓励私募股权投资基金、风险投资基金产品创新，促进创新型、创业型中小企业融资发展。加快完善期货市场建设，稳步推进期货市场品种创新，进一步发挥期货市场的定价、分散风险、套期保值和推进经济转型升级的作用（证监会牵头，国家发展改革委、科技部、工业和信息化部、财政部、人民银行、工商总局、法制办等参加）。

八、进一步发挥保险的保障作用

扩大农业保险覆盖范围，推广菜篮子工程保险、渔业保险、农产品质量保证保险、农房保险等新型险种。建立完善财政支持的农业保险大灾风险分散机制。大力发展出口信用保险，鼓励为企业开展对外贸易和“走出去”提供投资、运营、劳动用工等方面的一揽子保险服务。深入推进科技保险工作。试点推广小额信贷保证保险，推动发展国内贸易信用保险。拓宽保险覆盖面和保险资金运用范围，进一步发挥保险对经济结构调整和转型升级的积极作用（保监会牵头，国家发展改革委、科技部、工业和信息化部、财政部、农业部、商务部、人民银行、林业局、银监会、外汇局等参加）。

九、扩大民间资本进入金融业

鼓励民间资本投资入股金融机构和参与金融机构重组改造。允许发展成熟、经营稳健的村镇银行在最低股比要求内，调整主发起行与其他股东持股比例。尝试由民间资本发起设立自担风险的民营银行、金融租赁公司和消费金融公司等金融机构。探索优化银行业分类监管机制，对不同类型银行业金融机构在经营地域和业务范围上实行差异化准入管理，建立相应的考核和评估体系，为实体经济发展提供广覆盖、差异化、高效率的金融服务（银监会牵头，人民银行、工商总局、法制办等参加）。

十、严密防范金融风险

深入排查各类金融风险隐患，适时开展压力测试，动态分析可能存在的风险触点，及时锁定、防控和化解风险，严守不发生系统性区域性金融风险的底线。继续按照总量控制、分类管理、区别对待、逐步化解的原则，防范化解地方政府融资平台贷款等风险。认真执行房地产调控政策，落实差别化住房信贷政策，加强名单制管理，严格防控房地产融资风险。按照理财与信贷业务分离、产品与项目逐一对应、单独建账管理、信息公开透明的原则，规范商业银行理财产品，加强行为监管，严格风险管控。密切关注并积极化解“两高一剩”（高耗能、高污染、产能过剩）行业结构调整时暴露的金融风险。防范跨市场、跨行业经营带来的交叉金融风险，防止民间融资、非法集资、国际资本流动等风险向金融系统传染渗透。支持银行开展不良贷款转让，扩大银行不良贷款自主核销权，及时主动消化吸收风险。稳妥有序处置风险，加强疏导，防止因处置不当等引发新的风险。加快信用立法和社会信用体系建设，培育社会诚信文化，为金融支持经济结构调整和转型升级营造良好环境（人民银行牵头，国家发展改革委、工业和信息化部、财政部、住房和城乡建设部、法制办、银监会、证监会、保监会、外汇局等参加）。

国务院关于印发中国（上海）自由贸易试验区总体方案的通知

国发〔2013〕38 号　2013 年 9 月 18 日

各省、自治区、直辖市人民政府，国务院各部委、各直属机构：

国务院批准《中国（上海）自由贸易试验区总体方案》（以下简称《方案》），现予印发。

一、建立中国（上海）自由贸易试验区，是党中央、国务院作出的重大决策，是深入贯彻党的十八大精神，在新形势下推进改革开放的重大举措，对加快政府职能转变、积极探索管理模式创新、促进贸易和投资便利化，为全面深化改革和扩大开放探索新途径、积累新经验，具有重要意义。

二、上海市人民政府要精心组织好《方案》的实施工作。要探索建立投资准入前国民待遇和负面清单管理模式，深化行政审批制度改革，加快转变政府职能，全面提升事中、事后监管水平。要扩大服务业开放、推进金融领域开放创新，建设具有国际水准的投资贸易便利、监管高效便捷、法制环境规范的自由贸易试验区，使之成为推进改革和提高开放型经济水平的“试验田”，形成可复制、可推广的经验，发挥示范带动、服务全国的积极作用，促进各地区共同发展。有关部门要大力支持，做好协调配合、指导评估等工作。

三、根据《全国人民代表大会常务委员会关于授权国务院在中国（上海）自由贸易试验区暂时调整有关法律规定的行政审批的决定》，相应暂时调整有关行政法规和国务院文件的部分规定。具体由国务院另行印发。

《方案》实施中的重大问题，上海市人民政府要及时向国务院请示报告。

中国（上海）自由贸易试验区总体方案

建立中国（上海）自由贸易试验区（以下简称试验区）是党中央、国务院作出的重大决策，是深入贯彻党的十八大精神，在新形势下推进改革开放的重大举措。为全面有效推进试验区工作，制定本方案。

一、总体要求

试验区肩负着我国在新时期加快政府职能转变、积极探索管理模式创新、促进贸易和投资便利化，为全面深化改革和扩大开放探索新途径、积累新经验的重要使命，是国家战略需要。

（一）指导思想

高举中国特色社会主义伟大旗帜，以邓小平理论、“三个代表”重要思想、科学发展观为指导，紧紧围绕国家战略，进一步解放思想，坚持先行先试，以开放促改革、促发展，率先建立符合国际化和法治化要求的跨境投资和贸易规则体系，使试验区成为我国进一步融入经济全球化的重要载体，打造中国经济升级版，为实现中华民族伟大复兴的中国梦作出贡献。

（二）总体目标

经过两至三年的改革试验，加快转变政府职能，积极推进服务业扩大开放和外商投资管理体制改革，大力发展总部经济和新型贸易业态，加快探索资本项目可兑换和金融服务业全面开放，探索建立货物状态分类监管模式，努力形成促进投资和创新的政策支持体系，着力培育国际化和法治化的营商环境，力争建设成为具有国际水准的投资贸易便利、货币兑换自由、监管高效便捷、法制环境规范的自由贸易试验区，为我国扩大开放和深化改革探索新思路和新途径，更好地为全国服务。

（三）实施范围

试验区的范围涵盖上海外高桥保税区、上海外高桥保税物流园区、洋山保税港区和上海浦东机场综合保税区等 4 个海关特殊监管区域，并根据先行先试推进情况以及产业发展和辐射带动需要，逐步拓展实施范围和试点政策范围，形成与上海国际经济、金融、贸易、航运中心建设的联动机制。

二、主要任务和措施

紧紧围绕面向世界、服务全国的战略要求和上海“四个中心”建设的战略任务，按照先行先试、风险可控、分步推进、逐步完善的方式，把扩大开放与体制改革相结合、把培育功能与政策创新相结合，形成与国际投资、贸易通行规则相衔接的基本制度框架。

（一）加快政府职能转变

1. 深化行政管理体制改革。加快转变政府职能，改革创新政府管理方式，按照国际化、法治化的要求，积极探索建立与国际高标准投资和贸易规则体系相适应的行政管理体系，推进政府管理由注重事先审批转为注重事中、事后监管。建立一口受理、综合审批和高效运作的服务模式，完善信息网络平台，实现不同部门的协同管理机制。建立行业信息跟踪、监管和归集的综合性评估机制，加强对试验区内企业在区外经营活动全过程的跟踪、管理和监督。建立集中统一的市场监管综合执法体系，在质量技术监督、食品药品监管、知识产权、工商、税务等管理领域，实现高效监管，积极鼓励社会力量参与市场监督。提高行政透明度，完善体现投资者参与、符合国际规则的信息公开机制。完善投资者权益有效保障机制，实现各类投资主体的公平竞争，允许符合条件的外国投资者自由转移其投资收益。建立知识产权纠纷调解、援助等解决机制。

（二）扩大投资领域的开放

2. 扩大服务业开放。选择金融服务、航运服务、商贸服务、专业服务、文化服务以及社会服务领域扩大开放（具体开放清单见附件），暂停或取消投资者资质要求、股比限制、经营范围限制等准入限制措施（银行业机构、信息通信服务除外），营造有利于各类投资者平等准入的市场环境。

3. 探索建立负面清单管理模式。借鉴国际通行规则，对外商投资试行准入前国民待遇，研究制定试验区外商投资与国民待遇等不符的负面清单，改革外商投资管理模式。对负面清单之外的领域，按照内外资一致的原则，将外商投资项目由核准制改为备案制（国务院规定对国内投资项目保留核准的除外），由上海市负责办理；将外商投资企业合同章程审批改为由上海市负责备案管理，备案后按国家有关规定办理相关手续；工商登记与商事登记制度改革相衔接，逐步优化登记流程；完善国家安全审查制度，在试验区内试点开展涉及外资的国家安全审查，构建安全高效的开放型经济体系。在总结试点经验的基础上，逐步形成与国际接轨的外商投资管理制度。

4. 构筑对外投资服务促进体系。改革境外投资管理方式，对境外投资开办企业实行以备案制为主的管理方式，对境外投资一般项目实行备案制，由上海市负责备案管理，提高境外投资便利化程度。创新投资服务促进机制，加强境外投资事后管理和服务，形成多部门共享的信息监测平台，做好对外直接投资统计和年检工作。支持试验区内各类投资主体开展多种形式的境外投资。鼓励在试验区设立专业从事境外股权投资的项目公司，支持有条件的投资者设立境外投资股权投资母基金。

（三）推进贸易发展方式转变

5. 推动贸易转型升级。积极培育贸易新型业态和功能，形成以技术、品牌、质量、服务为核心的外贸竞争新优势，加快提升我国在全球贸易价值链中的地位。鼓励跨国公司建立亚太地区总部，建立整合贸易、物流、结算等功能的营运中心。深化国际贸易结算中心试点，拓展专用账户的服务贸易跨境收付和融资功能。支持试验区内企业发展离岸业务。鼓励企业统筹开展国际国内贸易，实现内外贸一体化发展。探索在试验区内设立国际大宗商品交易和资源配置平台，开展能源产品、基本工业原料和大宗农产品的国际贸易。扩大完善期货保税交割试点，拓展仓单质押融资等功能。加快对外文化贸易基地建设。推动生物医药、软件信息、管理咨询、数据服务等外包业务发展。允许和支持各类融资租赁公司在试验区内设立项目子公司并开展境内外租赁服务。鼓励设立第三方检验鉴定机构，按照国际标准采信其检测结果。试点开展境内外高技术、高附加值的维修业务。加快培育跨境电子商务服务功能，试点建立与之相适应的海关监管、检验检疫、退税、跨境支付、物流等支撑系统。

6. 提升国际航运服务能级。积极发挥外高桥港、洋山深水港、浦东空港国际枢纽港的联动作用，探索形成具有国际竞争力的航运发展制度和运作模式。积极发展航运金融、国际船舶运输、国际船舶管理、国际航运经纪等产业。加快发展航运运价指数衍生品交易业务。推动中转集拼业务发展，允许中资公司拥有或控股拥有的非五星旗船，先行先试外贸进出口集装箱在国内沿海港口和上海港之间的沿海捎带业务。支持浦东机场增加国际中转货运航班。充分发挥上海的区域优势，利用中资“方便旗”船税收优惠政策，促进符合条件的船舶在上海落户登记。在试验区实行已在天津试点的国际船舶登记政策。简化国际船舶运输经营许可流程，形成高效率的船籍登记制度。

（四）深化金融领域的开放创新

7. 加快金融制度创新。在风险可控的前提下，可在试验区内对人民币资本项目可兑换、金融市场利率市场化、人民币跨境使用等方面创造条件进行先行先试。在试验区内实现金融机构资产方价格实行市场化定价。探索面向国际的外汇管理改革试点，建立与自由贸易试验区相适应的外汇管理体制，全面实现贸易投资便利化。鼓励企业充分利用境内外两种资源、两个市场，实现跨境融资自由化。深化外债管理方式改革，促进跨境融资便利化。深化跨国公司总部外汇资金集中运营管理试点，促进跨国公司设立区域性或全球性资金管理中心。建立试验区金融改革创新与上海国际金融中心建设的联动机制。

8. 增强金融服务功能。推动金融服务业对符合条件的民营资本和外资金融机构全面开放，支持在试验区内设立外资银行和中外合资银行。允许金融市场在试验区内建立面向国际的交易平台。逐步允许境外企业参与商品期货交易。鼓励金融市场产品创新。支持股权托管交易机构在试验区内建立综合金融服务平台。支持开展人民币跨境再保险业务，培育发展再保险市场。

（五）完善法制领域的制度保障

9. 完善法制保障。加快形成符合试验区发展需要的高标准投资和贸易规则体系。针对试点内容，需要停止实施有关行政法规和国务院文件的部分规定的，按规定程序办理。其中，经全国人民代表大会常务委员会授权，暂时调整《中华人民共和国外资企业法》、《中华人民共和国中外合资经营企业法》和《中华人民共和国中外合作经营企业法》规定的有关行政审批，自2013年10月1日起在三年内试行。各部门要支持试验区在服务业扩大开放、实施准入前国民待遇和负面清单管理模式等方面深化改革试点，及时解决试点过程中的制度保障问题。上海市要通过地方立法，建立与试点要求相适应的试验区管理制度。

三、营造相应的监管和税收制度环境

适应建立国际高水平投资和贸易服务体系的需要，创新监管模式，促进试验区内货物、服务等各类要素自由流动，推动服务业扩大开放和货物贸易深入发展，形成公开、透明的管理制度。同时，在维护现行税制公平、统一、规范的前提下，以培育功能为导向，完善相关政策。

（一）创新监管服务模式

1. 推进实施“一线放开”。允许企业凭进口舱单将货物直接入区，再凭进境货物备案清单向主管海关办理申报手续，探索简化进出境备案清单，简化国际中转、集拼和分拨等业务进出境手续；实行“进境检疫，适当放宽进出口检验”模式，创新监管技术和方法。探索构建相对独立的以贸易便利化为主的货物贸易区域和以扩大服务领域开放为主的服务贸易区域。在确保有效监管的前提下，探索建立货物状态分类监管模式。深化功能拓展，在严格执行货物进出口税收政策的前提下，允许在特定区域设立保税展示交易平台。

2. 坚决实施“二线安全高效管住”。优化卡口管理，加强电子信息联网，通过进出境清单比对、账册管理、卡口实货核注、风险分析等加强监管，促进二线监管模式与一线监管模式相衔接，推行“方便进出，严密防范质量安全风险”的检验检疫监管模式。加强电子账册管理，推动试验区内货物在各海关特殊监管区域之间和跨关区便捷流转。试验区内企业原则上不受地域限制，可到区外再投资或开展业务，如有专项规定要求办理相关手续，仍应按照专项规定办理。推进企业运营信息与监管系统对接。通过风险监控、第三方管理、保证金要求等方式实行有效监管，充分发挥上海市诚信体系建设的作用，加快形成企业商务诚信管理和经营活动专属管辖制度。

3. 进一步强化监管协作。以切实维护国家安全和市场公平竞争为原则，加强各有关部门与上海市政府的协同，提高维护经济社会安全的服务保障能力。试验区配合国务院有关部门严格实施经营者集中反垄断审查。加强海关、质检、工商、税务、外汇等管理部门的协作。加快完善一体化监管方式，推进组建统一高效的口岸监管机构。探索试验区统一电子围网管理，建立风险可控的海关监管机制。

（二）探索与试验区相配套的税收政策

4. 实施促进投资的税收政策。注册在试验区内的企业或个人股东，因非货币性资产对外投资等资产重组行为而产生的资产评估增值部分，可在不超过 5 年期限内，分期缴纳所得税。对试验区内企业以股份或出资比例等股权形式给予企业高端人才和紧缺人才的奖励，实行已在中关村等地区试点的股权激励个人所得税分期纳税政策。

5. 实施促进贸易的税收政策。将试验区内注册的融资租赁企业或金融租赁公司在试验区内设立的项目子公司纳入融资租赁出口退税试点范围。对试验区内注册的国内租赁公司或租赁公司设立的项目子公司，经国家有关部门批准从境外购买空载重量在 25 吨以上并租赁给国内航空公司使用的飞机，享受相关进口环节增值税优惠政策。对设在试验区内的企业生产、加工并经“二线”销往内地的货物照章征收进口环节增值税、消费税。根据企业申请，试行对该内销货物按其对应进口料件或按实际报验状态征收关税的政策。在现行政策框架下，对试验区内生产企业和生产性服务业企业进口所需的机器、设备等货物予以免税，但生活性服务业等企业进口的货物以及法律、行政法规和相关规定明确不予免税的货物除外。完善启运港退税试点政策，适时研究扩大启运地、承运企业和运输工具等试点范围。

此外，在符合税制改革方向和国际惯例，以及不导致利润转移和税基侵蚀的前提下，积极研究完善适应境外股权投资和离岸业务发展的税收政策。

四、扎实做好组织实施

国务院统筹领导和协调试验区推进工作。上海市要精心组织实施，完善工作机制，落实工作责任，根据《方案》明确的目标定位和先行先试任务，按照“成熟的可先做，再逐步完善”的要求，形成可操作的具体计划，抓紧推进实施，并在推进过程中认真研究新情况、解决新问题，重大问题要及时向国务院请示报告。各有关部门要大力支持，积极做好协调配合、指导评估等工作，共同推进相关体制机制和政策创新，把试验区建设好、管理好。

附件

中国（上海）自由贸易试验区服务业扩大开放措施

一、金融服务领域

1. 银行服务（国民经济行业分类：J 金融业——6620 货币银行服务）	
开放措施	（1）允许符合条件的外资金融机构设立外资银行，符合条件的民营资本与外资金融机构共同设立中外合资银行。在条件具备时，适时在试验区内试点设立有限牌照银行。 （2）在完善相关管理办法，加强有效监管的前提下，允许试验区内符合条件的中资银行开办离岸业务。
2. 专业健康医疗保险（国民经济行业分类：J 金融业——6812 健康和意外保险）	
开放措施	试点设立外资专业健康医疗保险机构。
3. 融资租赁（国民经济行业分类：J 金融业——6631 金融租赁服务）	
开放措施	（1）融资租赁公司在试验区内设立的单机、单船子公司不设最低注册资本限制。 （2）允许融资租赁公司兼营与主营业务有关的商业保理业务。

二、航运服务领域

4. 远洋货物运输（国民经济行业分类：G 交通运输、仓储和邮政业——5521 远洋货物运输）	
开放措施	（1）放宽中外合资、中外合作国际船舶运输企业的外资股比限制，由国务院交通运输主管部门制定相关管理试行办法。 （2）允许中资公司拥有或控股拥有的非五星旗船，先行先试外贸进出口集装箱在国内沿海港口和上海港之间的沿海捎带业务。
5. 国际船舶管理（国民经济行业分类：G 交通运输、仓储和邮政业——5539 其他水上运输辅助服务）	
开放措施	允许设立外商独资国际船舶管理企业。

三、商贸服务领域

6. 增值电信（国民经济行业分类：I 信息传输、软件和信息技术服务业——6319 其他电信业务，6420 互联网信息服务，6540 数据处理和存储服务，6592 呼叫中心）	
开放措施	在保障网络信息安全的前提下，允许外资企业经营特定形式的部分增值电信业务，如涉及突破行政法规，须国务院批准同意。
7. 游戏机、游艺机销售及服务（国民经济行业分类：F 批发和零售业——5179 其他机械及电子商品批发）	
开放措施	允许外资企业从事游戏游艺设备的生产和销售，通过文化主管部门内容审查的游戏游艺设备可面向国内市场销售。

四、专业服务领域

8. 律师服务（国民经济行业分类：L 租赁和商务服务业——7221 律师及相关法律服务）	
开放措施	密切探索中国律师事务所与外国（港澳台地区）律师事务所业务合作的方式和机制。
9. 资信调查（国民经济行业分类：L 租赁和商务服务业——7295 信用服务）	
开放措施	允许设立外商投资资信调查公司。
10. 旅行社（国民经济行业分类：L 租赁和商务服务业——7271 旅行社服务）	
开放措施	允许在试验区内注册的符合条件的中外合资旅行社，从事除台湾地区以外的出境旅游业务。
11. 人才中介服务（国民经济行业分类：L 租赁和商务服务业——7262 职业中介服务）	
开放措施	（1）允许设立中外合资人才中介机构，外方合资者可以拥有不超过 70% 的股权；允许港澳服务提供者设立独资人才中介机构。 （2）外资人才中介机构最低注册资本金要求由 30 万美元降低至 12.5 万美元。
12. 投资管理（国民经济行业分类：L 租赁和商务服务业——7211 企业总部管理）	
开放措施	允许设立股份制外资投资性公司。
13. 工程设计（国民经济行业分类：M 科学研究与技术服务企业——7482 工程勘察设计）	
开放措施	对试验区内为上海市提供服务的外资工程设计（不包括工程勘察）企业，取消首次申请资质时对投资者的工程设计业绩要求。
14. 建筑服务（国民经济行业分类：E 建筑业——47 房屋建筑业，48 土木工程建筑业，49 建筑安装业，50 建筑装饰和其他建筑业）	
开放措施	对试验区内的外商独资建筑企业承揽上海市的中外联合建设项目时，不受建设项目的中外方投资比例限制。

五、文化服务领域

15. 演出经纪（国民经济行业分类：R 文化、体育和娱乐业——8941 文化娱乐经纪人）	
开放措施	取消外资演出经纪机构的股比限制，允许设立外商独资演出经纪机构，为上海市提供服务。
16. 娱乐场所（国民经济行业分类：R 文化、体育和娱乐业——8911 歌舞厅娱乐活动）	
开放措施	允许设立外商独资的娱乐场所，在试验区内提供服务。

六、社会服务领域

17. 教育培训、职业技能培训（国民经济行业分类：P 教育——8291 职业技能培训）	
开放措施	（1）允许举办中外合作经营性教育培训机构。 （2）允许举办中外合作经营性职业技能培训机构。
18. 医疗服务（国民经济行业分类：Q 卫生和社会工作——8311 综合医院，8315 专科医院，8330 门诊部〔所〕）	
开放措施	允许设立外商独资医疗机构。

注：以上各项开放措施只适用于注册在中国（上海）自由贸易试验区内的企业。

国务院办公厅关于进一步加强资本市场中小投资者合法权益保护工作的意见

国办发〔2013〕110号　2013年12月25日

各省、自治区、直辖市人民政府，国务院各部委、各直属机构：

中小投资者是我国现阶段资本市场的主要参与群体，但处于信息弱势地位，抗风险能力和自我保护能力较弱，合法权益容易受到侵害。维护中小投资者合法权益是证券期货监管工作的重中之重，关系广大人民群众切身利益，是资本市场持续健康发展的基础。近年来，我国中小投资者保护工作取得了积极成效，但与维护市场“公开、公平、公正”和保护广大投资者合法权益的要求相比还有较大差距。为贯彻落实党的十八大、十八届三中全会精神和国务院有关要求，进一步加强资本市场中小投资者合法权益保护工作，经国务院同意，现提出如下意见。

一、健全投资者适当性制度

制定完善中小投资者分类标准。根据我国资本市场实际情况，制定并公开中小投资者分类标准及依据，并进行动态评估和调整。进一步规范不同层次市场及交易品种的投资者适当性制度安排，明确适合投资者参与的范围和方式。

科学划分风险等级。证券期货经营机构和中介机构应当对产品或者服务的风险进行评估并划分风险等级。推荐与投资者风险承受和识别能力相适应的产品或者服务，向投资者充分说明可能影响其权利的信息，不得误导、欺诈客户。

进一步完善规章制度和市场服务规则。证券期货经营机构和中介机构应当建立执业规范和内部问责机制，销售人员不得以个人名义接受客户委托从事交易；明确提示投资者如实提供资料信息，对收集的个人信息要严格保密、确保安全，不得出售或者非法提供给他人。严格落实投资者适当性制度并强化监管，违反适当性管理规定给中小投资者造成损失的，要依法追究责任。

二、优化投资回报机制

引导和支持上市公司增强持续回报能力。上市公司应当完善公司治理，提高盈利能力，主动积极回报投资者。公司首次公开发行股票、上市公司再融资或者并购重组摊薄即期回报的，应当承诺并兑现填补回报的具体措施。

完善利润分配制度。上市公司应当披露利润分配政策尤其是现金分红政策的具体安排和承诺。对不履行分红承诺的上市公司，要记入诚信档案，未达到整改要求的不得进行再融资。独立董事及相关中介机构应当对利润分配政策是否损害中小投资者合法权益发表明确意见。

建立多元化投资回报体系。完善股份回购制度，引导上市公司承诺在出现股价低于每股净资产等情形时回购股份。研究建立“以股代息”制度，丰富股利分配方式。

对现金分红持续稳定的上市公司，在监管政策上给予扶持。制定差异化的分红引导政策。完善除权除息制度安排。

发展服务中小投资者的专业化中介机构。鼓励开发适合中小投资者的产品。鼓励中小投资者通过机构投资者参与市场。基金管理人应当切实履行分红承诺，并努力创造良好投资回报。鼓励基金管理费率结构及水平多样化，形成基金管理人与基金份额持有人利益一致的费用模式。

三、保障中小投资者知情权

增强信息披露的针对性。有关主体应当真实、准确、完整、及时地披露对投资决策有重大影响的信息，披露内容做到简明易懂，充分揭示风险，方便中小投资者查阅。健全内部信息披露制度和流程，强化董事会秘书等相关人员职责。制定自愿性和简明化的信息披露规则。

提高市场透明度。对显著影响证券期货交易价格的信息，交易场所和有关主体要及时履行报告、信息披露和提示风险的义务。建立统一的信息披露平台。健全跨市场交易产品及突发事件信息披露机制。健全信息披露异常情形问责机制，加大对上市公司发生敏感事件时信息披露的动态监管力度。

切实履行信息披露职责。上市公司依法公开披露信息前，不得非法对他人提供相关信息。上市公司控股股东、实际控制人在信息披露文件中的承诺须具体可操作，特别是应当就赔偿或者补偿责任作出明确承诺并切实履行。上市公司应当明确接受投资者问询的时间和方式，健全舆论反应机制。

四、健全中小投资者投票机制

完善中小投资者投票等机制。引导上市公司股东大会全面采用网络投票方式。积极推行累积投票制选举董事、监事。上市公司不得对征集投票权提出最低持股比例限制。完善上市公司股东大会投票表决第三方见证制度。研究完善中小投资者提出罢免公司董事提案的制度。自律组织应当健全独立董事备案和履职评价制度。

建立中小投资者单独计票机制。上市公司股东大会审议影响中小投资者利益的重大事项时，对中小投资者表决应当单独计票。单独计票结果应当及时公开披露，并报送证券监管部门。

保障中小投资者依法行使权利。健全利益冲突回避、杜绝同业竞争和关联交易公平处理制度。上市公司控股股东、实际控制人不得限制或者阻挠中小投资者行使合法权利，不得损害公司和中小投资者的权益。健全公开发行公司债券持有人会议制度和受托管理制度。基金管理人须为基金份额持有人行使投票权提供便利，鼓励中小投资者参加持有人大会。

五、建立多元化纠纷解决机制

完善纠纷解决机制。上市公司及证券期货经营机构等应当承担投资者投诉处理的首要责任，完善投诉处理机制并公开处理流程和办理情况。证券监管部门要健全登记备案制度，将投诉处理情况作为衡量相关主体合规管理水平的依据。支持投资者与市场经营主体协商解决争议或者达成和解协议。

发挥第三方机构作用。支持自律组织、市场机构独立或者联合依法开展证券期货专业调解，为中小投资者提供免费服务。开展证券期货仲裁服务，培养专业仲裁力量。建立调解与仲裁、诉讼的对接机制。

加强协调配合。有关部门配合司法机关完善相关侵权行为民事诉讼制度。优化中小投资者依法维权程序，降低维权成本。健全适应资本市场中小投资者民事侵权赔偿特点的救济维权工作机制。推动完善破产清偿中保护投资者的措施。

六、健全中小投资者赔偿机制

督促违规或者涉案当事人主动赔偿投资者。对上市公司违法行为负有责任的控股股东及实际控制人，应当主动、依法将其持有的公司股权及其他资产用于赔偿中小投资者。招股说明书虚假记载、误导性陈述或者重大遗漏致使投资者遭受损失的，责任主体须依法赔偿投资者，中介机构也应当承担相应责任。基金管理人、托管人等未能履行勤勉尽责义务造成基金份额持有人财产损失的，应当依法赔偿。

建立上市公司退市风险应对机制。因违法违规而存在退市风险的上市公司，在定期报告中应当对退市风险作专项评估，并提出应对预案。研究建立公开发行公司债券的偿债基金制度。上市公司退市引入保险机制，在有关责任保险中增加退市保险附加条款。健全证券中介机构职业保险制度。

完善风险救助机制。证券期货经营机构和基金管理人应当在现有政策框架下，利用计提的风险准备金完善自主救济机制，依法赔偿投资者损失。研究实行证券发行保荐质保金制度和上市公司违规风险准备金制度。探索建立证券期货领域行政和解制度，开展行政和解试点。研究扩大证券投资者保护基金和期货投资者保障基金使用范围和来源。

七、加大监管和打击力度

完善监管政策。证券监管部门应当把维护中小投资者合法权益贯穿监管工作始终，落实到各个环节。对纳入行政许可、注册或者备案管理的证券期货行为，证券监管部门应当建立起相应的投资者合法权益保护安排。建立限售股股东减持计划预披露制度，在披露之前有关股东不得转让股票。鼓励限售股股东主动延长锁定期。建立覆盖全市场的诚信记录数据库，并实现部门之间共享。健全中小投资者查询市场经营主体诚信状况的机制。建立守信激励和失信惩戒机制。

坚决查处损害中小投资者合法权益的违法行为。严肃查处上市公司不当更正盈利预测报告、未披露导致股价异动事项、先于指定媒体发布信息、以新闻发布替代应履行公告义务、编造或传播虚假信息误导投资者，以及进行内幕交易和操纵市场等行为。坚决打击上市公司控股股东、实际控制人直接或者间接转移、侵占上市公司资产。建立证券期货违法案件举报奖励制度。

强化执法协作。各地区、各部门要统一认识，密切配合，严厉打击各类证券期货违法犯罪活动，及时纠正各类损害中小投资者合法权益的行为。建立侵害中小投资者合法权益事件的快速反应和处置机制，制定和完善应对突发性群体事件预案，做好相关事件处理和维护稳定工作。证券监管部门、公安机关应当不断强化执法协作，完善工作机制，加大提前介入力度。有关部门要配合公安、司法机关完善证券期货犯罪行为的追诉标准及相关司法解释。

八、强化中小投资者教育

加大普及证券期货知识力度。将投资者教育逐步纳入国民教育体系，有条件的地区可以先行试点。充分发挥媒体的舆论引导和宣传教育功能。证券期货经营机构应当承担各项产品和服务的投资者教育义务，保障费用支出和人员配备，将投资者教育纳入各业务环节。

提高投资者风险防范意识。自律组织应当强化投资者教育功能，健全会员投资者教育服务自律规则。中小投资者应当树立理性投资意识，依法行使权利和履行义务，养成良好投资习惯，不听信传言，不盲目跟风，提高风险防范意识和自我保护能力。

九、完善投资者保护组织体系

构建综合保护体系。加快形成法律保护、监管保护、自律保护、市场保护、自我保护的综合保护体系，实现中小投资者保护工作常态化、规范化和制度化。证券监管部门、自律组织以及市场经营主体应当健全组织机构和工作制度，加大资源投入，完善基础设施，畅通与中小投资者的沟通渠道。证券监管部门建立中小投资者合法权益保障检查制度与评估评价体系，并将其作为日常监管和行政许可申请审核的重要依据。

完善组织体系。探索建立中小投资者自律组织和公益性维权组织，向中小投资者提供救济援助，丰富和解、调解、仲裁、诉讼等维权内容和方式。充分发挥证券期货专业律师的作用，鼓励和支持律师为中小投资者提供公益性法律援助。

优化政策环境。证券监管部门要进一步完善政策措施，提高保护中小投资者合法权益的水平。上市公司国有大股东或者实际控制人应当依法行使权利，支持市场经营主体履行法定义务。财政、税收、证券监管部门应当完善交易和分红等相关税费制度，优化投资环境。国务院有关部门和地方人民政府要求上市公司提供未公开信息的，应当遵循法律法规相关规定。有关部门要完善数据采集发布工作机制，加强信息共享，形成投资者合法权益保护的协调沟通机制。强化国际监管合作与交流，实现投资者合法权益的跨境监管和保护。

中国证券监督管理委员会发布文件

规章和规范性文件

非上市公众公司监管指引第3号——章程必备条款

中国证券监督管理委员会公告〔2013〕3号　2013年1月4日

为引导非上市公众公司完善公司治理，现公布《非上市公众公司监管指引第3号——章程必备条款》，自公布之日起施行。

第一条　公司章程应当符合本指引的相关规定。

第二条　章程总则应当载明章程的法律效力，规定章程自生效之日起，即成为规范公司的组织和行为、公司与股东、股东与股东之间权利义务关系的具有约束力的法律文件，对公司、股东、董事、监事、高级管理人员具有法律约束力。

第三条　章程应当载明公司股票采用记名方式，并明确公司股票的登记存管机构以及股东名册的管理规定。

第四条　章程应当载明保障股东享有知情权、参与权、质询权和表决权的具体安排。

第五条　章程应当载明公司为防止股东及其关联方占用或者转移公司资金、资产及其他资源的具体安排。

第六条　章程应当载明公司控股股东和实际控制人的诚信义务。明确规定控股股东及实际控制人不得利用各种方式损害公司和其他股东的合法权益；控股股东及实际控制人违反相关法律、法规及章程规定，给公司及其他股东造成损失的，应承担赔偿责任。

第七条　章程应当载明须提交股东大会审议的重大事项的范围。

章程应当载明须经股东大会特别决议通过的重大事项的范围。

公司还应当在章程中载明重大担保事项的范围。

第八条　章程应当载明董事会须对公司治理机制是否给所有的股东提供合适的保护和平等权利，以及公司治理结构是否合理、有效等情况，进行讨论、评估。

第九条　章程应当载明公司依法披露定期报告和临时报告。

第十条　章程应当载明公司信息披露负责机构及负责人。如公司设置董事会秘书的，则应当由董事会秘书负责信息披露事务。

第十一条　章程应当载明公司的利润分配制度。章程可以就现金分红的具体条件和比例、未分配利润的使用原则等政策作出具体规定。

第十二条　章程应当载明公司关于投资者关系管理工作的内容和方式。

第十三条　股票不在依法设立的证券交易场所公开转让的公司应当在章程中规定，公司股东应当以非公开方式协议转让股份，不得采取公开方式向社会公众转让股份，并明确股东协议转让股份后，应当及时告知公司，同时在登记存管机构办理登记过户。

第十四条　公司章程应当载明公司、股东、董事、监事、高级管理人员之间涉及章程规定的纠纷，应当先行通过协商解决。协商不成的，通过仲裁或诉讼等方式解决。如选择仲裁方式的，应当指定明确具体的仲裁机构进行仲裁。

第十五条　公司股东大会选举董事、监事，如实行累积投票制的，应当在章程中对相关具体安排作出明确规定。

公司如建立独立董事制度的，应当在章程中明确独立董事的权利义务、职责及履职程序。

公司如实施关联股东、董事回避制度，应当在章程中列明需要回避的事项。

关于进一步规范期货营业部设立有关问题的规定

中国证券监督管理委员会公告〔2013〕11号　2013年2月20日

现公布《关于进一步规范期货营业部设立有关问题的规定》，自公布之日起施行。

第一条　为适应期货市场发展需要，进一步规范期货营业部设立行为，提高期货公司服务能力，促进市场公平竞争，根据《期货交易管理条例》、《期货公司管理办法》（证监会令第43号）等有关规定，制定本规定。

第二条　期货公司申请设立营业部，应当具备下列条件：

（一）未因涉嫌违法违规经营正在被有权机关调查，或者正在被中国证监会及其派出机构限期整改或采取《期货交易管理条例》第五十六条第二款所规定的监管措施，最近1年未因违法违规经营受到行政处罚或者刑事处罚；

（二）申请日前3个月及申请审核期间风险监管指标持续符合规定的标准，模拟计算新设营业部后的风险监管指标符合规定的标准；

（三）符合有关客户资产保护和期货保证金安全存管监控的规定，申请日前3个月及申请审核期间，期货公司未因自身原因发生期货保证金安全存管的重大预警或者其他严重影响期货保证金安全的情形；

（四）最近一次期货公司分类监管评级不低于C类C级；

（五）公司治理和内部控制制度符合有关规定并有效执行；

（六）拟任营业部负责人具备任职资格条件，拟任用业务岗位工作人员具备期货从业人员资格；

（七）拟设营业部的业务岗位职责明确、分工合理，与营业部的经营计划相适应；

（八）拟设营业部的营业场所和设施符合期货业务需要；

（九）符合反洗钱相关规定；

（十）中国证监会根据审慎监管原则规定的其他条件。

第三条 期货公司申请设立营业部，应当向拟设立营业部所在地中国证监会派出机构提交下列申请材料：

（一）设立营业部申请书；

（二）拟设立营业部的决议文件；

（三）营业部的设立方案，包括拟任营业部负责人、拟任用业务岗位工作人员、拟设营业部的业务岗位和营业场所、设施等符合监管要求的情况说明；

（四）营业部的管理制度文本；

（五）最近1个会计年度经审计的财务报告；

（六）申请日前连续3个月月末的风险监管报表及模拟计算新设营业部后的风险监管报表；

（七）期货公司首席风险官出具的合规意见书；

（八）中国证监会规定的其他材料。

第四条 拟设营业部所在地中国证监会派出机构应当自受理期货公司申请材料之日起2个月内做出核准或者不予核准的决定。在做出决定前，拟设营业部所在地中国证监会派出机构应当就期货公司是否符合营业部设立条件向期货公司住所地中国证监会派出机构书面征求意见。

第五条 期货公司在获准设立营业部后，应当在6个月内完成开业准备，并依法办理工商登记手续。期货公司不能在规定的期限内完成开业准备和工商登记手续的，可以向拟设营业部所在地中国证监会派出机构申请延期一次，但延长期限不得超过3个月。期限届满未完成开业准备或者工商登记手续的，营业部设立批复文件自动失效。

第六条 期货公司应当自领取营业部《营业执照》之日起10个工作日内持《营业执照》和设立批复文件向中国证监会申请领取《期货公司营业部经营许可证》。在未取得《营业执照》和《期货公司营业部经营许可证》前，营业部不得对外开展任何经营活动。

第七条 期货公司应当自领取《期货公司营业部经营许可证》之日起5个工作日内向营业部所在地中国证监会派出机构备案，并提交下列备案材料：

（一）营业部开业准备情况的报告；

（二）营业部负责人任职资格证明；

（三）营业部业务岗位及人员配备符合《期货营业部管理规定（试行）》（证监会公告〔2011〕33号）第十一条、第十二条规定的证明材料；

（四）营业部营业场所和设施符合《期货营业部管理规定（试行）》第三条、第四条规定的证明材料；

（五）营业部《营业执照》和《期货公司营业部经营许可证》复印件；

（六）中国证监会规定的其他材料。

第八条　本规定自公布之日起施行。中国证监会公布的《关于期货公司设立营业部与分类评价结果衔接工作有关问题的规定》（证监会公告〔2009〕31号）同时废止。

关于修改《期货公司风险监管指标管理试行办法》的决定

中国证券监督管理委员会公告〔2013〕12号　2013年2月21日

现公布《关于修改〈期货公司风险监管指标管理试行办法〉的决定》，自2013年7月1日起施行。

为进一步完善净资本监管，支持期货公司创新发展，现决定对《期货公司风险监管指标管理试行办法》（证监发〔2007〕55号）做如下修改：

一、标题中删去“试行”，修改为：“期货公司风险监管指标管理办法”。

二、第一条修改为：“为了加强对期货公司的监督管理，促进期货公司加强内部控制、防范风险、稳健发展，根据《期货交易管理条例》，制定本办法。”

三、第四条增加一款作为第二款：“期货公司应当及时根据监管要求、市场变化情况等对公司风险监管指标进行压力测试。”

四、第六条第一款修改为：“期货公司风险监管指标包括期货公司净资本、净资本与公司风险资本准备的比例、净资本与净资产的比例、流动资产与流动负债的比例、负债与净资产的比例、规定的最低限额的结算准备金要求等衡量期货公司财务安全的监管指标。”

增加一款作为第二款：“期货公司开展各项业务、设立分支机构等存在可能导致净资本损失的风险，应当按一定标准计算风险资本准备，并建立风险资本准备与净资本的对应关系，确保各项风险资本准备有对应的净资本支撑。”

五、第十八条第（二）项修改为：“净资本与公司的风险资本准备的比例不得低于100%。”

删去第（三）项。其后各项序号依次调整。

六、删除第十九条至第二十一条。增加一条作为第十九条：“期货公司应当按照中国证监会规定的标准计算各项业务的风险资本准备和公司的风险资本准备。

“各项业务风险资本准备由各项业务规模乘以一定比例（即风险系数）或按一定标准进行计算，加总各项风险资本准备得到期货公司风险资本准备。

“不同类别期货公司应当按照最近一期分类评价结果对应的分类计算系数乘以基准比例计算风险资本准备。”

其后各条序号依次调整。

七、第二十二条修改为第二十条：“中国证监会根据审慎监管原则，结合市场发展形势及期货公司风险管理能力，可以在征求行业意见基础上对期货公司净资本计算标准及最低要求、风险监管指标标准、风险资本准备计算标准等内容等进行调整。”

八、第二十三条修改为第二十一条：“中国证监会对第十八条规定的风险监管指标设置预警标准。规定‘不得低于’一定标准的风险监管指标，其预警标准是规定标准的120%，规定‘不得高于’一定标准的风险监管指标，其预警标准是规定标准的80%。”

九、第二十四条修改为第二十二条：“期货公司应当报送月度和年度风险监管报表。期货公司应当于月度终了后的7个工作日内向公司住所地中国证监会派出机构报送月度风险监管报表，在年度终了后的4个月内报送经具备证券、期货相关业务资格的会计师事务所审计的年度风险监管报表。

“中国证监会派出机构可以根据审慎监管原则，要求期货公司不定期编制并报送风险监管报表。”

十、第二十六条修改为第二十四条：“期货公司法定代表人、经营管理主要负责人、首席风险官、财务负责人、结算负责人、制表人应当在风险监管报表上签字确认，并应当保证其真实、准确、完整。上述人员对风险监管报表内容持有异议的，应当书面说明意见和理由，向公司住所地中国证监会派出机构报送。”

十一、第二十八条修改为第二十六条：“期货公司应当每半年向公司董事会提交书面报告，说明净资本等各项风险监管指标的具体情况，该书面报告应当经期货公司法定代表人签字确认。该报告经董事会审议通过后，应当向公司全体股东提交或进行信息披露。”

十二、第二十九条修改为第二十七条：“净资本与风险资本准备的比例与上月相比变动超过20%的，期货公司应当向公司住所地中国证监会派出机构提交书面报告，说明原因，并在5个工作日内向全体董事提交书面报告。”

十三、第三十条修改为第二十八条：“期货公司风险监管指标达到预警标准的，期货公司应当于当日向公司住所地中国证监会派出机构提交书面报告，详细说明原因、对公司的影响、解决问题的具体措施和期限，还应当向公司全体董事提交书面报告。

“期货公司风险监管指标不符合规定标准的，期货公司除履行上述程序外，还应当于当日向全体股东报告或进行信息披露。”

十四、第三十二条第二款第（一）项：“向公司出具警示函，并抄送其全体股东”修改为第三十条第二款第（一）项：“向公司出具关注函，并抄送其主要股东。”

十五、第三十六条修改为第三十四条：“期货公司逾期未改正或者经过整改风险监管指标仍不符合规定标准的，中国证监会及其派出机构可以依据《期货交易管理条例》第五十六条采取监管措施。”

十六、第三十七条第（一）项修改为第三十五条第（一）项：“风险监管报表，包括期货公司风险监管指标汇总表、净资本计算表、资产调整值计算表、风险资本准备计算表、客户分离资产报表、客户权益变动表、经营业务报表和客户管理报表等。”

十七、第三十八条修改为第三十六条：“本办法自2013年7月1日起施行。”

本决定自2013年7月1日起施行。

《期货公司风险监管指标管理试行办法》根据本决定做相应修改，重新公布。

期货公司风险监管指标管理办法

（2007 年 4 月 18 日证监发〔2007〕55 号公布，根据 2013 年 2 月 21 日证监会公告〔2013〕12 号《关于修改〈期货公司风险监管指标管理试行办法〉的决定》修订）

第一章　总　　则

第一条　为了加强对期货公司的监督管理，促进期货公司加强内部控制、防范风险、稳健发展，根据《期货交易管理条例》，制定本办法。

第二条　期货公司应当按照本办法的规定编制、报送风险监管报表。

第三条　期货公司应当建立与风险监管指标相适应的内部控制制度，应当建立动态的风险监控和资本补足机制，确保净资本等风险监管指标持续符合标准。

第四条　期货公司扩大业务规模或者做出向股东分配利润等可能对净资本产生重大影响的决定前，应当对相应的风险监管指标进行敏感性测试。

期货公司应当及时根据监管要求、市场变化情况等对公司风险监管指标进行压力测试。

第五条　期货公司应当聘请具备证券、期货相关业务资格的会计师事务所对期货公司年度风险监管报表进行审计。

会计师事务所及其注册会计师应当勤勉尽责，对出具报告所依据的文件资料内容的真实性、准确性和完整性进行核查和验证，并对出具审计报告的合法性和真实性负责。

第二章　风险监管指标的计算

第六条　期货公司风险监管指标包括期货公司净资本、净资本与公司风险资本准备的比例、净资本与净资产的比例、流动资产与流动负债的比例、负债与净资产的比例、规定的最低限额的结算准备金要求等衡量期货公司财务安全的监管指标。

期货公司开展各项业务、设立分支机构等存在可能导致净资本损失的风险，应当按一定标准计算风险资本准备，并建立风险资本准备与净资本的对应关系，确保各项风险资本准备有对应的净资本支撑。

第七条　本办法所称净资本是在期货公司净资产的基础上，按照变现能力对资产负债项目及其他项目进行风险调整后得出的综合性风险监管指标。

净资本的计算公式为：净资本 = 净资产 − 资产调整值 + 负债调整值 − 客户未足额追加的保证金 −／+ 其他调整项。

第八条　期货公司应当按照分类、流动性、账龄和可回收性等不同情况采取不同比例对资产进行风险调整。

第九条　期货公司持有的金融资产，按照分类和流动性情况采取不同比例进行风险调整，分类中同时符合两个或者两个以上标准的，应当采用最高的比例进行风险调整。

第十条 期货公司应当按照账龄及其核算的具体内容，采取不同比例对应收项目进行风险调整，分类中同时符合两个或者两个以上标准的，应当采用最高的比例进行风险调整。

第十一条 期货公司计算净资本时，应当按照企业会计准则的规定对相关项目充分计提资产减值准备。

中国证监会派出机构可以要求期货公司对资产减值准备计提的充足性和合理性进行专项说明；有证据表明期货公司未能充分计提资产减值准备的，中国证监会派出机构应当要求期货公司相应核减净资本金额。

第十二条 期货公司计算净资本时，可以将“期货风险准备金”等有助于增强抗风险能力的负债项目加回。

除“期货风险准备金”外，期货公司认为某项负债需要在计算净资本时予以调整的，应当增加附注，详细说明该项负债反映的具体内容；中国证监会及其派出机构可以根据审慎监管原则决定是否同意对该项负债进行调整。

第十三条 期货公司应当按照企业会计准则的规定确认预计负债。

中国证监会派出机构可以要求期货公司对预计负债进行专项说明；有证据表明期货公司未能准确确认预计负债的，中国证监会派出机构应当要求期货公司相应核减净资本金额。

第十四条 客户保证金未足额追加的，期货公司应当相应调减净资本。客户保证金在报表报送日之前已足额追加的，期货公司可以在报表附注中说明。

未足额追加的客户保证金应当按期货交易所规定的保证金标准计算，不包括已经记入“应收风险损失款”科目的客户因穿仓形成的对期货公司的债务。

第十五条 期货公司应当在净资本计算表的附注中，充分披露期末未决诉讼、未决仲裁等或有负债的性质、涉及金额、形成原因、进展情况、可能发生的损失和预计损失的会计处理情况，并在计算净资本时按照一定比例扣减。

中国证监会及其派出机构可以根据审慎监管原则要求期货公司调整扣减比例。

第十六条 期货公司借入次级债务的，可以将所借入的次级债务按照中国证监会规定的比例计入净资本。

期货公司向股东或者其关联企业借入的具有次级债务性质的长期借款，可以在计算净资本时将所借入的长期借款按照中国证监会规定的比例计入净资本。

第十七条 客户保证金未足额追加的，期货公司在计算符合规定的最低限额的结算准备金时，应当相应扣除。客户保证金在报表报送日之前已足额追加的，期货公司可以在报表附注中说明。

未足额追加的客户保证金应当按期货交易所规定的保证金标准计算，不包括已经记入“应收风险损失款”科目的客户因穿仓形成的对期货公司的债务。

第三章 风险监管指标标准

第十八条 期货公司应当持续符合以下风险监管指标标准：

（一）净资本不得低于人民币1500万元；

（二）净资本与公司的风险资本准备的比例不得低于100%；

（三）净资本与净资产的比例不得低于40%；

（四）流动资产与流动负债的比例不得低于100%；

（五）负债与净资产的比例不得高于150%；

（六）规定的最低限额的结算准备金要求。

第十九条　期货公司应当按照中国证监会规定的标准计算各项业务的风险资本准备和公司的风险资本准备。

各项业务风险资本准备由各项业务规模乘以一定比例（即风险系数）或按一定标准进行计算，加总各项风险资本准备得到期货公司风险资本准备。

不同类别期货公司应当按照最近一期分类评价结果对应的分类计算系数乘以基准比例计算风险资本准备。

第二十条　中国证监会根据审慎监管原则，结合市场发展形势及期货公司风险管理能力，可以在征求行业意见基础上对期货公司净资本计算标准及最低要求、风险监管指标标准、风险资本准备计算标准等内容等进行调整。

第二十一条　中国证监会对第十八条规定的风险监管指标设置预警标准。规定“不得低于”一定标准的风险监管指标，其预警标准是规定标准的120%，规定“不得高于”一定标准的风险监管指标，其预警标准是规定标准的80%。

第四章　编制和披露

第二十二条　期货公司应当报送月度和年度风险监管报表。期货公司应当于月度终了后的7个工作日内向公司住所地中国证监会派出机构报送月度风险监管报表，在年度终了后的4个月内报送经具备证券、期货相关业务资格的会计师事务所审计的年度风险监管报表。

中国证监会派出机构可以根据审慎监管原则，要求期货公司不定期编制并报送风险监管报表。

第二十三条　期货公司应当指定专人负责风险监管报表的编制和报送工作。

第二十四条　期货公司法定代表人、经营管理主要负责人、首席风险官、财务负责人、结算负责人、制表人应当在风险监管报表上签字确认，并应当保证其真实、准确、完整。上述人员对风险监管报表内容持有异议的，应当书面说明意见和理由，向公司住所地中国证监会派出机构报送。

第二十五条　期货公司应当按照中国证监会规定的方式报送风险监管报表。期货公司应当保留书面风险监管报表，相应责任人员应当在书面报表上签字，并加盖公司印章。该报表的保存期限应当不少于5年。

第二十六条　期货公司应当每半年向公司董事会提交书面报告，说明净资本等各项风险监管指标的具体情况，该书面报告应当经期货公司法定代表人签字确认。该报告经董事会审议通过后，应当向公司全体股东提交或进行信息披露。

第二十七条　净资本与风险资本准备的比例与上月相比变动超过20%的，期货公司应当向公司住所地中国证监会派出机构提交书面报告，说明原因，并在5个工作日内向全体董事提交书面报告。

第二十八条 期货公司风险监管指标达到预警标准的，期货公司应当于当日向公司住所地中国证监会派出机构提交书面报告，详细说明原因、对公司的影响、解决问题的具体措施和期限，还应当向公司全体董事提交书面报告。

期货公司风险监管指标不符合规定标准的，期货公司除履行上述程序外，还应当于当日向全体股东报告或进行信息披露。

第五章 监督管理

第二十九条 期货公司未按期报送风险监管报表或者报送的风险监管报表存在虚假记载、误导性陈述或者重大遗漏的，中国证监会派出机构应当要求期货公司限期报送或者补充更正。

期货公司未在限期内报送或者补充更正的，公司住所地中国证监会派出机构应当对公司进行现场检查，发现期货公司违反企业会计准则和本办法有关规定的，可以认定风险监管指标不符合规定标准。

第三十条 期货公司风险监管指标达到预警标准的，进入风险预警期。

中国证监会派出机构应当在5个工作日内对公司风险监管指标触及预警标准的情况和原因进行核实，对公司的影响程度进行评估，并视情况采取下列措施：

（一）向公司出具关注函，并抄送其主要股东；

（二）对公司高级管理人员进行监管谈话，要求其优化公司风险监管指标水平；

（三）要求公司进行重大业务决策时，应当至少提前5个工作日向公司住所地中国证监会派出机构报送临时报告，说明有关业务对公司财务状况和风险监管指标的影响；

（四）责令公司增加内部合规检查的频率，并提交合规检查报告。

第三十一条 期货公司风险监管指标优于预警标准并连续保持3个月的，风险预警期结束。

第三十二条 期货公司风险监管指标不符合规定标准的，中国证监会派出机构应当在2个工作日内对公司进行现场检查，对不符合规定标准的情况和原因进行核实，并责令期货公司限期整改，整改期限不得超过20个工作日。

第三十三条 经过整改，风险监管指标符合规定标准的，期货公司应当向公司住所地中国证监会派出机构报告，中国证监会派出机构应当进行验收。

期货公司风险监管指标符合规定标准的，中国证监会派出机构应当自验收合格之日起3个工作日内解除对期货公司采取的有关措施。

第三十四条 期货公司逾期未改正或者经过整改风险监管指标仍不符合规定标准的，中国证监会及其派出机构可以依据《期货交易管理条例》第五十六条采取监管措施。

第六章 附 则

第三十五条 本办法下列用语的含义：

（一）风险监管报表，包括期货公司风险监管指标汇总表、净资本计算表、资产调整值计算表、风险资本准备计算表、客户分离资产报表、客户权益变动表、经营业务报表和客户管理报表等。

（二）资产、流动资产，是指期货公司的自身资产，不含客户保证金。

（三）负债、流动负债，是指期货公司的对外负债，不含客户权益。

（四）重大业务，是指可能导致期货公司净资本等风险监管指标发生10%以上变化的业务。

第三十六条　本办法自2013年7月1日起施行。

关于期货公司风险资本准备计算标准的规定

中国证券监督管理委员会公告〔2013〕13号　2013年2月21日

现公布《关于期货公司风险资本准备计算标准的规定》，自2013年7月1日起施行。

一、基准计算标准

（一）期货公司经营境内经纪业务的，应当按客户境内权益总额的一定比例计算风险资本准备，基准比例为4%；其中从事全面结算业务的期货公司，按其客户权益总额与其代理结算的非结算会员权益或者非结算会员客户权益之和计算风险资本准备。

（二）期货公司经营境外期货经纪业务的，应当按客户用于境外期货交易的权益总额的一定比例计算风险资本准备，基准比例为6%。

（三）期货公司经营资产管理业务的，应当按资产管理业务规模的一定比例计算风险资本准备，其中定向资产管理业务基准比例为3%，集合资产管理业务基准比例为4%。资产管理业务规模，按面值与资产净值孰高原则计算。

（四）期货公司设立营业部等分支机构的，应当按每一家300万元的标准计算分支机构风险资本准备。总部承担对外营业职能的，按营业部标准计算风险资本准备。

二、分类计算系数

为与期货公司的风险管理能力相匹配，不同类别公司实施不同的风险资本准备计算系数。最近一期分类评价结果为A、B、C、D类期货公司的分类计算系数分别为0.8、0.9、1、1.5，不同类别期货公司应当按照最近一期分类评价结果对应的分类计算系数乘以基准比例计算风险资本准备。最近一期分类评价结果在中国期货业协会网站公布的当月启用新评价结果计算。

分支机构风险资本准备，不同类别期货公司按同一标准，即每一家营业部（或分支机构）300万元标准计算。

三、期货公司开展其他创新业务的，由中国证监会根据有关业务的风险特征，在征求行业意见的基础上确定风险资本准备计算要求或标准。

附件：期货公司风险资本准备计算表

期货公司风险资本准备计算表

公司名称：　　　　　　　　　　　　年　月　日　　　　　　　　　　SR－8表

分类级别：　　　　　　　　　　　　　　　　　　　　　　　　　　单位：元

项目	行次	规模或数量		分类计算系数				计算基准	风险资本准备	
		期初余额	期末余额	A	B	C	D		期初余额	期末余额
1. 境内经纪业务风险资本准备	1									
用于境内交易的客户保证金总额	2			0.8	0.9	1	1.5	4%		
2. 境外经纪业务风险资本准备	3									
用于境外交易的客户保证金总额	4			0.8	0.9	1	1.5	6%		
3. 资产管理业务风险资本准备	5									
其中：集合理财业务规模	6			0.8	0.9	1	1.5	4%		
定向理财业务规模（一对一）	7			0.8	0.9	1	1.5	3%		
4. 营业部风险资本准备	8									
营业部家数	9			1	1	1	1	3000000		
5. 承担经营职能的总部的风险资本准备	10			1	1	1	1	3000000		
6. 其他风险资本准备	11									
各项风险资本准备之和	12									
其他需要特别说明的事项										

注：1. 汇率统一按当月第一个工作日外汇对人民币中间价汇率折算。

2. 总部是否承担经营职能，应当以总部住所地（或注册地）派出机构备案内容为准。承担经营职能的，在第十行“规模或数量”相应位置填“1”，否则填“0”。

首席风险官：　　　　　　　　　　　财务负责人：　　　　　　　　　　　制表人：

关于加强证券期货经营机构客户交易终端信息等客户信息管理的规定

中国证券监督管理委员会公告〔2013〕30号　2013年7月18日

现公布《关于加强证券期货经营机构客户交易终端信息等客户信息管理的规定》，自公布之日起施行。

第一条　为进一步规范证券期货经营机构客户信息电子化管理，保护投资者合法权益，促进资本市场健康发展，依据《中华人民共和国证券法》、《中华人民共和国证券投资基金法》、《期货交易管理条例》等法律法规，制定本规定。

第二条　本规定所称证券期货经营机构，是指在中华人民共和国境内依法设立的证券公司、基金管理公司及基金销售机构、期货公司。

第三条　客户交易终端信息是指客户通过证券期货经营机构下达交易指令的交易终端特征代码。

客户交易终端信息是客户委托记录、交易记录的重要组成部分，包括但不限于以下内容：电话号码、互联网通讯协议地址（IP地址）、媒介访问控制地址（MAC地址）以及其他能识别客户交易终端的特征代码。

第四条　证券期货经营机构应当按照技术规范确定的交易终端设备的类型，采集相应的客户交易终端信息。

第五条　证券期货经营机构应当按照内部控制适时性和及时性原则，积极跟踪信息技术发展，按照相关法律法规的要求，确保信息系统能够真实、准确、完整地采集到客户交易终端信息。

第六条　证券期货经营机构向客户提供的交易终端软件，应当采取适当的技术，确保软件能够采集到客户交易终端信息。

由第三方提供交易终端软件的，证券期货经营机构应当建立软件认证许可制度，要求第三方采取适当的技术，确保软件能够采集到客户交易终端信息。

客户交易终端软件应当具备先提醒升级、再自动升级为最新版本的功能。

第七条　证券期货经营机构的网上交易、语音交易、自助交易等外围信息系统应当逐笔记录交易委托、银证转账、银期转账、密码修改、账户登录等操作的客户交易终端信息。

证券期货经营机构的集中交易系统还应当同时逐笔存储交易委托、银证转账、银期转账等操作的客户交易终端信息。

第八条　证券期货经营机构应当确保存储在集中交易系统和记录在外围信息系统的客户交易终端信息的真实性、准确性、完整性、一致性、可读性。

第九条　证券期货经营机构应当为证券、期货交易所或登记结算机构采集客户交易终端信息提供相应的数据接口，并在相关技术规范发布之日起12个月内，完成信息系统的改造升级，改造后的信息系统应符合国家信息安全标准。

第十条 证券期货经营机构应当按照本规定的要求建设、改造和维护相关信息系统，以妥善管理客户交易终端信息，并提供符合技术规范的查询接口。

证券期货经营机构应当采取必要的技术手段，满足交易时段客户信息查询的需要。

第十一条 证券公司、期货公司应当按照技术规范对客户的主要开户资料进行电子化，并妥善保存在信息系统中。

证券公司、期货公司应当按照技术规范在18个月内对新增账户实施开户资料电子化，存量的正常交易类账户应在36个月内完成开户资料电子化。

第十二条 证券期货经营机构应妥善保存客户交易终端信息和开户资料电子化信息，保存期限不得少于20年。

证券期货经营机构应妥善保存交易时段客户交易区的监控录像资料，保存期限不得少于6个月。

第十三条 证券期货经营机构应采取可靠的措施，采集、记录、存储、报送与客户身份识别有关的信息，不得以任何理由拒绝承担相应职责。

证券期货经营机构及其工作人员应当对客户交易终端信息予以保密，不得泄露。

第十四条 证券期货经营机构应当严格限制对客户交易终端信息的人工操作权限，明确查询权限和操作流程，建立日志文档并指定专人妥善保管。

禁止任何人对客户交易终端信息进行隐匿、伪造、篡改或毁损。

第十五条 发生影响采集、记录、存储、报送客户交易终端信息安全的重大事件时，证券期货经营机构应当及时向公司住所地和事件发生地证监局报告，不得隐瞒。

第十六条 证券期货经营机构违反本规定的，中国证监会将按照《中华人民共和国证券法》、《中华人民共和国证券投资基金法》、《期货交易管理条例》等法律法规进行处罚；涉嫌犯罪的，依法移送司法机关，追究刑事责任。

第十七条 本规定自公布之日起施行。

关于修改《关于建立股指期货投资者适当性制度的规定（试行）》的决定

中国证券监督管理委员会公告〔2013〕32号 2013年8月2日

现公布《关于修改〈关于建立股指期货投资者适当性制度的规定（试行）〉的决定》，自公布之日起施行。

现决定对《关于建立股指期货投资者适当性制度的规定（试行）》（证监会公告〔2010〕4号）作如下修改：

一、将规定名称修改为："关于建立金融期货投资者适当性制度的规定"。与此相对应，将原规定相关条款（第一、二、五、七、八、九、十、十一、十三、十四条）

中“股指期货”的内容均修改为“金融期货”。

二、第五条修改为：中金所应当根据“将适当的产品销售给适当的投资者”的核心原则，从投资者的经济实力、金融期货产品认知能力、投资经历等方面，制定投资者适当性制度的具体标准和实施指引，并报中国证监会备案。

三、第十二条修改为：期货公司违反投资者适当性制度要求，未能执行相关内控、合规制度的，中国证监会及其派出机构依据相关法律法规的规定，采取监管措施；情节严重的，根据《期货交易管理条例》第六十七条规定进行处罚。期货公司违反投资者适当性制度要求的，中金所、中期协应当根据业务规则和自律规则对其进行纪律处分。

四、第十三条修改为：从事中间介绍业务的证券公司接受期货公司委托，协助办理开户手续的，应当对投资者开户资料和身份真实性等进行审查，向投资者充分揭示金融期货交易风险，进行相关知识测试和风险评估，做好开户入金指导，严格执行投资者适当性制度。

五、第十四条修改为：期货公司和从事中间介绍业务的证券公司应当按照《期货市场客户开户管理规定》和行业监管政策的要求为投资者办理金融期货开户手续。

六、第十五条修改为：中国证监会及其派出机构对从事中间介绍业务的证券公司进行日常监督检查，发现证券公司违反投资者适当性制度要求的，依法采取监管措施或者予以行政处罚。

本决定自公布之日起施行。

《关于建立股指期货投资者适当性制度的规定（试行）》根据本决定作相应的修改，重新公布。

关于建立金融期货投资者适当性制度的规定

（2010年2月5日中国证券监督管理委员会公布，根据2013年8月2日中国证券监督管理委员会《关于修改〈关于建立股指期货投资者适当性制度的规定（试行）〉的决定》修订）

第一条　为督促期货公司建立健全内控、合规制度，建立并完善以了解客户和分类管理为核心的客户管理和服务制度，保护投资者合法权益，保障金融期货市场平稳、规范和健康运行，根据《期货交易管理条例》、《期货交易所管理办法》及《期货公司管理办法》等行政法规、规章，制定本规定。

第二条　本规定所称金融期货投资者适当性制度（以下简称投资者适当性制度），是指根据金融期货的产品特征和风险特性，区别投资者的产品认知水平和风险承受能力，选择适当的投资者审慎参与金融期货交易，并建立与之相适应的监管制度安排。

第三条　中国证监会各省、自治区、直辖市、计划单列市监管局（以下统称各派出机构），中国金融期货交易所（以下简称中金所），中国期货保证金监控中心公司（以下简称监控中心），中国期货业协会（以下简称中期协）应当按照“统一领导、各司其职、各负其责、加强协作、联合监管”的原则，严格落实本规定的各项工作要求。

第四条 中国证监会及其派出机构对期货公司执行投资者适当性制度的情况进行监督检查。

中金所、中期协对期货公司执行投资者适当性制度的情况进行自律管理。

监控中心对期货公司执行投资者适当性制度的情况进行核查验证。

第五条 中金所应当根据“将适当的产品销售给适当投资者”的核心原则，从投资者的经济实力、金融期货产品认知能力、投资经历等方面，制定投资者适当性制度的具体标准和实施指引，并报中国证监会备案。

第六条 期货公司应当建立健全内控、合规制度，严格落实投资者适当性制度。

期货公司应当根据中金所制定的标准和指引，制定投资者适当性标准的实施方案，建立并有效执行客户开发管理制度和开户审核工作制度，完善业务流程与内部分工，加强责任追究。

期货公司应当及时将投资者适当性制度实施方案及相关制度报中金所和公司所在地中国证监会派出机构备案。

第七条 期货公司应当深化客户服务，向投资者充分揭示金融期货风险，全面客观介绍金融期货法律法规、业务规则和产品特征，测试投资者的金融期货基础知识，认真审核投资者开户申请材料，审慎评估投资者的风险承受能力，不得为不符合适当性标准的投资者申请开立金融期货交易编码。

期货公司应当建立客户资料档案，除依法接受调查和检查外，应当为客户保密。

第八条 自然人投资者应当全面评估自身的经济实力、产品认知能力、风险控制能力、生理及心理承受能力等，审慎决定是否参与金融期货交易。

法人投资者及其他经济组织从事金融期货交易业务，应当根据自身的经营管理特点和业务运作状况，建立健全内部控制和风险管理制度，对自身的内部控制和风险管理能力进行客观评估，审慎决定是否参与金融期货交易。

第九条 投资者应当如实申报开户材料，不得采取虚假申报等手段规避投资者适当性标准要求。投资者提供虚假证明材料的，应当承担相应的责任。

投资者应当遵守“买卖自负”的原则，承担金融期货交易的履约责任，不得以不符合投资者适当性标准为由拒绝承担金融期货交易履约责任。

第十条 中金所、期货公司应当加强对投资者交易行为的合法合规性管理，督促投资者遵守金融期货交易相关法律、行政法规、规章及中金所业务规则，持续开展投资者风险教育。

第十一条 期货公司应当完善客户纠纷处理机制，明确承担此项职责的部门和岗位，负责处理投资者参与金融期货交易所产生的投诉等事项，及时化解相关矛盾纠纷。

期货公司应当督促客户遵守法律法规，通过正当途径维护自身合法权益，不得侵害国家利益及他人的合法权益，不得扰乱社会公共秩序。

第十二条 期货公司违反投资者适当性制度要求，未能执行相关内控、合规制度的，中国证监会及其派出机构依据相关法律法规的规定，采取监管措施；情节严重的，根据《期货交易管理条例》第六十七条规定进行处罚。

期货公司违反投资者适当性制度要求的，中金所、中期协应当根据业务规则和自律规则对其进行纪律处分。

第十三条　从事中间介绍业务的证券公司接受期货公司委托，协助办理开户手续的，应当对投资者开户资料和身份真实性等进行审查，向投资者充分揭示金融期货交易风险，进行相关知识测试和风险评估，做好开户入金指导，严格执行投资者适当性制度。

第十四条　期货公司和从事中间介绍业务的证券公司应当按照《期货市场客户开户管理规定》和行业监管政策的要求为投资者办理金融期货开户手续。

第十五条　中国证监会及其派出机构对从事中间介绍业务的证券公司进行日常监督检查，发现证券公司违反投资者适当性制度要求的，依法采取监管措施或者予以行政处罚。

中金所对期货公司执行投资者适当性制度的情况进行检查，检查中发现从事中间介绍业务的证券公司存在违法违规行为的，应将有关情况通报相关派出机构。

第十六条　投资者适当性制度对投资者的各项要求以及依据制度进行的评价，不构成投资建议，不构成对投资者的获利保证。

第十七条　本规定由中国证监会负责解释。

第十八条　本规定自公布之日起施行。

证券公司参与股指期货、国债期货交易指引

中国证券监督管理委员会公告〔2013〕34号　2013年8月21日

现公布《证券公司参与股指期货、国债期货交易指引》，自公布之日起施行。

第一条　为规范证券公司参与股指期货、国债期货交易行为，防范风险，根据《证券法》、《证券公司监督管理条例》、《期货交易管理条例》等法律法规和《证券公司风险控制指标管理办法》（证监会令第55号）的规定，制定本指引。

第二条　证券公司以自有资金或受托管理资金参与股指期货、国债期货交易（以下简称证券公司参与股指期货、国债期货交易），适用本指引。

不具备证券自营业务资格的证券公司，其自有资金只能以套期保值为目的，参与国债期货交易。

第三条　证券公司参与股指期货、国债期货交易，应当制定参与股指期货、国债期货交易的相关制度，包括投资决策流程、投资目的、投资规模及风险控制等事项。有关制度应当向公司住所地证监局报备。

第四条　证券公司参与股指期货、国债期货交易，应当具备熟悉股指期货、国债期货的专业人员、健全的风险管理及内部控制制度、有效的动态风险监控系统，确保参与股指期货、国债期货交易的风险可测、可控、可承受。

第五条 证券公司应当采用有效的风险管理工具，对参与股指期货、国债期货交易的风险进行识别、计量、预警，并将股指期货、国债期货交易纳入风险控制指标动态监控系统进行实时监控，确保各项风险控制指标在任一时点都符合规定标准。有关动态监控系统数据接口应当向公司住所地证监局开放。

证券公司应当建立健全股指期货、国债期货的压力测试机制，及时根据市场变化情况对股指期货、国债期货交易情况进行压力测试，并建立相应的应急措施。

第六条 证券公司参与股指期货、国债期货交易时，应当制定详细的投资策略或套期保值方案。证券公司以套期保值为目的参与股指期货、国债期货交易的，应当在套期保值方案中明确套期保值工具、对象、规模、期限以及有效性等内容。

证券公司负责风险管理的部门应当对投资策略或套期保值的可行性、有效性进行充分验证、及时评估、实时监控并督促证券自营、证券资产管理部门及时调整风险敞口，确保投资策略或套期保值的可行性、有效性。

第七条 证券公司参与股指期货、国债期货交易，应当充分了解股票、债券等现货市场在交易机制、价格连续性、市场透明度、产品流动性等方面的特点，并审慎评估其对股指期货、国债期货投资策略的影响。

证券公司应当熟悉股指期货、国债期货有关交割规则，对实物交割的品种，应当充分评估交割风险，做好应急预案。

证券公司应当通过制度、流程、信息系统等方式，确保参与股指期货、国债期货交易业务的前、中、后台相关部门、相关岗位之间相互制衡、相互监督，不相容职务应当分离。

证券公司不得进行内幕交易、市场操纵、利益输送等违法违规行为及不正当交易活动。

第八条 证券公司以自有资金参与股指期货、国债期货交易的，应当符合以下要求：

（一）证券公司应当按照中国金融期货交易所（以下简称中金所）有关规定申请交易编码。

（二）证券公司应当根据《证券公司风险控制指标管理办法》等规定，对已被股指期货、国债期货合约占用的交易保证金按100%比例扣减净资本。

（三）证券公司应当对已进行风险对冲的股指期货、国债期货分别按投资规模的5%计算风险资本准备（5%为基准标准，不同类别公司按规定实施不同的风险资本准备计算比例，下同）；对未进行风险对冲的股指期货、国债期货分别按投资规模的20%计算风险资本准备。

其中股指期货、国债期货交易满足《企业会计准则第24号——套期保值》有关套期保值高度有效要求的，可认为已进行风险对冲。

（四）证券公司自营权益类证券及证券衍生品（包括股指期货、国债期货等）的合计额不得超过净资本的100%，其中股指期货以股指期货合约价值总额的15%计算，国债期货以国债期货合约价值总额的5%计算。

第九条 证券公司以受托管理资金参与股指期货、国债期货交易的，应当符合以下要求：

（一）证券公司应当按照中金所有关规定申请交易编码。

（二）证券公司应当选择适当的客户开展参与股指期货、国债期货交易的资产管理业务，审慎进行股指期货、国债期货投资。在与客户签订资产管理合同前，证券公司应当按照规定程序了解客户的情况，审慎评估客户的诚信状况、客户对产品的认知水平和风险承受能力，向客户进行充分的风险揭示，并将风险揭示书交客户签字确认。

（三）证券公司应当在资产管理合同中明确约定参与股指期货、国债期货交易的目的、比例限制、估值方法、信息披露、风险控制、责任承担等事项。

证券公司应当在资产管理合同中明确约定股指期货、国债期货保证金的流动性应急处理机制，包括应急触发条件、保证金补充机制、损失责任承担等。

（四）本指引实施前，证券公司已签署的资产管理合同未约定可参与股指期货、国债期货交易的，原则上不得投资股指期货、国债期货。拟变更合同投资股指期货、国债期货的，应当按照资产管理合同约定的方式及有关规定取得客户、资产托管机构的同意并履行有关报批或报备手续。

（五）证券公司定向资产管理业务参与股指期货、国债期货交易的，应当按合同约定的方式向客户充分披露资产管理业务参与股指期货、国债期货交易的有关情况，包括投资目的、持仓情况、损益情况等，并在定向资产管理业务年度报告中披露相应内容。

（六）证券公司应当在集合资产管理报告中充分披露集合资产管理计划参与股指期货、国债期货交易的有关情况，包括投资目的、持仓情况、损益情况等，并充分说明投资股指期货、国债期货对集合资产管理计划总体风险的影响以及是否符合既定的投资目的。

第十条 证券公司、资产托管机构应当根据中金所的相关规定，确定资产管理业务参与股指期货、国债期货交易的交易结算模式，明确交易执行、资金划拨、资金清算、会计核算、保证金存管等业务中的权利和义务，建立资金安全保障机制。

第十一条 证券公司参与股指期货、国债期货交易的交易编码须在申请后3个工作日内向公司住所地证监局备案。

证券公司集合资产管理计划、定向资产管理合同终止的，应当在清算结束后3个交易日内申请注销股指期货、国债期货交易编码，并在5个工作日内向公司住所地证监局报告。

第十二条 因证券期货市场波动、资产管理计划规模变动等证券公司之外的原因致使股指期货、国债期货投资比例不符合规定的，证券公司应当在10个交易日内调整完毕，同时在该情形发生之日起2个工作日内向公司住所地证监局报告。

第十三条 证券公司参与股指期货、国债期货交易不符合以上规定或者导致风险控制指标不符合规定标准的，中国证监会或有关证监局将依法采取相应监管措施。

第十四条 证券公司参与其他经中国证监会认可的交易所上市期货产品交易的，参照本指引执行，中国证监会另有规定的除外。

本指引自公布之日起施行。《证券公司参与股指期货交易指引》（证监会公告〔2010〕14号）同时废止。

公开募集证券投资基金参与国债期货交易指引

中国证券监督管理委员会公告〔2013〕37号　2013年9月3日

现公布《公开募集证券投资基金参与国债期货交易指引》，自公布之日起施行。

第一条　为规范公开募集证券投资基金（以下简称基金）参与国债期货交易的行为，防范投资风险，保护基金份额持有人的合法权益，根据《证券投资基金法》、《期货交易管理条例》、《证券投资基金运作管理办法》等法律法规，制定本指引。

第二条　本指引所称国债期货，是指由中国证监会批准，在中国金融期货交易所上市交易的以国债为标的的金融期货合约。

第三条　基金参与国债期货交易，应当根据风险管理的原则，以套期保值为目的，并按照中国金融期货交易所套期保值管理的有关规定执行。保本基金及中国证监会批准的特殊基金品种除外。

第四条　股票基金、混合基金、债券基金（短期理财债券基金除外），可以按照本指引参与国债期货交易，货币市场基金、短期理财债券基金不得参与国债期货交易。

第五条　基金参与国债期货交易，除中国证监会另有规定或批准的特殊基金品种外，应当遵守下列要求：

（一）基金在任何交易日日终，持有的买入国债期货合约价值，不得超过基金资产净值的15%。

（二）开放式基金在任何交易日日终，持有的买入国债期货和股指期货合约价值与有价证券市值之和，不得超过基金资产净值的95%。

封闭式基金、开放式指数基金（不含增强型）、交易型开放式指数基金（ETF）在任何交易日日终，持有的买入国债期货和股指期货合约价值与有价证券市值之和，不得超过基金资产净值的100%。其中，有价证券指股票、债券（不含到期日在一年以内的政府债券）、权证、资产支持证券、买入返售金融资产（不含质押式回购）等。

债券基金参与国债期货交易不受本项限制，但应当符合基金合同约定的投资策略和投资目标。

（三）基金在任何交易日日终，持有的卖出国债期货合约价值不得超过基金持有的债券总市值的30%。

基金管理人应当按照中国金融期货交易所要求的内容、格式与时限向交易所报告所交易和持有的卖出期货合约情况、交易目的及对应的证券资产情况等。

（四）基金所持有的债券（不含到期日在一年以内的政府债券）市值和买入、卖出国债期货合约价值，合计（轧差计算）应当符合基金合同关于债券投资比例的有关约定。

（五）基金在任何交易日内交易（不包括平仓）的国债期货合约的成交金额不得超过上一交易日基金资产净值的30%。

（六）开放式基金（不含 ETF）每个交易日日终在扣除国债期货和股指期货合约需缴纳的交易保证金后，应当保持不低于基金资产净值5%的现金或到期日在一年以内的政府债券。

（七）封闭式基金、ETF 每个交易日日终在扣除国债期货和股指期货合约需缴纳的交易保证金后，应当保持不低于交易保证金一倍的现金。

（八）保本基金参与国债期货交易不受上述第（一）项至第（七）项的限制，但应当符合基金合同约定的保本策略和投资目标，且每日所持期货合约及有价证券的最大可能损失不得超过基金净资产扣除用于保本部分资产后的余额。担保机构应当充分了解保本基金的国债期货交易策略和可能损失，并在担保协议中作出专门说明。

（九）法律法规、基金合同规定的其他比例限制。

因证券期货市场波动、基金规模变动等基金管理人之外的因素致使基金投资比例不符合上述要求的，基金管理人应当在10个交易日之内调整完毕。

第六条 本指引施行前已经获得中国证监会核准或准予注册的基金，基金管理人应当根据法律法规、基金合同和本指引的有关要求，决定是否参与国债期货交易。拟参与国债期货交易的，基金管理人应当在基金合同中明确相应的投资策略、比例限制、信息披露方式等，并履行相应程序。

第七条 本指引施行后注册的基金，拟参与国债期货交易的，应当在基金合同、招募说明书、产品方案等募集申报材料中列明国债期货交易方案等相关内容。

第八条 基金应当在季度报告、半年度报告、年度报告等定期报告和招募说明书（更新）等文件中披露国债期货交易情况，包括投资政策、持仓情况、损益情况、风险指标等，并充分揭示国债期货交易对基金总体风险的影响以及是否符合既定的投资政策和投资目标。

第九条 基金管理人和托管人应当充分了解国债期货的特点和各种风险，真正从保护基金份额持有人利益的角度出发，以审慎的态度对待基金参与国债期货交易的问题。基金管理人拟运用基金财产参与国债期货交易的，应当根据公司自身的发展战略和总体规划，综合衡量现阶段的风险管理水平、技术系统和专业人员准备情况，审慎评估参与国债期货交易的能力，科学决策参与国债期货交易的广度和深度，并将相关投资决策流程和风险控制制度等报公司董事会批准。

第十条 基金管理人应当针对国债期货交易制定严格的授权管理制度和投资决策流程，确保研究分析、投资决策、交易执行及风险控制等各环节的独立运作，并明确相关岗位职责。此外，应当建立国债期货交易决策部门或小组，并授权特定的管理人员负责国债期货的投资审批事项。

第十一条 基金管理人和托管人应当强化内部控制制度，完善风险管理体系，做好人员、制度、业务流程、技术系统等方面的培训和准备工作，并在上报基金募集申请等相关材料时附上相关制度及准备情况的说明。

第十二条 基金管理人在参与国债期货交易的过程中，应当根据有关法律法规的要求，规范运作，不得从事内幕交易、操纵证券及期货价格、进行利益输送及其他不正当的交易活动。

第十三条 基金管理人和托管人应当根据中国金融期货交易所的相关规定，确定基金参与国债期货交易的交易结算模式，明确交易执行、资金划拨、资金清算、会计核算、保证金存管等业务中的权利和义务，建立资金安全保障机制。基金托管人应当加强对基金参与国债期货交易的监督、核查和风险控制，切实保护基金份额持有人的合法权益。

第十四条 本指引自公布之日起施行。

行政许可文件（目录）

1	上海普民期货经纪有限公司	证监许可〔2013〕1492 号	关于核准上海普民期货经纪有限公司变更注册资本和股权的批复
2	津投期货经纪有限公司	证监许可〔2013〕1405 号	关于核准津投期货经纪有限公司金融期货经纪业务资格的批复
3	海航东银期货有限公司	证监许可〔2013〕1202 号	关于核准海航东银期货有限公司资产管理业务资格的批复
4	东海期货有限责任公司	证监许可〔2013〕1168 号	关于核准东海期货有限责任公司资产管理业务资格的批复
5	国联期货有限责任公司	证监许可〔2013〕1101 号	关于核准国联期货有限责任公司变更股权的批复
6	西南期货经纪有限公司	证监许可〔2013〕1201 号	关于核准西南期货经纪有限公司变更股权的批复
7	上海金源期货有限公司	证监许可〔2013〕1099 号	关于核准上海金源期货有限公司变更注册资本和股权的批复
8	新疆天利期货经纪有限公司	证监许可〔2013〕1098 号	关于核准新疆天利期货经纪有限公司变更股权的批复
9	北京中期期货有限公司	证监许可〔2013〕1100 号	关于核准北京中期期货有限公司变更股权并吸收合并方正期货有限公司的批复
10	宝城期货有限责任公司	证监许可〔2013〕789 号	关于核准宝城期货有限责任公司变更股权的批复
11	西部期货有限公司	证监许可〔2013〕788 号	关于核准西部期货有限公司变更股权的批复
12	招商期货有限公司	证监许可〔2013〕289 号	关于核准招商期货有限公司资产管理业务资格的批复
13	大地期货有限公司	证监许可〔2013〕106 号	关于核准大地期货有限公司资产管理业务资格的批复
14	国贸期货经纪有限公司	证监许可〔2013〕109 号	关于核准国贸期货经纪有限公司资产管理业务资格的批复
15	金谷期货有限公司	证监许可〔2013〕113 号	关于核准金谷期货有限公司金融期货经纪业务资格的批复
16	浙江中大期货有限公司	证监许可〔2013〕111 号	关于核准浙江中大期货有限公司资产管理业务资格的批复

期货交易所发布文件

上海期货交易所发布文件

上海期货交易所期货公司
资产管理业务客户入市操作指引

为了进一步明确期货公司资产管理业务（以下简称资管业务）客户入市交易的业务操作要求，根据《期货市场客户开户管理规定》、《期货公司资产管理业务试点办法》、《期货公司单一客户委托资产管理业务工作指引》和《上海期货交易所交易规则》等有关规定，制定本操作指引。

一、开户管理

根据中国证监会《期货市场客户开户管理规定》和中国期货保证金监控中心《期货公司资产管理业务统一开户问题解答》（以下简称《解答》）的有关规定，在统一开户系统改造完成前的过渡期内，期货公司可以先将相关资料通过统一开户系统上传监控中心，通过审核后，将开户资料交我所办理开户。

（一）申请材料

期货公司为资管业务客户申请交易编码，应当向我所提交《资产管理业务客户开户申请表》及相关申请材料，内容及格式按《解答》要求填写。

期货公司申请资管业务交易编码时，应当递交以下书面资料：

1. 《资产管理业务客户开户申请表》（加盖期货公司公章）；

2. 证监会关于批准期货公司开展资产管理业务资格批复的复印件（加盖期货公司公章）；

3. 期货公司与委托人签订的资产管理计划合同复印件（加盖期货公司公章）；

4. 期货公司营业执照（副本）及组织机构代码证复印件（加盖期货公司公章）；

期货公司将有关材料提交我所交易部，交易部受理后5个工作日内予以答复。

（二）申请材料制作规范

1. 申请材料应当制作封面和目录，按照上述书面资料的顺序排列，用活页夹装订，各项材料之间应有明显的分隔标识，并粘贴标签。

2. 申请文件的纸张应当采用 A4 纸规格。

3. 申请文件的封面应当标有“期货公司全称 - 客户名”。

4. 对未按本规范要求制作和报送申请文件的，我所可以不予受理或要求重新制作报送。

（三）交易编码的发放

我所将按照《解答》的规定，对期货公司资产管理业务客户是否遵守一户一码原则进行检查，检查通过后发放交易编码。

（四）交易编码的注销

资管业务客户在委托期结束后，期货公司应当及时向交易所申请注销有关交易编码。

二、风险控制管理

在持仓限制制度、大户报告制度、强行平仓制度等风险控制管理方面，我所按照《上海期货交易所风险控制管理办法》和《〈上海期货交易所异常交易监控暂行规定〉修订案》及实际控制关系账户有关文件的要求执行。

三、套期保值管理

对于资管业务客户的套期保值的申请、审批、交易和监督管理我所按照《上海期货交易所套期保值交易管理办法》执行。

四、交割管理

对于资管业务客户的交割管理，我所按照《上海期货交易所交割细则》等执行。

五、监督管理

资管业务客户在开户或从事期货交易时，有违反交易所规定的按《上海期货交易所违规处理办法》执行。

以上提及的《上海期货交易所风险控制管理办法》、《上海期货交易所套期保值交易管理办法》、《上海期货交易所交割细则》、《上海期货交易所违规处理办法》等规章制度在以下网址查找：http：//www. shfe. com. cn/regulation/doclist _ 104 _ 104001 _ 0 _ 1. htm。

上海期货交易所违规处理办法

（根据《关于印发《上海期货交易所违规处理办法》（修订案）的公告〔2013〕3号》修订）

第一章 总 则

第一条 为加强期货市场管理，规范期货交易行为，保障期货市场参与者的合法权益，根据《期货交易所管理办法》、《上海期货交易所章程》、《上海期货交易所交易规则》的有关规定，制定本办法。

第二条 本办法所称违规行为是指会员、客户、指定交割仓库、期货保证金存管银行及期货市场其他参与者违反上海期货交易所（以下简称交易所）章程、交易规则及其他有关规定的行为。

第三条 交易所根据公平、公正的原则，以事实为依据，对违规行为进行调查、认定和处罚。

违规行为构成犯罪的，移交司法机关，依法追究刑事责任。

第四条 会员、客户、指定交割仓库、期货保证金存管银行及期货市场其他参与者违规行为已受到中国证监会处罚的，交易所在决定处罚时，可以免除或减轻处罚。

第五条 从事交易所期货交易相关业务活动适用本办法。

第二章 稽 查

第六条 稽查是指交易所根据交易所的各项规章制度，对会员、客户、指定交割仓库、期货保证金存管银行及期货市场其他参与者的业务活动进行的监督和检查。

稽查包括常规检查和立案调查。

稽查方式包括现场检查、约谈、书面调查等。

第七条 交易所履行监管职责时，可以行使下列职权：

（一）查阅、复制与期货交易有关的信息、文件和资料；

（二）要求会员提供年报、第三方审计等报告。

（三）对会员、客户、指定交割仓库、期货保证金存管银行等单位和人员进行调查、取证；

（四）要求会员、客户、指定交割仓库、期货保证金存管银行等被调查者申报、陈述、解释、说明有关情况；

（五）查询会员的期货保证金账户；

（六）检查会员的交易、结算及财务等电脑系统；

（七）制止、纠正、处理违规行为；

（八）交易所履行监管职责所必需的其他职权。

第八条　会员、客户、指定交割仓库、期货保证金存管银行及期货市场其他参与者应当接受交易所的监督。

第九条　交易所设立投诉、举报电话。投诉、举报人应当身份真实、明确；投诉、举报人不愿公开其身份的，交易所为其保密。

第十条　有下列情形之一的，交易所可以对会员、客户、指定交割仓库、期货保证金存管银行及期货市场其他参与者进行常规检查：

（一）日常监控中发现问题的；

（二）接到投诉举报的；

（三）市场风险增大时；

（四）交易所认为必要的其他情形。

第十一条　有下列情形之一的，交易所有权对会员、客户、指定交割仓库、期货保证金存管银行及期货市场其他参与者立案调查：

（一）交易所常规检查中发现涉嫌违规的；

（二）从监管部门或者司法机关等单位获得违规行为线索的；

（三）交易所认为必要的其他情形。

第十二条　对已立案的期货违规案件，交易所应当指定专人负责调查；调查取证应当由两名以上调查人员参加，并出示本人工作证或交易所的证明文件。

第十三条　调查人员认为自己与本案有利害关系或者其他可能影响案件公正处理的，应当申请回避。

被调查人员认为调查人员与本案有关、可能影响公正办案的，有权申请有关人员回避。

交易所认为调查人员应当回避的，指令其回避。

调查人员的回避由交易所稽查部门负责人决定。稽查部门负责人的回避由交易所总经理决定。

第十四条　证据包括书证、物证、当事人陈述、证人证言、调查笔录、鉴定结论、视听材料、电子记录等能够证明案件真实情况的一切材料。

证据应当调查核实才能作为定案的根据。

第十五条　询问被调查人应当制作调查笔录。调查笔录应当交被调查人核对，核对无误后，被调查人和调查人员应当在笔录上签名。被调查人拒绝签名的，调查人员应当注明原因。

书证、物证的提取应当制作提取笔录，注明提取的时间和地点，并由被调查人签名。被调查人拒绝或者无法签名的，由见证人签名。

视听资料、电子记录的收集应当注明收集或制作的时间、地点、方式、使用的设备及保存的条件，并由被调查人或见证人签名。

鉴定结论应当由中国证监会或交易所认定的有权鉴定单位做出，并由鉴定单位和鉴定人签字盖章。

第十六条　调查人员在常规检查和立案调查过程中应当严格遵守保密制度，不得滥用职权。对违反规定的，交易所根据不同情节给予相应的处分。

第十七条 会员、客户、指定交割仓库和期货保证金存管银行涉嫌重大违规，经交易所立案调查的，在确认违规行为之前，为防止违规行为后果进一步扩大，确保违规案件处理的执行，交易所可以对其采取下列限制性措施：

（一）限期说明情况；

（二）暂停登录新的客户编码；

（三）限制出金；

（四）限制入金；

（五）限制指定交割仓库的交割业务；

（六）降低持仓限量或者标准仓单持有限量；

（七）提高保证金比例；

（八）限制开仓；

（九）限期平仓；

（十）强行平仓。

第三章 违规处理

第十八条 有多种违规行为的，分别定性，数罚并用。多次违规的，从重或加重处罚。

第十九条 期货公司会员具有下列违反经纪业务资格管理规定行为之一的，责令改正，赔偿损失，没收违规所得。情节较轻的，给予警告，暂停开仓交易 1 个月以内的处罚，没有违规所得或者违规所得 10 万元以下的，可以并处 1 万元至 10 万元的罚款；违规所得 10 万元以上的，可以并处违规所得一倍以上五倍以下的罚款；情节严重的，给予通报批评、公开谴责、强行平仓、暂停开仓交易 1 至 12 个月、取消会员资格的处罚；没有违规所得或者违规所得 10 万元以下的，可以并处 1 万元至 10 万元的罚款；违规所得 10 万元以上的，可以并处违规所得一倍以上五倍以下的罚款：

（一）以欺骗手段获取从事期货经纪业务资格的；

（二）擅自设立从事期货经纪业务分支机构的；

（三）聘用未取得期货从业人员资格和未经交易所培训合格的人员从事经纪业务的；

（四）其他违反中国证监会及交易所对交易所会员经纪业务资格管理规定的行为。

第二十条 期货公司会员具有下列违反经纪业务管理规定行为之一的，责令改正，赔偿损失，没收违规所得。情节较轻的，给予警告，可以并处 1 万元至 10 万元的罚款；情节严重的，通报批评、公开谴责、强行平仓、暂停部分期货业务、暂停开仓交易 1 至 12 个月、取消会员资格、宣布为“市场禁止进入者”；没有违规所得或违规所得 10 万元以下的，可以并处 1 万元至 10 万元的罚款；违规所得 10 万元以上的，可以并处违规所得一倍以上五倍以下的罚款：

（一）为未履行开户手续或未按规定履行开户手续的客户进行期货交易的；

（二）违反交易编码管理制度的；

（三）未按规定履行审核义务，为不符合开户条件的客户办理开户手续的；

（四）未如实向客户说明期货交易的风险或不签署风险说明书的；

（五）向客户作获利保证或与客户私下约定分享盈利或共担风险损失的；

（六）利用客户账户为自己或他人交易的；

（七）未按客户的委托事项进行交易，故意阻止、延误或改变客户下单指令，诱导、强制客户按自己的意志进行交易的；

（八）场外交易、私下对冲的；

（九）未将自有资金与客户资金分户存放的；

（十）无正当理由拖延客户出金的；

（十一）允许客户在保证金不足时开仓交易的；

（十二）挪用或擅自允许他人挪用客户资金或套用不同账户资金的；

（十三）故意制造和散布虚假的或容易使人误解的信息进行误导的；

（十四）泄露客户委托事项或其他交易秘密的；

（十五）出市代表接受本单位以外的其他单位或个人的委托指令进行交易的；

（十六）未按规定向客户提供有关成交回报、资金结算报表的；

（十七）其他违反中国证监会和交易所对经纪业务管理规定的行为。

交易所可以给予责任人暂停从事交易所期货业务 1 个月以内的处罚；情节严重的，给予责任人通报批评、公开谴责、暂停从事交易所期货业务 1 至 12 个月或取消其从事交易所期货业务资格的处罚。

第二十一条 会员有下列行为之一的，责令改正，给予警告、暂停部分期货业务、暂停开仓交易 1 个月以内的处罚；情节严重的，通报批评、公开谴责、暂停开仓交易 1 至 12 个月、取消会员资格：

（一）会员法定代表人、经营范围、住所地和分支机构等变更后未履行报告义务的；

（二）未按规定的期限要求向交易所报送财务报表等有关材料的；

（三）未按大户报告制度向交易所履行申报义务，或作虚假报告、隐瞒不报的；

（四）未协助交易所对其客户采取限制性措施或者其他监管措施的；

（五）未按交易所规定及时缴纳年会费等有关费用的；

（六）不按规定保管有关交易、结算、交割、财务、会计等资料的；

（七）伪造、变造、买卖各种凭证或审批文件的；

（八）非期货公司会员从事经纪业务或期货公司会员从事自营业务的；

（九）假借期货交易之名从事非法活动的。

第二十二条 会员存在下列情况之一的，取消会员资格：

（一）被中国证监会吊销期货经纪业务许可证或被中国证监会宣布为“市场禁止进入者”；

（二）私下转让会员席位，将席位委托给他人管理或承包给他人经营的；

（三）资金、人员和设备严重不足，管理混乱，经整顿无效的；

（四）拒不执行会员大会或理事会决议的；

（五）无正当理由连续三个月不做交易的；

（六）其他违反国家法律、法规、规章或严重违反交易所章程及有关规定的。

第二十三条 会员无正当理由未在规定期限内执行强行平仓的，给予警告、通报批评、公开谴责、暂停部分期货业务、暂停开仓交易1至12个月的处罚，可以并处5万元以下的罚款。

第二十四条 会员具有下列违反交易所结算管理规定行为之一的，责令改正，可以给予警告、暂停开仓交易1个月以内的处罚；情节严重的，给予通报批评、公开谴责、暂停部分期货业务、暂停开仓交易1至12个月的处罚，可以并处1万元至20万元的罚款：

（一）未按时足额缴纳保证金的；

（二）在结算报告书、交易月报表和其他结算文件资料中作不真实、不完整记载的；

（三）未对客户保证金进行分账管理的；

（四）未对客户实行当日结算的；

（五）伪造、变造交易记录、会计报表、账册的；

（六）开具空头支票、虚开增值税专用发票及其他伪造票证的；

（七）其他违反交易所结算管理规定的行为。

第二十五条 交易所对会员（客户）在套期保值申报过程中协助提供或出具虚假材料以及违反交易所其他规定的，除取消其套期保值申请资格外，可以并处不超过其持有的虚假套期保值头寸总金额5%的罚款，并视情节轻重，给予警告、通报批评、公开谴责、暂停部分期货业务、强行平仓、没收违规所得、取消会员资格、宣布为“市场禁止进入者”的处罚。

第二十六条 会员或客户违反交易所持仓管理规定的，给予强行平仓、警告、通报批评、公开谴责、暂停开仓交易1至12个月、暂停部分期货业务的处罚。

第二十七条 会员具有下列违反交易所信息和计算机通讯等设备管理规定行为之一的，责令改正，赔偿损失。情节较轻的，给予警告、暂停部分期货业务、暂停开仓交易1个月以内的处罚，可以并处1万元至5万元的罚款；情节严重的，通报批评、公开谴责、给予暂停开仓交易1至12个月、取消会员资格的处罚，可以并处5万元至20万元的罚款：

（一）未经交易所许可，擅自发布交易所信息的；

（二）擅自动用其他会员席位上的计算机或通讯设备的；

（三）通过交易席位非法窃取其他会员的成交、结算资金等商业秘密或破坏交易系统的；

（四）通过标准仓单管理系统非法窃取其他会员或客户仓单信息等商业秘密或破坏标准仓单管理系统的。

交易所可以给予责任人暂停从事交易所期货业务1个月以内的处罚；情节严重的，通报批评、公开谴责、给予责任人暂停从事交易所期货业务1至12个月或取消其从事交易所期货业务资格的处罚。

客户有本条第（四）项行为的，责令改正，警告、赔偿损失；情节严重的，给予通报批评、公开谴责，可以并处暂停开仓交易1至12个月，直至宣布为“市场禁止进入者”的处罚。

第二十八条　会员从事标准仓单交易时，违反交易所规定的，交易所将对其处以警告、通报批评、公开谴责、罚款1至10万元、暂停其从事标准仓单交易的处罚，直至取消其会员资格。

第二十九条　期货市场参与者具有下列违反交易管理规定行为之一的，责令改正，赔偿损失，没收违规所得。情节较轻的，给予警告、强行平仓、暂停开仓交易1个月以内的处罚，没有违规所得或者违规所得10万元以下的，可以并处1万元至10万元的罚款；违规所得10万元以上的，可以并处违规所得一倍以上五倍以下的罚款；情节严重的，给予通报批评、公开谴责、暂停部分期货业务、强行平仓、暂停开仓交易1至12个月、取消会员资格、宣布为“市场禁止进入者”的处罚；没有违规所得或者违规所得10万元以下的，可以并处1万元至10万元的罚款，违规所得10万元以上的，可以并处违规所得一倍以上五倍以下的罚款：

（一）单独或者合谋，集中资金优势、持仓优势或者利用信息优势，连续或者联合买卖合约，影响期货交易价格或者期货交易量的；

（二）利用移仓、分仓、对敲等手段，规避交易所的持仓限制，超量持仓，控制或企图控制市场价格，影响市场秩序的；

（三）利用移仓、分仓、对敲等手段，影响期货交易价格、转移资金或者牟取不当利益的；

（四）不以成交为目的或明知申报的指令不能成交，仍恶意或连续输入交易指令影响或者企图影响期货交易价格，扰乱市场秩序或转移资金的；

（五）以自己为交易对象，连续买卖或者自我买卖，影响或者企图影响期货交易价格或者期货交易量的；

（六）期货交易内幕信息的知情人或者非法获取期货交易内幕信息的人，在对期货交易价格有重大影响的信息尚未公开前，利用内幕信息或国家秘密进行期货交易或者向他人泄露内幕信息，使他人利用内幕信息进行期货交易的；

（七）以垄断、囤积标的物和不当集中持仓量的方式，控制交易所大量指定交割仓库标准仓单，企图或实际严重影响期货市场行情或交割的；

（八）以操纵市场为目的，用直接或间接的方法操纵或扰乱交易秩序，妨碍或有损于公正交易，有损于国家利益和社会公众利益的；

（九）以非善意的期转现行为，影响市场秩序的；

（十）未按要求使用交易所标准仓单管理系统，影响系统正常运作的；

（十一）未遵守交易所风险警示制度的有关要求或整改要求的；

（十二）其他违反中国证监会和交易所有关交易管理规定的行为。

本条所称对敲是指单独或者蓄意串通、按照事先约定的时间、价格和方式进行相互交易的行为。

第三十条　期货市场参与者有下列行为之一的，交易所可以调整当日结算价：

（一）期货市场参与者以自己为交易对象，自买自卖期货合约，严重影响交割结算价；

（二）其他违规行为导致期货交易价格异常波动或者瞬间大幅度偏离市场价格、严重影响交割结算价。

第三十一条 经交易所立案调查，发现期货市场参与者有下列行为之一的，交易所给予通报批评、公开谴责、暂停部分期货业务、强行平仓、暂停开仓交易 1 至 12 个月的处罚，并及时报告中国证监会，提请立案稽查：

（一）操纵市场等违法行为，情节严重的；

（二）利用自成交、对敲交易影响交割结算价，情节严重的；

（三）盗取他人交易密码进行期货交易的；

（四）其他涉嫌违法犯罪的行为。

报告中国证监会后，不影响交易所对上述违规行为采取暂停开仓交易等限制性措施。

第三十二条 出市代表具有下列行为之一的，给予警告处罚；情节严重的，通报批评、公开谴责、给予暂停出市交易 1 至 12 个月或取消出市代表资格的处罚，可以并处 1 千元至 1 万元的罚款：

（一）违反交易所有关交易大厅管理规定的；

（二）未按规定程序操作，给交易系统造成损害的；

（三）随意拆卸、搬动交易大厅内各种设备或私接电话和其他设备的；

（四）采取虚假、欺骗和不正当手段骗取出市代表资格的；

（五）伪造、变造、借用出市代表证件的。

具有本条第（二）项、第（三）项行为之一造成损害的，由其委派会员承担赔偿责任。

第三十三条 结算交割员具有下列行为之一的，给予警告处罚；情节严重的，通报批评、公开谴责、给予暂停结算交割员资格 1 至 12 个月或取消结算交割员资格的处罚，可以并处 1 千元至 1 万元的罚款：

（一）采取虚假、欺骗和不正当手段骗取结算交割员资格的；

（二）伪造、变造、借用结算交割员证件的。

第三十四条 指定交割仓库有下列行为之一的，交易所责令改正、没收违规所得。情节较轻的，给予警告、可以并处 1 万元至 10 万元的罚款；情节严重的，通报批评、公开谴责、减少核定库容、暂停交割业务、取消其交割仓库资格、宣布为“市场禁止进入者”，没有违规所得或违规所得 10 万元以下的，可以并处 10 万元至 50 万元的罚款；违规所得 10 万元以上的，可以并处违规所得一倍以上五倍以下的罚款：

（一）违反国家有关规定参与期货交易的；

（二）出具虚假仓单的；

（三）盗卖交割商品的；

（四）泄露与期货有关不宜公开的仓储信息或散布虚假信息误导市场的；

（五）与会员或客户联手，影响或企图影响期货市场价格的；

（六）标准仓单所示商品中有牌号、商标、规格、质量等混杂的；

（七）交割商品与单证不符的；

（八）交割商品没有或缺少规定证明文件的；

（九）交割商品的捆数、块数、包装要求和交易所规定不符的；

（十）未完成规定的检验项目而出具仓单的；

（十一）错收错发的；

（十二）因保管不当，引起储存商品变质、灭失的；

（十三）在搬运、装卸、堆码等作业过程中造成包装和商品损坏的；

（十四）商品交割中滥行收费的；

（十五）蓄意刁难，造成卖方或买方违约的；

（十六）违反期货交割业务规则，限制、故意拖延交割商品的入库、出库的；

（十七）拒绝、阻挠交易所依法监督检查的；

（十八）其他违反中国证监会和交易所规定的行为。

第三十五条　会员在实物交割环节上蓄意违约，影响或企图影响实物交割的正常进行，牟取非法利益的，交易所对违约会员可以给予警告、通报批评、公开谴责、暂停开仓交易 1 至 12 个月的处罚，有违约所得的，没收违约所得，可以并处违约部分合约价值 10% 至 30% 的罚款。

第三十六条　期货保证金存管银行未履行《上海期货交易所结算细则》中有关期货保证金存管银行义务的，交易所对其处以责令改正、警告、通报批评、公开谴责、暂停部分期货业务直至取消其期货保证金存管银行资格。

第三十七条　会员、客户以各种手段扰乱交易管理秩序的，给予警告、暂停开仓交易 1 个月以内的处罚，对直接责任人给予暂停从事交易所期货业务 1 个月以内的处罚；情节严重的，给予通报批评、公开谴责、暂停部分期货业务、暂停开仓交易 1 至 12 个月、取消会员资格、宣布为“市场禁止进入者”，对直接责任人暂停从事交易所期货业务 1 至 12 个月、宣布为“市场禁止进入者”的处罚。

第三十八条　被交易所宣布为“市场禁止进入者”的，自宣布生效之日起 20 个交易日内清理原有持仓，了结交易业务，结清债权债务。

被中国证监会或其他期货交易所宣布为“市场禁止进入者”的，在市场禁止进入期限内不得从事交易所的期货业务。

第三十九条　会员、客户或者期货市场其他参与者有下列行为之一的，责令改正，给予警告、通报批评、公开谴责、暂停部分期货业务、暂停开仓交易 1 至 12 个月的处罚，可以并处 1 万元至 20 万元的罚款：

（一）拒不配合交易所常规检查、立案调查的；

（二）拒不执行交易所处理决定的；

（三）进行虚假性、误导性或者遗漏重要事实的申报、陈述、解释或者说明的；

（四）提供虚假的文件、资料或者信息的；

（五）不执行交易所限制性措施或者其他监管措施的。

第四十条　交易所工作人员违反有关规定的，按国家法律、法规和交易所人事管理制度及有关廉政规定处理。

第四章　裁决与执行

第四十一条　交易所作出取消会员资格、宣布为“市场禁止进入者”的处罚应当由交易所理事会决定。

第四十二条　交易所对违规行为查核后，事实清楚、证据确凿的，依照交易所章程、交易规则及本办法规定予以裁决。

第四十三条　交易所作出裁决应当制作处理决定书。

处理决定书主要包括以下内容：

（一）当事人的姓名或者名称、住所；

（二）违规事实和证据；

（三）处罚种类和依据；

（四）处罚履行方式和期限；

（五）不服处罚决定申请复议途径和期限；

（六）作出处理决定的日期。

第四十四条　交易所应当将处理决定书送达当事人。当事人为会员的，处理决定书送至交易席位视为送达；当事人为非会员的，可以邮寄送达。邮件寄出后，市内3日、市外7日视为送达。处理决定书同时分送有关协助执行部门。

按照中国证监会的规定需要抄报违规处理情况的，同时抄报中国证监会。

第四十五条　交易所作出的处理决定书自送达之日起生效。

当事人对处理决定书不服的，可以于决定书生效之日起10日内向交易所书面申请复议一次，复议期间不停止决定的执行。

第四十六条　交易所应当于收到复议申请书之日起30日内作出复议决定，复议决定为终局决定。

第四十七条　违规处理决定中，承担履行义务的会员拒绝履行义务的，交易所可以强制执行。

第四十八条　违规处理决定中，具有罚没款项的，当事人应当在处理决定书生效之日起5日内将罚没款项如数缴纳至交易所指定账户。逾期不付罚没款项的，交易所从会员专用资金账户中划付。对会员工作人员的罚没款项，由会员代缴。

会员应当配合执行交易所对客户的处罚，划拨客户在该会员处的资金。

第四十九条　违规处理决定中，具有罚没款项的，受处罚的指定交割仓库应当在处理决定书生效之日起5日内将罚没款项缴纳至交易所指定账户；对指定交割仓库工作人员的罚没款项，由指定交割仓库代缴。逾期不缴的，交易所从该指定交割仓库的风险抵押金中划付。

第五章　纠纷调解

第五十条　会员、客户、指定交割仓库之间发生的期货交易纠纷可以自行协商解决，也可以提请交易所调解。

第五十一条　交易所的调解机构是交易所理事会下设的调解委员会，其常设办事机构设在交易所交易部。

第五十二条 调解应当在事实清楚、责任明确的基础上依据国家有关期货交易的法律、法规和交易所的规章制度进行。

第五十三条 当事人向调解委员会提出调解申请，应当从其知道或应当知道其合法权益被侵害之日起30日内提出。

第五十四条 当事人申请调解应当符合下列条件：

（一）有调解申请书；

（二）有具体的事实、理由和请求；

（三）属于调解委员会的受理范围。

第五十五条 当事人向调解委员会申请调解，应当提交调解申请书和有关材料。

调解申请书应当写明以下事项：

（一）当事人的姓名、性别、年龄、职业、工作单位和住所，或单位名称、住所和法定代表人或者负责人的姓名、职务；

（二）请求调解的事实、理由及要求；

（三）有关证据。

第五十六条 交易所调解委员会收到调解申请后，应当认真审查有关材料是否符合要求，并于5日内以书面方式通知当事人是否受理。

第五十七条 有下列情形之一的，交易所调解委员会不予受理：

当事人已向人民法院起诉的；

当事人已向仲裁机构申请仲裁的；

当事人一方要求调解，另一方不愿意调解的；

交易所调解委员会认定不予受理的其他情形。

第五十八条 交易所调解委员会应当自受理调解申请之日起30日内完成调解。情况复杂，不能在规定期限内完成调解的，经双方当事人同意后，可以继续调解，否则终止调解。

第五十九条 有下列情形之一的，交易所调解委员会可以终止调解：

（一）当事人不参加调解或者未经许可中途退出调解的；

（二）调解事项涉及第三人实体利益，且第三人不参加调解或者不同意调解结果的；

（三）调解期间，当事人就调解事项另行起诉或者申请仲裁的；

（四）调解期间一方当事人要求终止调解的；

（五）在规定的期间内未能达成调解协议的。

第六十条 当事人根据有关规定负有举证的责任。调解委员会认为必要时，可以调查收集证据。

第六十一条 调解委员会调解纠纷，应当在查明事实，分清是非和自愿的基础上调解，促使当事人相互谅解，达成协议。

第六十二条 经调解达成的协议应当记录在案，并制作调解书。调解书由双方当事人签字，调解员署名，加盖调解委员会印章后生效。

第六十三条 调解书应当写明以下内容：

（一）双方当事人的名称、住所、法定代表人或者负责人的姓名及职务；

（二）争议的事项和请求；

（三）协议结果。

第六十四条 调解委员会应当在受理调解后30天内结案；到期未结案的，调解委员会应当向当事人说明理由。双方当事人要求继续调解的，调解委员会应当继续调解。有一方要求终止调解的，应当终止调解。

第六十五条 调解不成的，当事人可以依法提请仲裁机构仲裁或向人民法院提起诉讼。

第六章 附 则

第六十六条 本办法解释权属于上海期货交易所。

第六十七条 本办法所称指定交割仓库包括保税交割仓库和厂库。

第六十八条 本办法所称“日”是指“工作日”。期间届满的最后一日为节假日的，以节假日后的第一工作日为期间届满的日期。

第六十九条 本办法所称“以上”、“以下”、“以内”均含本数。

第七十条 本办法自2013年3月25日起实施。

上海期货交易所连续交易细则

第一章 总 则

第一条 为规范期货连续交易，保护期货交易当事人的合法权益，根据《上海期货交易所交易规则》制定本细则。

第二条 参与连续交易品种的交易、结算、风险控制等优先适用本细则的规定；本细则没有规定的，适用上海期货交易所其他业务实施细则。

第三条 交易所、会员和客户必须遵守本细则。

第二章 连续交易品种和交易时间

第四条 “连续交易”是指除上午9:00－11:30和下午1:30－3:00之外由交易所规定交易时间的交易；连续交易品种为交易所规定的期货品种。

第五条 本细则中所称的“交易日”是指从前一个工作日的连续交易开始至当天日盘结束。

第六条 连续交易时间由交易所另行通知。

连续交易期间只能通过远程交易席位进行交易。

连续交易期间不办理开户业务。

第七条 出现下列情况时，交易所可以调整连续交易开市收市时间，或者暂停交易：

（一）由于计算机终端、通信系统等交易设施发生故障致使10%以上的会员不能正常交易；

（二）30%以上参与交易的会员在连续交易开市前未能完成整个期货市场结算工作或完成交易系统初始化工作；

（三）交易所认为必要的其他情况。

第三章　连续交易期货合约交易、结算、风险管理

第八条　交易日的第一节是指从前一个工作日的连续交易开始至当天日盘的第一节结束。

开盘集合竞价在连续交易开市前5分钟内进行，日盘将不再进行集合竞价。若连续交易不交易，则集合竞价顺延至下一交易日的日盘开市前五分钟进行。

集合竞价产生的价格作为该交易日的开盘价。开盘集合竞价中未成交的申报单自动参与开盘后的竞价交易。客户的报价在一个交易日内一直有效，直到该报价全部成交或被撤销。

第九条　日盘结算完毕后，会员的结算准备金低于最低余额时，该结算结果即视为交易所向会员发出的追加保证金通知，两者的差额即为追加保证金金额。

交易所发出追加保证金通知后，可通过存管银行从会员的专用资金账户中扣划。若未能全额扣款成功，会员必须在当日连续交易开市前补足至结算准备金最低余额。未补足的，若结算准备金余额大于零而低于结算准备金最低余额，当日连续交易开市后不得开新仓；若结算准备金余额小于零，则交易所将按《上海期货交易所风险控制管理办法》的规定进行处理。

第十条　会员如对结算数据有异议，应在当日连续交易开市前三十分钟以书面形式通知交易所。遇特殊情况，会员可在当日连续交易开市后二小时内以书面形式通知交易所。如在规定时间内会员没有对结算数据提出异议，则视作会员已认可结算数据的正确性。

第十一条　连续交易期间，交易所不办理出金业务以及有价证券提取业务。

第十二条　强行平仓的执行原则：强行平仓先由会员自己执行，时限除交易所特别规定外，一律为每个交易日第一节交易时间内。若时限内会员未执行完毕，则由交易所强制执行。因结算准备金小于零而被要求强行平仓的，在保证金补足前，禁止相关会员的开仓交易。

第十三条　强行平仓的执行：

（一）通知。

交易所以“强行平仓通知书”（以下简称通知书）的形式向有关会员下达强行平仓要求。通知书除交易所特别送达以外，随当日结算数据发送，有关会员可以通过会员服务系统获得。

（二）执行及确认。

交易日第一节交易时间内，有关会员必须首先自行平仓，直至达到平仓要求。若超过会员自行强行平仓时限而未执行完毕的，剩余部分由交易所直接执行强行平仓。

第四章　附　　则

第十四条　本细则的解释权属于上海期货交易所。

第十五条　违反本细则规定的，交易所按《上海期货交易所违规处理办法》的有关规定处理。

第十六条　本细则所称的“工作日”、“天”均指自然日，即该日0:00至24:00。

第十七条　本细则自2013年7月6日起实施。

上海期货交易所结算细则

（根据《关于印发黄金、白银和螺纹钢等3个期货合约和连续交易细则等7个实施细则修订案的公告〔2013〕7号》、《关于印发上海期货交易所石油沥青期货标准合约及相关规则的公告〔2013〕14号》和《关于印发〈上海期货交易所结算细则〉修订案的公告〔2013〕18号》修订，其他条款未作修订未列出）

第三十一条　交易保证金是指会员存入交易所专用结算账户中确保合约履行的资金，是已被合约占用的保证金。当买卖双方成交后，交易所按持仓合约价值的一定比率或交易所规定的其他方式向双方收取交易保证金。

交易所按买入和卖出的持仓量分别收取交易保证金。在下列情况下，交易所可以单边收取交易保证金：

（一）同一客户在同一会员处的同品种双向持仓（合约进入最后交易日前第五个交易日收盘后除外）；

（二）非期货公司会员在交易所同品种双向持仓（合约进入最后交易日前第五个交易日收盘后除外）；

（三）交易所认为必要的其他情况。

第六十条　交割结算的基准价为该期货合约最后交易日的结算价，但燃料油期货交割结算的基准价按照《上海期货交易所燃料油期货交割实施细则（试行）》第二十二条确定，黄金期货交割结算的基准价按照《上海期货交易所黄金期货交割实施细则（试行）》第二十四条确定，天然橡胶期货交割结算的基准价按照《上海期货交易所交割细则》相关规定确定，石油沥青期货交割结算的基准价按照《上海期货交易所石油沥青期货交割实施细则（试行）》相关规定确定。交割商品计价以交割结算基准价为基础，再加上不同等级商品质量升贴水以及非基准交割仓库与基准交割仓库的升贴水。

第八十五条　有关连续交易的结算，上海期货交易所连续交易细则有特殊规定的，从其规定。

上海期货交易所交易细则

（根据《关于印发黄金、白银和螺纹钢等3个期货合约和连续交易细则等7个实施细则修订案的公告〔2013〕7号》修订，其他条款未作修订未列出）

第六十四条　每日期货交易信息发布是指在每个交易日结束后发布的有关当日期货交易信息。

信息内容主要有：

（一）每日行情（见附件二，略）：商品名称、交割月份、开盘价、最高价、最低价、收盘价、前结算价、结算价、涨跌、成交量、持仓量、持仓量变化、成交额。

（二）期货合约活跃月份期货公司会员的总成交量、总买卖持仓量，活跃月份非期货公司会员的总成交量、总买卖持仓量和活跃月份前20名期货公司会员的成交量、买卖持仓量。

第七十四条　有关连续交易相关的交易暂停、调整交易开市收市时间，上海期货交易所连续交易细则有特殊规定的，从其规定。

上海期货交易所风险控制管理办法

（根据《关于印发黄金、白银和螺纹钢等3个期货合约和连续交易细则等7个实施细则修订案的公告〔2013〕7号》、《关于印发〈上海期货交易所铅期货标准合约〉和〈上海期货交易所风险控制管理办法〉修订案的公告〔2013〕12号》、《关于印发上海期货交易所石油沥青期货标准合约及相关规则的公告〔2013〕14号》、《关于印发〈上海期货交易所套利交易管理办法〉和〈上海期货交易所风险控制管理办法〉修订案的公告〔2013〕17号》修订）

第一章　总　　则

第一条　为加强期货交易风险管理，维护交易当事人的合法权益，保证上海期货交易所（以下简称交易所）期货交易的正常进行，根据《上海期货交易所交易规则》制定本办法。

第二条　交易所风险管理实行保证金制度、涨跌停板制度、限仓制度、大户报告制度、强行平仓制度、风险警示制度。

第三条　交易所、会员和客户应当遵守本办法。

第二章　保证金制度

第四条　交易所实行交易保证金制度。阴极铜（以下简称铜）、铝、锌、天然橡胶期货合约的最低交易保证金为合约价值的5%，铅期货合约的最低交易保证金为合约价值的5%，螺纹钢期货合约的最低交易保证金为合约价值的5%，线材期货合约的最低交易保证金为合约价值的7%，黄金、白银期货合约的最低交易保证金为合约价值的4%，燃料油期货合约的最低交易保证金为合约价值的8%，石油沥青期货合约的最低交易保证金为合约价值的4%。

在某一期货合约的交易过程中，当出现下列情况时，交易所可以根据市场风险调整其交易保证金水平：

（一）持仓量达到一定的水平时；

（二）临近交割期时；

（三）连续数个交易日的累计涨跌幅达到一定水平时；

（四）连续出现涨跌停板时；

（五）遇国家法定长假时；

（六）交易所认为市场风险明显增大时；

（七）交易所认为必要的其他情况。

交易所根据市场情况决定调整交易保证金的，应当公告，并报告中国证监会。

第五条 交易所根据某一期货合约持仓的不同数量和上市运行的不同阶段（即：从该合约新上市挂牌之日起至最后交易日止）制定不同的交易保证金收取标准。具体规定如下：

（一）交易所根据合约持仓大小调整交易保证金比例的方法。

表一　　　　铜期货合约持仓量变化时的交易保证金收取标准

从进入交割月前第三月的第一个交易日起，当持仓总量（X）达到下列标准时	铜交易保证金比例
X≤24万	5%
24万<X≤28万	6.5%
28万<X≤32万	8%
X>32万	10%

注：X表示某一月份合约的双边持仓总量，单位：手。

表二　　　　铝期货合约持仓量变化时的交易保证金收取标准

从进入交割月前第三月的第一个交易日起，当持仓总量（X）达到下列标准时	铝交易保证金比例
X≤24万	5%
24万<X≤28万	6.5%
28万<X≤32万	8%
X>32万	10%

注：X表示某一月份合约的双边持仓总量，单位：手。

表三　　锌期货合约持仓量变化时的交易保证金收取标准

从进入交割月前第三月的第一个交易日起，当持仓总量（X）达到下列标准时	锌交易保证金比例
X≤24万	5%
24万＜X≤28万	6.5%
28万＜X≤32万	8%
X＞32万	10%

注：X表示某一月份合约的双边持仓总量，单位：手。

表四　　铅期货合约持仓量变化时的交易保证金收取标准

从进入交割月前第三月的第一个交易日起，当持仓总量（X）达到下列标准时	铅交易保证金比例
X≤20万	5%
20万＜X≤30万	10%
X＞30万	12%

注：X表示某一月份合约的双边持仓总量，单位：手。

表五　　螺纹钢期货合约持仓量变化时的交易保证金收取标准

从进入交割月前第三月的第一个交易日起，当持仓总量（X）达到下列标准时	螺纹钢交易保证金比例
X≤120万	5%
120万＜X≤135万	7%
135万＜X≤150万	9%
X＞150万	11%

注：X表示某一月份合约的双边持仓总量，单位：手。

表六　　线材期货合约持仓量变化时的交易保证金收取标准

从进入交割月前第三月的第一个交易日起，当持仓总量（X）达到下列标准时	线材交易保证金比例
X≤45万	7%
45万＜X≤60万	8%
60万＜X≤75万	10%
X＞75万	12%

注：X表示某一月份合约的双边持仓总量，单位：手。

表七　　黄金期货合约持仓量变化时的交易保证金收取标准

从进入交割月前第三月的第一个交易日起，当持仓总量（X）达到下列标准时	黄金交易保证金比例
X≤16 万	4%
16 万 < X≤20 万	6%
20 万 < X≤24 万	8%
X > 24 万	10%

注：X 表示某一月份合约的双边持仓总量，单位：手。

表八　　白银期货合约持仓量变化时的交易保证金收取标准

从进入交割月前第三月的第一个交易日起，当持仓总量（X）达到下列标准时	白银交易保证金比例
X≤30 万	4%
30 万 < X≤60 万	7%
X > 60 万	10%

注：X 表示某一月份合约的双边持仓总量，单位：手。

表九　　天然橡胶期货合约持仓量变化时的交易保证金收取标准

从合约新上市挂牌之日起，当持仓总量（X）达到下列标准时	天然橡胶交易保证金比例
X≤8 万	5%
8 万 < X≤12 万	8%
12 万 < X≤16 万	10%
X > 16 万	12%

注：X 表示某一月份合约的双边持仓总量，单位：手。

表十　　燃料油期货合约持仓量变化时的交易保证金收取标准

从合约新上市挂牌之日起，当持仓总量（X）达到下列标准时	燃料油交易保证金比例
X≤10 万	8%
10 万 < X≤15 万	10%
15 万 < X≤20 万	12%
X > 20 万	15%

注：X 表示某一月份合约的双边持仓总量，单位：手。

表十一　　石油沥青期货合约持仓量变化时的交易保证金收取标准

从合约新上市挂牌之日起，当持仓总量（X）达到下列标准时	石油沥青交易保证金比例
X≤30万	4%
30万＜X≤50万	6%
X＞50万	8%

注：X表示某一月份合约的双边持仓总量，单位：手。

交易过程中，当某一期货合约持仓量达到某一级持仓总量时（详见表一、表二、表三、表四、表五、表六、表七、表八、表九、表十、表十一），暂不调整交易保证金收取标准。当日结算时，若某一期货合约持仓量达到某一级持仓总量，则交易所对该合约全部持仓收取与持仓总量相对应的交易保证金，保证金不足的，应当在下一个交易日开市前追加到位。

（二）交易所根据期货合约上市运行的不同阶段（临近交割期）调整交易保证金的方法。

表十二　　铜期货合约上市运行不同阶段的交易保证金收取标准

交易时间段	铜交易保证金比例
合约挂牌之日起	5%
交割月前第一月的第一个交易日起	10%
交割月份第一个交易日起	15%
最后交易日前二个交易日起	20%

表十三　　铝期货合约上市运行不同阶段的交易保证金收取标准

交易时间段	铝交易保证金比例
合约挂牌之日起	5%
交割月前第一月的第一个交易日起	10%
交割月份第一个交易日起	15%
最后交易日前二个交易日起	20%

表十四　　锌期货合约上市运行不同阶段的交易保证金收取标准

交易时间段	锌交易保证金比例
合约挂牌之日起	5%
交割月前第一月的第一个交易日起	10%
交割月份第一个交易日起	15%
最后交易日前二个交易日起	20%

表十五　　铅期货合约上市运行不同阶段的交易保证金收取标准

交易时间段	铅交易保证金比例
合约挂牌之日起	5%
交割月前第一月的第一个交易日起	10%
交割月份第一个交易日起	15%
最后交易日前二个交易日起	20%

表十六　　螺纹钢期货合约上市运行不同阶段的交易保证金收取标准

交易时间段	螺纹钢交易保证金比例
合约挂牌之日起	5%
交割月前第一月的第一个交易日起	10%
交割月份第一个交易日起	15%
最后交易日前二个交易日起	20%

表十七　　线材期货合约上市运行不同阶段的交易保证金收取标准

交易时间段	线材交易保证金比例
合约挂牌之日起	7%
交割月前第一月的第一个交易日起	10%
交割月份第一个交易日起	15%
最后交易日前二个交易日起	20%

表十八　　黄金期货合约上市运行不同阶段的交易保证金收取标准

交易时间段	黄金交易保证金比例
合约挂牌之日起	4%
交割月前第一月的第一个交易日起	10%
交割月份的第一个交易日起	15%
最后交易日前二个交易日起	20%

表十九　　白银期货合约上市运行不同阶段的交易保证金收取标准

交易时间段	白银交易保证金比例
合约挂牌之日起	4%
交割月前第一月的第一个交易日起	10%
交割月份第一个交易日起	15%
最后交易日前二个交易日起	20%

表二十　　天然橡胶期货合约上市运行不同阶段的交易保证金收取标准

交易时间段	天然橡胶交易保证金比例
合约挂牌之日起	5%
交割月前第一月的第一个交易日起	10%
交割月份第一个交易日起	15%
最后交易日前二个交易日起	20%

表二十一　　燃料油期货合约上市运行不同阶段的交易保证金收取标准

交易时间段	燃料油交易保证金比例
合约挂牌之日起	8%
交割月前第二月的第十个交易日起	10%
交割月前第一月的第十个交易日起	15%
最后交易日前二个交易日起	20%

表二十二　　石油沥青期货合约上市运行不同阶段的交易保证金收取标准

交易时间段	石油沥青交易保证金比例
合约挂牌之日起	4%
交割月前第一月的第一个交易日起	10%
交割月份第一个交易日起	15%
最后交易日前二个交易日起	20%

当某一期货合约达到应该调整交易保证金的标准时（详见表十二、表十三、表十四、表十五、表十六、表十七、表十八、表十九、表二十、表二十一、表二十二），交易所应当在新标准执行前一交易日的结算时对该合约的所有历史持仓按新的交易保证金标准进行结算，保证金不足的，应当在下一个交易日开市前追加到位。

在进入交割月份后，卖方可以用标准仓单作为与其所示数量相同的交割月份期货合约持仓的履约保证，其持仓对应的交易保证金不再收取。

（三）某一期货合约上市运行阶段时间段的划分方法（举例说明）：如 Cu0305，其运行阶段是从 2002 年 5 月 16 日起到 2003 年 5 月 15 日止，其中：2002 年 5 月 16 日为该合约新上市挂牌之日、2003 年 5 月 15 日为最后交易日、2003 年 5 月 14 日为最后交易日前一个交易日，2003 年 5 月 13 日为最后交易日前二个交易日，2003 年 5 月为交割月份、2003 年 4 月为交割月前第一月、2003 年 3 月为交割月前第二月、2003 年 2 月为交割月前第三月。示意图如下：

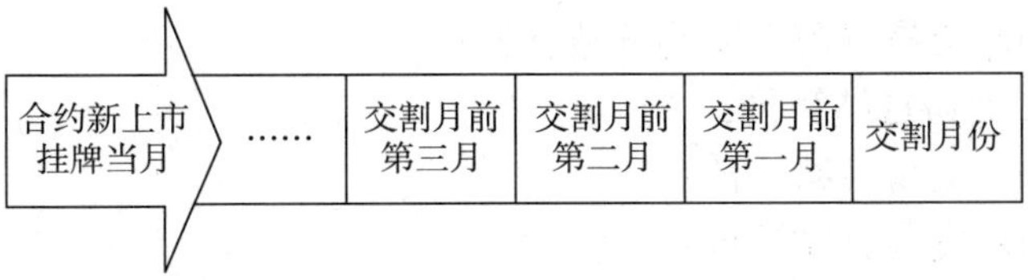

本办法有关条款时间段的划分方法参照本款执行。

第六条 当某期货合约出现涨跌停板的情况，则该期货合约的交易保证金按第三章的有关规定执行。

第七条 当某铜、铝、锌、螺纹钢、线材期货合约连续三个交易日（即 D_1、D_2、D_3 交易日）的累计涨跌幅（N）达到 7.5%；或连续四个交易日（即 D_1、D_2、D_3、D_4 交易日）的累计涨跌幅（N）达到 9%；或连续五个交易日（即 D_1、D_2、D_3、D_4、D_5 交易日）的累计涨跌幅（N）达到 10.5% 时，交易所可以根据市场情况，采取单边或双边、同比例或不同比例、部分会员或全部会员提高交易保证金，限制部分会员或全部会员出金，暂停部分会员或全部会员开新仓，调整涨跌停板幅度，限期平仓，强行平仓等措施中的一种或多种措施，但调整后的涨跌停板幅度不超过 20%。

当某铅、黄金期货合约连续三个交易日（即 D_1、D_2、D_3 交易日）的累计涨跌幅（N）达到 10%；或连续四个交易日（即 D_1、D_2、D_3、D_4 交易日）的累计涨跌幅（N）达到 12%；或连续五个交易日（即 D_1、D_2、D_3、D_4、D_5 交易日）的累计涨跌幅（N）达到 14% 时，交易所可以根据市场情况，采取单边或双边、同比例或不同比例、部分会员或全部会员提高交易保证金，限制部分会员或全部会员出金，暂停部分会员或全部会员开新仓，调整涨跌停板幅度，限期平仓，强行平仓等措施中的一种或多种措施，但调整后的涨跌停板幅度不超过 20%。

当某天然橡胶、石油沥青期货合约连续三个交易日（即 D_1、D_2、D_3 交易日）的累计涨跌幅（N）达到 9%；或连续四个交易日（即 D_1、D_2、D_3、D_4 交易日）的累计涨跌幅（N）达到 12%；或连续五个交易日（即 D_1、D_2、D_3、D_4、D_5 交易日）的累计涨跌幅（N）达到 13.5% 时，交易所可以根据市场情况，采取单边或双边、同比例或不同比例、部分会员或全部会员提高交易保证金，限制部分会员或全部会员出金，暂停部分会员或全部会员开新仓，调整涨跌停板幅度，限期平仓，强行平仓等措施中的一种或多种措施，但调整后的涨跌停板幅度不超过 20%。

当某燃料油、白银期货合约连续三个交易日（即 D_1、D_2、D_3 交易日）的累计涨跌幅（N）达到 12%；或连续四个交易日（即 D_1、D_2、D_3、D_4 交易日）的累计涨跌幅（N）达到 14%；或连续五个交易日（即 D_1、D_2、D_3、D_4、D_5 交易日）的累计涨跌幅（N）达到 16% 时，交易所可以根据市场情况，采取单边或双边、同比例或不同比例、部分会员或全部会员提高交易保证金，限制部分会员或全部会员出金，暂停部分会员或全部会员开新仓，调整涨跌停板幅度，限期平仓，强行平仓等措施中的一种或多种措施，但调整后的涨跌停板幅度不超过 20%。

N 的计算公式：

$$N = \frac{P_t - P_0}{P_0} \times 100\% \qquad t = 3,4,5$$

其中，P_0 为 D_1 交易日前一交易日结算价；

P_t 为 t 交易日结算价；

P_3 为 D_3 交易日结算价；

P_4 为 D_4 交易日结算价；

P_5 为 D_5 交易日结算价。

交易所采取本条规定措施的，应当事先报告中国证监会。

第八条 对同时适用本办法规定的两种或两种以上交易保证金比例的，其交易保证金按照规定交易保证金比例中的最高值收取。

第三章　涨跌停板制度

第九条 交易所实行价格涨跌停板制度，由交易所制定各上市期货合约的每日最大价格波动幅度。

在某一期货合约的交易过程中，当出现下列情况时，交易所可以根据市场风险调整其涨跌停板幅度：

（一）期货合约价格出现同方向连续涨跌停板时；

（二）遇国家法定长假时；

（三）交易所认为市场风险明显变化时；

（四）交易所认为必要的其他情况。

交易所根据市场情况决定调整涨跌停板幅度的，应当公告，并报告中国证监会。

对同时适用本办法规定的两种或两种以上涨跌停板的，其涨跌停板按照规定涨跌停板中的最高值确定。

第十条 当某期货合约以涨跌停板价格成交时，成交撮合实行平仓优先和时间优先的原则，但平当日新开仓位不适用平仓优先的原则。

第十一条 涨（跌）停板单边无连续报价（以下简称单边市）是指某一期货合约在某一交易日收盘前5分钟内出现只有停板价位的买入（卖出）申报、没有停板价位的卖出（买入）申报，或者一有卖出（买入）申报就成交、但未打开停板价位的情况。连续的两个交易日出现同一方向的涨（跌）停板单边无连续报价情况，称为同方向单边市；在出现单边市之后的下一个交易日出现反方向的涨（跌）停板单边无连续报价情况，则称为反方向单边市。

第十二条 当某期货合约在某一交易日（该交易日称为 D_1 交易日，以下几个交易日分别称为 D_2、D_3、D_4、D_5、D_6 交易日，D_0 交易日为 D_1 交易日前一交易日）出现单边市，则该期货合约 D_2 交易日涨跌停板幅度按下述方法调整：铜、铝、锌、铅、螺纹钢、线材、黄金、白银、天然橡胶、燃料油和石油沥青期货合约的涨跌停板幅度为在 D_1 交易日涨跌停板幅度的基础上增加3个百分点。D_1 交易日结算时，该期货合约交易保证金比例按下述方法调整：铜、铝、锌、铅、螺纹钢、线材、黄金、白银、天然橡胶、燃料油和石油沥青期货合约的交易保证金比例为在 D_2 交易日涨跌停板幅度的基础上增加2个百分点。如果该期货合约调整后的交易保证金比例低于 D_0 交易日结算时的交易保证金比例，则按 D_0 交易日结算时该期货合约交易保证金比例收取。

若 D_1 交易日为该期货合约上市挂盘后第一个交易日，则该期货合约上市挂盘当日交易保证金比例视为该期货合约 D_0 交易日结算时的交易保证金比例。

第十三条 该期货合约若 D_2 交易日未出现单边市，则 D_3 交易日涨跌停板、交易保证金比例恢复到正常水平。

若 D_2 交易日出现反方向单边市，则视作新一轮单边市开始，该日即视为 D_1 交易日，下一日交易保证金和涨跌停板参照本办法第十二条规定执行。

若 D_2 交易日出现同方向单边市，则该期货合约 D_3 交易日涨跌停板幅度按下述方法调整：铜、铝、锌、铅、螺纹钢、线材、黄金、天然橡胶、燃料油和石油沥青期货合约的涨跌停板幅度为在 D_1 交易日涨跌停板幅度的基础上增加 5 个百分点，白银期货合约的涨跌停板幅度为在 D_1 交易日涨跌停板幅度的基础上增加 6 个百分点。D_2 交易日结算时，该期货合约交易保证金比例按下述方法调整：铜、铝、锌、铅、螺纹钢、线材、黄金、天然橡胶、燃料油和石油沥青期货合约的交易保证金比例为在 D_3 交易日涨跌停板幅度上增加 2 个百分点，白银期货合约的交易保证金比例为在 D_3 交易日涨跌停板幅度上增加 3 个百分点。如果该期货合约调整后的交易保证金比例低于 D_0 交易日结算时交易保证金比例，则按 D_0 交易日结算时该期货合约的交易保证金比例收取。

第十四条 若 D_3 交易日未出现单边市，则 D_4 交易日涨跌停板、交易保证金比例恢复到正常水平。

若 D_3 交易日出现反方向单边市，则视作新一轮单边市开始，该日即视为 D_1 交易日，下一日交易保证金和涨跌停板参照本办法第十二条规定执行。

若 D_3 交易日期货合约出现同方向单边市（即连续三天达到涨跌停板），则当日收盘结算时，该铜、铝、锌、铅、螺纹钢、线材、黄金、白银、天然橡胶、燃料油和石油沥青期货合约的交易保证金仍按照 D_2 交易日结算时的交易保证金比例收取，并且交易所可以对部分或全部会员暂停出金。

当 D_3 交易日期货合约出现同方向单边市（即连续三天达到涨跌停板）时，若 D_3 交易日是该合约的最后交易日，则该合约直接进入交割；若 D_4 交易日是该合约的最后交易日，则 D_4 交易日该合约按 D_3 交易日的涨跌停板和保证金水平继续交易；除上述两种情况之外，D_4 交易日该期货合约暂停交易一天。交易所在 D_4 交易日根据市场情况决定对该期货合约实施下列两种措施中的任意一种：

措施一：D_4 交易日，交易所决定并公告在 D_5 交易日采取单边或双边、同比例或不同比例、部分会员或全部会员提高交易保证金，暂停部分会员或全部会员开新仓，调整涨跌停板幅度，限制出金，限期平仓，强行平仓等措施中的一种或多种化解市场风险，但调整后的涨跌停板幅度不超过 20%。在交易所宣布调整保证金水平之后，保证金不足者应当在 D_5 交易日开市前追加到位。若 D_5 交易日该期货合约的涨跌幅度未达到当日涨跌停板，则 D_6 交易日该期货合约的涨跌停板和交易保证金比例均恢复正常水平；若 D_5 交易日该期货合约的涨跌幅度与 D_3 交易日同方向再达到当日涨跌停板，则交易所宣布为异常情况，并按有关规定采取风险控制措施；若 D_5 交易日该期货合约的涨跌幅度与 D_3 交易日反方向达到当日涨跌停板，则视作新一轮单边市开始，该日即视为 D_1 交易日，下一日交易保证金和涨跌停板参照本办法第十二条规定执行。

措施二：在 D_4 交易日结算时，交易所将 D_3 交易日闭市时以涨跌停板价申报的未成交平仓报单，以 D_3 交易日的涨跌停板价，与该合约净持仓盈利客户（或非期货公司会员，下同）按持仓比例自动撮合成交。同一客户持有双向头寸，则首先平自己的头寸，再按上述方法平仓。具体操作方法如下：

（一）申报平仓数量的确定

在 D_3 交易日收市后，已在计算机系统中以涨跌停板价申报无法成交的，且客户该合约的单位净持仓亏损大于或等于 D_3 交易日结算价 6%（天然橡胶、燃料油和石油沥青为 8%）的所有申报平仓数量的总和为平仓数量。若客户不愿按上述方法平仓可以在收市前撤单，则已撤报单不再作为申报的平仓报单。

（二）客户单位净持仓盈亏的计算方法

$$\text{客户该合约单位净持仓盈亏} = \frac{\text{客户该合约净持仓盈亏的总和(元)}}{\text{客户该合约的净持仓量(质量单位)}}$$

上式中铜、铝、锌、铅、螺纹钢、线材、天然橡胶、燃料油和石油沥青的重量单位为吨，白银的重量单位为千克，黄金的重量单位为克。

客户该合约净持仓盈亏的总和，是指在客户该合约的历史成交库中从当日向前找出累计符合当日净持仓数的开仓合约的实际成交价与当日结算价之差的总和。

（三）持仓盈利客户平仓范围的确定

根据上述方法计算的客户单位净持仓盈利的投机头寸以及客户单位净持仓盈利大于或等于 D_3 交易日结算价 6%（天然橡胶、燃料油和石油沥青为 8%）的保值头寸都列入平仓范围。

（四）平仓数量的分配原则及方法

1. 平仓数量的分配原则

（1）在平仓范围内按盈利的大小和投机与保值的不同分成四级，逐级进行分配。

首先分配给属平仓范围内单位净持仓盈利大于或等于 D_3 交易日结算价 6%（天然橡胶、燃料油和石油沥青为 8%）的投机头寸（以下铜、铝、锌、铅、螺纹钢、线材、黄金、白银简称盈利 6% 以上的投机头寸，天然橡胶、燃料油和石油沥青简称盈利 8% 以上的投机头寸）；

其次分配给单位净持仓盈利大于或等于 D_3 交易日结算价 3%（天然橡胶、燃料油和石油沥青为 4%），小于 6%（天然橡胶、燃料油和石油沥青为 8%）的投机头寸（以下铜、铝、锌、铅、螺纹钢、线材、黄金、白银简称盈利 3% 以上的投机头寸，天然橡胶、燃料油和石油沥青简称盈利 4% 以上的投机头寸）；

再次分配给单位净持仓盈利小于 D_3 交易日结算价 3%（天然橡胶、燃料油和石油沥青为 4%）的投机头寸（以下铜、铝、锌、铅、螺纹钢、线材、黄金、白银简称盈利 3% 以下的投机头寸，天然橡胶、燃料油和石油沥青简称盈利 4% 以下的投机头寸）；

最后分配给单位净持仓盈利大于或等于 D_3 交易日结算价 6%（天然橡胶、燃料油和石油沥青为 8%）的保值头寸（以下铜、铝、锌、铅、螺纹钢、线材、黄金、白银简称盈利 6% 以上的保值头寸，天然橡胶、燃料油和石油沥青简称盈利 8% 以上的保值头寸）。

（2）以上各级分配比例均按申报平仓数量（剩余申报平仓数量）与各级可平仓的盈利头寸数量之比进行分配。

2. 平仓数量的分配方法及步骤（见附件）

（1）铜、铝、锌、铅、螺纹钢、线材、黄金、白银品种平仓数量的分配方法及步骤

若盈利6%以上的投机头寸数量大于或等于申报平仓数量，则根据申报平仓数量与盈利6%以上的投机头寸数量的比例，将申报平仓数量向盈利6%以上的投机客户分配实际平仓数量；

若盈利6%以上的投机头寸数量小于申报平仓数量，则根据盈利6%以上的投机头寸数量与申报平仓数量的比例，将盈利6%以上投机头寸数量向申报平仓客户分配实际平仓数量。再把剩余的申报平仓数量按上述的分配方法向盈利3%以上的投机头寸分配；若还有剩余，则再向盈利3%以下的投机头寸分配；若还有剩余，则再向盈利6%以上的保值头寸分配。若还有剩余则不再分配。

（2）天然橡胶、燃料油和石油沥青品种平仓数量的分配方法及步骤

若盈利8%以上的投机头寸数量大于或等于申报平仓数量，则根据申报平仓数量与盈利8%以上的投机头寸数量的比例，将申报平仓数量向盈利8%以上的投机客户分配实际平仓数量；

若盈利8%以上的投机头寸数量小于申报平仓数量，则根据盈利8%以上的投机头寸数量与申报平仓数量的比例，将盈利8%以上投机头寸数量向申报平仓客户分配实际平仓数量。再把剩余的申报平仓数量按上述的分配方法向盈利4%以上的投机头寸分配；若还有剩余，则再向盈利4%以下的投机头寸分配；若还有剩余，则再向盈利8%以上的保值头寸分配。若还有剩余则不再分配。

（五）平仓数量尾数的处理方法

首先对每个客户编码所分配到的平仓数量的整数部分分配后再按照小数部分由大到小的顺序进行排序，然后按照该排序的顺序进行分配，每个客户编码1手；对于小数部分相同的客户，如果分配数量不足，则随机进行分配。

采取措施二之后，若风险化解，则下一个交易日的涨跌停板和交易保证金比例均恢复正常水平；若还未化解风险，交易所则宣布为异常情况，并按有关规定采取风险控制措施。

因采取措施二平仓造成的经济损失由会员及其客户承担。

第四章　限仓制度

第十五条　交易所实行限仓制度。限仓是指交易所规定的会员或者客户对某一合约单边持仓的最大数量。

进行套期保值交易的持仓按照交易所有关规定执行，不受本条前款限制。

第十六条　限仓实行以下基本制度：

（一）根据不同期货品种的具体情况，分别确定每一品种每一月份合约的限仓数额；

（二）某一月份合约在其交易过程中的不同阶段，分别适用不同的限仓数额，进入交割月份的合约限仓数额从严控制；

（三）采用限制会员持仓和限制客户持仓相结合的办法，控制市场风险；其中，铅、黄金、天然橡胶、燃料油、石油沥青、白银品种期货公司会员实行比例限仓，非期货公司会员和客户实行数额限仓；

（四）套期保值交易头寸实行审批制度。

第十七条　同一客户在不同期货公司会员处开有多个交易编码，各交易编码上所有持仓头寸的合计数，不得超出一个客户的限仓数额。

交割月前第一月的最后一个交易日收盘前，各会员、各客户在每个会员处铜、铝、锌、铅期货合约的投机持仓应当调整为5手的整倍数（遇市场特殊情况无法按期调整的，可以顺延一天）；进入交割月后，铜、铝、锌、铅合约投机持仓应当是5手的整倍数，新开、平仓也应当是5手的整倍数。

交割月前第一月的最后一个交易日收盘前，各会员、各客户在每个会员处螺纹钢、线材期货合约的投机持仓应当调整为30手的整倍数（遇市场特殊情况无法按期调整的，可以顺延一天）；进入交割月后，螺纹钢、线材合约投机持仓应当是30手的整倍数，新开、平仓也应当是30手的整倍数。

交割月前第一月的最后一个交易日收盘前，各会员、各客户在每个会员处黄金期货合约的投机持仓应当调整为3手的整倍数。进入交割月后，黄金期货合约投机持仓应当是3手的整倍数，新开仓、平仓也应当是3手的整倍数。

交割月前第一月的最后一个交易日收盘前，各会员、各客户在每个会员处白银期货合约的投机持仓应当调整为2手的整倍数。进入交割月后，白银期货合约投机持仓应当是2手的整倍数，新开仓、平仓也应当是2手的整倍数。

相关品种期货合约套期保值交易头寸整倍数相关规定参见上海期货交易所套期保值交易管理相关规定。

第十八条　期货公司会员、非期货公司会员和客户的各品种期货合约在不同时期的限仓比例和持仓限额具体规定如下：

表二十三　　铜、铝、锌、螺纹钢、线材期货合约在不同时期的限仓比例和持仓限额规定　　单位：手

	合约挂牌至交割月前第二月的最后一个交易日				交割月前第一月			交割月份		
	某一期货合约持仓量	限仓比例（%）			期货公司会员	非期货公司会员	客户	期货公司会员	非期货公司会员	客户
		期货公司会员	非期货公司会员	客户						
铜	≥12万手	25	10	5	8000	1200	800	3000	500	300
铝	≥12万手	25	10	5	10000	1500	1000	3000	500	300
锌	≥12万手	25	10	5	8000	1200	800	3000	500	300
螺纹钢	≥120万手	25	10	5	30000	9000	3000	6000	1800	600
线材	≥45万手	25	10	5	18000	6000	1800	3600	1200	360

注：表中某一期货合约持仓量为双向计算，期货公司会员、非期货公司会员、客户的持仓限额为单向计算；期货公司会员的持仓限额为基数。

表二十四　　燃料油期货合约在不同时期的限仓比例和持仓限额规定　　单位：手

	合约挂牌至交割月前第一月		合约挂牌至交割月前第三月的最后一个交易日		交割月前第二月		交割月前第一月	
	某一期货合约持仓量	限仓比例(%)	限仓数额（手）		限仓数额（手）		限仓数额（手）	
		期货公司会员	非期货公司会员	客户	非期货公司会员	客户	非期货公司会员	客户
燃料油	≥10 万手	25	500	500	300	300	100	100

注：表中某一期货合约持仓量为双向计算，期货公司会员、非期货公司会员、客户的持仓限额为单向计算；期货公司会员的持仓限额为基数。

表二十五　　石油沥青期货合约在不同时期的限仓比例和持仓限额规定　　单位：手

	合约挂牌至交割月份		合约挂牌至交割月前第二月的最后一个交易日		交割月前第一月		交割月份	
	某一期货合约持仓量	限仓比例(%)	限仓数额（手）		限仓数额（手）		限仓数额（手）	
		期货公司会员	非期货公司会员	客户	非期货公司会员	客户	非期货公司会员	客户
石油沥青	≥30 万手	25	8000	8000	1500	1500	500	500

注：表中某一期货合约持仓量为双向计算，期货公司会员、非期货公司会员、客户的持仓限额为单向计算；期货公司会员的持仓限额为基数。

表二十六　铅、天燃橡胶、黄金期货合约在不同时期的限仓比例和持仓限额规定　单位：手

	合约挂牌至交割月份		合约挂牌至交割月前第二月的最后一个交易日		交割月前第一月		交割月份	
	某一期货合约持仓量	限仓比例(%)	限仓数额（手）		限仓数额（手）		限仓数额（手）	
		期货公司会员	非期货公司会员	客户	非期货公司会员	客户	非期货公司会员	客户
铅	≥20 万手	25	2500	2500	1000	1000	300	300
天然橡胶	≥5 万手	25	500	500	150	150	50	50
黄金	≥16 万手	25	3000	3000	900	900	300	300

注：表中某一期货合约持仓量为双向计算，期货公司会员、非期货公司会员、客户的持仓限额为单向计算；期货公司会员的持仓限额为基数。

表二十七　　白银期货合约在不同时期的限仓比例和持仓限额规定　　单位：手

	合约挂牌至交割月份		合约挂牌至交割月前第二月的最后一个交易日		交割月前第一月		交割月份	
	某一期货合约持仓量	限仓比例(%)	限仓数额（手）		限仓数额（手）		限仓数额（手）	
		期货公司会员	非期货公司会员	客户	非期货公司会员	客户	非期货公司会员	客户
白银	≥30 万手	25	6000	6000	1800	1800	600	600

注：表中某一期货合约持仓量为双向计算，期货公司会员、非期货公司会员、客户的持仓限额为单向计算；期货公司会员的持仓限额为基数。

第十九条　交易所可以根据期货公司会员的净资产和经营情况调整其持仓限额。

持仓限额 = 基数 ×（1 + 信用系数 + 业务系数）

基数：是期货公司会员持仓限额的最低水平，由交易所规定（见第十八条表二十三、表二十四、表二十五、表二十六、表二十七）。

信用系数：以期货公司会员净资产 3000 万元为底数（此时信用系数为 0），在此基础上，每增加 500 万元净资产，则信用系数相应增加 0.1，信用系数最大值不得超过 2。

业务系数：期货公司会员业务系数暂定为五档。以年交易金额 80 亿元为底数（此时业务系数为 0），在此基础上，期货公司会员年交易金额达到规定水平，则相应提高其业务系数。业务系数的最大值不得超过 1（见表二十八）。

表二十八

档次	年交易金额（C1，亿元）	业务系数
1	C1 ≤80	0
2	80 < C1 ≤160	0.25
3	160 < C1 ≤280	0.50
4	280 < C1 ≤400	0.75
5	C1 >400	1.00

第二十条　期货公司会员的持仓限额，由交易所每一年核定一次。

期货公司会员应当在当年 3 月 15 日前向交易所提供上一年度期末净资产金额的证明文件（会计师事务所审计报告）。交易所统计上年 1 月 1 日至 12 月 31 日期货公司会员的交易量，核定持仓限额后于当年 3 月 20 日前通知期货公司会员，并予公布；该持仓限额适用于其当年 3 月 21 日起到次年 3 月 20 日止期间（含起、止日）的各品种期货合约的交易。

第二十一条　到期未提供证明文件、统计材料或所提供证明文件、统计材料无效的，则均以基数水平论。

第二十二条　交易所调整持仓限额应当经理事会批准，报告中国证监会后实施。

第二十三条　会员或客户的持仓数量不得超过交易所规定的持仓限额。对超过持仓限额的会员或客户，交易所可以按有关规定执行强行平仓。

一个客户在不同期货公司会员处开有多个交易编码，其持仓量合计超出持仓限额的，交易所可以指定有关期货公司会员对该客户超额持仓执行强行平仓。

第二十四条　期货公司会员名下全部客户持仓之和超过该会员的持仓限额的，期货公司会员原则上应当按合计数与限仓数之差除以合计数所得比例，由该会员监督其有关客户在规定的时间内完成减仓；应当减仓而未减仓的，交易所可以按有关规定执行强行平仓。

第五章　大户报告制度

第二十五条　交易所实行大户报告制度。当会员或者客户某品种持仓合约的投机头寸达到交易所对其规定的投机头寸持仓限额 80% 以上（含本数）或者交易所要求报告的，会员或客户应当向交易所报告其资金情况、头寸情况，客户应当通过期货公司会员报告。交易所可以根据市场风险状况，制定并调整持仓报告标准。

第二十六条 会员和客户的持仓，达到交易所报告界限的，会员和客户应当主动于下一交易日15:00时前向交易所报告。如需再次报告或补充报告，交易所将通知有关会员。

第二十七条 达到交易所报告界限的期货公司会员应当向交易所提供下列材料：

（一）填写完整的《期货公司会员大户报告表》，内容包括会员名称、会员号、合约代码、现有持仓、持仓保证金、可动用资金、持仓客户数量、预报交割数量、申请交割数量；

（二）资金来源说明；

（三）其持仓量前五名客户的名称、交易编码、持仓量、开户资料及当日结算单据；

（四）交易所要求提供的其他材料。

第二十八条 达到交易所报告界限的非期货公司会员应当向交易所提供下列材料：

（一）填写完整的《非期货公司会员大户报告表》，内容包括会员名称、会员号、合约代码、现有持仓、持仓性质、持仓保证金、可动用资金、持仓意向、预报交割数量、申请交割数量；

（二）资金来源说明；

（三）交易所要求提供的其他材料。

第二十九条 达到交易所报告界限的客户应当提供下列材料：

（一）填写完整的《客户大户报告表》，内容包括会员名称、会员号、客户名称和编码、合约代码、现有持仓、持仓性质、持仓保证金、可动用资金、持仓意向、预报交割数量、申请交割数量等；

（二）资金来源说明；

（三）开户材料及当日结算单据；

（四）交易所要求提供的其他材料。

第三十条 期货公司会员应当对达到交易所报告界限的客户所提供的有关材料进行初审，然后转交交易所。期货公司会员应当保证客户所提供的材料的真实性。

第三十一条 交易所可以不定期地对会员或客户提供的材料进行核查。

第三十二条 客户在不同期货公司会员处开有多个交易编码，各交易编码持有头寸数额合计达到报告界限，由交易所指定并通知有关期货公司会员，负责报送该客户应当报告情况的有关材料。

第六章 强行平仓制度

第三十三条 为控制市场风险，交易所实行强行平仓制度。强行平仓是指当会员、客户违规时，交易所对其有关持仓实行平仓的一种强制措施。

第三十四条 当会员、客户出现下列情况之一时，交易所对其持仓实行强行平仓：

（一）会员结算准备金余额小于零，并未能在规定时限内补足的；

（二）持仓量超出其限仓规定的；

（三）相关品种持仓没有在规定时间内按要求调整为相应整倍数的；

（四）因违规受到交易所强行平仓处罚的；

（五）根据交易所的紧急措施应当予以强行平仓的；

（六）其他应当予以强行平仓的。

第三十五条 强行平仓的执行原则。

强行平仓先由会员自己执行，时限除交易所特别规定外，一律为开市后第一节交易时间内。若时限内会员未执行完毕，则由交易所强制执行。因结算准备金小于零而被要求强行平仓的，在保证金补足前，禁止相关会员的开仓交易。

（一）由会员单位执行的强行平仓头寸的确定

1. 属第三十四条第（一）项、第（二）项的强行平仓，其需要强行平仓头寸由会员单位自行确定，只要强行平仓结果符合交易所规则即可。

2. 属第三十四条第（三）项、第（四）项、第（五）项、第（六）项的强行平仓，其需要强行平仓头寸由交易所确定。

（二）由交易所执行的强行平仓头寸的确定

1. 属第三十四条第（一）项的强行平仓：其需要强行平仓的头寸由交易所按先投机、后套期保值的原则；并按上一交易日闭市后合约总持仓量由大到小顺序，先选择持仓量大的合约作为强行平仓的合约；再按该会员所有客户该合约的净持仓亏损由大到小确定。

若多个会员需要强行平仓的，按追加保证金由大到小的顺序，先平需要追加保证金大的会员。

2. 属第三十四条第（二）项的强行平仓：若系一个会员超仓，其需强行平仓头寸由交易所按会员超仓数量与会员投机持仓数量的比例确定有关客户的平仓数量；若系多个会员超仓，其需强行平仓头寸按会员超仓数量由大到小顺序，先选择超仓数量大的会员作为强行平仓的对象；若系客户超仓，则对该客户的超仓头寸进行强行平仓。若系会员和客户同时超仓，则先对超仓的客户进行平仓，再按会员超仓的方法平仓。但铅、黄金、天然橡胶、燃料油、白银、石油沥青期货合约超仓相关要求本部分另有规定的，从其规定。

属第三十四条第（二）项铅、黄金、天然橡胶、燃料油、白银、石油沥青期货合约的强行平仓：若系客户（或非期货公司会员）超仓，则对该客户（或非期货公司会员）的超仓头寸进行强行平仓；若系期货公司会员达到或者超过持仓限额的，不得同方向开仓交易。

3. 属第三十四条第（三）项、第（四）项、第（五）项、第（六）项的强行平仓，强行平仓头寸由交易所根据涉及的会员和客户具体情况确定。

若会员同时满足第三十四条第（一）项、第（二）项情况，交易所先按第（二）项情况确定强行平仓头寸，再按第（一）项情况确定强行平仓头寸。

第三十六条 强行平仓的执行。

（一）通知

交易所以“强行平仓通知书”（以下简称通知书）的形式向有关会员下达强行平仓要求。通知书除交易所特别送达以外，随当日结算数据发送，有关会员可以通过会员服务系统获得。

（二）执行及确认

1. 开市后，有关会员应当首先自行平仓，直至达到平仓要求。执行结果由交易所审核；

会员有本办法第三十四条第（三）项情形的，交易所可以直接执行强行平仓；

2. 超过会员自行强行平仓时限而未执行完毕的，剩余部分由交易所直接执行强行平仓；

3. 强行平仓执行完毕后，由交易所记录执行结果存档；

4. 强行平仓结果随当日成交记录发送，有关会员可以通过会员服务系统获得。

第三十七条 强行平仓的价格通过市场交易形成。

第三十八条 因受价格涨跌停板限制或其他市场原因制约而无法在规定时限内完成全部强行平仓的，其剩余持仓头寸可以顺延至下一交易日继续平仓，仍按第三十五条原则执行，直至平仓完毕。

第三十九条 如因价格涨跌停板或其他市场原因而无法在当日完成全部强行平仓的，交易所根据结算结果，对该会员作出相应的处理。

第四十条 由于价格涨跌停板限制或其他市场原因，有关持仓的强行平仓只能延时完成的，而因此发生的亏损，仍由直接责任人承担；未能完成平仓的，该持仓持有者应当继续对此承担持仓责任或交割义务。

第四十一条 由会员单位执行的强行平仓产生的盈利仍归直接责任人；由交易所执行的强行平仓产生的盈利按国家有关规定执行；因强行平仓发生的亏损由直接责任人承担。

直接责任人是客户的，强行平仓后发生的亏损，由该客户开户所在期货公司会员先行承担后，自行向该客户追索。

第七章 风险警示制度

第四十二条 交易所实行风险警示制度。当交易所认为必要时，可以分别或同时采取要求报告情况、谈话提醒、书面警示、公开谴责、发布风险警示公告等措施中的一种或多种，以警示和化解风险。

第四十三条 出现下列情形之一的，交易所可以约见指定的会员高管人员或客户谈话提醒风险，或要求会员或客户报告情况：

（一）期货价格出现异常；

（二）会员或客户交易异常；

（三）会员或客户持仓异常；

（四）会员资金异常；

（五）会员或客户涉嫌违规、违约；

（六）交易所接到投诉涉及会员或客户；

（七）会员涉及司法调查；

（八）交易所认定的其他情况。

交易所实施谈话提醒应当遵守下列要求：

（一）交易所发出书面通知，约见指定的会员高管人员或客户谈话。客户应当由会员指定人员陪同；

（二）交易所安排谈话提醒时，应当将谈话时间、地点、要求等以书面形式提前一天通知会员；

（三）谈话对象确因特殊情况不能参加的，应当事先报告交易所，经交易所同意后可以书面委托有关人员代理；

（四）谈话对象应当如实陈述、不得故意隐瞒事实；

（五）交易所工作人员应当对谈话的有关信息予以保密。

交易所要求会员或客户报告情况的，有关报告方式和报告内容参照大户报告制度。

第四十四条 通过情况报告和谈话，发现会员或客户有违规嫌疑、交易头寸有较大风险的，交易所可以对会员或客户发出书面的“风险警示函”。

第四十五条 发生下列情形之一的，交易所可以在指定的有关媒体上对有关会员和客户进行公开谴责：

（一）不按交易所要求报告情况或者谈话的；

（二）故意隐瞒事实，瞒报、错报、漏报重要信息的；

（三）故意销毁违规违约证明材料，不配合中国证监会或者交易所调查的；

（四）经查实存在欺诈客户行为的；

（五）经查实参与分仓或者操纵市场的；

（六）交易所认定的其他违规行为。

交易所对相关会员或客户进行公开谴责的同时，对其违规行为，按《上海期货交易所违规处理办法》有关规定处理。

第四十六条 发生下列情形之一的，交易所可以发出风险警示公告，向全体会员和客户警示风险：

（一）期货价格出现异常；

（二）期货价格和现货价格出现较大差距；

（三）国内期货价格和国际市场价格出现较大差距；

（四）交易所认定的其他异常情况。

第八章 附 则

第四十七条 违反本办法规定的，交易所可以按本办法和《上海期货交易所违规处理办法》的有关规定处理。

第四十八条 除交易所另有规定外，本细则中涉及投机交易风险管理的规则，同等适用于非套期保值交易。

第四十九条 有关连续交易相关的风险控制，上海期货交易所连续交易细则有特殊规定的，从其规定。

第五十条 本办法解释权属于上海期货交易所。

第五十一条 本办法自2013年12月2日起实施。

上海期货交易所交割细则

（根据《关于印发黄金、白银和螺纹钢等3个期货合约和连续交易细则等7个实施细则修订案的公告〔2013〕7号》和《关于印发上海期货交易所石油沥青期货标准合约及相关规则的公告〔2013〕14号》修订，其他条款未作修订未列出）

第五十一条 交割螺纹钢的包装与堆放。

交割螺纹钢包装、标志及质量证明书等应当符合GB 1499.2—2007《钢筋混凝土用钢 第2部分：热轧带肋钢筋》。

每一仓单的螺纹钢，应当是同一生产企业生产、同一牌号、同一注册商标、同一公称直径、同一长度的商品组成，并且组成每一仓单的螺纹钢的生产日期应当不超过连续十日，且以最早日期作为该仓单的生产日期。

用于交割的螺纹钢每一仓单的标的实物应当作为一个堆放垛位进行堆放。

第八十五条 期转现的期限为欲进行期转现合约的上市之日起至交割月份最后交易日前二个交易日（含当日）止。

持有同一交割月份合约的买卖双方会员（客户）达成协议后，在上述期限内的交易日的14:00前，到交易所申请办理期转现手续，填写交易所统一印制的期转现申请单（见附件三，略）。

用非标准仓单交割的，应当提供相关的买卖协议和提单复印件。

第九十二条 卖出方应当在办理期转现手续后七日内向交易所提交增值税专用发票。如卖方在14:00之前交付增值税专用发票的，经复核无误后，交易所退付卖方相应的保证金。如在14:00之后交付的，交易所在下一交易日结算时清退相应的保证金。交易所在收到卖方增值税专用发票的下一个工作日内向买方开具增值税专用发票。

未按时提交增值税发票的，按《上海期货交易所结算细则》中的有关规定处理。

第一百零九条 燃料油、黄金、石油沥青等的交割规定由交易所另行发布。

上海期货交易所燃料油期货交割实施细则（试行）

（根据《关于印发黄金、白银和螺纹钢等3个期货合约和连续交易细则等7个实施细则修订案的公告〔2013〕7号》修订，其他条款未作修订未列出）

第三十条 期转现期限为该合约上市之日起至倒数第四个交易日（含当日）止。在上述期限内，达成期转现协议的双方均可以到交易所申请办理期转现手续。交易所为每个合约提供一次公布期转现意向的服务。

卖出方应当在办理期转现手续后七日内向交易所提交增值税专用发票。

上海期货交易所黄金期货交割实施细则（试行）

（根据《关于印发黄金、白银和螺纹钢等3个期货合约和连续交易细则等7个实施细则修订案的公告〔2013〕7号》修订，其他条款未作修订未列出）

第二十九条　期转现的期限为欲进行期转现合约上市之日起至交割月份最后交易日前二个交易日（含当日）止。

持有同一交割月份合约的买卖双方会员（客户）达成协议后，在期转现期限内的某一交易日（申请日）的14:00前，通过标准仓单管理系统向交易所提交办理期转现申请。

用非标准仓单交割的，买卖双方会员（客户）应遵守国家相关法律、法规，并提供相关的买卖协议和提单复印件。

上海期货交易所石油沥青期货交割实施细则（试行）

第一章　总　　则

第一条　为保证上海期货交易所（以下简称交易所）石油沥青（以下简称沥青）期货交割业务的正常进行，规范实物交割行为，根据《上海期货交易所交易规则》和有关实施细则，制定本细则。

第二条　交易所沥青交割业务按本细则进行，交易所、会员、客户、指定交割仓库及指定沥青厂库等应当遵守本细则。

第二章　一般规定

第三条　实物交割是指期货合约到期时，交易双方通过该期货合约所载商品所有权的转移，了结未平仓合约的过程。

第四条　交割方式。

到期沥青期货合约的实物交割按标准交割流程进行，标准交割流程包括指定交割仓库交割（以下简称仓库交割）和指定沥青厂库交割（以下简称厂库交割）。

未到期沥青期货合约可以通过期货转现货的方式（以下简称期转现）进行实物交收，交割双方采用期转现方式的，应当提前申报并配对成功。

第五条　客户的实物交割应当由会员办理，并以会员名义在交易所进行。不能交付或者接收增值税专用发票的客户不允许交割。

某一沥青期货合约最后交易日前第三个交易日收盘后，自然人客户该沥青期货合约的持仓应当为0手。自最后交易日前第二个交易日起，对自然人客户的该月份持仓直接由交易所强行平仓。

第六条 交割地点。

到期合约的实物交割地点为交易所指定交割仓库或指定沥青厂库（由交易所另行公告）。

未到期合约采用期转现方式交割的，其交割地点由期转现双方在期转现的协议上明确。

第七条 交割单位。

沥青期货标准合约的交割单位为10吨，交割数量应当是10吨的整数倍。

第八条 交割品级。

沥青交割品级适用国家交通运输部标准。用于本合约实物交割的70号A级道路石油沥青，质量标准应符合交通部现行有效的《公路沥青路面施工技术规范》中表4.2.1－2规定的技术要求。

若《公路沥青路面施工技术规范》调整，新的技术规范执行具体要求由交易所另行发布。

交割沥青应当是交易所批准的注册商品。沥青的注册商品和升贴水标准由交易所另行发布。

第九条 交割程序。

实物交割应当在合约规定的交割期内完成。交割期是指该合约最后交易日后连续五个工作日。该五个工作日分别称为第一、第二、第三、第四、第五交割日。

（一）第一交割日

1. 买方在第一交割日内，向交易所提交所需商品的意向书。内容包括品种、数量及指定交割仓库名或指定沥青厂库名等。

2. 卖方在第一交割日内，通过标准仓单管理系统向交易所提交已付清仓储费用的有效标准仓单。仓储费用由卖方支付到第五交割日（含当日），第五交割日以后的仓储费用由买方支付（指定交割仓库和指定沥青厂库收费项目和标准由交易所核定并另行发布）。

（二）第二交割日

交易所分配标准仓单。交易所根据已有资源，按照“时间优先、数量取整、就近配对、统筹安排”的原则进行配对。

（三）第三交割日

1. 买方交款、取单。买方应当在第三交割日14:00之前到交易所交付货款并取得标准仓单。

2. 卖方收款。交易所应当在第三交割日16:00之前将货款支付给卖方，如遇特殊情况交易所可以延长交割货款给付时间。

（四）第四、五交割日

卖方交增值税专用发票，交易所清退其相应的交易保证金。

保证金清退和发票事宜，按《上海期货交易所结算细则》中的有关规定处理。

第十条　标准仓单流转程序。

标准仓单在交易所进行实物交割的，其流转程序如下：

（一）卖方客户将标准仓单授权给卖方期货公司会员以办理实物交割业务；

（二）卖方会员将标准仓单提交给交易所；

（三）交易所将标准仓单分配给买方会员；

（四）买方期货公司会员将标准仓单分配给买方客户。

第十一条　损耗和溢短标准。

（一）沥青入出库一次的总损耗不超过2‰，由入出库货主各承担50%。

（二）溢短：每张标准仓单所列沥青的重量为10吨，入库或提货时实际沥青溢短重量不超过±3%。

第十二条　交割结算价与溢短量的结算。

（一）交割结算价

沥青期货标准合约的交割结算价是沥青期货标准合约交割结算的基准价，为该合约最后5个有成交交易日的结算价的算术平均价。交割结算时，买卖双方以该合约的交割结算价为基础，再加上不同注册商品的升贴水进行结算。

（二）溢短量的结算

沥青入库过程中发生的溢短（扣除1‰的损耗后）由货主按照沥青入库完成前一交易日交易所最近月份沥青期货合约的结算价，在入库完成后三个工作日内直接与指定交割仓库进行结算。

沥青出库过程中发生的溢短（扣除1‰的损耗后）由货主按照沥青出库完成前一交易日交易所最近月份沥青期货合约的结算价，在出库完成后三个工作日内直接与指定交割仓库或指定沥青厂库进行结算。

第十三条　交割费用。

进行实物交割的买卖双方应当分别向交易所支付1元/吨的交割手续费。

第三章　仓库交割

第十四条　仓库交割是指合约到期后，买卖双方以标准仓单（格式由交易所统一制定）形式，按规定的程序履行实物交收的交割方式。

第十五条　检验方法和机构。

沥青入出库以交易所指定检验机构（由交易所另行公告）检验为准，取样方法采用交通部现行有效的《公路工程沥青及沥青混合料试验规程》指定的方法，试验方法采用交通部现行有效的《公路沥青路面施工技术规范》指定的方法。

沥青入库时检验机构由卖方在交易所指定检验机构中选择，沥青出库时检验机构由买方在交易所指定检验机构中选择。指定交割仓库若对买方或卖方选择的检验机构有异议，可以与对方协商重新指定检验机构。若协商不成，可以向交易所提出申请，由交易所指定检验机构。买卖双方和指定交割仓库应当配合指定检验机构的检验工作。检验费用分别由买卖双方各自承担。

第十六条　沥青入出库的最小量应符合交易所规定（由交易所另行公告），运输工具应当符合港口、码头及指定交割仓库等在接卸和计量管理等方面的要求，并严格遵守指定交割仓库的安全操作规范。

第十七条 入库申报（交割预报）。

货主向指定交割仓库发货前，应当办理入库申报（交割预报），向交易所提交沥青入库申报和制作标准仓单申请。入库申报的内容包括品种、等级、数量、生产企业及拟入指定交割仓库名称等。客户应当委托期货公司会员办理入库申报（交割预报）手续。

第十八条 入库申报审批。

交易所在库容允许情况下，考虑货主意愿，在 3 个交易日内决定是否批准入库。货主应当在交易所规定的有效期内向已批准的入库申报中确定的指定交割仓库发货。未经过交易所批准入库或未在规定的有效期内入库的沥青不能用于交割。

入库申报自批准之日起有效，入库申报有效期为 15 天。

第十九条 入库申报押金。

货主提交的入库申报资料应当属实，并交纳 30 元/吨的申报押金，申报押金由交易所从会员结算准备金账户中划转。

货主在有效期内按已批准的入库申报执行的，交易所在货主取得标准仓单后将申报押金清退至会员结算准备金账户中。部分执行的，按实际到货量返还；未按申报执行的，入库申报押金不予返还，由交易所支付给指定交割仓库。

第二十条 入库检验。

沥青运抵指定交割仓库后，指定交割仓库应当对到货及相关单证进行验核。

入库沥青应由注册生产企业原厂直接运达指定交割仓库。装运和储存期间不得进行调和。指定交割仓库有权对沥青运输环节进行监运管理，如认为入库沥青有可能存在潜在质量问题的，可以采集样品检验，检验合格后再要求货主卸货。

入库沥青应当由交易所指定检验机构进行检验，检验分为质量检验和重量检验两部分。质量检验以指定检验机构检验报告为准，质量检验报告符合交易所沥青质量标准才能生成标准仓单；重量检验以指定检验机构签发的重量检验报告为准。货主应当确保所入库沥青符合交易所规定的质量标准。

第二十一条 货主监收。

沥青入库时，货主应当到指定交割仓库监收；货主不到指定交割仓库监收的，视为货主同意指定检验机构的检验结果。

第二十二条 沥青储存。

沥青入库应当按照生产企业的不同分罐存储。

第二十三条 交割商品必备单证。

（一）国产沥青：应当提供注册生产企业出具的产品质量合格证书和原厂装货凭证，以及交易所指定检验机构出具的检验证书原件。

（二）进口沥青：应当提供进口货物报关单、海关放行单原件（交易所复印后退还）、商检证书和交易所指定检验机构出具的检验证书原件。

国家税收、商检等政策调整的，应当遵守其规定，相关进口商品的单证要求由交易所另行发布。

第二十四条　签发标准仓单。

（一）交易所审证

入库完毕并验收合格后，会员持交割必备单证到交易所办理审证手续。交易所审查合格后，通知指定交割仓库在标准仓单管理系统中签发标准仓单。

（二）仓库签发标准仓单

指定交割仓库接到交易所指令后在标准仓单管理系统中签发标准仓单。

第二十五条　提货。

（一）标准仓单合法持有人提货时，指定交割仓库在对标准仓单审核无误后予以发货。货主可以自行到库提货或委托指定交割仓库代为发运。

（二）沥青出库时指定交割仓库应当对罐内沥青进行加温，沥青出库温度应当不低于130摄氏度，并不得高于160摄氏度。

（三）出库检验

标准仓单合法持有人提货时，应当委托交易所指定检验机构对交割沥青的质量和重量进行现场检验。沥青出库的重量检验以指定检验机构签发的重量检验报告为准。质量检验以岸罐内取样为准。样品应当分为A、B两份，A样用于化验，B样封存。

未委托交易所指定检验机构进行检验的，视为认可指定交割仓库发货无误，指定交割仓库不再受理交割沥青有异议的申请。

（四）受理质量争议

若标准仓单合法持有人对交割沥青的质量有异议的，应当在实物交收完成后十个工作日内，向指定交割仓库提出书面申请，并应当同时提供交易所指定检验机构出具的质量鉴定结论。逾期未提出申请的，视为标准仓单合法持有人对所交割沥青无异议，指定交割仓库不再受理交割沥青有异议的申请。

（五）填制出库确认单

指定交割仓库发货时，应当及时填制《标准仓单出库确认单》（一式二份，货主和指定交割仓库各执一份），同时将收到的相应标准仓单加盖货讫专用章，与指定交割仓库留底配对，妥善保管备查。

第二十六条　在指定交割地进行的实物交收，运输由买卖双方自行解决。

第二十七条　沥青自验收合格入库后至沥青出库期间，指定交割仓库对所储存的沥青质量、数量、安全等承担全部责任。交易所每年将对在库沥青的质量进行检验。

第四章　厂库交割

第二十八条　厂库交割是指以指定沥青厂库（以下简称厂库）形成的厂库标准仓单为对象，按照规定的程序进行实物交收的交割方式。

厂库是指沥青生产企业经交易所批准并指定为沥青期货履行实物交割的地点。厂库标准仓单是指经过交易所批准的指定厂库按照交易所规定的程序签发的在交易所标准仓单管理系统生成的实物提货凭证。

第二十九条　厂库标准仓单申请。

厂库签发厂库标准仓单前，须向交易所提交签发申请。申请内容包括品种、会员单位、货主名称、拟申请签发仓单数量等。

客户应当委托期货公司会员办理申请手续。

第三十条 厂库提供担保。

厂库在提交签发厂库标准仓单申请之前或同时，须按有关规定向交易所提供经交易所认可的与签发厂库标准仓单数量相对应的银行履约担保函或交易所认可的其他支付保证方式。

当沥青期货合约价格发生较大波动时，交易所可根据市场变化情况要求厂库调整先前确定的担保。

第三十一条 交易所审核。

交易所在核定库容允许并且厂库提供了符合规定的担保情况下，在三个交易日内决定是否批准厂库签发厂库标准仓单。

厂库核定库容是指厂库可以签发（含已签发且尚未注销）的厂库标准仓单的最大数量。

每一厂库核定库容的确定和调整，需经交易所批准并予以公布。

交易所根据厂库的日生产能力、厂库库容和日发货量以及厂库信用等相关指标核定库容。

第三十二条 签发厂库标准仓单。

（一）交易所审证

会员持货主与厂库结清货款的凭证及厂库银行履约担保函等相关必备单证到交易所办理审证手续。交易所审查合格后，通知厂库在标准仓单管理系统中签发标准仓单。

（二）厂库签发标准仓单

厂库接到交易所批准签发厂库标准仓单指令后，在标准仓单管理系统中签发厂库标准仓单。

第三十三条 厂库标准仓单可用于交割、转让、提货以及交易所规定的其他用途。但厂库以自己作为货主签发的厂库标准仓单不得充抵保证金使用。

第三十四条 厂库标准仓单的合法持有人在仓单持有期间，须向厂库支付仓储费。

第三十五条 厂库标准仓单注销是指厂库标准仓单合法持有人通过标准仓单管理系统向厂库申请提货或转为一般现货提单，并由厂库办理厂库标准仓单退出流通手续的过程。

第三十六条 每年9月15日（遇法定假日顺延）之前生成的厂库标准仓单，应在10月的最后一个工作日（含该日）之前全部注销。

第三十七条 日发货量的规定。

厂库的日发货量是指厂库在24小时之内安排沥青发货的最低数量。厂库日发货量的确定和调整，需经交易所批准并予以公布。厂库不得擅自更改日发货量，生产企业因正常检修等原因需要调整日发货量应当提前报批交易所。

第三十八条 提货申请。

（一）货主应在拟提货月前一月的25日之前（遇法定假日提前）通过标准仓单管

理系统向厂库提交提货申请。申请内容包括品种、数量、拟提货日、提货方式、提货计划（每日提货量）、提货人身份证号码、联系电话等相关内容。

（二）厂库在货主提交提货申请后的二个工作日内、参照货主提交的提货日、提货计划及企业的生产计划等，确认货主的提货申请。

如果货主提交的拟提货日有多个持有厂库标准仓单的货主同时申请提货，且日提货总量超出厂库的日发货量时，厂库可参照各个货主申请提货日的先后、提货计划及生产计划等统筹安排发货，并在货主提交提货申请后的二个工作日内，向货主提供一个可供选择的提货时间范围和发货计划（每日发货量）。货主如无异议，可选择并确定其中一天为提货日，并确定发货计划。如有异议，可重新和厂库协商直至双方确定一致的提货日和发货计划。厂库应在拟提货月的首日起逐日安排发货。货主与厂库另有约定的除外。

（三）由上款所述多个货主同时申请提货而造成货主提货时间的延迟，厂库不承担经济责任。但厂库应及时报交易所书面备案，阐明原因。

第三十九条　出库沥青重量以厂库重量检验为准。沥青出库时发生的溢短（扣除1‰的损耗后）由厂库按照沥青出库当日前一交易日交易所挂牌交易的最近月份对应期货合约的结算价与货主进行结算。

第四十条　货主可自行到库提货或委托厂库代为发运，委托厂库代为发运时货主应到库监发。货主不到库监发，视为认可厂库发货无误。货主提货时，应与厂库结清有关费用。

第四十一条　厂库应保证出库沥青的质量符合交易所沥青合约规定的质量标准。沥青出库时，厂库应向货主提供产品质量合格证书，在货主的监督下进行分罐取样，经双方确认后将样品封存。厂库应将沥青样品保留至发货日后的60天，作为发生质量争议时的处理依据。沥青出库温度应当不低于130摄氏度，并不得高于160摄氏度。

第四十二条　厂库应将每天向各货主发出的沥青数量上报交易所，以备核查。

第四十三条　厂库和货主应妥善保管沥青发货和提货的单据，作为解决纠纷的依据。

第四十四条　货主应按约定的提货日和提货计划到厂库提货。过了提货日但在约定的提货日后7日内（含第7日）到厂库提货，或因非厂库过错的原因而无法按约定日提货计划提货，厂库仍应按交割沥青期货标准承担有关商品质量的责任，并按当时各货主的提货情况统一安排发货计划，直至全部发完。货主应向厂库支付滞纳金。

滞纳金金额＝5元/吨·天×应提而未提的商品数量×该批商品的滞留天数

对因货主原因而造成发货延迟的处理，如双方约定另行协商处理，则按双方协商而定。

第四十五条　货主未在约定的提货日后7日内（含第7日）到厂库提货，厂库标准仓单被注销，货主须向厂库支付滞纳金，对应商品转为现货，具体提货事宜由双方自行协商。

滞纳金金额＝35元/吨×应提而未提的商品数量

第四十六条　货主在提货日到库提货，厂库未按约定的发货计划发货，但在约定的提货日后7日内（含第7日）开始按计划发货，厂库应向货主支付赔偿金。

赔偿金金额=50元/吨×按日发货计划应发而未发的商品数量

第四十七条 厂库在约定的提货日后7日（含第7日）内未开始按日发货计划发货，货主可做如下选择：

（一）货主在约定提货日后的第7日向厂库提出自约定提货日后的第8日起，终止接受厂库应发而未发的剩余商品，厂库须向货主返还货款并支付追加赔偿金。

返还货款和追加赔偿金的金额=赔偿结算价×应发而未发的商品数量×120%

赔偿结算价为约定提货日后的第8日前一交易日交易所挂牌交易的最近月份对应期货合约的结算价。

（二）货主在约定提货日后的第7日未向厂库提出终止接受厂库应发而未发的剩余商品，则剩余商品具体提货事宜由双方自行协商。

第四十八条 当厂库发生第四十六条、第四十七条中的违约行为时，首先由厂库直接向货主支付赔偿金。厂库未支付的或支付数额不足的，交易所按照以下步骤向货主支付赔偿金：

（一）动用厂库提供的银行履约保函或其他保证方式支付；

（二）交易所代为垫付，并通过包括法律程序在内的其他手段向厂库追索。

第四十九条 当货主发生第四十四条、第四十五条中的违约行为时，首先由货主直接向厂库支付赔偿金。货主未支付的或支付数额不足的，厂库可通过包括法律程序在内的其他手段向货主追索。

第五十条 当发生第四十四条、第四十五条、第四十六条、第四十七条所述情况而给厂库或货主其中一方造成损失，如双方约定另行协商处理，则按双方协议而定，书面协议报交易所备案。

第五十一条 因不可抗力导致无法发货或提货时，厂库和货主无须支付滞纳金或赔偿金。

第五十二条 厂库和货主经双方协商同意，可以在提交提货申请的时候选择协商提货的方式，由双方另行确定发货时间和发货计划，厂库标准仓单被注销，视同转为现货，不再按本细则中的有关规定办理，但双方应留存相关协议。

第五十三条 厂库标准仓单被注销后，厂库可向交易所申请调整担保数额。

第五十四条 质量争议处理。

若厂库标准仓单合法持有人对指定沥青厂库内存放的交割商品的质量有异议的，须在实物交收完成后十个工作日内，向交易所提出书面申请，并须同时提供交易所指定检验机构出具的质量鉴定结论。逾期未提出申请的，视为厂库标准仓单合法持有人对所交割沥青无异议，交易所不再受理交割沥青有异议的申请。

第五章　期货转现货

第五十五条 期转现是指持有方向相反的同一月份合约的会员（客户）协商一致并向交易所提出申请，获得交易所批准后，分别将各自持有的合约按交易所规定的价格由交易所代为平仓，同时按双方协议价格进行与期货合约标的物数量相当、品种相同或相近、方向相同的仓单或提单等交换行为。

第五十六条　期转现的期限为欲进行期转现合约上市之日起至交割月份最后交易日前二个交易日（含当日）止。

持有同一交割月份合约的买卖双方会员（客户）达成协议后，在上述期限内的某一交易日（申请日）的14:00前，通过标准仓单管理系统向交易所提交办理期转现申请。

用非标准仓单交割的，买卖双方会员（客户）应遵守国家相关法律、法规，并提供相关的买卖协议和提单复印件。

第五十七条　期转现适用于沥青期货的历史持仓，不适用在申请日的新开仓。

第五十八条　期转现的交割结算价为买卖双方会员（客户）达成的协议价。

第五十九条　申请期转现的买卖双方原持有的相应交割月份期货头寸，由交易所在申请日的15:00之前，按申请日前一交易日交割月份合约的结算价平仓。

第六十条　期转现中使用标准仓单的，期转现的票据交换（包括货款、仓单）通过交易所进行，期转现的交易保证金按申请日前一交易日该合约结算价计算，票据交换在申请日后一交易日14:00前在交易所内完成。

第六十一条　卖出方应当在办理期转现手续后七日内向交易所提交增值税专用发票。如卖方在14:00之前交付增值税专用发票的，经复核无误后，交易所退付卖方相应的保证金。如在14:00之后交付的，交易所在下一交易日结算时清退相应的保证金。交易所在收到卖方增值税专用发票的下一个工作日内向买方开具增值税专用发票。

未按时提交增值税发票的，按《上海期货交易所结算细则》中的有关规定处理。

第六十二条　期转现中使用非标准仓单的，货款与单据流转根据买卖双方会员（客户）的约定，可通过交易所进行，也可由买卖双方会员（客户）直接进行。在此交割过程中产生的纠纷由买卖双方会员（客户）自行解决，交易所不再承担相应的履约担保责任。

第六十三条　通过交易所结算的期转现的交割货款一律采用内转方式划转。

第六十四条　未按本章规定的期限完成交割的，按本交割细则中有关交割违约的规定执行。

第六十五条　对非善意的期转现行为，按《上海期货交易所违规处理办法》中的有关规定处理。

第六十六条　交易所将及时公布期转现的有关信息。

第六章　交割违约

第六十七条　具有下列行为之一的，构成交割违约：

（一）在规定交割期限内卖方未能如数交付标准仓单的；

（二）在规定交割期限内买方未能如数解付货款的；

（三）交易所认定的其他违约行为。

第六十八条　在计算买方交割违约合约数量时，违约部分应当预留合约价值20%的违约金和赔偿金。

计算买、卖方交割违约合约数量的公式为：

卖方交割违约合约数量（手）＝应交标准仓单数量（手）－已交标准仓单数量（手）

买方交割违约合约数量（手）＝（应交货款－已交货款）÷（1－20%）÷交割结算价÷交易单位

第六十九条 发生交割违约后，交易所于违约发生当日16:30以前通知违约方和相对应的守约方。

守约方应当在下一交易日11:00以前将终止交割或继续交割的选择意向书面递交交易所。逾期未提交选择意向的，交易所按终止交割处理。

第七十条 构成交割违约的，由违约方支付违约部分合约价值5%的违约金，同时按以下办法处理：

（一）卖方违约的，买方可以作如下的一项选择：

1. 终止交割：交易所退还买方货款；

2. 继续交割：交易所在判定卖方违约的下一交易日发布标准仓单征购公告，并在七个交易日内组织征购。征购成功，交易所支付给买方标准仓单；征购失败，卖方支付给买方违约部分合约价值15%的赔偿金，交易所退还买方交割货款后终止交割。卖方承担因征购产生的一切经济损失和费用。

（二）买方违约的，卖方可以作如下的一项选择：

1. 终止交割：交易所退还卖方标准仓单；

2. 继续交割：交易所在判定买方违约的下一交易日发布标准仓单竞卖公告，并在七个交易日内组织竞卖。竞卖成功，交易所支付给卖方交割货款；竞卖失败，买方支付给卖方违约部分合约价值15%的赔偿金，交易所退还卖方标准仓单后终止交割。买方承担因竞卖产生的一切经济损失和费用。

终止交割后，交易所交割担保责任终止。

第七十一条 征购价格不高于交割结算价的115%，竞卖价格不低于交割结算价的85%。

第七十二条 若买卖双方都违约的，交易所按终止交割处理，并对双方分别处以违约部分合约价值5%的罚款。

第七十三条 会员发生部分交割违约时，违约会员所接标准仓单或所得货款可以用于违约处理。

第七十四条 会员在实物交割环节上蓄意违约，按《上海期货交易所违规处理办法》的有关规定处理。

第七十五条 发生违约行为的会员当事人及指定交割仓库有义务提供与违约行为相关的证据材料。会员拒不提供证据的，不影响对违约事实的认定。

第七十六条 买方或卖方与指定交割仓库之间产生交割纠纷，按《上海期货交易所违规处理办法》的有关规定处理。

第七十七条 买卖双方或其中一方因不可抗力不能履约或不能完全履约的，根据不可抗力的影响，部分或全部免除违约责任。

第七章　附　　则

第七十八条　本细则的解释权属于上海期货交易所。

第七十九条　本细则未尽事宜，参照上海期货交易所章程、交易规则及业务实施细则有关规定执行。

第八十条　本细则自2013年10月10日起实施。

上海期货交易所套期保值交易管理办法

（根据《关于印发上海期货交易所石油沥青期货标准合约及相关规则的公告〔2013〕14号》修订，其他条款未作修订未列出）

第二条　套期保值交易头寸分为一般月份套期保值交易头寸和临近交割月份套期保值交易头寸。

铜、铝、锌、铅、螺纹钢、线材、黄金、白银、天然橡胶和石油沥青（以下简称沥青）套期保值交易头寸分为一般月份（本办法指合约挂牌至交割月前第二月的最后一个交易日）套期保值交易头寸（以下简称“一般月份套期保值交易头寸”）和临近交割月份（本办法指交割月前第一月和交割月份）套期保值交易头寸（以下简称“临近交割月份套期保值交易头寸”）。

燃料油套期保值交易头寸分为一般月份（本办法指合约挂牌至交割月前第三月的最后一个交易日）套期保值交易头寸（以下简称“一般月份套期保值交易头寸”）和临近交割月份（本办法指交割月前第二月和交割月前第一月）套期保值交易头寸（以下简称“临近交割月份套期保值交易头寸”）。

第八条　铜、铝、锌、铅、螺纹钢、线材、黄金、白银、天然橡胶和沥青一般月份套期保值交易头寸的申请应当在该套期保值所涉合约交割月前第二月的最后一个交易日之前提出，逾期交易所不再受理该合约一般月份套期保值交易头寸的申请。会员或客户可以一次申请多个合约的一般月份套期保值交易头寸。

第十五条　铜、铝、锌、铅、螺纹钢、线材、黄金、白银、天然橡胶和沥青临近交割月份套期保值交易头寸的申请应当在该套期保值所涉合约交割月前第三月的第一个交易日至交割月前第一月的最后一个交易日之间提出，逾期交易所不再受理该交割月份套期保值交易头寸的申请。

第十八条　铜、铝、锌、铅、螺纹钢、线材、黄金、白银、天然橡胶和沥青未获临近交割月份套期保值交易头寸的非期货公司会员或客户，其一般月份套期保值交易头寸在进入合约交割月前第一月和交割月份时，将参照已获一般月份套期保值交易头寸和该期货品种限仓制度规定额度中的较低标准执行，并按此标准转化为临近交割月份套期保值交易头寸。在进入临近交割月份后，通过申请获得临近交割月份套期保值交易头寸的，将按获批的临近交割月份套期保值交易头寸执行。

燃料油未获临近交割月份套期保值交易头寸的非期货公司会员或客户，其一般月份套期保值交易头寸在进入合约交割月前第二月和交割月前第一月时，将参照已获一般月份套期保值交易头寸和该期货品种限仓制度规定额度中的较低标准执行，并按此标准转化为临近交割月份套期保值交易头寸。在进入临近交割月份后，通过申请获得临近交割月份套期保值交易头寸的，将按获批的临近交割月份套期保值交易头寸执行。

第二十条 铜、铝、锌、铅、螺纹钢、线材、黄金、白银、天然橡胶和沥青套期保值交易头寸自交割月份第一交易日起不得重复使用。

第三十六条 本办法自2013年10月10日起实施。

上海期货交易所标准仓单管理办法

（根据《关于印发上海期货交易所石油沥青期货标准合约及相关规则的公告〔2013〕14号》修订，其他条款未作修订未列出）

第三条 标准仓单可以分为仓库标准仓单和厂库标准仓单。仓库标准仓单是指依据本办法的规定，由指定交割仓库完成入库商品验收、确认合格后，在交易所标准仓单管理系统中签发给货主的，用于提取商品的凭证；而厂库标准仓单是指经过交易所批准的指定厂库按照交易所规定的程序签发的在交易所标准仓单管理系统生成的实物提货凭证。厂库标准仓单暂限于螺纹钢、线材、石油沥青期货合约。

在本管理办法中，如无特指，则标准仓单指仓库标准仓单。

第十四条 货主向指定交割仓库发货前，应当办理入库申报。

入库申报的内容包括商品的品种、等级（牌号）、商标、数量、发货单位及拟入指定交割仓库名称等，并提供各项单证。燃料油、石油沥青入库申报时，还应当缴纳入库申报押金。

客户应当委托期货公司会员办理交割预报（入库申报）手续。

第六十七条 螺纹钢、线材期货厂库标准仓单的生成、流转、注销等参照《上海期货交易所指定钢材厂库交割办法（试行）》相关内容执行。

石油沥青厂库标准仓单的生成、流转、注销等参照《上海期货交易所石油沥青期货交割实施细则（试行）》相关内容执行。

《上海期货交易所指定钢材厂库交割办法（试行）》对厂库标准仓单未尽事宜，参照仓库标准仓单的有关规定执行。

《上海期货交易所石油沥青期货交割实施细则（试行）》对厂库标准仓单未尽事宜，参照仓库标准仓单的有关规定执行。

上海期货交易所石油沥青注册商品管理规定

第一章　总　　则

第一条　为了加强对石油沥青期货交割品的管理，维护期货交易各方的合法权益，根据《上海期货交易所交易规则》及其有关规定，制定本规定。

第二条　上海期货交易所（以下简称交易所）、会员、客户和商品注册企业，必须遵守本规定。

第二章　商品注册

第三条　申请商品注册的条件。

（一）申请商品注册企业应当是国内外相关商品的生产企业，并符合以下要求：

1. 产能和产量：企业石油沥青年产能达到50万吨以上，连续稳定生产至少2年以上，最近2年的石油沥青年产量不少于30万吨，有稳定的原料来源；

2. 资质认证：企业具有相当的知名度和信誉度，已通过ISO 9001质量管理体系认证、ISO 14001环境管理体系认证、OHSAS 18001职业健康安全管理体系认证或HSE管理体系认证；

3. 生产工艺：符合国家的产业政策或达到国际相关水准；

4. 交易所可根据市场情况，随时调整企业的年产量等控制指标。

（二）申请注册的商品为70号A级道路石油沥青，并符合以下要求：

1. 质量标准应符合交通部现行有效的《公路沥青路面施工技术规范》中表4.2.1－2规定的技术要求；

2. 通过中交（北京）交通产品认证中心有限公司道路石油沥青产品认证或最近3年产品广泛应用于国内高速公路、一级公路和城市快速路、主干路等重交通道路的建设使用；

3. 企业所申请的注册商品在国内现货市场上占有相当份额，并具有相当的行业知名度。

（三）取得一家以上（含一家）交易所会员的推荐。

（四）交易所要求的其他条件。

第四条　申请商品注册应当提供以下资料：

（一）企业注册申请报告；

（二）承诺书（见附件一）；

（三）《上海期货交易所道路石油沥青注册登记表》（见附件二）；

（四）企业营业执照、税务登记证复印件；

（五）企业股东及股份情况；

（六）质量管理体系认证、环境管理体系认证、职业健康安全管理体系认证、沥青产品认证等文件复印件；

（七）商品质量管理措施文件；

（八）交易所指定检验机构签发的最近一期的商品质量分析报告；

（九）企业内部近三个月的商品质量分析报告；

（十）反映申请注册商品品牌标识情况的实物彩照若干，同时提供合格证证书样本；

（十一）反映企业主要生产设备设施、生产厂房的彩照若干（两个以上生产地址的，应分别说明）；

（十二）企业下属生产厂的营业执照、税务登记证、股东情况、审计报告及财务报表；

（十三）国内两家以上（含两家）交易所认可的企业用户的近期商品使用报告；

（十四）经审计的上一年度的企业财务会计报告；

（十五）一家以上（含一家）交易所会员的商品注册推荐书，推荐会员有责任确保申请资料的准确性、完整性，以及申请者的可靠性及能力；

（十六）交易所要求的其他文件。

如申请注册商品已取得商标注册的，还应当提供商标注册证复印件。

所有提供的申请资料必须使用中文，并以此为准。英文资料需提供经公证的中文翻译件，英文资料作为附件参考。

第五条 注册程序。

（一）交易所预审

交易所对申请商品注册企业提供的书面资料进行预审。预审合格的，才能进入下一注册环节。

（二）质量监测检查

1. 国内商品的质量监测检查

（1）按照国家及交易所有关规定，由交易所指定检验机构及相关人员到注册申请企业进行质量监测检查。

（2）质量监测检查主要内容为企业质量管理体系运行、商品的内在质量以及商品的计量以及工艺流程等方面的情况。

（3）指定检验机构应进行不少于3个批次的商品质量检验，做好详细的检查记录，并提供完整的检验报告。

（4）根据实际情况，对提供使用意见的用户，进行质量监测检查。

（5）交易所认为必要的其他检查。

（6）申请商品注册企业应在质量监测检查后做好各项整改工作，并将整改结果反馈交易所。

（7）已注册企业新增加生产厂，或变更生产工艺必须重新通过质量监测检查环节认证。

2. 国外商品的质量监测检查

（1）申请注册商品必须在交易所认可的地点存放，分3个检验批次，每个批次相隔一个月以上。由指定检验机构对在库商品进行品质检验。交易所根据实际情况，可到生产企业实地检查。

(2) 商品质量检查以交通部现行有效的《公路沥青路面施工技术规范》质量标准为依据，由指定检验机构出具检验报告。

(三) 交易所审批

交易所将根据注册申报资料、商品质量检验、产品试用、质量监测检查、整改反馈等情况，决定是否给予商品注册。一旦注册批准，交易所将函告注册商品申请企业、通知交易所全体会员、指定交割仓库。

第六条 注册商品申请者应承担的费用：

(1) 商品注册费

单一品牌：10万元（人民币）

(2) 商品检查费

单一生产厂：5万元（人民币）

交易所可根据实际情况，调整有关费用。商品注册费必须在注册批复前交纳。

第三章 日常抽检和年度检查

第七条 为保证交割商品的质量，交易所对注册商品实行日常抽检和年度检查。

(一) 日常抽检。交易所随时对存放在各指定交割仓库内的交割商品的质量进行抽检。

(二) 年度检查。交易所委托指定检验机构对注册商品每年进行一次质量检查。注册商品生产企业应在每年8月份之前向交易所提供企业年度检查报告，包括企业持续经营情况及生产、经营方面的重大变化等。

(三) 抽检费用由注册商品生产企业承担。

(四) 交易所将根据抽检、年检情况，向有关注册商品生产企业发出整改通知。整改情况将作为注册商品调整的依据之一。

第四章 注册资格的暂停、取消及其他

第八条 注册商品发生以下情况的，交易所可分别采取暂停、取消注册资格的处理。

(一) 注册商品生产企业分立、合并、更名、变更组织形式；

(二) 商品注册商标转让；

(三) 注册商品生产企业解散、破产；

(四) 注册商品抽检、年检不合格，整改后注册商品质量仍未达标；

(五) 近一个年度内发生二起以上经交易所查实的检验结果不合格的投诉；

(六) 生产经营不正常，年产量未达到本细则第三条所规定的条件且未向交易所说明情况的；

(七) 注册商品生产企业未按规定向交易所通报生产、经营方面的重大变动；

(八) 交易所认定的其他情况。

发生上述（一）、（二）情况的，须重新办理注册手续。

第九条 交割过程中发生交割商品质量纠纷时，注册商品生产企业应配合交易所妥善处理。如果交割商品的质量问题是由注册商品生产企业造成的，应由注册商品生产企业承担赔偿责任。

第五章 附 则

第十条 本办法解释权属于上海期货交易所。

第十一条 本办法自发布之日起施行。

附件：

一、承诺书

二、上海期货交易所石油沥青注册登记表

附件一

承 诺 书

为使我企业的　　　　牌　　　　（商品）成为或继续成为可以用于上海期货交易所期货合约实物交割的注册商品，我们承诺：

1. 严格遵守《上海期货交易所石油沥青注册商品管理规定》。

2. 随时接受因质量异议而进行的检查，并承担相应的责任。

3. 及时向交易所通报企业有关生产经营活动的变动情况，包括产能、产品执行技术标准、商标、标识以及企业重组、改制等方面的变化。

4. 向交易所指定质量检验机构支付《上海期货交易所石油沥青注册商品管理规定》中规定的费用。

企业签章：

日　　期：

附件二

上海期货交易所石油沥青注册登记表

企业基本情况

产品名称	道路石油沥青		
执行标准			
申请单位			
国别			
公司注册地址			
生产厂名称			
生产厂地址			
邮政编码		传　真	
联系部门		联系人	
联系电话			

申请单位签章：

填报日期：　　年　　月　　日

企业简介

注：企业简介包括地理位置、历史沿革、公司制度、股东情况、人员、主要产品、产量、产品质量、行业地位、企业管理、原料来源、能源供应、企业优势、发展规划、生产工艺等。

产品概况

<table>
<tr><td>产品名称</td><td>道路石油沥青</td><td colspan="2">注册商标</td><td colspan="2"></td></tr>
<tr><td>执行标准</td><td></td><td colspan="2">投产日期</td><td colspan="2"></td></tr>
<tr><td>产能（万吨/年）</td><td></td><td>前年产量</td><td></td><td>去年产量</td><td></td></tr>
<tr><td>今年（1至　月）
实际产量（万吨）</td><td colspan="5"></td></tr>
<tr><td>市场销售量（万吨）</td><td></td><td colspan="2">市场分布及比例</td><td colspan="2"></td></tr>
<tr><td colspan="6">产品标识、示意图（说明其中各项目的含义以及所在位置）：

提供产品质量合格证书版本。</td></tr>
<tr><td colspan="6">商标注册号：　　　　　　　　有效期：
商标图案：

注：若有多个生产厂或多个商标，请说明区分方法。</td></tr>
</table>

主要经济技术指标

项目	去年实绩	今年计划	今年累计（1至　月）	备注
一、总产量（万吨）				
二、总产值（万元）				
三、总利润（万元）				
四、综合合格率（%）				
五、产品单位成本				
六、原材料自给率（%）				
七、原材料采购量（万吨）				
备注：				

上海期货交易所指定存管银行管理办法

第一章　总　　则

第一条　为规范上海期货交易所（以下简称交易所）期货保证金存管业务，确保期货保证金存管安全和期货交易的平稳运行，根据相关法律法规、监督管理机构有关规定及交易所规则，制定本办法。

第二条　交易所本着服务期货市场发展的宗旨，根据审慎原则指定期货保证金存管银行（以下简称存管银行），并按本办法规定，切实履行对存管银行的指定、监督工作，确保存管银行依法开展期货保证金存管业务。

第三条　存管银行应当遵守法律、行政法规、规章和交易所业务规则，接受交易所自律监管。

第二章　资格申请

第四条　申请指定存管银行应当具备下列条件：

（一）中华人民共和国境内设立的全国性银行业金融机构法人；

（二）注册资本达到100亿元人民币；总资产在15000亿元人民币以上，净资产在1000亿元人民币以上，最近3个会计年度连续盈利；

（三）符合中国银行业监督管理机构规定的对银行业金融机构资本充足率、流动性、资产负债比例等规定；

（四）分支机构在600个以上，且在交易所所在地设有可以办理期货保证金存管业务和资金结算相关业务的分支机构；

（五）具有良好的公司治理、风险管理体系和内部控制制度；

（六）设有专门机构或部门负责期货保证金存管业务；

（七）具有健全的期货保证金管理制度，制定期货资金结算业务的内部管理制度、操作流程以及技术和通讯系统故障等异常情况下的应急处理预案；

（八）具有开展期货保证金存管业务和配合期货保证金安全存管监控所需的设施和技术水平，最近3年高效稳定的异地资金划拨系统，覆盖全国范围的行内实时汇划系统，以及服务良好的全国集中式银期转账系统；

（九）交易所指定的期货保证金存管网点人员中，至少3名已取得期货从业资格，且结算专柜人员必须取得期货从业资格，其中管理人员还应当具有5年以上银行业金融机构从业经验；

（十）最近3年内无重大违法违规行为，且系统运行稳定，未发生过重大事故及未受到过监管机构的重大行政处罚；

（十一）无严重影响其资信状况的未决诉讼和未清偿债务；

（十二）交易所规定的其他条件。

申请从事与境外特殊参与者等相关业务的期货保证金存管银行，具体条件由交易所另行规定。

第五条 申请成为指定存管银行应当提交以下预审材料并加盖公章：

（一）期货保证金存管银行资格申请表（申请表格式见附件1）、申请报告、可行性报告及业务计划书；

（二）分支机构、营业网点以及开展期货保证金存管业务所需设施的情况说明；

（三）期货保证金存管管理制度、内部管理制度以及相关的应急处理预案；

（四）期货保证金存管业务部门的岗位设置和职责规定，及该业务部门负责人和业务人员名单、履历；

（五）遵守期货保证金安全存管监控有关规定的承诺书；

（六）最新年检的《企业法人营业执照》复印件；

（七）《金融许可证》复印件；

（八）最近3年的审计报告以及内部控制评价报告；

（九）企业法人的授权书（授权书格式见附件2）及经办人员的身份证明文件；

（十）交易所要求提供的其他文件。

第六条 银行业金融机构申请并通过交易所对其存管银行资格预审后，应当按照交易所及中国期货保证金监控中心（以下简称监控中心）的要求通过相关业务、技术、通讯设备等方面的测试，并向交易所提供下列材料：

（一）监控中心出具的关于通过期货保证金安全存管监控数据报送测试的书面证明材料；

（二）与期货公司（或其他期货市场参与者）进行全国集中式银期转账系统测试情况；

（三）交易所指定期货保证金存管分支机构（简称指定网点）营业执照复印件；

（四）交易所要求提供的其他文件。

第七条 交易所批准的存管银行，应当于批准之日起3个工作日内向银行业监管机构报告。

第八条 取得资格的存管银行在开展期货保证金存管业务前，应当与交易所签订《银行业金融机构从事期货保证金存管业务协议》（以下简称业务协议），明确双方各自的权利和义务。

第三章　业务要求

第九条 存管银行应当为从事其期货保证金存管业务的客户提供安全、准确、及时的期货保证金存管、划转服务。

第十条 存管银行应当在开展期货保证金存管业务的地区设置网点。指定网点应当设置在交易所指定距离范围内。网点内应当设置交易所期货结算专柜，为交易所及会员提供专项服务。

第十一条 存管银行应当根据交易所交易和结算时间的变化，相应调整业务办理时间，以满足期货保证金存管业务的需要。

第十二条　存管银行应当凭交易所签发的专用通知书，为会员办理开立、变更或者注销专用资金账户业务。交易所与会员之间期货业务资金的往来通过交易所专用结算账户和会员专用资金账户办理。

第十三条　存管银行应当按照期货保证金安全存管有关规定，通过转账方式办理期货保证金存取业务，对期货保证金实行封闭运行。

第十四条　存管银行应当按照与交易所协商确定的存款利率向交易所支付利息。

第十五条　存管银行应当采取有效措施，减少资金的流动性风险；未经交易所书面同意，不得限制会员出入金。

第十六条　当交易所的资金结算出现流动性等需求时，经交易所申请，存管银行应当给予相应的资金配合，协助化解交易所风险。

第十七条　存管银行不得协助期货公司在保证金上设定担保；不得挪用客户保证金偿还期货公司及交易所债务。

第十八条　存管银行应当拒绝任何其他单位或个人对交易所专用结算账户内资金的冻结、扣划；如有其他单位拟对会员专用资金账户内的资金采取冻结等影响保证金存管业务的措施时，存管银行应当及时通知交易所。

第十九条　存管银行应当遵守交易所发布或修订的与期货保证金存管和结算业务有关的各项业务规则。

第二十条　存管银行应当按照交易所通过期货资金管理系统发送的电子划款指令或书面划款指令办理划款业务：

（一）对于本行系统内账户的资金划拨，存管银行应当保证在收到交易所划款指令后实时将资金汇划至交易所指定的会员专用资金账户；

（二）对于跨行的资金划拨，存管银行应当保证在收到交易所划款指令后立即以最快捷的方式划出款项，并保证该款项即时到达交易所指定的收款账户开户银行。

第二十一条　存管银行应当每日按以下规定与交易所专用结算账户进行账务核对：

（一）每日结算业务结束后根据交易所的需要及时对账；

（二）在营业时间内，交易所可以随时查询在存管银行的专用结算账户的余额及变动情况；存管银行应当实时回送查询结果；

（三）存管银行应当将交易所客户回单联、收付款明细清单等业务凭证在业务发生后当日送达交易所；

（四）存管银行应当按交易所的要求提供专用结算账户的对账单。

第二十二条　存管银行应当按照期货保证金安全存管监控的规定，通过网络专线在规定时间内向监控中心报送在该行开设的全部期货保证金账户前一交易日的账户余额、变动明细等相关信息。

第二十三条　存管银行应当按交易所监管要求，向交易所提供会员专用资金账户的余额及变动情况，实时回送查询结果。

第二十四条　存管银行应当严格按照交易所监管要求，采取有效措施避免资金的流动性风险；为测试保证金存款的安全性，交易所可以随时对存管银行的保证金进行跨行调拨。

第二十五条 存管银行应当积极参加交易所组织的业务培训，并定期组织行内培训，保证业务人员熟练掌握交易所关于期货保证金存管及其他结算业务方面的规则、要求和流程。

第四章 技术要求

第二十六条 存管银行的资金划转系统应当遵循交易所的相关技术接口规范，并通过交易所的验收测试。

第二十七条 存管银行的全国集中式银期转账系统应当能够支持期货公司系统多点接入，满足期货公司银期转账系统灾备和冗余的要求。

第二十八条 存管银行应当申请总行主备数据中心与交易所主备数据中心之间可靠冗余的数据通讯链路，相关网络参数由交易所统一分配。

第二十九条 存管银行应当将资金划转系统纳入银行端技术系统的统一运维管理流程，对资金划转系统、数据链路和软硬件平台进行实时监控。

第三十条 存管银行进行网络维护或系统升级时，有影响到资金划转系统正常使用的，应当提前5个工作日通知交易所技术中心，并提前做好系统测试工作。

第三十一条 存管银行应当积极配合参与交易所组织的应急演练和联合测试。

第三十二条 存管银行应当设立7×24小时的技术应急联系人，应急联系人发生变更时应当及时向交易所技术中心进行报备。

第五章 应急处理

第三十三条 存管银行应当建立完善的《期货保证金存管银行网络与信息安全事件应急预案》，做到职责明确、措施到位、反应快速、处置及时。

第三十四条 存管银行发生可能影响期货资金结算业务的业务操作失误或技术系统故障时，应当立即通知交易所，并积极采取补救措施。

第三十五条 存管银行发现资金划转系统发生故障的，应当立即通知交易所，并积极配合对系统进行检查，以确定原因、排除故障、明确责任。如有必要，可以立即启动应急措施。

第三十六条 存管银行在其发生影响期货保证金存管业务运行稳定和安全的情况下，应当立即启动应急预案，尽快恢复正常运行，并将相关情况报告交易所和监控中心。

第六章 监督管理

第三十七条 存管银行应当在其保证金存管部门岗位设置、职责规定、部门负责人、业务联系人等发生变更时，应当于变更发生之日起3个工作日内书面报告交易所和监控中心。

第三十八条 存管银行在出现影响该行资信状况的重大业务风险或损失时，应当于风险或损失发生之日起3个工作日内向交易所和监控中心报告，并提交该业务风险或损失对该行保证金存管业务的影响分析及应对措施的报告。

第三十九条 存管银行在其实施系统升级改造或实施其他可能影响期货保证金存管业务的措施前，应当提前5个工作日书面通知交易所、监控中心和相关期货公司，做好信息披露和系统测试工作，并制定针对性应急预案，确保期货市场稳定运行。

第四十条 存管银行应当在每一年度结束后1个月内，向交易所和监控中心提交该存管银行期货保证金存管业务经营情况、服务情况和有关法律、行政法规、规章、政策执行情况、技术支持情况、风险管理情况、操作失误及技术故障情况等的报告。

第四十一条 交易所对存管银行进行年度检查，检查范围包括资格复核和存管业务开展情况。交易所有权根据需要对存管银行进行不定期检查，存管银行应当予以配合。检查包括现场检查、存管银行自查等。

第四十二条 交易所对存管银行进行年度考评，综合考核其开展期货保证金存管业务的时效性、安全性、准确性和流动性控制，以及系统运维、人员服务、业务运营和风险控制、会员满意度调查等。交易所可以参考年度考评结果统筹安排存管银行的业务及双方合作项目，指导和监督存管银行的保证金存管业务。

第七章 违规处理

第四十三条 存管银行出现以下情形之一的，责令改正，并根据情节轻重，采取警告、通报批评、暂停新增会员的存管业务等措施：

（一）存管银行未履行本办法和《上海期货交易所结算细则》中规定的存管银行义务的；

（二）发生影响或可能影响期货保证金存管业务的情况，存管银行未采取有效措施或措施不力，可能危及期货市场稳健运行，损害交易所会员、客户合法权益的；

（三）未能按照监控中心相关要求报送期货保证金安全存管业务的；

（四）未经交易所书面同意，无故限制会员出入金的；

（五）违反与交易所签订的业务协议或交易所业务规则的；

（六）发生可能影响期货保证金存管业务的操作失误或技术系统故障时，未立即通知交易所的，或未及时采取有效措施处理的；

（七）不符合银行业监督管理机构关于资本充足率、流动性、资产负债比例等指标要求的；

（八）不配合交易所对存管银行进行年检或不定期检查的，或者不按要求提交上年度期货结算业务总结报告或交易所要求提供其他材料的；

（九）存管银行服务质量不高，银期转账系统不稳定的；

（十）交易所认定的其他情况。

第四十四条 存管银行出现以下情况之一的，暂停全部存管业务：

（一）未能采取有效措施，导致交易所专用结算账户内的资金被冻结或扣划的；

（二）协助期货公司在期货保证金账户上设定担保的；

（三）最近1个会计年度发生亏损情况的；

（四）交易所认定的其他情况。

第四十五条 交易所认为存管银行整改有效、重新具备正常开展保证金存管业务能力的，将停止采取第四十三条、四十四条规定的风险处置措施，对其存管业务恢复正常管理。

第四十六条 存管银行出现以下情况之一的，交易所可以取消其存管银行资格：

（一）申请终止其存管银行资格；

（二）被依法撤销、解散或宣告破产；

（三）被收购或兼并且丧失法人地位；

（四）不再满足存管银行资格条件；

（五）最近3个会计年度连续发生亏损；

（六）最近1个年度检查结果不合格，且经过规定的整改期后仍不合格；

（七）向交易所提供虚假材料信息；

（八）交易所认为该存管银行存在重大风险隐患；

（九）交易所认定的其他情况。

第四十七条 当交易所决定取消存管银行的期货保证金存管业务时，交易所将提前10个工作日向该存管行发出取消通知，上报中国证监会，并及时在交易所网站上公告。

存管银行资格取消不影响其与交易所已经存在的法律关系，交易所有权依法与该行了结相关业务关系。

第四十八条 被交易所取消资格的存管银行，自取消之日起3年内不得再申请期货保证金存管业务资格。

第八章 附 则

第四十九条 除有国家法律、法规规定，对于涉及期货保证金存管业务的任何非公开信息，存管银行不得以任何方式向第三人披露。

第五十条 本办法实施前已开展业务的存管银行，无须重新申请期货保证金存管业务资格。

第五十一条 本办法由交易所负责解释与修订。

第五十二条 本办法自2013年9月26日起实施。

附件1

期货保证金存管银行资格申请表

申请人全称	
注册地址	
注册资本	
邮政编码	
法定代表人姓名	

续表

<table>
<tr><td colspan="2">企业法人营业执照号码</td><td></td></tr>
<tr><td colspan="2">金融许可证号码</td><td></td></tr>
<tr><td colspan="2">存管业务负责部门</td><td></td></tr>
<tr><td colspan="2">联系电话</td><td></td></tr>
<tr><td colspan="2">传真电话</td><td></td></tr>
<tr><td rowspan="3">存管银行业务负责人</td><td>姓名</td><td></td></tr>
<tr><td>部门及职务</td><td></td></tr>
<tr><td>联系方式</td><td></td></tr>
<tr><td rowspan="3">上海分行业务负责人</td><td>姓名</td><td></td></tr>
<tr><td>部门及职务</td><td></td></tr>
<tr><td>联系方式</td><td></td></tr>
<tr><td rowspan="3">上海分行技术负责人</td><td>姓名</td><td></td></tr>
<tr><td>部门及职务</td><td></td></tr>
<tr><td>联系方式</td><td></td></tr>
<tr><td rowspan="3">营业网点主管
分行业务负责人</td><td>姓名</td><td></td></tr>
<tr><td>部门及职务</td><td></td></tr>
<tr><td>联系方式</td><td></td></tr>
<tr><td colspan="2">经办人姓名</td><td></td></tr>
<tr><td colspan="2">经办人身份证号码</td><td></td></tr>
<tr><td colspan="2">经办人联系电话</td><td></td></tr>
<tr><td rowspan="9">申请人基本财务状况
及其他情况</td><td rowspan="3">上一年度期末总资产、
净资产、净资本</td><td>总资产：</td></tr>
<tr><td>净资产：</td></tr>
<tr><td>净资本：</td></tr>
<tr><td>最近三年的净利润</td><td></td></tr>
<tr><td>最近三年资本充足率</td><td></td></tr>
<tr><td>最近三年资产负债率</td><td></td></tr>
<tr><td>最近三年流动比率</td><td></td></tr>
<tr><td>分支机构的数量</td><td></td></tr>
<tr><td>与期货存管业务有关
的内部控制制度</td><td></td></tr>
<tr><td></td><td>其他情况说明</td><td></td></tr>
<tr><td colspan="3">法定代表人或授权代表人（签字并盖章）申请人盖章</td></tr>
</table>

附件2

授权书

上海期货交易所：

特授权我行职员　　　（女士/先生），（身份证号）　　　代表我行前往贵所办理期货保证金存管银行资格的申请事宜。其权限范围：代表我行办理与贵所期货保证金存管银行资格申请有关的全部工作，包括但不限于向贵所提出期货保证金存管银行资格申请并提交申请文件、签署与期货保证金存管银行资格申请相关的文件，接受贵所向我行提交的与期货保证金存管银行资格申请相关的文件。本授权有效期从　　年　　月　　日起到　　年　　月　　日止。

特此授权。

授权人：银行（盖章）

法定代表人：（签字并盖章）

年　　月　　日

上海期货交易所套利交易管理办法

第一章　总　　则

第一条　为规范套利交易行为，促进期货市场的规范发展，根据《上海期货交易所交易规则》等有关规定，制定本办法。

第二条　套利交易和投机交易合并为非套期保值交易。非套期保值交易头寸按照《上海期货交易所风险控制管理办法》中各期货合约在不同时期的限仓比例和持仓限额规定执行。非期货公司会员或者客户可以通过申请套利交易头寸来扩大其非套期保值交易头寸。

第三条　本办法所称套利交易分为跨期套利和跨品种套利。跨期套利是指同一品种不同合约间的套利交易。跨品种套利是指不同品种合约间的套利交易。

跨品种套利的品种组合由上海期货交易所（以下简称交易所）另行通知。

第四条　套利交易头寸分为一般月份（铜、铝、锌、铅、螺纹钢、线材、黄金、白银、天然橡胶和石油沥青为自合约挂牌至交割月前第二月的最后一个交易日，燃料油为自合约挂牌至交割月前第三月的最后一个交易日）套利交易头寸和临近交割月份（铜、铝、锌、铅、螺纹钢、线材、黄金、白银、天然橡胶和石油沥青为交割月前第一月和交割月份，燃料油为交割月前第二月和交割月前第一月）套利交易头寸。

第五条　会员或者客户在交易所从事套利交易业务，应当遵守本办法。

第二章　套利交易头寸的申请和审批

第六条　需申请套利交易头寸的客户应当向任意一家其开户的期货公司会员申报，由期货公司会员进行审核后，按本办法向交易所办理申报手续；非期货公司会员直接向交易所办理申报手续。

第七条　非期货公司会员或者客户按照品种申请一般月份套利交易头寸，申请时应当提交下列材料：

（一）《上海期货交易所一般月份套利交易头寸申请（审批）表》；

（二）套利交易策略（包括资金来源和规模说明、跨期套利交易或者跨品种套利交易）；

（三）交易所要求的其他材料。

获批的一般月份套利交易头寸对该申请品种一直有效。

第八条　非期货公司会员或者客户按照合约申请临近交割月份套利交易头寸，申请时应当提交下列材料：

（一）《上海期货交易所临近交割月份套利交易头寸申请（审批）表》；

（二）套利交易策略（包括资金来源和规模说明、跨期套利交易或者跨品种套利交易、建仓和减仓安排、交割意向等）；

（三）申请合约价差偏离情况分析；

（四）交易所要求的其他材料。

第九条　交易所对一般月份套利交易头寸的申请，按资信情况、历史交易状况、套利头寸使用情况等进行审核，确定其一般月份套利交易头寸。一般月份套利交易头寸不超过其所提供的一般月份套利证明材料中所申报的数量。

第十条　交易所对临近交割月份套利交易头寸的申请，按资信情况、历史交易状况、合约持仓状况、可供交割品数量、申请合约价差是否背离等情况进行审核，确定其临近交割月份套利交易头寸。临近交割月份套利交易头寸不超过其所提供的临近交割月份套利证明材料中所申报的数量。

第十一条　临近交割月份套利交易头寸的申请应当在该套利所涉合约交割月前第二月的第一个交易日（燃料油为交割月前第三月的第一个交易日）至交割月前第一月的最后一个交易日（燃料油为交割月前第二月的最后一个交易日）之间提出，逾期交易所不再受理该临近交割月份套利交易头寸的申请。

第三章　套利交易

第十二条　同一客户在不同期货公司会员处非套期保值持仓的合计数，不得超过期货合约在不同时期的限仓比例规定加上该时期对应的套利交易头寸之总和或者持仓限额规定加上该时期对应的套利交易头寸之总和。

第四章　监督管理

第十三条　交易所自收到套利交易头寸申请后，在5个交易日内进行审核。

第十四条　非期货公司会员或者客户需要调整套利交易头寸时，应当及时向交易所提出变更申请。

第十五条　交易所对非期货公司会员或者客户获批套利交易头寸的使用情况进行监督管理，交易所可以根据市场情况对非期货公司会员和客户套利交易头寸进行调整。

第十六条　非期货公司会员或者客户在获得套利交易头寸期间，自身情况发生重大变化时，应及时向交易所报告。交易所有权视情况变化对其套利交易头寸进行调整。

第十七条　非期货公司会员或者客户非套期保值持仓超过该期货合约在不同时期的限仓比例规定加上该时期对应的套利交易头寸之总和或者持仓限额规定加上该时期对应的套利交易头寸之总和时，应当在下一交易日第一节交易结束前自行调整；逾期未进行调整或者调整后仍不符合要求的，交易所有权强行平仓。

第十八条　非期货公司会员或者客户在申请套利交易头寸或者交易时，有欺诈或者违反法律法规和交易所规定行为的，交易所可以不受理其套利交易头寸的申请，调整或者取消已获批的套利交易头寸，必要时可以采取限制开仓、限期平仓、强行平仓等处置措施，并按照《上海期货交易所违规处理办法》的有关规定处理。

第十九条　非期货公司会员或者客户利用获批的套利交易头寸影响或者企图影响市场价格的，交易所可以对其采取谈话提醒、书面警示、调整或者取消已获批的套利交易头寸，必要时可以采取限制开仓、限期平仓、强行平仓等措施，并按照《上海期货交易所违规处理办法》的有关规定处理。

第二十条　交易所可以制定套利交易的保证金、手续费的收取办法。

第五章　附　　则

第二十一条　本办法解释权属于上海期货交易所。

第二十二条　非套期保值持仓在适用本所风险控制管理办法按一定原则减仓规则和临近交割月持仓整倍数调整规则时，适用该规则中对投机持仓的规定。

第二十三条　本办法自2013年12月2日起实施。

上海期货交易所一般月份套利交易头寸申请（审批）表

申请编号（由会员按打印的审批意见上的申请编号填写）：

会员名称		会员号	
客户名称		客户编码	
性质	□个人客户 □一般单位客户 □特殊单位客户	联系人 及电话	

套利交易头寸申请意见	
品种代码	申请数量（手）

本人/公司承诺所提供的证明材料真实有效。

客户盖章/签字：

负责人签字：

年 月 日

上海期货交易所临近交割月份套利交易头寸申请（审批）表

申请编号（由会员按打印的审批意见上的申请编号填写）：

<table>
<tr><td>会员名称</td><td colspan="2"></td><td>会员号</td><td></td></tr>
<tr><td>客户名称</td><td colspan="2"></td><td>客户编码</td><td></td></tr>
<tr><td>性质</td><td colspan="2">□个人客户 □一般单位客户
□特殊单位客户</td><td>联系人
及电话</td><td></td></tr>
<tr><td colspan="5">套利交易头寸申请意见</td></tr>
<tr><td colspan="2">合约代码</td><td colspan="2">买卖方向</td><td>申请数量（手）</td></tr>
<tr><td colspan="2"></td><td colspan="2"></td><td></td></tr>
<tr><td colspan="2"></td><td colspan="2"></td><td></td></tr>
<tr><td colspan="2"></td><td colspan="2"></td><td></td></tr>
<tr><td colspan="2"></td><td colspan="2"></td><td></td></tr>
<tr><td colspan="2"></td><td colspan="2"></td><td></td></tr>
<tr><td colspan="2"></td><td colspan="2"></td><td></td></tr>
<tr><td colspan="2"></td><td colspan="2"></td><td></td></tr>
<tr><td colspan="2"></td><td colspan="2"></td><td></td></tr>
<tr><td colspan="2"></td><td colspan="2"></td><td></td></tr>
<tr><td colspan="2"></td><td colspan="2"></td><td></td></tr>
<tr><td colspan="2"></td><td colspan="2"></td><td></td></tr>
<tr><td colspan="2"></td><td colspan="2"></td><td></td></tr>
<tr><td colspan="5">本人/公司承诺所提供的证明材料真实有效。

客户盖章/签字：
负责人签字：

年 月 日</td></tr>
</table>

上海期货交易所异常交易监控暂行规定有关处理标准及处理程序

［根据《关于发布〈〈上海期货交易所异常交易监控暂行规定〉有关处理标准及处理程序〉修订案的通知》（上期发〔2013〕166 号）］

一、自成交、频繁报撤单、大额报撤单异常交易行为的处理标准及处理程序

（一）处理标准

1. 客户异常交易行为达到以下情形之一的，视作达到交易所自成交、频繁报撤单、大额报撤单异常交易行为处理标准，交易所启动异常交易行为处理程序：

（1）客户单日在某一合约上的自成交次数超过 5 次（含 5 次），构成“以自己为交易对象，多次进行自买自卖”的。

（2）客户单日在某一合约上的撤单次数超过 500 次（含 500 次），构成“日内出现频繁申报并撤销申报，可能影响期货交易价格或误导其他客户进行期货交易的行为”的。

（3）客户单日在某一合约上的大额撤单次数超过 50 次（含 50 次），构成“日内出现多次大额申报并撤销申报，可能影响期货交易价格或误导其他客户进行期货交易的行为”的。

单笔撤单的撤单量达到 300 手以上（含 300 手），视作大额报撤单。

2. 客户单日在多个合约上因自成交、频繁报撤单、大额报撤单达到交易所处理标准的，同一种异常交易行为按照一次认定。

3. 因套利交易、套期保值交易产生的自成交、频繁报撤单、大额报撤单不作为异常交易行为。

4. 在统计客户和非期货公司会员自成交、频繁报撤单和大额报撤单次数时，FOK（立即全部成交否则自动撤销指令）和 FAK（立即成交剩余指令自动撤销指令）交易指令形成的自成交和撤单不计入在内。

（二）处理程序

1. 客户自成交、频繁报撤单、大额报撤单行为达到交易所处理标准的，交易所对客户所在会员进行电话提示，会员应及时将交易所提示转达客户，并对客户进行教育、引导、劝阻及制止。异常交易行为发生在多个会员的，交易所对自成交、频繁报撤单、大额报撤单行为发生次数最多的会员进行电话提示。

2. 客户自成交、频繁报撤单、大额报撤单行为达到交易所处理标准的，交易所按

照以下处理程序进行处理：

客户第一次达到交易所处理标准的，交易所于当日对客户所在会员的首席风险官进行电话提示，要求会员及时将交易所提示转达客户，责令其对客户进行教育、引导、劝阻及制止。

客户第二次达到交易所处理标准的，交易所将该客户列入重点监管名单，同时将客户异常交易行为向会员通报。

客户第三次达到交易所处理标准的，交易所于当日闭市后对客户采取限制开仓的监管措施，限制开仓的时间原则上不低于1个月。

被采取限制开仓监管措施的客户，交易所将向市场公告。

3. 非期货公司会员参与交易，出现自成交、频繁报撤单、大额报撤单行为，达到交易所处理标准的，交易所对非期货公司会员采取以下措施：

第一次达到交易所处理标准的，交易所对该会员的指定联系人进行电话提示。

第二次达到交易所处理标准的，交易所约见该会员的高级管理人员谈话。

第三次达到交易所处理标准的，交易所对该会员采取限制开仓的监管措施，限制开仓的时间原则上不低于3个月。

4. 交易所认定的一组实际控制关系账户之间发生成交的，参照自成交行为进行处理。

二、实际控制关系账户合并持仓超限异常交易行为的处理标准及处理程序

（一）处理标准

1. 实际控制是指行为人（包括个人、单位）对他人（包括个人、单位）期货账户具有管理、使用、收益或者处分等权限，从而对他人交易决策拥有决定权的行为或事实。

2. 根据实质重于形式的原则，具有下列情形之一的，应当认定为行为人对他人期货账户的交易具有实际控制关系：

（1）行为人作为他人的控股股东，即行为人的出资额占他人资本总额50%以上或者其持有的股份占他人股本总额50%以上的股东，出资额或者持有股份的比例虽然不足50%，但依其出资额或者持有的股份所享有的表决权已足以对股东会、股东大会的决议产生重大影响的股东；

（2）行为人作为他人的开户授权人、指定下单人、资金调拨人、结算单确认人或者其他形式的委托代理人；

（3）行为人作为他人的法定代表人、主要合伙人、董事、监事、高级管理人员等，或者行为人与他人的法定代表人、主要合伙人、董事、监事、高级管理人员等一致的；

（4）行为人与他人之间存在配偶关系；

（5）行为人与他人之间存在父母、子女、兄弟姐妹等关系，且对他人期货账户的日常交易决策具有决定权或者重大影响；

（6）行为人通过投资关系、协议、融资安排或者其他安排，能够对他人期货账户的日常交易决策具有决定权或者重大影响；

（7）行为人对两个或者多个他人期货账户的日常交易决策具有决定权或者重大影响；

（8）交易所认定的其他情形。

3. 交易所对已认定的实际控制关系账户组视作同一客户，对其投机持仓合并计算后按照《上海期货交易所风险控制管理办法》（以下简称《风控办法》）投机头寸限仓制度一个客户的标准进行限仓。对其中包含非期货公司会员的实际控制关系账户组视作同一非期货公司会员，对其投机持仓合并计算后按照《风控办法》投机头寸限仓制度一个非期货公司会员的标准进行限仓。符合套期保值申请资格的客户，可以通过向我所申请套期保值交易头寸来满足其实际的需求。

4. 一组实际控制关系账户投机持仓合并计算后超过交易所持仓限额规定的，视作合并持仓超限异常交易行为，交易所启动异常交易行为处理程序。

5. 一组实际控制关系账户出现合并持仓超限异常交易行为的，交易所按照《风控办法》及第二部分（二）第 2 条中强行平仓的原则执行操作。如果由交易所执行强行平仓的，交易所则按照投机持仓从大到小的原则选择客户（或非期货公司会员）执行强行平仓，直到该组实际控制关系账户投机持仓合并计算后符合交易所限仓标准。

6. 一组实际控制关系账户当日结算时在某合约发生合并持仓超限行为，但其在该合约的持仓未超过上一交易日结算时交易所持仓限额，此种情形可豁免前款的监管措施。一组实际控制关系账户当日结算时在某合约发生合并持仓超限行为，由于市场原因该组实际控制关系账户在下一交易日无法减仓且结算时继续发生合并持仓超限行为的，下一交易日也可豁免前款的监管措施。豁免的合并持仓超限行为其超仓头寸仍需按照《风控办法》有关规定进行减仓。

7. 一组实际控制关系账户单日在多个合约上因合并持仓超限达到交易所处理标准的，按照一次认定。

（二）处理程序

1. 一组实际控制关系账户发生合并持仓超限行为的，交易所对客户所在会员进行电话提示，会员应及时将交易所提示转达客户，并对客户进行教育、引导、劝阻及制止。合并持仓超限行为发生在不同会员的，交易所对持仓分布最大的会员进行电话提示。

2. 一组实际控制关系账户发生合并持仓超限行为的，交易所对客户采取以下措施：

交易所在当日收市后通知所在会员首席风险官，要求客户自行平仓。客户在次日上午第一节交易时间内未自行平仓的，交易所按有关强行平仓规定对该组实际控制关系账户客户的持仓进行强行平仓，直至合并持仓不高于交易所规定的持仓限额。同时，于强行平仓当日闭市后对该组实际控制关系账户采取限制开仓的监管措施，限制开仓的时间原则上不低于 1 个月。

3. 一组实际控制关系账户出现合并持仓超限行为的，交易所除按上款要求进行处理外，还将针对出现以下情况的客户分别采取监管措施：

第一次达到交易所处理标准的，交易所将该组实际控制关系账户列入重点监管名单，并向会员通报。

第二次达到交易所处理标准的，交易所于次日对该组实际控制关系账户采取限制开仓的监管措施，限制开仓的时间原则上不低于10个交易日。

第三次达到交易所处理标准的，交易所于次日对该组实际控制关系账户采取限制开仓的监管措施，限制开仓的时间原则上不低于6个月。

被采取限制开仓监管措施的客户，交易所将向市场公告。

4. 包含非期货公司会员的实际控制关系账户组合并持仓超限的，按照第二部分（二）第2条、第3条进行处理。

三、期货公司会员的监管责任

对于未按照交易所要求对客户尽到通知、教育、引导、劝阻及制止义务的会员，交易所可根据情节的严重程度对其采取电话提示、约见谈话、下发监管警示函、下发监管意见函等监管措施。

由于会员未尽到相关义务，交易所已向同一会员下发两次监管警示函的，第三次向该会员下发监管意见函，并向中国证监会提请分类监管扣分。

交易所将根据市场变化情况及监管要求，适时调整并提前公布相关异常交易行为的处理标准及处理程序。

郑州商品交易所发布文件

郑州商品交易所指定存管银行管理办法

第一章　总　　则

第一条　为规范郑州商品交易所（以下简称交易所）期货保证金存管业务，确保期货保证金存管安全和期货交易的平稳运行，促进期货市场健康发展，根据国家有关期货市场发展的法规、政策以及《郑州商品交易所交易规则》和《郑州商品交易所结算细则》等规定，结合交易所期货交易活动的实际需要，制定本办法。

第二条　期货保证金指定存管银行（以下简称存管银行）是指由交易所指定、为交易所会员单位和投资者提供期货保证金存管和出入金等服务的银行业金融机构。

第三条　交易所依据本办法对存管银行进行管理，交易所、存管银行及其有关业务人员应该遵守本办法。

第二章　资格申请

第四条　银行业金融机构从事交易所期货保证金存管业务，应当向交易所提出申请。

申请期货保证金存管银行资格，应当具备下列条件：

（一）中华人民共和国境内设立的全国性商业银行法人；

（二）注册资本达到100亿元人民币，总资产15000亿元人民币以上，净资产在1000亿元人民币以上，最近3个会计年度连续盈利；

（三）分支机构在600个以上，且在期货交易所所在地设有可以办理期货保证金存管业务和资金结算相关业务的分支机构；

（四）符合中国银行业监督管理委员会（以下简称中国银监会）对银行业金融机构资本充足率、流动性、资产负债比例等规定；

（五）具有良好的公司治理、风险管理体系和内部控制制度；

（六）具有符合开展期货保证金存管业务和配合期货保证金安全存管监控所需要的设施和技术水平，具备先进、快速的异地资金划拨系统，且最近3年系统运行稳定。拥有全国范围内的本行系统实时汇划系统，以及服务良好的全国集中式银期转账系统；

（七）具有健全的期货保证金管理制度、内部管理制度、业务操作流程以及发生技术和通讯系统故障等异常情况下的应急处理预案；

（八）有专门部门或机构负责期货保证金存管业务。交易所指定的期货保证金存管网点中，取得期货从业资格人员不得少于3名，且交易所结算专柜人员应具有5年以上银行从业经验；

（九）无严重影响其资信状况的未决诉讼和未清偿债务；

（十）最近3年无重大违法违规行为，未发生过重大事故及未受到过监管机构的重大行政处罚；

（十一）交易所规定的其他条件。

与交易所上市品种密切相关的政策性银行，申请从事交易所期货保证金存管业务资格的，不适用本条第（一）至（三）项规定。

申请从事与符合规定条件的境外机构有关的保证金存管业务的银行，具体条件由交易所另行规定。

第五条 银行业金融机构申请期货保证金存管银行资格，应当向交易所提交下列预审材料：

（一）申请开展期货保证金存管业务的申请表、申请报告、可行性报告及业务计划书；

（二）分支机构、营业网点以及开展期货保证金存管业务所需设施的情况说明；

（三）期货保证金存管制度、内部管理制度以及出现技术通讯故障等异常情况下的相关应急处理预案；

（四）期货保证金存管业务部门的岗位设置、职责规定以及部门负责人和业务人员名单、履历；

（五）遵守期货保证金安全存管监控规定的承诺书；

（六）最新年检的《企业法人营业执照》复印件；

（七）《金融业务许可证》复印件；

（八）最近3年的审计报告以及内部控制评价报告；

（九）企业法人授权书（授权书格式见附件2）及经办人员的身份证明文件；

（十）交易所要求提供的其他文件。

第六条 银行业金融机构申请并通过交易所对其期货保证金存管银行资格预审后，应当按照交易所及中国期货保证金监控中心（以下简称监控中心）的要求通过相关业务、技术、通讯设备等方面的测试，并向交易所提供下列材料：

（一）通过监控中心存管业务数据报送系统测试的书面证明材料；

（二）与期货公司（或者其他期货市场参与者）进行全国集中式银期转账系统测试的报告；

（三）交易所指定的存管银行分支机构营业执照复印件；

（四）交易所要求提供的其他文件。

第七条 交易所对申请银行提交的申请材料与系统测试结果进行审核，并将审核结果报中国证监会备案。5个工作日后，交易所书面通知经核准具有存管银行资格的银行业金融机构，并在交易所网站上公告。获得指定存管银行资格的银行业金融机构应当在获得资格3日内向银行业监管部门报告。

第八条　存管银行在开展期货保证金存管业务前，应当就期货保证金存管业务与交易所签订协议，明确双方权利和义务。

第三章　业务要求

第九条　存管银行设置分支机构应当在交易所指定的距离范围内，分支机构内应当设置期货业务专柜。

第十条　存管银行应当保证交易所指定营业网点的业务稳定和人员稳定，定期组织业务人员培训，积极参加交易所组织的业务培训，保证业务人员熟练掌握期货保证金存管业务的流程及交易所关于期货保证金存管等结算业务的规则和要求。

第十一条　根据交易所申请，存管银行应当为交易所开立专用结算账户等专用存款账户，账户名称应当体现业务性质。

第十二条　存管银行应当凭交易所签发的专用通知书，为会员办理开立、变更或者注销专用资金账户业务。交易所与会员之间期货业务资金的往来通过交易所专用结算账户和会员专用资金账户办理。

第十三条　存管银行应当按照期货保证金安全存管有关规定，通过转账方式办理期货保证金存取业务，对期货保证金实行封闭运行。

第十四条　存管银行应当为交易所及其会员提供安全、准确、迅捷的期货保证金存管、划转服务。

第十五条　存管银行应当早于交易所开市前30分钟开始当日营业。交易闭市后，期货结算时间确需延迟的，存管银行应当相应延迟其营业时间。

第十六条　当有款项划入交易所专用结算账户时，存管银行应当在资金到账后，立即记入交易所账户，并实时通知交易所。

第十七条　存管银行按照交易所的电子划款指令或书面划款指令办理划款业务时，应当遵守以下规定：

（一）对于本行系统内账户的资金划拨，存管银行在收到交易所划款指令后，应实时将资金汇划至交易所指定的会员专用资金账户；

（二）对于跨行的资金划拨，存管银行收到交易所划款指令后，应以最快捷的方式划出款项，并保证该款项及时到达交易所指定的收款账户开户银行。遇到特殊情况的，应在当日下午4时前到达交易所指定的收款账户开户银行。

第十八条　存管银行应当每日按照以下规定与交易所进行专用结算账户账务核对：

（一）每日结算资金业务终了后进行对账，或应交易所的需要随时对账；

（二）在存管银行营业时间内，交易所可随时查询专用结算账户余额及变动情况，存管银行应当实时回送查询结果；

（三）在结算业务发生后当日，存管银行应当将交易所进账单、收付款明细清单等业务凭证送达交易所；

（四）存管银行应当按交易所的要求及时提供资金结算账户对账单。

第十九条　存管银行应当按照期货保证金安全存管监控的规定，通过网络专线在规定的时间内向监控中心报送在该行开设的全部期货保证金账户前1交易日的账户余额、变动明细等相关信息。

第二十条 存管银行应当向交易所提供交易所会员专用资金账户的余额及变动情况，实时回送查询结果。

第二十一条 存管银行应当采取有效措施，减少资金的流动性风险；未经交易所书面同意，不得限制会员公司出入金；为测试保证金存款的安全性，交易所可随时对存管的保证金进行跨行调拨。

第二十二条 存管银行应当按照与交易所协商确定的存款利率向交易所支付利息。

第二十三条 当交易所的资金结算系统出现流动性等需求时，应交易所申请，存管银行必须给予相应的资金支持。

第二十四条 存管银行不得协助期货公司在期货保证金账户上设定担保；不得挪用客户保证金偿还期货公司及交易所债务。

第二十五条 存管银行应当拒绝任何其他单位或个人对交易所专用结算账户内资金进行非法冻结、扣划；如有其他单位拟对会员专用资金账户采取冻结等影响保证金存管业务的措施时，存管银行应当及时通知交易所。

第四章 技术要求

第二十六条 存管银行应按照交易所相关资金划转系统接口规范完成资金划转系统建设，通过交易所的功能测试和性能测试，满足交易所相关技术规范要求。

第二十七条 存管银行的全国集中式银期转账系统应当能够支持期货公司系统多点接入，满足期货公司银期转账系统灾备和冗余的要求。

第二十八条 存管银行负责申请与交易所的主备通讯链路，相关网络参数由交易所统一分配。

第二十九条 存管银行应将资金划转系统纳入技术系统的统一运维管理流程，对资金划转系统、数据链路和软硬件平台进行实时监控。

第三十条 资金划转系统应用或网络系统变更，存管银行应提前5个工作日通知交易所技术运维部门，并提前做好系统测试工作。

第三十一条 存管银行应积极参与交易所组织的应急演练和联合测试。

第三十二条 存管银行应设立7×24小时的技术应急联系人，技术应急联系人发生变更时应及时向交易所技术运维部门进行报备。

第五章 应急处理

第三十三条 存管银行应建立、完善《期货保证金存管银行网络与信息安全事件应急预案》，做到职责明确、措施到位、反应快速、处置及时。

第三十四条 交易所或者存管银行发生可能影响期货资金结算业务的业务操作失误或技术系统故障时，应当立即通知对方，并积极采取行动进行补救。

第三十五条 资金划转系统发生故障时，发现方应当立即通知对方，双方应当积极配合并对各自系统进行检查，以确定原因、排除故障、明确责任。必要时，立即启动应急措施。

第三十六条　存管银行发生影响期货保证金存管业务运行稳定和安全情况时，应当立即启动应急预案，尽快恢复正常运行，并将相关情况报告交易所和监控中心。

第六章　监督管理

第三十七条　存管银行期货业务部门岗位设置、职责规定、部门负责人、业务联系人等发生变更时，应当于3个工作日内书面报告交易所和监控中心。

第三十八条　存管银行出现影响该行资信状况的重大业务风险或损失时，应当于3个工作日内向交易所和监控中心报告，并提交该业务风险或损失对该行保证金存管业务的影响分析及应对措施。

第三十九条　存管银行实施系统升级改造或者实施其他可能影响期货保证金存管业务的措施前，应当提前5个工作日书面通知交易所、监控中心和相关期货公司，做好信息披露和系统测试工作，并制定针对性应预案。

第四十条　存管银行应当在每一年度结束后1个月内，向交易所和监控中心提交期货保证金存管业务、技术运行、风险管理以及有关法律、法规、规章、政策执行情况的报告。

第四十一条　交易所对存管银行期货保证金存管业务资格条件进行年度检查，或者根据需要进行不定期检查，存管银行应当予以配合。

第四十二条　交易所对存管银行的期货保证金存管业务的时效性、安全性、准确性和规范性进行年度考评。考核内容包括资格条件、系统运维、人员配置、业务运营和风险控制，以及配合交易所监管，遵守相关自律规则与协议情况等。考评方式为存管银行自查、现场检查、会员评分和日常运营情况相结合。

考评结果分为“优秀”、“良好”、“合格”、“不合格”四个档次，考核结果向各存管银行通报。

交易所可在安排存管银行的业务量以及进行风险评估和管理时，参考考评结果。

第七章　违规处理

第四十三条　存管银行出现下列情形之一，责令改正，并根据情节轻重，采取警告、通报批评、暂停新增会员的存管业务等措施：

（一）未按照本办法第三十六条至第四十条要求履行职责的；

（二）发生影响或可能影响期货保证金存管业务的情况时，存管银行未采取有效措施，可能危及期货市场稳健运行，损害交易所会员、客户合法权益的；

（三）未能按照监控中心相关要求报送期货保证金安全存管业务数据的；

（四）违反期货保证金存管业务协议或者交易所业务规则的；

（五）发生可能影响期货资金结算业务的业务操作失误或技术系统故障时，未立即通知交易所的；或未及时采取有效措施进行处理的；

（六）不符合银行业监管机构关于资本充足率、流动性、资产负债比例等指标要求的；

（七）不配合交易所对存管银行资金结算业务进行年检或不定期检查，不按要求提交上年度存管业务总结报告或其他要求提供材料的；

（八）无故限制会员出入金的；

（九）交易所会员普遍反映存管银行服务质量不高，银期转账系统不稳定的；

（十）交易所认定的其他情况。

第四十四条 存管银行出现下列情形之一的，暂停全部存管业务：

（一）未能采取有效措施，导致交易所结算账户内的资金被冻结或扣划的；

（二）协助期货公司在期货保证金账户上设定担保的；

（三）最近1个会计年度发生亏损的；

（四）交易所认定的其他情况。

第四十五条 对于暂停期货保证金存管业务的存管银行，在整改后经交易所验收，确实具备正常开展期货保证金存管业务能力的，可以恢复其存管业务。

第四十六条 存管银行出现以下情形之一的，交易所可以取消其期货保证金存管业务资格：

（一）申请终止其期货保证金存管业务资格的；

（二）被依法撤销、解散或宣告破产的；

（三）被收购或兼并且丧失法人地位的；

（四）不再满足期货保证金存管业务资格的；

（五）最近3个会计年度连续发生亏损的；

（六）最近1个年度考评结果不合格的；

（七）向交易所提供虚假材料信息的；

（八）交易所认为该存管银行存在重大风险隐患的；

（九）交易所认定的其他情况。

第四十七条 交易所决定终止存管银行资格，应当提前10个工作日发出终止通知，上报中国证监会，并在交易所网站上公告。

存管银行资格终止不影响该银行业金融机构与交易所在此之前双方已经建立的法律关系，交易所有权依法与该银行业金融机构了结相关业务。

第四十八条 被交易所终止存管银行资格的银行业金融机构，自终止之日起3年内不得申请期货保证金存管业务资格。

第八章 附 则

第四十九条 除有国家法律、法规规定，对于涉及期货保证金存管业务的任何非公开信息，存管银行保证不以任何方式向第三方披露。

第五十条 本办法实施前已经开展业务的存管银行，无须重新申请期货保证金存管业务资格，但应当遵守本办法的其他规定。

第五十一条 本办法由交易所负责解释。

第五十二条 本办法自发布之日起实施。

附件 1

期货保证金存管银行资格申请表

<table>
<tr><td colspan="2">申请人全称</td><td colspan="3"></td></tr>
<tr><td colspan="2">注册地址</td><td colspan="3"></td></tr>
<tr><td colspan="2">注册资本</td><td colspan="3"></td></tr>
<tr><td colspan="2">邮政编码</td><td colspan="3"></td></tr>
<tr><td colspan="2">法定代表人姓名</td><td colspan="3"></td></tr>
<tr><td colspan="2">企业法人营业执照号码</td><td colspan="3"></td></tr>
<tr><td colspan="2">金融业务许可证号码</td><td colspan="3"></td></tr>
<tr><td colspan="2">存管业务负责部门</td><td colspan="3"></td></tr>
<tr><td colspan="2">联系电话</td><td colspan="3"></td></tr>
<tr><td colspan="2">传真电话</td><td colspan="3"></td></tr>
<tr><td rowspan="3">存管行业务负责人</td><td>姓名</td><td colspan="3"></td></tr>
<tr><td>部门及职务</td><td colspan="3"></td></tr>
<tr><td>联系方式</td><td colspan="3"></td></tr>
<tr><td rowspan="3">河南分行业务负责人</td><td>姓名</td><td colspan="3"></td></tr>
<tr><td>部门及职务</td><td colspan="3"></td></tr>
<tr><td>联系方式</td><td colspan="3"></td></tr>
<tr><td rowspan="3">河南分行技术负责人</td><td>姓名</td><td colspan="3"></td></tr>
<tr><td>部门及职务</td><td colspan="3"></td></tr>
<tr><td>联系方式</td><td colspan="3"></td></tr>
<tr><td rowspan="3">指定网点上级机构
业务负责人</td><td>姓名</td><td colspan="3"></td></tr>
<tr><td>部门及职务</td><td colspan="3"></td></tr>
<tr><td>联系方式</td><td colspan="3"></td></tr>
<tr><td colspan="2">经办人姓名</td><td colspan="3"></td></tr>
<tr><td colspan="2">经办人身份证号码</td><td colspan="3"></td></tr>
<tr><td colspan="2">经办人联系电话</td><td colspan="3"></td></tr>
<tr><td rowspan="10">申请人基本财务状况
及其他情况</td><td rowspan="3">上一年度期末（经审计）
总资产、净资产、净资本</td><td colspan="3">总资产：</td></tr>
<tr><td colspan="3">净资产：</td></tr>
<tr><td colspan="3">净资本：</td></tr>
<tr><td>最近三年的净利润</td><td></td><td></td><td></td></tr>
<tr><td>最近三年资本充足率</td><td></td><td></td><td></td></tr>
<tr><td>最近三年资产负债率</td><td></td><td></td><td></td></tr>
<tr><td>最近三年流动比率</td><td></td><td></td><td></td></tr>
<tr><td>分支机构的数量</td><td colspan="3"></td></tr>
<tr><td>与期货存管业务有关的内部控制制度</td><td colspan="3"></td></tr>
<tr><td>其他情况说明</td><td colspan="3"></td></tr>
<tr><td colspan="5">法定代表人或授权代表人（签字并盖章）申请人盖章</td></tr>
</table>

附件2

授权书

郑州商品交易所：

特授权我行职员　　　　　（女士/先生）（身份证号　　　　　　　　　）代表我行前往贵所办理期货保证金存管银行资格的申请事宜。其权限范围：代表我行办理与贵所期货保证金存管银行资格申请有关的全部工作，包括但不限于向贵所提出期货保证金存管银行资格申请并提交申请文件、签署与期货保证金存管银行资格申请相关的文件，接收贵所向我行提交的与期货保证金存管银行资格申请相关的文件。本授权有效期从　　年　　月　　日到　　年　　月　　日止。

特此授权。

授权人：　　　　　银行（盖章）

法定代表人：　　　　　　（签字并盖章）

年　　月　　日

关于修订 PTA 期货交割月份限仓条款的通知

郑商发〔2013〕221 号

各会员单位：

《郑州商品交易所期货交易风险控制管理办法（修订案）》已经郑州商品交易所第五届理事会审议通过，并报中国证监会备案。现予以公布，自 2013 年 9 月 16 日起施行。

本次修订基于 2013 年 7 月 9 日发布的《郑州商品交易所期货交易风险控制管理办法》，具体修订内容如下：

1. 将第二十八条 PTA 期货交割月份非期货公司会员限仓标准由 2000 手调整为 3000 手。

2. 将第二十九条 PTA 期货交割月份客户限仓标准由 1000 手调整为 3000 手。

特此通知，请及时转告投资者。

2013 年 9 月 10 日

郑州商品交易所套期保值管理办法

（根据《关于公布有关期货业务实施细则的通知》（郑商发〔2013〕159 号）修订，其他条款未作修订未列出）

……

第五章 套期保值监督与管理

第二十八条 交易所强制减仓的，按先投机后套期保值的顺序进行减仓。

……

第三十一条 本办法自 2013 年 9 月 16 日起施行。

郑州商品交易所期货交易细则

（根据《关于公布有关期货业务实施细则的通知》（郑商发〔2013〕159 号）修订，其他条款未作修订未列出）

第五十一条 每日信息内容主要有：

（一）每日行情：商品名称、交割月份、开盘价、最高价、最低价、收盘价、前结算价、结算价、涨跌、成交量、持仓量、持仓量变化和成交额。

（二）最近交割月及活跃月份前 20 名会员的成交量和买卖持仓量所有月份期转现量、品种套期保值额度及持仓量。

（三）各上市商品标准仓单数量及与上次发布的增减量情况。

（四）交割配对结果、实物交割量。

每日期货交易信息由交易所在每个交易日结束后发布。

……

第六十二条 本细则自 2013 年 9 月 16 日起施行。

郑州商品交易所期货结算细则

（根据《关于公布有关期货业务实施细则的通知》（郑商发〔2013〕159 号）修订，其他条款未作修订未列出）

第二十六条 各品种期货合约的交易保证金比例及不同阶段的交易保证金比例按

交易所有关规定执行。同一会员、同一客户、同一合约月份双向持仓按照单边收取交易保证金。

……

第七十六条 本细则自2013年9月16日起施行。

郑州商品交易所期货交易风险控制管理办法

（根据《关于公布郑州商品交易所动力煤期货合约及相关业务细则的通知》（郑商发〔2013〕233号）、《关于公布郑州商品交易所粳稻期货合约及相关业务细则的通知》（郑商发〔2013〕269号）修订）

第一章 总 则

第一条 为加强期货交易风险管理，维护期货交易当事人的合法权益，保证郑州商品交易所（以下简称交易所）期货交易的正常进行，根据《郑州商品交易所交易规则》，制定本办法。

第二条 期货交易风险管理实行保证金制度、涨跌停板制度、限仓制度、大户报告制度、强行平仓制度、风险警示制度。

第三条 交易所、会员和客户必须遵守本办法。

第二章 保证金制度

第四条 期货交易实行保证金制度。

各品种期货合约的最低交易保证金标准见下表：

品种	最低交易保证金标准
普麦、强麦、一号棉、菜油、早籼稻、菜籽、菜粕、动力煤、粳稻	5%
白糖、PTA、甲醇、玻璃	6%

第五条 期货合约的交易保证金标准按照该期货合约上市交易的“一般月份”（交割月前一个月份以前的月份）、“交割月前一个月份”、“交割月份”三个期间依次管理。

第六条 三个期间各品种期货合约的交易保证金标准见下表：

品种	一般月份	交割月前一个月份			交割月份
		上旬	中旬	下旬	
普麦、强麦、菜油、早籼稻、粳稻	5%	5%	10%	15%	20%
白糖、PTA、甲醇、玻璃	6%	6%	10%	15%	20%
一号棉、菜籽、菜粕	5%	5%	15%	25%	30%
动力煤	5%	5%	5%	10%	20%

第七条　交易过程中，当日开仓按照该期货合约前一交易日结算价收取相应标准的交易保证金。当日结算时，该期货合约的所有持仓按照当日结算价收取相应标准的交易保证金。

第八条　某期货合约所处期间符合调整交易保证金要求的，自该期间首日的前一交易日闭市起，该期货合约的所有持仓按照新的交易保证金标准收取相应的交易保证金。

第九条　某期货合约按结算价计算的价格变化，连续四个交易日（即 D_1、D_2、D_3、D_4 交易日）累计涨（跌）幅（N）达到期货合约规定涨（跌）幅的 3 倍或者连续五个交易日（即 D_1、D_2、D_3、D_4、D_5 交易日）累计涨（跌）幅（N）达到期货合约规定涨（跌）幅的 3.5 倍的，交易所有权提高交易保证金标准；提高交易保证金标准的幅度不高于期货合约当时适用的交易保证金标准的 3 倍。

N 的计算公式如下：

$$N = (P_t - P_0)/P_0 \times 100\% \qquad t = 4,5$$

其中，P_0 为 D_1 交易日前一交易日结算价。

P_t 为 t 交易日结算价。

第十条　遇法定节假日休市时间较长的，交易所可以在休市前调整期货合约交易保证金标准和涨跌停板幅度。

第十一条　某期货合约交易行情特殊致使市场风险明显增大时，交易所可根据某期货合约市场风险情况采取下列措施：

（一）限制出入金；

（二）限制开仓、平仓；

（三）调整该期货合约交易保证金标准；

（四）调整该期货合约涨跌停板幅度。

当某期货合约市场行情趋于平缓时，交易所可以将上述措施恢复到正常水平。

交易所调整交易保证金标准或者涨跌停板幅度的，应予公告，并报中国证监会备案。

第十二条　同时适用本办法规定的两种或者两种以上有关调整交易保证金标准的期货合约，其交易保证金标准按照最高值收取。

第十三条　会员未能按时足额交纳交易保证金的，交易所有权对其相关期货合约持仓执行强行平仓，直至保证金能够维持其持仓水平为止。

第三章　涨跌停板制度

第十四条　期货交易实行价格涨跌停板制度，由交易所规定各上市期货合约的每日最大价格波动幅度。

第十五条　各品种期货合约每日涨跌停板幅度为前一交易日结算价的 ±4%。

第十六条　新期货合约上市当日，涨跌停板幅度为期货合约实际执行的涨跌停板幅度的 2 倍。

当日如有成交，下一交易日恢复到规定的涨跌停板幅度。

当日如无成交，下一交易日继续执行前一交易日涨跌停板幅度。

第十七条　某期货合约以涨跌停板价格成交的，成交撮合原则为平仓优先和时间优先。

第十八条 某期货合约在某一交易日收盘前5分钟内出现只有停板价位的买入（卖出）申报、没有停板价位的卖出（买入）申报，或者一有卖出（买入）申报就成交、但未打开停板价位的情况，称为涨（跌）停板单方无报价（以下简称单边市）。

第十九条 某期货合约在某一交易日（该交易日称为 D_1 交易日，以下几个交易日分别称为 D_2、D_3、D_4 交易日）出现单边市的，D_1 交易日结算时和 D_2 交易日该期货合约交易保证金标准在原交易保证金标准基础上提高50%；D_2 交易日该期货合约的涨跌停板幅度在原涨跌停板幅度基础上扩大50%。

D_2 交易日该期货合约未出现同方向单边市的，当日结算时交易保证金标准恢复到调整前水平；D_3 交易日涨跌停板幅度恢复到调整前水平。D_2 交易日出现同方向单边市的，当日结算时和 D_3 交易日维持提高后的交易保证金标准不变，D_3 交易日涨跌停板幅度维持提高后的涨跌停板幅度不变。

D_3 交易日该期货合约未出现同方向单边市的，当日结算时交易保证金标准恢复到调整前水平；D_4 交易日涨跌停板幅度恢复到调整前水平。D_3 交易日该期货合约仍出现同方向单边市的（即连续三个交易日出现同方向单边市），D_4 交易日该期货合约暂停交易一天。

第二十条 根据市场情况，D_4 交易日交易所决定在 D_4 交易日或 D_5 交易日对该期货合约选择采取相应措施。

在 D_4 交易日强制减仓。

在 D_5 交易日分别采取下列措施：

（一）提高交易保证金标准；

（二）调整涨跌停板幅度；

（三）暂停开仓、平仓；

（四）限制出金；

（五）限期平仓；

（六）其他风险控制措施。

第二十一条 强制减仓是指 D_4 交易日结算时，交易所将 D_3 交易日闭市时以涨跌停板价申报的未成交平仓报单，且该客户（包括非期货公司会员，下同）该期货合约单位持仓亏损大于或者等于 D_3 交易日结算价一定比例（该期货合约规定的最低交易保证金标准）的所有持仓，以 D_3 交易日涨跌停板价，与该期货合约盈利持仓按规定方式和方法自动撮合成交。

强制减仓前，同一客户在该期货合约的双向持仓首先自动对冲。强制减仓后，下一交易日该期货合约交易保证金标准和涨跌停板幅度按照调整前水平执行。强制减仓造成的经济损失由会员及其客户承担。

第二十二条 强制减仓的方法和程序：

（一）申报数量的确定

D_3 交易日收市后，已在计算机系统中以涨（跌）停板价申报但没有成交的，且该客户该期货合约的单位持仓亏损大于或者等于 D_3 交易日结算价一定比例（该期货合约规定的最低交易保证金标准）的所有申报平仓数量的总和。因自动对冲客户双向持仓造成客户持仓少于平仓单所报数量时，系统自动将平仓数量进行调整。客户不愿按上述方法平仓的，可在收市前撤单，不作为申报的平仓报单。

客户单位持仓盈亏的计算方法：

$$\text{客户该期货合约单位持仓盈亏}=\frac{\text{客户该期货合约持仓盈亏的总和（元）}}{\text{客户该期货合约的持仓量（手）}}$$

客户该期货合约持仓盈亏总和，是指客户该期货合约的持仓按其实际成交价与当日结算价之差计算的盈亏总和。

（二）持仓盈利客户平仓范围的确定

根据上述方法计算的客户单位持仓盈利的投机持仓（包括跨期套利持仓）以及客户单位持仓盈利大于或等于期货合约规定价幅 2 倍的保值持仓都列入平仓范围。

（三）平仓数量的分配原则及方法

1. 平仓数量的分配原则

（1）在平仓范围内按盈利的大小和投机与保值的不同分成四级，逐级进行分配。

首先分配给属平仓范围内单位持仓盈利大于或者等于期货合约规定价幅（以 D_3 交易日结算价计算，下同）2 倍的投机持仓（以下简称盈利 2 倍的投机持仓）。

其次分配给单位持仓盈利大于或者等于期货合约规定价幅 1 倍的投机持仓（以下简称盈利 1 倍的投机持仓）。

再次分配给单位持仓盈利大于或者等于期货合约规定价幅 1 倍以下的投机持仓（以下简称盈利 1 倍以下的投机持仓）。

最后分配给单位持仓盈利大于或等于合约规定价幅 2 倍的保值持仓（以下简称盈利 2 倍的保值持仓）。

（2）以上各级分配比例均按申报平仓数量（剩余申报平仓数量）与各级可平仓的盈利持仓数量之比进行分配。

2. 平仓数量的分配方法及步骤

若盈利 2 倍的投机持仓数量大于或者等于申报平仓数量，根据申报平仓数量与盈利 2 倍的投机持仓数量的比例，将申报平仓数量向盈利 2 倍的投机客户等比例分配实际平仓数量。

盈利 2 倍的投机持仓数量小于申报平仓数量，则根据盈利 2 倍的投机持仓数量与申报平仓数量的比例，将盈利 2 倍的投机持仓数量向申报平仓客户分配实际平仓数量；再把剩余的申报平仓数量按上述的分配方法向盈利 1 倍的投机持仓分配；还有剩余的，再向盈利 1 倍以下的投机持仓分配；若还有剩余，再向盈利 2 倍的保值持仓分配；仍有剩余的，不再分配。具体方法与步骤见本办法附件。

分配平仓数量以“手”为单位，不足一手的按如下方法计算。首先对每个交易编码所分配到的平仓数量的整数部分进行分配，然后按小数部分由大到小的顺序“进位取整”进行分配。

第二十三条　采取上述措施后该期货合约风险仍未释放的，交易所宣布进入异常情况，并按有关规定采取风险控制措施。

第二十四条　新期货合约成交首日期货合约出现单边市的，该期货合约的涨跌停板幅度和交易保证金标准不受本章以上条款限制。

进入交割月前一个月中旬起（动力煤中旬除外），期货合约出现单边市的，该期货合约的交易保证金标准不受本章以上条款限制。

某期货合约在交割月的最后交易日出现第三个连续同方向单边市的，则当日闭市后，交易所根据市场情况，决定对该期货合约先执行强制减仓之后配对交割或者直接配对交割。

第四章　限仓制度

第二十五条　期货交易实行限仓制度。

限仓是指交易所规定会员或者客户按单边计算的、可以持有某一期货合约投机持仓的最大数量。

第二十六条　期货合约的限仓数量按照该期货合约上市交易的“一般月份”、“交割月前一个月份”、“交割月份”三个期间的不同，分别适用不同的限仓标准。

第二十七条　期货公司会员三个期间各品种期货合约限仓统一规定见下表：

品种	某一期货合约市场单边持仓量（N）	期货公司会员该合约单边总持仓比例（M）
普麦、强麦、菜油、早籼稻、甲醇、菜籽、菜粕	N≥10 万手	M≤25%
	N＜10 万手	不限仓
玻璃	N≥20 万手	M≤25%
	N＜20 万手	不限仓
一号棉、白糖、PTA	N≥30 万手	M≤25%
	N＜30 万手	不限仓
动力煤	N≥100 万手	M≤25%
	N＜100 万手	不限仓
粳稻	N≥50 万手	M≤25%
	N＜50 万手	不限仓

第二十八条　非期货公司会员各品种期货合约限仓规定见下表：

品种	非期货公司会员最大单边持仓（手）				
	一般月份	交割月前一个月份			交割月份
		上旬	中旬	下旬	
普麦	2000	2000	1000	600	200
强麦	2500	2500	1200	600	300
一号棉	30000	30000	7500	3800	800
白糖	30000	30000	10000	5000	1000
PTA	30000	30000	10000	8000	3000
菜油	10000	10000	3000	2000	1000
早籼稻	7500	7500	1600	800	400
甲醇	1000	1000	500	300	100
玻璃	5000	5000	1200	900	300
菜籽	10000	10000	2000	1000	500
菜粕	10000	10000	4000	2000	800
动力煤	60000	60000	30000	10000	2000
粳稻	20000	20000	8000	3000	500

第二十九条　客户各品种期货合约限仓规定见下表：

品种	客户最大单边持仓（手）				
	一般月份	交割月前一个月份			交割月份
		上旬	中旬	下旬	（自然人客户限仓为0）
普麦	2000	2000	1000	600	200
强麦	2500	2500	1200	600	300
一号棉	15000	15000	4500	2000	400
白糖	15000	15000	6000	3000	500
PTA	15000	15000	8000	3000	3000
菜油	10000	10000	3000	2000	1000
早籼稻	7500	7500	1600	800	400
甲醇	1000	1000	500	300	100
玻璃	5000	5000	1200	900	300
菜籽	10000	10000	2000	1000	500
菜粕	10000	10000	4000	2000	800
动力煤	60000	60000	30000	10000	2000
粳稻	20000	20000	8000	3000	500

不得交割的客户具体见《郑州商品交易所期货交割细则》相关规定。

第三十条　交割月前一个月的最后一个交易日收盘前，会员及客户应当将其期货合约持仓调整为最小交割单位的整倍数；自进入交割月起，会员及客户的持仓应当是最小交割单位的整倍数。

第三十一条　交易所可根据期货公司会员的净资产和经营情况调整其持仓限额。

持仓限额 = 基数 ×（1 + 信用系数 + 业务系数）

基数：是期货公司会员持仓限额的最低水平，由交易所规定。

信用系数：以期货公司会员净资产1亿元为底数（此时信用系数为0），在此基础上，每增加1000万元净资产，则信用系数相应增加0.1，信用系数最大值不得超过0.5。

业务系数：期货公司会员业务系数以年交易金额800亿元、客户数1000个为底数（此时业务系数为0），在此基础上，期货公司会员年交易金额及客户数达到规定水平，则相应提高其业务系数。业务系数的最大值不得超过0.5。具体见下表：

档次	限仓增额条件（须同时具备）		限仓增额系数
	年交易金额（C1，亿元）	投资者总数（C2，个）	
1	$C1 \leqslant 800$	$C2 \leqslant 1000$	0
2	$800 < C1 \leqslant 1000$	$1000 < C2 \leqslant 1200$	0.10
3	$1000 < C1 \leqslant 1200$	$1200 < C2 \leqslant 1400$	0.20
4	$1200 < C1 \leqslant 1400$	$1400 < C2 \leqslant 1600$	0.30
5	$1400 < C1 \leqslant 1600$	$1600 < C2 \leqslant 1800$	0.40
6	$C1 > 1600$	$C2 > 1800$	0.50

第三十二条 期货公司会员的持仓限额，由交易所每一年核定一次。

期货公司会员须在当年4月15日前向交易所提供上一年度期末净资产金额的证明文件（会计师事务所审计报告）。交易所统计上年1月1日至12月31日期货公司会员的交易量，核定持仓限额后于当年4月20日前通知期货公司会员，并予公布；该持仓限额适用于其当年4月21日起至次年4月20日止期间（含起、止日）的各品种期货合约的交易。

第三十三条 到期未提供证明文件、统计材料或所提供证明文件、统计材料无效的，则均以基数水平论。

第三十四条 交易所调整持仓限额报中国证监会备案后实施。

第三十五条 期货公司会员名下全部客户所有持仓的合计数（多头部位、空头部位分别计算，下同），不得超出该会员的限仓数额。

第三十六条 同一客户在不同期货公司会员处开有多个交易编码，各交易编码上所有持仓的合计数，不得超出一个客户的限仓数额。

第三十七条 会员或者客户的持仓数量不得超过交易所规定的持仓限额。

非期货公司会员或客户超过持仓限额的，交易所按有关规定实行强行平仓。期货公司会员达到或超过持仓限额的，不得同方向开新仓。

第五章 大户报告制度

第三十八条 期货交易实行大户报告制度。

会员或者客户持有某期货合约数量达到交易所对其规定的持仓限量80%以上（含本数）或者交易所要求报告的，应当向交易所报告其资金、持仓等情况。根据市场风险状况，交易所可调整持仓报告水平。

第三十九条 交易过程中，会员或者客户符合大户报告条件的，应当主动于下一交易日向交易所报告。会员或者客户履行首次报告义务后，需再次报告或者补充报告的，交易所通知有关会员。

第四十条 符合大户报告条件的期货公司会员应当向交易所提供下列材料：

（一）《郑州商品交易所大户报告表》；

（二）持仓前十名客户的开户资料及当日结算单据；

（三）交易所要求提供的其他材料。

第四十一条 符合大户报告条件的非期货公司会员或客户应当向交易所提供下列材料：

（一）《郑州商品交易所大户报告表》；

（二）开户资料及当日结算单据；

（三）交易所要求提供的其他材料。

第四十二条 符合大户报告条件的客户，应当按单位或者自然人属性类别，分别提供营业执照副本（复印件）或者自然人身份证（复印件）。

期货公司会员应当对客户所提供的有关材料进行初审并保证报告材料的真实性。

第六章　强行平仓制度

第四十三条　期货交易实行强行平仓制度。

强行平仓是指当会员、客户违反交易所相关业务规定时，交易所对其违规持有的相关期货合约持仓予以平仓的强制措施。

第四十四条　会员或者客户有下列情形之一的，交易所有权进行强行平仓：

（一）结算准备金余额小于零并未能在规定时间内补足的；

（二）持仓量超出其限仓规定的（期货公司会员达到或超过持仓限额的，按照本办法第四章相关规定执行）；

（三）进入交割月份的自然人持仓；

（四）因违规受到交易所强行平仓处罚的；

（五）根据交易所的紧急措施应予强行平仓的；

（六）其他应予强行平仓的。

第四十五条　强行平仓的原则和程序：

强行平仓前先由会员自行平仓，除交易所特别规定的时限外，一律为开市后至10时15分之前。会员未在规定时限内平仓完毕的，交易所强制执行。

由会员自行平仓的，属前条第（一）、（二）、（三）项情形的，由会员自行确定，平仓结果符合交易所规定即可；属前条第（四）、（五）、（六）项情形的，由交易所确定。

由交易所强行平仓的，按以下程序实施：

（一）交易所按照会员提供的平仓名单进行强行平仓。

（二）会员没有提供平仓名单，属前条第（一）项的，按照上一交易日闭市后期货合约总持仓量由大到小顺序，先选择持仓量大的期货合约作为强行平仓的期货合约，再按照该会员客户该期货合约的净持仓亏损由大到小确定。多个会员均需要强行平仓的，按追加保证金由大到小的顺序，先强平需要追加保证金大的会员。

（三）属前条第（二）项的，按照超仓量由大到小的顺序，对非期货公司会员或客户进行强行平仓。

（四）会员没有提供平仓名单，属前条第（三）项的，按照上一交易日闭市后自然人期货合约持仓由大到小顺序进行强行平仓。

（五）会员没有提供平仓名单，属前条第（四）、（五）、（六）项的，强行平仓头寸由交易所根据涉及的会员和客户具体情况确定。

（六）会员同时满足属前条第（一）、（二）、（三）项情况，交易所先按第（二）、（三）项情况确定强行平仓头寸，再按第（一）项情况确定强行平仓头寸。

由于市场原因无法满足上述原则和程序的，交易所有权择机强行平仓。

第四十六条　交易所实施强行平仓，应当通知会员，会员应当通知客户。

属第四十四条第（一）、（二）项情况的，以交易所提供的结算结果为通知依据；属第四十四条第（三）、（四）、（五）、（六）项情况的，交易所向有关会员下达《强行平仓通知书》。

第四十七条 会员未在规定时间内自行平仓完毕的，剩余部分由交易所按第四十五条所确定的原则以市场价对会员直接执行强行平仓。

交易所强行平仓完毕后，应当将强行平仓结果随当日成交记录向会员发送，并将强行平仓记录予以存档。

强行平仓的价格通过市场交易形成。

第四十八条 由于涨跌停板或者其他市场原因无法在当日完成全部强行平仓的，剩余持仓可以顺延至下一交易日继续执行强行平仓，直至平仓完毕。

第四十九条 由于涨跌停板或者其他市场原因有关持仓的强行平仓只能延时完成的，因此发生的亏损仍由会员或者客户承担；未能完成平仓的，该持仓持有者须继续对此承担持仓责任或者交割义务。

第五十条 除第四十四条第（四）项外，强行平仓产生的盈利或者亏损均归持仓人。持仓人是客户的，强行平仓发生的亏损，客户所在会员先行承担后，自行向该客户追偿。

本办法第四十四条第（四）项实施的强行平仓，亏损由持仓人承担，盈利记入交易所营业外收入。

第七章　风险警示制度

第五十一条 期货交易实行风险警示制度。

交易所认为必要时，可以分别或者同时采取要求报告情况、谈话提醒、发布风险提示函等措施，以警示和化解风险。

第五十二条 出现下列情形之一的，交易所可以对指定的会员高管人员或者客户谈话提醒风险，或者要求会员或者客户报告情况：

（一）会员或者客户交易异常；

（二）会员或者客户持仓异常；

（三）会员资金异常；

（四）会员或者客户涉嫌违规、违约；

（五）交易所接到涉及会员或者客户的投诉；

（六）会员涉及执法调查；

（七）交易所认定的其他情况。

交易所通过电话提醒的，应当保留电话录音；通过当面谈话的，应当保存谈话记录。

交易所要求会员或者客户报告情况的，报告方式和报告内容参照大户报告制度执行。

第五十三条 会员或者客户有违规嫌疑、交易头寸有较大风险的，交易所可以对会员或者客户发出书面的风险提示函。

第五十四条 发生下列情形之一的，交易所可以向全体或者部分会员和客户发出风险提示函：

（一）期货价格出现异常；

（二）期货价格和现货价格出现较大差距；
（三）国内期货价格和国际市场价格出现较大差距；
（四）交易所认定的其他异常情况。

附　　则

第五十五条　违反本办法规定的，交易所按《郑州商品交易所违规处理办法》有关规定处理。

第五十六条　本办法解释权属郑州商品交易所。

第五十七条　本办法自2013年11月18日起施行。

附件

平仓数量的分配方法及步骤

步骤	分配条件	分配数	分配比例	分配对象	结果
1	盈利2倍的投机持仓数量≥申报平仓数量	申报平仓数量	申报平仓数量÷盈利2倍的投机持仓数量	盈利2倍的投机客户	分配完毕
2	盈利2倍的投机持仓数量<申报平仓数量	盈利2倍的投机持仓数量	盈利2倍的投机持仓数量÷申报平仓数量	申报平仓客户	有剩余再按步骤3，4分配
3	盈利1倍的投机持仓数量≥剩余申报平仓数量1	剩余申报平仓数量1	剩余申报平仓数量1÷盈利1倍的投机持仓数量	盈利1倍的投机客户	分配完毕
4	盈利1倍的投机持仓数量<剩余申报平仓数量1	盈利1倍的投机持仓数量	盈利1倍的投机持仓数量÷剩余申报平仓数量1	剩余申报平仓客户	有剩余再按步骤5，6分配
5	盈利1倍以下的投机持仓数量≥剩余申报平仓数量2	剩余申报平仓数量2	剩余申报平仓数量2÷盈利1倍以下的投机持仓数量	盈利1倍以下的投机客户	分配完毕
6	盈利1倍以下的投机持仓数量<剩余申报平仓数量2	盈利1倍以下的投机持仓数量	盈利1倍以下的投机持仓数量÷剩余申报平仓数量2	剩余申报平仓客户	有剩余再按步骤7，8分配
7	盈利2倍的保值持仓数量≥剩余申报平仓数量3	剩余申报平仓数量3	剩余申报平仓数量3÷盈利2倍的保值持仓数量	盈利2倍的保值客户	分配完毕
8	盈利2倍的保值持仓数量<剩余申报平仓数量3	盈利2倍的保值持仓数量	盈利2倍的保值持仓数量÷剩余申报平仓数量3	剩余申报平仓客户	有剩余不再分配

注：①剩余申报平仓数量1=申报平仓数量－盈利2倍的投机持仓数量；
②剩余申报平仓数量2=剩余申报平仓数量1－盈利1倍的投机持仓数量；
③剩余申报平仓数量3=剩余申报平仓数量2－盈利1倍以下的投机持仓数量；
④投机持仓数量和保值持仓数量是指在平仓范围内盈利客户的持仓数量。

郑州商品交易所期货交割细则

（根据《关于公布郑州商品交易所动力煤期货合约及相关业务细则的通知》（郑商发〔2013〕233 号）、《关于公布郑州商品交易所粳稻期货合约及相关业务细则的通知》（郑商发〔2013〕269 号）修订）

第一章 总 则

第一条 为保证郑州商品交易所（以下简称交易所）期货交割业务的正常进行，规范期货交割行为，根据《郑州商品交易所交易规则》，制定本细则。

交易所交割业务按本细则进行，交易所、会员、客户、指定商品交割仓库（以下简称仓库）、指定商品交割厂库（以下简称厂库）及指定质检机构必须遵守本细则。

第二条 期货交割指期货合约到期时，按照交易所的规则和程序，交易双方通过该期货合约标的物所有权的转移，了结到期未平仓合约的过程。

标准仓单的期货交割实行三日交割法。

标准仓单以外的期货交割根据品种不同确定具体的交货流程。

第三条 交易所上市期货品种采用仓库交割、厂库交割、车（船）板交割等交割方式。

仓库交割是指卖方通过将指定交割仓库开具的相关商品仓库仓单转移给买方以完成实物交割的交割方式。

厂库交割是指卖方通过将指定交割厂库开具的相关商品标准仓单转移给买方以完成实物交割的交割方式。

车（船）板交割是指卖方在交易所指定交割计价点将货物装至买方汽车板、火车板或轮船板，完成货物交收的一种实物交割方式。

交割计价点是指车（船）板交割时由交易所指定的用于计算双方各自应承担交割费用的地点。

交易所在交割计价点设置指定交割仓库或者其他交割服务机构，买卖双方选择在交割计价点交割的，应通过以上机构开展，并须交付一定的费用。

第四条 各品种采用的交割方式如下：

强麦、早籼稻、白糖、棉花、菜油、PTA：仓库交割。

甲醇、菜粕、粳稻：仓库交割和厂库交割。

普麦、菜籽：车（船）板交割和仓库交割。

玻璃：厂库交割。

动力煤：车（船）板交割和厂库交割。

第五条 客户的期货交割须由会员办理，并以会员名义在交易所进行，交割结果由客户承担。

第六条　不能交付或者接收增值税专用（普通）发票的客户不得交割；持仓量为非交割单位整数倍的相应持仓不得交割；不具备甲醇生产、储存、使用、经营或运输资质的客户不得参与甲醇交割。

菜粕交付增值税普通发票。

进入交割月前，不得交割的客户应当将交割月份的相应持仓予以平仓。自进入交割月第一个交易日起，自然人客户不得开新仓，交易所有权对自然人客户的交割月份持仓予以强行平仓。不得交割的持仓被配对的，交易所对其处以合约价值（按配对日交割结算价计算）10%的违约金，违约金支付给对方，终止交割；买卖双方均属上述情况的，交易所按本条规定比例核算的金额对双方进行处罚，终止交割。

第二章　期货交割标准

第一节　普通小麦

第七条　交割单位：50吨。

第八条　普通小麦（以下简称普麦）交割适用国家标准、国家相关规定及本细则规定。

基准交割品：符合《中华人民共和国国家标准 小麦》（GB 1351—2008）的三等及以上小麦，且不完善粒中生芽粒≤2.0%，霉变粒≤2.0%。

替代品质量差异及升贴水：

（一）入库时，水分≤12.5%的，足量入库；12.5%＜水分≤13.5%的，以12.5%为基准，水分每超0.5%，扣量1.0%；不足0.5%的，不扣量。标准仓单出库时，水分≤12.5%的，水分减量由提货人承担；12.5%＜水分≤13.5%的，水分每超0.5%，补量1.0%；不足0.5%的，不补量。车船板交货时水分≤12.5%的足量交货；12.5%＜水分≤13.5%的，水分每超0.5%，补量1.0%；不足0.5%的，不补量。

（二）1.0%＜杂质≤1.5%的，以1.0%为基准，杂质每超0.5%，入库扣量（出库补量）1%；不足0.5%的，不扣量（出库不补量）。车船板交货时按出库处理。

（三）8.0%＜不完善粒≤12.0%的，以8.0%为基准，不完善粒每超1.0%，入库扣量（出库补量）1.0%。车船板交货时按出库处理。

第九条　普麦接收、储存、发运采用散粮方式。

第二节　优质强筋小麦

第十条　交割单位：20吨。

第十一条　优质强筋小麦（以下简称强麦）交割适用国家标准、国家相关规定及本细则规定：

基准交割品：符合《中华人民共和国国家标准　小麦》（GB 1351—2008）的三等及以上小麦，不完善粒中霉变粒≤2.0%，300s≤降落数值≤550s；内在品质指标稳定时间≥8分钟、湿面筋≥30%、拉伸面积（135min）≥90cm^2。

替代品质量差异及升贴水：

（一）内在品质指标稳定时间≥6 分钟、湿面筋≥28%、拉伸面积（135min）≥75cm2 时的，贴水 80 元/吨；稳定时间≥12 分钟、湿面筋≥30%、拉伸面积（135min）≥90cm^2 的，升水 20 元/吨。

（二）强麦入库时，水分≤12.5% 的，足量入库；12.5% <水分≤13.5% 的，以 12.5% 为基准，水分每超 0.5%，扣量 1.0%；不足 0.5% 的，不扣量。出库时，水分≤12.5% 的，水分减量由提货人承担；12.5% <水分≤13.5% 的，水分每超 0.5%，补量 1.0%；不足 0.5% 的，不补量。

（三）1.0% <杂质≤1.5% 的，以 1.0% 为基准，杂质每超 0.5%，入库扣量（出库补量）1.0%；不足 0.5% 的，不扣量（出库不补量）。

（四）8.0% <不完善粒≤12.0% 的，以 8.0% 为基准，不完善粒每超 1.0%，入库扣量（出库补量）1.0%。

第十二条 强麦接收、发运采用散粮方式；储存采用麻袋包储与散粮存储相结合的方式。

第三节 棉 花

第十三条 棉花合约按序号排列，分为一号棉和交易所公告的其他序号棉花。

第十四条 一号棉交割单位：185 包 ±5 包（227 ±10 公斤/包），对应 8 手期货合约。

第十五条 一号棉交割适用国家标准。

基准交割品：符合 GB1103.1—2012《棉花第 1 部分：锯齿加工细绒棉》规定的 3128B 级，且长度整齐度为 U3 档，断裂比强度为 S3 档，轧工质量为 P2 档的国产棉花。

替代品及升贴水：符合 GB1103.1—2012《棉花第 1 部分：锯齿加工细绒棉》规定的，颜色级为 11、21、41、12、22 级，平均长度级为 27mm、29mm 及以上，长度整齐度为 U1、U2、U4 档，主体马克隆值级为 A 级、C 级 C2 档，断裂比强度为 S1、S2、S4 档，轧工质量为 P1 档、P3 档的棉花，可以替代交割。替代交割品升贴水由交易所另行制定并公告。

一个交割单位棉花按照颜色级和轧工质量比例实行分级计价。有主体颜色级的棉花，升水 100 元/吨。

无主体颜色级的棉花，以其中占比例最大的颜色级为标注颜色级。

升贴水和分级计价按重新检验的结果随货款一并结算。

第十六条 N 年产锯齿细绒白棉从 N +1 年 8 月 1 日起每日历日贴水 4 元/吨，至 N +2 年 3 月的最后一个工作日止。

第十七条 棉花包装及包装物应符合国家有关棉花包装规定。

第四节 白 糖

第十八条 交割单位：10 吨。

第十九条 白糖交割适用国家标准及本细则规定。

基准交割品：符合《中华人民共和国国家标准　白砂糖》（GB317—2006）（以下简称《白糖国标》）规定的一级白糖。

替代品及升贴水：

（一）符合《白糖国标》的一级和二级（色值小于等于170IU）的进口白糖（含进口原糖加工而成的白糖）可以交割；

（二）色值小于等于170IU，其他指标符合《白糖国标》的二级白糖，可以在本制糖年度（每年的10月1日至次年的9月30日）的9月和该制糖年度结束后的当年11月合约替代交割，贴水标准为50元/吨。

第二十条　N制糖年度生产的白糖，只能交割到N制糖年度结束后的当年11月份，且从当年9月合约交割起（包括9月合约交割）每交割月增加贴水20元/吨，即9月贴水20元/吨，11月贴水40元/吨，贴水随货款一并结算。

第二十一条　白糖包装应符合《白糖国标》的规定。

进口白糖的标志、标签，除应含有产品名称、净含量、生产厂商名称、生产日期等内容外，其他内容不作要求。

白糖包装有霉变、严重污染或者出现潮包、流包、真结块、有异味的，不得入库。

第五节　精对苯二甲酸

第二十二条　交割单位：5吨。

第二十三条　精对苯二甲酸（以下统称PTA）交割质量标准适用《工业用精对苯二甲酸》（SH/T 1612. 1—2005）。

基准交割品：符合SH/T 1612. 1—2005质量标准的优等品PTA。

基准交割品必须是经交易所认定的PTA生产厂家生产的商品。具体生产厂家由交易所公告。

交易所有权调整交割品生产厂家。

第二十四条　出现破包、潮包、结块、严重污染等情况的，不得入库。

第六节　菜　　籽

第二十五条　交割单位：10吨。

第二十六条　菜籽交割适用国家标准及本细则规定。

基准交割品：符合以下质量指标的菜籽：含油量（以8%水分计，以下同）≥38.0%，水分≤9.0%，杂质≤3.0%，热损伤粒≤2.0%，生霉粒≤2.0%，色泽气味正常。菜籽指标定义、卫生指标要求及检验方法等按照《中华人民共和国国家标准油菜籽》（GB/T 11762—2006）执行。

替代品及升贴水：

（一）含油量以38.0%为基准，每高（低）1个百分点，升水（贴水）70元/吨，高不足1个百分点的无升水，低不足1个百分点的按照1个百分点计，高于42.0%的按照42.0%升水。含油量低于35.0%的不允许交割。

（二）杂质以3.0%为基准，每低（高）0.5个百分点升水（贴水）30元/吨，不足0.5个百分点的无升贴水，低于2.0%的按照2.0%升水。采用标准仓单交割的，杂质高于3.0%的不允许交割。采用车板方式交割的，杂质高于4.0%的不允许交割。

（三）采用车板方式交割的，水分以9.0%为基准，每高0.5个百分点贴水30元/吨，不足0.5个百分点的无贴水，水分高于12.0%的不允许交割。采用标准仓单交割的，水分高于9.0%的不允许交割。

第二十七条 菜籽交割采用塑料编织袋包装方式。编织袋的长度为1100～1250mm，宽度为650～750mm，缝包机缝口，单包装载菜籽质量不少于60公斤。编织袋要求不破、不漏，应清洁、牢固、透气、无毒害物质污染、无霉变。同一客户同一批次交割的菜籽包装要求规格统一。

第七节 菜 油

第二十八条 交割单位：10吨。

第二十九条 菜油交割适用国家标准及本细则规定。

基准交割品：符合《中华人民共和国国家标准 菜籽油》（GB1536—2004）四级质量指标的菜油。

替代品及升贴水：

（一）符合GB1536—2004规定的三级、二级、一级质量指标的菜油可以替代交割，无升贴水。

（二）“加热试验（280℃）”项目中，仅0.5≤蓝色增加值≤1.0，其他指标符合基准交割品质量要求的菜油，可以替代交割，贴水30元/吨。该菜油须以菜籽原油标示。

第三十条 自每年6月1日（含该日）起至当年12月1日止（不含该日）入库的菜油，其酸值不得超过2.3mg/g，过氧化值不得超过3.5mmol/kg，色泽黄35红不超过6.0。

自每年12月1日（含该日）起至次年6月1日止（不含该日）入库的菜油，其酸值不得超过2.5mg/g，过氧化值不得超过4.0mmol/kg，色泽黄35红不超过6.5。

菜油出库时，其过氧化值不得超过5.5mmol/kg。

第八节 菜 粕

第三十一条 交割单位：10吨。

第三十二条 菜粕交割标准适用国家标准及本细则规定。

基准交割品：符合《中华人民共和国国家标准 饲料用菜籽粕》（GB/T 23736—2009）（以下简称《菜粕国标》）四级质量指标、氢氧化钾蛋白质溶解度不低于35.0%的菜粕，粗脂肪和赖氨酸指标不作要求。

替代品及升贴水：

（一）氢氧化钾蛋白质溶解度不低于35.0%，34.5%≤粗蛋白质<35.0%，贴水35元/吨；34.0%≤粗蛋白质<34.5%，贴水70元/吨，其他指标符合《菜粕国标》四级质量指标，其中粗脂肪和赖氨酸指标不作要求。

（二）95型菜粕、进口菜粕不允许交割。

第三十三条　菜粕包装应符合以下规定：包装物为新编织袋，编织袋要求不破、不漏。对包装物的卫生要求为无毒害物质污染，无油污，无霉变，无严重的煤灰、石灰、铁锈、泥土、水渍等污染。出现潮包、流包、真结块、有异味，不得入库。

国产菜粕编织袋上须有取得《饲料生产企业审查合格证》货物生产企业名称、地址、联系电话、产品名称、净重（千克）标识、是否转基因等。在编织袋上缝制印有产品执行标准、质量指标、生产日期、产品保质期（生产日期起不低于6个月）的标签。

同一客户同一批次交割的菜粕包装要求规格统一。

第九节　早籼稻

第三十四条　交割单位：20吨。

第三十五条　早籼稻交割适用国家标准、国家相关规定及本细则规定。

基准交割品：符合《中华人民共和国国家标准稻谷》（GB1350—2009）的三等及以上等级早籼稻谷。

替代品及升贴水：

（一）早籼稻入库时，水分≤13.5%的，足量入库。13.5%＜水分≤14.5%的，以13.5%为基准，水分每超0.1%，扣量0.2%（仅适用于江西、湖南、湖北等主产区）。

（二）早籼稻出库时，水分＜13.5%的，水分减量部分由提货人承担。水分＞13.5%的，以13.5%为基准，水分每超0.1%，补量0.1%，由仓库承担（仅适用于江西、湖南、湖北等主产区）。

（三）早籼稻杂质超过1.0%但不超过1.5%的，扣量0.5%。超过1.5%但不超过2.0%的，扣量1.0%。

第三十六条　早籼稻生产年度为每年的8月1日至次年的7月31日（以下同）。

入库早籼稻的脂肪酸值不得超过以下规定：本生产年度产早籼稻脂肪酸值不得高于21mg/100g（干基），高于21mg/100g（干基）的，视为非本生产年度产早籼稻。非本生产年度产早籼稻脂肪酸值不得高于25mg/100g（干基）。

本生产年度产早籼稻入库时，黄粒米不得超过0.5%；非本生产年度产早籼稻入库时，黄粒米不得超过0.7%。出库早籼稻的黄粒米不得超过1.0%。

第三十七条　非本生产年度产早籼稻交割时贴水由交易所另行公告。

第十节　粳　　稻

第三十八条　交割单位：1000吨。

第三十九条　粳稻交割适用国家标准、国家相关规定及本细则规定。

基准交割品：符合《中华人民共和国国家标准　稻谷》（GB1350—2009，以下简称《稻谷国标》）的二等粳稻谷，且垩白粒率≤30%。

替代品及升贴水：粳稻各质量指标与基准交割品差异符合以下规定的，可以通过升贴水替代交割。

（一）出糙率和整精米率指标符合《稻谷国标》一等和三等质量指标要求的，一等升水 60 元/吨，三等贴水 80 元/吨。

（二）14.5% <水分≤15.0% 的，升贴水为零。

（三）1.0% <杂质≤1.5% 的，入库扣量（出库补量）0.5%；1.5% <杂质≤2.0% 的，入库扣量（出库补量）1.0%。

（四）30% <垩白粒率≤40% 的，贴水 50 元/吨；垩白粒率 >40% 的，贴水 100 元/吨。

（五）2.0% <谷外糙米≤4.0% 的，升贴水为零（仅适用于黑龙江、吉林、辽宁三省）。

第四十条 粳稻入库时，黄粒米不得高于 0.4%；出库时，黄粒米不得高于 0.6%。

每年 10 月 1 日起入库的粳稻，脂肪酸值不得高于 19mg/100g（干基）；次年 4 月 1 日起入库的粳稻，脂肪酸值不得高于 21mg/100g（干基）。出库时脂肪酸值不得高于 24mg/100g（干基）。

厂库仓单出库时，黄粒米和脂肪酸值指标按对应期间的入库标准执行。

第四十一条 垩白粒率的检验按照《中华人民共和国国家标准 优质稻谷》（GB/T17891—1999）中的规定执行。脂肪酸值的检验按照《稻谷储存品质判定规则》（GB/T20569—2006）中的规定执行。

第十一节 甲 醇

第四十二条 交割单位：50 吨。

第四十三条 甲醇交割适用国家标准及本细则规定。

基准交割品：符合《中华人民共和国国家标准 工业用甲醇》（GB 338—2004）规定的优等品甲醇，其中“乙醇的质量分数”指标不作要求。

第十二节 玻 璃

第四十四条 交割单位：20 吨。

第四十五条 玻璃交割适用国家标准及本细则规定。

基准交割品：符合《中华人民共和国国家标准 平板玻璃》（GB 11614—2009）（以下简称“国标”）的 5mm 无色透明平板玻璃（不大于 2m×2.44m）一等品。

替代品及升贴水：符合国标规定的 4mm 无色透明平板玻璃（不大于 2m×2.44m）一等品，无升贴水。

第十三节 动力煤

第四十六条 交割单位：5000 吨。

以船舶接货时，单船重量溢短范围为 ±500 吨（含）以内。在重量溢短规定范围内，交易所依据实际重量进行结算。溢货超出规定范围的，买卖双方对超出部分协商解决并自行结算。短货超出规定范围的，卖方需及时补装至规定范围以内；无法补装的，在计算货款时，交易所对短货超出规定范围的部分双倍扣减；双方协商一致的除外。

短货超出规定范围时双倍扣减的计算公式为：单船结算重量 = 应交重量 - 500 - (应交重量 - 500 - 实测重量) ×2。

第四十七条　动力煤交割检验指标检测方法适用国家相关标准。

基准交割品：收到基低位发热量为 5500 千卡/千克，且干燥基全硫≤1%，全水≤20% 的动力煤。

替代品及升贴水：收到基低位发热量≥4800 千卡/千克，且干燥基全硫≤1%。其中，收到基低位发热量为 5000 千卡/千克时，货款结算价（四舍五入，保留小数点后两位） = 交割结算价 - 90；4800 千卡/千克≤收到基低位发热量 < 5300 千卡/千克时，货款结算价（四舍五入，保留小数点后两位） = （交割结算价 - 90）/5000 × 实测发热量；收到基低位发热量≥5300 千卡/千克时，货款结算价（四舍五入，保留小数点后两位） = 交割结算价/5500 × 实测发热量；收到基低位发热量超过 6000 千卡/千克的，按 6000 千卡/千克计算货款。

全水 > 20% 的动力煤可以交割。全水 > 20% 时，以 20% 为基准，按照超出部分（四舍五入，保留小数点后一位）扣减重量（例如，实测全水为 21.32%，扣重 1.3%）。

第三章　交割基准价与升贴水

第四十八条　各品种交割基准价如下：

普麦期货合约的交割基准价为该期货合约的基准交割品在指定交割计价点或指定交割仓库买方的车船（汽车、轮船）板交货的含税价格（不含包装）。

强麦、一号棉、白糖各期货合约的交割基准价为该期货合约的基准交割品在基准交割仓库交货的含税价格。

PTA、甲醇期货合约的交割基准价为该期货合约的基准交割品在基准仓库出库时的汽车板交货的含税价格。

菜籽期货合约的交割基准价为该期货合约的基准交割品在基准交割计价点或基准交割仓库出库时汽车板交货的含税价格（含包装）。

菜油期货合约的交割基准价为该期货合约的基准交割品在基准仓库出库时的车船（汽车、火车、轮船）板交货的含税价格。

菜粕期货合约的交割基准价为该期货合约的基准交割品在基准仓库出库时汽车板交货的含税价格（含包装）。

早籼稻、粳稻期货合约的交割基准价为该期货合约的基准交割品在基准仓库的散粮交货（不含包装物）含税价格。

玻璃期货合约的交割基准价为该期货合约的基准交割品在基准交割地裸包出库时的汽车板交货的含税价格。

动力煤期货合约的交割基准价为该期货合约的基准交割品在基准交割地车（船）板交货的含税价格。

第四十九条　仓库、厂库、指定交割计价点及升贴水由交易所确定并公告。

第五十条　通用标准仓单的重量溢短的计价标准由交易所每年公告一次。

适用通用标准仓单品种的替代品升贴水、仓库或厂库升贴水和重量溢短价款在仓单注册、注销时划转，相应的增值税专用发票由标准仓单注册人向标准仓单注销人开具，仓库或厂库负责监督。仓库或厂库按照增值税适用税率收取押金，增值税发票开具后押金应予退还。

第四章　交割流程

第五十一条　普麦、一号棉、菜籽、动力煤、粳稻期货合约在最后交易日之前的配对原则：

（一）自进入交割月第一个交易日起至最后交易日的前一交易日，持有交割月合约、标准仓单或车（船）板交割货物的卖方会员可在每个交易日下午2时30分之前，通过会员服务系统提出交割申请。卖方提出标准仓单交割申请时，应同时提交相应的标准仓单信息；卖方提出车（船）板交割申请时，应同时提交相应的拟交割货物信息。普麦、菜籽车（船）板信息包括：品种、等级、数量、生产年度、交割计价点、货物存放地点等；动力煤车（船）板信息包括：交割数量、交割地点（具体到港口某公司）、收到基低位发热量、干燥基高位发热量、干燥基全硫、干燥基挥发分、全水分、干燥基灰分、灰熔点、煤种（如为混煤则须注明掺混煤种）、产地以及该批动力煤的检测报告等。

（二）买方会员在会员服务系统响应卖方会员的交割申请。买方会员响应的，即视为确认，买卖双方均不得撤销。未得到买方会员响应的，卖方会员可于申请当日下午2时30分之前撤销交割申请；没有撤销的，由计算机系统判为作废。

（三）当日闭市后，交易所按确认结果进行配对（即配对日）。

第五十二条　普麦、一号棉、菜籽、动力煤、粳稻期货合约在最后交易日的配对原则：

（一）当日下午，不再进行交易。闭市后，同一会员同一交易编码客户所持有的该交割月买卖持仓相对应部分由计算机自动平仓，平仓价按当日结算价计算。其他未平仓合约，一律视为交割合约。

（二）当日下午1时30分之前，卖方应提出交割申请，提交车（船）板交割货物信息。卖方应主动公布用于交割的仓单信息，未主动公布的，交易所于下午1时30分公布卖方相应品种所有有效标准仓单信息供买方挑选；买方挑选卖方标准仓单的总数量不超过卖方该合约的持仓量。卖方未提出车（船）板交割申请及未提交车（船）板交割货物信息的，交易所按标准仓单交割对待。

（三）当日下午1时30分到2时30分，买方根据卖方提交的仓单信息或车（船）板交割的货物信息，自主选择并确认。卖方提出的、但未被买方选中的车（船）板交割申请，仍然按照车（船）板交割方式进行配对。

（四）当日闭市后，交易所按确认结果进行配对；其他仍未配对的持仓，由计算机按先车（船）板后仓单，再按数量取整、最少配对数原则予以配对（即配对日）。

第五十三条　普麦、一号棉、菜籽、动力煤、粳稻期货合约之外的其他品种期货合约配对原则：

（一）自进入交割月第一个交易日起至最后交易日的前一交易日，持有交割月合约、标准仓单的卖方会员均可在每个交易日下午2时30分之前的交易时间内，通过会员服务系统提出交割申请。

（二）买方会员在会员服务系统响应卖方会员的交割申请；未得到买方会员响应的，卖方会员可于申请当日下午2时30分之前撤销交割申请，没有撤销的，由计算机系统判为作废；买方会员响应的，即视为确认，买卖双方均不得撤销。申请当日闭市后，交易所依据买卖双方相对应的持仓量、买卖双方确认申请量和卖方持有标准仓单量，取最小数进行配对（即配对日）。

（三）最后交易日闭市后，同一会员同一交易编码客户所持有的该交割月买卖持仓相对应部分由计算机自动平仓，平仓价按当日结算价计算；其他未平仓合约，一律视为交割合约，由计算机按数量取整、最少配对数原则予以配对（配对日）。

第五十四条　配对后，标准仓单交割的，卖方相应的标准仓单予以冻结，相应的交易保证金予以释放。车（船）板交割的，卖方交易保证金不予释放。

第五十五条　交割关系一经确定，买卖双方不得擅自调整或者变更。

第五十六条　配对日后的下一交易日（即通知日），买卖双方通过交易所会员服务系统确认《交割通知单》。会员未收到《交割通知单》或者对《交割通知单》有异议的，应在通知日下午5时之前以书面形式通知交易所；规定时间内没有提出异议的，视为对《交割通知单》的认可。

第五十七条　标准仓单交割结算流程规定如下：

（一）通知日后的下一交易日（即交割日）上午9时之前，买方会员应当将尚欠货款划入交易所账户，卖方会员应当持有可流通的标准仓单。交易所结算部门为买卖双方办理交割结算手续，买卖双方在《交割通知单》注明的时间通过交易所会员服务系统查收交割结算结果，同时，买方会员把客户名称和税务登记证号等事项提供给卖方会员。

（二）交易所收取买方会员全额货款后，于交割日将全额货款的80%划转给卖方会员，同时将卖方会员的仓单交付买方会员。余款在买方会员确认收到卖方会员转交的增值税专用发票时结清。对发票的传递、余款的结算，会员均应按本细则规定办理。

第五十八条　车（船）板交割结算流程规定如下：

（一）通知日后下一交易日上午9时之前，买方会员应当将100%货款（不含交割月保证金）划入交易所账户。

（二）买卖双方自通知日后规定时间，对车（船）板交割货物的交收事宜进行协商，办理交收。车（船）板交割具体事宜见本细则“车（船）板交割”一章有关规定。

（三）配对后至最后交货日次日，交易所按双方确认情况进行结算。

1. 委托交易所结算的，全部货物交收完毕后，卖方一次性提交此次交割货物数量、质量、增值税发票流转及应划转货款等信息，买方在规定时间内进行确认。交易所按双方确认结果进行资金划转、释放买卖双方的剩余资金。增值税发票流转参照本细则“增值税专用（普通）发票的流转”一章有关规定执行。

2. 不委托交易所结算的，交易所退还买卖双方交易保证金和买方货款。买卖双方终止交割。

第五十九条 交割结算价为期货合约配对日前10个交易日（含配对日）交易结算价的算术平均价。

第五章 车（船）板交割

第六十条 卖方拟在交割计价点开展车（船）板交割时，货物存放机构应具备以下条件：

（一）交通便利，核定载重30吨货车能够顺畅通行；

（二）计量设施完好，计量衡器应经具有国家认可资质的技术监督部门鉴定合格，且在鉴定的有效期内，计量衡器最大称重不低于60吨；

（三）装运能力强，发货速度不低于300吨/天（双方另有约定的除外）；

（四）具备开展期货交割质量检验的检化验设备，检化验设备符合国标检验规定，且运行良好。

卖方货物存放机构不具备以上条件的，卖方须承担由此产生的相应责任。

第六十一条 自通知日起（含该日）三个交易日内，买卖双方可就车（船）板交割事宜进行协商，确定结算方式、交货地点、交货方式、交货时间等，签订《车（船）板交割协议书》。买方最迟应在第三个交易日下午1时30分前，通过会员在会员服务系统中提交《车（船）板交货事项确认单》，卖方会员应在下午3时前进行确认。逾期买方未提交或卖方未确认的，视同违约，按照本办法“交割违约处理”的相关规定处理。

第六十二条 买方有权选择在卖方货物所在地或交割计价点交割。买卖双方达成协议的，可以按照协议里约定的地点进行交割；未达成协议的，买方可在《车（船）板交货事项确认单》中选择交割计价点进行交割，卖方应按买方的要求交付货物。

第六十三条 动力煤发运前，买方有权对货物质量进行检验，买方承担与检验相关的所有费用。指定质检机构通过移动煤流采样并出具的正式质检报告显示，收到基低位发热量<4500千卡/千克，或干燥基全硫$>1\%$的，按卖方违约处理，双方协商一致的除外；正式质检报告显示收到基低位发热量≥ 4500千卡/千克且干燥基全硫$\leq 1\%$，或买方不检验的，应正常发货。

动力煤之外的其他品种，在交割计价点交割的，买卖双方应在互相确认《车（船）板交货事项确认单》后三个工作日内与交割计价点指定交割仓库或者其他交割服务机构联系，签订交割中转协议，安排交割事宜。

第六十四条 动力煤买方使用车辆运输时，应自通知日起（含该日）7个工作日内抵达货物所在地；买方使用船舶运输时，全部或首批船舶应自通知日起（含该日）7个工作日内抵达交割货物所在指定港口锚地；出现不可抗力导致指定港口不能接收等特殊情形时，可以顺延。买方运输工具到达指定地点后应及时通知卖方。卖方自收到买方运输工具抵达指定交货地点通知之日起（不含该日）1个日历日内向指定港口港务公司提交作业申请。

动力煤之外的其他品种，买卖双方应须自达成中转协议之日起（含该日）三日内开始交收货物。卖方须按约定的时间及发货速度把货物运达交割计价点指定交割仓库或指定地点。买方应在卖方货物到达后24小时内完成货物质量检验，并在质量验收确认后24小时内装车发运。买方在规定的时间内因自身原因不能装车发运的，卖方不再承担该批货物的质量责任。交割数量较大的，卖方可分批（不低于300吨/日，双方另有约定的除外）发货到库，买方分批检验及接运货物。

卖方承担在交割计价点交割的中转费用。在交割过程中发生临时存储的，卖方承担存储期间的仓储费用。

交割计价点指定交割仓库或者其他交割服务机构仅提供交割中转、仓储及质量检化验服务，不承担货物临时存储期间的质量变化责任。

第六十五条 动力煤车（船）板交割检验在装车（船）过程中进行，由买方通知交易所指定质检机构按照移动煤流采样法进行采样，双方协商一致的除外。质检机构在采样结束后，样品分为四份，由买卖双方、质检机构三方签字确认后封存。买卖双方各自留存一份；质检机构留存两份，一份进行检验，一份复检备用。质检机构自采样结束之日（不含该日）起3个工作日内出具质检报告。质检机构采样、制样时，买卖双方应到场监督；未到场监督的，视为对采样、制样无异议。

动力煤之外的其他品种，买方在货物装车发运前，应到场查验货物质量，卖方应予以配合。买卖双方按照货物国家相关标准共同扦取样品，就地分为二份，任选一份现场或者到双方认可的地点共同检验；另一份双方共同签字封样，作为发生质量争议时的复检样品。

买卖双方对检验结果无异议的，该检验结果作为货物质量判定的依据。对检验结果有异议的，应协商解决。协商不一致的，动力煤买卖双方中任何一方自收到质检结果之日（不含该日）起5个工作日内向交易所书面提出复检申请，并预交复检费用，逾期未提出复检申请的，视为同意质检结果。复检申请仅限一次，复检项目限于收到基低位发热量和干燥基全硫，计算收到基低位发热量时，全水采用初检结果。复检机构由交易所指定，只对保留的样品进行复检。复检机构自收到交易所复检通知之日（不含该日）起3个工作日内，应当做出复检结果，并将复检结果书面通知交易所，交易所通知异议方。复检结果为解决争议的依据。复检费用由过错方承担。

动力煤之外的其他品种发生质量争议时，应及时通知交易所。双方把复检样品共同寄送交易所指定质检机构或者双方认可的检验机构进行复检；复检结果为货物质量判定的依据。寄送及复检费用由双方共同承担。

第六十六条 普麦、菜籽在卖方货物所在地交割的，买卖双方可对已经检验的交割货物采取加锁、贴封条等双方认可的方式进行封仓或封货。卖方在保管过程中需要开仓通风、倒垛等，买方须在接到卖方的通知后24小时内到达卖方货仓进行配合。卖方对于未发运完的货物负有保管责任，因保管不善造成货物受潮、霉变的，买方有权要求对未发运货物重新扦样、检验，卖方不得拒绝。

第六十七条 普麦、菜籽未发运货物质量达不到交割标准的，卖方应及时更换货物，无法更换货物的，买卖双方可协商处理，协商不一致的，未发运货物按照本办法

"交割违约处理"的相关规定处理。最终货物质量以每次检验结果及所发货物数量的加权平均值核定。

验收完成后，买卖双方签署《质量验收确认单》。《质量验收确认单》为交割货物质量判定及升贴水处理的依据。

第六十八条 动力煤重量检验由交易所指定质检机构或计量机构进行，双方协商一致的除外。买方使用船舶接货时，重量计量通过水尺确认；买方使用车辆接货时，重量计量通过地磅确认。装车（船）完毕后，质检或计量机构应及时出具装车（船）重量证明书，作为交割货物重量的判定依据。

动力煤之外的其他品种，货物发运时，买方应到场验收并监装、监运，卖方应安排足够人力、设备，确保正常发货。重量检验采用发货地过地磅称重或双方认可的其他计量方式验重。

买卖双方有权对计量衡器的准确性进行确认。对计量衡器有异议时，应停止交接货物，并书面通知交易所，交易所组织国家计量技术监督部门现场检测计量衡器，相关费用（包括差旅费、交通费、检测费等）由过错方承担。

动力煤之外的其他品种，货物发运完毕后，根据每天双方签字确认的交接过磅码单，经核准累计后，买卖双方签署《数量验收确认单》。《数量验收确认单》为交割货物数量的判定依据。

以散装方式交割的，买方需要包装物时，包装物由买方自理或者委托卖方代办，包装物及灌包费用由买方支付。

第六十九条 动力煤交割时，买方运输工具未按照约定或规定的时间抵达货物所在指定港口（或锚地），或卖方拟交割货物未按照约定或规定的时间在指定港口备妥，造成延误的，首先协商解决。协商不成的，守约方可以向交易所提出补偿申请，并提交相应证据。交易所核实后，对过错方扣罚滞纳金补偿给守约方。延误滞纳金金额 = Σ［1（元/吨）×延误天数×应发（收）而未发（收）商品数量］。

动力煤之外的其他品种，买卖双方未按约定的发运时间、发运速度交接货物，造成延误的，首先协商解决。协商不成的，守约方可以向交易所提出补偿申请，并提交相应证据。交易所经核实后，对过错方扣罚滞纳金补偿给守约方。滞纳金金额 = Σ［5（元/吨）×延误天数×应发（收）而未发（收）商品数量］。

由于不可抗力导致商品装运推迟的，可以顺延。

第七十条 已经发货的动力煤，按实际检验结果计算货款，计算结果保留小数点后两位。

收到基低位发热量≥5300千卡/千克时，货款结算价 = 交割结算价/5500×实测发热量；超过6000千卡/千克时，按照6000千卡/千克计算。

收到基低位发热量为5000千卡/千克时，货款结算价 = 交割结算价 −90

4800千卡/千克≤收到基低位发热量 <5300千卡/千克时，货款结算价 = （交割结算价 −90）/5000×实测发热量。

4500千卡/千克≤收到基低位发热量 <4800千卡/千克，货款结算价 = （交割结算价 −90）/5000×4800 − （交割结算价 −90）/5000× （4800 − 实测发热量） ×4。

收到基低位发热量<4500千卡/千克，货款结算价=［（交割结算价-90）/5000×4800-（交割结算价-90）/5000×（4800-实测发热量）×4］×90%。

干燥基全硫>1%，货款结算价=根据所交割动力煤实测发热量计算所得价格×90%。

收到基低位发热量<4500千卡/千克且干燥基全硫>1%，货款结算价=［（交割结算价-90）/5000×4800-（交割结算价-90）/5000×（4800-实测发热量）×4］×80%。

收到基低位发热量检验结果低于卖方配对环节公布的收到基低位发热量，且差值超过300千卡/千克（不含）的，在上述货款计算公式基础上再减5元/吨；收到基低位发热量检验结果高于卖方配对环节公布的收到基低位发热量，且差值超过300千卡/千克（含）的，计算货款结算价时，收到基低位发热量按照“卖方配对环节所公布收到基低位发热量+300”计算。

第七十一条　在最后交货日之前交割完毕的，交易所根据买卖双方在会员服务系统中的确认结果进行划转货款。在最后交货日仍没有交割完毕的，按照以下方式处理：

（一）卖方按照约定或正常速度发货但仍未完成所有商品交收的，可以延期交收，买方不得拒绝。待最终交割完毕后，按照规定流程予以划款。

（二）一方未按照约定或正常速度完成所有商品交收的，另一方可以申请终止交收。守约方通过会员服务系统提交《终止交收申请书》及相关证据，过错方在两个工作日内予以确认，逾期没有确认又没有提出异议的视同确认，交易所与卖方结清已发运部分的货款，剩余货款返还给买方。其余未交收部分双方可以协商另行交收，协商不成的，按过错方违约处理。

第六章　增值税专用（普通）发票的流转

第七十二条　期货交割由交割卖方向对应的买方开具增值税专用（普通）发票。增值税专用（普通）发票由双方会员转交、领取并协助核实。

菜粕开具增值税普通发票。

第七十三条　配对日后的一个工作日内，买方应按照税务机关的规定将开具增值税发票所需的具体信息通知卖方。标准仓单交割的，自交割日（不含该日）起7个交易日内，卖方应当提交增值税专用（普通）发票。延迟1至10日（公历日）的，卖方会员应当每天支付货款金额0.5‰的滞纳金；超过10日（公历日）仍未提供增值税专用（普通）发票的，视为拒绝提供增值税专用（普通）发票，卖方会员应当按货款金额的规定比例支付违约金。普麦、强麦、菜籽、菜油、菜粕、棉花、早籼稻、粳稻的违约金比例为13%；白糖、PTA、甲醇、玻璃、动力煤的违约金比例为17%。滞纳金或者违约金从货款余额中扣除，补偿给买方会员，剩余货款属于卖方会员。卖方会员先行支付滞纳金或者违约金后，有权向客户追偿。

车（船）板交割的，卖方应在交货完毕后7个交易日内或者合同约定的时间向买方交付增值税专用发票。延期交付的，参考上款规定处理。

买方会员应在收到卖方会员转交的增值税专用发票两个工作日内（含该日），对增值税专用发票进行确认。

因买方会员提供资料有误，致使发票作废的，买方会员责任自负；买方会员提供资料延迟的，卖方会员提供发票时间可以顺延。

自交割日（不含该日）起超过 7 个交易日，买方会员仍未提供有关资料的，交易所划转剩余 20% 货款至卖方会员，由此造成的后果由买方自负。

第七十四条 交易所可根据国家税收政策变化，对违约金比例作相应调整。

第七章 期货转现货

第七十五条 期货转现货（以下简称期转现）是指持有同一交割月份合约的多空双方之间达成现货买卖协议后，变期货部位为现货部位的交易。

第七十六条 达成期转现协议的双方共同向交易所提出申请，获得交易所批准后，分别将各自持仓按双方达成的平仓价格由交易所代为平仓（现货的买方在期货市场应当持有多头部位，现货的卖方在期货市场应当持有空头部位）。同时双方按达成的现货买卖协议进行与期货合约标的物种类相同、数量相当的现货交换。

第七十七条 期转现流程：

（一）期货合约自上市之日起到该合约最后交易日期间，均可进行期转现，最后交易日下午不交易的品种，交易所当日不办理相应的期转现业务。

（二）买卖双方可以通过交易所会员服务系统发布期转现意向。持有同一交割月份合约的买卖双方达成协议后，在每个交易日的下午 2 时 30 分之前向交易所提交期转现申请。

（三）交易所批准后，期转现的买卖双方持有的期货持仓，由交易所在审批日的下午闭市之后，按买卖双方达成的平仓价格平仓。买卖双方达成的平仓价格应当在审批日合约价格限制的范围内。

（四）用标准仓单进行期转现，可由交易所进行货款划转。

1. 买方提交期转现申请前应当有 20% 以上的货款，货款不足的不予批准或者办理。

2. 期转现申请批准后的下一交易日，交易所为平仓成功的期转现买卖双方办理仓单过户。货款的划转参照本细则有关规定执行。

3. 增值税专用发票由卖方客户向买方客户按照双方商定的交货价格开具，具体办法按照本细则有关规定执行。

4. 买卖双方的相应持仓平仓后，办理标准仓单过户手续时，卖方未能如数交付标准仓单或者买方未能如数解付货款的，由交易所按照买卖双方达成的交货价格代扣违约方违约部分 20% 的违约金支付给守约方。

（五）非标准仓单的期转现，货款划转方式由双方协商确定。

1. 买卖双方应当提供相关现货买卖协议。

2. 货物交收和货款划转由买卖双方自行协商确定，由此产生的纠纷自行解决，交易所不承担责任。

（六）交易所适时公布期转现的有关信息。

第七十八条　买卖双方各自负担标准仓单期转现中仓单转让环节的手续费。

第七十九条　交易所发现会员或者客户在期转现中弄虚作假的，按《郑州商品交易所违规处理办法》的有关规定予以处罚。

第八章　交割费用

第八十条　强麦、一号棉、白糖、早籼稻、粳稻运达仓库指定货位前的一切费用由卖方客户承担；从指定货位到装上车、船（汽车、火车、轮船）板的费用由买方客户承担。

仓单普麦、PTA、菜油、仓单菜籽、菜粕和甲醇运达仓库指定货位前的一切费用和货物装到汽车板（菜油包括火车、轮船，普麦包括轮船）的出库费用由卖方客户承担，货物出库装到汽车板（菜油包括火车、轮船，普麦包括轮船）后的一切费用（普麦不含包装）由买方客户承担。

车（船）板普麦、车板菜籽交割时，自指定交割计价点或双方协商的其他交割地点装至车（船）板之前的一切费用（不含包装）由卖方客户承担，之后的一切费用由买方客户承担。双方协商买方自行提货或卖方送货的，可根据距离交割计价点的远近协商各自承担的运费。

玻璃用汽车提货的，装到汽车板前的一切费用由厂库承担，装到汽车板后的一切费用由提货方承担。玻璃用船提货的，提货方需支付短驳费和码头使用费。

车（船）板动力煤交割时，动力煤装至车（船）板（汽车、轮船）前的一切费用由卖方客户承担，之后的一切费用由买方客户承担。厂库仓单动力煤出库时，用汽车或轮船提货的，动力煤装至车（船）板前的一切费用由厂库承担，之后的一切费用由买方客户承担；用火车提货的，动力煤装至短倒车辆车板前的一切费用由厂库承担，其余费用由提货方承担。

第八十一条　交割商品出入库费用收取标准，每年由各仓库或厂库申报，经交易所审核批准后公告执行；当年度没有公告新标准的，沿用上年度标准。

第八十二条　各品种出入库费用、交割计价点中转费用、交割手续费、仓储费及检验费等标准由交易所公告。

仓单普麦、仓单菜籽、菜油、菜粕、早籼稻、粳稻入库检验费用由交割仓库承担，其他品种的入库检验费由卖方货主承担。

自标准仓单注册之日起至交易所开出《提货通知单》前一日止，交易所代交割仓库或厂库收取仓储费，交易所在每月第一个交易日按月计算划转上个月发生的仓储费；交易所代收之外的费用，仓库或厂库直接向货主收取。

第八十三条　普麦、强麦、早籼稻、粳稻无包装物。棉花、白糖、PTA、菜籽、菜粕包装物不另行计价。

玻璃买方客户有需要的，玻璃厂库应该提供包装物及包装辅助物，收费方式及标准随厂库一并公告。

第八十四条　根据国家政策规定和市场变化，交易所需要调整有关费用标准时，另行公告。

第九章　交割违约处理

第八十五条　具有下列行为之一的，构成交割违约：

（一）规定期限内，卖方未能如数交付标准仓单的或未能如数交付实物的；

（二）规定期限内，买方未能如数解付货款的；

（三）车（船）板卖方交割的货物质量不符合交割质量规定的；

（四）交易所认定的其他违约行为。

第八十六条　普麦、菜籽、动力煤［含仓单和车（船）板］、粳稻交割违约的，由违约方支付违约部分合约价值（按交割结算价计算）20%的违约金给守约方。买卖双方终止交割。

第八十七条　计算一号棉、菜粕的买方交割违约合约数量时，交易所应对违约部分预扣合约价值30%的违约金和赔偿金。

计算买、卖方交割违约合约数量的公式为：

（一）卖方交割违约合约数量（手）=［应交标准仓单数量（张）－已交标准仓单数量（张）］×交割单位÷交易单位

（二）买方交割违约合约数量（手）=（应交货款－已交货款）÷（1－30%）÷（交割结算价＋包装物单价）÷交易单位

计算普麦、菜籽、动力煤、一号棉、菜粕、粳稻之外品种的买方交割违约合约数量时，交易所应对违约部分预扣合约价值20%的违约金和赔偿金。

计算买、卖方交割违约合约数量的公式为：

（一）卖方交割违约合约数量（手）=［应交标准仓单数量（张）－已交标准仓单数量（张）］×交割单位÷交易单位

（二）买方交割违约合约数量（手）=（应交货款－已交货款）÷（1－20%）÷（交割结算价＋包装物单价）÷交易单位

第八十八条　普麦、菜籽、动力煤、粳稻之外品种发生交割违约的，交易所于违约发生当日上午9时30分以前通知违约方和对应的守约方。

守约方应当在当日上午10时30分以前将终止交割或者继续交割的选择意向书面递交交易所。逾期未递交选择意向的，交易所按终止交割处理。

第八十九条　普麦、菜籽、动力煤、粳稻之外品种构成交割违约的，由违约方支付违约部分合约价值（按交割结算价计算）10%的违约金。违约金支付后，根据违约主体的不同另行处理。

第九十条　普麦、菜籽、动力煤、粳稻之外品种卖方交割违约的，买方可作如下一项选择：

（一）终止交割：交易所退还买方货款；

（二）继续交割：交易所在认定卖方违约的下一交易日发布标准仓单征购公告，并在7个交易日内组织征购。征购成功，交易所支付给买方标准仓单；征购失败，卖方支付给买方违约部分（此处指征购失败部分）合约价值10%的赔偿金，交易所退还买方交割货款后终止交割。卖方承担因征购产生的一切经济损失和费用。

第九十一条　普麦、菜籽、动力煤、粳稻之外品种买方违约的，卖方可作如下的一项选择：

（一）终止交割：交易所退还卖方标准仓单；

（二）继续交割：交易所在认定买方违约的下一交易日发布标准仓单竞卖公告，并在7个交易日内组织竞卖。竞卖成功，交易所支付给卖方交割货款；竞卖失败，买方支付给卖方违约部分（此处指竞卖失败部分）合约价值10%的赔偿金，交易所退还卖方标准仓单后终止交割。买方承担因竞卖产生的一切经济损失和费用。

第九十二条　一号棉、菜粕征购价格不高于交割结算价的120%，竞卖价格不低于交割结算价的80%。

普麦、菜籽、动力煤、一号棉、菜粕、粳稻之外品种征购价格不高于交割结算价的110%，竞卖价格不低于交割结算价的90%。

第九十三条　买卖双方同时违约的，交易所按终止交割处理，并对双方分别处以违约部分合约价值5%的罚款。

第九十四条　会员发生部分交割违约时，违约会员所接标准仓单或者所得货款可用于违约处理。

第九十五条　按本细则规定出现终止交割情形时，交易所的担保责任了结。

附　　则

第九十六条　违反本细则规定的，交易所按《郑州商品交易所违规处理办法》有关规定处理。

第九十七条　本细则解释权属于郑州商品交易所。

第九十八条　本细则自2013年11月18日起施行。

郑州商品交易所标准仓单管理办法

（根据《关于公布郑州商品交易所动力煤期货合约及相关业务细则的通知》（郑商发〔2013〕233号）、《关于公布郑州商品交易所粳稻期货合约及相关业务细则的通知》（郑商发〔2013〕269号）修订）

第一章　总　　则

第一条　为保障郑州商品交易所（以下简称交易所）商品期货交割业务的正常进行，规范标准仓单的管理，根据《郑州商品交易所交易规则》，制定本办法。

第二条　标准仓单的注册、流通和注销等业务，按本办法执行。

第三条　交易所、会员、客户、指定商品交割仓库（以下简称仓库）、指定商品交割厂库（以下简称厂库）及指定质检机构（以下简称质检机构）办理与标准仓单有关的各项业务，应当遵守本办法。

第二章　标准仓单

第四条　标准仓单是指仓库或厂库按照交易所规定的程序提交仓单注册申请后，经交易所注册，可用于证明货主拥有实物或者可予提货的财产凭证。

根据申请注册的主体不同，标准仓单分为仓库标准仓单（以下简称仓库仓单）和厂库标准仓单（以下简称厂库仓单）两种。

第五条　交易所通过计算机系统办理标准仓单的注册、交割、转让、充抵保证金和注销等业务。

会员或客户使用标准仓单向商业银行等第三方提供担保的，须向交易所办理标准仓单质权登记手续。未经交易所办理质权登记的，不得约束其他会员或客户等第三人。

会员或客户在开通质权登记及质权行使通道的商业银行将标准仓单质押后，经交易所批准，可在该银行的质权登记及质权行使通道下，建立不超过质押标准仓单数量的空头头寸。该头寸只能进行实物交割，不得平仓，但因交易所监管需要专项批准的除外。

在交易所开通标准仓单质权登记及质权行使通道的商业银行，出现会员或客户到期未归还仓单质押贷款时，可通过转让仓单或建立对应期货空头头寸以交割等方式处置质押仓单；增值税专用发票的流转按照《郑州商品交易所期货交割细则》相关规定处理。

第六条　仓库标准仓单的生成包括交割预报、入库验收、质量检验、仓库申请注册及交易所办理注册等环节。

厂库标准仓单的生成包括厂库申请注册及交易所办理注册等环节。

经交易所注册的标准仓单，方可适用于与期货相关的业务。

第七条　标准仓单根据流通性质不同，分为通用标准仓单和非通用标准仓单两种。

仓库或厂库向标准仓单持有人承担质量及数量责任。标准仓单流通转让的，其载明货物的权利及风险相应转移。

第八条　通用标准仓单是指标准仓单持有人按照交易所的规定和程序可以到仓单载明品种所在的交易所任一仓库或厂库选择提货的财产凭证。

适用通用标准仓单的品种包括小麦、白糖、PTA、菜油、菜粕、早籼稻、甲醇、玻璃。

通用标准仓单载明的内容包括：会员号、会员名称、客户交易编码、品种、标准仓单数量、冻结数量、充抵数量等。

第九条　非通用标准仓单是指仓单持有人按照交易所的规定和程序只能到仓单载明的仓库或厂库提取所对应货物的财产凭证。

适用非通用标准仓单的品种为棉花、菜籽、动力煤、粳稻。

非通用标准仓单载明的内容包括：会员号、会员名称、客户交易编码、品种、标准仓单数量、仓库或厂库、检验时间、标准仓单编号、冻结数量、充抵数量等。

第三章　仓库仓单的交割预报

第十条　客户或者非期货公司会员向仓库发货前，应当由会员填写《交割预报单》，并以书面形式或者交易所认可的其他形式向仓库预报。

预报数量较大的，交易所可以要求货主提供拥有商品的相关证明。特殊情况下，交易所可以要求仓库优先批准有近期月份持仓的交割预报。

第十一条 自接到会员《交割预报单》之日起2个工作日内，仓库应当以书面形式或者交易所认可的其他形式回复会员能够接收的商品数量。自接到仓库同意入库的回复之日起2个工作日之内，会员应当向仓库缴纳30元/吨的交割预报定金。仓库在收到交割预报定金的当日（工作日），开具《入库通知单》。

对已存放在仓库的商品申请期货交割的，仍应提交交割预报，无须交付交割预报定金。

《入库通知单》自开具之日起生效。

第十二条 《入库通知单》有效期（公历日）分别为：

（一）仓单普通小麦（以下简称仓单普麦）、优质强筋小麦（以下简称强麦）、一号棉、菜籽、菜油、菜粕、早籼稻、粳稻和甲醇为40天。

（二）白糖每年11月1日至次年4月30日，广东、广西及云南三省（区）等交易所认可的白糖主产区仓库为15天（公历日）；其他时间和其他地区仓库为40天。

（三）精对苯二甲酸（以下统称PTA）为15天。

交易所可视情况，调整《入库通知单》的有效期。

第十三条 《入库通知单》有效期内相对应数量的商品全部到库的，自商品入库完毕之日起2个工作日内，交割预报定金予以返还；部分到库的，按实际到货量返还；未到库部分，交割预报定金不予返还。

第十四条 交易所公告暂停仓库入库业务的，自公告之日（含该日）下午闭市起，该仓库发生的交割预报视为无效预报，交易所不再受理相关商品的仓库仓单注册申请。

第十五条 货主应当按交易所有关规定向仓库交纳各项费用。

第十六条 办理完交割预报的货主发货前，须将运输方式、车（船）号、数量、到货时间等通知仓库。

第四章 仓库仓单的商品入库

第十七条 交割商品入库时，商品的重量、包装相关单证等的验收及扦（采）样由仓库按照本办法的规定实施，货主应到场监督，验收结果须经双方认可。仓库、货主应对验收结果签章确认，并共同对入库商品的真实性负责。入库商品未经仓库、货主签章确认的，不得用于期货交割。

棉花样品的扦取由承检机构实施，仓库应当予以协助配合。仓库及货主有权对样品扦取进行监督。

第十八条 入库商品质量指标由质检机构检验的，自接到检验结果之日起1个工作日内，仓库应当对检验结果进行确认并通知客户。

第十九条 交易所认可的免检商品和适用非通用标准仓单的商品入库后，仓库应当对货主的名称、联系人及联系方式、商品数量、生产厂家、存放库房及垛位等事项登记造册，并由货主签字确认。

第二十条 入库商品质量检验结束后，检验单位将检验报告以数字认证方式上传至交易所仓单注册注销系统。由质检机构检验的，质检机构应当及时将检验报告寄送仓库或由仓库领取。货主或者仓库业务急需的，质检机构可先行告知检验结果。

第一节 小麦入库

第二十一条 仓单普麦、强麦重量验收应当在库内整车过地磅。强麦不同品种须分开储存，不得混存。

第二十二条 强麦入库质量检验由交易所组织实施。强麦降落数值、稳定时间、拉伸面积和湿面筋指标由质检机构检验；其他质量指标由交割仓库或质检机构检验。

仓单普麦入库质量检验由交割仓库组织实施，入库检验样品由交割仓库在卸车前抽取，检验结果不符合交割质量标准的不允许注册。入库过程中发现不符合交割质量标准的部分不允许注册。

需由质检机构检验的强麦质量指标，样品由交割仓库扦取，交易所、客户到场监督。客户未到场监督的，视为对扦样无异议。样品扦取后由交易所进行封样，并寄（送）质检机构。

质检机构作出的检验结论为强麦入库质量检验的最终结果，不予复检。

强麦样品的检验时间由交易所公告。

第二节 棉花入库

第二十三条 自新年度（每年九月一日）起，交易所开始接受新年度一号棉的报验申请。

第二十四条 棉花入库时，仓库按《入库通知单》、原验证书和码单接收棉花。

第二十五条 棉花重量和质量检验实行公证检验制度。按照棉花国家标准（GB1103—2007）和《期货交割棉公证检验实施办法（试行）》执行。

第二十六条 入库棉花为符合《中华人民共和国国家标准 棉花包装 》（GB6975—2007）规定的Ⅰ型号棉包（227±10公斤），且须附有检验证书及原码单。

第二十七条 一号棉入库过程中和仓单注册前发现有下列情况之一的，交割仓库应当拒绝转存为期货交割商品，并及时通知会员或者货主：

（一）掺杂使假的；

（二）不符合GB1103.1—2012组批规则的；

（三）棉包出现严重污染、水渍，发现火烧、霉变等，或者有异味的以及包装不完整的；

（四）未经检验，棉包标志不符合国家标准规定的；

（五）崩包率大于5%的；

（六）非本棉花年度生产的；

（七）单包回潮率大于10%的；采用塑料套包法包装的，一批棉花中单包回潮率超过9%，或者按批计算的平均回潮率超过8.5%的；

（八）经检验发现颜色级有51、32、13、23、33、14、24，长度有小于27毫米，长度整齐度有 U5 档，马克隆值有 C 级 C1 档，断裂比强度有 S5 档的棉花；

（九）其他不符合交割规定的。

第三节　白糖入库

第二十八条　白糖包装应当符合《郑州商品交易所期货交割细则》规定。

第二十九条　白糖入库的，应当按以下要求提供单证：

（一）国产白糖：《全国工业产品生产许可证》、《产品合格证》、生产厂家营业执照（复印件）等。

（二）进口白糖：允许该批白糖在中国境内销售（贸易方式为“一般贸易”）的《中华人民共和国海关进口货物报关单》（复印件）；该批商品报关口岸当地的中华人民共和国出入境检验检疫局对该批商品出具的《卫生证书》；生产厂商或者该批商品出口商出具的《产品质量证明书》、《产地证明书》，并签署《进口白砂糖单证合法、真实、有效保证书》。

第三十条　重量验收：可采用过地磅同时抽包检斤方式，或者单独抽包检斤方式。

第三十一条　质量检验：一个垛位扦取一个样品，样品一式两份，封样后寄（送）质检机构。货主也可委托经国家质量技术监督部门认证的第三方扦样，仓库配合并监督扦样，由此产生的费用（不包括仓库配合扦样费）由货主承担。

第三十二条　自收到每批白糖样品起 5 个工作日内，质检机构应当出具检验结果并通知仓库。

第四节　PTA 入库

第三十三条　生产日期超过 90 天的境内生产的 PTA 和自境外发运之日起超过 60 天的进口 PTA，仓库不得接收入库。

境内生产的 PTA 申请入库的，应当向仓库提交本批 PTA 生产厂家出具的符合交割标准的《产品质量证明书》。《产品质量证明书》须载有生产厂家、生产日期、适用的质量标准和该批产品的质量检验结果等信息。

境外生产的 PTA 申请入库的，应当向仓库提交本批商品的船运证明、《中华人民共和国海关进口货物报关单》,《海关进口关税专用缴款书》、《海关代征增值税专用缴款书》，生产厂家出具的《产品质量证明书》、《产地证明书》等材料的复印件，并加盖申请入库单位公章。商品所有人应当对所提供的单证签署《进口 PTA 单证合法、真实、有效保证书》。

不同生产厂家生产的 PTA 应当分开预报。

第三十四条　重量验收：PTA 单包净重为 1 吨或者 1.1 吨。重量验收可采用过地磅同时抽包检斤或单独抽包检斤的方式进行。

第三十五条　PTA 质量检验按每 550 吨一个样品抽取；不足 550 吨的按 550 吨计。样品一式三份，双方封样后寄（送）质检机构两份。自收到每批样品之日起 5 个工作日内，质检机构应当出具检验结果并通知仓库。

免检交割品牌生产厂家直接申请入库的，入库 PTA 质量可以免检；货主向交易所和仓库提交指定生产厂家出具符合交易所要求的产品质量责任承诺书及相关材料的，入库 PTA 质量可以免检。

第五节　菜籽入库

第三十六条　菜籽重量验收采取在仓库内整车过地磅方式进行。

第三十七条　入库质量检验由仓库负责。

仓库可全部或部分委托质检机构进行检验，检验费用由仓库承担。

第三十八条　入库菜籽采用仓房内堆放方式储存。不同客户入库的菜籽不允许混存。

第三十九条　入库检验样品由仓库在卸货前抽取，检验结果不符合交割质量标准的不允许注册。

每次抽取样品就库分为二份，每份 1 公斤。仓库任选一份用于检验；另一份由货主和仓库签字封样，由仓库妥善保存。

第四十条　货物入库时，达不到交割质量标准的商品，经双方协商，仓库可提供整理等服务。

第四十一条　自每批货物样品抽取结束时起，仓库应于 24 小时内做出检验结果，并及时通知货主。

第六节　菜油入库

第四十二条　菜油运输必须符合国家卫生标准规定。

第四十三条　入库菜油应当提供加盖生产厂家公章的《产品生产许可证》（复印件）和《食品卫生许可证》（复印件）以及随货同行的产品化验单。

产品化验单中须载明产品名称、产地（包括原产国）、压榨或者浸出、产品执行标准、等级、是否转基因产品及编号等。

第四十四条　采用汽车运输的，菜油重量验收以地磅计量为准；采用火车运输的以火车罐打尺或者储油罐打尺计量为准；采用船舶运输的，以过磅或者储油罐打尺计量为准。

经交易所批准，菜油重量验收可以使用质量技术监督部门认可的其他先进衡器计量。

第四十五条　菜油运达仓库时，质量检验样品由仓库在卸货前扦取。每次扦取的样品分为两份，每份不低于 1 公斤。仓库任选一份用于检验，另一份由货主和仓库签字封样，由仓库妥善保存。

入库菜油的质量检验和掺伪检验由仓库负责。仓库可全部或者部分委托经国家质量技术监督部门认证的质检机构进行检验，检验费用由仓库承担。

自每批商品样品扦取结束时起，仓库应当于 48 小时内提供检验结果，并及时通知货主。

第四十六条　对检验合格的菜油，仓库应当按商品到库先后安排储油罐，并于检验报告出具之日起 5 个工作日内入库完毕。

转基因菜油应当与非转基因菜油分罐储存。入库客户未在交割预报单中注明菜油是否为转基因产品，导致转基因菜油和非转基因菜油混罐储存的，由此引起的法律责任由该客户承担。责任主体以入库时仓库保留的样品确定。

菜油储油罐必须符合国家卫生标准规定。

第四十七条　货主应当保证入库菜油符合国家卫生标准。混罐储存的菜油不符合国家卫生标准的，根据入库时仓库保留的样品确定责任主体。

第四十八条　入库过程中和标准仓单注册前发现有下列情况之一的，仓库应当拒绝转存为期货交割商品，并及时通知会员或者货主：

（一）掺伪的菜油；

（二）菜油运输工具不符合国家规定；

（三）入库菜油不符合交易所其他交割规定的。

第七节　菜粕入库

第四十九条　菜粕重量验收采取在仓库内整车过地磅方式进行。

第五十条　入库质量检验由仓库负责。检验结果不符合交割质量标准的不允许注册。入库过程中发现不符合交割质量标准的部分不允许注册。

第五十一条　检验原则上以垛为单位进行抽样，对同一厂家生产的同一批次的商品，以不超过200吨为单位进行抽样。

每次抽取样品就库分为二份，每份1公斤。仓库任选一份用于检验；另一份由货主和仓库签字封样，由仓库妥善保存。

第五十二条　自每批货物样品抽取结束时起，仓库应于24小时内做出检验结果，并及时通知货主。

第八节　早籼稻、粳稻入库

第五十三条　货物重量验收采取在仓库内整车过地磅方式进行。

第五十四条　入库质量检验由仓库负责。

仓库可全部或部分委托质检机构进行检验，检验费用由仓库承担。

第五十五条　入库检验样品由仓库在卸货前抽取，检验结果不符合交割质量标准的不允许注册。

第五十六条　货物入库时，达不到交割质量标准的商品，经双方协商，仓库可提供整理等服务。

第五十七条　自每批货物样品抽取结束时起，仓库应于24小时内做出检验结果，并及时通知货主。

第九节　甲醇入库

第五十八条　甲醇运输必须符合国家关于危险化学品运输的规定。

第五十九条　入库货物单证及货主危险化学品经营资质由仓库负责审验。

境内生产的甲醇申请入库的，应当向仓库提交本批甲醇生产厂家出具的符合交割标准的《产品质量证明书》。《产品质量证明书》须载有生产厂家、生产日期、适用的质量标准和该批产品的质量检验结果等信息。

境外生产的甲醇申请入库的，应当向仓库提交本批商品的船运证明、进口货物报关单、生产厂家出具的《产品质量证明书》等材料的复印件、海关放行单原件。商品所有人应当对所提供的单证签署《进口甲醇单证合法、真实、有效保证书》。

第六十条 重量验收：采用汽车运输的，以地磅计量为准，由仓库负责验重；采用火车、船舶运输的，以仓库储罐打尺计量为准。货主可以委托质检机构或者仓库验重，由质检机构验重时，仓库应予以配合，由此产生的费用由货主承担。

经交易所批准，甲醇重量验收可以使用国家质量技术监督部门认可的其他先进衡器计量。

第六十一条 质量验收：入库甲醇的采样、质检由质检机构负责，仓库应予协助，由此产生的费用（不含仓库配合费用）由货主承担。

已经入库的甲醇，货主能够提供质检机构出具的该货物符合期货交割标准的检验报告，经仓库认可，可以申请注册仓单。

对期货、现货混罐存储的甲醇，仓库必须确保整罐货物符合期货交割标准的规定，不符合规定的，不允许混罐存储或申请注册仓单。

第六十二条 自完成采样之日起 3 个工作日内，质检机构应当出具检验结果，并及时通知仓库。

第五章 标准仓单注册

第一节 仓库仓单注册

第六十三条 自出具或者接到质检机构的检验结果之日起 1 个工作日内，仓库对检验结果进行确认并通知货主。对于质量符合交割规定的货物，货主无异议的，自通知货主之日起 2 个工作日内，仓库应当向交易所申请注册仓库仓单。

每年的 8 月 1 日之前不得申报注册二级白糖仓单。

第六十四条 交易所可在自仓库提出仓单注册申请之日起 7 个工作日内予以注册。

第六十五条 自交割月最后交易日（白糖、菜油为第 5 个交易日）下午 3 时起，交易所不再受理仓库提出的用于当月交割的仓库仓单注册申请。该日下午 3 时以后的注册申请所形成的标准仓单可以参与当月标准仓单的征购及后续月份交割。

交易所规定的可予质量免检的商品用于期货交割的，最迟应当在合约最后交易日前一日申请注册。

第六十六条 3 月、7 月、11 月第 12 个交易日之后（含该日）注册的菜粕标准仓单，货物生产日期须分别为 3 月 1 日、7 月 1 日、11 月 1 日之后（含该日）。注销后，符合规定的菜粕可以重新注册。

第二节 厂库仓单注册

第六十七条 非期货公司会员或客户与厂库结清货款等费用后，厂库通过交易所仓单注册注销系统提交仓单注册申请。动力煤厂库仓单注册时，厂家应提交收到基低位发热量等货物信息，交易所以此信息作为仓单注册标准的依据和货款计算的参考。

第六十八条 厂库申请仓单注册时，必须提供交易所认可的银行履约保函、现金或交易所认可的其他支付保证方式。

厂库提交的保证金数额按照最近交割月合约前一交易日结算价计算。

第六十九条 厂库最迟应当在合约交割月最后交易日前三个交易日下午3时前提交仓单注册申请。厂库提交的支付保证方式符合规定的，交易所可在自厂库提出仓单注册申请之日起3个工作日予以注册。

第七十条 单个厂库允许注册仓单的最大数量，由交易所确定和调整。

第七十一条 当商品市值发生较大波动时，交易所可根据市场变化情况要求厂库调整银行履约保函、现金或交易所认可的其他支付保证方式的数额。

第六章 标准仓单有效期

第七十二条 各品种标准仓单有效期分别如下：

仓单普麦、强麦：每年9月的最后一个工作日。

一号棉：N年生产的棉花注册的标准仓单，有效期至N+2年3月的最后一个工作日。

白糖：N制糖年度（每年的10月1日至次年的9月30日）生产的白糖所注册的标准仓单有效期为该制糖年度结束后当年11月份的最后一个工作日（含该日）。

菜籽：N年6月1日起接受菜籽标准仓单注册，仓单有效期至N年11月份最后一个工作日（含该日）。

菜粕：每年3月、7月、11月第12个交易日（不含该日）之前注册的标准仓单，应在当月的第15个交易日（含该日）之前全部注销。

菜油：N年6月1日起注册的菜油标准仓单有效期至N+1年5月份最后一个工作日（含该日）。

PTA：每年9月第12个交易日（不含该日）之前注册的PTA标准仓单，在该月第15个交易日（含该日）之前全部注销；该月第16个交易日（含该日）之后开始受理新仓单的注册申请。

早籼稻：N年8月1日起注册的标准仓单，有效期至N+1年7月份最后一个工作日（含该日）。

粳稻：N年10月1日起注册的标准仓单，有效期至N+1年9月份最后一个工作日（含该日）。

甲醇、玻璃：每年5月、11月第12个交易日（不含该日）之前注册的标准仓单，应在当月的第15个交易日（含该日）之前全部注销。

动力煤：每年5月、11月第7个交易日（不含该日）之前注册的标准仓单，应在当月的第10个交易日（含该日）之前全部注销。

第七十三条 标准仓单到期日前未办理注销手续的，交易所可在到期日将其注销，由此造成的一切损失，由标准仓单持有人承担，交易所不保证全部交割商品质量符合规定标准。

第七章　标准仓单的流通

第七十四条　标准仓单的流通是指标准仓单的交割和转让。

处于冻结状态和充抵保证金状态的标准仓单不能流通。

客户的标准仓单的流通应当委托会员办理，以会员名义在交易所进行，流通结果由客户承担。

第七十五条　标准仓单交割按《郑州商品交易所期货交割细则》的有关规定办理。

第七十六条　标准仓单的转让是指会员自行协商买卖标准仓单的行为。交易所受理标准仓单转让的时间为每个工作日交易时间的下午 2 时 30 分之前。最后交易日，交易所不办理一号棉、普麦、菜籽、动力煤、粳稻标准仓单转让业务。

第七十七条　转让标准仓单应当符合以下规定：

（一）客户的标准仓单转让须委托会员办理；

（二）达成转让意向的买卖双方会员应当向交易所提交标准仓单转让申请；

（三）交易所对标准仓单转让申请审核后，为买卖双方会员办理标准仓单过户和货款结算划转等手续；

（四）标准仓单转让的货款划转及增值税专用发票的开具、传递参照《郑州商品交易所期货交割细则》执行；

（五）标准仓单转让手续费标准由交易所公告。

第八章　标准仓单注销

第七十八条　标准仓单注销是指标准仓单持有人直接或者委托会员到交易所办理标准仓单提货手续的过程。

客户注销标准仓单应当通过会员向交易所提交标准仓单注销申请。

对于已经注销的 PTA 标准仓单，货物尚未出库但仍符合入库条件的，可重新申请注册。

第七十九条　动力煤标准仓单注销时，提货人应提前与厂库沟通所提货物质量、重量情况。双方协商一致的，按协商结果提货，涉及升贴水的，由双方自行结算；协商不一致的，提货人按厂库仓单注册时提供的货物信息提取货物，涉及升贴水的，由交易所在货物发运完毕后统一结算。

动力煤提货人和厂库协商不一致的，提货人在指定港口提货时的质量认定、重量溢短按照《郑州商品交易所期货交割细则》“车（船）板交割”相关规定处理，结算价格按最近的交割结算价计价。

动力煤提货人和厂库确认提货事项并提交交易所后，交易所交割部门开具《提货通知单》。

动力煤买卖双方协商在交易所公布的指定交割地点以外的其他地点交货的，相关事项按双方约定办理。

动力煤之外的其他品种标准仓单注销时，交易所结算部门办理仓单升贴水结算，交易所交割部门开具《提货通知单》。

客户办理提货手续前，会员或客户应及时编制《提货通知单》验证密码，《提货通知单》验证密码为提货必备要件。

第八十条　适用通用标准仓单的商品需要提货的，交易所根据会员申请及仓库或厂库的具体情况，确定《提货通知单》对应的商品。

第八十一条　自交易所开出《提货通知单》之日起10个工作日内，《提货通知单》持有人应当凭《提货通知单》验证密码、提货人身份证、提货人所在单位证明到仓库或厂库办理提货手续、确认商品质量、确定运输方式、预交各项费用。

玻璃《提货通知单》持有人可根据玻璃厂库公告信息选择相应的规格、品级等，不涉及升贴水的，厂库应予以满足；涉及升贴水的，由双方协商，自行结算。

《提货通知单》持有人在提货期内向交易所提出商品质量复检申请的，自交易所收到申请之日起，《提货通知单》持有人的提货期间停止计算，待复检结果通知《提货通知单》持有人之日起重新计算。

逾期未办理相关手续的，按现货提货单处理，仓库不再保证全部商品质量符合规定标准；厂库不再保证按期货规定承担日发货速度等责任，具体提货事宜由货主与厂库自行协商。

第九章　仓库交割商品出库

第八十二条　期货交割商品出库的重量检验由货主与仓库共同实施，具体办法参照入库规定。

第八十三条　货主提供运输工具的，自货主凭《提货通知单》与仓库联系出库事宜、运输工具到达仓库之日起，仓库开始发货，并停止收取已装运货物的仓储费；货主委托仓库代办运输的，自客户凭《提货通知单》与仓库联系出库事宜、指定运达地点并预交各种费用（包括铁路代办费、港杂费等）之日起，仓库不能在规定时间内（汽车、船舶10日，火车20日）发出商品的，不得再收取其后的仓储费。

由于货主变更发货方式、提货手续不全、费用未按时交纳、特殊要求等原因，致使商品装运推迟的，不受前款限制。

第一节　小麦出库

第八十四条　仓单普麦、强麦出库时，数量发生损耗（水分除外）造成短少的，仓库按实际出库数量补足。不能补足的，交割仓库按《提货通知单》开具之日前（含当日）普麦、强麦期货最近交割月最高交割结算价核算短少商品价款，赔偿买方货主。

第八十五条　强麦出库时，客户与交割仓库发生质量争议的，由入库时或交易所指定的质检机构按入库时规定的检验法检验。复检结果确定的等级高于（包括等于）初检结果确定的等级，或复检结果在初检结果允许误差范围内（以初检结果为基准，湿面筋允许绝对误差为－1.5%，稳定时间允许相对误差为－15%，拉伸面积允许相对误差为－10%，降落数值允许相对误差－10%），以入库检验结果确定的等级为准，由此产生的化验费和差旅费等由提出争议者负担；复检结果在入库检验结果允许误差范围外，且低于初检结果确定的等级，以复检结果确定的等级为准，由此产生的一切费用和责任由交割仓库负担。

第二节　棉花出库

第八十六条　仓库应将与所提棉花相对应的《公证检验证书》随货同行联一份交货主。货主可在商品发运前逐批核对棉花的产地、包装、批次和件数等项目，验收结果应当经货主、仓库双方认可。

第八十七条　因自然变异导致标准仓单颜色级与注册时相比出现下降的，仍可正常办理出库手续，客户不得拒绝接货。

在《公证检验证书》有效期内，因自然变异造成颜色级下降未超过一个类型的，或在《公证检验证书》有效期外，因自然变异造成颜色级下降未超过两个类型的，由货主承担。交割仓库承担变异超过前述规定部分的颜色级差价，差价的计算根据交易所公告的颜色级之间升贴水标准执行。

《公证检验证书》超过有效期的仓单注销时需要重新检验的，由提出重新检验方支付公检及相关费用。

第八十八条　出库过程中，发现棉花崩包的，仓库应当免费回包。

第三节　白糖出库

第八十九条　因自然变异导致白糖色值变化在规定范围内的，仍可正常出库，货主不能拒绝接货。

一级白糖的色值小于等于190IU的，由货主承担；大于190IU小于等于240IU的，色值每增加10IU（不足10IU按10IU计），仓库给提货方每吨10元的补偿。白糖色值大于240IU时，仓库承担赔偿责任。

第九十条　白糖出库时，出现包装霉变、严重污染，潮包、流包、真结块、异味的，仓库应当承担赔偿责任。

第四节　PTA出库

第九十一条　仓库正常保管情况下，PTA水分指标变化不影响使用的，货主不得拒绝接收。

第九十二条　出库时按照先进先出的原则出库。

第五节　菜籽出库

第九十三条　菜籽出库时，数量发生损耗（水分除外）造成短少的，交割仓库按照实际出库数量补足。不能补足的，交割仓库按照《提货通知单》开具之日前（含当日）菜籽期货最近交割月最高交割结算价核算短少商品价款，赔偿买方货主。

第九十四条　菜籽出库时，含油量指标低于入库质量指标0.5个百分点以内的，视作合格。

第六节　菜油出库

第九十五条　出库数量发生损耗造成短少的，仓库应及时补足。不能及时补足的，仓库按《提货通知单》开具日（含当日）之前菜油期货最近交割月最高交割结算价核算短少商品价款，赔偿货主。

第七节　菜粕出库

第九十六条　交割仓库菜粕出库水分溢短数量由货主承担，非水分减量的货款按照《提货通知单》开具之日前（含当日）菜粕期货最近交割月最高交割结算价核算短少商品价款，由仓库赔偿买方货主。出库水分检验费用由仓库承担。

菜粕出库水分溢短数量的计算方法：商品水分溢短数量 = 提货数量 ×（入库时的实际水分指标 - 提货时的实际水分指标）×（1 - 提货时的实际水分指标）。

菜粕出库应同时符合入库时包装物件数计算的重量。

交割厂库菜粕应足量出库。

菜粕出库时，粗蛋白质低于入库质量指标 0.5 个百分点以内的，视作合格。

第八节　早籼稻、粳稻出库

第九十七条　出库时，水分溢短数量由货主承担；非水分减量部分，仓库应及时补足。不能及时补足的，仓库按《提货通知单》开具日之前（含当日）该品种期货最近交割月最高交割结算价核算短少商品价款，赔偿货主。

第九十八条　粳稻出库时，垩白粒率不高于入库检验结果所在等级 5 个百分点（含）的，视同合格。

第九节　甲醇出库

第九十九条　出库时甲醇不符合交割质量标准的，仓库承担赔偿责任。

第一百条　出库数量发生损耗造成短少的，仓库应及时补足。不能及时补足的，仓库按《提货通知单》开具日（含当日）之前甲醇期货最近交割月最高交割结算价核算短少商品价款，赔偿货主。

第十章　厂库交割商品交收

第一百零一条　厂库出库时的日发货速度是指厂库在 24 小时内安排期货商品发货的最低数量。厂库日发货速度由交易所确定和调整。

第一百零二条　货主与厂库办妥提货手续之日起，3 个日历日内开始发货，货主与厂库自行协商的除外。货主可自行到库提货或委托厂库代为发运。

由于货主变更发货方式、发货时间、提货手续不全、费用未按时交纳、其他特殊要求等原因，致使发货推迟的，不受前款限制。

动力煤厂库仓单在港口提货时，按照《郑州商品交易所期货交割细则》“车（船）板交割”规定流程办理。

第一百零三条 厂库交割商品重量验收按照以下规定执行：

玻璃出库重量按标准厚度折算。

动力煤交收时，重量溢短范围适用《郑州商品交易所期货交割细则》“车（船）板交割”相关规定。

玻璃、动力煤之外的其他品种重量验收由提货人与厂库共同实施，以厂库检重为准，足量出库。

玻璃每次提货（指一张提货单）的溢短不超过一个包装单位（架），由买方决定，溢短部分由双方自行结算，结算价格参考最近交割月交割结算价。

玻璃、动力煤之外的其他品种出库数量发生短少的，厂库应及时补足。不能补足的，厂库按《提货通知单》开具日（含当日）之前该品种期货最近交割月最高交割结算价核算短少商品价款，赔偿货主。

提货人在货物交收时应到交收地点监发，未到场监发的，视为对货物重量没有异议。

第一百零四条 厂库交割商品质量验收按照以下规定执行：

玻璃出库时厂库向货主提供《质量合格证书》。

动力煤交收时，质量检验适用《郑州商品交易所期货交割细则》“车（船）板交割”相关规定。

粳稻出库时，厂库应与货主共同抽取样品，货主对检验结果无异议的，厂库方予发货。货物实际质量指标与仓单标示质量指标不一致但在交易所规定的质量差异允许范围内的，客户应当接受，质量差异升贴水由厂库与客户按照交易所规定的标准自行结算。

玻璃、动力煤、粳稻之外的其他品种出库时，厂库应在提货人监督下在货物装运到买方运输工具前进行抽样，经双方确认后共同封样。样品一式三份，一份由货主保存，两份由厂库保存，厂库应将样品保留至发货后30个日历日，作为发生质量争议时的处理依据。

厂库须保证期货商品的质量符合交易所规定的交割标准，双方协商一致的除外。

第一百零五条 货主办理提货手续时，应就发货速度及最后完成出库时间与厂库协商一致，协商不成的，厂库应按照交易所批准的日发货速度发货。

第一百零六条 多个货主同时提货时，厂库可按货主预约时间及办理提货手续的先后顺序等合理安排发货。

第一百零七条 厂库或货主因故不能按照约定的发货计划发货或提货的，双方应及时协商并妥善调整发货速度或发货计划，并且过错方应付滞纳金。动力煤滞纳金由买卖双方协商解决。动力煤之外的其他品种滞纳金额=5元/吨×按日发货计划应发未发或应提未提的商品数量×该批商品的滞留天数。

因厂库原因在约定的最后发货日起5个日历日内仍不能完成所有商品发货的，货主可要求厂库终止发货并支付赔偿金。

赔偿金额=该品种期货最近交割月最高交割结算价×按商品总量应发而未发的商品数量×120%。

当厂库发生违约行为时，首先由厂库向货主支付赔偿金。厂库未支付或支付数额不足的，交易所可动用厂库交具的银行履约保函、现金或交易所认可的其他支付保证方式予以清偿。

第一百零八条　因天气原因及其他不可抗力因素导致无法发货或提货时，厂库和货主不需支付赔偿金。

厂库和货主应妥善保管商品发货计划书、协商确认书、发货和提货单据，作为解决纠纷的依据。

第十一章　入库和出库复检

第一节　仓库商品入库复检

第一百零九条　货主或者交割仓库对入库检验结果（强麦除外）有异议的，应当自收到检验结果之日起3个工作日内向交易所书面提出复检申请，并预交复检费用。

复检仅限于复检申请方提出的有异议的项目。

未在规定时间内提出复检申请的，视为同意检验结果。

第一百一十条　白糖、PTA和甲醇复检机构为原质检机构，交易所可调换或增加质检人员。

交易所同意由交割仓库检验的仓单普麦、强麦质量指标，复检机构由交易所指定。

菜籽、菜油、菜粕、早籼稻、粳稻复检机构由货主和仓库协商确定，协商不成的，由交易所指定。

第一百一十一条　由交易所指定复检机构的品种，复检样品由复检机构重新扦（采）取，仓库应予以配合。复检机构应当自扦（采）样完毕次日起3个工作日内作出复检结果（如样品量较大，可适当延迟），并将复检结果书面通知交易所，交易所通知异议方。

复检机构为原质检机构的品种，复检机构只对其保留的样品进行复检，不再重新扦（采）样。复检机构自收到交易所复检通知之日起4个工作日内，应当作出复检结果，并将复检结果书面通知交易所，交易所通知异议方。

复检结果为解决争议的依据。

第一百一十二条　由交易所指定复检机构的品种，复检结果与仓库原检验结论一致的，由货主承担相关费用（检验费、抽样费、差旅费、交通费等，下同）；复检结果与仓库原检验结论不一致的，相关费用由仓库承担。

复检机构为原质检机构的品种，复检结果与原检验结论一致的，由复检申请方承担相关费用；复检结果与原检验结论不一致的，相关费用由质检机构承担。

第一百一十三条　一号棉入库复检按《期货交割棉公证检验实施办法（试行）》执行。

第二节　仓库商品出库复检

第一百一十四条　自《提货通知单》开具之日起10个工作日内，仓单持有人对商品质量有异议的，可向交易所申请一次复检，并预交复检费用。

未在规定时间内提出异议的，视为确认出库商品质量合格。

第一百一十五条 复检仅限于复检申请方提出的有异议的项目。

由仓库检验的项目，参照入库复检进行；由质检机构检验的项目，由交易所指定的质检机构进行复检。

复检结果为解决争议的依据。

第一百一十六条 交易所不受理超出规定时间或者已经出库的交割商品的质量和数量复检，不承担由此产生的一切责任。

第一百一十七条 自收到书面异议之日起2个工作日内，交易所通知仓库。复检机构在仓库协助下重新扦（采）样，样品经三方共同认可后封样。复检结果由交易所通知会员与仓库。

复检结果符合交易所出库规定的，复检及相关费用由复检申请方承担。复检结果不符合出库规定的，复检及相关费用由过错方承担。

第一百一十八条 复检结果不符合出库规定的，在双方约定或者规定的出库时间内，仓库或者标准仓单转让人可以用符合出库规定的商品调换，提货方不得拒收。商品调换不得影响商品及时出库，调换增加的运输、检验等费用由仓库或者标准仓单转让人承担。调换后商品的出库按交割商品的有关规定执行。

第一百一十九条 仓库或者标准仓单转让人未能用符合出库规定的其他商品调换，仓库或者标准仓单转让人可以与客户（提货方）协商处理。

协商无法达成一致的，按以下规定执行：

（一）仓库或者标准仓单转让人须及时对不合格的交割商品加工处理以达到出库规定，并承担补偿责任。补偿金额按照该品种期货最近交割月最高交割结算价的3%计算。加工处理且补偿后，客户（提货方）不得拒绝接受商品。

（二）无法加工处理或者加工处理后仍不能达到出库规定的，仓库或者标准仓单转让人承担赔偿责任，赔偿金额按照该品种期货最近交割月最高交割结算价的120%计算，货物归仓库或标准仓单转让人所有。

第一百二十条 一号棉复检按照棉花国家标准（GB1103—2007）和《期货交割棉公证检验实施办法（试行)》执行。

第三节 厂库商品出库复检

第一百二十一条 货主对交割商品重量、质量有异议的，首先与厂库协商解决。协商不成的，可向交易所申请一次复检，并预交复检及相关费用。

重量异议，应在货物出库前提出。

质量异议：玻璃、粳稻应在货物出库前提出；动力煤应在收到质检报告之日起5个工作日内提出；玻璃、动力煤、粳稻之外的其他品种应在货物出库之日起5个工作日内提出。

未在规定时间内提出异议的，视为确认出库商品的重量或质量。

第一百二十二条 动力煤复检项目适用《郑州商品交易所期货交割细则》“车（船）板交割”相关规定。动力煤之外的其他品种复检仅限于复检申请方提出的有异议的项目。

复检由质检机构进行。复检机构由交易所指定并公告。

甲醇、动力煤复检样品仅限于保留样品。

玻璃、粳稻复检对象为申请方提出质量异议的对应货物。

复检结果为解决争议的依据。

第一百二十三条　交易所不受理超出规定时间的交割商品的质量复检，不承担由此产生的一切责任。

复检结果符合交割规定的，复检及相关费用由复检申请方承担。

复检结果不符合交割规定的，复检及相关费用由厂库承担。由此造成的损失由厂库与货主协商处理，双方协商无法达成一致的，厂库应承担赔偿责任，赔偿金额 = 该品种期货最近交割月最高交割结算价 × 复检不符合交割规定的商品数量 × 120%，对应的货物归厂库所有。

第十二章　监督、争议和处理

第一百二十四条　交易所有权对用于期货交割的商品进行抽查。

对期货交割商品抽查不合格的不予注册。

对已经注册成仓单的商品质量和数量抽查中发现质量不合格或者数量有差额的，责成仓库、厂库或仓单持有人采取限期提供足量、合格商品等补救措施，由此发生的一切费用和损失由仓库或者仓单持有人承担。出现违规行为的，交易所按规定对违规者进行处罚。

第一百二十五条　标准仓单转让人与受让人（提货方）之间、客户与仓库或厂库及仓单质量免检承诺人之间产生交割纠纷的，双方可先行协商解决；协商无法达成一致意见的，应当在纠纷发生之日起 5 个工作日内以书面形式向交易所申请调解。调解不成的，依法向人民法院起诉或者依约向仲裁机构申请仲裁。

第一百二十六条　交割商品出库时，对交割商品的质量和数量发生争议的，交易所按本办法规定对责任归属进行确认，最终责任由责任方承担。

第一百二十七条　仓库、厂库或标准仓单转让人不能向客户（提货方）交付符合合约出库规定标准的商品，造成客户（提货方）损失的，应当承担赔偿责任。仓库或厂库不能履行其债务时，交易所仅对交割商品的重量和质量承担相应补充赔偿责任。

第一百二十八条　厂库发货完毕，经交易所书面确认无数量、质量责任，经厂库申请，交易所退还现金或交易所认可的其他支付保证方式。

第十三章　附　　则

第一百二十九条　本办法解释权属于郑州商品交易所。

第一百三十条　本办法自 2013 年 11 月 18 日起施行。

大连商品交易所发布文件

大连商品交易所风险管理办法修正案

（根据《关于发布施行〈大连商品交易所风险管理办法〉修正案的通知》（大商所发〔2013〕24 号）、《关于公布施行〈大连商品交易所焦煤期货合约〉和相关实施细则修正案的通知》（大商所发〔2013〕62 号）、《关于发布施行限仓相关规则的通知》（大商所发〔2013〕188 号）、《关于公布实行〈大连商品交易所铁矿石期货合约〉和相关实施细则修正案的通知》（大商所发〔2013〕245 号）、《关于公布施行〈大连商品交易所鸡蛋期货合约〉和相关实施细则修正案的通知》（大商所〔2013〕273 号）、《关于公布施行〈大连商品交易所纤维板期货合约〉、〈大连商品交易所胶合板期货合约〉和相关实施细则修正案的通知》（大商所发〔2013〕280 号）修订，其他条款未作修订未列出）

第四条　交易所实行保证金制度。黄大豆 1 号、黄大豆 2 号、豆粕、豆油、棕榈油、玉米、线型低密度聚乙烯、聚氯乙烯、焦炭、焦煤、铁矿石、鸡蛋、纤维板、胶合板期货合约的最低交易保证金为合约价值的 5%。

……

第五条　自交易所上市的商品期货合约进入交割月份前一个月第十个交易日起，交易所将分时间段逐步提高该合约的交易保证金。合约在某一交易时间段的交易保证金标准自该交易时间段起始日前一交易日结算时起执行。

交易所上市的商品期货合约临近交割期时交易保证金收取标准为：

交易时间段	交易保证金（元/手）
交割月份前一个月第十个交易日	合约价值的 10%
交割月份第一个交易日	合约价值的 20%

第六条　随着合约持仓量的增大，交易所将逐步提高该合约交易保证金比例。

黄大豆 1 号、聚氯乙烯合约持仓量变化时交易保证金收取标准为：

合约月份双边持仓总量（N）	交易保证金（元/手）
N≤100 万手	合约价值的 5%
100 万手＜N≤150 万手	合约价值的 7%
150 万手＜N≤200 万手	合约价值的 9%
N＞200 万手	合约价值的 11%

黄大豆 2 号合约持仓量变化时交易保证金收取标准为：

合约月份双边持仓总量（N）	交易保证金（元/手）
N≤50 万手	合约价值的 5%
50 万手＜N≤60 万手	合约价值的 7%
60 万手＜N≤70 万手	合约价值的 9%
N＞70 万手	合约价值的 11%

豆粕、玉米合约持仓量变化时交易保证金收取标准为：

合约月份双边持仓总量（N）	交易保证金（元/手）
N≤150 万手	合约价值的 5%
150 万手＜N≤200 万手	合约价值的 7%
200 万手＜N≤250 万手	合约价值的 9%
N＞250 万手	合约价值的 11%

豆油合约持仓量变化时交易保证金收取标准为：

合约月份双边持仓总量（N）	交易保证金（元/手）
N≤80 万手	合约价值的 5%
80 万手＜N≤100 万手	合约价值的 7%
100 万手＜N≤120 万手	合约价值的 9%
N＞120 万手	合约价值的 11%

棕榈油、线型低密度聚乙烯合约持仓量变化时交易保证金收取标准为：

合约月份双边持仓总量（N）	交易保证金（元/手）
N≤40 万手	合约价值的 5%
40 万手＜N≤50 万手	合约价值的 7%
50 万手＜N≤60 万手	合约价值的 9%
N＞60 万手	合约价值的 11%

焦炭合约持仓量变化时交易保证金收取标准为：

合约月份双边持仓总量（N）	交易保证金（元/手）
N≤25 万手	合约价值的 5%
25 万手＜N≤30 万手	合约价值的 7%
30 万手＜N≤35 万手	合约价值的 9%
N＞35 万手	合约价值的 11%

焦煤合约持仓量变化时交易保证金收取标准为：

合约月份双边持仓总量（N）	交易保证金（元/手）
N≤25 万手	合约价值的 5%
N＞25 万手	合约价值的 7%

铁矿石持仓量变化时交易保证金收取标准为：

合约月份双边持仓总量（N）	交易保证金（元/手）
N≤80 万手	合约价值的 5%
N＞80 万手	合约价值的 7%

鸡蛋合约持仓量变化时交易保证金收取标准为：

合约月份双边持仓总量（N）	交易保证金（元/手）
N≤8 万手	合约价值的 5%
N＞8 万手	合约价值的 7%

纤维板合约持仓量变化时交易保证金收取标准为：

合约月份双边持仓量（N）	交易保证金比例
N≤50 万手	合约价值的 5%
N＞50 万手	合约价值的 7%

胶合板合约持仓量变化时交易保证金收取标准为：

合约月份双边持仓量（N）	交易保证金比例
N≤16 万手	合约价值的 5%
N＞16 万手	合约价值的 7%

第三章　涨跌停板制度

第十二条　黄大豆 1 号、黄大豆 2 号、豆粕、豆油、棕榈油、玉米、线型低密度聚乙烯、聚氯乙烯、焦炭、焦煤、铁矿石、鸡蛋、纤维板、胶合板合约交割月份以前的月份涨跌停板幅度为上一交易日结算价的 4%，交割月份的涨跌停板幅度为上一交易日结算价的 6%。

……

第十七条　若焦炭、焦煤、铁矿石、鸡蛋、纤维板、胶合板以外品种合约第 N+2 个交易日出现与第N+1 个交易日同方向涨跌停板单边无连续报价的情况，则在第 N+2 个交易日收市后，交易所将进行强制减仓。如连续同方向涨跌停板系因会员或客户交易行为异常引发，则按第七章规定处理。

当焦炭、焦煤、铁矿石、鸡蛋、纤维板、胶合板合约第 N+2 个交易日出现与第 N+1 个交易日同方向涨跌停板单边无连续报价的情况时，若第 N+2 个交易日是该合约的最后交易日，则该合约直接进入交割；若第 N+3 个交易日是该合约的最后交易日，则第 N+3 个交易日该合约按第 N+2 个交易日的涨跌停板和保证金水平继续交易；除上述两种情况之外，交易所可在第 N+2 个交易日根据市场情况决定并公告，对该合约实施下列两种措施中的任意一种：

……

第十九条　……

（二）客户单位净持仓盈亏的确定：

客户该合约单位净持仓盈亏 = 客户该合约持仓盈亏总和 ÷（客户该合约净持仓量 × 交易单位）

……

第二十四条　期货公司会员、非期货公司会员和客户采取不同的限仓要求：

（一）焦炭、焦煤、鸡蛋以外品种合约上市交易的一般月份（合约上市至交割月份前一个月第九个交易日）期间，当该合约的单边持仓量达到一定规模起，非期货公司会员和客户按单边持仓量的一定比例确定限仓数额；在该合约的单边持仓量达到该规模前，非期货公司会员和客户该合约限仓数额以绝对量方式规定。在合约进入交割月份前一个月第十个交易日至交割月期间，非期货公司会员和客户限仓数额以绝对量方式规定。焦炭、焦煤、鸡蛋品种非期货公司会员和客户的限仓数额以绝对量方式规定。

（二）各品种合约的单边持仓量达到一定规模起，期货公司会员按单边持仓量的一定比例确定限仓数额；当各品种合约的单边持仓量小于或等于一定规模时，期货公司会员持仓不受限制。

第二十五条　各品种期货公司会员持仓限额为：

单位：手

品种	合约单边持仓规模	期货公司会员
黄大豆1号	单边持仓≤200000	不限仓
	单边持仓＞200000	单边持仓×25%
黄大豆2号	单边持仓≤100000	不限仓
	单边持仓＞100000	单边持仓×25%
豆粕	单边持仓≤200000	不限仓
	单边持仓＞200000	单边持仓×25%
玉米	单边持仓≤200000	不限仓
	单边持仓＞200000	单边持仓×25%
豆油	单边持仓≤100000	不限仓
	单边持仓＞100000	单边持仓×25%
棕榈油	单边持仓≤50000	不限仓
	单边持仓＞50000	单边持仓×25%
线型低密度聚乙烯	单边持仓≤100000	不限仓
	单边持仓＞100000	单边持仓×25%
聚氯乙烯	单边持仓≤200000	不限仓
	单边持仓＞200000	单边持仓×25%
焦炭	单边持仓≤50000	不限仓
	单边持仓＞50000	单边持仓×25%
焦煤	单边持仓≤80000	不限仓
	单边持仓＞80000	单边持仓×25%
铁矿石	单边持仓≤200000	不限仓
	单边持仓＞200000	单边持仓×25%
鸡蛋	单边持仓≤15000	不限仓
	单边持仓＞15000	单边持仓×25%
纤维板	单边持仓≤160000	不限仓
	单边持仓＞160000	单边持仓×25%
胶合板	单边持仓≤60000	不限仓
	单边持仓＞60000	单边持仓×25%

第二十六条 除鸡蛋品种外，各品种一般月份（合约上市至交割月份前一个月第九个交易日）非期货公司会员和客户持仓限额为：

单位：手

品种	合约单边持仓规模	非期货公司会员	客户
黄大豆 1 号	单边持仓≤200000	40000	20000
	单边持仓＞200000	单边持仓×20%	单边持仓×10%
黄大豆 2 号	单边持仓≤100000	20000	10000
	单边持仓＞100000	单边持仓×20%	单边持仓×10%
豆粕	单边持仓≤200000	40000	20000
	单边持仓＞200000	单边持仓×20%	单边持仓×10%
玉米	单边持仓≤200000	40000	20000
	单边持仓＞200000	单边持仓×20%	单边持仓×10%
豆油	单边持仓≤100000	20000	10000
	单边持仓＞100000	单边持仓×20%	单边持仓×10%
棕榈油	单边持仓≤50000	10000	5000
	单边持仓＞50000	单边持仓×20%	单边持仓×10%
线型低密度聚乙烯	单边持仓≤100000	20000	10000
	单边持仓＞100000	单边持仓×20%	单边持仓×10%
聚氯乙烯	单边持仓≤200000	40000	20000
	单边持仓＞200000	单边持仓×20%	单边持仓×10%
焦炭	单边持仓≤50000	2400	2400
	单边持仓＞50000		
焦煤	单边持仓≤80000	5000	5000
	单边持仓＞80000		
铁矿石	单边持仓≤200000	20000	20000
	单边持仓＞200000	单边持仓×10%	单边持仓×10%
纤维板	单边持仓≤160000	16000	16000
	单边持仓＞160000	单边持仓×10%	单边持仓×10%
胶合板	单边持仓≤60000	6000	6000
	单边持仓＞60000	单边持仓×10%	单边持仓×10%

除鸡蛋品种外，各品种自交割月份前一个月第十个交易日至交割月期间非期货公司会员和客户持仓限额为：

单位：手

品种	时间段	非期货公司会员	客户
黄大豆1号	交割月前一个月第十个交易日起	10000	5000
	交割月份	5000	2500
黄大豆2号	交割月前一个月第十个交易日起	10000	5000
	交割月份	5000	2500
豆粕	交割月前一个月第十个交易日起	10000	5000
	交割月份	5000	2500
豆油	交割月前一个月第十个交易日起	4000	2000
	交割月份	2000	1000
棕榈油	交割月前一个月第十个交易日起	2000	1000
	交割月份	1000	500
玉米	交割月前一个月第十个交易日起	20000	10000
	交割月份	10000	5000
聚氯乙烯	交割月前一个月第十个交易日起	10000	5000
	交割月份	5000	2500
线型低密度聚乙烯	交割月前一个月第十个交易日起	4000	2000
	交割月份	2000	1000
焦炭	交割月前一个月第十个交易日起	900	900
	交割月份	300	300
焦煤	交割月前一个月第十个交易日起	1500	1500
	交割月份	500	500
铁矿石	交割月前一个月第十个交易日起	6000	6000
	交割月份	2000	2000
纤维板	交割月前一个月第十个交易日起	400	400
	交割月份	100	100
胶合板	交割月前一个月第十个交易日起	80	80
	交割月份	20	20

第二十七条 会员或客户的持仓数量不得超过交易所规定的持仓限额，超过持仓限额的，不得同方向开仓交易。对超过持仓限额的非期货公司会员或客户，交易所将于下一交易日按有关规定执行强行平仓。对超过持仓限额的期货公司会员，交易所不执行强行平仓。

一个客户在不同期货公司会员处开有多个交易编码，其持仓量合计超出限仓数额的，由交易所指定有关期货公司会员对该客户超额持仓执行强行平仓。

……

第三十八条 当会员、客户出现下列情形之一时，交易所有权对其持仓进行强行平仓：

（一）会员结算准备金余额小于零，并未能在规定时限内补足的；

（二）非期货公司会员和客户持仓量超出其限仓规定的；
（三）因违规受到交易所强行平仓处罚的；
（四）根据交易所的紧急措施应予强行平仓的；
（五）其他应予强行平仓的。
……

大连商品交易所交易细则修正案

（根据《关于公布施行〈大连商品交易所焦煤期货合约〉和相关实施细则修正案的通知》（大商所发〔2013〕62号）、《关于修改无成交合约结算价相关规则的通知》（大商所发〔2013〕93号）、《关于公布实行〈大连商品交易所铁矿石期货合约〉和相关实施细则修正案的通知》（大商所发〔2013〕245号）、《关于公布施行〈大连商品交易所鸡蛋期货合约〉和相关实施细则修正案的通知》（大商所〔2013〕273号）、《关于公布施行〈大连商品交易所纤维板期货合约〉、〈大连商品交易所胶合板期货合约〉和相关实施细则修正案的通知》（大商所发〔2013〕280号）修订）

第三十四条　交易所应当及时发布以下与交易有关的信息：
……

（二）收盘价。收盘价是指某一期货合约当日交易的最后一笔成交价格。无成交合约当日收盘价为当日结算价。
……

（十一）结算价。结算价是指某一期货合约当日交易期间成交价格按成交量的加权平均价，无成交合约当日结算价按照《大连商品交易所结算细则》相关规定确定。结算价是进行当日未平仓合约盈亏结算和确定下一交易日涨跌停板幅度的依据
……

第三十七条　……

鸡蛋合约交易指令每次最大下单数量为300手，焦炭合约交易指令每次最大下单数量为500手，黄大豆1号、黄大豆2号、豆粕、豆油、棕榈油、线型低密度聚乙烯、聚氯乙烯、焦煤、铁矿石合约交易指令每次最大下单数量为1000手，玉米合约交易指令每次最大下单数量为2000手。
……

（六）交易所规定的其他指令。

鸡蛋合约交易指令每次最大下单数量为300手，焦炭合约交易指令每次最大下单数量为500手，黄大豆1号、黄大豆2号、豆粕、豆油、棕榈油、线型低密度聚乙烯、聚氯乙烯、焦煤、铁矿石、纤维板、胶合板合约交易指令每次最大下单数量为1000手，玉米合约交易指令每次最大下单数量为2000手。

大连商品交易所结算细则修正案

（根据《关于修改无成交合约结算价相关规则的通知》（大商所发〔2013〕93号）、《关于公布实行〈大连商品交易所铁矿石期货合约〉和相关实施细则修正案的通知》（大商所发〔2013〕245号）、《关于公布施行〈大连商品交易所鸡蛋期货合约〉和相关实施细则修正案的通知》（大商所〔2013〕273号）修订，其他条款未作修订未列出）

第三十五条 ……

标准仓单交到交易所后，与其所示数量相同的最近交割月份卖持仓交易保证金在结算时不再收取，鸡蛋品种除外。

……

第四十一条 当日结算价是指某一期货合约当日成交价格按照成交量的加权平均价。当日无成交价格的，其合约的当日结算价按照下列方法确定：

（一）若合约当日有买、卖双方委托报价的，以最高买报价、最低卖报价与该合约上一交易日的结算价三者居中的一个价格作为合约的当日结算价；

（二）若合约出现涨（跌）停板单边无连续报价的，以该停板价格作为合约的当日结算价；

（三）若合约当日无委托报价，或者有买或卖单方委托报价但未出现涨（跌）停板单边无连续报价的，以当日距无成交合约最近的前一有成交合约作为基准合约计算当日无成交合约结算价：

1. 若基准合约当日结算价的涨跌幅度（%）小于或等于当日无成交合约当日的涨跌停板，则当日无成交合约结算价 = 该合约上一交易日的结算价 ×（1 ± 基准合约结算价的涨跌幅度）。

2. 若基准合约当日结算价的涨跌幅度（%）大于当日无成交合约当日的涨跌停板，则当日无成交合约结算价 = 该合约上一交易日的结算价 ×（1 ± 该合约的当日涨跌停板幅度）。

3. 若无法找到基准合约，则当日无成交合约结算价 = 上一交易日该合约的结算价；新合约上市第一日若无法找到基准合约，则当日无成交合约结算价 = 挂盘基准价。

新上市合约连续三个交易日无成交，交易所可另行调整结算价。

第四章 实物交割结算

第六十一条 交割结算价根据不同交割方式确定。滚动交割配对日交割结算价采用该期货合约配对日的当日结算价；滚动交割和一次性交割最后交易日交割结算价采用该期货合约自交割月第一个交易日起至最后交易日所有成交价格的加权平均价。期转现结算价采用买卖双方协议价格。提货单交割的交割结算价采用该期货合约提货单交割配对日的当日结算价。

……

第六十三条　在交割期内，买方未能如数解付货款，卖方未能如数交付标准仓单或提货单的，构成交割违约。

第六十四条　交割增值税专用（普通）发票由交割的卖方客户向相对应的买方客户开具，客户开具的增值税专用（普通）发票由双方会员转交、领取并协助核实，交易所根据双方会员确认结果结清相应的余款。

鸡蛋品种开具增值税普通发票。

第六十五条　卖方会员未在规定时间提交增值税专用（普通）发票的，自应交而未交增值税专用（普通）发票次日起，交易所向卖方会员按货款金额每日0.5‰的比例收取滞纳金，补偿给买方会员；超过30个自然日，卖方会员仍未提交增值税专用（普通）发票的，视作不交增值税专用（普通）发票，交易所按国家税收政策规定计算的增值税税额收取赔偿金，与滞纳金一并补偿给买方会员。上述款项从该会员在交易所预留的交割货款金额中扣除，剩余货款属于卖方会员。买卖双方另有约定的，遵其约定。

第六十六条　最后交易日交割的结算业务按以下规定办理。

（一）最后交易日闭市后，买方会员交割月份买持仓的交易保证金转为交割预付款，卖方会员交割月份卖持仓的交易保证金转为交割保证金；鸡蛋以外的品种，卖方会员将标准仓单交到交易所后，交易所清退卖方交割保证金；鸡蛋品种，标准仓单交到交易所后，不清退卖方交割保证金；

……

（六）最后交割日闭市后，交易所给买方会员开具《标准仓单持有凭证》。对于鸡蛋以外的品种，交易所将货款的80%付给卖方会员，余款在卖方会员提交了增值税专用发票后结清。对于鸡蛋品种，买方客户对鸡蛋质量无异议的，在最后交割日后第4个交易日闭市后，交易所清退卖方交割保证金，将货款的80%付给卖方会员，余款在卖方会员提交了增值税普通发票后结清；若买方客户对鸡蛋质量有异议或发生疫情的，按照《大连商品交易所交割细则》相关规定处理。

（七）最后交割日后1个交易日内，买方应按税务机关的规定将开具增值税专用（普通）发票的具体事项，如购货单位名称、购货单位地址、纳税人登记号、金额等信息通知卖方；

（八）鸡蛋以外的品种，最后交割日后7个交易日内，卖方会员向买方会员提交增值税专用发票；鸡蛋品种，交易所支付80%货款后7个交易日内，卖方会员向买方会员提交实际交割货物相应的增值税普通发票。

……

第六十九条　提货单交割的结算业务按以下规定办理。

（一）配对日闭市后，买方会员配对买持仓的交易保证金转为交割预付款；卖方会员配对卖持仓的交易保证金转为交割保证金。

（二）配对日结算时，交易所对会员申请交割的持仓按交割结算价进行结算处理，产生的盈亏计入当日平仓盈亏。

（三）配对日结算时，交易所从会员的结算准备金中扣划交割手续费。

（四）通知日后第3个自然日（第3个自然日不是交易日的，顺延至下一个交易日）闭市前，买方的交割预付款和卖方的交割保证金应按配对合约价值20%补足。闭市后，交易所从相应会员的结算准备金中划转。

最后通知日后第3个自然日（第3个自然日不是交易日的，顺延至下一个交易日）闭市前，参与提货单交割的所有买方的交割预付款和所有卖方的交割保证金应按配对合约价值20%补足。闭市后，交易所从相应会员的结算准备金中划转。

（五）交收日闭市前，买方会员须将交割买持仓相对应的货款（包括溢短款和升贴水）与交割预付款的差额部分划入交易所的专用结算账户。

（六）交收日闭市后，交易所释放卖方交割保证金，并将全额货款的80%划转给卖方，余款在卖方提交了增值税专用发票后结清。

（七）交收日，买方应按税务机关的规定将开具增值税专用发票的具体事项，如购货单位名称、购货单位地址、纳税人登记号、金额等信息通知卖方。

（八）交收日后7个交易日内，卖方会员向买方会员提交增值税专用发票。

第七十条 经交易所批准，以下有价证券可以充抵保证金：

（一）除鸡蛋品种外的标准仓单；

大连商品交易所交割细则修正案

（根据《关于公布施行〈大连商品交易所焦煤期货合约〉和相关实施细则修正案的通知》（大商所发〔2013〕62号）、《关于公布实行〈大连商品交易所铁矿石期货合约〉和相关实施细则修正案的通知》（大商所发〔2013〕245号）、《关于公布施行〈大连商品交易所鸡蛋期货合约〉和相关实施细则修正案的通知》（大商所〔2013〕273号）、《关于公布施行〈大连商品交易所纤维板期货合约〉、〈大连商品交易所胶合板期货合约〉和相关实施细则修正案的通知》（大商所发〔2013〕280号）修订）

第一章 总　　则

第一条 为保证大连商品交易所（以下简称交易所）期货交割业务的正常进行，规范实物交割行为，根据《大连商品交易所交易规则》，制定本细则。

第二条 交易所上市的商品期货合约采用实物交割方式。实物交割是指交易双方按照合约和规则的规定通过该期货合约所载商品所有权的转移，了结未平仓合约的过程。

第三条 客户的实物交割须由会员办理，并以会员名义在交易所进行。

第四条 个人客户持仓和焦炭、焦煤、铁矿石非交割单位整数倍持仓不允许交割。自交割月份第一个交易日起，交易所对个人客户交割月份合约的持仓予以强行平仓。对焦炭、焦煤、铁矿石以外品种合约，最后交易日收市后，个人客户交割月份合约的持仓仍未能平仓的，首先由会员代为履约，会员仍未能履约的，则按照本细则第二十二章有关规定进行处理。

对焦炭、焦煤、铁矿石合约，最后交易日收市后，个人客户交割月份合约的持仓和非交割单位整数倍持仓仍未能平仓的，由交易所按照“不允许交割持仓优先，含有时间最短持仓的交割单位整数倍持仓优先”原则，选择对手方持仓对冲平仓，平仓价格为该合约交割结算价，并对客户持有的不允许交割持仓部分处以按交割结算价计算合约价值20%的罚款，该款项支付给对方。若对冲双方均为持有不允许交割持仓的客户，交易所对双方分别处以按交割结算价计算合约价值20%的罚款，不再支付给对方。

第五条　交易所上市的商品期货合约的交割业务按本细则进行，交易所、会员、客户及交割仓库必须遵守本细则。

第二章　期货转现货

第六条　期货转现货（以下简称期转现）是指持有同一交割月份合约的交易双方通过协商达成现货买卖协议，并按照协议价格了结各自持有的期货持仓，同时进行数量相当的货款和实物交换。

第七条　期转现分为标准仓单期转现和非标准仓单期转现。

鸡蛋品种只允许非标准仓单期转现。

第八条　提出期转现申请的客户必须是单位客户，鸡蛋以外的品种，期转现的期限为该合约上市之日起至交割月份前一个月倒数第三个交易日（含当日），鸡蛋品种非标准仓单期转现的期限为该合约上市之日起至最后交易日倒数第四个交易日（含当日）。

第九条　交易双方达成现货买卖协议后，应向交易所提交下述材料：

（一）期转现申请；

（二）现货买卖协议；

（三）相关的货款证明；

（四）相关的标准仓单、入库单、存货单等货物持有证明。

第十条　采用标准仓单进行期转现时，会员应在交易日11:30前向交易所提出申请，交易所在申请的当日内予以审批。

批准日11:30前，卖方会员应将相应数量的标准仓单交到交易所，买方会员应将按协议价格计算的全额货款划入交易所账户。

第十一条　采用非标准仓单进行期转现时，交易所在收到申请后的3个交易日内予以审批。

第十二条　标准仓单期转现的仓单交收和货款支付由交易所负责办理，具体流程见《大连商品交易所结算细则》，手续费按交割手续费标准收取。

第十三条　非标准仓单期转现的货物交收和货款支付由交易双方自行协商确定，交易所对此不承担保证责任，手续费按交易手续费标准收取。

采用非标准仓单进行期转现时，交易双方应在现货交易结束后向交易所提交货物交收和货款支付证明。交易所有权对交易双方的现货行为进行监督和核查。

第十四条 期转现批准日结算时，交易所将交易双方的期转现持仓按协议价格进行结算处理，产生的盈亏计入当日平仓盈亏。

第十五条 期转现的持仓从当日持仓量中扣除，交易结果不计入当日结算价和成交量。每个交易日结束后，交易所将当日执行的期转现有关信息予以公布。

第三章 提货单交割

第十六条 提货单交割是指在交割月前1个月的规定时间内，由买卖双方主动申请、经交易所组织配对并监督、按照规定程序进行货物交收的实物交割方式。

铁矿石合约可采用提货单交割，交货地点在交易所指定交割地点中选择，具体指定交割地点由交易所另行公布。

第十七条 提货单是指在买方完成商品验收、确认合格、并经存货港口对物权转移确认后，卖方签发给买方的实物提货凭证。

提货单的内容包括：买方名称、卖方名称、存货港口名称、货物名称、数量、品质、存放地点、签发日期等。提货单须经买方、卖方、存货港口盖章确认。

第十八条 提货单交割由会员代客户办理，非期货公司会员可自行办理。

客户提出提货单交割申请的总量不得超过其同方向持仓。

铁矿石合约每笔提货单交割申请的数量为4万吨或其整数倍。

第十九条 提货单交割的申请及配对按照如下规定进行：

（一）买方客户在交割月前一个月第10个交易日至交割月前一个月第14个交易日期间内，每个交易日闭市前可以通过会员提出多笔包含数量和交收地点的意向申请，每笔申请只能提一个交收地点；交易所于当日闭市后汇总买方的申请数量和地点，并通过电子仓单系统、交易所网站等对外公布。

（二）卖方客户在买方提意向申请的第2个交易日下午14:00前，根据上一个交易日公布的买方意向，可以通过会员向交易所提出多笔包含数量和交收地点的申请，申请中也可以包含配对时参考的意向买方，单笔申请最多可以包含两个意向地点和两个意向买方。

（三）卖方提出申请当日为配对日。配对日闭市后，交易所参考卖方提出的意向买方和意向地点，按照最大交割数量原则组织配对。配对结果一经确定，买卖双方不得变更。

第二十条 配对日闭市后，交割配对持仓按配对日的结算价平仓。交割结算价为配对日的当日结算价。买持仓的交易保证金转为交割预付款，卖持仓的交易保证金转为交割保证金。

客户在提申请时应同时向交易所提交联系人及相应的联系方式，交易所于配对日闭市后，通过电子仓单系统将配对结果、联系人和联系方式发送给买卖双方会员，配对结果同时通过交易所网站等对外公布。系统一经发送，即视为已经送达。买卖双方收到配对信息后，应主动沟通协商货物交收事宜。

第二十一条 船预计到港或在港货物验收前3个自然日（若第3个自然日不是交易日，则提前至上一个交易日）为通知日。

卖方会员通过电子仓单系统将交货地点、货物预计到港日期、数量、船名、提单号等信息发送至交易所。通知日闭市后，交易所通过电子仓单系统发送给买方会员。如果货物到港日期等信息发生变更，卖方应及时通知买方。

第二十二条　通知日后第3个自然日（第3个自然日不是交易日的，顺延至下一个交易日）闭市前，买方的交割预付款和卖方的交割保证金应按配对合约价值20%补足。闭市后，交易所从相应会员的结算准备金中划转。

第二十三条　最后通知日为交割月前一个月倒数第3个交易日。卖方仍未发送通知信息的，在最后通知日后第3个自然日（第3个自然日不是交易日的，顺延至下一个交易日）闭市前，买方的交割预付款和卖方的交割保证金应按配对合约价值20%补足。闭市后，交易所从相应会员的结算准备金中划转。

第二十四条　货物交收确认可以按照以下程序进行：

（一）卖方应最少在卸货前（或货物检验前）10小时通知买方，买卖双方到场监收。

（二）买方委托的质检机构应在卸货过程中或堆垛过程中进行抽样。检验项目按本细则规定的铁矿石期货交割质量标准进行。抽样样品留存2个月。检验费用由买方负担，其他费用由卖方负担。

（三）货物检重以地磅或双方认可的其他计重方式为准。首先根据装船时检验的水分，按照合约的规定对重量进行折算，足量称重，最终依据为货物交收时质检机构出具的水分检验结果，允许3%的溢短。折算时均按四舍五入取整。

例：假设应交收的干基重量40000吨，装船水分检验结果为6%，卸船时质检机构的水分检验结果为8%，则卸货时应按40000÷（1－6%）＝42553（吨）足量验重，假设实际卸货重量为a吨，则最后实际交收重量为a×（1－8%）吨，溢短为［a×（1－8%）－40000］（吨）。

（四）卸货完成当日，卖方根据港口出具的磅单，通过电子仓单系统填写交收明细，买方应在当天进行确认，逾期未确认的交易所视为买方无异议。

买卖双方在完成报关和品质检验后，买方、卖方、港口三方就货物交收事宜进行确认，确认后卖方会员最迟于下一交易日14:00前，通过电子仓单系统填写《交收确认通知单》，买方会员应在卖方填写《交收确认通知单》当日14:30前完成确认，逾期未确认的交易所视为买方无异议。同时，买方将三方确认后的有效提货单通过传真或其他书面方式报送交易所，原件由客户留存备查。

第二十五条　买卖双方不按以上程序进行交收确认的，双方应通过电子仓单系统于确认当日14:00前填写《交收确认通知单》，同时应签订《交收商品品质、数量确认书》（铁矿石合约的交收商品品质、数量确认书详见附件20），并以传真或其他书面方式报送交易所，交易所不再受理由于交收品质和数量引发的争议申请，原件应在三个工作日内送达交易所。

第二十六条　交易所在收到《交收确认通知单》当日闭市后，通过会员服务系统向买方会员发送货款补齐通知，包括溢短款和升贴水。

第二十七条　交易所收到《交收确认通知单》下一个交易日为交收日。

交收日闭市前，买方会员须将交割买持仓相对应的货款（包括溢短款和升贴水）与交割预付款的差额部分划入交易所的专用结算账户；闭市后，交易所释放卖方交割保证金，并将全额货款的80%划转给卖方，其余货款在卖方提交了增值税专用发票后结清。

增值税专用发票由交割的卖方客户向相对应的买方客户开具，客户开具的增值税专用发票由双方会员转交、领取并协助核实。

第二十八条 买方应在完成抽样后次日起7个工作日内且在最后交易日前一个交易日前，分别向交易所和卖方提交质检报告，买方会员通过电子仓单系统填写交收商品品质检验信息，卖方应在买方填写品质检验信息的下一个交易日闭市前对检验结果进行确认。

卖方如对买方出具的检验结果有异议，应在买方提交检验报告的下一个交易日闭市前向交易所提出复检申请。交易所在指定质量检验机构中选取复检机构，以卸货时的抽样存样的复检结果为解决争议的依据。逾期未提出申请的，视作对检验结果无异议。

卖方提出争议时，复检费用先由卖方先行垫付，复检结果与原检验结果的差异在相关标准规定的合理误差范围内的，由此产生的费用（包含检验费、差旅费等）由卖方负担；否则，该费用由买方负担。

第二十九条 最后交易日闭市前，交易所未收到《交收确认通知单》的，闭市后交易所根据不同情况按照以下规定进行处理：

（一）由于买方原因导致双方无法如期完成交收确认的，交易所处以买方交割结算价计算的合约价值20%的惩罚性违约金，并支付给卖方，退还卖方交割保证金，终止交割。

（二）由于天气、压港等原因导致双方无法如期完成交收确认的，卖方应在导致延误当日告知交易所，交易所根据实际情况确认最终交收时间。

（三）由于卖方除天气之外等原因导致双方无法如期完成交收确认的，交易所处以卖方按交割结算价计算的合约价值20%的惩罚性违约金，并支付给买方，退还买方交割预付款，终止交割。

（四）由于品质检验争议导致双方无法如期完成交收确认的，复检结果与大连商品交易所交割质量标准相符的，继续交割；不符合的，处以卖方按交割结算价计算的合约价值20%的惩罚性违约金，并支付给买方，退还买方交割预付款，终止交割。

第三十条 提货单交割违约是指在规定期限内，买方未能如数解付货款，卖方未能在规定地点如数交付符合期货交割质量标准的商品。

买方构成交割违约的，交易所处以买方按交割结算价计算的违约部分合约价值20%的惩罚性违约金，并支付给卖方，同时释放卖方的交割保证金，交割终止。

买方交割违约合约数量计算公式如下：

买方交割违约合约数量（手）=［应交货款（元）－已交货款（元）］÷［交割结算价（元/吨）×（1－20%）+升贴水（元/吨）］÷交易单位（吨/手）。

卖方构成交割违约的，交易所处以卖方按交割结算价计算的违约部分合约价值

20%的惩罚性违约金，并支付给买方，同时释放买方的货款，交割终止。

卖方交割不足部分合约数量（手）=［应交的商品重量（吨）－已交的重量（吨）］÷交易单位（吨/手）。

若买卖双方都违约的，交易所对双方按交割结算价计算的违约部分合约价值5%分别处以罚款。

第四章　滚动交割

第三十一条　黄大豆1号、黄大豆2号、豆粕、豆油、玉米合约采用滚动交割。

第三十二条　滚动交割是指在合约进入交割月以后，由持有标准仓单和卖持仓的卖方客户主动提出，并由交易所组织匹配双方在规定时间完成交割的交割方式。

第三十三条　滚动交割由客户提出交割申请，会员代客户办理。办理时间为交割月第一个交易日至交割月最后交易日前一交易日。

第三十四条　滚动交割流程的第一日是配对日。

（一）卖方申报交割。进入交割月后，同时持有标准仓单（已办理充抵保证金的仓单除外，下同）和交割月单向卖持仓的客户可以通过会员提出交割申请，会员在交割月第一个交易日至最后交易日前一交易日闭市前，均可向交易所申报交割。提出交割申请的相应持仓和仓单予以冻结，其卖持仓对应的交易保证金不再收取。

（二）买方申报意向。持有交割月单向买持仓的买方在交割月第一个交易日至最后交易日前一交易日闭市前可以向交易所申报交割意向。

第三十五条　配对日闭市后，交易所通过系统，按照“申报意向优先、含有建仓时间最早的持仓优先”原则，确定参与配对的买方持仓。

对于选取的买卖双方，交易所先以仓库为单位汇总卖方申报交割的仓单数量，在买方和仓库之间按照“最少配对数”原则进行配对，确定买方交割对应的仓库和在该仓库交割的数量；再将配好仓库的买方与申请交割且持有该仓库仓单的卖方以“最少配对数”原则进行配对，确定交割对应的买卖双方。配对结果一经确定，买卖双方不得变更。

第三十六条　配对日闭市后，买方会员的配对买持仓的交易保证金转为交割预付款。

第三十七条　滚动交割配对日交割结算价采用该期货合约配对日的当日结算价。

第三十八条　配对日闭市后，配对持仓从交割月合约的持仓量中扣除，不再受持仓限额限制。《交割通知单》和配对结果等滚动交割信息随配对日结算单通过会员服务系统发送给买卖双方会员，会员服务系统一经发送，即视为已经送达。配对结果等信息通过相关公共媒体和信息商对社会公众发布。

第三十九条　配对结果确定后，买方应及时向卖方提供有关增值税专用发票开具内容的事项，卖方在配对日后7个交易日内将增值税专用发票交付买方。

第四十条　配对日后（不含配对日）第2个交易日为交收日。交收日闭市之前，买方会员须补齐与其配对交割月份合约持仓相对应的全额货款，办理交割手续。

第四十一条　交收日闭市后，交易所将卖方交割的仓单分配给对应的配对买方。

第四十二条 交收日闭市后，交易所给买方会员开具《标准仓单持有凭证》，将货款的80%付给卖方会员，余款在卖方会员提交了增值税专用发票后结清。

第四十三条 滚动交割违约是指在规定期限内，买方未能如数解付货款。构成交割违约的，按本细则第二十二章的有关规定处理，其中违约合约价值按配对日结算价计算，征购和竞卖在最后交割日后集中进行。

第四十四条 在合约最后交易日后，所有未平仓合约的持有者须以交割履约。最后交易日闭市后，同一客户号买卖持仓相对应部分的持仓视为自动平仓，不予办理交割，平仓价按交割结算价计算。

滚动交割最后交易日的交割结算价采用该期货合约自交割月第一个交易日起至最后交易日所有成交价格的加权平均价。

第四十五条 最后交易日闭市后，交易所将交割月份买持仓的交易保证金转为交割预付款。

第四十六条 最后交割日闭市前，卖方会员须将与其交割月份合约持仓相对应的全部标准仓单交到交易所，买方会员应当补齐与其交割月份合约持仓相对应的差额货款。

第四十七条 最后交割日闭市后，交易所先以仓库为单位汇总卖方申报交割的仓单数量，在买方和仓库之间按照“最少配对数”原则进行配对，确定买方交割对应的仓库和在该仓库交割的数量；再将配好仓库的买方与申请交割且持有该仓库仓单的卖方以“最少配对数”原则进行配对，确定交割对应的买卖双方。配对结果一经确定，买卖双方不得变更。

第四十八条 配对结果确定后，买方应及时向卖方提供有关增值税专用发票开具内容的事项，卖方在最后交割日后7个交易日内将增值税专用发票交付买方。

最后交割日闭市后，交易所给买方会员开具《标准仓单持有凭证》，将货款的80%付给卖方会员，余款在卖方会员提交了增值税专用发票后结清。

交割增值税专用发票由交割的卖方客户向相对应的买方客户开具，客户开具的增值税专用发票由双方会员转交、领取并协助核实。

会员迟交或未提交增值税专用发票的，按《大连商品交易所结算细则》有关规定处理。

第五章 一次性交割

第四十九条 棕榈油、线型低密度聚乙烯、聚氯乙烯、焦炭、焦煤、铁矿石、鸡蛋、纤维板、胶合板合约采用一次性交割。在合约最后交易日后，所有未平仓合约的持有者须以交割履约，同一客户号买卖持仓相对应部分的持仓视为自动平仓，不予办理交割，平仓价按交割结算价计算。

交割结算价采用该期货合约自交割月第一个交易日起至最后交易日所有成交价格的加权平均价。

第五十条 最后交易日闭市后，交易所将交割月份买持仓的交易保证金转为交割预付款。

第五十一条　最后交割日闭市前，卖方会员须将与其交割月份合约持仓相对应的全部标准仓单交到交易所，买方会员应当补齐与其交割月份合约持仓相对应的差额货款。

第五十二条　最后交割日闭市后，交易所先以仓库为单位汇总卖方申报交割的仓单数量，在买方和仓库之间按照“最少配对数”原则进行配对，确定买方交割对应的仓库和在该仓库交割的数量；再将配好仓库的买方与申请交割且持有该仓库仓单的卖方以“最少配对数”原则进行配对，确定交割对应的买卖双方。配对结果一经确定，买卖双方不得变更。

第五十三条　配对结果确定后，买方应及时向卖方提供有关增值税专用（普通）发票开具内容的事项。鸡蛋以外的品种，卖方在最后交割日后 7 个交易日内将增值税专用发票交付买方；鸡蛋品种，卖方在交易所支付 80% 货款后 7 个交易日内将相应的增值税普通发票交付买方。

第五十四条　最后交割日闭市后，交易所给买方会员开具《标准仓单持有凭证》。

对于鸡蛋以外的品种，交易所将货款的 80% 付给卖方会员，余款在卖方会员提交了增值税专用发票后结清。

对于鸡蛋品种，最后交割日后第 4 个交易日闭市前，买方客户对鸡蛋质量无异议的，交易所在闭市后清退卖方交割保证金，将货款的 80% 付给卖方会员，余款在卖方会员提交了增值税普通发票后结清。最后交割日后第 4 个交易日闭市前，买方客户对某个交割仓库某批次鸡蛋质量有异议的，可以申请对该批次鸡蛋复检，该交割仓库中与其配对的卖方全部货款暂不支付。最后交割日后第 7 个交易日闭市前，交易所公布争议复检结果，若复检合格，交易所在闭市后清退卖方交割保证金，将该部分货款的 80% 付给卖方会员，余款在卖方会员提交了增值税普通发票后结清。若根据《大连商品交易所交割细则》附件 23 鸡蛋交割质量标准中 4. 3 的规定，卫生指标复检不合格，在最后交割日后第 12 个交易日闭市前，卖方在原交割仓库或买卖双方协商交割地点更换合格货物，换货时应当委托交易所指定质检机构，对鸡蛋全部交割质量指标检验，并且检验合格，交易所在最后交割日后第 12 个交易日闭市后，清退卖方交割保证金，将该部分货款的 80% 付给卖方会员，余款在卖方会员提交了增值税普通发票后结清；卖方不能按时提供合格货物，则交割终止，交易所将卖方该部分鸡蛋合约价值 20% 的交割保证金支付给买方，提货通知单对应的该部分货物归还卖方，退还买方货款。若卫生指标合格，仅其他指标存在问题，交易所在最后交割日后第 7 个交易日闭市后，清退卖方交割保证金，将该部分货款的 80% 付给卖方会员，余款在卖方会员提交了增值税普通发票后结清，并按照本细则有关规定解决质量争议。

第五十五条　交割增值税专用（普通）发票由交割的卖方客户向相对应的买方客户开具，客户开具的增值税专用（普通）发票由双方会员转交、领取并协助核实。

会员迟交或未提交增值税专用（普通）发票的，按《大连商品交易所结算细则》有关规定处理。

第六章　黄大豆 1 号交割标准

第五十六条　黄大豆 1 号合约交割标准品、替代品的质量标准和质量升扣价详见附件1《大连商品交易所黄大豆1号交割质量标准》（FA/DCED 001—2012）。

黄大豆1号指定交割仓库分为基准交割仓库和非基准交割仓库（详见附件2《大连商品交易所黄大豆1号指定交割仓库名录》），交易所可视情况对黄大豆1号指定交割仓库进行调整。

第五十七条 黄大豆1号合约升贴水的差价款由货主同指定交割仓库结算。

第五十八条 黄大豆1号可以采用散粮或麻袋包装进行交割。

第五十九条 黄大豆1号采用麻袋包装的，麻袋规定为长107±5cm、宽74±3cm不破、不漏的麻袋。麻袋卫生要求为无毒害物质污染，无油污，无霉变，无严重的煤灰、石灰、铁锈、泥土、水渍等污染。交易所可根据现货市场情况对包装物标准进行调整。

包装物上或随行文件中应注明产品的名称、类别、等级、产地、收获年度和月份。

包装物价格由交易所另行规定。包装费用由货主同指定交割仓库结算。

第六十条 黄大豆1号包装物数量按每吨11条麻袋计算。麻袋重量按每条0.9公斤计重。

第六十一条 麻袋缝口可以是机器缝口或手工缝口。机器缝口必须达到两头锁紧双趟标准；手工缝口必须达到双线16针以上（含16针）标准。麻袋缝口质量达不到标准，可由指定交割仓库调换麻袋或对缝口加针，由此发生的费用由卖方货主承担。

第六十二条 黄大豆1号合约的交易价格为散粮价格。

第七章 黄大豆2号交割标准

第六十三条 黄大豆2号合约交割标准品、替代品的质量标准和质量差异升扣价详见附件3《大连商品交易所黄大豆2号交割质量标准》（FB/DCED 001—2009）。

黄大豆2号指定交割仓库分为基准交割仓库和非基准交割仓库（详见附件4《大连商品交易所黄大豆2号指定交割仓库名录》），交易所可视情况对黄大豆2号指定交割仓库进行调整。

（自B1407合约开始，黄大豆2号合约交割标准品、替代品的质量标准和质量升扣价适用《大连商品交易所黄大豆2号交割质量标准》（FB/DCED 001—2013）。）

第六十四条 黄大豆2号合约升贴水的差价款由货主同指定交割仓库结算。

第六十五条 黄大豆2号可以采用散粮或包粮进行交割，包粮的包装物为麻袋。包装物价格由交易所确定并在黄大豆2号合约上市时提前公布。

第六十六条 黄大豆2号合约的交易价格为散粮价格。包装款由货主同指定交割仓库结算。

第六十七条 麻袋规定为长107±5cm、宽74±3cm不破、不漏的麻袋。麻袋卫生要求为无毒害物质污染，无油污，无霉变，无严重的煤灰、石灰、铁锈、泥土、水渍等污染。交易所可根据现货市场情况对包装物标准进行调整。

包装物上或随行文件中应注明产品的名称、类别、等级、产地、收获年度和月份。

第六十八条 黄大豆2号的包装物数量按每吨11条麻袋计算。麻袋重量按每条0.9公斤计重。

麻袋缝口可以是机器缝口或手工缝口。机器缝口必须达到两头锁紧双趟标准；手工缝口必须达到双线16针以上（含16针）标准。麻袋缝口质量达不到标准，可由指定交割仓库调换麻袋或对缝口加针，由此发生的费用由卖方货主承担。

第八章　豆粕交割标准

第六十九条　豆粕交割标准品的质量标准详见附件5《大连商品交易所豆粕交割质量标准》（F/DCED 001—2006）。

豆粕指定交割仓库分为基准交割仓库和非基准交割仓库（详见附件6《大连商品交易所豆粕指定交割仓库名录》），交易所可视情况对豆粕指定交割仓库进行调整。

第七十条　用于交割的豆粕在入库时，货主需向指定交割仓库提交豆粕的生产厂家、生产日期、产品检验员以及是否转基因的证明和标识，厂家质量检验报告复印件等。

第七十一条　豆粕包装为新的编织袋，编织袋的有效宽度为625mm～725mm，有效长度为1075mm～1225mm。编织袋要求不破、不漏。对包装物的卫生要求为无毒害物质污染，无油污，无霉变，无严重的煤灰、石灰、铁锈、泥土、水渍等污染。同一客户同一批次入库的豆粕包装要求规格统一。交易所可根据现货市场情况对包装物标准进行调整。

豆粕的每一袋包装上必须印有品名、厂家名称、厂家地址、厂家电话、重量的标识，并在编织袋上缝制印有生产日期的标签。

第七十二条　豆粕包装物不计算件数，编织袋包装价格包含在合约交易价格中。

第九章　豆油交割标准

第七十三条　豆油交割标准品的质量标准详见附件7《大连商品交易所豆油交割质量标准》。

豆油指定交割仓库分为基准交割仓库和非基准交割仓库（详见附件8《大连商品交易所豆油指定交割仓库名录》），交易所可视情况对豆油指定交割仓库进行调整。

第十章　棕榈油交割标准

第七十四条　棕榈油交割标准品的质量标准详见附件9《大连商品交易所棕榈油交割质量标准》（F/DCEP 002—2011）。

棕榈油指定交割仓库分为基准交割仓库和非基准交割仓库（详见附件10《大连商品交易所棕榈油指定交割仓库名录》），交易所可视情况对棕榈油指定交割仓库进行调整。

棕榈油合约升贴水的差价款由货主同指定交割仓库结算。

第十一章　玉米交割标准

第七十五条　玉米合约交割标准品、替代品的质量标准和质量差异升扣价详见附件11《大连商品交易所玉米交割质量标准》（FC/DCED 001—2009）。

玉米指定交割仓库分为基准交割仓库和非基准交割仓库（详见附件12《大连商品交易所玉米指定交割仓库名录》），交易所可视情况对玉米指定交割仓库进行调整。

（自 C1501 合约开始，玉米合约交割标准品、替代品的质量标准和质量升扣价适用《大连商品交易所玉米交割质量标准》（FC/DCED 001—2013）。）

第七十六条 玉米合约升贴水的差价款由货主同指定交割仓库结算。

第七十七条 玉米可以采用散粮或包粮进行交割，包粮的包装物为麻袋。包装物价格由交易所确定并在玉米合约上市时提前公布。

第七十八条 玉米合约的交易价格为散粮价格。包装款由货主同指定交割仓库结算。

第七十九条 麻袋规定为长 107 ±5cm、宽 74 ±3cm 不破、不漏的麻袋。麻袋卫生要求为无毒害物质污染，无油污，无霉变，无严重的煤灰、石灰、铁锈、泥土、水渍等污染。交易所可根据现货市场情况对包装物标准进行调整。

包装物上或随行文件中应注明产品的名称、类别、等级、产地、收获年度和月份。

第八十条 玉米的包装物数量按每吨 12 条麻袋计算。麻袋重量按每条 0.9 公斤计重。

麻袋缝口可以是机器缝口或手工缝口。机器缝口必须达到两头锁紧双趟标准；手工缝口必须达到双线 16 针以上（含 16 针）标准。麻袋缝口质量达不到标准，可由指定交割仓库调换麻袋或对缝口加针，由此发生的费用由卖方货主承担。

第十二章　线型低密度聚乙烯交割标准

第八十一条 线型低密度聚乙烯合约标准交割品的质量标准和包装物要求详见附件 13《大连商品交易所线型低密度聚乙烯交割质量标准》（F/DCEL 001—2007）。

原产厂家认定的不合格产品和以回收料为原料生产的线型低密度聚乙烯不允许交割。

交易所推荐厂家推荐牌号的线型低密度聚乙烯，货主能够提供《大连商品交易所黄大豆 1 号、黄大豆 2 号、玉米、线型低密度聚乙烯、聚氯乙烯、纤维板、胶合板标准仓单管理办法》规定材料的，经交割仓库审核同意后，可免于质量检验。推荐厂家推荐牌号的企业资格与名录由交易所确定并公布。

线型低密度聚乙烯指定交割仓库分为基准交割仓库和非基准交割仓库（详见附件 14《大连商品交易所线型低密度聚乙烯指定交割仓库名录》），交易所可视情况对线型低密度聚乙烯指定交割仓库进行调整。

第八十二条 线型低密度聚乙烯包装物价格包含在线型低密度聚乙烯合约价格中。

第八十三条 线型低密度聚乙烯交割品每袋净重 25 ±0.2kg，每吨 40 袋，不计溢短。

第十三章　聚氯乙烯交割标准

第八十四条 聚氯乙烯标准品为质量标准符合国家标准《悬浮法通用型聚氯乙烯树脂》（GB/T 5761—2006）的 SG5 型一等品。优等品作为替代品允许交割，优等品和一等品之间不设等级升贴水。

第八十五条 交易所推荐厂家推荐品牌的聚氯乙烯，货主能够提供《大连商品交易所黄大豆 1 号、黄大豆 2 号、玉米、线型低密度聚乙烯、聚氯乙烯、纤维板、胶合板标准仓单管理办法》规定材料，经交割仓库审核同意后，可免于质量检验。推荐厂家推荐牌号的企业资格与名录由交易所确定并公布。

第八十六条　聚氯乙烯指定交割仓库分为基准交割仓库和非基准交割仓库（详见附件 15《大连商品交易所聚氯乙烯指定交割仓库名录》），交易所可视情况对聚氯乙烯指定交割仓库进行调整。

第八十七条　聚氯乙烯交割品要求使用原生产厂家或者其认可的包装，包装袋上应标明商标、产品名称、产品标准号、净质量、生产厂名称及地址，并标识产品型号。

包装材料为内衬塑料薄膜袋的牛皮纸袋、聚丙烯编制袋或牛皮纸与聚丙烯编制物复合袋，应保证产品在正常贮运中包装不破损，产品不被污染，不泄漏。每袋净重 25 ±0. 2kg，每吨 40 袋，不计溢短。

第八十八条　聚氯乙烯包装物价格包含在聚氯乙烯合约价格中。

第十四章　焦炭交割

第八十九条　焦炭合约交割标准品、替代品的质量标准和质量升贴水详见附件 16《大连商品交易所焦炭交割质量标准》（F/DCE J001—2011）。

焦炭指定交割仓库分为基准交割仓库和非基准交割仓库（详见附件 17《大连商品交易所焦炭指定交割仓库名录》），交易所可视情况对焦炭指定交割仓库进行调整。

第九十条　焦炭合约升贴水的差价款由货主同指定交割仓库结算。

第九十一条　焦炭合约交割单位为 1000 吨。

第九十二条　货主应当委托交易所指定的质检机构对入库商品进行质量检验。

货主应当在入库前 3 个自然日之前，将到货方式、到货数量、到货时间通知指定质检机构，并在委托质检协议中列明。委托质检协议中还应当明确昼夜作业费用、货主通知指定质检机构焦炭入库的方式、检验数量、出具检验报告的时间以及因指定质检机构未及时到场给货主造成损失的责任承担等内容。

第九十三条　焦炭抽样应当在入库堆垛时的焦炭流中进行。

最小抽样数量为 3000 吨，不足 3000 吨的按照 3000 吨计算费用。

第九十四条　焦炭检重以地磅或轨道衡计量为准。指定交割仓库根据交易所指定的质检机构出具的焦炭水分检验结果，按照焦炭合约的规定对重量进行折算，并以此作为出具仓单的依据。

第九十五条　交易所指定的质检机构完成入库焦炭质量检验后，应当出具检验报告正本一份，副本三份，并将正本提交货主，向交易所和指定交割仓库分别提交副本一份。

第九十六条　焦炭出库时，指定交割仓库应当向货主出具由指定交割仓库检验的水分实测结果，并出示仓单注册时的质量检验报告。

指定交割仓库按照水分实测结果和《大连商品交易所焦炭交割质量标准》（F/DCEJ 001—2011）规定，折算成出库重量后足量发货。

指定交割仓库可以依据仓单注册时的质量检验报告与客户结算质量升贴水，也可以经双方协商抽样、留样，在出库后的 15 日内双方对焦炭质量无异议的，依据仓单注册时的质量检验报告与客户结算质量升贴水；一方或双方对焦炭质量有异议的，以此样品检验结果作为与客户结算质量升贴水的依据。

第九十七条 货主对指定交割仓库实测水分有争议的，应当选择指定质检机构到场检验，并以该检验结果作为出库计重依据。

货主对焦炭质量检验结果有争议的，可以选择以下两种方式之一抽样、留样，并依据《大连商品交易所豆粕、豆油、棕榈油、焦炭、焦煤、铁矿石、鸡蛋标准仓单管理办法》第七十二条规定，以该样品检验结果作为解决争议的依据：

（一）继续出库，并选择指定质检机构到场在焦炭流中抽样、留样；

（二）选择指定质检机构采取开垛、倒垛等方式抽样。

质量检验费用由货主先行垫付。检验结果与指定交割仓库出示的检验结果相符，由此产生的一切费用（检验费和差旅费等）和损失由货主负担；检验结果与指定交割仓库出示的检验结果不相符，由此产生的一切费用（检验费和差旅费等）和损失由指定交割仓库负担。

第九十八条 厂库发货时，应当向货主提供对应货物的厂家质检报告原件，作为结算质量升贴水的依据。

第十五章 焦煤交割

第九十九条 焦煤合约交割标准品、替代品的质量标准和质量升贴水详见附件18《大连商品交易所焦煤交割质量标准》（F/DCE JM 001—2013）。

焦煤指定交割仓库分为基准交割仓库和非基准交割仓库（详见附件19《大连商品交易所焦煤指定交割仓库名录》），交易所可视情况对焦煤指定交割仓库进行调整。

第一百条 焦煤合约升贴水的差价款由货主同指定交割仓库结算。

第一百零一条 焦煤合约交割单位为6000吨。

第一百零二条 货主应当委托交易所指定的质检机构对入库商品进行质量检验。

货主应当在入库前3个自然日之前，将到货方式、到货数量、到货时间通知指定质检机构，并在委托质检协议中列明。委托质检协议中还应当明确昼夜作业费用、货主通知指定质检机构焦煤入库的方式、检验数量、出具检验报告的时间以及因指定质检机构未及时到场给货主造成损失的责任承担等内容。

第一百零三条 焦煤抽样应当在入库堆垛时的焦煤流中进行。

第一百零四条 焦煤检重以地磅或轨道衡计量为准。指定交割仓库根据交易所指定的质检机构出具的焦煤水分检验结果，按照《大连商品交易所焦煤交割质量标准》（F/DCE JM001—2013）的规定对重量进行折算，并以此作为出具仓单的依据。

第一百零五条 交易所指定的质检机构完成入库焦煤质量检验后，应当出具检验报告正本一份，副本三份，并将正本提交货主，向交易所和指定交割仓库分别提交副本一份。

第一百零六条 焦煤出库时，指定交割仓库应当向货主出具由指定交割仓库检验的水分实测结果，并出示仓单注册时的质量检验报告。

指定交割仓库按照水分实测结果和《大连商品交易所焦煤交割质量标准》（F/DCE JM001—2013）规定，折算成出库重量后足量发货。

指定交割仓库可以依据仓单注册时的质量检验报告与客户结算质量升贴水。双方也可以协商抽样、留样，在出库后的15日内双方对焦煤质量无异议的，依据仓单注册时的质量检验报告与客户结算质量升贴水；一方或双方对焦煤质量有异议的，以此样品检验结果作为与客户结算质量升贴水的依据。样品检验结果与仓单注册时检验结果存在差异但在国标误差规定范围内的，以仓单注册时的质量检验报告为准。

第一百零七条　货主对指定交割仓库实测水分有争议的，应当选择指定质检机构到场检验，并以该检验结果作为出库计重依据。

货主对焦煤质量检验结果有争议的，可以选择以下两种方式之一抽样、留样：

（一）继续出库，并选择指定质检机构到场在焦煤流中抽样、留样；

（二）选择指定质检机构采取开垛、倒垛等方式抽样。

双方应当依据《大连商品交易所豆粕、豆油、棕榈油、焦炭、焦煤、铁矿石、鸡蛋标准仓单管理办法》第七十二条规定，以该样品检验结果作为解决争议的依据，如果该样品检验结果与仓单注册时检验结果存在差异但在国标误差规定范围内的，则视为与指定交割仓库出示的检验结果相符，并以此作为解决争议的依据。

质量检验费用由货主先行垫付。检验结果与指定交割仓库出示的检验结果相符，由此产生的一切费用（检验费和差旅费等）和损失由货主负担；检验结果与指定交割仓库出示的检验结果不相符，由此产生的一切费用（检验费和差旅费等）和损失由指定交割仓库负担。

第一百零八条　厂库应当按合约要求的入库质量标准发货，并应当向货主提供对应货物的厂家质检报告原件，作为结算质量升贴水的依据。

第十六章　铁矿石交割

第一节　一般规定

第一百零九条　铁矿石交割可以采用提货单交割或标准仓单交割。

第一百一十条　铁矿石合约交割标准品、替代品的质量标准和质量升贴水详见附件21《大连商品交易所铁矿石交割质量标准》（F/DCEI 001—2013）。

第二节　铁矿石标准仓单交割

第一百一十一条　铁矿石指定交割仓库分为基准交割仓库和非基准交割仓库（详见附件22《大连商品交易所铁矿石指定交割仓库名录》），交易所可视情况对铁矿石指定交割仓库进行调整。

第一百一十二条　铁矿石交割升贴水的差价款由货主同指定交割仓库结算。

第一百一十三条　铁矿石合约交割单位为10000吨。

第一百一十四条　货主应当委托交易所指定的质检机构对入库商品进行质量检验。

货主应当在入库前3个自然日之前，将到货方式、到货数量、到货时间通知指定质检机构，并在委托质检协议中列明。委托质检协议中还应当明确昼夜作业费用、货主通知指定质检机构铁矿石入库的方式、检验数量、出具检验报告的时间以及因指定质检机构未及时到场给货主造成损失的责任承担等内容。

第一百一十五条 铁矿石抽样应当在入库堆垛时的铁矿石流中进行。

第一百一十六条 铁矿石检重以地磅、轨道衡、水尺或其他买卖双方认可的计量方式为准。指定交割仓库根据交易所指定的质检机构出具的铁矿石水分检验结果，按照干基对重量进行折算，并以此作为出具标准仓单的依据。

第一百一十七条 交易所指定的质检机构完成铁矿石质量检验后，应当出具检验报告正本一份，副本三份，并将正本提交货主，向交易所和指定交割仓库分别提交副本一份。

第一百一十八条 铁矿石出库时，指定交割仓库应当向货主出具由指定交割仓库检验的水分实测结果，并出示仓单注册时的质量检验报告。

指定交割仓库按照水分实测结果和《大连商品交易所铁矿石交割质量标准》（F/DCEI 001—2013）规定，折算成出库重量后足量发货。

指定交割仓库可以依据仓单注册时的质量检验报告与客户结算质量升贴水，也可以经双方协商抽样、留样，在出库后的15个自然日内双方对铁矿石质量无异议的，依据仓单注册时的质量检验报告与客户结算质量升贴水；一方或双方对铁矿石质量有异议的，以此样品检验结果作为指定交割仓库与客户结算质量升贴水的依据。

第一百一十九条 货主对指定交割仓库实测水分有争议的，应当选择指定质检机构到场检验，并以该检验结果作为出库计重依据。

货主对铁矿石质量检验结果有争议的，可以选择以下两种方式之一抽样、留样，并依据《大连商品交易所豆粕、豆油、棕榈油、焦炭、焦煤、铁矿石、鸡蛋标准仓单管理办法》第七十二条规定，以该样品检验结果作为解决争议的依据：

（一）继续出库，并选择指定质检机构到场在矿石流中抽样、留样；

（二）选择指定质检机构采取开垛、倒垛等方式抽样。

质量检验费用由货主先行垫付。检验结果与指定交割仓库出示的检验结果相符，由此产生的一切费用（检验费和差旅费等）和损失由货主负担；检验结果与指定交割仓库出示的检验结果不相符，由此产生的一切费用（检验费和差旅费等）和损失由指定交割仓库负担。

第一百二十条 厂库应当按合约要求的交割质量标准发货，并应当向货主提供对应货物的厂家质检报告原件，作为结算质量升贴水的依据。

第十七章 鸡蛋交割

第一百二十一条 鸡蛋合约交割标准品、替代品的质量标准和质量升贴水详见附件23《大连商品交易所鸡蛋交割质量标准》（F/DCE JD 001—2013）。

鸡蛋指定交割仓库分为基准交割仓库和非基准交割仓库（详见附件24《大连商品交易所鸡蛋指定交割仓库名录》），交易所可视情况对鸡蛋指定交割仓库进行调整。

第一百二十二条 交易所推荐品牌鸡蛋符合规定条件时，可免检入库，鸡蛋推荐品牌的企业资格、免检条件和名录交易所另行公布。

第一百二十三条 鸡蛋合约升贴水的差价款由货主同指定交割仓库结算。

第一百二十四条　同一货主入库的鸡蛋应采用重量统一的纸箱和蛋托包装，纸箱和蛋托质量应符合鸡蛋交割质量标准规定。

第一百二十五条　鸡蛋合约交割单位为5吨。

第一百二十六条　鸡蛋入库质量检验由指定交割仓库委托交易所指定的质检机构进行。

货主应当在到货前3个自然日之前，将到货方式、到货数量、到货时间通知指定交割仓库。指定交割仓库应当在收到货主入库通知后，将以上信息通知指定质检机构，并在委托质检协议中列明。委托质检协议中还应当明确检验费用、昼夜作业费用、出具检验报告的时间以及因指定质检机构未及时到场给货主造成损失的责任承担等内容。检验费用由货主承担，由指定交割仓库负责转交。

第一百二十七条　鸡蛋入库时，货主应当提供防疫证、来自非疫区证明和车辆消毒证原件，并将三证提交指定交割仓库保管。

第一百二十八条　鸡蛋入库最早抽样时间为交割月首个交易日，抽样应当在卸货过程中、恒温库外进行。鸡蛋质量检验应以5吨的整数倍进行组批。

第一百二十九条　鸡蛋检重以指定交割仓库地磅或轨道衡计量为准。指定交割仓库对鸡蛋包装物抽样检验重量，并根据包装物重量检验结果，折算入库鸡蛋净重，作为出具仓单的依据。

第一百三十条　鸡蛋应当整箱入库，入库重量与实际交割量差不应超过±20千克。不足或多余部分，指定交割仓库按照以下方式与货主结算：最后交易日闭市前入库的，按照入库日该交割月份鸡蛋合约前一交易日结算价结算；最后交易日闭市后入库的，按照该交割月份鸡蛋合约交割结算价结算。

第一百三十一条　交易所指定的质检机构完成入库鸡蛋质量检验后，应当出具检验报告正本一份，副本三份，并将正本提交货主，向交易所和指定交割仓库分别提交副本一份。

第一百三十二条　鸡蛋应当整箱出库，出库时，指定交割仓库应当向货主出示仓单注册时的质量检验报告，并依此与客户结算质量升贴水。

指定交割仓库应当向货主提供出库鸡蛋的防疫证、来自非疫区证明和车辆消毒证。

第一百三十三条　自标准仓单注册日至最后交割日期间的鸡蛋重量损耗由卖方客户承担，鸡蛋每天重量损耗比例交易所另行公布。

鸡蛋重量损耗在鸡蛋入库时由交割仓库代收，出库时转交买方客户。弥补鸡蛋重量损耗可以为现金结算或提供与交割品同一批次的鸡蛋。若采用现金结算，出库时指定交割仓库按照以下方式与买方结算，并将重量损耗部分货款与相应的增值税普通发票同时转交给买方；最后交易日闭市前注册仓单的，按照仓单注册日该交割月份鸡蛋合约前一交易日结算价结算；最后交易日闭市后注册仓单的，按照该交割月份鸡蛋合约交割结算价结算。

第一百三十四条　货主对出库鸡蛋的质量有异议的，应当在最后交割日后第4个交易日闭市前且货物未出库情况下提出。货主应当向交易所书面说明需要复检的质量指标，并由交易所选择指定质检机构到场检验，争议复检的数量应以交割单位的整数倍提出。鸡蛋复检所抽样品出库到检验机构过程中应采用0－5℃恒温运输，否则复检结果视为无效。

复检一切相关费用（检验费和差旅费等）由买方垫付，复检结果与出库质量要求相符的，相关复检费用由买方承担。复检结果与出库质量要求不相符的，其中卫生指标不符，由此产生的一切费用（检验费和差旅费等）和损失由卖方负担；若卫生指标符合，仅感官指标、蛋重、新鲜度等指标不符，由此产生的一切费用（检验费和差旅费等）和损失由指定交割仓库负担。

第一百三十五条 厂库发货时，应当向货主提供对应货物的厂家质检报告原件，作为结算质量升贴水的依据。

第十八章 疫情处理

第一百三十六条 本章适用于鸡蛋品种。

第一百三十七条 疫情信息以及疫区认定以农业部公开发布的信息为准，疫区认定信息公布日后下一个自然日起，处于疫区的交割仓库停止办理交割货物入库业务，交割厂库停止签发仓单。

第一百三十八条 若疫区认定信息公布在最后交割日闭市前，对于处在疫区的卖方仓单，卖方应当在最后交割日后第12个交易日闭市前，在非疫区交易所指定的交割地点或买卖双方协商交割地点更换合格货物，换货时应当委托交易所指定质检机构，对鸡蛋全部交割质量指标检验，并且检验合格，交易所在最后交割日后第12个交易日闭市后，清退卖方交割保证金，将该部分货款的80%付给卖方会员，余款在卖方会员提交了增值税普通发票后结清；卖方不能按时提供合格货物，则交割终止，交易所将卖方该部分鸡蛋合约价值20%的交割保证金支付给买方，提货通知单对应的该部分货物归还卖方，退还买方货款。

第一百三十九条 若疫区认定信息公布在最后交割日闭市后至最后交割日后第4个交易日闭市前，若货物尚未出库，则交易所对处于疫区的交割货物的卫生指标进行检验，由卖方承担检验费用。检验合格的，交易所在最后交割日后第7个交易日闭市后，清退卖方交割保证金，将该部分货款的80%支付给卖方，余款在卖方提交增值税普通发票后结清；检验不合格的，卖方应当在最后交割日后第12个交易日闭市前，在非疫区交易所指定的交割地点或买卖双方协商交割地点更换合格货物，换货时应当委托交易所指定质检机构，对鸡蛋全部交割质量指标检验，并且检验合格，交易所在最后交割日后第12个交易日闭市后，清退卖方交割保证金，将该部分货款的80%付给卖方会员，余款在卖方会员提交了增值税普通发票后结清；卖方不能按时提供合格货物，则交割终止，交易所将卖方该部分鸡蛋合约价值20%的交割保证金支付给买方，提货通知单对应的该部分货物归还卖方，退还买方货款。

第一百四十条 农业部疫情解除公告发布下一交易日起，暂停业务的交割仓库或厂库恢复办理交割业务。

第十九章 纤维板交割

第一百四十一条 纤维板合约标准交割品、替代品的质量标准和包装要求详见附件 25《大连商品交易所纤维板交割质量标准》（F/DCE FB 001—2013）。

纤维板指定交割仓库分为基准交割仓库和非基准交割仓库（详见附件 26《大连商品交易所纤维板指定交割仓库名录》），交易所可视情况对纤维板指定交割仓库进行调整。

第一百四十二条　纤维板合约升贴水的差价款由货主同指定交割仓库结算。

第一百四十三条　纤维板交割单位为 500 张，标准品每 80 张为一个包装单位，替代品每 70 张为一个包装单位，即一捆，外围覆盖防潮塑料层。同一客户同一批入库的纤维板要求为同一厂家同一规格。交割时应按捆入库，不足一捆的应按照交割质量标准进行包装。

第一百四十四条　纤维板包装物价格包含在纤维板合约价格中。

第二十章　胶合板交割

第一百四十五条　胶合板合约标准交割品、替代品的质量标准和包装要求详见附件 27《大连商品交易所胶合板交割质量标准》（F/DCE BB 001—2013）。

胶合板指定交割仓库分为基准交割仓库和非基准交割仓库（详见附件 28《大连商品交易所胶合板指定交割仓库名录》），交易所可视情况对胶合板指定交割仓库进行调整。

第一百四十六条　胶合板合约升贴水的差价款由货主同指定交割仓库结算。

第一百四十七条　胶合板交割单位为 500 张，标准品每 80 张为一个包装单位，替代品每 70 张为一个包装单位，即一捆，外围覆盖防潮塑料层。同一客户同一批入库的胶合板要求为同一厂家同一规格。交割时按捆入库，不足一捆的应按照交割质量标准进行包装。

第一百四十八条　胶合板包装物价格包含在胶合板合约价格中。

第二十一章　交割费用

第一百四十九条　进行实物交割的双方应分别向交易所交纳交割手续费。

黄大豆 1 号交割手续费为 4 元/吨；检验费为 2 元/吨。

黄大豆 2 号交割手续费为 4 元/吨；检验费为 3 元/吨。

豆粕、豆油、棕榈油交割手续费为 1 元/吨；豆粕、豆油、棕榈油检验费见《大连商品交易所豆粕、豆油、棕榈油、焦炭、焦煤、铁矿石、鸡蛋标准仓单管理办法》相关规定。

玉米交割手续费为 1 元/吨；检验费为 1 元/吨。

线型低密度聚乙烯、聚氯乙烯交割手续费为 2 元/吨；取样及检验收费实行最高限价，由交易所制定并公布。

焦炭、焦煤交割手续费为 1 元/吨。

铁矿石交割手续费为 0.5 元/吨。

鸡蛋交割手续费为 1 元/吨，检验费交易所另行公布。

纤维板、胶合板交割手续费为 0.01 元/张；取样及检验收费实行最高限价，由交易所制定并公布。

第一百五十条 指定交割仓库的入库、出库费用实行最高限价。

交易所将根据市场情况对各品种指定交割仓库的入库、出库最高费用标准进行不定期核定和公布。

新增指定交割仓库的入库、出库最高费用标准自交易所公布之日起实施。

第一百五十一条 指定交割仓库杂项作业服务收费实行最高限价。各指定交割仓库杂项作业服务最高收费标准由交易所制定并公布。

第一百五十二条 黄大豆 1 号、黄大豆 2 号仓储及损耗费（包括储存费、保管损耗、熏蒸费）收取标准为 0.40 元/吨天，5 月 1 日至 10 月 31 日期间，每天加收 0.10 元/吨的高温季节储存费。

豆粕仓储及损耗费（包括储存费、保管损耗、熏蒸费）收取标准为 0.50 元/吨天。

豆油、棕榈油仓储及损耗费（包括储存费、保管损耗）收取标准为 0.90 元/吨天。

玉米仓储及损耗费（包括储存费、保管损耗、熏蒸费）收取标准为 0.50 元/吨天，5 月 1 日至 10 月 31 日期间，每天加收 0.10 元/吨的高温季节储存费。

线型低密度聚乙烯、聚氯乙烯仓储费收取标准为 1 元/吨天。

焦炭、焦煤仓储费收取标准为 1 元/吨天。

铁矿石仓储费收取标准为 0.5 元/吨天。

鸡蛋、纤维板、胶合板仓储费收取标准由交易所公布。

第一百五十三条 从标准仓单仓储及损耗费付止日后次日起至标准仓单注销之日止，每月发生的仓储及损耗费由交易所于下月初 3 个交易日内向标准仓单所属会员收取，交易所收到仓储及损耗费发票后，向指定交割仓库支付仓储及损耗费。标准仓单仓储及损耗费付止日前和标准仓单注销日后次日起，发生的仓储及损耗费用由交割仓库与货主结清。线型低密度聚乙烯、聚氯乙烯、纤维板、胶合板标准仓单无损耗费。

第一百五十四条 交易所可根据国家政策规定和市场情况调整以上各项费用的收费标准。交易所将及时通知会员和指定交割仓库。

第一百五十五条 指定交割仓库对交易所未作规定的收费项目参照有关行业规定的收费标准收取。

第二十二章 交割违约

第一百五十六条 具有下列行为之一的，构成交割违约：

（一）在规定期限内，卖方未能如数交付标准仓单的；

（二）在规定期限内，买方未能如数解付货款的。

第一百五十七条 在计算买方交割违约合约数量时，违约部分应预留合约价值 20% 的违约金和赔偿金。

买、卖方交割违约合约数量的公式为：

卖方交割违约合约数量（手）= 应交标准仓单数量（手）- 已交标准仓单数量（手）

买方交割违约合约数量（手）=［应交货款（元）- 已交货款（元）］÷（1 -

20%）÷交割结算价（元/吨）÷交易单位（吨/手）。

第一百五十八条　发生交割违约后，交易所于违约发生当日结算后通知违约方和相对应的守约方。违约通知通过会员服务系统随当日结算数据发送，会员服务系统一经发送，即视为已经送达。

守约方须在下一交易日 11:00 以前将终止交割或继续交割的选择意向书面递交交易所。逾期未递交选择意向的，交易所按终止交割处理。终止交割后，交易所交割担保责任了结。

第一百五十九条　鸡蛋以外的品种，构成交割违约的，由违约方支付违约部分合约价值5%的违约金，同时按以下办法处理：

（一）卖方违约的，买方可作如下的一项选择

1. 终止交割：交易所退还买方货款；

2. 继续交割：交易所在最后交割日后的三个交易日内发布标准仓单征购公告，并在最后交割日后的第 7 个交易日组织征购。征购成功，交易所支付给买方标准仓单；征购失败，卖方支付给买方违约部分合约价值15%的赔偿金，交易所退还买方交割货款后终止交割。卖方承担因征购产生的一切经济损失和费用。

（二）买方违约的，卖方可作如下的一项选择

1. 终止交割：交易所退还卖方标准仓单；

2. 继续交割：交易所在最后交割日后的三个交易日内发布标准仓单竞卖公告，并在最后交割日后的第七个交易日组织竞卖。竞卖成功，交易所支付给卖方交割货款；竞卖失败，买方支付给卖方违约部分合约价值15%的赔偿金，交易所退还卖方标准仓单后终止交割。买方承担因竞卖产生的一切经济损失和费用。

第一百六十条　鸡蛋品种，构成交割违约的，按以下办法处理：

（一）卖方违约的，卖方支付给买方违约部分合约价值20%的赔偿金，交易所退还买方交割货款后终止交割；

（二）买方违约的，买方支付给卖方违约部分合约价值20%的赔偿金，交易所退还卖方保证金后终止交割。

第一百六十一条　征购价格不高于交割结算价的125%，竞卖价格不低于交割结算价的75%。

第一百六十二条　若买卖双方都违约的，交易所按终止交割处理，并对双方分别处以违约部分合约价值5%的罚款。

第一百六十三条　会员发生部分交割违约时，违约会员所接标准仓单或所得货款可用于违约处理。

第一百六十四条　会员在实物交割环节上蓄意违约的，按《大连商品交易所违规处理办法》第二十五条规定执行。

第二十三章　标准仓单征购、竞卖

第一百六十五条　标准仓单征购、竞卖是指发生交割违约后，在守约方选择继续交割的情况下，交易所公开买入、卖出标准仓单的行为。

第一百六十六条 标准仓单征购、竞卖由交易所委托具备资格的机构统一组织进行。客户参与标准仓单征购、竞卖须由会员代理，并以会员名义进行。

个人客户不允许参与标准仓单征购、竞卖。

第一百六十七条 在最后交割日后的3个交易日内，交易所向全体会员和社会发布标准仓单征购、竞卖公告。

第一百六十八条 在最后交割日后的第7个交易日，交易所组织标准仓单征购、竞卖。

第一百六十九条 标准仓单征购、竞卖的报价是指对应期货合约的交割标准品在基准交割仓库交货的含增值税和包装物款项的价格。

第一百七十条 参加标准仓单征购（竞卖）的会员在其可流通的标准仓单被冻结或将货币资金存入交易所后取得参加征购（竞卖）的资格，并在征购、竞卖完成后按成交价结算货款。

征购（竞卖）仓单数量为：

可卖出仓单量（手）＝被冻结仓单数量（手）

可买入仓单量（手）＝预交货款（元）/交割结算价（元/吨）/交易单位（吨/手）。

第一百七十一条 标准仓单征购、竞卖按照“价格优先，数量优先”的原则进行。

第一百七十二条 征购起始价格为交割结算价的125%；竞卖起始价格为交割结算价的75%。

在交易中，会员根据当前价格申报买入（卖出）的数量。如果当前价格申报买入（卖出）的数量大于或等于竞卖（征购）数量，则竞卖（征购）价格按照最小变动价位顺次提高（降低）。

会员在最新价格的申报不得撤销；除非是会员在最新价格的申报量大于其在次新价格的申报量，否则次新价格的申报不得撤销；最新和次新价格以外的其余价位的申报自动撤销。

第一百七十三条 最近一笔申报之后，如无人进行新的申报，则主持人可以宣布征购（竞卖）结束，并按照价格优先和相同价格按申报数量由大到小的顺序确定成交，如果数量相同则按时间先后顺序分配。

第一百七十四条 征购（竞卖）部分成功是指在起始征购（竞卖）中，申报数量小于征购（竞卖）数量。此时取全部申报为成交申报并在结束后将实际征购（竞卖）获得的仓单数量（货币资金）按对应违约方的违约数量占总的卖方（买方）违约数量的比例向对应守约方分配。

第一百七十五条 征购（竞卖）结束后，交易所将征购（竞卖）结果和配对结果予以公布；交易所并以成交价格对参与征购（竞卖）的卖方（买方）的货款进行结算（含包装物款项），并开具《标准仓单持有凭证》。

第一百七十六条 征购（竞卖）结束后，如果征购（竞卖）价格低于（高于）交割结算价，则以成交价对守约方进行结算，增值税专用发票由双方直接开具。

如果征购（竞卖）价格高于（低于）交割结算价，则以交割结算价对守约方进行结算，成交价与交割结算价之间的差额从违约方账户中支付。增值税专用发票以违约方为中间票据出具人分别开具。

第一百七十七条　征购（竞卖）结束后，如征购（竞卖）部分成功，交易所对未成功部分合约按交割结算价计算合约价值的15%违约金从违约方账户划入守约方账户。

如果同一违约方对应多个守约方，则对违约方的未成功部分合约按对应守约方的配对数量平均分配。

第一百七十八条　征购（竞卖）结束后，增值税专用发票应在五个交易日内开给对应客户。会员迟交或未提交增值税专用发票的，参照《大连商品交易所结算细则》有关规定处理。

第一百七十九条　交易所向违约方收取5元/吨的征购（竞卖）费用。

由征购（竞卖）产生的其他费用由违约方承担。

第一百八十条　未成交会员（客户）持相关凭证在征购、竞卖结束后到交易所办理资金清退和标准仓单解冻手续。

第一百八十一条　征购、竞卖结果由交易所予以公开发布。

第二十四章　附　　则

第一百八十二条　违反本细则规定的，则交易所按《大连商品交易所违规处理办法》的有关规定处理。

第一百八十三条　本细则的解释权属于大连商品交易所。

第一百八十四条　本办法自公布之日起实施。

大连商品交易所豆粕、豆油、棕榈油、焦炭、焦煤、铁矿石、鸡蛋标准仓单管理办法修正案

（根据《关于公布施行〈大连商品交易所焦煤期货合约〉和相关实施细则修正案的通知》（大商所发〔2013〕62号）、《关于公布实行〈大连商品交易所铁矿石期货合约〉和相关实施细则修正案的通知》（大商所发〔2013〕245号）、《关于公布施行〈大连商品交易所鸡蛋期货合约〉和相关实施细则修正案的通知》（大商所〔2013〕273号）修订）

第一章　总　　则

第一条　为保障大连商品交易所（以下简称交易所）期货交割业务的正常进行，加强标准仓单管理，根据《大连商品交易所交易规则》制定本办法。

第二条　交易所豆粕、豆油、棕榈油、焦炭、焦煤、铁矿石、鸡蛋标准仓单的生成、流通、注销等业务按本办法执行。

第三条　交易所、会员、客户及指定交割仓库办理与豆粕、豆油、棕榈油、焦炭、

焦煤、铁矿石、鸡蛋标准仓单有关的各项业务必须遵守本办法。

第二章　标准仓单

第四条　标准仓单是交易所指定交割仓库按照交易所规定的程序签发的符合合约规定质量的实物提货凭证。

经交易所注册后，标准仓单可用于交割、转让、提货、充抵等，鸡蛋标准仓单不允许转让和充抵。

第五条　《标准仓单持有凭证》是交易所开具的代表标准仓单所有权的有效凭证，是用于在交易所办理标准仓单交割、交易、转让、充抵、注销等的凭证，受法律保护。

第六条　标准仓单数量因交割、交易、转让、充抵、注销等业务发生变化时，交易所收回原《标准仓单持有凭证》，签发新的《标准仓单持有凭证》。

第七条　会员持有的《标准仓单持有凭证》必须由专人保管，不得涂改、伪造。如有遗失，会员须及时到交易所办理挂失等手续。

第八条　标准仓单充抵按《大连商品交易所结算细则》有关规定执行。

第三章　仓库标准仓单的生成

第九条　标准仓单生成包括交割预报、商品入库、验收、指定交割仓库签发及交易所注册等环节。

第十条　货主向指定交割仓库发货前，必须到交易所办理交割预报，填写《交割预报表》。交易所在3个工作日内予以答复，并按“择优分配、统筹安排”的原则安排指定交割仓库。货主须向交易所安排的指定交割仓库发货。未办理交割预报的入库商品不能用于交割。

第十一条　会员办理交割预报时，豆粕按10元/吨向交易所交纳交割预报定金，豆油、棕榈油、焦炭、焦煤、鸡蛋按30元/吨向交易所交纳交割预报定金，铁矿石按20元/吨向交易所交纳交割预报定金。

第十二条　交割预报自办理之日起有效，交割预报有效期为30天。交割预报在有效期内执行的，交割预报定金按实际到货量返还；交割预报未在有效期内执行的，交割预报定金不予返还，未返还的交割预报定金罚没给指定交割仓库。

第十三条　已经交割过的商品如在原指定交割仓库继续进行交割，不需办理交割预报。

第十四条　办理完焦炭、焦煤、铁矿石、鸡蛋以外品种的交割预报的货主在发货前，应当将车船号、品种、数量、到货时间等通知指定交割仓库，指定交割仓库凭《交割预报表》合理安排接收商品入库。

办理完焦炭、焦煤、铁矿石、鸡蛋的交割预报的货主在入库前3个自然日之前，应当将车船号、品种、数量、到货时间等通知指定交割仓库，指定交割仓库凭《交割预报表》合理安排接收商品入库。

第十五条　交割商品入库后，会员凭指定交割仓库及交易所确认的《交割预报表》到交易所办理返还交割预报定金。

第十六条　货主如未按交易所安排的指定交割仓库发货，必须到交易所重新办理交割预报，同时该批商品必须倒运到交易所新安排的指定交割仓库进行交割，由此产生的费用及出现的后果由货主承担。

第十七条　商品收发重量以指定交割仓库检重为准。

豆粕检重以地磅计量为准。

豆油、棕榈油检重：汽运以地磅计量为准，火车运输以火车罐打尺计量为准，船运以储油罐打尺计量为准。

焦炭、焦煤、铁矿石、鸡蛋检重见《大连商品交易所交割细则》相关规定。

第十八条　指定交割仓库按交易所有关规定对入库商品进行检验。入库商品检验合格后，指定交割仓库将有关检验报告报交易所。

第十九条　豆粕检验原则上以垛为单位进行抽样，但对同一厂家生产的同一批次的商品，以不超过200吨为单位进行抽样。豆粕检验费为3元/吨。

豆油、棕榈油以一个油池、一个油罐、一个车槽为一个检验单位。豆油、棕榈油检验费为3元/吨。

焦炭、焦煤、铁矿石、鸡蛋检验见《大连商品交易所交割细则》相关规定。

第二十条　豆粕标准仓单的申请注册日期距离商品生产日期不得超过45（含45）个自然日。

第二十一条　鸡蛋标准仓单的最早申请注册日为交割月的首个交易日，仓单注册日距检验报告出具日期不应超过2个交易日。

第二十二条　对检验合格的棕榈油，指定交割仓库可向会员或客户开具《标准仓单注册申请表》。

交易所或交易所委托质检机构对指定交割仓库检验合格的豆粕、豆油进行核查，确认无误后，允许指定交割仓库向会员或客户开具《标准仓单注册申请表》。

第二十三条　《标准仓单注册申请表》上需注明会员号、客户码、交割品种、申请数量，需加盖指定交割仓库备案章、仓库经办人签章、会员章，同时注明申请注册日期和仓储及损耗费用付止日。

第二十四条　会员或客户与指定交割仓库结清有关费用后，领取《标准仓单注册申请表》。会员或客户凭指定交割仓库开具的《标准仓单注册申请表》到交易所办理标准仓单注册手续。

第二十五条　达不到期货标准的商品，货主如提出委托处理，指定交割仓库可视其自身的整理力及商品的实际情况处理，处理费用由货主承担。

第四章　厂库标准仓单的生成

第二十六条　标准仓单生成包括厂库签发及交易所注册等环节。

第二十七条　会员或客户与厂库结清货款等费用后，厂库签发《标准仓单注册申请表》。会员或客户凭厂库开具的《标准仓单注册申请表》办理标准仓单注册手续。

第二十八条　《标准仓单注册申请表》上需注明会员号、客户码、交割品种、申请数量，需加盖厂库备案章、厂库经办人签章、会员章，同时注明申请注册日期和仓储及损耗费用付止日。

第二十九条 厂库签发《标准仓单注册申请表》必须有交易所认可的银行履约担保函或交易所认可的其他支付保证方式，交易所方予以注册。

第三十条 单一厂库标准仓单的最大数量是指当前已签发且尚未注销的标准仓单的最大数量。

厂库标准仓单的最大数量的确定和调整，需经交易所批准并予以公布。

第三十一条 当商品市值发生较大波动时，交易所可根据市场变化情况要求厂库调整银行履约担保函或其他支付保证方式的数额。

第五章 标准仓单的流通

第三十二条 标准仓单流通是指标准仓单用于在交易所履行合约的实物交割、标准仓单交易及标准仓单在交易所外转让，鸡蛋标准仓单不允许交易和转让。

第三十三条 标准仓单进行实物交割的，按有关品种交割细则规定办理。

第三十四条 有关标准仓单交易的组织和实施办法由交易所另行制定、公布。

第三十五条 标准仓单转让必须通过会员在交易所办理过户手续，同时结清有关费用。交易所向买方签发新的《标准仓单持有凭证》，原《标准仓单持有凭证》同时作废。未通过交易所办理过户手续而转让的标准仓单，发生的一切后果由标准仓单持有人自负。

第六章 仓库标准仓单的注销

第三十六条 标准仓单注销是指标准仓单合法持有人到交易所办理标准仓单退出流通手续的过程。

第三十七条 标准仓单持有人注销标准仓单，须通过会员提交标准仓单注销申请及相应的《标准仓单持有凭证》。

第三十八条 标准仓单注销申请包括：会员名称、会员号、客户名称、客户码、注销品种、数量。

第三十九条 交易所注销相应的标准仓单，结清有关费用，并开具《提货通知单》。

第四十条 豆油、豆粕、焦炭、焦煤、铁矿石、鸡蛋出库时，货主在实际提货日3个自然日前，凭《提货通知单》与指定交割仓库联系有关出库事宜。

棕榈油出库时，货主在实际提货日5天前，凭《提货通知单》与指定交割仓库联系有关出库事宜。

第四十一条 货主提货时，须向指定交割仓库提供提货人身份证、提货人所在单位证明，同时与仓库结清自标准仓单注销日次日至提货日的有关费用。

第四十二条 对于鸡蛋以外的品种，货主应当在《提货通知单》开具后10个工作日内到指定交割仓库办理提货手续，对于鸡蛋品种，货主应当在《提货通知单》开具后3个交易日内到指定交割仓库办理提货手续。逾期未办的，按现货提货单处理，凭现货提货单提取的商品，指定交割仓库不保证全部商品质量符合期货标准。

第四十三条　标准仓单相应的期货商品转为现货后，如需再次生成标准仓单，应当按期货合约标准重新检验，并按第三章有关规定办理。鸡蛋标准仓单相应的期货商品转为现货后，不允许再次生成标准仓单。

第四十四条　对于豆油期货，有精炼能力的仓库，标准仓单注销后，如果货主提出精炼要求，仓库有义务代为进行大豆原油的精炼，精炼产品、精炼损耗和精炼费用由仓库和货主协商确定。

第四十五条　所有的豆粕标准仓单在每年的 3 月、7 月、11 月份最后一个工作日之前必须进行标准仓单注销。

所有的豆油、焦炭、铁矿石标准仓单在每年的 3 月份最后一个工作日之前必须进行标准仓单注销。

棕榈油、焦煤标准仓单在每个交割月份最后交割日后 3 个工作日内注销。

鸡蛋标准仓单在每个交割月份最后交割日后 1 个交易日内应当进行标准仓单注销。

第七章　厂库标准仓单的注销

第四十六条　标准仓单注销是指标准仓单合法持有人到交易所办理标准仓单退出流通手续的过程。

第四十七条　标准仓单持有人注销标准仓单，须通过会员提交标准仓单注销申请及相应的《标准仓单持有凭证》。

第四十八条　标准仓单注销申请包括：会员名称、会员号、客户名称、客户码、注销品种、数量。

第四十九条　交易所注销相应的标准仓单，结清有关费用，并开具《提货通知单》。

第五十条　厂库应在《提货通知单》开具后（不含开具日）的 4 日内开始发货。

第五十一条　货主提货时，须向厂库提供提货人身份证、提货人所在单位证明，同时与厂库结清自标准仓单注销日次日起的有关费用。

第五十二条　商品重量以厂库检重为准。

第五十三条　厂库应当保证期货商品的质量符合交易所规定的交割标准。

商品出库时，厂库应当在货主的监督下进行抽样，经双方确认后将样品封存。厂库应当将豆粕、豆油、焦炭样品保留至发货日后的 30 个自然日，将棕榈油、焦煤、铁矿石样品保留至发货日后的 15 个自然日，作为发生质量争议时的处理依据。

对于焦煤品种，厂库应当根据货主合理要求提供送货服务，并与货主协商运费、损耗等。

鸡蛋出库不进行抽样留样，货主对鸡蛋质量有异议的，应在发货日当天提出，并向交易所书面说明需要复检的质量指标，交易所按照《大连商品交易所交割细则》相关规定进行复检。

第五十四条　厂库的日发货速度是指厂库每天在 24 时之前安排期货商品发货的最低数量。

厂库的日发货速度的确定和调整，需经交易所批准并予以公布。

第五十五条 如果有多个货主同时提货，且提货总量超出厂库的日发货速度时，厂库应根据各个货主的提货数量按比例安排发货。

第五十六条 厂库应如实记录向各货主发出的期货商品数量，以备交易所核查。

第五十七条 厂库和货主应妥善保管商品发货和提货的单据，作为解决纠纷的依据。

第五十八条 厂库以不高于日发货速度向货主发货时，货主因运输能力等原因无法按时提货，货主按应提而未提的商品数量向厂库支付滞纳金。

滞纳金金额 = 2 元/吨 · 天 × 应提而未提的商品数量 × 该批商品的滞留天数

第五十九条 对于鸡蛋以外的品种，货主应在《提货通知单》开具日后的 4 日内（含当日）到厂库提货。在《提货通知单》开具日后的 4 日后（不含当日）且在 19 日内（含当日）到厂库提货，货主应向厂库支付滞纳金，厂库仍应按期货标准承担有关的商品质量、发货时间和发货速度的责任，直至发完全部期货商品。

对于鸡蛋品种，货主应在《提货通知单》开具日后的 3 日内（含当日）到厂库提货。在《提货通知单》开具日后的 3 日后（不含当日）且在 19 日内（含当日）到厂库提货，货主应向厂库支付滞纳金，厂库仍应按期货标准承担发货时间和发货速度的责任，但不再按期货标准承担有关商品质量的责任。

滞纳金金额 =2 元/吨 · 天 × 应提而未提的商品数量 × 该批商品的滞留天数

第六十条 对于鸡蛋以外的品种，货主在《提货通知单》开具日后的 19 日后（不含当日）到厂库提货，货主向厂库支付滞纳金，同时厂库将《提货通知单》按现货提货单处理，在《提货通知单》开具日后的 3 个月内按照现货贸易惯例发货，不再按期货标准承担有关的商品质量、发货时间和发货速度的责任。

对于鸡蛋品种，货主在《提货通知单》开具日后的 19 日后（不含当日）到厂库提货，货主向厂库支付滞纳金，同时厂库将《提货通知单》按现货提货单处理，不再按期货标准承担有关的商品质量、发货时间和发货速度的责任。

滞纳金金额 =2 元/吨 · 天 × 全部的商品数量 ×19 天

第六十一条 厂库未按规定的日发货速度发货，但按时完成了所有商品的发货，厂库应向货主支付赔偿金。

赔偿金金额 = 该商品最近已交割月份交割结算价 × 按日出库速度应发而未发的商品数量 ×5%

第六十二条 厂库未按时完成所有商品的发货，在按第六十一条规定进行赔偿的基础上，同时还应向货主支付赔偿金，赔偿金金额 = 该商品最近已交割月份交割结算价 × 按商品总量应发而未发的商品数量 ×5%。并按以下程序进行处理：

（一）交易所向货主提供其他厂库或其他地点的相同质量和数量的现货商品，并承担调整交货地点和延期发货产生的全部费用。

（二）交易所无法提供上述商品时，向货主返还货款并支付赔偿金。

返还货款和赔偿金的金额 = 该商品最近已交割月份交割结算价 × 按商品总量应发而未发的商品数量 ×120%

第六十三条 当厂库发生第六十一条、第六十二条中的违约行为时，首先由厂库向货主支付赔偿金。厂库未支付的或支付数额不足的，交易所按照以下步骤向货主支付赔偿金：

（一）动用厂库交具的银行保函和其他保证方式支付；

（二）动用风险准备金支付；

（三）动用交易所自有资产支付；

（四）通过包括法律程序在内的其他手段向厂库追索。

第六十四条　因天气原因导致无法装卸时，厂库和货主不需支付滞纳金或赔偿金。

第六十五条　厂库和货主经双方协商同意，可以另行确定发货时间和发货速度，不需按本办法中的有关规定办理。厂库和货主应进行书面确认并妥善保存，以备核查。

第六十六条　厂库未按交易所的规定进行检验、检重、发货时，交易所将按照《大连商品交易所违规处理办法》有关规定进行处罚。

第六十七条　对于豆油期货，有精炼能力的厂库，标准仓单注销后，如果货主提出精炼要求，厂库有义务向其提供符合要求的精炼豆油，精炼产品、精炼损耗和精炼费用由厂库和货主协商确定。在这种情况下，发货时间和发货速度不需按本办法中的有关规定办理。厂库和货主应进行书面确认并妥善保存，以备核查。

第六十八条　厂库标准仓单注销过程中出现的其他问题，由交易所参照本办法中的有关规定进行处理。

第六十九条　厂库标准仓单的注销日期同仓库标准仓单。

第八章　争议与处理

第七十条　国家法律、法规和其他规定禁止或限制流通、交易的货物不得进行标准仓单注册，违反上述规定的责任由原始标准仓单注册申请人承担。

标准仓单注册前产生的所有质量问题（包括未执行国家强制性标准），由原始标准仓单注册申请人承担责任。

第七十一条　商品入库、出库，货主应到库监收监发。货主不到库监收监发的，则视为货主对指定交割仓库所收所发的实物重量、质量没有异议。

厂库交割时，货主对出库商品质量有异议的，首先与厂库协商解决。协商不成的，对于棕榈油、焦煤、铁矿石品种，货主应当在发货日起 5 个工作日内以书面形式向交易所提出质量异议；对于豆粕、豆油、焦炭品种，货主应当在发货日起 10 个工作日内以书面形式向交易所提出质量异议。未在规定时间内提出异议的，视为货主认可出库商品质量。

第七十二条　当货主与指定交割仓库就交割商品的检验结果发生争议时，由交易所指定的质量检验机构进行复检，复检结果为解决争议的依据。

第七十三条　复检费用由提出争议者先行垫付。复检结果与指定交割仓库的检验结果相符，由此产生的一切费用（检验费和差旅费等）和损失由提出争议者负担；复检结果与指定交割仓库的检验结果不相符，由此产生的一切费用（检验费和差旅费等）和损失由指定交割仓库负担。

第七十四条　买方或卖方与指定交割仓库之间产生交割纠纷，首先由双方自行协商解决，达不成一致意见的，应在发生交割纠纷后15日内以书面形式提请交易所调解，逾期交易所不再受理调解申请。调解不成的，可通过法律途径解决。交易所不受理已经出库的交割商品的质量和数量的争议。

第九章　附　　则

第七十五条　违反本办法规定的，交易所按《大连商品交易所违规处理办法》有关规定处理。

第七十六条　本办法解释权属于大连商品交易所。

第七十七条　本办法自公布之日起实施。

大连商品交易所套利交易管理办法

第一章　总　　则

第一条　为规范套利交易业务管理，促进期货市场规范发展，根据《大连商品交易所交易规则》等有关规定制定本办法。

第二条　本办法所称套利交易按照品种的不同，分为跨期套利和跨品种套利。跨期套利是指同一品种不同合约间的套利交易。跨品种套利是指不同品种合约间的套利交易。

按照合约月份的不同，套利交易可分为一般月份套利交易（自合约上市之日起至交割月份前第一个月第九个交易日）和临近交割月份套利交易（交割月份前第一个月第十个交易日至交割月份）。

第三条　交易所应及时公布适用于套利交易的品种、合约和组合方式。

第四条　会员、客户在大连商品交易所（以下简称交易所）从事套利交易业务，应当遵守本办法。

第二章　套利持仓

第五条　非期货公司会员和客户套利持仓与投机持仓合计不得超过交易所规定的投机持仓限额。非期货公司会员和客户可以申请增加套利持仓额度。已获得套期保值交易资格的客户不得申请相关品种的套利持仓增加额度。

第六条　申请增加套利持仓额度的客户应当向其开户的期货公司会员申报，由期货公司会员进行审核后，按本办法向交易所办理申报手续；申请增加套利持仓额度的非期货公司会员直接向交易所办理申报手续。

第七条　申请增加一般月份套利持仓额度的非期货公司会员或客户，应当提交下列材料：

（一）增加套利持仓额度申请表，主要包括申请人基本信息、申请品种、数量，套利交易策略及交易所要求的其他信息；

（二）交易所要求的其他材料。

非期货公司会员或客户获批一般月份套利持仓增加额度适用于申请品种的所有一般月份合约。

第八条　申请增加临近交割月份套利持仓额度的非期货公司会员或客户，应当向交易所提交下列材料：

（一）增加套利持仓额度申请表，主要包括申请人基本信息、申请品种、合约、数量，套利交易策略及交易所要求的其他信息；

（二）申请合约价差偏离情况分析；

（三）交易所要求的其他材料。

非期货公司会员或客户获批临近交割月份套利持仓增加额度仅适用于申请合约。

第九条　申请增加临近交割月份套利持仓额度的截止日为套利持仓中近月合约交割月份前第一个月的最后交易日，逾期交易所不再受理该合约临近交割月份套利持仓额度的申请。

第十条　交易所对增加一般月份套利持仓额度的申请，按资信情况、历史交易状况、套利持仓使用情况等进行审核，确定其一般月份套利持仓增加额度。

交易所对增加临近交割月份套利持仓额度的申请，按资信情况、历史交易状况、合约持仓状况、可供交割品数量、申请合约价差是否背离等情况进行审核，确定其临近交割月份套利持仓增加额度。

第十一条　对增加一般月份套利持仓额度的申请，交易所在收到完整的申请材料后5个工作日内进行审核，并予以答复。对增加临近交割月份套利持仓额度的申请，交易所在收到完整的申请材料后，于套利持仓近月合约交割月前第一个月的第一个交易日起进行审核，并在5个交易日内予以答复。

第十二条　非期货公司会员和客户需要调整套利持仓额度时，应当及时向交易所提出变更申请。

第十三条　交易所可以根据市场情况对非期货公司会员和客户套利持仓增加额度进行调整。

第三章　套利交易保证金、盈亏和手续费

第十四条　交易所应当制定套利交易保证金的收取标准，并向市场公布。交易所可以根据市场情况调整套利交易保证金标准。

第十五条　交易期间，以交易所规定的套利交易指令建立的持仓按前一个交易日结算时的标准收取套利交易保证金，保证金不足的按照《大连商品交易所结算细则》等规则规定执行。

第十六条　结算时，交易所对同一交易编码下的所有持仓按照先跨期、后跨品种的原则，根据合约距离交割月份由近到远的顺序进行组合，收取套利交易保证金。

第十七条　套利持仓平仓时，先返还套利持仓交易保证金，再收取未平仓合约交易保证金。

第十八条 套利交易的持仓盈亏和平仓盈亏的计算根据《大连商品交易所结算细则》相关规定执行。

第十九条 交易所可以对套利交易的手续费采取优惠措施。

第四章 监督管理

第二十条 交易所对会员和客户的资信情况及期货市场交易行为可随时进行监督和调查，会员和客户应予协助和配合。

第二十一条 非期货公司会员和客户套利持仓与投机持仓合计超过交易所规定标准的，应当在下一交易日第一节交易结束前自行调整；逾期未进行调整或调整后仍不符合要求的，交易所可以强行平仓。

第二十二条 非期货公司会员和客户利用套利交易影响或者企图影响市场价格的，交易所可以对其采取谈话提醒、书面警示、调整或者取消其套利持仓增加额度、限制开仓、限期平仓、强行平仓等措施，并按《大连商品交易所违规处理办法》的有关规定处理。

第二十三条 非期货公司会员和客户在申请增加套利持仓额度和交易时，有欺诈或违反交易所规定行为的，交易所可以不受理其增加套利持仓额度的申请、调整或者取消已批准的套利持仓增加额度、限制开仓、限期平仓、强行平仓等处置措施，并按《大连商品交易所违规处理办法》的有关规定处理。

第五章 附 则

第二十四条 本办法未作规定的，按照本所相关业务规则执行。

第二十五条 本办法解释权属于大连商品交易所。

第二十六条 本办法自公布之日起实施。

大连商品交易所指定存管银行管理办法

第一章 总 则

第一条 为规范银行业金融机构从事大连商品交易所（以下简称交易所）期货保证金存管业务，确保期货保证金存管安全和期货交易的平稳运行，根据相关法律法规、监管机构有关规定及交易所规则，制定本办法。

第二条 交易所根据审慎原则和市场发展需要指定期货保证金存管银行（以下简称存管银行），并按照本办法规定，切实履行对存管银行的审核、监督等工作要求。

第三条 银行业金融机构申请交易所期货保证金存管业务资格，以及从事期货保证金存管业务，应当遵守本办法及交易所其他相关规定，并接受交易所自律监管。

第二章　资格申请

第四条　银行业金融机构（以下简称申请银行）申请从事交易所期货保证金存管业务资格，应当具备下列条件：

（一）中华人民共和国境内设立的全国性商业银行法人；

（二）注册资本达到100亿元人民币，总资产在15000亿元人民币以上，净资产在1000亿元人民币以上，最近3个会计年度连续盈利；

（三）分支机构在600个以上，且在期货交易所所在地设有可以办理期货保证金存管业务和资金结算相关业务的分支机构；

（四）符合中国银行业监督管理机构对银行业金融机构资本充足率、流动性、资产负债比例等的规定；

（五）具有良好的公司治理、风险管理体系和内部控制制度；

（六）设有专门机构或部门负责期货保证金存管业务；

（七）具有健全的期货保证金管理制度，制定与期货保证金存管业务相关的内部管理制度、操作流程以及技术和通讯系统故障等异常情况下的应急处理预案；

（八）具有开展期货保证金存管业务和配合期货保证金安全存管监控所需的设施和技术水平，最近3年高效稳定的异地资金划拨系统，覆盖全国范围的行内实时汇划系统，以及服务良好的全国集中式银期转账系统；

（九）交易所指定的期货保证金存管分支机构中，取得期货从业资格人员不得少于3名，其中交易所结算专柜人员在取得期货从业资格同时应当具有5年以上银行从业经验；

（十）最近3年内无重大违法违规行为，未发生过重大事故及未收到过监管机构的重大行政处罚；

（十一）无严重影响资信状况的未决诉讼和未清偿债务；

（十二）结合交易所上市品种及会员、客户特点，在促进期货市场功能发挥、创新业务合作方面具有可行的期货创新服务方案；

（十三）交易所认定的其他条件。

与交易所上市品种密切相关的政策性银行，申请从事交易所期货保证金存管业务资格的，不适用本条第一款第（一）至（三）项规定。

申请从事与符合规定条件的境外机构有关的保证金存管业务的银行，具体条件由交易所另行规定。

第五条　申请银行应当向交易所提交以下预审材料：

（一）《期货保证金存管业务资格申请表》、申请报告、可行性报告及业务计划书；

（二）分支机构、营业网点以及开展期货保证金存管业务所需设施的情况说明；

（三）期货保证金存管制度、内部管理制度以及相关的应急处理预案；

（四）期货保证金存管业务部门的岗位设置和职责规定，以及部门负责人和业务人员名单、履历；

（五）遵守期货保证金安全存管监控有关规定的承诺书；

（六）最新年检的《企业法人营业执照》复印件；

（七）《金融业务许可证》复印件；

（八）最近3年的审计报告及内部控制评价报告；

（九）企业法人的授权书及经办人员的身份证明文件；

（十）交易所要求提供的其他文件。

第六条 申请银行通过交易所资格预审后，应当完成开展期货保证金存管业务相关筹备工作，包括系统准备、制定并实施期货创新服务方案、交易所指定的期货保证金存管分支机构筹建等，并向交易所提交以下材料：

（一）由中国期货保证金监控中心（以下简称监控中心）出具的申请银行通过期货保证金存管业务相关数据报送测试的书面证明材料；

（二）与期货公司（或其他期货市场参与者）进行全国集中式银期转账系统测试情况；

（三）交易所指定的期货保证金存管分支机构营业执照复印件及设立情况说明，包括：分支机构的营业场所、设施、岗位设置和职责规定，以及分支机构负责人和业务人员名单、履历；

（四）期货创新服务方案及实施情况说明；

（五）交易所要求提供的其他文件。

第七条 交易所批准的存管银行，应当于交易所批准之日起3个工作日内向银行业监督管理机构报告。

第八条 存管银行在开展期货保证金存管业务前，应当与交易所签订协议，明确双方的权利和义务。

第三章 业务要求

第九条 存管银行应当为从事其期货保证金存管业务的客户提供安全、准确、及时地期货保证金存管、划转服务。

第十条 交易所指定的期货保证金存管分支机构应当设置在交易所指定的距离范围内，分支机构内应当设置交易所结算专柜。

第十一条 存管银行应当根据交易所交易和结算时间的变化，相应调整业务办理时间，以满足期货保证金存管业务的需要。

第十二条 交易所与会员之间期货业务资金往来通过交易所专用结算账户和会员专用资金账户办理。

存管银行应当根据交易所申请，为交易所办理开立、变更、注销专用结算账户业务。

存管银行应当根据交易所签发的通知书，为交易所会员办理开立、变更、注销专用资金账户业务。

第十三条 存管银行应当按照与交易所协商确定的存款利率向交易所支付专用结算账户利息。

第十四条 存管银行应当依法拒绝任何其他单位或个人对交易所专用结算账户内资金的冻结、扣划，确保交易所存放的期货保证金安全。

第十五条 如有其他单位拟对会员专用资金账户采取冻结等影响保证金存管业务的措施时，存管银行应当及时通知交易所。

第十六条　存管银行不得协助期货公司在保证金账户上设定担保。

第十七条　存管银行应当采取有效措施，减少资金的流动性风险；未经交易所书面同意，不得限制交易所会员出入金；为测试保证金存款的安全性，交易所可以随时对存管银行的保证金进行跨行调拨。

第十八条　存管银行应当按照期货保证金安全存管的有关规定，通过转账方式办理期货保证金存取业务，对期货保证金实行封闭运行。

第十九条　存管银行应当按以下规定办理收款业务：

当有款项划入交易所专用结算账户时，存管银行应当在资金到账后立即记入交易所账户，并实时通知交易所。

第二十条　存管银行应当按以下规定办理划款业务：

（一）存管银行应当按照交易所提供的票据或指令办理划款业务；

（二）对于本行系统内账户的资金划拨，存管银行应当保证在收到交易所划款票据或指令后实时将资金汇划至交易所指定的资金账户；

（三）对于跨行的资金划拨，存管银行应当保证在收到交易所划款票据或指令后及时划出款项。

第二十一条　存管银行应当按以下规定与交易所进行账务核对：

（一）每日期货结算终了后进行对账，并根据交易所的需要及时对账；

（二）在存管银行营业时间内，交易所可以随时查询专用结算账户余额及变动情况，存管银行应当实时回送查询结果；

（三）存管银行应当将交易所进账单、收付款明细清单等业务凭证在业务发生后当日送到交易所；

（四）存管银行应当按交易所的要求及时提供专用结算账户对账单。

第二十二条　存管银行应当向交易所提供交易所会员专用资金账户的余额及变动情况，实时回送查询结果。

第二十三条　存管银行应当按照期货保证金安全存管监控的有关规定，通过网络专线在规定的时间内向监控中心报送在该行开设的全部期货保证金账户前一交易日的账户余额、变动明细等相关信息。

第二十四条　存管银行应当保证交易所对专用结算账户资金的及时、准确、安全调度，并应当对期货保证金动态作研究分析，做好相应资金头寸的管理和调度工作。

第二十五条　存管银行应当保证交易所指定营业网点的业务稳定和人员稳定，定期组织业务人员培训，积极参加交易所组织的培训，保证业务人员熟练掌握期货保证金存管业务流程及交易所关于期货保证金存管业务的规则、要求。

第四章　技术要求

第二十六条　存管银行应当按照《大连商品交易所电子出入金系统银行接口规范》完成电子出入金系统的开发建设，系统上线须通过交易所的功能测试、性能测试和稳定性测试，并提供测试通过报告。

第二十七条　存管银行应当使用不同运营商的专线分别接入交易所主、备数据中心，同时需申请单独的专线接入交易所测试中心，数据链路带宽均不低于2Mbps。电子出入金系统的主机、网络等设备应当具有热备份能力。

第二十八条 交易所与存管银行之间的数据交换应当采用国家密码管理委员会认证的数字证书进行加密和签名，双方均承认信息是真实有效且不可否认的。存管银行应当对电子出入金系统的密钥严格管理，定期更新，不得泄露。

第二十九条 存管银行应当将电子出入金系统纳入技术系统的统一运维管理流程，对电子出入金系统、网络链路和软硬件平台进行实时监控和预警，发现问题应当参照《大连商品交易所电子出入金系统应急处理预案》，及时与交易所沟通协调。

第三十条 存管银行电子出入金系统的安全管理和数据管理应该满足行业相关规定，对期货结算业务产生的电子数据实行日常备份，并定期进行备份数据的可恢复性检查，作为重要凭证永久保存。

第三十一条 存管银行电子出入金系统进行变更应当提前5个工作日通知交易所，以便及时协调配合。存管银行应当积极配合参与交易所组织的应急演练和联合测试。

第三十二条 存管银行应当按照《大连商品交易所电子出入金系统应急处理预案》要求做好应急准备，定期进行应急演练工作，设立7＊24小时的技术应急联系人，应急联系人信息发生变更应当及时向交易所进行报备。

第五章 应急处理

第三十三条 存管银行应当建立期货保证金存管业务应急预案，做到职责明确、措施到位、反应快速、处置及时。

第三十四条 交易所或存管银行任何一方发生可能影响期货保证金存管业务的业务操作失误或技术系统故障时，发现方应当立即通知对方，共同采取补救措施。

第三十五条 存管银行发现电子出入金系统发生故障的，应当立即通知交易所，并积极配合对各自系统进行检查，以确定原因、排除故障、明确责任。如有必要，可以立即启动应急措施。

第三十六条 存管银行在其发生影响期货保证金存管业务运行稳定和安全的情况下，应当立即启动应急预案，尽快恢复正常运行，并将相关情况报告交易所和监控中心。

第六章 监督管理

第三十七条 存管银行保证金存管部门岗位设置、职责规定、部门负责人、业务联系人等发生变更时，应当于3个工作日内书面报告交易所和监控中心。

第三十八条 存管银行实施系统升级改造或实施其他可能影响期货保证金存管业务的措施前，应当提前5个工作日书面通知交易所、监控中心和交易所相关会员，做好信息披露和系统测试工作，并制定针对性应急预案。

第三十九条 存管银行在出现影响该行资信状况的重大业务风险或损失时，应当于3个工作日内向交易所和监控中心报告，并提交该业务风险或损失对该行保证金存管业务的影响分析及应对措施。

第四十条 存管银行应当在每一年度结束后1个月内，向交易所和监控中心提交其上年度期货保证金存管业务总结报告。总结报告的内容包括但不限于：该存管银行上年度保证金存管业务经营情况、服务情况、技术运行情况、风险管理情况、操作失误及技术故障情况、有关法律、法规、规章、政策以及期货市场自律规则执行情况等。

第四十一条 交易所依据本办法规定对存管银行资格进行年度检查，或根据需要进行不定期检查，存管银行应当予以配合。

第四十二条 交易所对存管银行的期货保证金存管业务进行年度考评，综合考核其开展期货保证金存管业务的安全性、准确性、时效性和流动性。考核内容涉及存管银行资格条件、系统运维、人员配置、业务运营、风险控制和期货创新服务等方面。考评方式为存管银行自查、交易所会员评分和日常运营情况等相结合。

第四十三条 交易所在安排各存管银行的保证金存管业务量以及进行风险评估和管理时，参考考评结果。

第七章 违规处理

第四十四条 存管银行出现下列情况之一的，责令改正，并根据情节轻重，采取警告、通报批评、暂停新增会员的存管业务等措施：

（一）出现本办法第三十六条至第四十条所列情形，存管银行未按照要求履行相关义务的；

（二）发生影响或可能影响期货保证金存管业务的情况时，存管银行未采取有效措施或措施不力，影响期货市场稳健运行，损害交易所会员、客户合法权益的；

（三）未能按照监控中心相关要求报送期货保证金安全存管业务数据的；

（四）违反期货保证金存管业务协议或者交易所业务规则的；

（五）存管银行发生可能影响期货保证金存管业务的操作失误或技术系统故障时，未立即通知交易所的，或未及时采取有效措施处理的；

（六）不符合银行业监督管理机构关于资本充足率、流动性、资产负债比例等指标要求的；

（七）不配合交易所对存管银行期货保证金存管业务进行检查，不按要求提交上年度期货保证金存管业务总结报告或其他要求提供的材料的；

（八）无故拖延或限制会员资金调拨的；

（九）交易所会员普遍反映存管银行服务质量不高，银期转账系统不稳定的；

（十）交易所认定的其他情况。

第四十五条 存管银行出现下列情况之一的，交易所可以暂停其期货保证金存管业务：

（一）未能采取有效措施，导致交易所专用结算账户内的资金被冻结或扣划的；

（二）违反规定，在期货公司保证金账户上设定担保的；

（三）最近一个会计年度发生亏损的；

（四）交易所认定的其他情况。

第四十六条 对于暂停期货保证金存管业务的存管银行，交易所认为其整改后重新具备正常开展期货保证金存管业务能力的，可以恢复其业务资格。

第四十七条 存管银行出现下列情况之一的，交易所可以取消其存管银行资格：

（一）申请终止其存管银行资格的；
（二）被依法撤销、解散或宣告破产的；
（三）被收购或兼并且丧失法人地位的；
（四）不再满足期货保证金存管业务资格条件的；
（五）最近3个会计年度连续发生亏损的；
（六）最近一个年度考评结果不合格的；
（七）向交易所提供虚假材料信息的；
（八）交易所认为该存管银行存在重大风险隐患的；
（九）交易所认定的其他情况。

第四十八条 交易所决定取消存管银行期货保证金存管业务资格时，应当提前10个工作日向该存管银行发出通知，报告中国证监会，并在交易所网站上公告。

存管银行资格取消不影响其与交易所已经存在的法律关系，交易所有权依法与该存管银行了结相关业务关系。

第四十九条 被交易所取消存管银行资格的银行业金融机构，自取消之日起3年内不得再次申请交易所期货保证金存管业务资格。

第八章 附 则

第五十条 对在与交易所进行期货保证金存管业务的过程中，存管银行接触到的与交易所有关的任何非公开信息，除依法向有权机关披露外，存管银行均应严守秘密，保证其及其相关业务人员不以任何方式向任何第三人披露。

第五十一条 本办法实施前已开展期货保证金存管业务的存管银行，无需重新申请资格，但应当遵守本办法的其他规定。

第五十二条 本办法由交易所负责解释和修订。

本办法自2013年8月14日起实施。

附件：1. 大连商品交易所期货保证金存管业务资格申请表
　　　2. 授权书

附件1

大连商品交易所期货保证金存管业务资格申请表

申请人全称	
注册地址	
注册资本	
邮政编码	
法定代表人姓名	
企业法人营业执照号码	
金融业务许可证号码	

续表

期货保证金存管业务负责部门			
联系电话			
传真电话			
存管银行业务负责人	姓名		
	部门及职务		
	联系方式		
大连分行业务负责人	姓名		
	部门及职务		
	联系方式		
大连分行技术负责人	姓名		
	部门及职务		
	联系方式		
指定网点上级机构业务负责人	姓名		
	部门及职务		
	联系方式		
经办人	姓名		
	部门及职务		
	联系方式		
申请人基本财务状况及其他情况	上一年度期末	总资产：	
		净资产：	
		净资本：	
	最近三年的净利润		
	最近三年资本充足率		
	最近三年资产负债率		
	最近三年流动比率		
	分支机构的数量		
	与期货保证金存管业务有关的内部控制制度		
	其他情况说明		
法定代表人或授权代表人（签字并盖章）申请人盖章			

附件2

授权书

大连商品交易所：

特授权我行职员　　　　　　（女士/先生）（身份证号　　　　　　　　　　）代表我行前往贵所办理期货保证金存管业务资格的申请事宜。其权限范围：代表我行办理与贵所期货保证金存管业务资格申请有关的全部工作，包括但不限于向贵所提出期货保证金存管业务资格申请并提交申请文件、签署与期货保证金存管业务资格申请相关的文件，接受贵所向我行提交的与期货保证金存管业务资格申请相关的文件。本授权有效期从　　年　　月　　日起到　　年　　月　　日止。

特此授权。

授权人：　　　　　银行（盖章）

法定代表人：　　　　（签字并盖章）

年　　月　　日

大连商品交易所指定交割仓库管理办法修正案

（根据《关于公布施行〈大连商品交易所鸡蛋期货合约〉和相关实施细则修正案的通知》（大商所〔2013〕273号）、《关于公布施行〈大连商品交易所纤维板期货合约〉、〈大连商品交易所胶合板期货合约〉和相关实施细则修正案的通知》（大商所发〔2013〕280号）修订，其他条款未作修订未列出）

第二十四条　指定交割仓库在贮存线型低密度聚乙烯、聚氯乙烯、纤维板、胶合板时，应远离火种和热源，禁止阳光直接照射，禁止露天堆放。

第二十五条　指定交割仓库在贮存线型低密度聚乙烯、聚氯乙烯、纤维板、胶合板时，应配备托盘，防止垛位底部受潮。

第二十七条　指定交割仓库在贮存线型低密度聚乙烯、聚氯乙烯、纤维板、胶合板时，应将不同生产厂家、不同牌号商品分开存放。

第二十八条　线型低密度聚乙烯、聚氯乙烯、纤维板、胶合板指定交割仓库应保持库房通风、干燥、清洁，消防设施良好。纤维板、胶合板指定交割仓库应定期对库房做防治白蚁工作。

第二十九条　指定交割仓库在贮存鸡蛋时，应与中药等有气味的物品分开存放。

第三十条　指定交割仓库在储存鸡蛋时，应将不同客户、不同批次的鸡蛋分开存放。

大连商品交易所黄大豆1号、黄大豆2号、玉米、线型低密度聚乙烯、聚氯乙烯、纤维板、胶合板标准仓单管理办法修正案

（根据《关于公布施行〈大连商品交易所纤维板期货合约〉、〈大连商品交易所胶合板期货合约〉和相关实施细则修正案的通知》（大商所发〔2013〕280号）修订，其他条款未作修订未列出）

第二条　交易所黄大豆1号、黄大豆2号、玉米、线型低密度聚乙烯、聚氯乙烯、纤维板、胶合板标准仓单的生成、流通、注销等业务按本办法执行。

第四章　线型低密度聚乙烯、聚氯乙烯、纤维板、胶合板标准仓单的生成

第二十九条　会员办理交割预报时，线型低密度聚乙烯、聚氯乙烯必须按30元/吨向交易所缴纳交割预报定金，纤维板、胶合板必须按0.2元/张向交易所缴纳交割预报定金。

第三十六条　商品收发重量数量以指定交割仓库检重验收为准。商品入库、出库，货主应到库监收监发。货主不到库监收监发的，则认定货主对指定交割仓库所收所发的实物数量、质量没有异议。

第三十八条　……

纤维板、胶合板的质量检验应以同一厂家、同一批号、同一规格进行组批，每批3000张，超过3000张的应分若干批检验，不足3000张的按一批检验。

第四十一条　指定交割仓库应按照交易所有关规定对入库商品的厂家、牌号或批号、质量、包装及相关材料和凭证进行验收，入库商品验收合格后，指定交割仓库将有关检验报告报交易所。

第四十三条　……

纤维板、胶合板申请注册标准仓单的，申请注册日期距商品生产日期不得超过60（含60）个自然日。

第六十条　所有的黄大豆1号、黄大豆2号、玉米、线型低密度聚乙烯、聚氯乙烯标准仓单在每年的3月份最后一个工作日之前必须进行标准仓单注销，所有的纤维板、胶合板标准仓单在每年的3月、7月、11月份最后一个工作日之前必须进行标准仓单注销。

第六十一条　……

当货主与指定交割仓库就线型低密度聚乙烯、聚氯乙烯、纤维板、胶合板的检验

结果发生争议时，可在接到商品检验报告或者《提货通知单》开具之日起5个工作日内向交易所提出复检申请，由交易所在指定质量检验机构中选取复检机构，复检结果为解决争议的依据。逾期未提出申请的，则视为对所交割商品质量无异议。

第六十二条 ……

线型低密度聚乙烯、聚氯乙烯、纤维板、胶合板入库时的复检费用由提出争议者负担。出库时的复检费用由提货方先行垫付，复检结果与大连商品交易所线型低密度聚乙烯、聚氯乙烯、纤维板、胶合板交割质量标准相符的，由此产生的费用由提货方负担；不相符的，该费用由指定交割仓库负担。

中国金融期货交易所发布文件

中国金融期货交易所交易规则

（2007 年 6 月 27 日实施，2010 年 2 月 20 日第一次修订，2013 年 8 月 30 日第二次修订）

第一章　总　　则

第一条　为规范期货交易行为，保护期货交易当事人的合法权益和社会公共利益，根据国家有关法律、行政法规、规章和《中国金融期货交易所章程》，制定本规则。

第二条　中国金融期货交易所（以下简称交易所）根据公开、公平、公正和诚实信用的原则，组织经中国证券监督管理委员会（以下简称中国证监会）批准的期货合约、期权合约交易。

第三条　本规则适用于交易所组织的期货交易活动。交易所、会员、客户、期货保证金存管银行及期货市场其他参与者应当遵守本规则。

第二章　品种与合约

第四条　交易所上市经中国证监会批准的交易品种。

第五条　期货合约是指由交易所统一制定的、规定在将来某一特定的时间和地点交割一定数量标的物的标准化合约。

第六条　期权合约是指由交易所统一制定的、规定买方有权在将来某一时间以特定价格买入或者卖出约定标的物（包括期货合约）的标准化合约。

第七条　期货合约主要条款包括合约标的、报价单位、最小变动价位、合约月份、交易时间、最低交易保证金、每日价格最大波动限制、最后交易日、交割方式、交易代码等。

第八条　期权合约主要条款包括合约标的、报价单位、最小变动价位、合约月份、交易时间、执行价格间距、卖方交易保证金、每日价格最大波动限制、最后交易日、执行方式、交易代码等。

第九条　合约的附件与合约具有同等法律效力。

第三章　会员管理

第十条　会员是指根据有关法律、行政法规和规章的规定，经交易所批准，有权在交易所从事交易或者结算业务的企业法人或者其他经济组织。

第十一条 交易所的会员分为交易结算会员、全面结算会员、特别结算会员和交易会员。

第十二条 交易会员、交易结算会员、全面结算会员具有在交易所进行交易的资格。

第十三条 交易结算会员、全面结算会员和特别结算会员具有与交易所进行结算的资格。

交易会员可以从事经纪或者自营业务，不具有与交易所进行结算的资格。

第十四条 会员资格的批准、变更和终止，须经交易所批准，报告中国证监会，并予以公布。

第十五条 会员享有下列权利：

（一）在交易所从事规定的交易、结算和交割等业务；

（二）使用交易所提供的交易设施，获得有关期货交易的信息和服务；

（三）按照交易所交易规则行使申诉权；

（四）交易所交易规则及其实施细则规定的其他权利。

第十六条 会员应当履行下列义务：

（一）遵守国家有关法律、行政法规、规章和政策；

（二）遵守交易所的章程、交易规则及其实施细则和有关决定；

（三）按照规定缴纳各种费用；

（四）接受交易所监督管理；

（五）履行与交易所所签订协议中规定的相关义务；

（六）交易所规定应当履行的其他义务。

第十七条 申请成为交易所会员应当符合法律、行政法规、规章和交易所规定的资格条件。

第十八条 申请或者变更会员资格应当向交易所提出书面申请，在获得交易所批准后，与交易所签订相关协议。

第十九条 交易所建立会员联系人制度。会员应当设业务代表一名、业务联络员若干名，组织、协调会员与交易所的各项业务往来。

第二十条 会员出现下列情形之一的，交易所有权限制、暂停其业务或者调整、取消其会员资格：

（一）违反交易所的会员管理规定；

（二）不再符合会员资格条件；

（三）不符合中国证监会或者交易所相关规定。

第二十一条 交易所制定会员管理办法，对会员进行监督管理。

第二十二条 交易所可以根据市场发展，对会员的业务运作、风险管理、技术系统等提出要求，会员应当持续满足上述要求。

第四章 交易业务

第二十三条 期货交易是指在交易所内集中买卖期货合约、期权合约的交易活动。

第二十四条　交易日为每周一至周五（国家法定假日除外）。每一交易日各品种的交易时间安排，由交易所另行公告。

第二十五条　会员可以根据业务需要向交易所申请一个或者一个以上的席位。

第二十六条　会员在为客户开立账户前，应当向客户充分揭示期货交易风险，评估客户的风险承受能力，根据金融期货投资者适当性制度的规定审慎选择客户。

第二十七条　交易所实行交易编码制度。会员应当为每一个客户单独开立专门账户、申请交易编码，不得混码交易。

根据法律、行政法规、规章和有关规定需要对资产进行分户管理的特殊单位客户，可以为其分户管理的资产向交易所申请交易编码。

第二十八条　客户可以通过书面、电话、互联网等委托方式以及中国证监会规定的其他方式，下达交易指令。

第二十九条　交易指令分为市价指令、限价指令及交易所规定的其他指令。

第三十条　会员接受客户委托指令后，应当将客户的所有指令通过交易所集中交易，不得进行场外交易。

第三十一条　买卖申报经撮合成交后，交易即告成立。符合本规则各项规定达成的交易于成立时生效，买卖双方应当承认交易结果，履行相关义务。依照本规则达成的交易，其成交结果以交易所系统记录的成交数据为准。

第三十二条　交易指令成交后，交易所按照规定发送成交回报。

第三十三条　每日结算后，会员应当按照规定方式获取并核对成交记录。

会员有异议的，应当在当日以书面形式向交易所提出。未在规定时间内提出的，视为对成交记录无异议。

第三十四条　交易所实行套期保值和套利管理制度。

第三十五条　会员进行期货交易，应当按照规定向交易所缴纳手续费。

第五章　结算业务

第三十六条　结算业务是指交易所根据公布的结算价格和交易所有关规定对交易双方的交易结果进行资金清算和划转的业务活动。

第三十七条　期货交易的结算，由交易所统一组织进行。

第三十八条　交易所实行会员分级结算制度。交易所对结算会员进行结算，结算会员对其受托的交易会员进行结算，交易会员对其客户进行结算。

结算会员对其受托交易会员的期货交易承担履约责任，交易会员无法履约时，结算会员应当代为履约，并取得对违约交易会员的相应追偿权。

第三十九条　交易所实行保证金制度。保证金是交易所向结算会员收取的用于结算和担保合约履行的资金。

经交易所批准，会员可以根据有关规定提交有价证券作为保证金。

第四十条　保证金分为结算准备金和交易保证金。结算准备金是指未被合约占用的保证金；交易保证金是指已被合约占用的保证金。

第四十一条　结算会员向交易会员收取的保证金不得低于交易所规定的保证金标

准。结算会员有权根据市场运行情况和交易会员的资信状况调整对其收取保证金的标准。

第四十二条 交易所在期货保证金存管银行开设专用结算账户，用于存放结算会员的保证金及相关款项。

结算会员应当在期货保证金存管银行开设期货保证金账户，用于存放其客户及受托交易会员的保证金及相关款项。

第四十三条 交易所与结算会员之间的期货业务资金往来应当通过交易所专用结算账户和结算会员专用资金账户办理。

第四十四条 会员应当将客户缴纳的保证金存放于期货保证金账户，并与其自有资金分别保管，不得挪用。

第四十五条 交易所实行当日无负债结算制度。

第四十六条 结算会员结算准备金余额低于规定水平且未按时补足的，如果结算准备金余额小于规定的最低余额，不得开仓；如果结算准备金余额小于零，交易所可以按照规定对其进行强行平仓。

第四十七条 交易会员只能委托一家结算会员为其办理结算交割业务，交易会员应当与结算会员签订协议，并将协议报交易所备案。

第四十八条 交易会员和结算会员可以根据交易所规定，向交易所申请变更委托结算关系，交易所审核通过后为其办理。

第四十九条 结算会员应当建立结算风险管理制度。结算会员应当及时准确地了解客户及受托交易会员的盈亏、费用及资金收付等财务状况，控制客户及受托交易会员的风险。

第五十条 交易所应当按照有关规定提取、管理和使用风险准备金。风险准备金用于为维护期货市场正常运转提供财务担保和弥补因交易所不可预见风险带来的损失。

第六章 交割业务

第五十一条 期货交易的交割，由交易所统一组织进行。

第五十二条 期货交割采用现金交割或者实物交割方式。

第五十三条 现金交割是指合约到期时，按照交易所的规则和程序，交易双方按照规定结算价格进行现金差价结算，了结到期未平仓合约的过程。

第五十四条 实物交割是指合约到期时，按照交易所的规则和程序，交易双方通过该合约所载标的物所有权的转移，了结到期未平仓合约的过程。

第五十五条 会员不得因其客户违约而不履行合约交割责任。对不履行交割责任的，交易所有权强制执行。

第七章 风险控制

第五十六条 交易所实行涨跌停板制度。涨跌停板幅度由交易所设定，交易所可以根据市场风险状况调整涨跌停板幅度。

第五十七条 交易所实行持仓限额制度。持仓限额是指交易所规定的会员或者客户持仓的最大数量。会员或者客户的套期保值、套利交易的持仓按照交易所有关规定执行。

第五十八条　交易所实行大户持仓报告制度。会员或者客户持仓达到交易所规定的持仓报告标准或者被交易所指定必须报告的，会员或者客户应当向交易所报告。客户未报告的，会员应当向交易所报告。

交易所可以根据市场风险状况，制定并调整持仓报告标准。

第五十九条　交易所实行强行平仓制度。会员或者客户存在违规超仓、未按照规定及时追加保证金等违规行为或者交易所规定的其他情形的，交易所有权对相关会员或者客户采取强行平仓措施。

强行平仓盈利部分按照有关规定处理，发生的费用、损失及因市场原因无法强行平仓造成的损失扩大部分由相关会员或者客户承担。

第六十条　交易所实行强制减仓制度。期货交易出现同方向连续涨跌停板单边无连续报价或者市场风险明显增大情况的，交易所有权将当日以涨跌停板价格申报的未成交平仓报单，以当日涨跌停板价格与该合约净持仓盈利客户按照持仓比例自动撮合成交。

第六十一条　交易所实行结算担保金制度。结算担保金是指结算会员按照交易所规定缴纳的，用于应对结算会员违约风险的共同担保资金。

第六十二条　交易所实行风险警示制度。交易所认为必要的，可以单独或者同时采取要求会员和客户报告情况、谈话提醒、书面警示和发布风险警示公告等措施，以警示和化解风险。

第六十三条　期货交易出现同方向连续涨跌停板单边无连续报价或者市场风险明显增大情况的，经交易所董事会执行委员会审议批准，交易所可以采取调整涨跌停板幅度、提高交易保证金标准及强制减仓等风险控制措施化解市场风险。

采取上述风险控制措施后仍然无法释放风险的，交易所应当宣布进入异常情况，由交易所董事会决定采取进一步的风险控制措施。

第六十四条　结算会员无法履约时，交易所有权采取下列措施：

（一）暂停开仓；

（二）按照规定强行平仓，并用平仓后释放的保证金履约赔偿；

（三）依法处置作为保证金的有价证券；

（四）动用该违约结算会员缴纳的结算担保金；

（五）动用其他结算会员缴纳的结算担保金；

（六）动用交易所风险准备金；

（七）动用交易所自有资金。

交易所代为履约后，取得对违约会员的相应追偿权。

第六十五条　有根据认为会员或者客户违反交易所交易规则及其实施细则并且对市场正在产生或者将产生重大影响的，为防止违规行为后果进一步扩大，交易所可以对该会员或者客户采取下列临时处置措施：

（一）限制入金；

（二）限制出金；

（三）限制开仓；

（四）提高保证金标准；

（五）限期平仓；

（六）强行平仓。

前款第（一）、（二）、（三）项临时处置措施，可以由交易所总经理决定，其他临时处置措施由交易所董事会决定，并及时报告中国证监会。

第八章　异常情况处理

第六十六条　在期货交易过程中，出现下列情形之一的，交易所可以宣布进入异常情况，采取紧急措施化解风险：

（一）因地震、水灾、火灾或者计算机系统故障等导致交易无法正常进行；

（二）会员出现结算、交割危机，对市场正在产生或者将产生重大影响；

（三）出现本规则第六十三条情况并采取相应措施后仍未化解风险；

（四）交易所规定的其他情况。

出现前款第（一）项异常情况时，交易所总经理可以采取调整开市收市时间、暂停交易等紧急措施；出现前款第（二）、（三）、（四）项异常情况时，交易所董事会可以决定采取调整开市收市时间、暂停交易、调整涨跌停板幅度、提高交易保证金、限期平仓、强行平仓、限制出金等紧急措施。

因交易异常情况及交易所采取的相应措施造成的损失，交易所不承担责任。

第六十七条　交易所宣布进入异常情况并决定采取紧急措施前应当报告中国证监会。

第六十八条　交易所宣布进入异常情况并决定暂停交易的，暂停交易的期限不得超过 3 个交易日，但经中国证监会批准延长的除外。

第九章　信息管理

第六十九条　交易所期货交易信息是指期货、期权上市合约的交易行情、交易结算数据、统计资料、交易所发布的各种公告信息以及中国证监会要求披露的其他相关信息。

第七十条　交易所期货交易信息所有权属于交易所，由交易所统一管理和发布。

第七十一条　交易所发布的交易信息包括：合约名称、合约月份、开盘价、最新价、涨跌、收盘价、结算价、最高价、最低价、成交量、持仓量及其持仓变化、结算会员成交量和持仓量排名等其他需要公布的信息。

信息发布应当根据不同内容按照实时、每日、每周、每月、每年定期发布。

第七十二条　交易所应当采取有效通讯手段，建立同步报价和即时成交回报系统。

第七十三条　因不可抗力、意外事件、交易所系统被非法侵入等原因导致交易信息传输发生异常或者中断的，交易所不承担责任。

交易所的行情发布正常，但因会员、信息服务机构或者公共媒体等转发发生故障，影响会员和客户交易的，交易所不承担责任。

第七十四条　交易所、会员不得发布虚假的或者带有误导性质的信息。

第七十五条　交易所、会员和期货保证金存管银行不得泄露业务中获取的商业秘密。

经批准，交易所可以向有关监管部门或者其他相关单位提供相关信息，并执行相应的保密规定。

第七十六条　为保证交易数据的安全，交易所应当实行异地数据备份。

第七十七条　交易所管理和发布信息，有权收取相应费用。

第十章　监督管理

第七十八条　交易所依据本规则和有关规定，对与交易所期货交易有关的业务活动实施自律监督管理。

会员、客户、期货保证金存管银行及期货市场其他参与者应当接受交易所对其期货业务的监督管理。

第七十九条　交易所监督管理的主要内容为：

（一）监督、检查期货市场法律、行政法规、规章和交易规则及其实施细则的落实执行情况，控制市场风险；

（二）监督、检查会员业务运作及内部管理状况；

（三）监督、检查会员的财务、资信状况；

（四）监督、检查期货保证金存管银行及期货市场其他参与者与期货有关的业务活动；

（五）调解、处理期货交易纠纷，调查处理有关违规案件；

（六）协助司法机关、行政执法机关依法执行公务；

（七）对其他违背“公开、公平、公正”原则、扰乱市场秩序、制造市场风险的行为进行监督管理。

第八十条　交易所履行监督管理职责时，可以行使下列职权：

（一）查阅、复制与期货交易有关的信息、资料；

（二）对会员、客户、期货保证金存管银行以及期货市场其他参与者等进行调查、取证；

（三）要求会员、客户、期货保证金存管银行以及期货市场其他参与者等对被调查事项做出申报、陈述、解释、说明；

（四）交易所履行监督管理职责所必需的其他职权。

第八十一条　交易所履行监督管理职责时，会员、客户、期货保证金存管银行及期货市场其他参与者应当配合。对不如实提供资料、隐瞒事实真相、故意回避调查或者妨碍交易所工作人员行使职权的单位和个人，交易所可以按照有关规定采取必要措施或者进行处理。

第八十二条　交易所每年应当对会员遵守交易所交易规则及其实施细则的情况进行抽样或者全面检查，并将检查结果上报中国证监会。

第八十三条 交易所发现会员、客户、期货保证金存管银行及期货市场其他参与者在从事期货相关业务时涉嫌违规的，应当立案调查；情节严重的，交易所可以采取相应措施防止违规行为后果进一步扩大。

第八十四条 交易所工作人员不能正确履行监督管理职责的，会员、客户、期货保证金存管银行及期货市场其他参与者有权向交易所或者中国证监会投诉、举报。经查证属实的，应当严肃处理。

第八十五条 交易所制定违规违约处理办法对违规违约行为进行处理。

第八十六条 交易所在中国证监会统一组织和协调下，与证券交易所、证券登记结算机构和期货保证金安全存管监控机构等相关机构，建立对期货市场和相关市场的信息共享等监管协作机制。

第十一章 争议处理

第八十七条 会员、客户、期货保证金存管银行及期货市场其他参与者之间发生的有关期货业务纠纷，可以自行协商解决、提请交易所调解、向仲裁机构申请仲裁或者向人民法院提起诉讼。

第八十八条 提请交易所调解的当事人，应当提出书面调解申请。经调解达成协议后，交易所制作调解书，经双方当事人在调解书上签字确认后生效。

第十二章 附 则

第八十九条 交易所可以根据本规则制定实施细则或者办法。

第九十条 本规则由交易所董事会负责解释。

第九十一条 本规则的制定和修改须经交易所股东大会通过，报中国证监会批准。

第九十二条 本规则自2013年8月30日起施行。

中国金融期货交易所违规违约处理办法

（2007年6月27日实施，2010年2月20日第一次修订，2013年8月30日第二次修订）

第一章 总 则

第一条 为依法对期货市场进行管理，规范期货交易行为，保障期货市场参与者的合法权益，根据《期货交易管理条例》、《期货交易所管理办法》、《中国金融期货交易所章程》和《中国金融期货交易所交易规则》等有关规定，制定本办法。

第二条 中国金融期货交易所（以下简称交易所）对参与期货交易的会员、客户、期货保证金存管银行、信息服务机构及期货市场其他参与者进行日常检查、调查、认定和处理违规违约行为，适用本办法。

第三条　交易所根据公平、公正的原则，以事实为依据，依照国家法律、行政法规、规章和本办法，对期货市场的违规违约行为进行调查、认定和处理。

违规行为涉嫌犯罪的，移交司法机关处理。

第四条　交易所调查、认定和处理违规违约行为，应当做到事实清楚、证据确凿、程序规范、适用规定准确、处理决定适当。

第二章　日常检查与立案调查

第五条　日常检查是指交易所根据其各项规章制度，对会员、客户、期货保证金存管银行、信息服务机构及期货市场其他参与者的业务活动进行的定期和不定期监督检查。

第六条　交易所履行监管职责时，可以行使下列职权：

（一）查阅、复制与期货交易有关的信息、资料；

（二）对会员、客户、期货保证金存管银行、信息服务机构等单位和人员调查、取证；

（三）要求会员、客户、期货保证金存管银行、信息服务机构等被调查者申报、陈述、解释、说明有关情况；

（四）查询会员的期货保证金账户；

（五）检查会员的交易、结算及财务等技术系统；

（六）制止、纠正、处理违规违约行为；

（七）交易所履行监管职责所必需的其他职权。

第七条　会员、客户、期货保证金存管银行、信息服务机构及期货市场其他参与者应当接受交易所的监督检查，配合交易所履行监管职责，如实提供交易所要求提供的文件和资料。

第八条　交易所受理书面或者口头投诉、举报。受理口头投诉、举报应当制作笔录或者录音。

第九条　投诉人、举报人应当身份真实、明确；除法律、行政法规和规章另有规定外，交易所应当为投诉人、举报人保密。

第十条　交易所对日常检查工作中发现的、投诉举报的、监管部门和司法机关等单位移交的或者通过其他途径获得的线索进行审查，认为涉嫌违规的，应当予以立案调查。

第十一条　对已经立案的案件，交易所指定专人负责调查。

第十二条　调查取证应当由两名以上调查人员参加，并出示合法证件或者交易所的证明文件。

第十三条　调查人员认为自己与本案存在利害关系或者其他可能影响案件公正处理情形的，应当申请回避。

被调查人员认为调查人员与本案存在利害关系或者其他可能影响案件公正处理情形的，有权申请有关人员回避。

交易所认为调查人员应当回避的，决定其回避。

第十四条　证据包括书证、物证、视听资料、电子记录、证人证言、当事人陈述、调查笔录、鉴定结论等能够证明案件真相的一切材料。

证据应当经过调查核实方能作为定案的根据。

第十五条　询问被调查人应当制作调查笔录。调查笔录应当交被调查人核对，核对无误后由被调查人和调查人员签名。被调查人拒绝签名的，调查人员应当注明原因。

书证、物证的提取应当制作提取笔录，注明提取的时间和地点，并由被调查人签名。被调查人拒绝或者无法签名的，由见证人签名。

视听资料、电子记录的收集应当注明收集或者制作的时间、地点、方式、使用的设备及保存的条件，并由被调查人或者见证人签名。

调查取证时需要复制原件的，应当注明原件的保存单位（或者个人）和出处，由原件保存单位（或者个人）签注“与原件核对无误”，并由其盖章或者签名。

鉴定结论应当由中国证券监督管理委员会（以下简称中国证监会）或者交易所认可的鉴定单位做出，并由鉴定单位和鉴定人签字盖章。

第十六条　会员、客户、期货保证金存管银行和信息服务机构及期货市场其他参与者涉嫌违规，经交易所立案调查的，在确认违规行为之前，为防止违规后果进一步扩大，保障处理决定的执行，交易所可以对被调查人采取下列临时处置措施：

（一）暂停受理申请开立新的交易编码；

（二）限制入金；

（三）限制出金；

（四）限制开仓；

（五）降低持仓限额；

（六）提高保证金标准；

（七）限期平仓；

（八）强行平仓。

采取前款第（一）至（五）项临时处置措施，可以由交易所总经理决定；其他临时处置措施由交易所董事会决定，并及时报告中国证监会。

第十七条　交易所工作人员在日常检查和立案调查过程中，应当严格遵守保密制度，不得滥用职权。

违反前款规定的，交易所根据不同情节给予相应处分。

第三章　违规违约处理

第十八条　会员具有下列违反会员管理规定情形之一的，责令改正，并可以根据情节轻重，采取谈话提醒、书面警示、通报批评、公开谴责、限制开仓、强行平仓、暂停或者限制业务、调整或者取消会员资格等措施：

（一）以欺骗手段获取会员资格或者在资格变更中具有违规情形；

（二）未按照规定的期限和要求向交易所履行报告义务；

（三）任用不具备资格的期货从业人员；

（四）违反交易所会员联系人制度规定；

（五）不按照规定缴纳各种费用；

（六）违反交易所会员管理规定的其他情形。

第十九条　会员或者客户具有下列违反交易管理规定情形之一的，责令改正，并可以根据情节轻重，采取谈话提醒、书面警示、通报批评、公开谴责、限制开仓、强行平仓、暂停或者限制业务、调整或者取消会员资格等措施：

（一）为未按照规定履行开户手续的客户进行期货交易；

（二）未按照规定履行审核义务，为不符合开户条件的客户办理开户手续；

（三）违反交易指令和交易编码管理规定；

（四）利用席位窃取商业秘密或者破坏交易所系统；

（五）私下转包、转租或者转让席位；

（六）违反交易所应急交易厅管理规定；

（七）违反交易所交易管理规定的其他情形。

上述违规行为同时构成违约的，应当按照相关协议中关于违约责任条款的约定，向交易所支付惩罚性违约金。没有违规所得或者违规所得不满10万元的，支付50万元以下惩罚性违约金；违规所得10万元以上的，支付违规所得1倍以上5倍以下惩罚性违约金。

会员有本条所列行为的，交易所可以给予责任人暂停从事交易所期货业务的处理；情节严重的，取消其从事交易所期货业务的资格。

第二十条　会员具有下列欺诈客户行为之一的，责令改正，并可以根据情节轻重，采取谈话提醒、书面警示、通报批评、公开谴责、限制开仓、强行平仓、暂停或者限制业务、调整或者取消会员资格等措施：

（一）未按照规定向客户揭示风险；

（二）向客户做获利保证或者在经纪业务中与客户约定分享利益、共担风险；

（三）未按照规定接受客户委托或者未按照客户委托内容擅自进行期货交易；

（四）隐瞒重要事项或者使用其他不正当手段，诱骗客户发出交易指令；

（五）向客户提供虚假成交回报；

（六）未将客户交易指令下达到交易所；

（七）其他欺诈客户的行为。

上述违规行为同时构成违约的，依照本办法第十九条第二款的规定处理。

会员有本条所列行为的，对责任人依照本办法第十九条第三款的规定处理。

第二十一条　全面结算会员、特别结算会员有下列行为之一的，责令改正，并可以根据情节轻重，采取谈话提醒、书面警示、通报批评、公开谴责、限制开仓、强行平仓、暂停或者限制业务、调整或者取消会员资格等措施：

（一）未按照规定接受交易会员委托或者未按照交易会员委托内容擅自进行期货交易；

（二）未将交易会员的交易指令下达到交易所；

（三）向交易会员提供虚假成交回报；

（四）违反交易所交易管理规定的其他行为。

上述违规行为同时构成违约的，依照本办法第十九条第二款的规定处理。

全面结算会员、特别结算会员有本条所列行为的，对责任人依照本办法第十九条第三款的规定处理。

第二十二条 会员或者客户有下列影响期货交易价格行为之一的，责令改正，并可以根据情节轻重，采取谈话提醒、书面警示、通报批评、公开谴责、限制开仓、强行平仓、暂停或者限制业务、调整或者取消会员资格等措施：

（一）单独或者合谋，集中资金优势、持仓优势或者利用信息优势联合或者连续买卖合约，影响期货交易价格；

（二）蓄意串通，按照事先约定的时间、价格和方式相互进行期货交易，影响期货交易价格或者期货交易量；

（三）以自己为交易对象，自买自卖，影响期货交易价格或者期货交易量；

（四）为影响期货市场行情囤积相关现货；

（五）操纵相关现货市场价格而影响期货交易价格；

（六）不以成交为目的或者明知申报的指令不能成交，仍恶意或者连续输入交易指令企图影响期货价格，扰乱市场秩序、转移资金或者进行利益输送；

（七）利用内幕信息或者国家秘密进行期货交易或者泄露内幕信息影响期货交易；

（八）通过其他方式影响期货交易价格的行为。

上述违规行为同时构成违约的，依照本办法第十九条第二款的规定处理。

会员有本条所列行为的，对责任人依照本办法第十九条第三款的规定处理。

第二十三条 会员或者客户在进行套期保值与套利额度申请，或者套期保值与套利交易时，有欺诈或者违反交易所规定行为的，责令改正，并可以根据情节轻重，采取谈话提醒、书面警示、通报批评、公开谴责、限制开仓、强行平仓、暂停或者限制业务、调整或者取消会员资格等措施。

上述违规行为同时构成违约的，依照本办法第十九条第二款的规定处理。

会员有本条所列行为的，对责任人依照本办法第十九条第三款的规定处理。

第二十四条 会员具有下列违反结算管理规定行为之一的，责令改正，并可以根据情节轻重，采取谈话提醒、书面警示、通报批评、公开谴责、限制开仓、强行平仓、暂停或者限制业务、调整或者取消会员资格等措施：

（一）未将自有资金与客户资金分户存放；

（二）未对客户保证金实行分账管理；

（三）无正当理由拖延客户出入金；

（四）向客户收取的交易保证金低于规定标准；

（五）允许客户在保证金不足时开仓交易；

（六）挪用或者擅自允许他人挪用客户资金或者套用不同账户资金；

（七）任用不具备期货从业人员资格的人员办理结算交割业务；

（八）未按照规定向客户提供有关成交结果、资金结算报表；

（九）未按照规定设立结算部门；

（十）未实行当日无负债结算制度；

（十一）违反中国证监会期货保证金安全存管监控的有关规定；
（十二）未按照规定提取、管理和使用风险准备金；
（十三）伪造、涂改或者未按照规定保存期货交易、结算、交割资料；
（十四）违反交易所结算管理规定的其他行为。

上述违规行为同时构成违约的，依照本办法第十九条第二款的规定处理。

会员有本条所列行为的，对责任人依照本办法第十九条第三款的规定处理。

第二十五条　结算会员具有下列违反结算管理规定行为之一的，责令改正，并可以根据情节轻重，采取谈话提醒、书面警示、通报批评、公开谴责、限制开仓、强行平仓、暂停或者限制业务、调整或者取消会员资格等措施：

（一）未按时足额缴纳保证金；
（二）交易结算会员私下为交易会员进行结算；
（三）未按照规定向交易所足额缴纳结算担保金；
（四）任用不具备结算交割员资格的人员办理结算交割业务；
（五）结算交割员未按照规定办理结算交割业务；
（六）在申请结算交割员资格时采取虚假、欺骗和不正当手段；
（七）伪造、涂改、借用结算交割员证件；
（八）违反交易所结算管理规定的其他行为。

上述违规行为同时构成违约的，依照本办法第十九条第二款的规定处理。

结算会员有本条所列行为的，对责任人依照本办法第十九条第三款的规定处理。

第二十六条　全面结算会员、特别结算会员受托为交易会员结算，具有下列违反结算管理规定行为之一的，责令改正，并可以根据情节轻重，采取谈话提醒、书面警示、通报批评、公开谴责、限制开仓、强行平仓、暂停或者限制业务、调整或者取消会员资格等措施：

（一）违反规定受托为不符合规定条件的交易会员进行结算；
（二）未与交易会员签订结算协议，或者未将结算协议向交易所报备，自行为交易会员进行结算；
（三）未对交易会员保证金实行分账管理；
（四）允许交易会员在保证金不足的情况下进行开仓交易；
（五）向交易会员收取的最低结算准备金低于交易所规定标准；
（六）向交易会员收取的保证金低于交易所保证金标准；
（七）挪用交易会员保证金，或者违规划转交易会员保证金；
（八）未对交易会员执行当日无负债结算制度；
（九）向交易会员收取结算担保金；
（十）在结算协议有效期间，擅自终止为交易会员结算；
（十一）违反交易所结算管理规定的其他行为。

上述违规行为同时构成违约的，依照本办法第十九条第二款的规定处理。

全面结算会员、特别结算会员有本条所列行为的，对责任人依照本办法第十九条第三款的规定处理。

第二十七条 期货保证金存管银行未履行法定或者约定义务的，责令改正，并可以根据情节轻重，采取谈话提醒、书面警示、通报批评、公开谴责、暂停或者终止交易所期货保证金存管业务等措施。

上述违规行为同时构成违约的，依照本办法第十九条第二款的规定处理。

第二十八条 会员或者客户具有下列违反风险控制管理规定行为之一的，责令改正，并可以根据情节轻重，采取谈话提醒、书面警示、通报批评、公开谴责、限制开仓、强行平仓、暂停或者限制业务、调整或者取消会员资格等措施：

（一）利用分仓等手段，规避交易所的持仓限额，超量持仓；

（二）未按照交易所规定履行大户报告义务；

（三）会员未按照规定采取强行平仓措施；

（四）违反风险警示制度有关要求；

（五）违反交易所风险控制管理制度的其他行为。

上述违规行为同时构成违约的，依照本办法第十九条第二款的规定处理。

会员有本条所列行为的，对责任人依照本办法第十九条第三款的规定处理。

第二十九条 会员、客户、信息服务机构、期货保证金存管银行及期货市场其他参与者具有下列违反信息管理规定行为之一的，责令改正，并可以根据情节轻重，采取谈话提醒、书面警示、通报批评、公开谴责、限制开仓、强行平仓、暂停或者限制业务、调整或者取消会员资格等措施：

（一）会员未将交易所发布的即时行情和公告信息等市场信息及时在营业场所公布；

（二）未经交易所授权，擅自发布、传输和传播交易所信息；

（三）未经交易所授权，擅自出售、转让或者转接交易所信息；

（四）未经交易所授权，将交易所信息用于信息经营协议载明用途之外；

（五）未经交易所授权，擅自对交易信息进行增值开发或者未履行约定的增值开发成果备案义务；

（六）发现传输或者传播的交易信息内容有错误，未按照规定处理；

（七）违反保密义务，擅自公开不宜公开的信息；

（八）违反交易所信息管理规定的其他行为。

上述违规行为同时构成违约的，依照本办法第十九条第二款的规定处理。

会员有本条所列行为的，对责任人依照本办法第十九条第三款的规定处理。

第三十条 会员、客户、期货保证金存管银行、信息服务机构及期货市场其他参与者有下列行为之一的，责令改正，并可以根据情节轻重，采取谈话提醒、书面警示、通报批评、公开谴责、限制开仓、强行平仓、暂停或者限制业务、调整或者取消会员资格等措施：

（一）拒不配合交易所日常检查、立案调查；

（二）进行虚假性、误导性或者遗漏重要事实的申报、陈述、解释或者说明；

（三）提供虚假的文件、资料或者信息。

会员有本条所列行为的，对责任人依照本办法第十九条第三款的规定处理。

第三十一条　被采取市场禁止进入措施的，应当自决定生效之日起20个交易日内了结持仓和相关债权债务，在市场禁止进入期限内不得从事本交易所的期货业务。

第三十二条　多种违规行为并存的，分别定性，数罚并用，多次违规的，从重或者加重处理。

会员、客户、期货保证金存管银行、信息服务机构及期货市场其他参与者的违规行为已经受到有关监管机构处罚的，交易所在决定处理时可以免除或者减轻处理。

第三十三条　交易所工作人员违反有关规定的，按照法律、行政法规、规章和交易所内部规章制度处理。

第四章　裁决与执行

第三十四条　交易所对违规行为调查核实后，事实清楚、证据确凿的，依照交易所章程、交易规则及本办法规定予以裁决。

第三十五条　交易所做出裁决，应当制作处理决定书。处理决定书应当包括下列内容：

（一）当事人的姓名或者名称、住所；

（二）违规事实和证据；

（三）处理的种类和依据；

（四）处理决定的履行方式和期限；

（五）申请复议的途径和期限；

（六）做出处理决定的日期。

第三十六条　处理决定书可以通过邮寄、传真、公告等方式送达当事人，并同时分送有关协助执行部门，处理决定书自送达之日起生效。

按照中国证监会的规定需要抄报违规处理情况的，同时抄报中国证监会。

第三十七条　交易所实行复议制度。

当事人对处理决定不服的，可以于处理决定书生效之日起10日内向交易所书面申请复议，复议期间不停止决定的执行。

交易所应当于收到复议申请书之日起30日内做出复议决定，复议决定为终局决定。

第三十八条　处理决定中包括惩罚性违约金的，当事人应当在处理决定书生效之日起5日内将惩罚性违约金如数缴纳至交易所指定的银行账户。逾期不缴纳的，当事人是结算会员的，交易所从结算会员专用资金账户中划付；当事人不是结算会员的，有关结算会员应当协助交易所划拨其在该结算会员处的资金。

对会员工作人员的惩罚性违约金，由会员代缴。

第五章　纠纷调解

第三十九条　会员、客户、期货保证金存管银行及期货市场其他参与者之间发生期货交易纠纷的，可以自行协商解决，也可以提请交易所调解。

第四十条　交易所的调解机构为交易所董事会下设的调解委员会，其常设办事机构设在交易所监查部门。

第四十一条 调解应当在事实清楚、责任明确的基础上依据国家有关期货交易的法律、行政法规、规章和交易所的规则进行。

第四十二条 当事人向调解委员会提出调解申请，应当自其知道或者应当知道其合法权益被侵害之日起30日内提出。

第四十三条 当事人申请调解应当符合下列条件：

（一）有调解申请书；

（二）有具体的事实、理由和请求；

（三）属于调解委员会的受理范围。

第四十四条 当事人向调解委员会申请调解，应当提交书面申请和有关材料。

调解申请书应当写明下列事项：

（一）当事人的姓名、性别、年龄、职业、工作单位和住所，或者单位名称、住所和法定代表人或者负责人的姓名、职务；

（二）调解的事实、理由和请求；

（三）有关证据。

第四十五条 当事人根据有关规定负有举证的责任。调解委员会认为必要时，可以调查收集证据。

第四十六条 调解委员会应当在查明事实，分清是非和当事人自愿的基础上调解，促使当事人相互谅解，达成协议。

第四十七条 经调解达成的协议应当记录在案，并制作调解书，经双方当事人签收后生效。

第四十八条 调解书应当写明下列内容：

（一）双方当事人的名称、住所、法定代表人或者负责人的姓名及职务；

（二）争议的事项和请求；

（三）协议结果。

第四十九条 调解委员会应当在受理调解后30日内结案；到期未结案的，调解委员会应当向当事人说明理由。双方当事人要求继续调解的，调解委员会应当继续调解。一方要求终止调解的，应当终止调解。

第五十条 调解不成的，当事人可以依法提请仲裁机构仲裁或者向人民法院提起诉讼。

第六章 附 则

第五十一条 本办法所称“以上”、“以下”均含本数。

第五十二条 本办法由交易所负责解释。

第五十三条 本办法自2013年8月30日起实施。

中国金融期货交易所交易细则

（2007年6月27日实施，2010年2月20日第一次修订，2013年8月30日第二次修订）

第一章　总　　则

第一条　为规范期货交易行为，保护期货交易当事人的合法权益，保障中国金融期货交易所（以下简称交易所）期货交易的顺利进行，根据《中国金融期货交易所交易规则》，制定本细则。

第二条　交易所、会员、客户应当遵守本细则。

第二章　品种与合约

第三条　交易所上市品种为股票指数、国债等金融产品及其相关指数产品以及经中国证券监督管理委员会（以下简称中国证监会）批准的其他品种。

第四条　股指期货合约主要条款包括合约标的、合约乘数、报价单位、最小变动价位、合约月份、交易时间、每日价格最大波动限制、最低交易保证金、最后交易日、交割日期、交割方式、交易代码、上市交易所等。

第五条　国债期货合约主要条款包括合约标的、可交割国债、报价方式、最小变动价位、合约月份、交易时间、每日价格最大波动限制、最低交易保证金、最后交易日、最后交割日、交割方式、交易代码、上市交易所等。

第三章　席位管理

第六条　席位是指会员参与交易所期货交易，享有及行使相关交易权利，并接受交易所监管、服务及相关业务管理的基本单位。会员可以根据业务需要向交易所申请一个或者一个以上的席位。

第七条　会员申请席位，应当具备下列条件：

（一）经营状况良好，无严重违法违规记录；

（二）通讯、资金划拨条件符合交易所要求；

（三）配备符合交易所要求的业务系统及相关专业人员；

（四）具有健全的规章制度和交易管理办法；

（五）业务系统的建设和管理符合国家、行业和交易所相关技术管理规范的要求。

第八条　会员申请席位，应当提交下列材料：

（一）近两年期货交易基本情况；

（二）包含申请席位的理由、条件、可行性论证等内容的申请报告；

（三）机构、人员现状及拟负责交易管理事务的主要人员的名单、简历、专业背景等基本情况；

（四）交易管理的业务制度（包括数据安全管理制度）；

（五）计算机系统、通讯系统（包括通讯线路）、系统软件、应用软件等配置清单；

（六）交易所要求提供的其他材料。

第九条 交易所在收到符合要求的申请报告和有关材料之日起15个工作日内，对申请报告做出书面批复。

第十条 会员应当在收到交易所同意其席位申请的批复后5个工作日内，与交易所签订席位使用协议。无故逾期的，视为放弃。

第十一条 席位使用费按年收取，收费标准根据交易所有关规定执行。席位撤销时，已收取的席位使用费不予退还。

第十二条 会员交易设施安装和系统调试完成后，达到交易所规定标准且符合开通条件的，方可投入使用。

第十三条 会员应当加强席位管理和交易业务系统维护，主要设施需要更换或者作技术调整时，应当事先征得交易所同意。席位迁移出原登记备案地，应当事先报交易所审批。交易所有权对席位的使用情况进行监督检查。

第十四条 会员有下列情形之一的，席位予以撤销：

（一）申请撤销席位并经交易所核准；

（二）私下转包、转租或者转让席位；

（三）管理混乱、存在严重违规行为或者经查实已不符合开通条件；

（四）利用席位窃密或者破坏交易所系统；

（五）会员资格终止；

（六）交易所认为其不适宜拥有席位。

第十五条 由于交易系统、通讯系统等交易设施发生故障，致使10%以上的会员不能正常交易的，交易所应当暂停交易，直至故障消除为止。交易恢复后，交易所可以对指令申报实行集合竞价交易，然后转入连续竞价交易。

第四章 价　格

第十六条 交易所应当及时发布开盘价、收盘价、最高价、最低价、最新价、涨跌、最高买价、最低卖价、申买量、申卖量、结算价、成交量、持仓量等与交易有关的信息。

第十七条 开盘价是指某一合约经集合竞价产生的成交价格。集合竞价未产生成交价格的，以集合竞价后第一笔成交价为开盘价。

第十八条 收盘价是指某一合约当日交易的最后一笔成交价格。

第十九条 最高价是指一定时间内某一合约成交价中的最高成交价格。

第二十条 最低价是指一定时间内某一合约成交价中的最低成交价格。

第二十一条 最新价是指某一合约在当日交易期间的即时成交价格。

第二十二条 涨跌是指某一合约在当日交易期间的最新价与上一交易日结算价之差。

第二十三条　最高买价是指某一合约当日买方申请买入的即时最高价格。

第二十四条　最低卖价是指某一合约当日卖方申请卖出的即时最低价格。

第二十五条　申买量是指某一合约当日交易所交易系统中未成交的最高价位申请买入的下单数量。

第二十六条　申卖量是指某一合约当日交易所交易系统中未成交的最低价位申请卖出的下单数量。

第二十七条　结算价是指某一合约当日一定时间内成交价格按照成交量的加权平均价。结算价是进行当日未平仓合约盈亏结算和计算下一交易日交易价格限制的依据。

第二十八条　成交量是指某一合约在当日所有成交合约的单边数量。

第二十九条　持仓量是指期货交易者所持有的未平仓合约的单边数量。

第五章　指令与成交

第三十条　交易指令分为市价指令、限价指令及交易所规定的其他指令。

市价指令是指不限定价格的、按照当时市场上可执行的最优报价成交的指令。市价指令的未成交部分自动撤销。

限价指令是指按照限定价格或者更优价格成交的指令。限价指令在买入时，必须在其限价或者限价以下的价格成交；在卖出时，必须在其限价或者限价以上的价格成交。限价指令当日有效，未成交部分可以撤销。

第三十一条　市价指令只能和限价指令撮合成交，成交价格等于即时最优限价指令的限定价格。

第三十二条　交易指令的报价只能在合约价格限制范围内，超过价格限制范围的报价为无效报价。

交易指令申报经交易所确认后生效。

第三十三条　合约的交易单位为手，期货交易以交易单位的整数倍进行。

第三十四条　会员、客户使用或者会员向客户提供可以通过计算机程序实现自动批量下单或者快速下单等功能的交易软件的，会员应当事先报交易所备案。

会员、客户采取可能影响交易所系统安全或者正常交易秩序的方式下达交易指令的，交易所可以采取相关措施。

第三十五条　期货交易采用集合竞价、连续竞价及经中国证监会批准的其他方式。集合竞价是指对在规定时间内接受的买卖申报一次性集中撮合的竞价方式，连续竞价是指对买卖申报逐笔连续撮合的竞价方式。

第三十六条　集合竞价时间分为指令申报时间和指令撮合时间。

集合竞价指令申报时间不接受市价指令申报。

集合竞价指令撮合时间不接受指令申报。

第三十七条　连续竞价交易按照价格优先、时间优先的原则撮合成交。以涨跌停板价格申报的指令，按照平仓优先、时间优先的原则撮合成交。

第三十八条　集合竞价采用最大成交量原则，即以此价格成交能够得到最大成交量。高于集合竞价产生的价格的买入申报全部成交；低于集合竞价产生的价格的卖出申报全部成交；等于集合竞价产生的价格的买入或者卖出申报，根据买入申报量和卖出申报量的多少，按照少的一方的申报量成交。

第三十九条 开盘集合竞价中的未成交指令自动参与连续竞价交易。

第四十条 限价指令连续竞价交易时，交易所系统将买卖申报指令以价格优先、时间优先的原则进行排序，当买入价大于、等于卖出价则自动撮合成交。撮合成交价等于买入价（bp）、卖出价（sp）和前一成交价（cp）三者中居中的一个价格。即：

当 bp≥sp≥cp，则：最新成交价 = sp

bp≥cp≥sp， 最新成交价 = cp

cp≥bp≥sp， 最新成交价 = bp

集合竞价未产生成交价的，以上一交易日收盘价为前一成交价，按照上述办法确定第一笔成交价。

第四十一条 新上市合约的挂盘基准价由交易所确定并提前公布。挂盘基准价是确定新合约上市首日涨跌停板幅度的依据。

第六章　交易编码

第四十二条 交易编码是客户、从事自营业务的会员进行期货交易的专用代码。交易编码由十二位数字构成，前四位为会员号，后八位为客户号。

第四十三条 客户在不同的会员处开户的，其交易编码中客户号应当相同。交易所另有规定的除外。

第四十四条 符合中国证监会及交易所规定的会员和客户，可以根据从事套期保值交易、套利交易、投机交易等不同目的分别申请客户号。

第四十五条 会员应当对客户开户申请材料的真实性、准确性和完整性进行审核，并根据期货市场客户开户管理的相关规定录入客户资料，办理相关手续。

第四十六条 证券公司、基金管理公司、信托公司、银行和其他金融机构，以及社会保障类公司、合格境外机构投资者等法律、行政法规和规章规定的需要资产分户管理的特殊单位客户，可以为其分户管理的资产向交易所申请开立交易编码。

第四十七条 会员、客户申请交易编码，应当根据交易所的规定缴纳相关费用。

第四十八条 会员应当建立客户开户档案，并应当自期货经纪合同终止之日起至少保存20年。

第四十九条 存在下列情形之一的，交易所可以注销交易编码：

（一）客户备案资料不真实；

（二）客户被认定为市场禁止进入者；

（三）客户申请注销；

（四）交易所认定的其他情形。

第五十条 客户提供虚假的资料或者会员协助客户使用虚假资料开户的，交易所有权责令会员限期平仓，平仓后注销该客户的交易编码，同时按照《中国金融期货交易所违规违约处理办法》的有关规定进行处理。

第七章　附　　则

第五十一条　违反本细则规定的，交易所按照本细则和《中国金融期货交易所违规违约处理办法》的有关规定处理。

第五十二条　本细则由交易所负责解释。

第五十三条　本细则自 2013 年 8 月 30 日起实施。

中国金融期货交易所结算细则

（2007 年 6 月 27 日实施，2010 年 2 月 20 日第一次修订，2013 年 8 月 30 日第二次修订）

第一章　总　　则

第一条　为规范期货结算行为，保护期货交易当事人的合法权益和社会公共利益，防范和化解期货市场风险，保障中国金融期货交易所（以下简称交易所）期货结算的正常进行，根据《中国金融期货交易所交易规则》，制定本细则。

第二条　结算业务是指交易所根据交易结果、公布的结算价格和交易所有关规定对交易双方的交易保证金、盈亏、手续费及其他有关款项进行资金清算和划转的业务活动。

第三条　交易所的结算实行保证金制度、当日无负债结算制度、结算担保金制度和风险准备金制度等。

第四条　交易所实行会员分级结算制度。交易所对结算会员结算，结算会员对其客户、受托交易会员结算，交易会员对其客户结算。

第五条　交易所、会员、客户、期货保证金存管银行应当遵守本细则。

第二章　结算机构

第六条　结算机构是指交易所设置的结算部门和会员的结算部门。交易所结算部门负责交易所期货交易的统一结算、保证金管理、结算担保金管理及结算风险的防范。

第七条　交易所结算部门的主要职责为：

（一）登录编制结算会员的结算账表；

（二）办理资金往来汇划业务；

（三）统计、登记和报告交易结算情况；

（四）处理会员交易中的账款纠纷；

（五）办理结算、交割业务；

（六）管理保证金、结算担保金；

（七）控制结算风险；

（八）监督期货保证金存管银行与交易所的期货结算业务；

（九）法律、行政法规、规章和交易所规定的其他职责。

第八条 在交易所成交的合约应当通过交易所结算部门进行统一结算。

第九条 交易所实行会员分级结算制度。交易所结算部门负责交易所与结算会员之间的结算工作。

第十条 会员应当设立结算部门。结算会员的结算部门负责该结算会员与交易所、客户、交易会员之间的结算工作；交易会员的结算部门负责该交易会员与结算会员、客户之间的结算工作。

第十一条 交易所有权检查会员的结算资料、财务报表及相关的凭证和账册。

第十二条 会员结算部门应当妥善保管结算资料、财务报表及相关凭证、账册，以备查询和核实。

第十三条 结算交割员是指经结算会员授权，代表结算会员办理结算和交割业务的人员。每一结算会员应当指派两名以上（含两名）的结算交割员。

结算交割员应当符合中国证券监督管理委员会（以下简称中国证监会）关于期货从业人员资格的有关规定，经交易所培训合格，取得交易所颁发的结算交割员培训合格证书，并经所属结算会员授权后取得《中国金融期货交易所结算交割员证》（以下简称《结算交割员证》）。

第十四条 结算交割员应当履行下列职责：

（一）办理结算会员出入金业务；

（二）获取交易所提供的结算数据，并及时进行核对；

（三）办理其他结算、交割业务。

第十五条 结算交割员在交易所办理结算、交割业务时，应当出示《结算交割员证》。

第十六条 《结算交割员证》仅限本人使用，不得伪造、涂改、借用。结算会员在其结算交割员发生变动时，应当及时到交易所办理相关手续。

第十七条 结算会员应当加强结算交割员管理，严格规范结算交割员操作。

第十八条 结算机构及其工作人员应当保守交易所、会员和客户的商业秘密。

第三章 期货保证金存管银行

第十九条 期货保证金存管银行是与交易所签订协议，协助交易所办理期货交易结算业务的银行。

第二十条 期货保证金存管银行享有下列权利：

（一）开设交易所专用结算账户和会员期货保证金账户；

（二）存放用于期货交易的保证金等相关款项；

（三）了解会员在交易所的资信情况；

（四）法律、行政法规、规章和交易所规定的其他权利。

第二十一条 期货保证金存管银行应当履行下列义务：

（一）根据交易所提供的票据或者指令优先划转结算会员的资金；
（二）及时向交易所通报会员在资金结算方面的不良行为和风险；
（三）保守交易所、会员和客户的商业秘密；
（四）在交易所出现重大风险时，协助交易所化解风险；
（五）向交易所提供会员期货保证金账户的资金情况；
（六）根据交易所的要求，协助交易所核查会员资金的来源和去向；
（七）根据中国证监会或者交易所的要求，对会员期货保证金账户中的资金采取必要的监管措施；
（八）法律、行政法规、规章和交易所规定的其他义务。

第四章 日常结算

第二十二条 交易所在期货保证金存管银行开设专用结算账户，用于存放结算会员的保证金及相关款项。

第二十三条 结算会员应当在期货保证金存管银行开设期货保证金账户，用于存放保证金及相关款项。

第二十四条 结算会员在交易所所在地的期货保证金存管银行开设的期货保证金账户称为专用资金账户。

交易所与结算会员之间期货业务资金的往来通过交易所专用结算账户和结算会员专用资金账户办理。

第二十五条 结算会员开立、更名、更换或者注销专用资金账户，应当凭交易所签发的专用通知书到期货保证金存管银行办理。

第二十六条 交易所、结算会员应当按照有关规定和期货保证金存管银行签订期货保证金存管协议。

交易所有权在不通知结算会员的情况下通过期货保证金存管银行从结算会员专用资金账户中收取各项应收款项，并有权随时查询该账户的资金情况。

第二十七条 交易所对结算会员存入交易所专用结算账户的保证金实行分账管理，为每一结算会员设立明细账户，按日序时登记核算结算会员的出入金、盈亏、交易保证金、手续费等。

第二十八条 结算会员对客户、交易会员存入结算会员保证金账户的保证金实行分账管理，为每一客户、交易会员设立明细账户，按日序时登记核算客户、交易会员的出入金、盈亏、交易保证金、手续费等。

第二十九条 交易会员只能委托一家特别结算会员或者全面结算会员为其进行结算。

第三十条 交易所实行结算担保金制度。结算担保金是指由结算会员依交易所规定缴纳的，用于应对结算会员违约风险的共同担保资金。

第三十一条 交易所在银行开立结算担保金专用账户，对结算会员缴纳的结算担保金进行专户管理。

结算会员应当在交易所指定的银行开立结算担保金专用账户，用于与交易所结算担保金专用账户之间进行结算担保金缴纳、调整的资金划转。结算担保金缴纳、调整的标准按照《中国金融期货交易所风险控制管理办法》及其他相关规定执行。

第三十二条 交易所在结算担保金专用账户下为每一结算会员设立明细账户，并按照中国证监会和交易所有关规定进行管理，所得收入在扣除必要费用和税费后依照相关规定返还结算会员。交易所按照季度核算每一结算会员的结算担保金变化。

第三十三条 结算会员开立、更名、更换或者注销结算担保金专用账户，应当凭交易所签发的专用通知书到指定银行办理。

第三十四条 交易所实行保证金制度。保证金分为结算准备金和交易保证金。

第三十五条 结算准备金是指结算会员在交易所专用结算账户中预先准备的资金，是未被合约占用的保证金。

第三十六条 结算会员的结算准备金最低余额标准为人民币200万元，应当以自有资金缴纳。交易所有权根据市场情况调整结算会员结算准备金最低余额标准。

第三十七条 交易所根据结算会员每日结算准备金余额中的货币资金部分，以不低于中国人民银行公布的同期银行活期存款利率计算利息，在每年的3月下旬、6月下旬、9月下旬、12月下旬将利息转为结算会员结算准备金。具体执行利率由交易所确定、调整并公布。

第三十八条 交易保证金是指结算会员存入交易所专用结算账户中确保履约的资金，是已被合约占用的保证金。买卖成交后，交易所根据交易保证金标准和持仓合约价值向双方收取交易保证金。

第三十九条 交易保证金的收取标准根据交易所有关规定执行。

第四十条 结算会员向客户、交易会员收取交易保证金的标准不得低于交易所向结算会员收取交易保证金的标准。交易会员向客户收取交易保证金的标准不得低于结算会员向交易会员收取交易保证金的标准。

第四十一条 交易所实行当日无负债结算制度。

当日收市后，交易所按照当日结算价对结算会员所有合约的盈亏、交易保证金及手续费、税金等费用进行清算，对应收应付的款项实行净额一次划转，相应增加或者减少结算准备金。

结算会员在交易所结算完成后，按照前款原则对客户、交易会员进行结算；交易会员按照前款原则对客户进行结算。

第四十二条 交易所根据当日成交合约按照规定标准向结算会员收取手续费。交易所有权对手续费标准进行调整。

第四十三条 当日结算价是指某一合约某一时段成交价格按照成交量的加权平均价。交易所另有规定的除外。

该时段因系统故障等原因导致交易中断的，扣除中断时间后向前取满相应时段。

合约在该时段无成交的，以前一相应时段成交价格按照成交量的加权平均价作为当日结算价。该相应时段仍无成交的，则再往前推相应时段。以此类推。合约当日最后一笔成交距开盘时间不足相应时段的，则取全天成交量的加权平均价作为当日结算价。

合约当日无成交的，当日结算价计算公式为：当日结算价 = 该合约上一交易日结算价 + 基准合约当日结算价 - 基准合约上一交易日结算价，其中，基准合约为当日有成交的离交割月最近的合约。合约为新上市合约的，取其挂盘基准价为上一交易日结算价。基准合约为当日交割合约的，取其交割结算价为基准合约当日结算价。根据本公式计算出的当日结算价超出合约涨跌停板价格的，取涨跌停板价格作为当日结算价。

采用上述方法仍无法确定当日结算价或者计算出的结算价明显不合理的，交易所有权决定当日结算价。

第四十四条　合约以当日结算价作为计算当日盈亏的依据。具体计算公式由交易所另行规定。

第四十五条　当日盈亏在当日结算时进行划转，盈利划入结算会员结算准备金，亏损从结算会员结算准备金中扣划。

当日结算时，结算会员账户中的交易保证金超过上一交易日结算时的交易保证金部分从结算准备金中扣划，交易保证金低于上一交易日结算时的交易保证金部分划入结算准备金。

手续费、税金等各项费用从结算准备金中扣划。

第四十六条　结算准备金余额的具体计算公式如下：

当日结算准备金余额 = 上一交易日结算准备金余额 + 上一交易日交易保证金 - 当日交易保证金 + 当日盈亏 + 入金 - 出金 - 手续费等。

第四十七条　结算完毕后，结算会员的结算准备金余额低于最低余额标准时，该结算结果即视为交易所向结算会员发出的追加保证金通知，两者的差额即为追加保证金金额。

交易所发出追加保证金通知后，可以通过期货保证金存管银行从结算会员专用资金账户中扣划。若未能全额扣款成功，结算会员应当在下一交易日开市前补足至结算准备金最低余额。未能补足的，如结算准备金余额小于结算准备金最低余额，不得开仓；如结算准备金余额小于零，按照《中国金融期货交易所风险控制管理办法》的规定进行处理。

第四十八条　交易所可以根据市场风险状况，在交易过程中向风险较大的结算会员发出追加保证金的通知，并可以通过期货保证金存管银行从结算会员专用资金账户中扣划。若未能全额扣款成功，结算会员应当按照交易所的要求在规定时间内补足保证金。结算会员未能按时补足的，交易所有权对其采取限制开仓、强行平仓等风险控制措施。

第四十九条　交易所本着安全、准确、快捷的原则为结算会员办理出入金业务。

入金是指从结算会员专用资金账户向交易所专用结算账户划入资金的行为；出金是指从交易所专用结算账户向结算会员专用资金账户划出资金的行为。

（一）入金

1. 票据支付。结算会员可以用专用资金账户开出的支票、本票和贷记凭证入金。结算会员用此类方式划入的资金，经期货保证金存管银行确认到账后，交易所将增加结算会员在交易所内的结算准备金。

2. 银行扣划。结算会员可以在每个交易日交易结束之前向交易所提出书面或者电子划款申请，经期货保证金存管银行确认到账后，交易所将增加结算会员在交易所内的结算准备金。

（二）出金

结算会员可以在每日收市之前向交易所提出书面或者电子划款申请，经交易所审核后通知期货保证金存管银行于当日收市后在结算会员的专用资金账户和交易所专用结算账户之间进行划转。

第五十条 结算会员出金应当符合交易所规定。结算会员的出金标准为：

可出金额 = 实有货币资金 − 交易保证金 − 结算准备金最低余额

交易所可以根据市场风险状况对结算会员出金标准做适当调整。

第五十一条 有下列情形之一的，交易所可以限制结算会员出金：

（一）会员或者客户涉嫌重大违规，被交易所立案调查的；

（二）会员或者客户被司法机关或者其他有关部门立案调查，且正处在调查期间的；

（三）交易所认为市场出现重大风险时；

（四）交易所认为必要的其他情形。

第五十二条 当日结算完成后，结算会员应当通过交易所系统获得相关的结算数据。

第五十三条 因特殊情况造成交易所不能按时提供结算数据的，交易所另行通知提供结算数据的时间和方式。

第五十四条 结算会员每天应当及时取得交易所提供的结算数据，做好核对工作，并妥善保存。

第五十五条 结算会员对结算数据有异议的，应当在不迟于下一交易日开市前 30 分钟以书面形式通知交易所。情况特殊的，结算会员可以在下一交易日开市后 2 小时内以书面形式通知交易所。

结算会员未在前款规定时间内对结算数据提出书面异议的，视为认可结算数据的正确性。

第五十六条 交易所在每月的第一个交易日向结算会员提供上月的《中国金融期货交易所资金结算核对单》，在每季的第一个交易日向结算会员提供上季的《中国金融期货交易所结算担保金核对单》，作为结算会员核查的依据。

第五章　结算关系变更

第五十七条 出现下列情形之一的，交易所可以为相关会员办理结算关系变更手续：

（一）结算协议期满后结算会员与交易会员不再续约；

（二）结算会员与交易会员提前解除结算协议；

（三）全面结算会员或者特别结算会员因故不能为交易会员进行结算；

（四）交易会员变更为结算会员或者结算会员变更为交易会员；

（五）交易所认定的其他情形。

第五十八条　发生第五十七条第（一）项情形的，交易会员和移入结算会员应当在不迟于交易会员和移出结算会员的结算协议期满前30日向交易所提交下列材料：

（一）《交易会员更换结算会员申请书》；

（二）交易会员和移入结算会员签订的结算协议；

（三）交易所规定的其他材料。

发生第五十七条第（二）、（三）项情形的，交易会员和移入结算会员除提交前款规定材料外，还应当提交交易会员与移出结算会员结算协议的解除协议。

发生第五十七条第（四）项情形的，会员应当按照《中国金融期货交易所会员管理办法》的相关规定办理会员资格变更手续，并提交结算关系变更申请。

第五十九条　交易所对会员提交的申请材料进行审批。交易所批准后，通知相关会员变更结算关系的约定日期。

第六十条　交易所在约定日结算后为相关会员办理结算关系变更，对持仓及相应的交易保证金进行移转，并向相关会员提供移转清单，会员应当对移转清单进行核对确认。

在约定日结算后，市场出现重大风险或者交易所认定的其他情形的，交易所可以暂停办理结算关系变更手续。

第六十一条　在交易所办理结算关系变更手续期间，交易会员和结算会员应当相互配合。在办理完毕之前，移出结算会员对其代为结算的持仓负有履约义务。

第六十二条　交易所按照移转持仓的数量收取变更手续费。手续费标准为人民币10元/手，从移入结算会员的结算准备金中扣划。交易所有权对手续费标准进行调整。

第六章　客户移仓

第六十三条　会员因故不能从事金融期货经纪业务或者中国证监会要求移仓时，由会员提出移仓申请并经交易所批准，交易所可以对该会员客户的持仓及相应的交易保证金进行移仓。

第六十四条　会员提交的移仓申请材料应当包括移出会员及其客户、移入会员同意移仓的声明书及需要移转的客户持仓的详细清单。移入会员或者移出会员为交易会员的，还应当提交其委托结算的结算会员同意移仓的声明书。

第六十五条　移仓申请批准后，交易所通知会员移仓的约定日期。

第六十六条　交易所在约定日结算后，为会员实施客户移仓，并向相关会员提供移转清单，会员应当对移转清单进行核对确认。移入会员或者移出会员为交易会员的，还应当将移转清单提交其委托结算的结算会员确认。

第六十七条　在约定日结算后，市场出现重大风险或者交易所认定的其他情形的，交易所可以暂停办理客户移仓手续。

第七章　交割结算

第六十八条　合约采用现金交割方式或者实物交割方式。

采用现金交割方式的，合约最后交易日收市后，交易所以交割结算价为基准，划付持仓双方的盈亏，了结到期未平仓合约。

采用实物交割方式的，交易双方按照交易所的规则和程序，通过该合约所载标的物所有权的转移，了结到期未平仓合约。

第六十九条 交割结算价根据交易所有关规定确定。交易所有权根据市场情况对交割结算价进行调整。

第七十条 交易所按照规定标准向结算会员收取交割手续费。交易所有权对交割手续费标准进行调整。

第八章 风险与责任

第七十一条 风险管理实行分级负责。交易所对结算会员进行风险管理，结算会员对其客户、受托交易会员进行风险管理，交易会员对其客户进行风险管理。

第七十二条 结算会员对其自身、客户及受托交易会员在交易所成交的合约负有履约责任。

第七十三条 结算会员无法履约时，交易所有权按照规定依次采取下列保障措施：

（一）暂停开仓；

（二）强行平仓，并用平仓后释放的保证金履约赔偿；

（三）动用该违约结算会员缴纳的结算担保金；

（四）动用其他结算会员缴纳的结算担保金；

（五）动用交易所风险准备金；

（六）动用交易所自有资金。

交易所代为履约后，取得对违约会员的相应追偿权。

第七十四条 交易所实行风险准备金制度。风险准备金是指由交易所设立，用于为维护期货市场正常运转提供财务担保和弥补因交易所不可预见风险带来亏损的资金。

第七十五条 风险准备金的来源：

（一）交易所按照手续费收入的20%的比例，从管理费用中提取；

（二）符合国家财政政策规定的其他收入。

当风险准备金达到一定规模时，经中国证监会批准后可以不再提取。

第七十六条 风险准备金应当单独核算，专户存储。

第七十七条 风险准备金的动用应当经交易所董事会批准，并报告中国证监会后，按照规定的用途和程序进行。

第九章 附 则

第七十八条 违反本细则规定的，交易所按照本细则和《中国金融期货交易所违规违约处理办法》的有关规定处理。

第七十九条 本细则由交易所负责解释。

第八十条 本细则自2013年8月30日起实施。

中国金融期货交易所风险控制管理办法

（2007年6月27日实施，2010年2月20日第一次修订，2012年5月31日第二次修订，2013年8月30日第三次修订）

第一章　总　　则

第一条　为加强期货交易风险管理，保护期货交易当事人的合法权益，保障中国金融期货交易所（以下简称交易所）期货交易的正常进行，根据《中国金融期货交易所交易规则》，制定本办法。

第二条　交易所风险管理实行保证金制度、涨跌停板制度、持仓限额制度、大户持仓报告制度、强行平仓制度、强制减仓制度、结算担保金制度和风险警示制度。

第三条　交易所、会员和客户应当遵守本办法。

第二章　保证金制度

第四条　交易所实行保证金制度。保证金分为结算准备金和交易保证金。

第五条　期货交易过程中，出现下列情形之一的，交易所可以根据市场风险状况调整交易保证金标准，并向中国证券监督管理委员会（以下简称中国证监会）报告：

（一）期货交易出现涨跌停板单边无连续报价（以下简称单边市）；

（二）遇国家法定长假；

（三）交易所认为市场风险明显变化；

（四）交易所认为必要的其他情形。

单边市是指某一合约收市前5分钟内出现只有停板价格的买入（卖出）申报、没有停板价格的卖出（买入）申报，或者一有卖出（买入）申报就成交、但未打开停板价格的情形。

第六条　交易所调整合约交易保证金标准的，在当日结算时对该合约的所有持仓按照调整后的交易保证金标准进行结算。

第七条　结算准备金的管理适用《中国金融期货交易所结算细则》的有关规定。

第三章　涨跌停板制度

第八条　交易所实行涨跌停板制度。涨跌停板幅度由交易所设定，交易所可以根据市场风险状况调整涨跌停板幅度。

第九条　合约连续两个交易日出现同方向单边市（第一个单边市的交易日称为D_1交易日，第二个单边市的交易日称为D_2交易日，D_1交易日前一交易日称为D_0交易日，下同），D_2交易日为最后交易日的，该合约直接进行交割结算；D_2交易日不是最后交易日的，交易所有权根据市场情况采取下列风险控制措施中的一种或者多种：提高交易保证金标准、限制开仓、限制出金、限期平仓、强行平仓、暂停交易、调整涨跌停板幅度、强制减仓或者其他风险控制措施。

第四章　持仓限额制度

第十条　交易所实行持仓限额制度。持仓限额是指交易所规定的会员或者客户持仓的最大数量。

第十一条　同一客户在不同会员处开仓交易，其持仓合计不得超出该客户的持仓限额。

第十二条　各交易品种持仓限额根据交易所有关规定执行，交易所可以根据市场风险状况调整持仓限额标准。

进行套期保值交易和套利交易的持仓按照交易所有关规定执行。

第十三条　会员、客户持仓达到或者超过持仓限额的，不得同方向开仓交易。

第五章　大户持仓报告制度

第十四条　交易所实行大户持仓报告制度。交易所可以根据市场风险状况，公布持仓报告标准。

从事自营业务的会员或者客户，进行套期保值交易、套利交易、投机交易的不同客户号下的持仓应当合并计算；同一客户在不同会员处的持仓合并计算。

第十五条　会员或者客户持仓达到交易所规定的报告标准或者交易所要求报告的，应当于交易所规定的时间内向交易所报告。

客户未报告的，开户会员应当向交易所报告。客户在多个会员处开户的，由交易所指定有关会员向交易所报送该客户应当报告的有关资料。交易所有权要求会员、客户再次报告或者补充报告。

第十六条　达到交易所规定报告标准或者交易所要求报告的会员或者客户应当提供下列资料：

（一）《大户持仓报告表》，内容包括会员名称、会员号、客户名称和客户号、合约代码、持仓量、交易保证金、可动用资金等；

（二）资金来源说明；

（三）实际控制关系账户资料；

（四）开户资料及当日结算单据；

（五）交割意愿及交割数量；

（六）持有现货相关信息；

（七）交易所要求提供的其他资料。

第十七条　会员应当对客户提供的资料进行审核，并保证客户所提供资料的真实性和准确性。

第十八条　交易所有权对会员或者客户提供的资料进行核查。

第六章　强行平仓制度

第十九条　交易所实行强行平仓制度。强行平仓是指交易所按照有关规定对会员、客户持仓实行平仓的一种强制措施。

第二十条　会员、客户出现下列情形之一的，交易所对其持仓实行强行平仓：

（一）结算会员结算准备金余额小于零，且未能在第一节结束前补足；

（二）客户、从事自营业务的会员持仓超出持仓限额标准，且未能在第一节结束前平仓；

（三）因违规、违约受到交易所强行平仓处理；

（四）根据交易所的紧急措施应当予以强行平仓；

（五）交易所规定应当予以强行平仓的其他情形。

第二十一条　需要强行平仓的头寸先由会员在第一节结束前执行，交易所另有规定的除外。会员未在规定时限内执行完毕的，由交易所强制执行。

（一）会员执行

因本办法第二十条第（一）、（二）项情形强行平仓的，会员执行平仓的原则由会员自行确定，平仓结果应当符合交易所规定。

（二）交易所执行

1. 因本办法第二十条第（一）项情形强行平仓的：

对需要强行平仓的头寸，由交易所按照上一交易日结算后合约总持仓量由大到小顺序，优先选择持仓量大的合约作为强行平仓的合约，再按照该会员该合约所有客户交易保证金比例分配。

交易所对多个结算会员强行平仓的，按照应当追加保证金数额由大到小的顺序依次选择强行平仓的结算会员。

2. 因本办法第二十条第（二）项情形强行平仓的：

交易所对超仓头寸进行强行平仓的，客户在多个会员处持仓时，按照持仓数量由大到小的顺序选择会员强行平仓。

3. 因本办法第二十条第（三）、（四）、（五）项情形强行平仓的，交易所根据涉及的会员或者客户的具体情况确定强行平仓头寸。

会员同时存在本办法第二十条第（一）、（二）项所规定情形时，交易所先按照第（二）项情形确定强行平仓头寸，再按照第（一）项情形确定强行平仓头寸。

第二十二条　强行平仓的执行程序。

（一）通知

交易所以“强行平仓通知书”（以下简称通知书）的形式向有关结算会员下达强行平仓要求。通知书随当日结算数据发送，有关结算会员可以通过交易所系统获得，交易所特别送达的除外。

（二）执行及确认

1. 开市后，有关会员应当自行平仓，直至符合交易所规定；

2. 结算会员超过规定平仓时限而未执行完毕的，剩余部分由交易所执行强行平仓；

3. 强行平仓结果随当日成交记录发送，有关信息可以通过交易所系统获得。

第二十三条　强行平仓的价格通过市场交易形成。

第二十四条　因价格涨跌停板限制或者其他市场原因，无法在规定时限内完成全部强行平仓的，剩余强行平仓数量可以顺延至下一交易日继续强行平仓，仍按照本办法第二十一条原则执行，直至符合交易所规定。

第二十五条 因价格涨跌停板限制或者其他市场原因，无法在当日完成全部强行平仓的，交易所根据当日结算结果，对该会员做出相应处理。

第二十六条 因价格涨跌停板限制或者其他市场原因，有关持仓的强行平仓只能延时完成的，因此产生的亏损，由直接责任人承担；未能完成平仓的，该持仓持有者应当继续对此承担持仓责任或者交割义务。

第二十七条 由会员执行的强行平仓产生的盈利归直接责任人；由交易所执行的强行平仓产生的盈亏相抵后的盈利按照国家有关规定执行；因强行平仓产生的亏损由直接责任人承担。

直接责任人是客户的，强行平仓后产生的亏损，由该客户所在会员先行承担后，自行向该客户追索。

第七章 强制减仓制度

第二十八条 交易所实行强制减仓制度。强制减仓是指交易所将当日以涨跌停板价格申报的未成交平仓报单，以当日涨跌停板价格与该合约净持仓盈利客户按照持仓比例自动撮合成交。

第二十九条 强制减仓的方法。

（一）同一客户（包括从事自营业务的会员，本章下同）在同一合约上双向持仓的，其净持仓部分的平仓报单参与强制减仓计算，其余平仓报单与其反向持仓自动对冲平仓。

（二）申报平仓数量的确定

申报平仓数量是指在 D_2 交易日收市后，已经在交易所系统中以涨跌停板价格申报未成交的、且客户合约的单位净持仓亏损大于等于 D_2 交易日结算价一定比例（股指期货为10%，国债期货为2%）的所有持仓。

客户不愿按照上述方法平仓的，可以在收市前撤单。

（三）客户合约单位净持仓盈亏的确定

客户合约的单位净持仓盈亏是指客户该合约的持仓盈亏的总和除以净持仓量。客户该合约持仓盈亏的总和是指客户该合约所有持仓中，D_0 交易日（含）前成交的按照 D_0 交易日结算价、D_1 交易日和 D_2 交易日成交的按照实际成交价与 D_2 交易日结算价的差额合并计算的盈亏总和。

（四）单位净持仓盈利客户平仓范围的确定

根据上述方法计算的单位净持仓盈利大于零的客户的盈利方向净持仓均列入平仓范围。

（五）平仓数量的分配原则

1. 在平仓范围内按照盈利大小的不同分成三级，逐级进行分配。

首先分配给第一级盈利持仓（股指期货为单位净持仓盈利大于等于 D_2 交易日结算价的10%的持仓，国债期货为单位净持仓盈利大于等于 D_2 交易日结算价的2%的持仓）；其次分配给第二级盈利持仓（股指期货为单位净持仓盈利小于 D_2 交易日结算价的10%而大于等于6%的持仓，国债期货为单位净持仓盈利小于 D_2 交易日结算价的2%而大于等于1%的持仓）；最后分配给第三级盈利持仓（股指期货为单位净持仓盈利小于 D_2 交易日结算价的6%而大于零的持仓，国债期货为单位净持仓盈利小于 D_2 交易日结算价的1%而大于零的持仓）。

2. 以上各级分配比例均按照申报平仓数量（剩余申报平仓数量）与各级可平仓的盈利持仓数量之比进行分配。

第一级盈利持仓数量大于等于申报平仓数量的，根据申报平仓数量与第一级盈利持仓数量的比例，将申报平仓数量向第一级盈利持仓分配实际平仓数量。

第一级盈利持仓数量小于申报平仓数量的，根据第一级盈利持仓数量与申报平仓数量的比例，将第一级盈利持仓数量向申报平仓客户分配实际平仓数量；再把剩余的申报平仓数量按照上述的分配方法依次向第二级盈利持仓、第三级盈利持仓分配；还有剩余的，不再分配。

（六）强制减仓的执行

强制减仓于 D_2 交易日收市后执行，强制减仓结果作为 D_2 交易日会员的交易结果。

（七）强制减仓的价格

强制减仓的价格为该合约 D_2 交易日的涨跌停板价格。

按照本条进行强制减仓造成的损失由会员及其客户承担。

第三十条　该合约在采取上述措施后风险仍未释放的，交易所宣布进入异常情况，并按照有关规定采取紧急措施。

第八章　结算担保金制度

第三十一条　交易所实行结算担保金制度。结算担保金是指由结算会员依照交易所规定缴存的，用于应对结算会员违约风险的共同担保资金。

第三十二条　结算担保金分为基础结算担保金和变动结算担保金。基础结算担保金是指结算会员参与交易所结算交割业务必须缴纳的最低结算担保金数额。变动结算担保金是指结算会员结算担保金中超出基础结算担保金的部分，随结算会员业务量的变化而调整。结算担保金应当以现金形式缴纳。

（一）各类结算会员的基础结算担保金为：交易结算会员人民币1000万元，全面结算会员人民币2000万元，特别结算会员人民币3000万元。结算会员应当在签署《中国金融期货交易所结算会员协议》后第5个交易日第一节结束前，将基础结算担保金存入交易所结算担保金专用账户。

（二）交易所每季度首个交易日确定本季度全市场的结算担保金基数，作为计算各结算会员应当分担的结算担保金的依据。

交易所根据结算担保金基数，按照各结算会员业务量比例计算本季度其应当分担的结算担保金。结算会员本季度应当分担的结算担保金＝结算担保金基数×（20%×该会员上一季度日均成交金额/全市场上一季度日均成交金额＋80%×该会员上一季度日均交易保证金/全市场上一季度日均交易保证金）。

结算会员应当分担的结算担保金数额与其基础结算担保金数额取大者，作为结算会员本季度应当缴纳的结算担保金金额。交易所在本季度的第 5 个交易日第一节结束后，通过银行将结算担保金余额的超出部分划至结算会员结算担保金专用账户，将需要补缴的结算担保金从结算会员结算担保金专用账户中扣划。

结算会员需要补缴结算担保金的，应当在本季度的第 5 个交易日第一节结束前将补缴金额存入其结算担保金专用账户。

（三）交易所可以根据市场风险情况调整结算担保金的收取时间以及结算担保金基数，并有权提高个别结算会员应当缴纳的结算担保金金额。

第三十三条 结算会员结算准备金小于零，且未能在规定时限内补足的，交易所采取强行平仓等措施后，结算会员无持仓且结算准备金仍小于零的，交易所有权使用该违约结算会员的结算担保金补足，不足部分再按照比例使用其他结算会员缴纳的结算担保金。

其他结算会员分摊比例为其结算担保金余额占当前未使用结算担保金总额之比。

第三十四条 结算会员缴纳的结算担保金，依本办法第三十三条使用后，应当于使用日之后的第 5 个交易日第一节结束前按照原缴纳标准，将需要补缴的部分存至其结算担保金专用账户。交易所于第 5 个交易日第一节结束后通过银行从结算会员结算担保金专用账户中扣划。

第三十五条 结算会员未能按期缴纳结算担保金的，按照《中国金融期货交易所违规违约处理办法》有关规定处理。

第三十六条 动用结算担保金后，交易所由此取得对违约会员的相应追偿权。

第九章 风险警示制度

第三十七条 交易所实行风险警示制度。交易所认为必要的，可以单独或者同时采取要求会员和客户报告情况、谈话提醒、书面警示、发布风险警示公告等措施中的一种或者多种，以警示和化解风险。

第三十八条 出现下列情形之一的，交易所有权约见会员的高级管理人员或者客户谈话提醒风险，或者要求会员或者客户报告情况：

（一）期货价格出现异常；

（二）会员或者客户交易异常；

（三）会员或者客户持仓异常；

（四）会员资金异常；

（五）会员或者客户涉嫌违规、违约；

（六）交易所接到涉及会员或者客户的投诉；

（七）会员涉及司法调查；

（八）交易所认定的其他情况。

第三十九条 交易所实施谈话提醒，应当提前一天以书面形式将谈话时间、地点、要求等事项通知相关会员或者客户，交易所工作人员应当对谈话的有关内容予以保密。

客户应当亲自参加谈话提醒，并由会员指定人员陪同；谈话对象确因特殊情况不能参加的，应当事先报告交易所，经交易所同意后可以书面委托有关人员代理。谈话对象应当如实陈述、不得隐瞒事实。

第四十条 交易所通过情况报告和谈话，发现会员或者客户有违规嫌疑、交易头寸有较大风险的，有权对会员或者客户发出《风险警示函》。

第四十一条 发生下列情形之一的，交易所有权发出风险警示公告，向全体会员和客户警示风险：

（一）期货价格出现异常；

（二）期货价格和现货价格出现较大差距；

（三）会员或者客户涉嫌违规、违约；

（四）会员或者客户交易存在较大风险；

（五）交易所认定的其他情形。

第十章 附 则

第四十二条 本办法中持仓是指每一客户号对应的持仓。

第四十三条 违反本办法规定的，交易所按照本办法和《中国金融期货交易所违规违约处理办法》的有关规定处理。

第四十四条 本办法由交易所负责解释。

第四十五条 本办法自2013年8月30日起实施。

中国金融期货交易所会员管理办法

（2007年6月27日实施，2010年2月20日第一次修订，2013年8月30日第二次修订）

第一章 总则

第一条 为加强会员管理，保护会员的合法权益，规范会员在中国金融期货交易所（以下简称交易所）的业务活动，根据《中国金融期货交易所交易规则》，制定本办法。

第二条 会员是指根据有关法律、行政法规和规章的规定，经交易所批准，有权在交易所从事交易或者结算业务的企业法人或者其他经济组织。

第三条 交易所的会员分为交易结算会员、全面结算会员、特别结算会员和交易会员。

第四条 会员从事交易所业务活动，应当遵守法律、行政法规、规章和交易所交易规则及其实施细则，诚实守信，规范运作，接受交易所自律管理。

第五条 会员的董事、监事、高级管理人员以及从业人员应当遵守法律、行政法规、规章和交易所交易规则及其实施细则，忠实、勤勉履行职责，接受交易所自律管理。

第二章　交易会员

第六条　交易会员可以在交易所进行期货交易，不具有与交易所进行结算的资格。

第七条　申请交易所交易会员资格，应当符合下列条件：

（一）为在中华人民共和国境内登记注册的企业法人或者其他经济组织；

（二）承认并遵守交易所交易规则及其实施细则；

（三）具有良好的信誉和经营历史，未因涉嫌违法违规经营正在被行政、司法机关立案调查，近3年无不良经营记录、严重违法行为记录或者被期货交易所、证券交易所取消会员资格的记录；

（四）近3年未出现严重的期货交易、结算风险事件；

（五）具有健全的组织机构、财务管理制度及完善的期货业务管理制度、内部控制制度和风险管理制度；

（六）具备满足开展业务需要的从业人员；

（七）具有满足开展业务所需要的设备、场地；

（八）符合中国证券监督管理委员会（以下简称中国证监会）期货保证金安全存管监控的有关规定；

（九）期货业务系统符合交易所的相关规定；

（十）交易所规定的其他条件。

第八条　期货公司申请交易会员资格，应当符合本办法第七条规定的条件，取得金融期货经纪业务资格并且最近一次的期货公司分类评价结果达到C类以上（含C类）。

第九条　非期货公司申请交易会员资格，应当为依法核准登记的金融机构，除应当符合本办法第七条规定的条件外，还应当符合相关主管部门及交易所规定的其他条件。

第十条　申请交易会员资格，应当向交易所提交下列文件：

（一）经法定代表人签字的交易会员资格申请书；

（二）会员入会登记表；

（三）与结算会员签订的结算协议；

（四）期货公司申请交易会员资格的，应当提供加盖公章的中国证监会核发的金融期货经纪业务资格许可证明文件复印件；

（五）加盖公章的营业执照及组织机构代码证复印件；

（六）公司章程、主要股东名册及其持股比例；

（七）住所（经营场所）使用证明；

（八）《会员期货业务系统检查表》及相关文档；

（九）公司风险管理制度、内部控制制度、业务流程及相关业务制度等；

（十）从事经纪业务的，申请日前2个月月末的期货公司风险监管报表以及公司保证其申请日前2个月风险监管指标持续符合规定标准的书面说明；

（十一）《高级管理人员情况表》、《人员配置情况表》、《业务代表申请表》和《业务联络员申请表》；

（十二）经具有证券、期货相关业务资格的会计师事务所审计的最近1年的财务报告；

（十三）保证符合本办法第七条第（三）、（四）项规定条件的书面说明；

（十四）交易所要求提供的其他文件或者材料。

第十一条　交易所在收到符合要求的申请材料之日起30个工作日内提出审核意见，通知符合条件的申请单位办理相关手续。

第十二条　申请单位应当在交易所发出会员资格批准通知之日起30个工作日内，与交易所签署《中国金融期货交易所交易会员协议》，并办理相关手续。逾期未办理的，视为放弃申请会员资格。

第十三条　申请单位办理完毕相关手续后，即取得交易会员资格，交易所制发会员证书，并报告中国证监会。

第三章　结算会员

第十四条　结算会员可以从事结算业务，具有与交易所进行结算的资格。结算会员按照业务范围分为交易结算会员、全面结算会员和特别结算会员。

交易结算会员只能为其自身或其受托客户办理结算、交割业务。

全面结算会员既可以为其自身或其受托客户办理结算、交割业务，也可以为与其签订结算协议的交易会员办理结算、交割业务。

特别结算会员只能为与其签订结算协议的交易会员办理结算、交割业务。

第十五条　申请交易结算会员和全面结算会员资格，除应当符合本办法第七条规定的条件外，还应当符合交易所规定的其他条件。

第十六条　申请交易结算会员和全面结算会员资格的，应当按照交易所的要求提交申请材料。

第十七条　交易所在收到符合要求的申请材料之日起30个工作日内提出审核意见，通知符合条件的申请单位办理相关手续。

第十八条　申请单位应当在交易所发出会员资格批准通知之日起30个工作日内，办理下列事项：

（一）签署《中国金融期货交易所结算会员协议》；

（二）按照交易所规定开设专用资金账户和结算担保金专用账户；

（三）缴纳结算担保金；

（四）办理有关人员的授权手续；

（五）交易所规定应当办理的其他事项。

逾期未办理的，视为放弃申请会员资格。

第十九条　申请单位办理完毕相关手续后，即取得结算会员资格，交易所制发会员证书，并报告中国证监会。

第四章 会员资格的变更和终止

第二十条 会员不得转让其会员资格，但可以申请变更或者终止会员资格。交易所在会员资格发生变化后，报告中国证监会。

第二十一条 会员资格的变更是指交易会员、交易结算会员或者全面结算会员资格之间的转换。

第二十二条 会员申请变更会员资格，应当符合本办法规定的条件，并向交易所提交经法定代表人签字的变更会员资格申请书及本办法规定的其他材料。

第二十三条 交易所在收到符合要求的申请材料之日起30个工作日内提出审核意见，通知符合条件的申请单位办理相关手续。

会员应当在交易所发出批准变更通知之日起30个工作日内，办理下列事项：

（一）结算会员申请变更为交易会员，按照本办法第十二条的有关规定办理手续；结清与交易所的全部债权和债务；退还交易所颁发的各种证件；办理专用资金账户和结算担保金专用账户的销户手续；交易所规定应当办理的其他事项。

（二）交易会员申请变更为结算会员，应当按照本办法第十八条的有关规定办理手续。

（三）交易结算会员和全面结算会员之间资格变更的，按照变更后的结算会员结算担保金标准缴纳结算担保金。

会员资格变更涉及结算关系变更的，应当根据《中国金融期货交易所结算细则》办理相关手续。

逾期未办理的，视为放弃申请。

第二十四条 会员不再符合交易所规定的会员资格条件或者中国证监会规定的，应当按照交易所要求申请变更或者终止会员资格。

第二十五条 会员申请终止会员资格，应当向交易所提交经法定代表人签字的终止会员资格申请书及交易所要求的其他材料。

第二十六条 交易所在收到符合要求的申请材料之日起30个工作日内提出审核意见，通知符合条件的申请单位办理相关手续。

会员应当在交易所发出终止会员资格通知之日起30个工作日内，办理下列事项：

（一）了结合约持仓；

（二）结清与交易所的全部债权、债务；

（三）退还交易所颁发的各种证件；

（四）办理专用资金账户的销户手续；

（五）办理结算担保金专用账户的销户手续；

（六）交易所规定应当办理的其他事项。

第二十七条 交易所同意终止会员资格的，注销其会员资格，报告中国证监会，并予以公布。

会员未按照本办法第二十四条的规定申请变更或者终止会员资格的，交易所可以决定调整或者取消其会员资格，并书面通知该会员。

会员资格证书自注销之日起失效。

第二十八条　会员存在下列情形之一的，交易所可以不受理其变更或者终止会员资格的申请：

（一）因经济纠纷、违法或者犯罪受到国家有关部门立案调查、处理；

（二）因涉嫌违规，被交易所立案调查；

（三）因违法、违规被交易所采取通报批评、暂停期货交易、结算业务等措施，且未满3个月；

（四）与交易所存在债务纠纷且尚未结清；

（五）交易所规定的其他情形。

第五章　会员联系人

第二十九条　交易所建立会员联系人制度。会员应当设业务代表一名，代表会员组织、协调会员与交易所的各项业务往来。

会员应当为业务代表履行职责提供便利条件，会员董事、监事、高级管理人员及相关人员应当配合业务代表的工作。

期货公司会员业务代表由会员高级管理人员担任。

第三十条　会员应当设业务联络员若干名，业务联络员根据会员授权协助业务代表履行职责。

期货公司会员业务联络员应当具备期货从业人员资格。

第三十一条　会员推荐业务代表和业务联络员，应当向交易所提交下列文件：

（一）会员推荐文件；

（二）拟推荐人员的联络方式；

（三）相关资格证明文件。

第三十二条　交易所在收到符合要求的申请材料之日起5个工作日内，提出审核意见。

第三十三条　业务代表应当履行下列职责：

（一）组织办理交易、结算与交割等相关业务；

（二）办理交易所会员资格、席位等相关业务；

（三）报送交易所要求的公司文件；

（四）组织会员相关业务人员参加交易所举办的培训；

（五）组织与交易所业务相关的内部培训；

（六）配合交易所对交易及相关系统进行改造、测试；

（七）每日登录交易所系统，及时接收交易所发送的通知以及业务文件等，并予以协调落实；

（八）及时将会员变更总部、分支机构的相关资料及其他信息告知交易所；

（九）督促会员及时履行报告义务；

（十）督促会员及时缴纳各项费用；

（十一）协调、组织业务联络员的工作；

（十二）交易所要求履行的其他职责。

第三十四条 业务代表或者业务联络员出现下列情形之一的，会员应当立即予以更换并书面报告交易所：

（一）业务代表或者业务联络员离职离岗；

（二）不再符合相关资格要求；

（三）不能按照交易所要求履行职责；

（四）履行职责时出现重大错误，产生严重后果；

（五）交易所认为不适宜继续担任业务代表或者业务联络员的其他情形。

会员对存在前款规定情形的业务代表或者业务联络员不予更换的，交易所可以要求更换。

第三十五条 会员向交易所申请更换业务代表或者业务联络员，应当提交更换申请书及本办法第三十一条所规定的文件。

第三十六条 业务代表空缺期间，期货公司会员法定代表人、非期货公司会员经授权的相关业务管理人员应当履行业务代表职责，直至会员推荐新的业务代表并经交易所审核通过。

第六章 会员报告

第三十七条 会员向交易所报送的信息和资料应当真实、准确、完整。

第三十八条 期货公司会员应当向交易所履行下列定期报告义务：

（一）每月前7个工作日内报送上月统计报表及风险控制指标监管报表；

（二）每年4月30日前报送上年度经审计的财务报告和交易所要求的年度报告材料；

（三）交易所规定的其他报告义务。

第三十九条 非期货公司会员应当按照交易所的要求履行定期报告义务。

第四十条 会员有下列情形之一的，应当在10个工作日内向交易所书面报告：

（一）法定代表人变更；

（二）注册资本总额或者股权结构变更；

（三）名称、住所、经营范围或者联系方式变更；

（四）期货公司会员的高级管理人员变更，非期货公司会员负责相关业务管理人员变更；

（五）期货公司会员的净资本等风险控制指标不符合中国证监会规定标准；

（六）合并、分立、设立或者撤销分支机构；

（七）发生重大诉讼案件或者经济纠纷；

（八）取得其他交易所会员资格；

（九）因涉嫌违法、违规受到有权机关调查、采取监管措施或者受到刑事、行政、自律处罚；

（十）改聘会计师事务所；

（十一）股东大会或者股东会、董事会决议被依法撤销或者宣告无效；

（十二）交易所规定的其他情形。

第四十一条　会员发生下列情形之一的，应当立即向交易所报告，并持续报告进展情况：

（一）重大业务风险；

（二）重大技术故障；

（三）不可抗力或者意外事件可能影响客户正常交易；

（四）交易所规定应当报告的其他情形。

第四十二条　交易所可以根据审慎管理原则，要求会员对期货交易、内部控制、风险管理和技术系统运行等情况进行自查，并提交专项自查报告。

第七章　监督管理

第四十三条　交易所在会员监管过程中，对存在或者可能存在问题的会员，可以根据需要采取下列措施：

（一）口头警示；

（二）书面警示；

（三）约见谈话；

（四）限期说明情况；

（五）责令改正；

（六）责令参加培训；

（七）责令定期报告；

（八）责令加强内部合规检查；

（九）专项调查；

（十）责令处分有关人员；

（十一）限制或者暂停相关业务；

（十二）提请中国证监会或者其派出机构处理。

第四十四条　会员有下列情形之一的，交易所有权限制、暂停其业务或者调整、取消其会员资格：

（一）国家主管机关撤销其工商登记或者予以解散；

（二）国家主管机关撤销其业务许可；

（三）法院裁定其宣告破产；

（四）交易所要求其限期整改而未能按期完成；

（五）交易所规定的其他情形。

第四十五条　会员不得接受下列单位和个人的委托为其进行期货交易：

（一）国家机关和事业单位；

（二）中国证监会、期货交易所、中国期货保证金监控中心、中国期货业协会和期货公司的工作人员及其配偶；

（三）证券、期货市场禁止进入者；

（四）未能提供开户证明材料的单位和个人；

（五）无民事行为能力人或者限制民事行为能力人；

（六）中国证监会及交易所规定的不得从事期货交易的其他单位或者个人。

第四十六条 会员应当妥善保管客户档案、业务记录、财务报表及相关凭证、账册，以备查询和核实。

开户、变更、销户的客户资料档案应当自期货经纪合同终止之日起至少保存20年；交易指令记录、交易结算记录、错单记录、客户投诉档案以及其他业务记录应当至少保存20年，但对期货交易有争议的，应当保存至该争议消除时为止。

第四十七条 会员从事经纪业务的，应当将交易所发布的即时行情和公告信息等市场信息及时在营业场所公布。

未经交易所批准，会员不得将上述信息提供给任何第三方从事经营活动，不得在非营业场所将上述信息提供给其客户以外的其他机构和个人。

第四十八条 会员应当及时、准确传递客户交易指令，并将相关信息及时通知客户。未经客户委托，不得擅自代客户进行期货交易，不得隐瞒重要事项或者使用其他不正当手段诱骗客户发出交易指令。

第四十九条 会员收取的客户保证金归客户所有，任何单位和个人不得占用和挪用。

会员不得将收取的客户保证金用于自身经营活动或者清偿自身债务，不得允许他人擅自使用客户保证金或者擅自使用客户保证金为他人提供担保。

第五十条 结算会员对其客户和受托交易会员的期货交易承担履约责任，交易会员、客户无法履约时，结算会员应当代为履约，并取得追偿权。

第五十一条 会员为控制交易风险，需要对客户持仓实施强行平仓的，应当遵守双方合同约定的标准和条件，并以合同约定的方式通知客户。

第五十二条 会员应当督促客户遵守期货交易相关法律、行政法规、规章及交易所规则，持续开展风险教育，加强客户交易行为的合法合规性管理。

第五十三条 会员应当维护交易所的声誉，协助交易所处理突发或者异常事件。出现突发或者异常事件时，会员应当做好对客户的解释工作。

第五十四条 交易所每年定期或者不定期对会员执行交易所交易规则及其实施细则的情况进行检查，会员应当根据交易所的要求积极配合。

第五十五条 会员从业人员在交易所从事期货业务，应当经会员授权，会员从业人员在交易所从事的业务活动由所在会员承担全部责任。会员从业人员在同一时期内，只能受聘于一家会员，不得在其他会员处兼职。

会员变更、取消其从业人员期货业务授权的，应当及时通知交易所，并对交易所接到通知前其从业人员的业务活动承担全部责任。

第五十六条 会员资格终止后，该会员对其从业人员的授权自动失效。

第八章 附　　则

第五十七条 违反本办法规定的，交易所按照本办法和《中国金融期货交易所违规违约处理办法》的有关规定处理。

第五十八条 本办法由交易所负责解释。

第五十九条 本办法自2013年8月30日起实施。

中国金融期货交易所信息管理办法

（2007年6月27日实施，2010年2月20日第一次修订，2013年8月30日第二次修订）

第一章　总　　则

第一条　为规范信息的发布、经营、传播和使用，保障客户充分、及时、有效地获得信息，维护中国金融期货交易所（以下简称交易所）的信息权利，根据有关法律、行政法规、规章及《中国金融期货交易所交易规则》，制定本办法。

第二条　本办法所称信息是指与在交易所交易的产品有关的任何信息与数据，以及能够直接或者间接传达全部或者部分前述信息与数据的任何形式的描述，包括在交易所交易活动中产生的所有上市品种的交易行情、各种交易数据统计资料、交易所发布的各种公告和通知，以及中国证券监督管理委员会（以下简称中国证监会）指定披露的其他相关信息。

法律、行政法规、规章和监管部门禁止披露的信息，不在本办法所称的信息范围内。

第三条　交易所对信息享有所有权，未经交易所授权许可，任何单位和个人不得从事与交易所信息有关的业务，包括发布、经营、增值开发或者传播交易所信息等。

第四条　交易所可以独立、与第三方合作或者委托第三方对交易所信息进行经营管理。

第五条　交易所提供信息实行有偿原则，根据有关法律、行政法规、规章或者备忘录为协助监管部门或者其他相关单位履行监管职责而提供的除外。

第六条　因不可抗力、意外事件等原因，导致交易信息及设备传输中断或者发生故障无法正常运作时，交易所不承担任何责任。

第七条　交易所发布的信息分法定披露信息和非法定披露信息。法定披露信息是指根据有关法律、行政法规和规章，交易所必须予以披露的信息。法定披露信息以外的属于非法定披露信息。

第八条　交易所信息的发布、经营、传播和使用适用本办法。交易所、会员、信息服务机构、软件开发公司、客户，以及其他经营、传播和使用交易所信息的组织和个人应当遵守本办法。

第二章　信息内容及发布

第九条　交易所根据有关规定和市场需要发布不同层次的即时、延时、每日、每周、每月交易信息，各类统计信息以及合约历史数据。

第十条　即时信息是指与集中交易所显示的行情基本同步且连续的市场行情信息，即实时行情。

实时行情：合约名称、合约月份、最新价、涨跌、成交量、持仓量、申买价、申卖价、申买量、申卖量、结算价、开盘价、收盘价、最高价、最低价、前结算价。

第十一条 每日信息是指每个交易日结束后发布的有关当日的交易信息。

每日信息包括下列主要内容：

（一）每日行情：合约名称、合约月份、开盘价、最高价、最低价、收盘价、前结算价、结算价、涨跌、成交量、持仓量、持仓量变化、成交额。

（二）单边持仓达到1万手以上（含）和当月合约前20名结算会员的成交量、持仓量。交易所另有规定的除外。

第十二条 每周信息是指每周最后一个交易日结束后发布的有关本周的交易信息。

每周信息包括下列主要内容：

每周行情：合约名称、合约月份、周开盘价、最高价、最低价、周收盘价、涨跌（本周收盘价与上周末结算价之差）、持仓量、持仓量变化（本周末持仓量与上周末持仓量之差）、周末结算价、成交量、成交额。

第十三条 每月信息是指每月最后一个交易日结束后发布的有关本月的交易信息。

每月信息主要内容有：

每月行情：合约名称、合约月份、月开盘价、最高价、最低价、月收盘价、涨跌（本月末收盘价与上月末结算价之差）、持仓量、持仓量变化（本月末持仓量与上月末持仓量之差）、月末结算价、成交量、成交额。

第十四条 交易所根据有关规定和市场需要发布国债期货可交割国债信息、每日交割意向申报信息和合约交割信息等。

第十五条 交易所通过交易所系统、互联网站、会员席位等方式发布信息，并通过经交易所授权的信息服务机构、公共媒体等机构传播信息。

第十六条 会员、信息服务机构、软件开发公司等机构对其从交易所获得的不宜公开的信息承担保密义务。

第十七条 会员、信息服务机构、公共媒体、软件开发公司等机构应当书面承诺不得发布虚假的或者带有误导性质的信息。

第三章 信息服务

第十八条 信息服务业务分为信息传播服务业务和信息增值服务业务。从事信息服务业务，应当经交易所许可或者授权，并与交易所签订信息经营许可协议。

信息传播服务业务是指经交易所许可或者授权，向其他机构传输，或者向信息终端用户（以下简称终端用户）、社会公众传播交易所信息的服务业务。

信息增值服务业务是指经交易所许可或者授权，对交易所信息进行加工，产生增值的服务业务。

第十九条 申请信息传播服务业务，应当具备下列条件：

（一）应当自行建立信息服务系统，能够提供以市场为导向的显示应用系统；

（二）具有终端收费的市场运作经验，具备有为市场提供可靠服务的切实可行的商业计划；

（三）应当设置监控中心，具有控制功能，并配置软、硬件工程师；

（四）具备必要的接收或者储存交易信息的设备或者方式，能够有效地防止交易信息的非授权接收、传播或者使用；

（五）公司财务状况良好；

（六）近2年无商业方面的不良记录；

（七）交易所规定的其他条件。

前款第四项中的设备或者方式包括：接收或者储存设备的种类、配置、数量、安置处所、有关的工作程序、规章制度。

第二十条　申请信息增值服务业务，除满足本办法第十九条第（四）、（五）、（六）、（七）项之规定外，还应当具有信息增值开发的能力和资质。

第二十一条　申请信息服务业务的，应当依照交易所规定向交易所提交下列材料：

（一）交易所信息服务业务申请表，并注明申请从事的业务类型；

（二）法定代表人或者负责人身份证件；

（三）工商行政管理部门核发的营业执照；

（四）组织机构代码证；

（五）经会计师事务所审核的最近一个会计年度的财务报告；

（六）特许行业者需附主管机关的许可证照；

（七）申请成为分传播机构的，还应当提供其信息来源合法的证明文件；

（八）交易所要求提供的其他材料。

第二十二条　申请直接连接交易所系统的，应当首先通过交易所连接测试。其与交易所系统连接时，不得影响交易所交易业务，必要时交易所可以限制其连接。

从事信息服务业务的机构改变连接方式的，应当事先报交易所同意。

第二十三条　从事信息服务业务的机构以及交易所会员应当与交易所签订交易信息经营许可协议，严格依照交易信息经营许可协议接收、储存、在许可的区域内传播交易信息或者在其基础上进行增值开发，履行交易信息经营许可协议规定的义务。

未经交易所许可，从事信息服务业务的机构不得将交易信息用于信息经营许可协议载明的许可用途之外的任何目的。

第二十四条　从事信息传播服务业务的机构及交易所会员在传播交易所信息时，应当保证其真实、准确、完整，并且在传播过程中明确注明信息来源。

从事信息传播服务业务的机构或者交易所会员，发现其传输、传播的交易信息或者同时传播的新闻信息内容有错误时，应当立即通知交易所，及时更正并公开说明。

第二十五条　从事信息传播服务业务的机构或者交易所会员，在传输或者传播交易信息时，应当采取必要的技术措施以防止该信息被盗用、窃取或者外接使用。

不符合前款规定的，交易所有权自行或者要求其他从事信息传播服务业务的机构暂停或者终止向其提供交易信息。

从事信息传播服务业务的机构或者交易所会员未经交易所同意，不得将交易信息出售或者转让他人，或者以任何方式再转接到其他场所。

第二十六条　从事信息传播服务业务的机构向其他机构传输交易信息，供后者进行再传播或者增值开发的，应当通知交易所，并要求后者提供其已获得交易所合法授权或者许可的证明。后者未提供前述证明的，从事信息传播服务业务的机构不得向其提供交易信息。

第二十七条 从事信息传播服务业务的机构应当将每日传输或者传播的信息内容保留30日以上，以备交易所随时检查。

从事信息传播服务业务的机构，法定代表人、联系人、营业地址、联系电话、传真号码以及其他经交易所规定应当申报的事项发生变更的，应当于该事实发生之日起10个工作日内向交易所报告。

第二十八条 信息传播服务机构应当准确记录其客户的信息，以及与收费有关的记录和资料。前述信息、记录和资料应当保留20年以上，以备交易所检查。

第二十九条 为便于交易所监督，信息传播服务机构应当在签署信息经营许可协议后的7日内，为交易所提供并安装能正常接收其传播内容的用户接收终端。

第三十条 从事信息增值服务业务的机构在对信息进行增值开发时，应当保证信息的真实、准确、完整。对于经其加工处理后的信息，应当明显标示增值开发机构名称及加注说明，并承担法律责任。

从事信息增值服务业务的机构发现经其加工处理后的信息有错误或者可能误导客户时，应当立即通知交易所，及时更正并公开说明。

第三十一条 从事信息增值服务业务的机构对信息进行的增值开发应当仅限于信息服务的目的。未经交易所事先书面同意，信息增值服务机构不得为信息服务以外的任何目的进行增值开发。

第四章 信息使用

第三十二条 终端用户是指向交易所授权的信息服务机构订购交易信息服务的信息最终接收者。终端用户只能从交易所授权的信息服务机构处获取交易信息。

第三十三条 信息服务机构应当与终端用户签订书面协议，协议内容应当明确规定终端用户应当遵守本办法有关规定，以及终端用户盗接、转接交易信息的处理措施及应负的责任。信息服务机构应当将其签订的用户协议报交易所备案。

第三十四条 交易所查询终端用户信息的，信息服务机构应当立即提供其与用户签订的协议副本及该用户的相关信息。

第三十五条 信息服务机构应当编制信息设备使用明细表并报送交易所，有新增或者变动的应当于每月7日前报送交易所。传输至境外的，应当按照其与交易所约定的时间编制境外使用说明书报送交易所。

第三十六条 信息服务机构应当通过用户协议要求其用户承诺其接收的信息仅供自身使用，不得将交易信息出售或者转让他人，或者以任何方式进行再传播。

信息服务机构应当防止其用户未经交易所授权，以任何方式将交易信息进行再传播，或者将交易信息提供给他人进行再传播。

信息服务机构应当协助交易所对其用户进行监管，不得规避或者拒绝履行协助义务。

第三十七条 发现或者认为可能存在针对交易所信息的侵权行为的，信息服务机构应当立即通知交易所，协助交易所展开调查，并配合交易所针对侵权行为采取包括诉讼在内的法律措施。

第五章　收费标准

第三十八条　从事与交易信息有关的信息传播和信息增值服务业务的，应当按照交易所规定的收费标准缴纳费用。

第三十九条　交易所可以根据实际情况变更收费项目和收费标准。

第四十条　交易所根据有关规定和市场情况，区分法定披露信息和非法定披露信息，并根据不同档次或者深度的实时、延时、每日、每周、每月、每年等交易信息，以及各类统计信息和合约历史数据库确定不同的收费标准。

第六章　监督管理

第四十一条　对未经交易所许可，擅自发布、传输和传播交易信息的机构和个人，交易所有权终止其接收、传输和传播交易所信息，要求信息传播服务机构对其进行屏蔽，并追究其法律责任。

对未经交易所许可，擅自对交易信息进行增值开发的机构和个人，交易所有权要求其停止增值开发，禁止其使用增值开发成果，要求信息传播服务机构对其进行屏蔽，并追究法律责任。

交易所要求信息传播服务机构对上述机构和个人进行屏蔽的，信息传播服务机构应当立即执行。

第四十二条　信息服务机构应当将约定的增值开发成果向交易所备案。未履行备案义务的，交易所有权终止向其提供交易信息，要求信息传播服务机构对其进行屏蔽，并可根据已签署的交易信息经营许可协议进行处理。

第四十三条　已获交易所许可传播和增值开发信息的机构违反本办法的，交易所根据已签署的交易信息经营许可协议进行处理。

第四十四条　交易所会员使用、传播交易所信息的，除遵守本办法有关规定外，还应当遵守《中国金融期货交易所会员管理办法》的有关规定。

第四十五条　交易所会员违反本办法的，交易所将根据《中国金融期货交易所违规违约处理办法》以及相关协议进行处理。

第七章　附　　则

第四十六条　本办法由交易所负责解释。

第四十七条　本办法自2013年8月30日起实施。

中国金融期货交易所套期保值与套利交易管理办法

（2012年2月3日实施，2013年8月30日第一次修订）

第一章　总　　则

第一条　为规范套期保值与套利交易业务管理，发挥期货市场功能，促进期货市场规范发展，根据《中国金融期货交易所交易规则》，制定本办法。

第二条 本办法所称套期保值包括买入套期保值和卖出套期保值。

第三条 本办法所称套利包括期现套利、跨期套利和跨品种套利等。

第四条 会员、客户在中国金融期货交易所（以下简称交易所）从事套期保值、套利交易业务应当遵守本办法。

第二章 额度申请

第五条 交易所实行套期保值、套利额度管理制度。客户申请套期保值、套利额度的，应当向其开户的会员申报，会员对申报材料进行审核后向交易所办理申请手续。

会员申请套期保值、套利额度的，直接向交易所办理申请手续。

第六条 套期保值、套利额度分为产品额度和临近交割月份合约额度。

产品额度是指同一产品各合约同一方向的套期保值或者套利最大持仓数量。

临近交割月份合约额度是指采用实物交割方式产品的某一合约在临近交割月份某一方向的套期保值或者套利最大持仓数量。

第七条 需要进行套期保值、套利交易的，应当申请产品额度。

采取实物交割方式的产品，需要在临近交割月份的合约上进行套期保值、套利交易的，应当另行申请临近交割月份合约额度。

第八条 会员、客户申请套期保值、套利额度，应当向交易所提交下列申请材料：

（一）产品额度或者临近交割月份合约额度申请；

（二）套期保值、套利交易方案；

（三）申请人的有效身份证明材料；

（四）近期现货等市场交易情况及相关资产证明；

（五）历史套期保值、套利交易情况说明；

（六）交易所要求的其他材料。

交易所可以根据额度申请情况对申请材料另行规定。

会员应当尽职审核申请材料，确保材料内容的真实、准确和完整。

第九条 申请临近交割月份合约额度的会员、客户，应当在该合约交割月前两个月的第一个交易日至交割月前一个月下旬前的第五个交易日期间向交易所提出申请。

第三章 额度管理

第十条 交易所根据市场情况以及申请人的申请材料、资信状况、交易情况等，对其额度申请进行审核。

第十一条 交易所在正式受理套期保值、套利额度申请后 5 个交易日内进行审核并予以答复。

交易所在审核过程中可以要求申请人对申请材料进行补充说明，补充材料时间不计入审核时间。

第十二条 产品额度自获批之日起 12 个月内有效。

会员、客户在产品额度期限届满后仍然需要进行套期保值、套利交易业务的，应当在产品额度有效期到期前 10 个交易日之前向交易所提出新的产品额度申请。

临近交割月份合约额度自该合约交割月前一个月下旬的第一个交易日至该合约最后交易日期间有效。

第十三条　会员、客户需要调整产品额度的，应当向交易所提出变更申请。获批调整后的产品额度有效期自获批之日起计算。

第十四条　会员、客户未在规定期限内申请新的产品额度的，应当在产品额度有效期届满前对套期保值、套利持仓进行平仓。

会员、客户未在规定期限内申请临近交割月份合约额度的，应当在规定的期限内对该合约上的套期保值、套利持仓进行平仓。

第十五条　会员、客户的套期保值、套利持仓不得超过获批额度。

第四章　交易管理

第十六条　会员、客户进行套期保值交易的，应当按照套期保值方案执行。

第十七条　会员、客户进行期现套利交易的，应当在买入（卖出）期货市场合约的同时或者相近时刻在现货等市场上卖出（买入）价值相当的对应有价证券或者其他相关资产。

第十八条　会员、客户进行跨期套利交易的，应当在同时或者相近时刻在同一期货产品不同月份合约间进行价值相当、方向相反的交易。

第十九条　会员、客户进行跨品种套利交易的，应当在同时或者相近时刻在不同品种的合约间进行价值相当、方向相反的交易。

第二十条　交易所可以对套期保值、套利交易的保证金、手续费等采取优惠措施。

第五章　监督管理

第二十一条　交易所可以对申请人的有关经营状况、资信情况及期货、现货等市场交易行为进行监督和调查，会员及相关客户应当予以协助和配合。

交易所可以要求申请人报告其在期货市场、现货等市场的交易情况。申请人应当确保报告内容的真实、准确和完整。

第二十二条　交易所可以对申请人获批套期保值、套利额度的使用情况进行监督管理，可以根据市场情况和申请人的情况对申请人的套期保值、套利额度进行调整。

第二十三条　会员、客户套期保值持仓、套利持仓超过其相应的资产配比要求的，交易所可以要求其限期调整；逾期未进行调整或者调整后仍不符合要求的，交易所可以对其采取谈话提醒、书面警示、限制开仓、限期平仓、强行平仓、调整或者取消其套期保值、套利额度等措施。

第二十四条　会员、客户同一产品各合约同一方向套期保值持仓、套利持仓合计超过该方向获批套期保值、套利额度的，应当在下一交易日第一节交易结束前自行调整；逾期未进行调整或者调整后仍不符合要求的，交易所可以对其采取谈话提醒、书面警示、限制开仓、限期平仓、强行平仓、调整或者取消其套期保值、套利额度等措施。

第二十五条　会员、客户未在规定期限内申请新的套期保值、套利额度的，应当在套期保值、套利额度有效期到期前对套期保值、套利持仓进行平仓；逾期不平仓的，交易所可以对其采取谈话提醒、书面警示、限制开仓、限期平仓、强行平仓等措施。

第二十六条 进行套期保值交易的会员、客户频繁进行开平仓交易的，交易所可以对其采取谈话提醒、书面警示、限制开仓、限期平仓、强行平仓、调整或者取消其套期保值额度等措施。

第二十七条 会员、客户利用套期保值、套利额度进行影响合约价格等违法违规行为的，交易所可以对其采取谈话提醒、书面警示、限制开仓、限期平仓、强行平仓、调整或者取消其套期保值、套利额度等措施。

第二十八条 会员、客户未按照规定履行报告义务的，交易所可以对其采取谈话提醒、书面警示、限制开仓、限期平仓、强行平仓、调整或者取消其套期保值、套利额度等措施。

第二十九条 会员、客户在进行套期保值、套利申请和交易时，存在欺诈或者违反法律法规和交易所规定的其他行为的，交易所可以不受理其套期保值、套利额度申请，调整或者取消其套期保值、套利额度，将其已经建立的相关套期保值、套利持仓予以部分或者全部强行平仓，并按照《中国金融期货交易所违规违约处理办法》的有关规定处理。

第六章 附 则

第三十条 违反本办法规定的，交易所按照本办法和《中国金融期货交易所违规违约处理办法》的有关规定处理。

第三十一条 本办法由交易所负责解释。

第三十二条 本办法自2013年8月30日起实施。

金融期货投资者适当性制度实施办法

第一条 为保障金融期货市场平稳、规范、健康运行，防范风险，保护投资者的合法权益，根据《期货交易管理条例》、《期货交易所管理办法》、《期货公司管理办法》等行政法规、规章及中国金融期货交易所（以下简称交易所）业务规则，制定本办法。

第二条 期货公司会员应当根据中国证券监督管理委员会（以下简称中国证监会）有关规定和本办法要求，评估投资者的产品认知水平和风险承受能力，选择适当的投资者审慎参与金融期货交易，严格执行金融期货投资者适当性制度（以下简称投资者适当性制度）各项要求，建立以了解客户和分类管理为核心的客户管理和服务制度。

第三条 投资者应当根据投资者适当性制度的要求，全面评估自身的经济实力、产品认知能力、风险控制与承受能力，审慎决定是否参与金融期货交易。

第四条 期货公司会员为符合下列标准的自然人投资者申请开立交易编码：

（一）申请开户时保证金账户可用资金余额不低于人民币50万元；

（二）具备金融期货基础知识，通过相关测试；

（三）具有累计10个交易日、20笔以上（含）的金融期货仿真交易成交记录，或者最近三年内具有10笔以上（含）的期货交易成交记录；

（四）不存在严重不良诚信记录；不存在法律、行政法规、规章和交易所业务规则禁止或者限制从事金融期货交易的情形。

期货公司会员除按上述标准对投资者进行审核外，还应当按照交易所制定的投资者适当性制度操作指引，对投资者的基本情况、相关投资经历、财务状况和诚信状况等进行综合评估，不得为综合评估得分低于规定标准的投资者申请开立交易编码。

第五条　期货公司会员为符合下列标准的一般单位客户申请开立交易编码：

（一）申请开户时保证金账户可用资金余额不低于人民币50万元；

（二）相关业务人员具备金融期货基础知识，通过相关测试；

（三）具有累计10个交易日、20笔以上（含）的金融期货仿真交易成交记录，或者最近三年内具有10笔以上（含）的期货交易成交记录；

（四）不存在严重不良诚信记录；不存在法律、行政法规、规章和交易所业务规则禁止或者限制从事金融期货交易的情形；

（五）具有参与金融期货交易的内部控制、风险管理等相关制度。

期货公司会员为其他经济组织申请开立交易编码的，参照本条执行。

第六条　期货公司会员可以为特殊单位客户申请开立交易编码。

前款所称特殊单位客户是指证券公司、基金管理公司、信托公司、银行和其他金融机构，以及社会保障类公司、合格境外机构投资者等法律、行政法规和规章规定的需要资产分户管理的单位客户，以及交易所认定的其他单位客户；一般单位客户是指特殊单位客户以外的单位客户。

第七条　交易所可以根据市场情况对投资者适当性标准进行调整。

第八条　期货公司会员应当根据中国证监会的有关规定、本办法及交易所制定的投资者适当性制度操作指引，制定本公司的实施方案，建立相关工作制度，完善内部分工与业务流程。

第九条　期货公司会员应当建立并有效执行客户开发责任追究制度，明确高级管理人员、业务部门负责人、营业部负责人、复核评估人、开户经办人、客户开发人员的责任。

第十条　期货公司会员开展金融期货开户业务，应当及时将投资者适当性制度实施方案及相关工作制度报交易所备案。交易所无异议的，期货公司会员才能为投资者申请开立交易编码。

第十一条　期货公司会员应当向投资者充分揭示金融期货风险，全面客观介绍金融期货法律法规、业务规则和产品特征，严格验证投资者资金、金融期货仿真交易经历和期货交易经历，测试投资者的金融期货基础知识，审慎评估投资者的诚信状况和风险承受能力，认真审核投资者开户申请材料。

第十二条　期货公司会员应当督促客户遵守与金融期货交易相关的法律、行政法规、规章及交易所业务规则，持续开展风险教育，加强客户交易行为的合法合规性管理。

第十三条　期货公司会员应当建立客户资料档案，除依法接受调查和检查外，应当为客户保密。

第十四条 期货公司会员应当为客户提供合理的投诉渠道，告知投诉的方法和程序，妥善处理纠纷，督促客户依法维护自身权益。

第十五条 期货公司会员委托从事中间介绍业务的证券公司协助办理开户手续的，应当与证券公司建立业务对接规则，落实投资者适当性制度的相关要求，对证券公司相关业务进行复核。

第十六条 投资者应当如实申报开户材料，不得采取虚假申报等手段规避投资者适当性制度要求。

第十七条 投资者应当遵守“买卖自负”的原则，承担金融期货交易的履约责任，不得以不符合投资者适当性标准为由拒绝承担金融期货交易履约责任。

第十八条 投资者应当通过正当途径维护自身合法权益。投资者维护自身合法权益时应当遵守法律法规的相关规定，不得侵害国家、社会、集体利益和他人合法权益，不得扰乱社会公共秩序、交易所及相关单位的工作秩序。

第十九条 交易所对期货公司会员落实投资者适当性制度相关要求的情况进行检查时，期货公司会员应当配合，如实提供投资者开户材料、资金账户情况等资料，不得隐瞒、阻碍和拒绝。

交易所在检查中发现从事中间介绍业务的证券公司存在违规行为的，进行必要的延伸检查，并将有关违规情况通报中国证监会相关派出机构。

第二十条 对存在或者可能存在违反投资者适当性制度行为的期货公司会员，交易所可以采取约见谈话、责令参加培训、增加内控合规自查次数、口头警示、书面警示、责令处分责任人员、限期说明情况、专项调查和暂停受理或者办理相关业务等监管措施。

第二十一条 期货公司会员违反投资者适当性制度的，交易所可以对其采取责令整改、谈话提醒、书面警示、通报批评、公开谴责、暂停受理申请开立新的交易编码、暂停或者限制业务、调整或者取消会员资格等处理措施；情节严重的，交易所可以向中国证监会、中国期货业协会提出行政处罚或者纪律处分建议。

第二十二条 期货公司会员工作人员对违规行为负有责任的，交易所可以采取通报批评、公开谴责、暂停从事交易所期货业务和取消从事交易所期货业务资格等处理措施；情节严重的，交易所可以向中国证监会、中国期货业协会提出撤销任职资格、取消从业资格等行政处罚或者纪律处分建议。

第二十三条 本办法由交易所负责解释。

第二十四条 本办法自2013年8月30日起实施。2010年2月8日发布的《股指期货投资者适当性制度实施办法（试行）》同时废止。

中国金融期货交易所指定存管银行管理办法

第一章 总 则

第一条 为规范中国金融期货交易所（以下简称交易所）期货保证金存管业务，

确保期货保证金存管安全和期货交易的平稳运行，根据《中国金融期货交易所交易规则》、《中国金融期货交易所结算细则》等规定，制定本办法。

第二条　本办法所称期货保证金存管业务是指银行业金融机构吸收期货保证金进行存管并从事与此相关业务的行为。银行业金融机构从事期货保证金存管业务应当经交易所审核指定。

第三条　银行业金融机构从事期货保证金存管业务应当遵守法律、行政法规、规章和交易所业务规则，接受交易所自律监管。

第二章　资格申请

第四条　银行业金融机构申请期货保证金存管业务资格，应当具备下列条件：

（一）中华人民共和国境内设立的全国性银行业金融机构法人；

（二）注册资本达到100亿元人民币；总资产在15000亿元人民币以上，净资产在1000亿元人民币以上，最近3个会计年度连续盈利；

（三）符合中国银行业监督管理机构对银行业金融机构资本充足率、流动性、资产负债比例等的规定；

（四）分支机构在600个以上，且在期货交易所所在地设有可以办理期货保证金存管业务及资金结算相关业务的分支机构；

（五）具有良好的公司治理、风险管理体系和内部控制制度；

（六）设有专门机构或部门负责期货保证金存管业务；

（七）具有健全的期货保证金存管制度，制定与期货保证金存管业务相关的内部管理制度、操作流程以及技术和通讯系统故障等异常情况下的应急处理预案；

（八）具有开展期货保证金存管业务和配合期货保证金安全存管监控所需的设施和技术水平，最近3年高效稳定的异地资金划拨系统，覆盖全国范围的行内实时汇划系统，以及服务良好的全国集中式银期转账系统；

（九）交易所指定的期货保证金存管网点人员中，至少3名已取得期货从业资格，且交易所结算专柜人员必须取得期货从业资格，其中管理人员还应当具有5年以上银行业金融机构从业经验；

（十）最近3年内无重大违法违规行为，未发生过重大事故及未受到过监管机构的重大行政处罚；

（十一）无严重影响其资信状况的未决诉讼或未清偿债务；

（十二）交易所规定的其他条件；

合格境外机构投资者的托管银行，申请仅为其所托管的合格境外机构投资者开展期货保证金存管业务的，应当具备前款第（三）项、第（五）项至第（十二）项规定的条件，并取得中国证券登记结算有限责任公司结算银行资格。

第五条　银行业金融机构申请期货保证金存管业务资格，应当向交易所提交下列预审材料并加盖公章；

（一）期货保证金存管业务资格申请表、申请报告、可行性报告及业务计划书；

（二）分支机构、营业网点以及开展期货保证金存管业务所需设施的情况说明；

（三）期货保证金存管制度、内部管理制度以及相关的应急处理预案；

（四）期货保证金存管业务部门的岗位设置和职责规定，以及部门负责人和业务人员名单、履历；

（五）遵守期货保证金安全存管监控有关规定的承诺书；

（六）最新年检的《企业法人营业执照》复印件；

（七）《金融业务许可证》复印件；

（八）最近三年的审计报告以及内部控制评价报告；

（九）企业法人的授权书及经办人员的身份证明文件；

（十）交易所要求提供的其他文件。

第六条 银行业金融机构申请并通过交易所对其期货保证金存管银行资格预审后，应当按照交易所及中国期货保证金监控中心（以下简称监控中心）的要求通过相关业务、技术、通讯设备等方面的测试，并向交易所提供下列材料：

（一）监控中心出具的关于通过期货保证金安全存管监控数据报送测试的书面证明材料；

（二）与期货公司（或其他期货市场参与者）进行全国集中式银期转账系统测试报告；

（三）交易所指定期货保证金存管业务分支机构（以下简称指定网点）营业执照复印件；

（四）交易所要求提供的其他文件。

第七条 银行业金融机构应当在交易所审核决定做出后3个工作日内向银行业监督管理机构报告。

第八条 银行业金融机构取得期货保证金存管银行资格后，应当与交易所签订《期货保证金存管银行协议》，明确双方各自的权利和义务。

第三章　业务要求

第九条 从事期货保证金存管业务的银行业金融机构（以下简称存管银行）应当为其期货保证金存管业务的客户及交易所提供安全、准确、迅捷的期货保证金存管及划转服务。

第十条 存管银行应在距离交易所指定范围内设置交易所指定网点，网点内应当设置交易所结算专柜，并提供专项服务。

第十一条 存管银行应当根据交易所提出的申请为交易所开立专用结算账户、结算担保金专用账户等账户，账户信息应当体现业务性质。

第十二条 存管银行应当根据交易所结算会员的申请和交易所签发的专用通知书为结算会员开立、变更或者注销专用资金账户、结算担保金专用账户等账户，账户信息应当体现业务性质。

第十三条 交易所与会员之间期货业务资金的往来通过第十一条与第十二条中开设的专用账户办理。

第十四条 存管银行应当根据交易所交易和结算时间的变化，相应调整业务办理时间，满足期货保证金存管业务的需要。

第十五条　存管银行应当按照与交易所协商确定的存款利率向交易所支付利息。

第十六条　当交易所的资金结算出现流动性需求时，经交易所申请，存管银行应当给予相应的资金配合，协助化解交易所风险。

第十七条　存管银行应当拒绝任何其他单位或个人对交易所专用结算账户内的资金进行冻结、扣划，确保交易所存放的期货保证金资金的安全；如有其他机构拟对结算会员专用资金账户采取冻结等影响保证金存管业务的措施时，存管银行应当及时通知交易所。

第十八条　存管银行应当按照由交易所资金划转系统发送的电子划款指令或书面划款指令及时办理划款业务：

（一）对于划入交易所专用结算账户的款项，应当在资金到账后立即记入交易所账户，并实时通过资金划转系统或书面传真将收款信息通知交易所；

（二）对于本行系统内账户的资金划拨，应当在收到交易所划款指令后立即（最长不得超过1小时）将资金汇划至交易所指定的结算会员专用资金账户；

（三）对于跨行的资金划拨，应当在收到交易所划款指令后立即以最快捷的方式划出款项，并保证该款项即时到达交易所指定的收款账户开户银行。如遇特殊情况，应在当日下午四时前到达交易所指定的收款账户开户银行。

第十九条　存管银行应当按照以下规定每日与交易所进行专用结算账户账务核对：

（一）每日结算业务结束后进行对账；

（二）在营业时间内，交易所可以随时查询在存管银行的专用结算账户的余额及变动情况，且存管银行应当实时回送查询结果。

（三）向交易所送达当日交易所进账单、收付款明细清单等业务凭证；

（四）按照交易所的要求及时提供资金结算账户对账单。

第二十条　存管银行应当按照期货保证金安全存管的有关规定，通过转账方式办理期货保证金存取业务，对期货保证金实行封闭运行。

第二十一条　存管银行应当按照期货保证金安全存管监控的有关规定通过网络专线在规定时间内向监控中心报送在该行开设的全部期货保证金账户前一交易日的账户余额、变动明细等相关信息。

第二十二条　存管银行应当采取有效措施，减少资金的流动性风险，未经交易所书面同意，不得无故限制会员出入金。

第二十三条　存管银行应当保证交易所指定营业网点的业务和人员的稳定性，定期组织业务人员培训，积极参加交易所组织的业务培训，保证业务人员熟练掌握期货保证金存管业务的流程及交易所关于期货保证金存管和资金结算业务的规则、要求。

第二十四条　存管银行不得协助交易所会员在其期货保证金账户上设定担保。

第二十五条　存管银行承诺合规运行、不挪用客户保证金，并接受交易所自律监管。

第四章　技术要求

第二十六条　存管银行的资金划转系统应当满足交易所相关技术规范要求，并通过交易所的功能测试和性能测试。

第二十七条 存管银行的全国集中式银期转账系统应当能够支持交易所会员系统多点同时接入，并满足银期转账系统的冗余要求。

第二十八条 存管银行应当申请总行主备数据中心与交易所主备数据中心之间可靠冗余的数据通讯链路，相关网络参数由交易所统一分配。

第二十九条 存管银行应当将资金划转系统纳入技术系统的统一运维管理流程，对资金划转系统、数据链路和软硬件平台进行实时监控。

第三十条 存管银行变更资金划转系统应用或网络系统的，应当提前5个工作日通知交易所技术中心，并提前做好系统测试工作。

第三十一条 存管银行应当积极配合参与交易所组织的应急演练和联合测试。

第三十二条 存管银行应当设立7×24小时的技术应急联系人，应急联系人发生变更时应当及时向交易所技术中心报备。

第五章 应急处理

第三十三条 存管银行应当建立完善的期货保证金存管银行网络与信息安全事件应急预案，做到职责明确、措施到位、反应快速、处置及时。

第三十四条 存管银行应当在交易所指定范围内设置应急网点（除交易所指定的营业网点外），应急网点在技术系统、通讯设备等方面应当符合交易所的要求。

第三十五条 存管银行发现资金划转系统发生故障的，应当立即通知交易所，并积极配合对系统进行检查，以确定原因、排除故障、明确责任。如有必要，可立即启动应急措施。

第三十六条 存管银行在其发生影响期货保证金存管业务运行稳定和安全的情况下，应当立即启动应急预案，尽快恢复正常运行，并将相关情况报告交易所和监控中心。

第六章 监督管理

第三十七条 存管银行的期货保证金存管业务部门的岗位设置、职责规定、部门负责人、业务联系人等发生变更的，应当于变更发生之日起3个工作日内书面报告交易所和监控中心。

第三十八条 存管银行出现影响该行资信状况的重大业务风险或者损失时，应当于风险或损失发生之日起3个工作日内向交易所和监控中心报告，并提交有关该业务风险或损失对该行保证金存管业务的影响及应对措施的报告。

第三十九条 存管银行实施系统升级改造或者实施其他可能影响期货保证金存管业务的措施前，应当提前5个工作日书面通知交易所、监控中心和交易所相关会员，并做好信息披露和系统测试工作，并制定针对性应急预案。

第四十条 存管银行应当在每一年度结束后1个月内，向交易所和监控中心提交有关期货保证金存管业务经营、技术运行、风险管理以及相关法律、行政法规、规章、政策执行情况的报告。

第四十一条 交易所对存管银行期货保证金存管业务资格条件进行复核、年度考核或者根据需要进行不定期考核时，存管银行应当予以配合。

第四十二条　交易所对存管银行的期货保证金存管业务进行年度考核，综合考核其开展期货保证金存管业务的时效性、安全性和准确性。考核内容包括资格条件、系统运维、人员配置、业务运营和风险控制等；考核方式包括存管银行自查、现场检查、结算会员评分等。

考核结果分为“优秀”、“良好”、“合格”、“不合格”四个档次，考核结果将向各存管银行进行通报。

第四十三条　交易所可以参考年度考评结果统筹安排存管银行的业务及双方合作项目，指导和监督存管银行的保证金存管业务。

第七章　违规处理

第四十四条　存管银行出现下列情形之一的，责令整改并根据情节轻重，采取书面警示、通报批评、暂停新增结算会员的存管业务等措施：

（一）存管银行未按照本办法要求履行相关义务的；

（二）发生影响或可能影响期货保证金存管业务的情况时，存管银行未采取有效措施，可能危及期货市场稳健运行，损害交易所结算会员、客户合法权益的；

（三）存管银行未能按照监控中心相关要求报送期货保证金安全存管业务数据的；

（四）未经交易所书面同意，无故限制会员公司出入金的；

（五）违反期货保证金存管业务协议或者交易所业务规则的；

（六）发生可能影响期货资金结算业务的业务操作失误或技术系统故障时，未立即通知交易所的，或未及时采取有效措施处理的；

（七）不符合银行业监督管理机构关于资本充足率、流动性、资产负债比例等指标要求的；

（八）未配合交易所对存管银行资金结算业务进行准入资格复核，不定期检查及年度考核，或者未按照要求提交上年度存管业务和期货结算业务总结报告或其他要求提供的材料的；

（九）结算会员普遍反映存管银行服务质量不佳，全国集中式银期转账系统不稳定的；

（十）交易所认定的其他情况。

第四十五条　存管银行出现以下情况之一的，暂停全部存管业务：

（一）未能采取有效措施，导致交易所专用结算账户内的资金被冻结或扣划的；

（二）协助交易所会员在期货保证金账户上设定担保；

（三）最近1个会计年度发生亏损的；

（四）交易所认定的其他情况。

第四十六条　对于暂停期货保证金存管业务的存管银行，交易所认为其整改后重新具备正常开展期货保证金存管业务能力的，可以恢复其业务资格。

第四十七条　存管银行出现以下情形之一的，交易所可以取消其期货保证金存管业务资格：

（一）申请终止其期货保证金存管业务资格；

（二）被依法撤销、解散或宣告破产；

（三）被收购或兼并且丧失法人地位；

（四）不再满足期货保证金存管业务资格条件；

（五）最近3个会计年度连续发生亏损；

（六）最近1个年度考核结果不合格；

（七）向交易所提供虚假材料信息的；

（八）交易所认为该存管银行存在重大风险隐患；

（九）交易所规定的其他情况。

第四十八条 交易所取消存管银行期货保证金存管业务资格的，提前10个工作日向存管银行发出取消通知，并上报中国证监会，同时通过交易所网站予以公告。

存管银行期货保证金存管业务资格的取消不影响该行与交易所已经存在的法律关系，交易所有权依法与该行了结相关业务关系。

第四十九条 被交易所取消期货保证金存管业务资格的银行业金融机构，自取消之日起3年内不得再申请期货保证金存管业务资格。

第八章 附 则

第五十条 除有国家法律、法规规定外，未经交易所同意，存管银行不得以任何方式向第三方披露其在期货保证金存管业务及期货资金结算业务过程中接触到的与交易所有关的任何非公开信息。

第五十一条 本办法实施前已开展业务的存管银行，无须重新申请期货保证金存管业务资格。

第五十二条 本办法由交易所负责解释。

第五十三条 本办法自2013年8月14日起实施。

中国金融期货交易所沪深300股指期货合约交易细则

第一章 总 则

第一条 为规范中国金融期货交易所（以下简称交易所）沪深300股指期货合约（以下简称本合约）交易行为，根据《中国金融期货交易所交易规则》及相关实施细则，制定本细则。

第二条 交易所、会员、客户、期货保证金存管银行及期货市场其他参与者应当遵守本细则。

第三条 本细则未规定的，按照交易所相关业务规则的规定执行。

第二章 合 约

第四条 本合约的合约标的为中证指数有限公司编制和发布的沪深300指数。

第五条　本合约的合约乘数为每点人民币300元。股指期货合约价值为股指期货指数点乘以合约乘数。

第六条　本合约以指数点报价。

第七条　本合约的最小变动价位为0.2指数点，合约交易报价指数点为0.2点的整数倍。

第八条　本合约的合约月份为当月、下月及随后两个季月。季月是指3月、6月、9月、12月。

第九条　本合约的最后交易日为合约到期月份的第三个周五，最后交易日即为交割日。最后交易日为国家法定假日或者因异常情况等原因未交易的，以下一交易日为最后交易日和交割日。

到期合约交割日的下一交易日，新的月份合约开始交易。

第十条　本合约的交易代码为IF。

第三章　交易业务

第十一条　本合约的交易单位为手，合约交易以交易单位的整数倍进行。

第十二条　本合约交易指令每次最小下单数量为1手，市价指令每次最大下单数量为50手，限价指令每次最大下单数量为100手。

第十三条　本合约采用集合竞价和连续竞价两种交易方式。

集合竞价时间为每个交易日9:10－9:15，其中9:10－9:14为指令申报时间，9:14－9:15为指令撮合时间。

连续竞价时间为每个交易日9:15－11:30（第一节）和13:00－15:15（第二节），最后交易日连续竞价时间为9:15－11:30（第一节）和13:00－15：00（第二节）。

第四章　结算业务

第十四条　本合约的当日结算价为合约最后一小时成交价格按照成交量的加权平均价。计算结果保留至小数点后一位。

第十五条　本合约以当日结算价作为计算当日盈亏的依据。具体计算公式如下：

当日盈亏＝｛Σ［（卖出成交价－当日结算价）×卖出量］＋Σ［（当日结算价－买入成交价）×买入量］＋（上一交易日结算价－当日结算价）×（上一交易日卖出持仓量－上一交易日买入持仓量）｝×合约乘数

第十六条　本合约的手续费标准为不高于成交金额的万分之零点五。

第十七条　本合约的交割结算价为最后交易日标的指数最后2小时的算术平均价。计算结果保留至小数点后两位。

第十八条　本合约采用现金交割方式。

第十九条　本合约的交割手续费标准为交割金额的万分之一。

第五章　风险管理

第二十条　本合约的最低交易保证金标准为合约价值的12%。

第二十一条 本合约的每日价格最大波动限制是指其每日价格涨跌停板幅度，为上一交易日结算价的±10%。

季月合约上市首日涨跌停板幅度为挂盘基准价的±20%。上市首日有成交的，于下一交易日恢复到合约规定的涨跌停板幅度；上市首日无成交的，下一交易日继续执行前一交易日的涨跌停板幅度。

本合约最后交易日涨跌停板幅度为上一交易日结算价的±20%。

第二十二条 本合约会员和客户的持仓限额由交易所另行规定。

第六章 附 则

第二十三条 违反本细则规定的，交易所按照《中国金融期货交易所违规违约处理办法》有关规定处理。

第二十四条 本细则由交易所负责解释。

第二十五条 本细则自2013年8月30日起实施。

中国金融期货交易所5年期国债期货合约交易细则

第一章 总 则

第一条 为规范中国金融期货交易所（以下简称交易所）5年期国债期货合约（以下简称本合约）交易行为，根据《中国金融期货交易所交易规则》及相关实施细则，制定本细则。

第二条 交易所、会员、客户、期货保证金存管银行及期货市场其他参与者应当遵守本细则。

第三条 本细则未规定的，按照交易所相关业务规则的规定执行。

第二章 合 约

第四条 本合约的合约标的为面值为100万元人民币、票面利率为3%的名义中期国债。

第五条 本合约的可交割国债为合约到期月份首日剩余期限为4～7年的记账式附息国债。

第六条 本合约以每百元面值国债作为报价单位，以净价方式报价。净价方式是指以不含自然增长应计利息的价格报价。

第七条 本合约的最小变动价位为0.002元，合约交易报价为0.002元的整数倍。

第八条 本合约的合约月份为最近的三个季月。季月是指3月、6月、9月、12月。

第九条 本合约的最后交易日为合约到期月份的第二个星期五。最后交易日为国家法定假日或者因异常情况等原因未交易的，以下一交易日为最后交易日。

到期合约最后交易日的下一交易日，新的月份合约开始交易。

第十条　本合约的交易代码为 TF。

第三章　交易业务

第十一条　本合约的交易单位为手，合约交易以交易单位的整数倍进行。

第十二条　本合约交易指令每次最小下单数量为 1 手，市价指令每次最大下单数量为 50 手，限价指令每次最大下单数量为 200 手。

第十三条　本合约采用集合竞价和连续竞价两种交易方式。

集合竞价时间为每个交易日 9:10－9:15，其中 9:10－9:14 为指令申报时间，9:14－9:15 为指令撮合时间。

连续竞价时间为每个交易日 9:15－11:30（第一节）和 13:00－15:15（第二节），最后交易日连续竞价时间为 9:15－11:30。

第四章　结算业务

第十四条　本合约的当日结算价为合约最后一小时成交价格按照成交量的加权平均价。计算结果保留至小数点后三位。

第十五条　本合约以当日结算价作为计算当日盈亏的依据。具体计算公式如下：

当日盈亏＝｛∑［（卖出成交价－当日结算价）×卖出量］＋∑［（当日结算价－买入成交价）×买入量］＋（上一交易日结算价－当日结算价）×（上一交易日卖出持仓量－上一交易日买入持仓量）｝×（合约面值/100 元）

第十六条　本合约的手续费标准为每手不高于 5 元。

第十七条　本合约采用实物交割方式。

第十八条　本合约的交割按照《中国金融期货交易所 5 年期国债期货合约交割细则》的相关规定执行。

第五章　风险管理

第十九条　本合约的最低交易保证金标准为合约价值的 2%。其中，合约价值＝合约价格×（合约面值/100 元）。

第二十条　本合约临近交割月份时，交易所将分阶段逐步提高该合约的交易保证金标准。

（一）交割月份前一个月中旬的前一交易日结算时起，交易保证金标准为合约价值的 3%。

（二）交割月份前一个月下旬的前一交易日结算时起，交易保证金标准为合约价值的 5%。

第二十一条　本合约的每日价格最大波动限制是指其每日价格涨跌停板幅度，为上一交易日结算价的 ±2%。

合约上市首日涨跌停板幅度为挂盘基准价的 ±4%。上市首日有成交的，于下一交易日恢复到合约规定的涨跌停板幅度；上市首日无成交的，下一交易日继续执行前一交易日的涨跌停板幅度。如上市首日连续三个交易日无成交的，交易所可以对挂盘基准价作适当调整。

第二十二条 本合约实行持仓限额制度。

（一）进行投机交易的客户某一合约在不同阶段的单边持仓限额规定如下：

1. 合约上市首日起，持仓限额为1000手；
2. 交割月份前一个月中旬的第一个交易日起，持仓限额为500手；
3. 交割月份前一个月下旬的第一个交易日起，持仓限额为100手。

（二）进行投机交易的非期货公司会员持仓限额由交易所另行规定。

（三）某一合约结算后单边总持仓量超过60万手的，结算会员下一交易日该合约单边持仓量不得超过该合约单边总持仓量的25%。进行套期保值交易和套利交易的持仓按照交易所有关规定执行。

第六章 附 则

第二十三条 违反本细则规定的，交易所按照《中国金融期货交易所违规违约处理办法》有关规定处理。

第二十四条 本细则由交易所负责解释。

第二十五条 本细则自2013年8月30日起实施。

中国金融期货交易所5年期国债期货合约交割细则

第一章 总 则

第一条 为规范中国金融期货交易所（以下简称交易所）5年期国债期货合约（以下简称本合约）交割行为，根据《中国金融期货交易所交易规则》及相关实施细则，制定本细则。

第二条 本合约采用实物交割方式。

第三条 交易所、会员、客户及期货市场其他参与者应当遵守本细则。

第四条 交割涉及的国债托管业务由国债托管机构依其规则及相关规定办理。

前款所称国债托管机构为中央国债登记结算有限责任公司（以下简称中央结算）和中国证券登记结算有限责任公司（以下简称中国结算）。

第二章 可交割国债

第五条 本合约的可交割国债应当满足以下条件：

（一）中华人民共和国财政部在境内发行的记账式国债；

（二）同时在全国银行间债券市场、上海证券交易所和深圳证券交易所上市交易；

（三）固定利率且定期付息；

（四）合约到期月份首日剩余期限为 4 至 7 年；

（五）符合国债转托管的相关规定；

（六）交易所规定的其他条件。

第六条　本合约的交割单位为面值 100 万元人民币的国债。每交割单位的国债仅限于同一国债托管机构托管的同一国债。中国结算上海分公司和中国结算深圳分公司托管的国债分别计算。

第七条　本合约的可交割国债及其转换因子数值由交易所确定并向市场公布。

第三章　交割流程

第八条　本合约进入交割月份后至最后交易日之前，客户可以申请交割。合约最后交易日收市后的未平仓部分按照交易所的规定进入交割。

客户参与交割视为授权交易所委托相关国债托管机构对其申报账户内的对应国债进行划转处理。

第九条　本合约的最小交割数量为 10 手。客户申请交割的，在同一会员处的有效申报交割数量不得低于 10 手；最后交易日进入交割的，同一客户号收市后的净持仓不得低于 10 手。

第十条　客户申请交割的，其交割在四个交易日内完成，依次为意向申报日、交券日、配对缴款日和收券日。

（一）意向申报日

1. 客户通过会员进行交割申报，会员应当在当日 14:00 前向交易所申报交割意向。

买方申报内容应当包括交割数量和国债托管账户等信息。买方以在中国结算开立的账户接收交割国债的，应当同时申报在中国结算上海分公司和中国结算深圳分公司开立的账户。

卖方申报内容应当包括可交割国债名称、数量以及国债托管账户等信息。

会员应当确保申请交割的客户具备交割履约能力。

2. 当日收市后，交易所先按照客户在同一会员的申报交割数量和持仓量的较小值确定有效申报交割数量，再按照所有买方有效申报交割数量和所有卖方有效申报交割数量的较小值确定合约交割数量。

3. 交易所按照会员交割意向申报时间优先的原则确定进入交割的买方和卖方持仓，并将相应持仓从客户的交割月份合约持仓中扣除。未进入交割的意向申报失效。

（二）交券日

卖方客户应当确保申报账户内有符合要求的可交割国债，交易所划转成功后视为卖方完成交券。

（三）配对缴款日

1. 交易所根据同国债托管机构优先原则，采用最小配对数方法进行交割配对，并于当日 11:30 前将配对结果和应当缴纳的交割货款通知相关会员。

2. 当日结算时，交易所从结算会员结算准备金中划转交割货款。

（四）收券日

交易所将可交割国债划转至买方客户申报的国债托管账户。

第十一条 最后交易日收市后，同一客户号的双向持仓对冲平仓，平仓价格为该合约的交割结算价。符合交割要求的净持仓进入交割。

同一客户号净持仓低于10手的，交易所按照交易编码首先选择不满足交割要求的持仓进行对冲平仓，再选择持仓量最小的持仓进行对冲平仓。平仓价格为该合约的交割结算价。

客户一方持仓不满足交割要求的，应当通过交易所向对方支付持仓合约价值1%的补偿金，并向交易所支付持仓合约价值1%的惩罚性违约金。双方持仓均不满足交割要求的，交易所向双方分别收取持仓合约价值2%的惩罚性违约金。

第十二条 最后交易日进入交割的，其交割在最后交易日后的连续三个交易日内完成，依次为第一、第二、第三交割日。

（一）第一交割日为申报交割信息和交券日。

1. 申报交割信息。会员应当在当日11:30前向交易所申报其买方客户的国债托管账户和卖方客户的可交割国债名称、数量以及国债托管账户等信息。

买方客户以在中国结算开立的账户接收交割国债的，应当同时申报在中国结算上海分公司和中国结算深圳分公司开立的账户。

2. 卖方交券。按照本细则第十条第（二）项的有关规定执行。

（二）第二交割日为配对缴款日，其交割流程按照本细则第十条第（三）项的有关规定执行。

（三）第三交割日为收券日，其交割流程按照本细则第十条第（四）项的有关规定执行。

第十三条 因市场出现异常情况等原因导致交割无法正常进行的，交易所有权对交割流程进行调整。

第十四条 卖方未能在规定期限内如数交付可交割国债或者买方未能在规定期限内如数缴纳交割货款的，可以采取差额补偿的方式了结未平仓合约。

第十五条 一方进行差额补偿的，应当按照下列标准通过交易所向对方支付补偿金，并向交易所支付差额补偿部分合约价值1%的惩罚性违约金。

（一）补偿金

1. 卖方进行差额补偿的，应当支付差额补偿部分合约价值1%的补偿金；若基准国债价格大于交割结算价与转换因子乘积的，卖方还应当按照以下计算公式继续支付差额补偿金：

差额补偿金 = 差额补偿部分合约数量 ×（基准国债价格 – 交割结算价 × 转换因子）×（合约面值/100元）

2. 买方进行差额补偿的，应当支付差额补偿部分合约价值1%的补偿金；若交割结算价与转换因子乘积大于基准国债价格的，买方还应当按照以下计算公式继续支付差额补偿金：

差额补偿金 = 差额补偿部分合约数量 ×（交割结算价 × 转换因子 – 基准国债价格）×（合约面值/100元）

差额补偿后，交易所向卖方退还已交付的国债。

（二）基准国债

最后交易日之前申请交割的，以卖方申报的国债作为基准国债；最后交易日进入交割的，以该合约交割量最大的国债作为基准国债。

按照上述方式无法确定基准国债的，交易所有权指定基准国债。

（三）基准国债价格

基准国债价格以交易所认定的机构发布的估值数据为准。

最后交易日之前申请交割的，以意向申报日该基准国债的估值作为基准国债价格；最后交易日进入交割的，以最后交易日该基准国债的估值作为基准国债价格。

交易所有权对基准国债价格进行调整。

第十六条　双方未能在规定期限内如数交付可交割国债或者交割货款的，交易所向双方分别收取相应合约价值 2% 的惩罚性违约金。

第四章　交割结算

第十七条　本合约最后交易日之前的交割结算价为意向申报日的当日结算价，最后交易日的交割结算价为该合约最后交易日全部成交价格按照成交量的加权平均价。计算结果保留至小数点后三位。

合约最后交易日无成交的，交割结算价计算公式为：交割结算价 = 该合约上一交易日结算价 + 基准合约当日结算价 - 基准合约上一交易日结算价，其中，基准合约为当日有成交的离交割月份最近的合约。根据本公式计算出的交割结算价超出合约涨跌停板价格的，取涨跌停板价格作为交割结算价。

交易所有权根据市场情况对交割结算价进行调整。

第十八条　交割货款以交割结算价为基础进行计算，计算公式如下：

交割货款 = 交割数量 ×（交割结算价 × 转换因子 + 应计利息）×（合约面值/100 元）

其中，应计利息为该可交割国债上一付息日至配对缴款日的利息。

第十九条　本合约的交割手续费标准为每手 5 元，交易所有权对交割手续费标准进行调整。

第二十条　交割涉及的国债过户费等费用按照国债托管机构的有关规定执行，发生跨国债托管机构交割过户的，由买方承担转托管费。

第五章　附　　则

第二十一条　本细则所称合约价值的计算公式为：合约价值 = 交割结算价 ×（合约面值/100 元）。

第二十二条　违反本细则规定的，交易所按照《中国金融期货交易所违规违约处理办法》有关规定处理。

第二十三条　本细则由交易所负责解释。

第二十四条　本细则自 2013 年 8 月 30 日起实施。

金融期货投资者适当性制度操作指引

第一章 总 则

第一条 为落实金融期货投资者适当性制度，规范期货公司会员业务操作，根据中国金融期货交易所（以下简称交易所）《金融期货投资者适当性制度实施办法》的有关规定，制定本指引。

第二条 期货公司会员应当按照中国证券监督管理委员会、交易所的有关规定及本指引的要求，建立健全相关工作制度。

第三条 期货公司会员应当认真审核投资者的开户申请资料，全面履行测试、评估职责，严格执行金融期货投资者适当性制度。

第二章 金融期货投资者适当性标准操作要求

第一节 可用资金要求

第四条 期货公司会员为投资者向交易所申请开立交易编码，应当确认该投资者前一交易日日终保证金账户可用资金余额不低于人民币50万元。

第五条 投资者保证金账户可用资金余额以期货公司会员收取的保证金标准作为计算依据。

第二节 知识测试要求

第六条 期货公司会员应当从保护投资者合法权益的角度出发，测试投资者是否具备参与金融期货交易必备的知识水平。

第七条 一般单位客户的指定下单人及自然人投资者本人应当参加测试，不得由他人替代。

第八条 期货公司会员应当根据交易所统一编制的试卷对投资者进行测试。测试试卷及答案通过交易所系统统一下发至期货公司会员。

交易所更新测试试卷的，期货公司会员应当使用更新后的试卷对投资者进行测试。

第九条 期货公司会员客户开发人员不得兼任开户知识测试人员。

第十条 测试完成后，开户知识测试人员对试卷进行评分。开户知识测试人员和投资者应当在测试试卷上签字。

第十一条 期货公司会员不得为测试得分低于80分的投资者申请开立交易编码。

第十二条 期货公司会员应当加强对投资者的培训和指导，对于未能通过测试的投资者，期货公司会员可以在继续培训后再组织其参加测试。

第十三条 期货公司会员为投资者向交易所申请开立交易编码的时间距投资者通过知识测试的时间不得超过两个月。

第三节　交易经历要求

第十四条　期货公司会员为自然人投资者和一般单位客户向交易所申请开立交易编码前，应当确认该投资者具备金融期货仿真交易经历或者期货交易经历。

第十五条　投资者的金融期货仿真交易经历应当包括累计 10 个交易日、20 笔以上（含）的金融期货仿真交易成交记录。一笔委托分次成交的视为一笔成交记录。

期货公司会员应当从交易所查询投资者仿真交易数据，并根据查询结果对投资者的仿真交易经历进行认定。

第十六条　投资者期货交易经历应当以加盖相关期货公司结算专用章的最近三年内期货交易结算单作为证明，且具有 10 笔以上（含）的成交记录。

第四节　一般单位客户的特殊要求

第十七条　一般单位客户申请开户，应当具备符合企业实际的参与金融期货交易的内部控制、风险管理等相关制度，并提供加盖公章的证明文件。

第五节　其他要求

第十八条　期货公司会员不得为证券、期货市场禁入者以及法律、行政法规、规章和交易所业务规则禁止从事金融期货交易和存在严重不良诚信记录的投资者申请开立交易编码。

第三章　金融期货投资者适当性综合评估操作要求

第一节　一般规定

第十九条　期货公司会员应当按照本指引制定本公司金融期货投资者适当性综合评估的实施办法，对自然人投资者的基本情况、相关投资经历、财务状况和诚信状况等方面进行适当性综合评估，评估其是否适合参与金融期货交易。

期货公司会员应当根据综合评估情况填写《金融期货自然人投资者适当性综合评估表》（见附件），期货公司会员总部审核人、营业部负责人或其授权人、开户复核人、开户经办人和投资者应当在综合评估表上签字或者盖章。

第二十条　综合评估满分为 100 分，其中基本情况、相关投资经历、财务状况、诚信状况的分值上限分别为 15 分、20 分、50 分、15 分。

对于存在不良诚信记录的投资者，期货公司会员应当根据情况在该投资者综合评估总分中扣减相应的分数，扣减分数不设上限。

第二十一条　期货公司会员应当要求投资者对综合评估各项指标提供证明材料，未能提供证明材料的项目评分为零。

第二十二条　期货公司会员不得为综合评估得分在 70 分以下（不含）的投资者申请开立交易编码。

第二节　基本情况评估

第二十三条　投资者基本情况包括年龄与学历两个方面，评估分值上限分别为 10

分与5分，两项评分相加为投资者基本情况得分。

第二十四条 期货公司会员应当按照实名制开户的要求核实投资者身份和年龄。投资者应当提供有效身份证明文件及复印件。

第二十五条 投资者提供的学历或者学位证明应当为毕业证书或者学位证书等证明文件及复印件。

第三节 投资经历评估

第二十六条 投资者投资经历包括期货交易经历与金融现货交易经历两个方面，评估分值上限分别为20分与10分，两项评分较高者为投资经历得分。

第二十七条 期货公司会员应当根据投资者的交易和风险控制等情况对其投资经历进行评分。

第二十八条 投资者应当提供加盖相关期货公司结算专用章的最近三年内的期货交易结算单，作为期货交易经历证明。

第二十九条 投资者应当提供加盖相关机构业务专用章的最近三年内的股票、债券或者外汇等交易对账单作为金融现货交易经历证明。

第四节 财务状况评估

第三十条 期货公司会员应当从投资者本人的金融类资产或者年收入等方面对其财务状况进行评估，分值上限为50分。

第三十一条 投资者可以提供本人的年收入证明文件或者近一个月内的金融类资产证明文件作为财务状况证明。

投资者同时提供上述两类证明文件的，期货公司会员应当在分别评分后，取其最高得分作为投资者财务状况评估得分，各项评分不得累加。

第三十二条 投资者金融类资产包括银行存款、股票、基金、期货权益、债券、黄金、理财产品（计划）等资产。

第三十三条 对于符合金融资产特征的其他资产，期货公司会员应当在其制定的实施办法中明确其具体类型和证明材料要求。

第三十四条 投资者提供的银行存款证明应当为加盖中国境内银行业务章的本外币定、活期存折、存单等证明文件。

第三十五条 投资者提供的股票、基金、期货权益证明应当为加盖证券营业部专用章的对账单、加盖基金公司专用章的基金份额证明、加盖期货公司结算专用章的交易结算单作为相关资产权益证明文件。

第三十六条 投资者提供的债券资产证明应当为加盖银行或者证券公司专用章的国债、企业债、公司债、可转债等证明文件。

投资者提供的黄金资产证明应当为加盖银行业务章的纸黄金证明文件。

投资者提供的理财产品（计划）资产证明应当为与商业银行、证券公司、信托公司等机构签署的相关协议或者由上述机构出具的资产证明文件。

第三十七条 投资者提供的本人年收入证明应当为税务机关出具的收入纳税证明、

银行出具的工资流水单或者其他收入证明。

第三十八条　投资者提供的税务机关的收入纳税证明应当为税务登记部门出具的最近年度个人所得税纳税单。

第三十九条　投资者提供的工资流水单应当为银行出具的最近连续三个月以上的代发工资银行卡入账单、代发工资活期存折流水等证明文件。

第四十条　投资者提供的其他收入证明应当为当前就职单位人事部门或者劳资部门出具的加盖公章的收入证明文件。

第五节　诚信状况评估

第四十一条　期货公司会员应当通过中国期货业协会的投资者信用风险信息数据库，查询投资者相关信息。

第四十二条　投资者可以提供近两个月内的中国人民银行征信中心个人信用报告或者其他信用证明文件作为诚信记录的证明。

第四十三条　期货公司会员应当通过多种渠道了解投资者诚信信息，结合投资者个人信用报告等信用证明文件和中国期货业协会的投资者信用风险信息数据库的信息，对投资者的诚信状况进行综合评估。

第四章　附　　则

第四十四条　期货公司会员应当将投资者提供的证明文件及相关材料的原件或者复印件、投资者的测试试卷和综合评估表等作为开户资料予以保存。

第四十五条　持有有效交易编码的投资者在其他期货公司会员处开户的，该会员可以不再对其进行投资者适当性测试评估。

第四十六条　本指引由交易所负责解释。

第四十七条　本指引自 2013 年 8 月 30 日起实施。2010 年 2 月 8 日发布的《股指期货投资者适当性制度操作指引（试行）》同时废止。

附件

金融期货自然人投资者适当性综合评估表（期货公司模版）

指标项目	指标明细	分值	得分	计分原则
一、基本情况		≤15 分以下两者得分相加计算得分		
年龄	18－22（含）□	1		限选一栏
	22－60（含）□	10		
	60－70（不含）□	1		
学历	硕士及以上□	5		限选一栏
	本科□	4		
	大专□	3		
	大专以下□	1		

续表

<table>
<tr><th>指标项目</th><th>指标明细</th><th>分值</th><th>得分</th><th>计分原则</th></tr>
<tr><td colspan="2">二、相关投资经历</td><td colspan="3">≤20 分以下两者得分取最高值纳入计算</td></tr>
<tr><td colspan="2">期货交易经历□</td><td>≤20</td><td></td><td rowspan="2">根据交易情况、风险控制情况等综合评估</td></tr>
<tr><td colspan="2">金融现货交易经历□</td><td>≤10</td><td></td></tr>
<tr><td colspan="2">三、财务状况</td><td colspan="3">≤50 分以下两者得分取最高值纳入计算</td></tr>
<tr><td rowspan="4">金融类资产</td><td>30 万（含）以下□</td><td>1</td><td></td><td rowspan="4">限选一栏</td></tr>
<tr><td>30 万－50 万（含）□</td><td>≤20</td><td></td></tr>
<tr><td>50 万－100 万（含）□</td><td>≤40</td><td></td></tr>
<tr><td>100 万以上 □</td><td>50</td><td></td></tr>
<tr><td rowspan="4">本人年收入</td><td>12 万（含）以下□</td><td>1</td><td></td><td rowspan="4">限选一栏</td></tr>
<tr><td>12 万－20 万（含）□</td><td>≤20</td><td></td></tr>
<tr><td>20 万－30 万（含）□</td><td>≤40</td><td></td></tr>
<tr><td>30 万以上□</td><td>50</td><td></td></tr>
<tr><td colspan="2">四、诚信状况</td><td colspan="3">≤15 分</td></tr>
<tr><td rowspan="2">个人诚信记录</td><td>有诚信证明材料且无不良诚信记录</td><td></td><td></td><td></td></tr>
<tr><td>存在不良诚信记录</td><td>扣分项</td><td></td><td>应当根据情况在综合评估总分中扣减相应分数。扣减分数不设上限。不得为存在严重不良诚信记录的投资者开立交易编码。</td></tr>
<tr><td>总得分</td><td colspan="4"></td></tr>
</table>

本人承诺

1. 本人对所提供相关证明材料的真实性负责，并自愿承担因材料不实导致的一切后果。

2. 本人不存在重大未申报的不良信用记录。

3. 本人不存在金融现货、期货市场禁入以及法律、行政法规、规章和交易所业务规则禁止从事金融期货交易的情形。

4. 本人身体健康，不存在不适宜从事金融期货交易的情形。

投资者（签字）： 日期：

期货公司开户经办人（签字）：
日期：

期货公司营业部负责人或其授权人（签字或者盖章）：
日期：

期货公司总部审核人（签字或者盖章）：
日期：

注：投资者在期货公司总部开户的，营业部负责人对应栏由期货公司总部相关业务负责人或其授权人签字或者盖章。

金融期货自然人投资者适当性综合评估表（证券公司模板）

<table>
<tr><th>指标项目</th><th>指标明细</th><th>分值</th><th>得分</th><th>计分原则</th></tr>
<tr><td colspan="2">一、基本情况</td><td colspan="3">≤15 分以下两者得分相加计算得分</td></tr>
<tr><td rowspan="3">年龄</td><td>18－22（含）□</td><td>1</td><td></td><td rowspan="3">限选一栏</td></tr>
<tr><td>22－60（含）□</td><td>10</td><td></td></tr>
<tr><td>60－70（不含）□</td><td>1</td><td></td></tr>
<tr><td rowspan="4">学历</td><td>硕士及以上□</td><td>5</td><td></td><td rowspan="4">限选一栏</td></tr>
<tr><td>本科□</td><td>4</td><td></td></tr>
<tr><td>大专□</td><td>3</td><td></td></tr>
<tr><td>大专以下□</td><td>1</td><td></td></tr>
<tr><td colspan="2">二、相关投资经历</td><td colspan="3">≤20 分以下两者得分取最高值纳入计算</td></tr>
<tr><td colspan="2">期货交易经历□</td><td>≤20</td><td></td><td rowspan="2">根据交易情况、风险控制情况等综合评估</td></tr>
<tr><td colspan="2">金融现货交易经历 □</td><td>≤10</td><td></td></tr>
<tr><td colspan="2">三、财务状况</td><td colspan="3">≤50 分以下两者得分取最高值纳入计算</td></tr>
<tr><td rowspan="4">金融类资产</td><td>30 万元（含）以下□</td><td>1</td><td></td><td rowspan="4">限选一栏</td></tr>
<tr><td>30 万－50 万元（含）□</td><td>≤20</td><td></td></tr>
<tr><td>50 万－100 万元（含）□</td><td>≤40</td><td></td></tr>
<tr><td>100 万元以上□</td><td>50</td><td></td></tr>
<tr><td rowspan="4">本人年收入</td><td>12 万元（含）以下□</td><td>1</td><td></td><td rowspan="4">限选一栏</td></tr>
<tr><td>12 万－20 万元（含）□</td><td>≤20</td><td></td></tr>
<tr><td>20 万－30 万元（含）□</td><td>≤40</td><td></td></tr>
<tr><td>30 万元以上□</td><td>50</td><td></td></tr>
<tr><td colspan="2">四、诚信状况</td><td colspan="3">≤15 分</td></tr>
<tr><td rowspan="2">个人诚信记录</td><td>有诚信证明材料且无不良诚信记录</td><td></td><td></td><td></td></tr>
<tr><td>存在不良诚信记录</td><td>扣分项</td><td></td><td>应当根据情况在综合评估总分中扣减相应分数。扣减分数不设上限。不得为存在严重不良诚信记录的投资者开立交易编码。</td></tr>
<tr><td>总得分</td><td colspan="4"></td></tr>
</table>

续表

指标项目	指标明细	分值	得分	计分原则
本人承诺 1. 本人对所提供相关证明材料的真实性负责，并自愿承担因材料不实导致的一切后果。 2. 本人不存在重大未申报的不良信用记录。 3. 本人不存在金融现货、期货市场禁入以及法律、行政法规、规章和交易所业务规则禁止从事金融期货交易的情形。 4. 本人身体健康，不存在不适宜从事金融期货交易的情形。 投资者（签字）：　　日期：				
证券营业部开户经办人（签字）：（IB 业务专职人员）日期： 证券营业部开户复核人（签字）：（IB 业务专职人员）日期：				
评估意见 证券公司营业部负责人或其授权人（签字或者盖章）： 日期：				
期货公司复核意见： 期货公司总部审核人（签字或者盖章）： 日期：				

中国金融期货交易所期货公司会员资格管理业务指引

第一条 为进一步明确中国金融期货交易所（以下简称交易所）期货公司会员资格的具体标准，规范期货公司会员资格管理业务，根据《中国金融期货交易所会员管理办法》的规定，制定本指引。

第二条 期货公司申请结算会员资格，应当具备下列基本条件：

（一）取得金融期货经纪业务资格；

（二）具有从事金融期货结算业务的详细计划，包括部门设置、人员配置、岗位责任、金融期货结算业务管理制度和风险管理制度等；

（三）结算、风险管理部门或者岗位负责人具有担任期货公司交易、结算、风险管理部门或者岗位负责人2年以上经历；

（四）具有满足金融期货结算业务需要的期货从业人员；

（五）申请日前2个月的风险监管指标持续符合规定的标准；

（六）符合交易所金融期货业务系统技术要求。

第三条 期货公司申请交易结算会员资格，除应当具备本办法第二条规定的基本条件外，还应当具备下列条件：

（一）净资本不低于人民币1亿元；

（二）申请日前3个会计年度中，至少1年盈利；

（三）申请日前4个季度每季度末客户权益总额平均不低于人民币5亿元；

（四）交易所规定的其他条件。

第四条 期货公司申请全面结算会员资格，除应当具备本办法第二条规定的基本条件外，还应当具备下列条件：

（一）净资本不低于人民币3亿元；

（二）申请日前3个会计年度连续盈利；

（三）申请日前4个季度每季度末客户权益总额平均不低于人民币15亿元；

（四）交易所规定的其他条件。

第五条 期货公司申请结算会员资格，应当向交易所提交下列申请材料：

（一）经法定代表人签字的结算会员资格申请书；

（二）会员入会登记表；

（三）加盖公章的营业执照、组织机构代码证和金融期货经纪业务资格许可证明文件复印件；

（四）股东会或者董事会关于期货公司申请交易所结算会员资格的决议文件；

（五）从事金融期货结算业务的计划书；

（六）《高级管理人员情况表》、《人员配置情况表》、《业务代表申请表》和《业务联络员申请表》；

（七）公司章程、主要股东名册及其持股比例；

（八）住所（经营场所）使用证明；

（九）《会员期货业务系统检查表》及相关文档；

（十）公司风险管理制度、内部控制制度、业务流程及相关业务制度等；

（十一）从事经纪业务的，申请日前2个月月末的期货公司风险监管报表以及公司保证其申请日前2个月风险监管指标持续符合规定标准的书面说明；

（十二）经具有证券、期货相关业务资格的会计师事务所审计的申请日前3个会计年度财务报告；申请日在下半年的，还应当提供经审计的当年上半年度财务报告；

（十三）申请日前4个季度每季度末客户权益总额情况表；

（十四）公司保证其符合《会员管理办法》第七条第（三）项至第（四）项规定条件的书面说明；

（十五）已取得交易所交易会员资格的，与其全面结算会员解除代理结算关系的协议；

（十六）交易所要求提供的其他文件或者材料。

第六条 本指引由交易所负责解释。

第七条 本指引自2013年8月30日起实施。

中国金融期货交易所国债期货信息发布指引

第一条 为规范中国金融期货交易所（以下简称交易所）国债期货信息发布，保障客户充分、及时、有效地获得信息，根据《中国金融期货交易所交易规则》和《中国金融期货交易所信息管理办法》等规定，制定本指引。

第二条 交易所根据有关规定和市场需要发布国债期货可交割国债信息，即时、延时、每日、每周、每月交易信息，交割信息，各类统计信息以及合约历史数据。

第三条 可交割国债信息于国债期货合约上市前一交易日发布，遇新可交割国债上市时更新，主要包括国债全称、国债代码、到期日、票面利率、转换因子等内容。

第四条 交易所于每个交易日结束后发布下列国债期货成交量、持仓量信息：

（一）单边持仓达到1万手以上（含）和当月合约前20名期货公司结算会员的成交量、持仓量；

（二）单边持仓达到1万手以上（含）和当月合约所有非期货公司结算会员的成交总量、持仓总量。

第五条 交易所发布的国债期货交割信息包括每日交割意向申报信息和合约交割信息等内容。

交易所可以根据市场需要调整国债期货交割信息的公布频率与内容。

第六条 每日交割意向申报信息包括下列主要内容：

（一）意向交割国债信息：国债全称、到期日、票面利率、申报交割量；

（二）期货公司结算会员的申报买方交割量和申报卖方交割量；

（三）所有非期货公司结算会员的申报买方交割总量和申报卖方交割总量。

第七条 国债期货合约交割信息包括下列主要内容：

（一）交割数据统计：合约代码、交割量和交割金额；

（二）交割国债信息：国债全称、到期日、票面利率、交割量、交割金额。

第八条 本指引由交易所负责解释。

第九条 本指引自2013年8月30日起实施。

5年期国债期货合约大户持仓报告制度操作指引

第一条 为规范期货交易行为，保护期货交易当事人的合法权益，维护市场正常秩序，根据《中国金融期货交易所交易规则》、《中国金融期货交易所风险控制管理办法》等规定，制定本指引。

第二条　客户或者会员国债期货合约交易或者持仓达到交易所规定的报告标准或者交易所要求报告的，应当于交易所规定的时间内履行报告义务。

第三条　达到下列标准的，客户或者会员应当向交易所履行报告义务：

单个客户国债期货单边总持仓占市场单边总持仓量超过5%的。

第四条　达到下列标准的，交易所可以要求客户或者会员履行报告义务：

（一）前5名客户国债期货单边总持仓占市场单边总持仓量超过10%的；

（二）前10名客户国债期货单边总持仓占市场单边总持仓量超过20%的；

（三）交易所要求报告的其他情形。

第五条　达到交易所规定报告标准或者交易所要求报告的客户或者会员应当提供下列资料：

（一）《5年期国债期货合约大户持仓报告表》（附件）；

（二）交易所要求提供的其他资料。

第六条　客户或者会员持仓达到交易所规定的报告标准或者交易所要求报告的，应当于下一交易日17:00之前或者交易所要求的时间内，向交易所报告。

第七条　《5年期国债期货合约大户持仓报告表》内容主要包括：

（一）基本信息；

（二）国债期货持仓、交易保证金及资金来源信息；

（三）与国债期货持仓相匹配的可交割国债信息；

（四）实际控制关系账户信息。

第八条　与国债期货持仓相匹配的可交割国债信息内容包括可交割国债名称、债券代码、券面总额、托管机构等信息。

第九条　存在实际控制关系的账户持仓合并计算，实际控制人应当就其实际控制关系的账户履行相关报告义务。

第十条　会员或者客户应当通过交易所大户持仓报告系统或者信函、传真等方式履行大户持仓报告义务。

第十一条　会员或者客户应当确保其大户持仓报告内容真实、准确、完整。会员或者客户违反大户持仓报告制度的，交易所有权按照《中国金融期货交易所违规违约处理办法》等规定处理。

第十二条　本指引由交易所负责解释。

第十三条　本指引自2013年9月6日起实施。

关于席位使用费收费标准的通知

各会员单位：

经研究决定，自本通知公布之日起，我所席位使用费收费标准为：席位年申报量不超过20万笔的，年使用费为人民币2万元；席位年申报量超过20万笔的，年使用费为人民币3万元。申报量是指买入、卖出以及撤销委托笔数的总和。

特此通知。

中国金融期货交易所
二〇一三年八月三十日

关于5年期国债期货合约上市交易有关事项的通知

会员单位：

中国证监会（证监函〔2013〕178号）已正式批准中国金融期货交易所上市5年期国债期货合约。现将5年期国债期货合约上市交易有关事项通知如下：

一、上市交易时间

5年期国债期货合约自2013年9月6日（星期五）起上市交易。

二、上市交易合约和挂盘基准价

5年期国债期货首批上市合约为2013年12月（TF1312）、2014年3月（TF1403）和2014年6月（TF1406）。各合约挂盘基准价由交易所在合约上市交易前一交易日公布。

三、可交割国债和转换因子

5年期国债期货各合约的可交割国债和转换因子由交易所在合约上市交易前公布。

四、交易保证金和涨跌停板幅度

为从严控制上市初期市场风险，5年期国债期货各合约的交易保证金暂定为合约价值的3%，交割月份前一个月中旬的前一交易日结算时起，交易保证金暂定为合约价值的4%，交割月份前一个月下旬的前一交易日结算时起，交易保证金暂定为合约价值的5%。上市首日各合约的涨跌停板幅度为挂盘基准价的±4%。

五、相关费用

5年期国债期货合约的手续费标准暂定为每手3元，交割手续费标准为每手5元。交易所有权根据市场运行情况对手续费标准进行调整。

5年期国债期货合约上市交易其他事项另行公布。

各会员单位要认真做好5年期国债期货合约上市交易的各项准备工作，严格控制市场风险，确保国债期货平稳推出和安全运行。

特此通知。

中国金融期货交易所
二〇一三年九月二日

关于5年期国债期货可交割国债有关事项的通知

各会员单位：

根据《中国金融期货交易所5年期国债期货合约交割细则》的相关规定，现就5年期国债期货可交割国债范围有关事项明确如下：

一、合约上市后新发行的符合可交割国债条件的国债，交易所在该国债上市交易日（含）之前公布将其纳入可交割国债范围。

二、合约交割月新发行且上市交易日在合约最后交易日（含）之前的5年期国债，纳入合约可交割国债范围。合约交割月新发行的7年期国债，其到期日距交割月首日的期限超过7年，不纳入合约可交割国债范围。

三、根据财政部和托管机构关于国债转托管的相关规定，为保证国债期货交割的顺利进行，因付息导致合约交割期间暂停转托管的国债不纳入该合约可交割国债范围。

特此通知。

中国金融期货交易所
二〇一三年九月三日

关于发布5年期国债期货转换因子和应计利息计算公式的通知

各会员单位：

5年期国债期货将于2013年9月6日上市交易。国债期货可交割国债的转换因子和应计利息计算公式公布如下：

$$CF = \frac{1}{\left(1+\frac{r}{f}\right)^{\frac{xf}{12}}} \times \left[\frac{c}{f} + \frac{c}{r} + \left(1-\frac{c}{r}\right) \times \frac{1}{\left(1+\frac{r}{f}\right)^{n-1}}\right] - \frac{c}{f} \times \left(1-\frac{xf}{12}\right)$$

一、转换因子

转换因子计算公式如下：

其中，r：5年期国债期货合约票面利率3%；

x：交割月到下一付息月的月份数；

n：剩余付息次数；

c：可交割国债的票面利率；

f：可交割国债每年的付息次数。

计算结果四舍五入至小数点后4位。

二、应计利息

应计利息的日计数基准为“实际天数/实际天数”，每100元可交割国债的应计利息计算公式如下：

$$应计利息=\frac{可交割国债票面利率\times 100}{每年付息次数}\times\frac{配对缴款日-上一付息日}{当前付息周期实际天数}$$

计算结果四舍五入至小数点后7位。

特此通知。

中国金融期货交易所

二〇一三年九月三日

关于调整沪深300股指期货持仓限额标准的通知

各会员单位：

为维护市场运行秩序，促进市场功能发挥，经研究决定，自2013年3月12日起，沪深300股指期货持仓限额标准调整为：

（一）进行投机交易的客户号某一合约单边持仓限额为600手；

（二）某一合约结算后单边总持仓量超过10万手的，结算会员下一交易日该合约单边持仓量不得超过该合约单边总持仓量的25%。

中国金融期货交易所

二〇一三年三月十一日

中国期货业协会发布文件

期货公司风险管理服务子公司业务试点备案工作规程（试行）

第一章　总　　则

第一条　为规范期货公司风险管理服务子公司业务试点的备案工作，依照《期货公司设立子公司开展以风险管理服务为主的业务试点工作指引》（以下简称《指引》）和中国期货业协会（以下简称协会）相关工作规则，制定本规程。

第二条　本规程所称备案工作，是指协会根据期货公司的申请，依照《指引》和本规程等规定，对其风险管理服务子公司业务试点（以下简称业务试点）开展备案工作的行为。

第三条　协会开展备案工作遵循公开、公平、公正和审慎的原则，加强自律管理，提高办事效率，提供优质服务。

第四条　协会指定专门部门负责期货公司风险管理服务子公司业务试点的备案工作。

第二章　备案前业务试点方案评估

第五条　期货公司在正式提出备案申请前，应当通过协会组织的业务试点方案评估。

第六条　期货公司申请设立子公司开展以风险管理服务为主的业务试点方案评估，应向协会提交下列材料：

（一）期货公司设立子公司开展以风险管理服务为主的业务试点备案基本情况登记表；

（二）期货公司设立子公司开展以风险管理服务为主的业务试点可行性报告及业务试点实施方案；

（三）期货公司关于风险管理服务子公司的管理制度；

（四）期货公司风险管理服务子公司内部管理制度；

（五）协会要求提供的其他材料。

第七条　期货公司风险管理服务子公司（以下简称子公司）开展备案申请时所提交的业务实施方案所列主要业务模式以外且与客户利益直接相关的其他业务模式（以

下简称新增业务模式），期货公司应当在该项业务开展前向协会申请进行业务试点方案评估。评估前应向协会提交以下材料：

（一）期货公司设立子公司开展以风险管理服务为主的业务试点备案基本情况登记表；

（二）期货公司关于子公司开展该项业务试点的可行性报告及业务试点实施方案；

（三）协会要求提供的其他材料。

第八条 根据专家评估意见，通过评估的，由期货公司向协会提出设立风险管理服务子公司的备案申请或于新增业务模式开展之后5个工作日内向协会报告；未通过评估的，由期货公司根据专家评估意见进一步完善后再提交协会进行评估。

第三章 备案受理

第九条 期货公司向协会当面提交备案材料的，其工作人员应出示单位介绍信、身份证等身份证明文件。

期货公司委托他人转交申请材料的，受托人应提交期货公司的授权委托书，出示受托人的身份证明文件。

第十条 协会接收备案材料，应当完整填写《备案材料登记表》，办理受理材料登记手续，由期货公司和协会经办人员共同签字确认。

第十一条 期货公司设立风险管理服务子公司，应向协会提交下列备案材料：

（一）期货公司设立子公司开展以风险管理服务为主的业务试点备案申请报告；

（二）期货公司设立子公司开展以风险管理服务为主的业务试点备案材料清单；

（三）期货公司设立子公司开展以风险管理服务为主的业务试点承诺书；

（四）期货公司设立子公司开展以风险管理服务为主的业务试点备案基本情况登记表；

（五）期货公司决议（按照公司章程规定由股东会或者董事会出具）；

（六）期货公司设立子公司开展以风险管理服务为主的业务试点的可行性报告及业务试点实施方案；

（七）加盖期货公司公章的最近6个月《风险监管指标汇总表（SR－1表）》；

（八）加盖期货公司公章的《企业法人营业执照》复印件、《经营期货业务许可证》复印件；

（九）协会要求提供的其他材料。

第四章 备案审查

第十二条 协会依照《指引》和本规程等规定，对期货公司提交的备案材料进行审查。

备案材料不完备或不符合规定，或者协会认为需要期货公司就备案材料作出补正或者说明的，协会自受理之日起10个工作日内，向期货公司出具《补正/说明通知》，一次性告知期货公司需要补正或者说明的全部内容。

第十三条 期货公司应当自《补正/说明通知》发出之日起30个工作日内向协会

提交补正材料或书面说明。

第十四条　协会认为确需期货公司当面就其提交的备案材料作出说明的，协会应当指派至少两名工作人员在办公场所与期货公司、期货公司聘请的中介机构或者期货公司的受托人进行会谈，并制作《会谈记录》。

第十五条　在备案过程中，对于涉及期货公司备案事项的举报材料，协会可以通过下列方式进行核查：

（一）要求期货公司作出书面说明；

（二）委托有关中介机构进行实地核查；

（三）直接进行实地核查；

（四）协会规定的其他核查方式。

需要实地核查的，协会应当指派至少两名工作人员进行核查。

第十六条　备案材料完备并符合规定的，协会自受理材料之日起15个工作日内未提出异议视为确认。但以下情形所需时间不包括在15个工作日内：

（一）期货公司对备案材料进行补正或说明的；

（二）协会对有关举报材料进行核查的。

第五章　备案结果

第十七条　期货公司有下列情形之一的，协会可以作出终止备案的决定，并告知期货公司：

（一）期货公司因涉嫌违法违规被行政机关调查，或者被司法机关侦查，尚未结案，对其备案事项影响重大；

（二）期货公司被中国证监会依法采取限制业务活动、责令停业整顿、指定其他机构托管、接管等监管措施，尚未解除；

（三）期货公司依法终止；

（四）期货公司未在规定的期限内提交补正材料或书面说明的，或经补正后备案材料仍不完备或不符合规定的；

（五）期货公司主动要求撤回备案申请；

（六）协会规定的其他情形。

第十八条　期货公司主动要求撤回申请的，应当向协会提交书面申请。

第十九条　协会根据期货公司的备案材料是否符合《指引》规定和协会相关要求做出备案结论，并抄送中国证监会、期货公司所在地派出机构、期货交易所、中国期货保证金监控中心等相关机构。

经审查无异议的，协会向期货公司出具无异议函，并在协会网站予以公示。

经审查有异议的，协会向期货公司书面说明异议事项及其理由。

第六章　附　　则

第二十条　《指引》生效前期货公司已经成立从事风险管理服务相关业务子公司的，应当按照《指引》和本规程的要求于2013年12月31日前进行规范并向协会备案。

第二十一条 本规程由中国期货业协会负责解释，自发布之日起施行。

期货公司风险管理服务子公司业务试点方案评估工作规则（试行）

第一条 为了规范、客观、公正地开展期货公司风险管理服务子公司业务试点（以下简称业务试点）备案工作，依照中国期货业协会（以下简称协会）《期货公司设立子公司开展以风险管理服务为主的业务试点工作指引》（以下简称《工作指引》）和《期货公司风险管理服务子公司业务试点备案工作规程（试行）》（以下简称《工作规程》）的有关规定，制定本工作规则。

第二条 本工作规则所称业务试点方案评估，是指协会组织专家根据《工作指引》、《工作规程》和本规则的规定，对期货公司设立子公司开展以风险管理服务为主的业务试点方案及业务开展过程中有关事项提出专业判断意见的行为。

第三条 业务试点方案评估应当遵循客观公正、公开透明和高效便捷的原则，按照规定的标准、程序和方法进行评估。

第四条 业务试点方案评估工作接受中国证监会的指导和监督。

第五条 协会组建评估专家库，聘请在业务试点工作相关业务领域中熟悉期货、现货、金融、风控、法律等方面的专业人士担任评估专家。

第六条 评估专家应当具有5年以上从事与试点业务相关的工作经验，具有较高的专业水平与丰富的从业经验，诚实守信，勤勉尽责，能够客观公正地履行职责。

第七条 协会根据评估工作需要，组成评估工作小组。评估工作小组由7名专家组成，由协会指定评估工作小组组长，负责主持评估会议。

第八条 评估工作实行回避制度。出现以下情形的，评估专家应主动向协会提出回避申请：

（一）评估专家或其直系亲属在被评估公司或其关联公司担任董事（含独立董事）、监事、经理或者其他高级管理人员的；

（二）评估专家或评估专家所在单位在被评估公司开立期货交易账户或委托被评估公司进行资产管理的；

（三）评估专家与被评估公司存在直接或间接的业务关系、利益关系或竞争关系，可能影响其公正履行职责的；

（四）评估专家或者其所在工作单位近两年内为被评估公司提供审计、评估、法律、保荐等服务，可能影响其公正履行职责的；

（五）评估会议召开前，与本次被评估公司及其他相关单位或者个人进行过接触，可能影响其公正履行职责的；

（六）协会认定的可能产生利害冲突或者评估专家认为可能影响其公正履行职责的

其他情形。

第九条　评估专家应当遵守下列规定：

（一）按时出席评估工作会议，勤勉尽责、客观公正地履行评估职责；

（二）保守被评估公司的商业秘密，不得以任何方式泄露被评估公司的申请资料和信息，评估材料应在评估会议结束后交回协会，不得复印或记录；

（三）不得泄露评估会议讨论内容、评议意见和表决情况等其他有关情况；

（四）不得利用评估专家身份或者履行职责上所得到的非公开信息，为本人或者他人直接或间接谋取利益；

（五）不得直接或间接接受被评估公司及相关单位或个人提供的资金、物品等馈赠和其他利益，不得私下与被评估公司及其他相关单位或个人进行接触；

（六）不得有与其他评估专家串通表决或者诱导其他评估专家表决的行为。

第十条　评估专家出现违反第八条和第九条规定的行为，协会根据情节轻重予以提醒或解聘处理。

第十一条　在评估会议召开前，有证据表明被评估公司及其他相关单位或者个人直接或者间接以不正当手段影响评估专家对评估事项的判断，或者以其他方式干扰评估专家工作的，协会可以暂停对其业务试点方案的评估。

被评估公司通过评估后，有证据表明被评估公司、其他相关单位或者个人直接或者间接以不正当手段影响评估专家对评估工作判断的，或者以其他方式干扰评估专家工作的，视情节轻重，协会可以暂停或拒绝受理其业务试点备案申请。

第十二条　评估的基本原则是对业务试点方案和相关制度的合理性、完整性、有效性和可操作性进行评估。具体包括以下内容：

（一）业务试点可行性，包括开展业务试点的客观需求和公司的专业能力等；

（二）业务试点实施方案，包括业务开展计划、主要业务模式、业务合同、业务流程以及机构设置和人员配备情况等；

（三）风险控制的有效性，包括主要业务风险点与风险控制措施，业务决策与授权体系，合规管理、业务隔离等风险管理制度；

（四）客户合法权益保护措施，包括客户资信管理、业务风险揭示、客户投诉及纠纷处理机制等；

（五）其他需要评估内容。

第十三条　评估采取书面评议和现场评估的方式。

第十四条　书面评议在现场评估前一天举行，由评估工作小组专家集中对被评估公司的材料进行书面评议，并提出在现场评估时拟问询的问题。

第十五条　现场评估应当按照下列程序进行：

（一）协会安排确定被评估公司的现场评估时间和地点，并于现场评估前 5 个工作日通知被评估公司；

（二）被评估公司向评估专家现场阐述业务试点方案及相关内容，时间 20 分钟；

（三）评估专家就业务试点方案及相关内容向被评估公司进行问询，时间 40 分钟；

（四）评估工作小组进行内部讨论。

第十六条 期货公司主要负责人或该业务分管领导、拟设立风险管理服务子公司的负责人以及主要业务骨干应当参加现场评估。

第十七条 评估专家应切实履行专家职责，认真审阅业务试点方案及其相关文件，就业务试点方案对期货公司进行问询，独立、客观、公正地对业务试点方案进行评估。

第十八条 评估工作小组应当以审慎、负责的态度，对业务试点方案进行评估表决。

第十九条 表决票设同意票和不同意票。

表决投票时，同意票数达到5票以上（含5票）的，为通过；同意票数未达到5票的，为未通过。

第二十条 评估工作小组应当填写现场评估工作底稿，列明评估对象、评估事项、评估意见、评估结果等内容，并由现场评估专家签字后存档。

第二十一条 评估工作小组对业务试点方案做出评估意见之前，可根据评估工作需要，由协会组织到被评估公司进行现场考察。

第二十二条 本工作规则由中国期货业协会负责解释。

第二十三条 本工作规则自发布之日起实施。

期货公司风险管理服务子公司业务试点申报材料规范（第1号）

——业务方案评估材料内容与格式

一、评估材料内容

期货公司申请进行风险管理服务子公司业务试点方案评估应提交下列材料：

（一）基本情况登记表（参见附1）

主要包括：期货公司名称、注册地、注册资本、股权结构、法定代表人等基本情况；期货公司拟设立子公司的名称、注册地、注册资本、股权结构、法定代表人、业务范围等基本情况；子公司拟任董事、监事及经营管理人员名单等内容。

（二）可行性报告及业务试点实施方案

期货公司设立子公司开展以风险管理服务为主的业务试点可行性报告及业务试点实施方案应当包括但不限于以下内容：

1. 可行性分析。重点阐述期货公司设立该子公司的必要性、拟试点业务的客观需求、公司的专业能力、经济可行性分析等内容。

2. 公司基本情况。包括拟设立子公司的注册资本、业务范围、组织结构、部门设置、人员配备等。

3. 业务试点实施方案。包括具体业务开展计划、主要业务模式、业务流程、业务合同、目标客户、销售方式与渠道等。

4. 风险控制的有效性。包括拟开展试点业务风险点、风险评估与风险控制措施、业务决策与授权体系、合规管理、业务隔离等风险管理制度。

5. 客户合法权益保护措施。主要包括客户资信管理、业务和产品风险揭示、客户投诉及纠纷处理机制等。

（三）期货公司关于风险管理服务子公司的管理制度

期货公司应当根据《期货公司设立子公司开展以风险管理服务为主的业务试点工作指引》、《期货公司风险管理服务子公司业务试点方案评估工作规则（试行）》等规定要求，制订关于风险管理服务子公司的管理制度，包括但不限于以下内容：

1. 期货公司与其子公司、受同一期货公司控制的子公司之间的业务隔离制度，防范风险传递、利益冲突、关联交易以及损害客户合法权益的具体措施；

2. 期货公司通过子公司董事会对子公司期货头寸的敞口进行限额管理，控制单品种和单合约的投资上限的要求；

3. 期货公司关于风险管理服务子公司的信息披露与报告制度，包括向社会公众、监管部门、自律组织、公司股东或董事会的披露或报告流程、内容、方式等。

（四）期货公司风险管理服务子公司的内部管理制度

期货公司风险管理服务子公司应根据《期货公司设立子公司开展以风险管理服务为主的业务试点工作指引》、《期货公司风险管理服务子公司业务试点方案评估工作规则（试行）》等规定要求，建立公司整体内部管理与风险控制制度和具体业务的风险控制制度，其内容包括但不限于以下内容：

1. 子公司章程；
2. 业务流程、业务决策、授权与报告体系；
3. 合规运作、风险评估、风险防范等内部控制制度；
4. 客户资信管理与客户保护措施，客户投诉与纠纷处理机制等；
5. 业务合同、交易数据、财务数据等记录保存制度；
6. 其他公司认为有必要的制度。

二、评估材料格式

期货公司提交的风险管理服务子公司业务试点方案评估材料应符合以下要求：

（一）印章

除特别注明需加盖公章之处外，每套材料均应加盖骑缝章，封面加盖期货公司公章。

（二）装订

所有材料须按照本规定中的材料顺序排列，连续编注页码，制作材料目录，并将所有材料整齐装订为一册。

（三）封面

1. 材料封面需标有“××期货公司设立子公司开展以风险管理服务为主的业务试点方案评估材料”字样；
2. 注明申请公司名称及报送日期；
3. 公司主要承办人姓名、联系方式。

（四）纸张

所有材料应采用幅面为209×295毫米规格的纸张（相当于A4纸张规格）。

（五）字体与页码

申报材料的正文为宋体、四号字、单倍行距；申报材料的页码应置于每页下端居中，字符大小为五号，按内容分章节安排页码顺序，例如：1－4、2－26、3－58或者1－4－1、13－1－2、14－2－21……章节之间应当有分隔页。

（六）份数

业务试点方案评估材料一式十份，报送书面材料的同时，应报送相应电子文件。

本规范由中国期货业协会制订，自发布之日起实施。

附1

期货公司设立子公司开展以风险管理服务为主的业务试点备案基本情况登记表

项目	内容	备注
一、期货公司基本情况		
公司名称		
注册地		
注册资本		
股权结构		
法定代表人		

续表

项目	内容	备注
二、期货公司拟设立子公司基本情况		
公司名称		
注册地		
注册资本		
股权结构		
法定代表人		
业务范围		
其他事项		

三、子公司拟任董事、监事及经营管理人员名单						
序号	姓名	身份证号	学历、学位	职务	兼职情况	联系电话
1						
2						
3						
4						
5						
…	…	…	…	…	…	…

四、期货公司指定联系人信息					
姓　　名		性　　别		电子邮件	
固定电话		移动电话		传　　真	
地　　址				邮　　编	

兹保证上述内容真实、准确、完整，与申请材料一致，并承担与此相关的法律责任。

期货公司：（盖章）

法定代表人：（签字）

年　　月　　日

期货公司风险管理服务子公司业务试点申报材料规范（第2号）

——备案申请材料内容与格式

一、备案申请材料内容

（一）备案申请报告（参见附1）；

（二）备案材料清单（参见附2）；

（三）承诺书（参见附3）；

（四）备案情况登记表（参见附4）；

（五）期货公司决议（按照公司章程规定由股东会或者董事会出具）；

（六）可行性报告及业务试点实施方案（参见《期货公司风险管理服务子公司业务试点申报材料规范（第1号）——业务方案评估材料申报内容与格式》）；

（七）加盖期货公司公章的最近6个月《风险监管指标汇总表（SR－1表）》；

（八）加盖期货公司公章的《企业法人营业执照》复印件、《经营期货业务许可证》复印件；

（九）协会要求提供的其他材料。

二、备案申请材料格式

期货公司提交的风险管理服务子公司业务试点备案申请材料应符合以下要求：

（一）印章

除特别注明需加盖公章之处外，每套材料均应加盖骑缝章，封面加盖期货公司公章。

（二）装订

所有材料须按照本规定中的材料顺序排列，连续编注页码，制作材料目录，并将所有材料整齐装订为一册。

（三）封面

1. 材料封面需标有“××期货公司设立子公司开展以风险管理服务为主的业务试点备案申请材料”字样；

2. 注明申请公司名称及报送日期；

3. 公司主要承办人姓名、联系方式。

（四）纸张

所有材料应采用幅面为209×295毫米规格的纸张（相当于A4纸张规格）。

（五）字体与页码

申报材料的正文为宋体、四号字、单倍行距；申报材料的页码应置于每页下端居中，字符大小为五号，按内容分章节安排页码顺序，例如：1－4、2－26、3－58或者1－4－1、13－1－2、14－2－21……章节之间应当有分隔页。

（六）份数

备案申请材料一式两份，报送书面材料的同时，应报送相应电子文件。

本规范由中国期货业协会制订，自发布之日起实施。

附1

期货公司设立子公司开展以风险管理服务为主的业务试点的备案申请报告

（范本）

（文件号）

中国期货业协会：

经本公司股东会/董事会于××××年×月×日审议决定，拟设立子公司开展以风险管理服务为主的业务试点。现按照《期货公司设立子公司开展以风险管理服务为主的业务试点工作指引》的要求，现向你会申请备案。

特此报告。

××期货公司（公章）

年　　月　　日

附2

期货公司设立子公司开展以风险管理服务为主的业务试点备案材料清单

一、期货公司设立子公司开展以风险管理服务为主的业务试点承诺书；

二、期货公司设立子公司开展以风险管理服务为主的业务试点备案基本情况登记表；

三、期货公司决议（按照公司章程规定由股东会或者董事会出具）；

四、期货公司设立子公司开展以风险管理服务为主的业务试点的可行性报告及业务试点实施方案；

五、加盖期货公司公章的最近6个月《风险监管指标汇总表（SR－1表）》；

六、加盖期货公司公章的《企业法人营业执照》复印件、《经营期货业务许可证》复印件；

七、公司提供的其他材料。

附3

期货公司设立子公司开展以风险管理服务为主的业务试点承诺书必备条款

期货公司应在提出设立子公司开展以风险管理服务为主的业务试点的备案申请时出具《承诺书》。《承诺书》至少应包括如下条款：

一、本公司对所提交的全部备案材料进行了认真、细致的审核，确认备案材料所载内容均真实、准确、完整。

二、本公司确认最近一次期货公司分类监管评级不低于B类B级，申请备案时净资本不低于3亿元，最近6个月各项风险监管指标符合规定，且设立子公司后各项风险监管指标符合规定。

三、本公司将严格按照《期货公司设立子公司开展以风险管理服务为主的业务试点工作指引》要求，建立健全本公司对子公司的管理制度，并指导子公司建立健全合规风控等内部管理制度，加强对子公司的监督管理。

四、本公司将严格按照协会的要求履行相关报告义务。如发现所设子公司及其有关人员在开展相关业务时违反法律、法规、自律规则等情况将及时处理，并报告协会。

五、本公司将遵守协会颁布的相关自律规则，若有违反，接受协会的自律调查与纪律惩戒。

六、若本公司违反上述承诺，将承担由此引发的一切责任。

期货公司应在《承诺书》落款处署明公司名称和时间，加盖公司公章，并由法定代表人签字。

附4

期货公司设立子公司开展以风险管理服务为主的业务试点备案基本情况登记表

项目	内容	备注
一、期货公司基本情况		
公司名称		
注册地		
注册资本		
股权结构		
法定代表人		

续表

二、期货公司拟设立子公司基本情况		
公司名称		
注册地		
注册资本		
股权结构		
法定代表人		
业务范围		
其他事项		

三、子公司拟任董事、监事及经营管理人员名单						
序号	姓名	身份证号	学历、学位	职务	兼职情况	联系电话
1						
2						
3						
4						
5						
…	…	…	…	…	…	…

四、期货公司指定联系人信息					
姓　　名		性　　别		电子邮件	
固定电话		移动电话		传　　真	
地　　址				邮　　编	

兹保证上述内容真实、准确、完整，与申请材料一致，并承担与此相关的法律责任。

期货公司：（盖章）

法定代表人：（签字）

年　　月　　日

关于《期货公司资产管理合同指引》的补充规定

按照中国证监会《期货公司单一客户委托资产管理业务工作指引》第六条的规定，期货公司资产管理计划部分投资于非期货类品种的，全部委托资产应当交由具有托管资质的商业银行等资产托管机构进行托管，期货公司、客户和资产托管机构应当签订三方合同。现就协会2012年9月27日发布的《期货公司资产管理合同指引》（以下简称《合同指引》）未涉及的托管事项进行补充规定，期货公司应根据《合同指引》与本规定的要求制定资产管理合同文本。

一、客户委托资产交由托管机构进行托管的，期货公司、客户和资产托管机构应当共同签订书面的资产管理合同（以下简称合同）。

二、合同应载明托管机构的名称、住所、联系方式等相关信息。

三、合同应载明托管机构的声明与承诺，至少应当包括：

（一）托管机构具有中国证监会认可的从事资产托管业务的资格；

（二）托管机构承诺按照诚实信用、勤勉尽责的原则安全保管客户委托资产，履行本合同约定的义务。

四、合同应载明托管机构的权利和义务。

（一）托管机构的权利，至少应当包括：

1. 保管客户委托资产；

2. 收取托管费。

（二）托管机构的义务，至少应当包括：

1. 按照中国证监会规定及合同约定开设托管账户，确保客户委托资产与托管机构自有资产及其他客户的委托资产相互独立；

2. 安全保管客户委托资产，不得擅自动用或处分托管资产；

3. 根据期货公司投资指令，及时办理清算、交割等事宜；

4. 监督期货公司的投资行为，发现期货公司违反法律、行政法规和其他有关规定的，或违反合同约定的，应当立即要求期货公司改正；期货公司未能改正或造成客户委托资产损失的，应及时通知客户并向期货公司住所地证监局报告；

5. 按照约定的方式、时间向期货公司提供客户委托资产信息；

6. 保守期货公司和客户的商业秘密；

7. 按照规定保存相关合同、协议、凭证等文件资料。

五、在《合同指引》的基础上，合同载明客户的义务还应当包括：按照合同的约定缴纳资产管理业务的托管费。

六、在《合同指引》的基础上，合同载明期货公司的义务还应当包括：接受和配合托管机构对委托资产有关投资行为的监督。

期货公司风险管理服务子公司业务试点申报材料规范（第3号）

——日常报告与信息披露规范

为规范期货公司开展风险管理服务子公司（以下简称子公司）业务试点的日常报告和信息披露行为，依照《期货公司设立子公司开展以风险管理服务为主的业务试点工作指引》（以下简称《指引》）的规定，制定本规范。

一、期货公司完成子公司工商登记后，应当在5个工作日内向协会报告下列事项：子公司的名称、注册地、注册资本、股权结构、法定代表人、工商登记经营范围、协会备案试点业务等基本情况；子公司的董事、监事、管理人员的姓名、职务、兼职情况、身份证号、固定电话、移动电话等；期货公司关于子公司的管理制度、子公司的章程和内部管理制度等主要制度文件（报告格式见附件1）。

二、期货公司提交的主要制度文本具体包括以下内容：

（一）期货公司关于子公司的管理制度。包括但不限于以下内容：

1. 期货公司与其子公司、受同一期货公司控制的子公司之间的业务隔离制度，防范风险传递、利益冲突、关联交易以及损害客户合法权益的具体措施；

2. 期货公司通过子公司董事会对子公司期货头寸的敞口进行限额管理，控制单品种和单合约的投资上限的要求；

3. 期货公司关于风险管理服务子公司的信息披露与报告制度，包括向社会公众、监管部门、自律组织、公司股东或董事会的披露或报告流程、内容、方式等。

（二）子公司的内部管理制度。包括但不限于以下内容：

1. 子公司章程；

2. 业务流程、业务决策、授权与报告体系；

3. 合规运作、风险评估、风险防范等内部控制制度；

4. 客户资信管理与客户保护措施，客户投诉与纠纷处理机制等；

5. 业务合同、交易数据、财务数据等记录保存制度；

6. 其他公司认为有必要的制度。

三、子公司开户从事期货交易的，期货公司应当在开户之日起5个工作日内向协会备案，备案信息包括：子公司开户名称、开户交易所、开户期货公司、交易编码、期货结算账户等（备案格式见附件2）。

四、子公司第一、第二条所涉及的事项发生变更的，期货公司应当在5个工作日内报告协会。

期货公司报告变更事项时，应按照第一、第二条所列报告项目填写变更内容。

变更事项报告应注明报告时间，由期货公司法定代表人签字，并加盖期货公司公章。

五、子公司在经营过程中出现重大亏损、涉及重大纠纷或法律诉讼，或发生可能影响期货公司经营管理、财务状况、风险控制或者客户资产安全的重大事件，期货公司应当立即向协会报送临时报告。报告内容包括：事件发生时间、地点、原因、主要过程、已经产生或可能产生的影响、期货公司或子公司已采取或拟采取的处理措施等。

六、期货公司应在协会网站和本公司网站对子公司的业务范围和期货账户开立情况进行公示并说明，保障期货公司及其子公司客户的知情权。具体公示内容包括但不限于：子公司名称、工商登记经营范围、经协会备案的试点业务、是否开立期货交易账户及开户期货公司等。

七、期货公司应当指定一名高级管理人员负责与协会日常的联系和相关报告工作，确定专门部门办理报告事项和持续更新工作，并报协会备案。

八、期货公司应确保报告和披露事项的真实、准确、完整和及时，不得有虚假、误导性陈述或者重大遗漏的。

九、本规范由中国期货业协会制订并负责解释，自颁布之日起实施。

附件 1

期货公司风险管理子公司基本情况与主要制度登记表

项目	内容	备注
一、子公司基本情况		
公司名称		
注册地		
注册资本		
股权结构		
法定代表人		
经营范围		以工商登记为准
试点业务		以协会备案为准
其他事项		

二、子公司董事、监事及经营管理人员名单						
序号	姓名	身份证号	职务	兼职情况	固定电话	移动电话
1						
2						
3						
4						
5						
6						
…	…	…	…	…	…	

三、主要制度清单（期货公司应将主要制度纸质文本一式两份和电子文本作为附件随本表一并提交协会）	
1	
2	
3	
4	
5	
6	
…	……

四、期货公司联系人信息（填写期货公司指定的就了公司事宜与协会联系的高管人员和具体联系人信息）					
姓 名	职 务	固定电话	移动电话	传 真	电子邮件
期货公司地址				邮 编	

兹保证上述内容真实、准确、完整，并承担与此相关的法律责任。

期货公司：（盖章）

法定代表人：（签字）

年 月 日

附件2

期货公司风险管理子公司期货交易账户备案登记表

<table>
<tr><td>开户名</td><td colspan="3"></td></tr>
<tr><td rowspan="5">开户交易所</td><td></td><td rowspan="5">开户期货公司</td><td></td></tr>
<tr><td></td><td></td></tr>
<tr><td></td><td></td></tr>
<tr><td></td><td></td></tr>
<tr><td></td><td></td></tr>
<tr><td rowspan="5">交易编码</td><td colspan="3"></td></tr>
<tr><td colspan="3"></td></tr>
<tr><td colspan="3"></td></tr>
<tr><td colspan="3"></td></tr>
<tr><td colspan="3"></td></tr>
<tr><td rowspan="4">期货结算账户</td><td colspan="2">期货保证金存管银行名称
（明确到具体开户网点）</td><td>期货结算账户账号</td></tr>
<tr><td colspan="2"></td><td></td></tr>
<tr><td colspan="2"></td><td></td></tr>
<tr><td colspan="2"></td><td></td></tr>
<tr><td colspan="4">兹保证上述内容真实、准确、完整，并承担与此相关的法律责任。

期货公司：（盖章）
法定代表人：（签字）
年　　月　　日</td></tr>
</table>

关于连续交易的补充协议

上海期货交易所于2013年7月5日推出黄金和白银两个品种的连续交易，连续交易与日盘在交易时间、资金划拨、风险控制以及应急处置等方面存在差别，期货公司（甲方）与拟参与连续交易的客户（乙方）就连续交易事项达成如下协议，作为双方期货经纪合同的补充：

第一条　术语和定义

（一）连续交易是指除上午9:00－11:30和下午1:30－3:00之外由上海期货交易所规定交易时间的交易。

黄金和白银的连续交易时间为每周一至周五的21:00至次日的2:30。法定节假日

（不包含双休日）前第一个工作日的连续交易不再交易。

（二）日盘是指上午9:00－11:30和下午1:30－3:00的交易时间。

（三）交易日是指从前一个工作日的连续交易开始至当天日盘结束。黄金和白银的交易日是指前一工作日的21:00开始至当天15:00结束。

第二条 乙方参与连续交易的，应当认真阅读期货交易所关于连续交易的规则及甲方有关连续交易的规定，充分了解并遵守连续交易在交易时间、开户、资金划拨、风险控制、应急处置等方面的特殊规定。

第三条 乙方在连续交易期间持有连续交易品种头寸的，应当关注并合理控制连续交易时段的交易风险。

第四条 乙方参与连续交易的报价在一个交易日内一直有效，在连续交易未成交的报价直接转入该交易日的日盘，直到该报价全部成交或被撤销。

第五条 乙方无法收到或者没有收到当日交易结算报告的，应当于下一个交易日连续交易开市前向甲方提出，否则视同乙方收到当日交易结算报告。

乙方对结算报告记载事项有异议的，应在下一个交易日连续交易开市前三十分钟以书面形式或期货经纪合同约定的其他方式通知甲方，否则视作对结算结果的确认。

第六条 乙方的风险率达到期货经纪合同约定的标准时，甲方将于当日交易结算报告中向乙方发出追加保证金通知。乙方参与连续交易的，应当于下一交易日连续交易开市前及时追加保证金或者在开市后立即自行平仓。否则，甲方有权在连续交易期间或日盘期间对乙方的部分或全部未平仓合约强行平仓，直至乙方可用资金≥0。

第七条 连续交易期间，甲方不办理出金及有价证券提取业务。

第八条 本协议如遇与法律、法规、规则、监管部门政策以及期货交易所规则相冲突时，以相关法律、法规、规则及监管部门政策以及期货交易所规则为准。

第九条 本协议与期货经纪合同不一致之处，以本协议为准。本协议未规定事宜，按照期货经纪合同执行。

第十条 （存量客户）本协议以期货经纪合同约定的通知方式或在甲方营业场所、网站公告等方式向乙方发出，并于发出　　日后生效。

本协议生效前，乙方有权与甲方进行协商。在协商达成一致之前，乙方承诺暂不参与连续交易。如乙方在日盘收市后持有连续交易品种头寸的，则视为对本协议的确认和接受。

（新增客户）本协议自双方签字（乙方为机构客户的须加盖公章）之日起生效。

本协议一式　　份，甲方执　　份，乙方执　　份。

期货公司核心应用软件产品与技术服务合同指引

第一章 总　则

为加强期货公司信息技术管理，规范期货公司核心应用软件产品与技术服务合同，根据《中华人民共和国合同法》、《期货交易管理条例》、《证券期货业信息安全保障管理办法》、《证券期货业信息安全事件报告与调查处理办法》、《证券期货业信息系统安全等级保护基本要求》、《期货公司信息技术管理指引》、《证券期货业信息系统运维管理指南》等相关法律法规、行业标准和规章制度，特制定本指引。

名词解释

本指引中的供应商是指为期货公司提供核心应用软件产品和技术服务的厂商。

本指引中的核心应用软件产品主要包括期货公司的交易、结算、风控、银期转账和行情系统等相关产品。

本指引中的技术服务是指供应商为期货公司提供的行情发布、系统维护和安全服务等相关服务。

本指引适用于各期货公司和核心应用软件产品与技术服务供应商签订合同。

第二章　合同一般条款

合同的内容由当事人约定，一般包括但不限于以下条款：

（一）项目名称；

（二）标的的内容、范围和要求；

（三）履行的计划，包含进度、期限、地点、人员和方式等；

（四）知识产权的归属，技术情报和资料的保密；

（五）风险揭示及风险责任承担；

（六）技术成果的归属和收益的分成办法；

（七）验收标准和方法；

（八）价款、报酬、使用费及其支付方式；

（九）违约责任认定和违约金计算方法，系统故障责任认定及损失赔偿计算方法；

（十）合同双方的权利、义务以及解决争议的方法；

（十一）名词和术语的解释。

合同中应载明作为合同标的的软件产品与技术服务应当满足行业监管规定的有关审慎经营和风险管理的要求，且不得具有违反规定的操作模块或功能。

合同双方应明确系统具体需求，包括功能、性能、安全性、项目实施时间和系统上线时间等。

合同中应约定核心应用软件和技术服务产品的交付方式，未经期货公司授权，供应商不得擅自将该产品提供给期货公司的客户使用。

合同中应载明针对各项系统需求的验收标准，并使用双方约定的验收方法进行验收。

与履行合同有关的技术背景资料、可行性论证和技术评价报告、项目任务书和计划书、技术标准、技术规范等技术文档应作为合同的组成部分。

合同应明确供应商提供的系统具有操作日志记录功能，并配备界面友好的监控模块或单独的监控系统，对关键业务进行实时监控和报警。

合同应约定供应商在系统上线前应与期货公司一起制定上线方案、实施细则和应急预案，并提供必要的培训。

合同应载明供应商及其相关人员在提供产品和服务过程中知悉的有关期货公司业务和技术等的机密事项，应当负有保密义务。

合同中应明确供应商不得在系统中留有后门，并利用系统功能、漏洞或后门，保存、截留或转发期货公司及其客户信息，或利用该类信息获利，包括利用信息联系期货公司客户销售或推荐产品以及转给第三方等。

合同中应明确供应商提供的核心应用软件产品不侵犯第三方知识产权，否则，由此产生的责任全部由乙方承担。

合同应列明合同款总费用以及包括接口等的各项明细费用，支付方式应包含支付条件、支付时间和分阶段支付等内容。

合同中应明确约定系统应达到监管部门及行业有关要求，当要求变动时，应及时提供升级服务。

合同履行地点应尽可能选择期货公司住所地。

合同中应明确供应商在破产或解散时应提供完整的软件产品源代码或进行源代码托管、设计文档和技术手册等。

合同中应明确争议或纠纷解决适用于中国法律，应选择中国的法院或仲裁机构进行争议或纠纷处理。

第三章　外包开发

对于涉及外包开发业务的合同，应在合同中明确外包人员管理条款。

外包开发业务合同中，若涉及期货公司机密，应约定外包方须严格保密。

应在外包开发业务合同中约定外包方须提供完整的系统源代码，不具备自主知识产权的除外。

应在外包开发业务合同中对系统交付做出约定，交付物应包括安装及使用介质、技术文档、操作手册、维护文档等重要资料。

第四章　维护和升级

合同中应明确约定系统维护条款，包括免费维护期限、后续维护费用以及维护内容和方式，维护内容应包含 5×8 小时、5×24 小时或 7×24 小时等服务条款，维护方式包括电话、传真、电子邮件、互联网、远程支持和上门服务等。

合同中应明确约定供应商应具有软件产品的缺陷和漏洞管理机制，承诺将产品缺陷和漏洞及时通报给期货公司，并采取补救措施。

合同中应明确约定系统升级补丁的发布渠道。

合同中应约定供应商提供升级补丁前，应进行功能、性能与容量、安全性和可靠性测试，并提供测试报告，以降低可能出现的风险。

合同中应约定供应商提供完整的系统操作手册，并保持与系统当前版本一致。

合同中应约定供应商提供升级培训和维护培训。

合同中应约定供应商不能在未经期货公司同意的情况下，擅自对使用中的软件进行升级或向期货公司的客户提供培训或推荐新功能。

第五章　应急服务

合同中应明确约定应急处置流程、应急电话和响应时间，供应商应配备一定数量的应急处置人员，以便在系统突发风险事故时能够及时响应。

合同中应约定当系统发生故障时，供应商应在约定时间内协助进行应急处置工作。必要时，供应商应在约定时间内派遣技术人员赶赴现场，协助期货公司进行故障排查、处理及分析评估。

合同中应明确，当核心应用软件产品或技术服务发生技术事故，导致客户交易受到影响的，供应商应出具事故责任证明。如果客户因此提出赔偿要求，供应商应给予相应赔偿。

合同中应约定供应商须配合协助信息安全事件调查。

第六章　接口开放

合同中应约定供应商须开放核心应用软件产品的接口及相关技术文档，主要包括交易、结算、风控、银期转账和行情分析等软件。

合同中应约定供应商在技术允许的情况下所提供接口的功能、性能与其客户端或周边系统所使用的接口一致。

合同中应约定供应商应提供接口测试环境，并配备专门技术人员提供技术支持。

第七章　附　　则

本指引由中国期货业协会负责解释。

本指引自发布之日起施行。

期货公司执行金融期货投资者适当性制度管理规则（修订）

第一条　为维护金融期货市场平稳、规范和健康运行，督促期货公司会员单位（以下简称会员单位）严格执行金融期货投资者适当性制度，切实保护投资者合法权益，根据《关于建立金融期货投资者适当性制度的规定》，以及《中国期货业协会章程》的规定，制定本规则。

第二条　会员单位应按照中国证监会和中国金融期货交易所的有关规定，遵循将适当的产品销售给适当的投资者的核心原则，建立健全内控合规制度，严格执行投资者适当性制度。

第三条　会员单位应当建立以了解客户和分类管理为核心的客户管理和服务制度，将金融期货投资者适当性制度贯穿于开户流程管理的各个环节，理性选择客户，不得为不符合投资者适当性标准的投资者申请金融期货交易编码。

第四条　会员单位在开户时，应当向投资者充分揭示金融期货风险，全面客观介绍金融期货法律法规、业务规则和产品特征，测试投资者的金融期货基础知识，认真审核投资者开户申请材料，审慎评估投资者的诚信状况和风险承受能力。不得协助投资者采取虚假申报等手段规避投资者适当性标准要求。

第五条 会员单位应当完善期货经纪业务管理，加强对投资者交易行为的合法合规性管理，督促投资者遵守与金融期货交易相关的法律、法规、部门规章及中国金融期货交易所业务规则，持续开展投资者风险教育。

第六条 会员单位应当建立并有效执行客户开发责任追究制度，明确客户开发人员、审核人员、服务人员、相关部门负责人、公司高级管理人员等相关期货从业人员的责任。

第七条 会员单位应当要求本单位从业人员自觉遵守期货从业人员行为准则，严格执行投资者适当性制度。

第八条 会员单位应当完善客户纠纷处理机制，为投资者提供合理的投诉渠道，告知投诉的途径、方法和程序，妥善处理纠纷。

会员单位应当督促投资者遵守法律法规的相关规定，通过正当途径维护自身合法权益，不得侵害国家利益及他人的合法权益，不得扰乱社会公共秩序。

第九条 对违反本规则的会员单位，经告诫仍不改正的，协会将视其情节轻重予以以下纪律惩戒：

（一）批评；

（二）协会内通报批评；

（三）通过媒体公开谴责；

（四）取消会员资格并公告。

对于相关违规期货从业人员，协会将根据情节轻重给予相应的纪律惩戒。

第十条 本规则由中国期货业协会负责解释。

第十一条 本规则自2013年9月3日起施行。

第四部分

期货市场组织结构概况

中国证券监督管理委员会期货监管部门概况

中国证券监督管理委员会内设期货监管部、证券基金机构部两个职能部门，负责期货监管事务。

期货监管部主要职责：拟订监管期货市场的规则、实施细则；依法审核期货交易所、期货结算机构的设立，并审核其章程和业务规则；审核上市期货、期权产品及合约规则；监管市场相关参与者的交易、结算、交割等业务活动；监管期货市场的交易行为；负责商品及金融场外衍生品市场的规则制订、登记报告和监测监管；负责期货市场功能发挥评估及对外开放等工作；牵头负责期货市场出现重大问题及风险处置的相关工作等。

期货监管部组织结构：下设综合处，监管一处，监管二处，监管三处，监管四处和监管五处六个处。

证券基金机构部主要职责：拟订证券期货经纪、证券承销与保荐、证券期货投资咨询、证券财务顾问、证券自营、融资融券、资产管理、资产托管、基金销售等各类业务牌照管理及持牌机构监管的规则、实施细则；依法审核证券、基金、期货各类业务牌照资格及人员从事证券、基金、期货业务的资格，并监管其业务活动；拟订公开募集证券投资基金的监管规则、实施细则；依法审核公开募集证券投资基金募集注册申请；拟订合格境外机构投资者的规则、实施细则；依法审核合格境外机构投资者资格并监管其业务活动；依法审核境外机构在境内设立从事证券、基金、期货经营业务的机构并监管其业务活动；牵头负责证券、基金、期货机构出现重大问题及风险处置的相关工作；拟订及组织实施证券、基金、期货行业投资者保护的规则、实施细则；指导相关行业协会开展自律管理等。

证券基金机构部组织结构：综合处，监管一处、监管二处、监管三处、监管四处、监管五处、监管六处、监管七处、监管八处和监管九处十个处。

上海期货交易所概况

上海是我国期货市场试验起步最早的地区之一，1995 年期货市场整顿，批准上海金属交易所、上海粮油商品交易所及由石油、建材、农资、化工四家合并组建的上海商品交易所为试点期货交易所；根据国务院 1998 年 8 月关于进一步整顿规范期货市场的要求，上海 3 家交易所实行合并，组建上海期货交易所。上海期货交易所是依照有关法规设立的，履行有关法规规定的职责，受中国证监会集中统一监督管理，并按照其章程实行自律管理的法人。

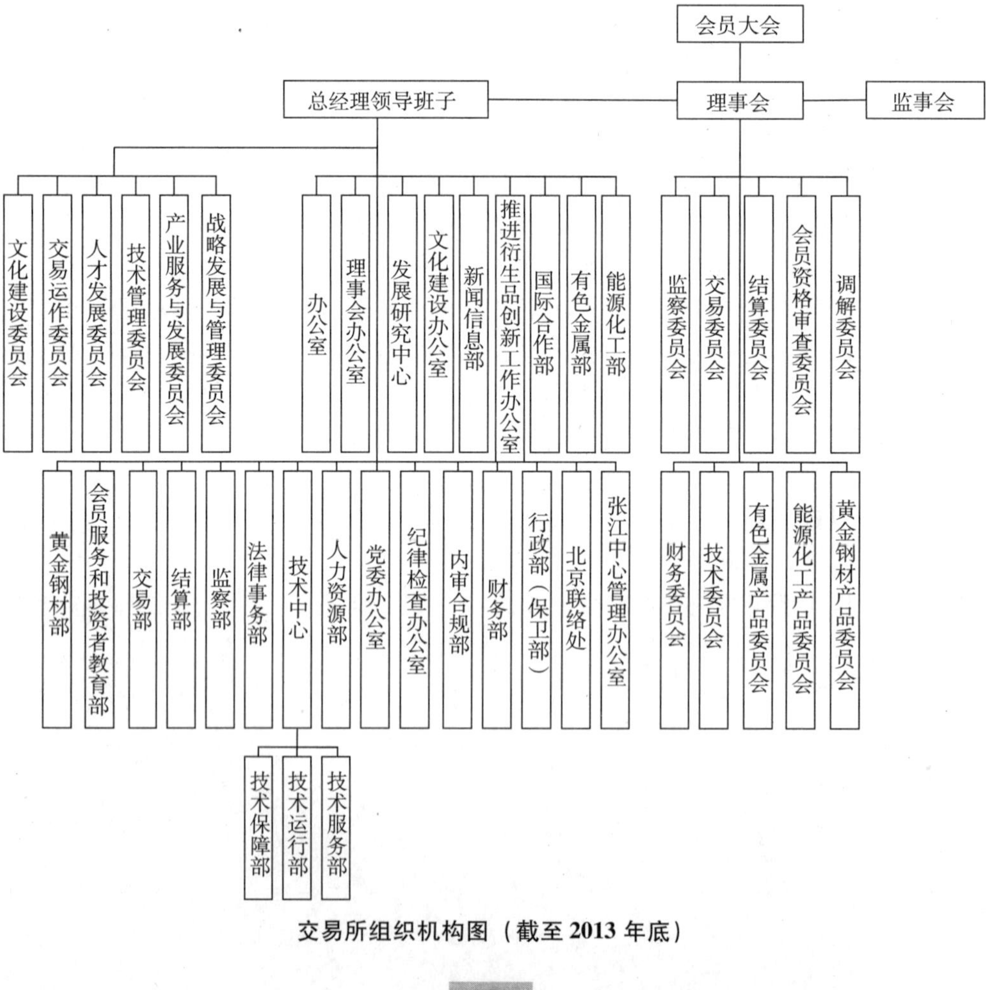

交易所组织机构图（截至 2013 年底）

随着行业风险控制能力的强化提高、市场交易的持续活跃和规模的稳步扩大，市场功能及其辐射影响力显著增强，铜期货价格作为世界铜市场三大定价中心权威报价之一的地位进一步巩固；天然橡胶期货价格得到国内外各方的高度关注；燃料油期货在探索能源期货发展的道路上稳健运行；锌期货上市，与铜、铝期货关联，初步形成了有色金属期货品种系列；黄金期货上市，为促进黄金市场的发展，增进商品期货市场与金融市场的联系开辟了新路径；螺纹钢、线材的先后上市，将逐步优化钢材价格形成机制，促进钢铁工业健康有序发展，进一步提高我国钢铁工业的国际竞争力；白银期货的上市，丰富了我国贵金属期货品种，完善了国内白银市场价格体系，促进了国内白银产业可持续健康发展；石油沥青期货多种交割方式的创新，顺应了石油沥青产业发展趋势，提高了企业风险管理效率。黄金、白银和有色金属的连续交易上线运行，促进了相关品种国内外价格的及时联动，增强了我国期货市场的价格影响力，并为投资者实时进行风险管理提供了便利。

截至2013年底，我所上市交易的有黄金、白银、铜、铝、锌、铅、螺纹钢、线材、燃料油、天然橡胶、石油沥青等11种期货合约，并推出了黄金、白银和有色金属的连续交易。我所共有会员206家，其中期货公司会员157家，非期货公司会员49家。签约指定交割仓库共78家。保证金存管银行分别为中国工商银行、中国交通银行、中国建设银行、中国银行、中国农业银行。

上海期货交易所
地　　址：上海市浦东新区浦电路500号
邮　　编：200122
电　　话：021－68400000
传　　真：021－68401198
网　　址：http：//www. shfe. com. cn
电子邮箱：info@ shfe. com. cn

2013年上海期货交易所工作情况

2013年，上海期货交易所在中国证监会的正确领导下，切实加强自律监管，牢牢守住不发生系统性风险底线，扎实推进市场改革、创新、开放各项工作，取得了积极成效。

一、2013年市场运行情况

2013年，上海商品期货市场运行规范有序，交易规模稳步增长。全年市场总成交金额为60.42万亿元（以下数据按单边计算），总成交量为6.42亿手，同比分别增长35.47%和75.86%，分别占全国的22.59%和31.16%。市场运行呈现三个方面特点：一是投资者结构逐步完善，二是客户套保积极性明显提高，三是各品种走势与国际市场基本一致。

二、2013 年主要工作

（一）持续拓展市场功能，提升市场效率

成功推出贵金属、有色金属连续交易；全面优化和完善交易机制，推出单向大边保证金制度，套利交易制度，FOK、FAK 交易指令，完善有色金属、贵金属等品种时间和持仓梯度保证金收取标准，调整会员限仓比例，科学制定长假风控措施，完善各品种成交、持仓排名方式；做精做深现有品种，开展年度品种功能评估，积极推进有色金属、能化期货品种国际化，加强交割业务管理；拓展市场服务的广度和深度，面向机构投资者开展服务创新，发布《上海期货交易所指定存管银行管理办法》，与会员共同培育市场，组织期货从业人员参加相关培训。

（二）落实创新驱动，推进国际化建设

稳步推动原油期货市场建设，在自贸区注册成立上海国际能源交易中心股份有限公司，具体承担推进国际原油期货平台筹建工作；加速产品创新步伐，顺利推出石油沥青期货，稳步上期有色金属指数期货的上市准备工作，上线铜和黄金期货期权仿真交易，支持上期有色金属指数 ETF、白银期货 ETF 等基金产品开发；持续推进国际化建设，修订《上海期货交易所章程》、《交易规则》等英文版规则 17 个，完成沪港交易所第一阶段合作方案，启动上期结算所有限公司建设项目，与印度多种商品交易所、新加坡证券交易所、迪拜商品交易所等境外交易所签署或研究签署合作备忘录，成功举办第十届上海衍生品市场论坛、第二届亚洲铜业周，参加 FIA 亚洲年会、WFE 第 53 届年会等国际会议。

（三）加强自律监管，严守风险底线

做好日常风控管理，重视风险预研预判，坚持每周召开市场动态分析例会，完善突发事件应急预案，优化应急处置流程，加强应急演练常态管理；优化市场监管机制，系统完善市场法规规则体系，启动引进 SMARTS 风险监控系统项目，坚决打击违法违规行为，积极推进跨品种、跨市场监管研究，探索对由于套利交易引起的异常交易行为进行豁免等提高市场运行效率的举措；加强系统运维建设，夯实基础设施，强化演练力度，完善应急预案，推进更新一代交易系统（NGES2.0）建设，取得阶段性成果，完成 ISO 27001 信息安全管理体系的测评认证；强化舆情信息监测，强化日常舆情报告，组织落实新闻宣传，建立与中央媒体的合作机制。

（四）完善管理体系，提升核心竞争力

进一步规范内部管理，在开展对证券、银行、基金、交易所行业监事会调研的基础上，完成监事会筹备及运行，开展业务流程优化重组 BPR1.1 项目，完成流程全面优化、关键授权细化及部分重点流程 E 化，开展战略转型、流程管理和业务创新研究，

起草完成《上海期货交易所理事会议事规则》，修订《上海期货交易所专门委员会工作办法》，加强对子公司内审合规检查，有效防范潜在风险；优化人力资源配置，加大青年后备人才招聘引进力度，提升人力资源管理的科学性和有效性，加大人才培养投入；抓好党风廉政和文化建设，认真开展群众路线教育实践活动，开展文化调研，群策群力推进文化建设。

郑州商品交易所概况

郑州商品交易所（以下简称郑商所）是经国务院批准成立的我国首家期货市场试点单位。郑商所隶属中国证券监督管理委员会管理。

郑商所按照《期货交易管理条例》和《期货交易所管理办法》履行职能。依据《郑州商品交易所章程》、《郑州商品交易所交易规则》及其实施细则和办法实行自律性管理。遵循公开、公平、公正和诚实信用的原则，为期货合约集中竞价交易提供场所、设施及相关服务，对期货交易进行市场一线监管，防范市场风险，安全组织交易。

郑商所实行会员制。会员大会是郑商所权力机构，由全体会员组成。理事会是会员大会常设机构，下设战略发展、品种、监察、交易、交割、会员资格审查、调解、财务、技术、结算等10个专门委员会。截至2013年底，郑商所共有会员205家，分布在全国27个省、自治区、直辖市。其中期货公司会员163家，占会员总数的80%；非期货公司会员42家，占会员总数的20%；非期货公司会员41家，占会员总数的20%。交割仓库179家，保证金存管银行5家。

郑商所总经理为法定代表人。根据工作需要，内设办公室、理事会办公室（监事会办公室）、党委办公室、纪检监察室、农产品部、非农产品部、期货衍生品部、交割部、结算部、市场监察一部、市场监察二部、法律及审计部、新闻信息部、技术规划与开发部、系统运行部、技术服务部、财务部、人力资源部、行政部（安全保卫部）等19个职能部门。全资易盛信息技术有限公司、郑州商品交易所期货及衍生品研究所有限公司，以及北京研发中心等5个下属机构。

郑商所目前上市交易期货品种有小麦（包括优质强筋小麦和普通小麦）、早籼稻、粳稻、棉花、油菜籽、菜籽油、菜籽粕、白糖、动力煤、甲醇、精对苯二甲酸、玻璃。基本形成的综合性品种体系覆盖农业、能源、化工、建材等国民经济重要领域。

郑商所实行保证金制、每日涨跌停板制、每日无负债结算制、实物交割制等期货交易制度。积极适应市场创新发展要求，不断优化制度安排。

郑商所拥有功能完善的交易、交割、结算、风险监控、信息发布和会员服务等电子化系统。会员和投资者也可以通过远程交易系统进行期货交易。期货交易行情信息通过路透社、彭博资讯、世华信息等多条报价系统向国内外同步发布。

郑商所注重加强对外交流与合作。1995年6月加入国际期权（期货）市场协会。2012年10月加入世界交易所联合会。先后与美国芝加哥期权交易所、芝加哥商业交易所、纽约—泛欧交易所集团、印度多种商品交易所、尼日利亚证券与商品交易所、香港交易及结算所有限公司、墨西哥衍生品交易所、泰国农产品期货交易所等多家期货交易所签订了友好合作协议，定期交换市场信息，进一步扩大了郑商所在国际上的影响力。

面向未来，郑商所将始终坚持“公开、公平、公正”的原则，牢牢把握服务实体经济根本要求，加强市场一线监管，充分发挥市场功能，切实保护投资者特别是中小投资者合法权益，努力将郑商所建设成为在国内和国际市场上具有重要地位和影响力的期货交易所。

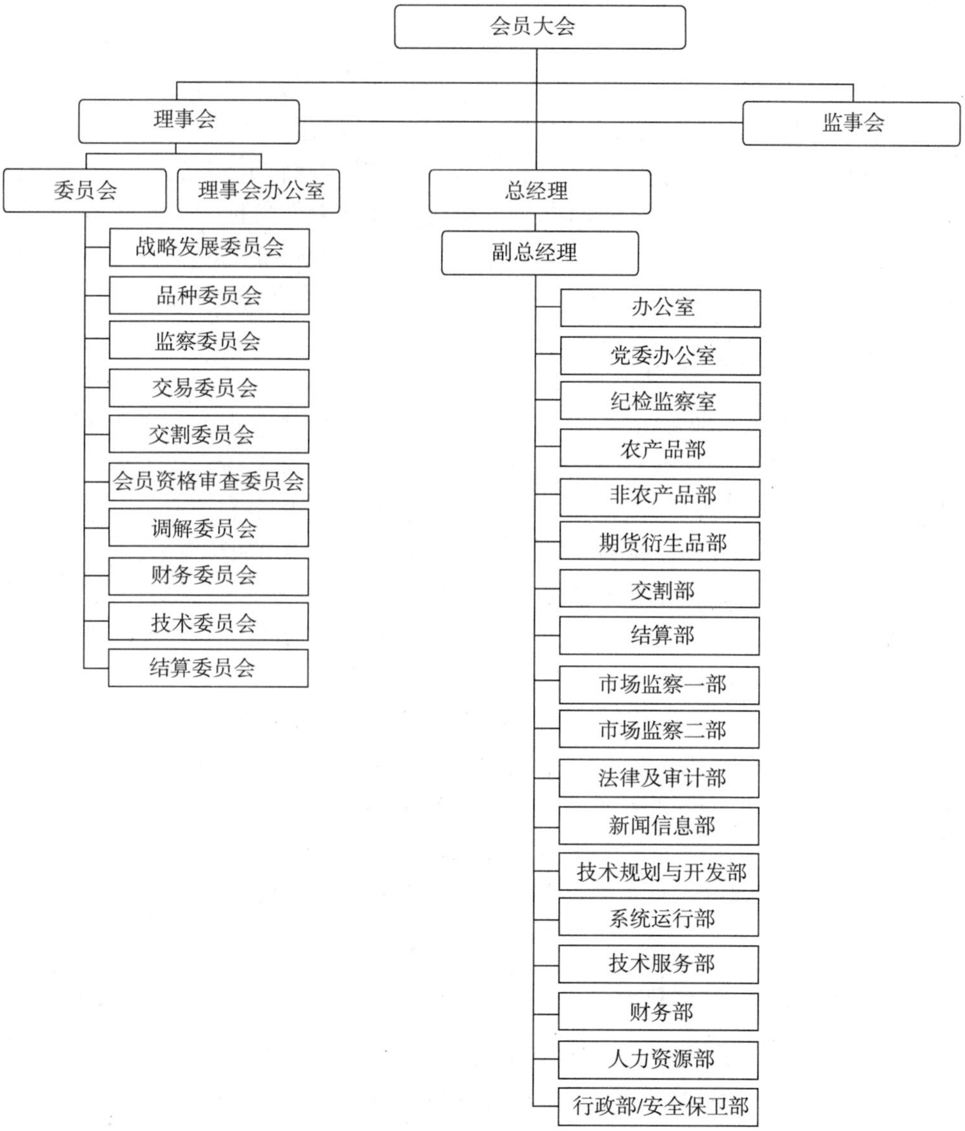

郑商所组织结构图

地　　址：中国河南省郑州市未来大道 69 号

邮　　编：450008

电　　话：0086－（0）371－6561－0069

传　　真：0086－（0）371－6561－3068
网　　址：www. czce. com. cn
电子信箱：czce@ czce. com. cn

2013年郑州商品交易所工作情况

2013年，在证监会党委正确领导下，郑商所牢牢把握服务实体经济根本要求，坚持“两维护、一促进”，监管转型与深化服务并重，努力适应国家宏观调控给农产品期货市场带来的深刻影响，先后化解了棉花、菜粕、PTA品种市场风险，上市了动力煤和粳稻两个战略性品种，实现了稳中求进、持续向好的工作目标。全年累计成交5.25亿手，累计成交金额18.9万亿元，同比分别增长51.36%和8.84%。年均市场持仓180.36万手，同比增长42.14%。成交量、持仓量均创郑商所历史新高。

一、品种创新成效显著

认真落实国务院有关期货市场重大工作部署，努力抓住上市环境相对宽松的有利时机，加快品种研发步伐，不断拓展服务实体经济的领域和范围。一是系统梳理品种体系。依据郑商所“十二五”期间发展规划，结合郑商所9个农产品和4个工业品种的实际，确定在农产品方面，继续完善粮、棉、油、糖狭义的农产品体系，积极拓展农、林、牧、副、渔等广义的农产品体系；在非农产品方面，重点研发能源、化工、建材和冶金四大板块产品；在期货衍生品方面，重点推动期货期权、价差期货、商品指数期货和运力期货等产品研发。二是上市新品种。历经多年努力，2013年9月26日动力煤期货挂牌交易，品种结构调整取得重大突破。11月18日粳稻期货推出，进一步完善了稻谷和农产品期货体系。晚籼稻期货与粳稻期货同时获得国务院批准，晚籼稻期货将在今年择机上市。铁合金（硅铁合金和锰硅合金）期货待国务院批准。三是储备上市品种。2013年，整合内外部资源，共向证监会申请立项17个品种。除粳稻、晚籼稻、硅铁和锰硅合金外，还向证监会申请立项棉纱、水泥、纸浆、乙二醇、短纤、长丝、猪肉等13个品种。

二、规则制度进一步优化

修订后的郑商所《期货交易风险控制管理办法》、《套期保值管理办法》、《期货交易细则》、《期货结算细则》等4个业务细则和新制定的《套利交易管理办法》已于2013年9月16日施行。新的业务细则调降了临近交割月保证金标准。交割月前一个月份上旬与一般月份执行相同的保证金标准，并下调白糖等7个品种交割月及交割月前一个月份中、下旬期货合约交易保证金标准；减少了保证金和限仓标准调整梯度，将交易保证金标准调整梯度由目前的五级减少为四级，非期货公司会员和客户持仓限额调整梯度由五级减少为四级；放宽了会员持仓限制。对于一号棉、白糖和PTA品种，期货公司会员各期间均实施一定市场规模之下不限仓，一定市场规模之上25%的比例限仓；改革了套保管理办法。将甲醇品种套保管理的方法推广至所有品种，套保持仓按照一般月份和交割月份分别申请与管理，实行套保、投机持仓分类管理，套保申请电子化；制定了套利管理办法。规定非期货公司会员和客户所拥有的一般月份或交割月前一个月份投机持仓与套利持仓之和，不得超过同期投机持仓限仓标准的2倍。交割月份套利持仓与投机持仓之和，不得超过交割月份投机持仓限仓标准。将郑商所目前执行的按近月合约收取套利组合持仓保证金修改为按套利组合内保证金较高的合约收取。新规则制度实施进一步方便了企业利用期货市场管理市场风险。

三、新交易工具研发扎实推进

以2014年上市白糖期权为目标，努力破解各种业务、技术难题，为上市创造条件。一是实质性推进期权上市准备工作。完成了期权交易管理办法、做市商管理办法和套期保值管理办法等期权规则制定。全面升级和改造交易所端期权功能，组织各合作会员改造会员端技术系统。创办“郑州期权讲习所”，举办5期讲习班，为会员公司、产业企业和投资机构培训千余名期权人才。在国内率先开展全市场、全链条仿真交易，来自140余家会员的14000余人报名参与，日均成交450.4万手，日均持仓197.6万手，进一步检验了规则条款的适用性，交易所端、会员端期权交易系统的正确性、安全性和可靠性。总的来说，推出白糖期权交易条件基本具备，并已向监管部门提交开展白糖期权交易立项申请。二是商品指数从研究转向应用，易盛农产品期货价格指数2013年7月18日正式对外发布，相应期货合约及规则设计基本完成。

四、机构投资者培育有序开展

一是修订后的“会员三业活动管理办法”发布实施。全年郑商所支持会员举办“三业”活动报告会787场，培训企业19775家次、人员42378人次。二是建立与行业协会、龙头企业直接对话交流机制。先后同PTA、玻璃、菜籽、菜油、菜粕、白糖、动力煤、稻谷等行业相关协会和上百家行业龙头企业直接对话交流。三是加强与会员的交流与沟通。在浙江、北京、上海等多个地区举办近20场会员座谈会，调研市场发展状况和需求，倾听会员意见和建议。举办会员资管业务和风险管理子公司培训交流会，加强与期货公司新业务对接，共同培育机构投资者。四是继续抓好“点基地”、“面基地”建设。2013年，21家企业获评成为郑商所点基地。与11家证监局签订面基地合作建设协议，共同培育、总结、推广期货服务“三农”、服务实体经济的成熟模式和有效途径。

五、第五期交易系统建设取得阶段性成果

借鉴国内外交易所技术架构成功经验，对排序算法优化方案等6项改进措施进行可行性验证，确定现有交易系统的改进方向。根据确定的交易系统改进方向，开发完成内存消息队列原型、使用输入/输出多路复用技术，并对现有的撮合机、前置机内部架构进行调整。经过对原型系统多轮优化和测试，目前订单成交回报的平均延迟为1.4

毫秒；在相似价位连续成交的压力情况下，原型系统平均每秒钟可以处理 2.2 万笔订单。原型系统达到了设计目标，相比现有系统有了较大提升。

六、交易所体制建设稳步推进

一是监事会制度机制初步建立。2013 年 4 月 15 日，郑商所监事会正式成立，选举产生了监事长，通过了《郑州商品交易所监事会议事规则》和《郑州商品交易所监事会监督工作办法》。二是推动清算所有限公司筹备。对场外交易结算的流程与风险管理进行了系统研究，并向中国证监会上报《关于设立结算公司相关问题的分析建议》。

七、队伍建设和财务管理水平提升

一是加强人才队伍建设。根据市场发展需要及工作实际要求，对部分部门设置及职责进行优化调整。组建农产品部、非农产品部、期货衍生品部三个事业部，合并组建法律及审计部，单设技术服务部。调整优化了中层干部队伍配置。引进技术、金融、法律等专业高素质人才 15 名。二是强化内部管理的制度化，制订和完善了《内部审计管理办法》、《岗位问责管理办法》等 11 项制度。三是上线财务预算管理和网上报销系统，进一步提升了财务工作效率和规范化水平。

八、基建工作顺利收尾

期货大厦工程建设已经完成，进入资产交接、物业接管承接查验阶段。2012 年 12 月 25 日，郑商所与郑东新区管委会等相关单位签订了《郑州商品交易所搬迁入驻郑东新区补充协议（二）》，《郑州商品交易所期货大厦项目四方协议书》。12 月 26 日，举行了郑州商品交易所搬迁入驻期货大厦启动仪式。2013 年 1 月初，期货大厦通过竣工验收，与郑州国泰置业有限公司签订了商品房买卖合同，期货大厦购置工作基本完成。

技术中心项目主体工程已完工，处于后期施工阶段，正在进行各专业交叉施工。土建完成工作量 90%，水、电、空调等安装完成总工作量的 70%，幕墙工程完成 97%，内装饰完成 25%。

九、基层党建与反腐倡廉工作扎实开展

认真学习党的十八大精神和新党章，在办公网“十八大学习专栏”转载交流学习文章 17 篇。制定《郑州商品交易所开展党的群众路线教育实践活动实施方案》，扎实开展群众路线教育实践活动。制定 2013 年反腐倡廉工作要点，认真组织开展党风廉政教育活动。印发《采购工作纪检监督实施办法（试行）》，加强招标及采购谈判的合规监督工作。印发《关于改进工作作风加强廉洁自律若干规定》和《廉洁自律违规问责办法（试行）》，完善反腐倡廉制度；坚持开展“每季一查”、“半年一评”活动，强化工作人员自觉遵守制度、优质服务和廉洁自律的意识。全年发展新党员 2 人，预备党员转正 4 人；办理 15 名新进人员廉政档案手续。

大连商品交易所概况

大连商品交易所（以下简称大商所）成立于1993年2月28日，是经国务院批准并由中国证监会监督管理的期货交易所。

成立以来，大商所始终坚持服务国民经济和实体经济发展方向，坚持服务产业、服务市场、服务会员的发展理念，坚持规范运营、稳步发展、开拓创新，已成长为我国重要的期货交易中心。大商所相关期货品种价格已成为国内市场权威价格，为有关生产经营者提供“指南针”和“避风港”，为国家宏观调控提供重要参考。在中国证监会的领导下，大商所一贯坚持把防范管理风险、维护安全稳定作为市场发展的重要基石，以建立健全风险管理体制机制为核心，以加强风险防范和监测为基础，以加强应急演练和应急保障为手段，不断提高风险防范、处理能力，牢牢守住不发生系统性风险的底线。

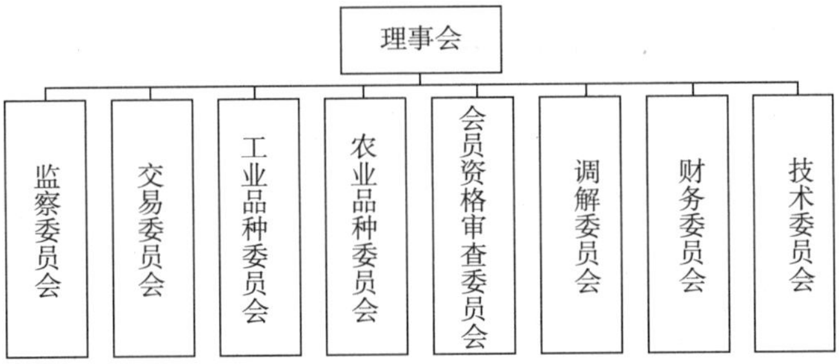

图1 大连商品交易所理事会架构图

截至2013年末，大商所上市交易的有黄大豆1号、黄大豆2号、玉米、豆粕、豆油、棕榈油、鸡蛋、纤维板、胶合板、线型低密度聚乙烯、聚氯乙烯、焦炭、焦煤和铁矿石共计14个期货品种，已初步形成粮食、油脂、畜产、林产品、塑料化工和能源矿产六个品种系列。截至2013年末，大商所共有会员175家，其中期货公司会员160家、非期货公司会员15家，投资者开户数178万个，其中法人客户5万户，指定交割仓库182家，保证金存管银行7家，日均市场资金规模近600亿元。2013年期货大商所成交量和成交额分别达7.01亿手和47.15万亿元。

会员大会是大商所的权力机构，由全体会员组成。理事会是会员大会的常设机构和执行机构，是交易所决策权的具体承担者，按照相关法规和交易所章程的规定行使决策权。监事会是交易所内部监督机构，行使监督权，防范运营风险、促进交易所规范运作、健康发展。大商所目前设有办公室等 18 个职能部门、3 个派出机构和 3 个直属单位。大商所组织结构示意图如下：

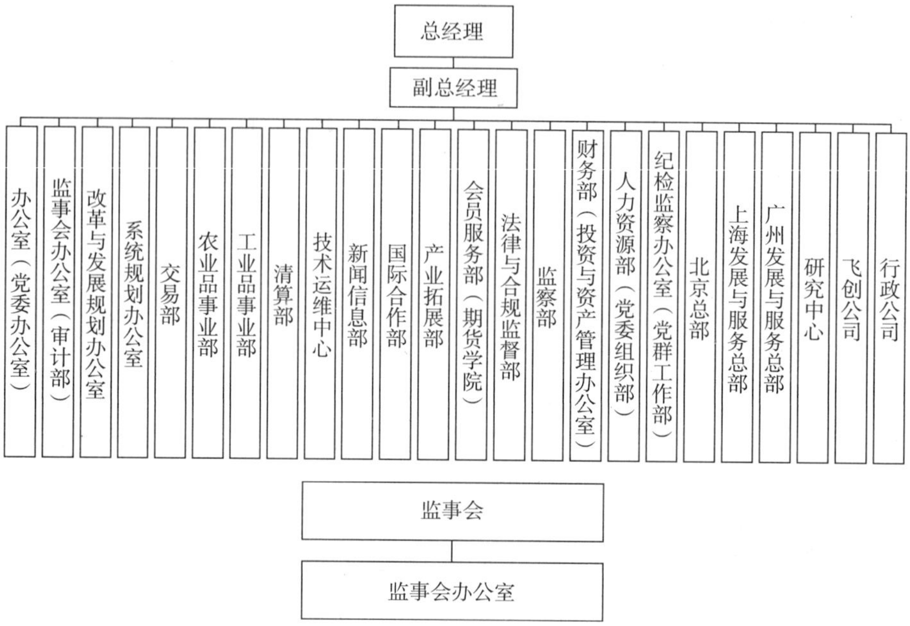

图 2　大连商品交易所组织架构图

大连商品交易所
地址：大连市沙河口区会展路 129 号
邮编：116023
电话：0411－84808888
传真：0411－84808588
网址：www. dce. com. cn
电子邮箱：office@ dce. com. cn

大连商品交易所 2013 年工作情况

2013 年大商所共有 238 个交易日，年成交量 7. 01 亿手，同比增加 10. 66%；成交额 4715 亿元，同比增加 41. 51%；日均持仓 326 万手，同比增长 29. 58%；日均市场资金规模近 600 亿元，同比增长 16. 55%。交割总量 14. 7 万手，同比增长 16. 15%；交割金额 57. 67 亿元，同比减少 0. 72%。截至 2013 年末，大商所共有会员 175 家，其中期货公司会员 160 家，非期货公司会员 15 家，投资者开户数达 177. 63 万户，其中单位客户 5 万户。2013 年大商所参与交易的客户数量 42. 88 万户，其中单位客户 5874 个，个人客户 42. 29 万个。

（一）上市五个新品种，市场对实体经济的覆盖范围大大拓宽

2013 年，大商所加快新品种上市步伐，按照高标准、稳起步原则，先后成功上市了焦煤、铁矿石、鸡蛋、木材纤维板和胶合板等共 5 个新品种，上市品种总数量已达 14 个，初步形成了粮食、油脂、塑料化工、能源矿产、畜产品和林产品等六个品种系列。其中，铁矿石期货是全球第一个采取实物交割的同类合约，鸡蛋期货是我国第一个畜牧类品种，“两板”期货填补了我国林业品种的空白。同时，相关储备品种研发也取得积极进展。聚丙烯初审通过，棉纱线等 6 个涉农品种和尿素等 7 个工业品种完成立项申请，氧化铝等 13 个商品期货以及温度、航运、大豆压榨利润等指数类品种的可行性研究都取得了阶段性成果。

（二）老品种维护、业务优化创新取得实质性进展，市场运行质量有了较大提升

一是加强对已上市品种合约规则的维护。全年针对市场形势变化，适时对玉米合约、豆粕仓单串换、聚乙烯（LLDPE）交割标准、聚氯乙烯（PVC）品牌交割制度等 15 项品种合约规则制度进行了调整优化。二是积极推动业务制度改革，发布实施 7 项业务规则（含修正案），推动套利交易、三步交割法、持仓梯度保证金等制度创新项目落地实施。三是抓紧新工具、新领域的准备，为相关品种开展期权交易、夜盘交易等创新做好业务、技术和制度建设，相关工作有了实质性进展。四是发布实施《存管银行管理办法》，并以此为契机，大力推进银期合作，与银行在资源共享、产品创新、厂库保函、仓单融资等多方面加大合作力度，借助银行丰富的客户资源提升市场为实体经济服务的能力。

（三）扎实推进系统建设和运维工作，技术支持保障能力得到巩固

持续推进六期系统优化建设，先后上线总线二期、分品种撮合等 8 个优化项目，对上百台服务器、数百件零部件设备进行扩容。完成并上线新品种上市、业务优化等涉及的多项系统修改项目，正在实施期权、夜盘连续交易等重点业务的 24 个 IT 项目，潜在业务项目 15 项。完成新一代系统的业务规划咨询项目和原型系统项目测试，持续推进同城数据中心规划和选址，与中金所签署异地灾备合作框架协议。全年在信息系统优化上线项目 119 个、运维保障压力巨大情况下，通过加强设备升级和验收测试、提高自动化监管水平、强化应急体系建设和应急演练等措施，实现信息系统和会员托管系统无故障运行。

（四）做好一线监管和风险防控，确保市场稳定运行

一是保持交易平稳进行。做好 109 个新合约、49 个套利合约的上市和交易维护工作，防范和化解价格波动变化过大的风险。二是强化结算风险控制。办理资金收付业务 29376 笔、涉及金额 7485 亿元，实现全年资金业务无差错。三是加强交割仓库管理，积极化解大交割量风险。共完成 88 家交割仓库年审，开展现场检查 70 余次，完成实物交割 1199 笔、交割金额 57.45 亿元，其中焦煤为首次交割，玉米、焦炭和 LLDPE 均为

上市以来最大交割量。四是强化对违规、异常交易行为的查处。共筛查违规线索2万余条，查处违规交易行为88起，移交证监会调查案件4起，处分客户160名，帮助客户挽回经济损失700余万元。

（五）进一步增强服务意识，大力支持产业和行业发展

一是深入市场调研。所领导班子带队赴全国十多个省市，深入市场一线走访，认真听取会员单位、产业企业、投资者意见和建议，并对市场关注的热点、焦点、难点问题及时回应。二是大幅降低市场成本。实施了包括套保客户手续费减收、产业客户手续费减免等多项减收措施，向市场整体让利8亿多元。三是加大产业服务力度。举办了塑料、煤焦、玉米和油脂等四个产业大会，参会人员3041人，其中产业客户占比74%；组织开展210次产业链调研和培训，合计培训产业客户两万人次；依托中组部、农业部、地方政府、央视等单位和平台，多方位开展“三农”服务工作，累计为种粮大户、合作社负责人、农业干部共发送市场信息120万条，现场培训4000人次。四是深化期货学院功能，加强期货公司和龙头企业人才培训，积极培育机构投资者。

（六）注重营造良好氛围，积极优化市场发展环境

一是持续加强和改进新闻宣传，营造良好舆论氛围。与人民日报等多家媒体建立战略合作关系，组织媒体开展市场功能发挥系列报道，及时发现和应对舆情风险。二是积极争取地方政府支持，推动大连市出台了期货市场专项人才支持政策，加强了与期货市场发达地区政府的合作。三是加强司法协作，举办首届期货法律理论与实务座谈会，搭建期货界与法律界的沟通桥梁，优化了期货司法环境。四是改进对外开放与交流工作，精减出访人员，提高出访质量，两份出访报告获肖钢主席批示，被英国期货期权世界（FOW）评选为年度“中国最佳期货交易所”；接待国际来访59起、358人次，与国际产业客户、金融类公司的联系明显加强。

（七）加强基础性、前瞻性问题的研究工作，进一步夯实发展的理论基础

根据党的十八大以来国际国内新形势和证监会有关精神，研究制定交易所2014—2020年战略发展规划。继续推进业务规划咨询项目，基本完成规划报告，为新一代系统建设打下较好的业务基础。围绕多层次市场建设、离岸交易平台、独立清算公司、交易所体制机制等课题开展前瞻性研究等。加强对宏观经济形势和基础理论研究，多项研究成果获得省部级以上领导批示。积极参与《期货法》立法研究，完成约30万字的研究报告，多项立法需求和立法建议被立法工作小组采纳。积极参加有关部门组织的系统性风险、市场操纵行为及监管执法对策、场外衍生品市场、碳期货交易等课题和项目研究。

（八）以深入开展群众路线教育实践活动为契机，提高内部管理和队伍建设水平

一是扎实开展群众路线教育实践活动，深入贯彻落实“八项规定”，出台《关于进一步加强作风建设的实施意见》，提升了全所服务意识、勤俭节约意识和务实作风。二

是探索完善内部工作架构和工作机制。制定了《关于完善法人治理结构的实施方案》，建立起了决策、执行、监督相结合的运行机制。三是切实加强内部管理。对财务费用支出、出国、公务接待、采购招标等方面的十余项管理制度，调整优化了部门组织架构和职能设置，加强采购、财务、资产和投资管理。四是加强人才队伍建设。公开招聘了一批员工，开展优化绩效管理的咨询项目，逐步建立多层次、多渠道培训体系，积极争取地方政府人才政策支持，提高了队伍战斗力和凝聚力。五是加强纪检监察和内部监督工作，以 IT 采购、招标等领域为重点，加强党风廉政建设。

中国金融期货交易所概况

一、单位性质及历史沿革

中国金融期货交易所（以下简称中金所）是经国务院同意，中国证监会批准设立的从事金融期货、期权交易的公司制交易所。中金所由上海期货交易所、郑州商品交易所、大连商品交易所、上海证券交易所和深圳证券交易所共同发起，于2006年9月8日在上海正式挂牌成立。成立中金所，发展金融期货及衍生品市场，对于深化金融市场改革，完善金融市场体系，发挥金融市场功能，服务实体经济发展具有十分重要的战略意义。

中金所的主要职能是：组织安排金融期货等金融衍生品上市交易、结算和交割，制订业务管理规则，实施自律管理，发布市场交易信息，提供技术、场所、设施服务，以及中国证监会许可的其他职能。在充分借鉴了国际市场的先进经验，并结合中国的市场实际的基础上，中金所按照“高标准、稳起步”的原则，从金融期货合约设计、参与模式、交易方式、结算制度、风控制度等方面，努力建设一个健康规范的中国金融衍生品市场，为市场参与者提供透明的定价和公平的交易条件，保护交易当事人的合法权益和社会公共利益，保障金融期货等金融衍生品交易的正常进行，维护金融市场正常秩序。

中金所采取全电子化交易方式，以高效安全的技术系统为强大后盾，在借鉴国内外交易所先进技术成果和设计理念的基础上，建立了一个结构合理、功能完善、运行稳定的金融期货信息系统，全面支持市场交易、分层结算、市场管理、风险管理、统一开户、电子出入金、跨市场监管、投资者教育等各方面业务的高效运行和有效管理。

二、上市品种及功能发挥

股指期货于2010年4月8日在上海成功启动。4月16日，沪深300股指期货在中金所正式挂牌交易。截至2013年末，全市场账户总数达到16.76万户，参与交易客户数9.99万户，累计成交3.95亿手，累计成交金额301.38万亿元，日均成交43.89万手，日均成交金额3352亿元。同时，市场的成熟度也在不断提高，持仓量较上市初期明显上升，成交持仓比日趋下降，市场深度和流动性日渐提高。截至2013年末，股指期货始终围绕现货价格波动，没有偏离现货走出独立行情，价格相关性高达99.80%，基差率处于1%以内的交易日占95.60%。

股指期货市场功能日渐发挥。一是为股票市场提供了有效的风险管理工具。2013

年机构在股指期货持仓中占比已经达到近30%，除了传统的对冲现货下跌风险的套保外，投资替代等新的套保模式也开始出现。在股市近四年来总体下跌的情况下，避险减亏效果显著，一定程度上抵补了现货资产损失。二是促进了投资者稳定持股，减缓了过度涨跌。股指期货的上市完善了股票市场运行机制，改变了原来单边市场上只能投机获利的局面，股票市场高换手特征明显改善，从上市前后3年半比较，沪深300成分股日均换手率降幅达72.49%。同时，沪深300指数涨跌幅超过2%的天数分别下降了59.87%和59.06%，国际知名学术刊物上刊登的有关学者（韩乾等，2013）论文利用实证研究发现在控制其他变量因素下，沪深300股指期货上市后显著降低了股市波动率，降幅在19%左右。三是助推机构产品创新，提升股市核心竞争力。股指期货为理财产品设计提供了新思路，显著提高了理财产品绩效。Wind数据显示，我国2010年4月至2013年11月成立的1851个券商资管产品中，198个使用股指期货的产品净值增长率为2.67%，而未使用股指期货的1653个产品净值增长率只有0.24%。股指期货还带动了ETF等证券市场创新产品发展。

5年期国债期货于2013年9月6日顺利上市。国债期货上市，是我国多层次资本市场建设取得的重要成果，是继股指期货之后期货衍生品市场创新发展的重要突破。上市以来，国债期货市场运行平稳，期现货价格走势联动性良好，投资者参与理性，市场风险控制得当，市场功能初步体现，各方评价积极、正面。尽管我国国债期货运行时间较短，但其推动现货市场流动性、提升债券市场定价效率、对冲利率风险的作用已初步显现。2013年累计成交32.88万手，累计成交额3058亿元；日均成交4326手，日均成交额40亿元，日均持仓量3737手。2013年12月18日首次交割顺利完成，共交割451手。其中滚动交割70手，最后交易日集中交割381手。

国债期货产品标准化程度高，报价成交连续，能够为债券市场提供透明度高、连续性强的价格信息。国债期货上市以来，财政部先后发行了多只可交割国债，国债期货为国债招标发行提供了重要的定价参考。在承销国债的过程中，部分国债承销团成员利用国债期货锁定利率风险，取得了良好的效果。国债期货套期保值和价格发现功能的初步显现，提高了投资者参与国债投标积极性，促进了国债发行。

三、会员、交割仓库、结算银行情况

中金所会员分为结算会员和非结算会员，结算会员按照业务范围分为交易结算会员、全面结算会员和特别结算会员，结算会员实行联合担保制度。实行结算会员制度，形成多层次的风险控制体系，强化了交易所整体抗风险能力。截至2013年底，中金所会员数量为150家。其中，全面结算会员15家、交易结算会员68家、交易会员67家。

四、组织结构

中金所采取股份公司制，股东大会是中金所的权力机构。中金所设董事会，对股东大会负责，并行使股东大会授予的权力。董事会设执行委员会，作为董事会日常决策、管理、执行机构。中金所设有办公室、交易部、结算部、监察部、法律部、信息部、市场部、研发部、财务部、内审部、人力资源部、行政部、投资者教育中心、国际发展部、基建办等19个职能部门，成立2个下属子公司。截至2013年末，中金所本部共有工作人员235人，下属技术公司190人，北京研究院14人，全所平均年龄33岁，一支年轻化、专业化的队伍初具规模，为交易所各项业务发展提供了有力的保障。

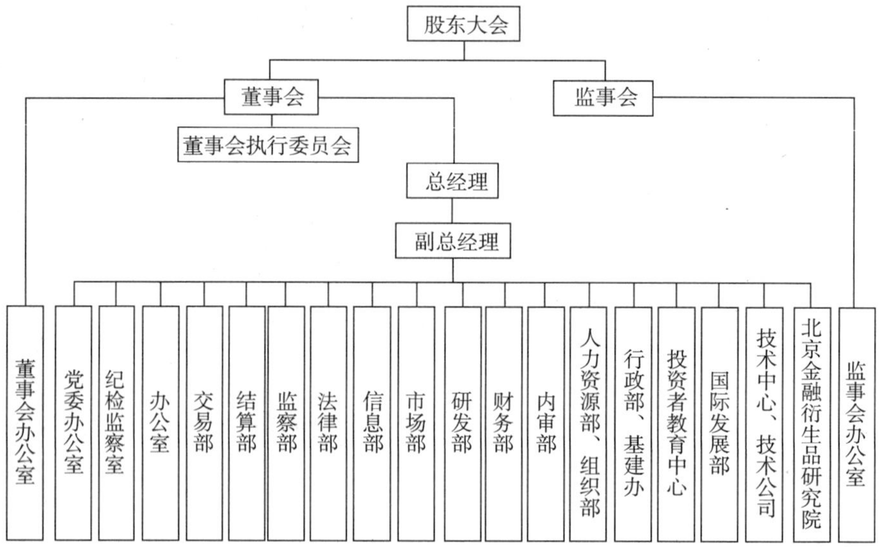

中国金融期货交易所组织结构图

五、国际合作情况

中金所从服务于交易所总体发展战略和业务发展要求出发，积极开拓国际交往渠道，深入开展国际交流与合作，逐步提升中金所和中国金融期货市场的国际形象与影响力。2013年，中金所积极参与世界交易所联合会（WFE）、国际证监会组织（IOSCO）、国际期货业协会（FIA）等国际组织的活动，影响力日益扩大。与新加坡交易所、纳斯达克交易所签署MOU，将对外签订备忘录的数目增至7家，并以此为基础，大力推进与境外交易所在行情销售、业务培训、监察、技术、清算等方面的合作。为服务市场，多次邀请境外权威专家举办研讨会、沙龙活动，扩大了金融期货的宣传和推广。此外，进一步规范因公出国（境）管理工作，有力保证了交易所的业务发展。

面对新形势和新任务，中金所将在证监会党委的坚强领导下，团结一致，扎实工作，全力推动交易所改革创新，加快发展，努力把中金所建设成一个“社会责任至上、市场功能完备、治理保障科学、运行安全高效”的世界一流交易所，更好地服务于资本市场和国民经济的健康稳定发展！

中国金融期货交易所
地　　址：上海浦东新区世纪大道1600号陆家嘴商务广场6楼
邮　　编：200122
电　　话：021－5016－0666
传　　真：021－5016－0606
网　　址：http：//www.cffex.com.cn

中国金融期货交易所2013年工作情况

2013年是中金所继往开来、改革创新取得重要突破的一年。一年来，在会党委的正确领导下，交易所全面贯彻落实党的十八大精神，按照年初确定的工作部署，顺利实现国债期货成功上市，股指期货市场运行日益成熟，市场功能显著发挥，股指期权全市场仿真交易正式启动，新产品新业务全面加快推进，交易所各项工作呈现蓬勃发展的良好局面。

一、保持股指期货市场成熟度提高

股指期货市场成熟度不断提高。一是期现货价格拟合度好。近四年来，二者高度拟合，2013年股指期货主力合约与沪深300指数价格相关性达99.8%，基差率处于1%以内的交易日占95.6%。期货开盘及收盘高于现货价格的交易日比例分别达到73.5%和63.6%。二是持仓规模放大，成交持仓比渐趋合理。合约持仓量由上市初期的不足1万手增加至2013年末约12万手。成交持仓比持续下降，由初期的最高约27倍降至2013年底的7倍左右，降幅超过70%，逐步向境外成熟市场水平靠拢。三是交割平稳顺畅，期现货市场未出现“到期日效应”。

股指期货市场功能逐步显现，服务实体经济的能力不断增强。一是风险管理作用发挥明显。沪深300股指期货上市后，机构投资者合理运用股指期货管理现货风险，在股市三年半来总体下跌的情况下，避险减亏效果显著，累计减亏172亿元，一定程度上抵补了现货资产损失。二是股市波动更加平滑。股指期货上市前后同期比较，股市大幅波动天数明显减少，沪深300指数涨、跌超过2%的天数分别下降了59.9%和59.1%。三是促进了机构稳定持股。股指期货上市后，沪深300指数成分股换手率降幅超过全部A股平均水平近13个百分点，提升了投资者对大盘蓝筹股的持有偏好。四是促进机构深入参与，助推机构金融创新。截至2013年末，6大类共199家机构参与股指期货交易，其中，证券公司75家，基金公司69家、信托公司7家、期货公司26家、QFII公司18家、保险公司4家。机构投资者通过运用股指期货有效对冲风险，助推业务创新，加快转型发展。

二、国债期货成功上市，功能初步显现

按照“高标准、稳起步”的要求，中金所顺利完成国债期货上市各项准备工作，国债期货于2013年9月6日正式上市。截至2013年底，国债期货共运行76个交易日，按单边统计，总成交32.9万手，总成交金额3064亿元，日均成交4326手，日均成交金额40亿元，日均持仓3737手。主力合约成交量和持仓量分别占比97.1%和91.4%，日均成交持仓比为1.2倍，投资者参与理性，成交持仓主要集中于近月合约，成交持仓结构符合国际惯例，未出现炒新、爆炒等现象。

国债期货期现价格联动性较好，基差合理。2013年，5年期国债期货当季合约的

日均基差为-0.2元，期货价格波动合理。国债期现货价格联动性较好，接近国际成熟市场水平。主力合约成功切换，交割平稳顺畅。随着交割月的临近，没有实际交割意愿的投资者逐步将国债期货头寸从近月合约转移到远月合约。2013年12月2日，国债期货TF1312合约进入交割，至12月18日交割结束，共完成70手滚动交割、381手集中交割。参与交割的客户均为机构投资者，交割业务运行顺畅，所有客户全部履约。

国债期货的推出不仅增加了国债市场的透明度，同时还促进了国债发行，增强了国债现货市场流动性，提升了债券市场定价效率。以130015、130020两只最便宜可交割国债发行为例，两只国债的平均发行认购倍数为2.06倍，比同期其他附息国债的平均发行认购倍数高25%，为国债招标发行提供了重要的定价参考。另外，2013年6月以来，债券收益率明显上升，5年期国债收益率最高攀升到4.51%，对应国债价格下跌超过2.5%。目前我国国债规模超过8万亿元，收益率上涨带来的国债市值损失达到数千亿元，市场避险需求十分迫切，国债期货的上市为投资者提供了低成本、高效率利率风险管理工具。

三、学习贯彻党的十八大精神，深入开展群众路线教育实践活动

交易所将学习贯彻党的十八大精神、深入开展群众路线教育实践活动作为今年工作的重中之重。年初，成立“学习宣传贯彻党的十八大精神工作领导小组”，认真开展一系列学习活动。从7月份党的群众路线教育实践活动启动以来，交易所党委班子精心组织、狠抓落实，认真学习、广听意见、边查边改，活动取得实实在在的成效。全体班子成员深入基层，走访各类投资者、中介结构以及会员单位，进行各类调研和座谈60多场，通过各种渠道共征求到意见441条，形成具体整改措施，并且明确整改期限，责任到人，不断完善交易所规则体系、降低交易成本、简化审批流程、强化投资者教育与服务、促进市场功能发挥。

四、加强业务系统改造和技术系统建设，提高信息服务水平

根据国债期货上市和其他新产品研发准备情况，完成国债期货、指数期权、外汇期货仿真等相关业务系统改造，推动会员单位技术准备。形成新一代系统规划方案准备，新一代系统建设有序推进。完成张江数据中心建设，启动大连异地灾备数据中心建设和上海国际金融中心机房建设咨询项目。开展证联网建设，顺利完成年度项目建设任务。推进精益化分级保障，提升安全运维效率。根据市场和行业发展需要，完成飞马平台、一线通平台和金融清算平台等上线发布，探索技术公司市场化发展。加强与指数公司、行情商、信息商等合作，交易所信息数据服务水平不断提升，业务数据和信息数据管理安全有效。

五、以促进市场功能发挥为目标，大规模开展市场开发培育工作

根据市场发展的需要，调整股指期货手续费和套期保值交易手续费，调整股指期货持仓限额标准，降低市场成本，促进市场功能发挥。修订《会员管理办法》，优化套保套利管理，简化额度申请流程，扩展套期保值内涵，引入风险管理理念。加强政策

协调，大力推进各类机构参与股指期货、国债期货政策的研究制定和出台，实现保险资金参与股指期货。在继续做好股指期货市场培训的同时，加大国债期货市场培训工作，开展针对监管部门、会员单位、机构投资者、重点辖区投资者和普通客户的五大系列活动，累计达到205场、培训32700余人次，覆盖全国73个城市。充分发动社会力量，先后与16家地方局、全国36个证券期货业协会联合开展培训，提高培育覆盖范围和深度。充分调动会员力量，以“点”带“面”，组织实施行业内首次国债期货会员种子讲师培训计划，持续开展针对会员单位高管和业务人员的系列培训，初步实现从业人员培训的机制化、常态化。

六、全面提升交易所内部管理水平，交易所员工队伍、基础建设和国际交流取得新进展

以制度制定修订为抓手，全面优化内部管理流程，提升交易所科学化、规范化、精细化管理水平，全年完成73项管理制度制订修订。构建科学、严格、高效的财务内控体系，通过联合鉴证，加强合规管理，防范内部控制和业务流程风险。加大人才引进力度，重点补充到国债、期权、外汇等产品研发岗位，优化队伍结构。按照“化繁为简、依据权威、预期稳定、正向激励”的原则，启动人力资源管理体系改革。以制定《中金所控股子公司管理办法》为抓手，对子公司进行规范化和制度化管理。与新加坡交易所以及纳斯达克OMX签订谅解备忘录，与境外交易所在期权业务培训、场外集中清算业务咨询、信息经营等方面展开全面合作。以“社会责任至上”为宗旨，有计划、有步骤推进和落实定点扶贫工作，邀请“全国道德模范、全国优秀共产党员、全国劳动模范、最美乡村医生”邓前堆、“最美乡村医生”陈凡经走进中金所，开展“寻找身边的感动”、“温暖过冬，爱心行动”、“春雨工程”捐助和“低碳办公，绿色运营”等系列活动，扎实推进企业文化建设。严抓队伍，切实提高反腐倡廉工作水平。

中国期货保证金监控中心概况

中国期货保证金监控中心有限责任公司（以下简称中国期货保证金监控中心）是经国务院同意，中国证监会决定设立，于2006年3月成立的非营利性公司制法人。其股东单位有上海期货交易所、中国金融期货交易所、郑州商品交易所以及大连商品交易所，注册资本13.65亿元。中国期货保证金监控中心的业务接受中国证监会的指导、监督和管理。现主要职能是：

（一）期货市场统一开户。

（二）期货保证金安全监控。

（三）为期货投资者提供交易结算信息查询。

（四）期货市场运行监测监控和分析研究。

（五）为监管机构和期货交易所等提供信息服务。

（六）代管期货投资者保障基金。

（七）商品及其他指数的编制、发布。

中国期货保证金监控中心2013年工作情况

2013年，在中国证监会党委的坚强领导下，在各会内部门及期货交易所的支持下，中国期货保证金监控中心不断完善各项基础性工作，严格管理、勇于担当，全面提升服务意识和工作水平，着力推进各项重点工作，进一步巩固和提升了中国期货保证金监控中心在服务监管、服务市场方面的职能和作用。

一是全面做好统一开户工作，满足各项新业务开户需要。一方面，严格落实实名制、一户一码、市场禁入和适当性等制度，持续开展日常开户检查验证工作，保证了客户身份的真实性，提高了参与群体的风控意识；另一方面，升级改造统一开户系统，满足特殊单位客户开户和资产管理业务开户需要。发布《特殊单位客户统一开户业务操作指引》，提高了特殊单位客户的开户效率。2013年开户总量约32万户，处理常态化休眠账户约30.5万个。

二是严格做好资金监控工作，为市场创新奠定基础。一方面，认真开展数据催报、信息维护、系统运维和预警信息分析处理等日常监控工作，开展新存管银行数据报送测试并开始接纳新存管银行数据报送。另一方面，针对连续交易、原油、商品期权和个股期权等市场创新业务，研究制定资金监控方案，升级改造资金监控系统。2013年共发出预警52次，与去年相比下降约10%。资金监控工作保障了投资者合法权益，促进了期货公司风险控制和合规水平不断提高，使市场创新在有效监控下安全高效运行。

三是全力做好市场运行监测监控工作，不断提升市场监控工作的针对性。“期货市场运行监测监控二期系统”已于2013年5月正式投入使用。该系统在第四届证券期货科学技术奖评选中，荣获终审第一名的佳绩。依托该系统，我们加强对市场的监测分析，研究总结市场运行规律，协助中国证监会和各期货交易所及时发现和报告市场风险隐患，有效预警防范市场风险，为监管部门预防和处置市场风险提供有力支持。实现对各类异常交易行为和违法违规行为的指标化预警与监测，遏制和打击违法违规行为，保障市场合规运行。

四是强化分析研究，为监管部门制定监管政策和配合推进市场创新提供支持。开展对期货市场交易结算的综合分析，对跨期货交易所的市场交易行为进行深入研究。完善宏观产业数据库，开展宏观、产业和期货市场互动研究。跟踪分析境外期货市场发展与监管动态，持续开展中美期货市场比较研究。大力开展商品指数编制工作，进一步发挥监控中心的期货市场数据优势，履行好社会公益职能。在期货一部的统一协调和各期货交易所的大力支持下，期货保证金监控中心已正式发布了“监控中心中国商品综合指数”，并编制完成“中国农产品期货指数”，发布后将有效扩大期货市场价格信息的影响力，并为期货市场机构投资者提供投资标的、跟踪和比较基准。开展投资者调查和分析工作，为监管决策提供市场民意信息。

五是提升服务意识和服务能力，为市场主体提供优质服务。应市场需求，将投资者查询系统的查询期限从两个月延长至六个月。将资管业务开户纳入统一开户系统，提高全市场资管业务开户效率。与期货业协会配合建立期货公司从业人员开户情况核查机制。针对预警中存在的问题，配合监管部门进一步研究完善监控中心开户和保证金监控预警及处理方式，将股指期货开户的资金审核从事后审核变为事前审核，从而取消了股指期货开户的预警项目；通过技术革新和提升服务，尽量减少期货公司因操作失误或其他技术方面原因造成的预警，从而使预警工作更加科学化、人性化，为期货公司创造了更为宽松的创新发展环境。开发公募基金股指期货结算单查询系统，为银行、基金公司等机构投资者提供查询服务。

六是继续做好北亚期货风险处置，保障投资者合法权益。继续管好用好保障基金。截至2013年底，累计筹集保障基金35.49亿元，累计余额33.73亿元；稳步推进北亚期货风险处置，将8家机构和28位自然人列入保障基金赔付范围，已完成7户自然人的甄别确认工作和补偿资金发放工作。此外，向监管部门反映期货公司诉求，与期货一部、期货二部和财政部金融司沟通，结合目前市场状况，建议减收或暂停收取期货投资者保障基金。

中国期货业协会概况

中国期货业协会（以下简称协会）成立于2000年12月29日，是根据《社会团体登记管理条例》和《期货交易管理条例》成立的全国期货业自律性组织，是非营利性社会团体法人，接受业务主管单位中国证监会和社团登记管理机关国家民政部的业务指导和监督管理。协会注册地为北京。

会员大会是协会的最高权力机构。理事会是会员大会闭会期间协会的常设权力机构，对会员大会负责。理事会下设纪律、申诉、信息技术、研究发展、期货分析师5个专业委员会。协会设会长一名，专职副会长若干名，兼职副会长若干名，秘书长一名，实行会长负责制。协会常设办公室、党办（纪检办）、考试认证部、合规调查部、会员部、培训部、研究部、投资者教育部、创新业务部（筹）、信息技术部10个办事机构。

截至2013年底，协会共有会员220家，其中公司会员（期货公司）156家，特别会员（期货交易所、期货保证金监控中心）5家，联系会员（地方行业协会）34家，介绍经纪商（证券公司）会员25家。

协会宗旨：在国家对期货业实行集中统一监督管理的前提下，进行期货业自律管理；发挥政府与期货业间的桥梁和纽带作用，为会员服务，维护会员的合法权益；坚持期货市场的公开、公平、公正，维护期货业的正当竞争秩序，保护投资者利益，推动期货市场的规范发展。

协会职能：

一、教育和组织会员及期货从业人员遵守期货法律法规和政策，制定行业自律性规则，建立健全期货业诚信评价制度，进行诚信监督。

二、负责期货从业人员资格的认定、管理以及撤销工作，负责组织期货从业资格考试、期货公司高级管理人员资质测试及行政法规、中国证监会规范性文件授权的其他专业资格胜任能力考试。

三、监督、检查会员和期货从业人员的执业行为，受理对会员和期货从业人员的举报、投诉并进行调查处理，对违反本章程及自律规则的会员和期货从业人员给予纪律惩戒；向中国证监会反映和报告会员和期货从业人员执业状况，为期货监管工作提供意见和建议。

四、制定期货业行为准则、业务规范，参与开展行业资信评级，参与拟订与期货相关的行业和技术标准。

五、受理客户与期货业务有关的投诉，对会员之间、会员与客户之间发生的纠纷进行调解。

六、为会员服务，依法维护会员的合法权益，积极向中国证监会及国家有关部门反映会员在经营活动中的问题、建议和要求。

七、制定并实施期货业人才发展战略，加强期货业人才队伍建设，对期货从业人员进行持续教育和业务培训，提高期货从业人员的业务技能和职业道德水平。

八、设立专项基金，为期货业人才培养、投资者教育或其他特定事业提供资金支持。

九、负责行业信息安全保障工作的自律性组织协调，提高行业信息安全保障和信息技术水平。

十、收集、整理期货信息，开展会员间的业务交流，推动会员按现代金融企业要求完善法人治理结构和内控机制，促进业务创新，为会员创造更大市场空间和发展机会。

十一、组织会员对期货业的发展进行研究，参与有关期货业规范、发展的政策论证，对相关方针政策、法律法规提出建议。

十二、加强与新闻媒体的沟通与联系，广泛开展期货市场宣传和投资者教育，为行业发展创造良好的环境。

十三、表彰、奖励行业内有突出贡献的会员和个人，组织开展业务竞赛和文化活动，加强会员间沟通与交流，培育健康向上的行业文化。

十四、开展期货业的国际交流与合作，代表中国期货业加入国际组织，推动相关资质互认，对期货涉外业务进行自律性规范与管理。

十五、法律、行政法规规定以及中国证监会赋予的其他职责。

中国期货业协会
地　　址：北京市西城区金融大街33号通泰大厦C座八层（100140）
联系电话：010－88087239
传　　真：010－88087060
电子邮件：cfa@ cfachina. org
网　　址：www. cfachina. org

中国期货业协会2013年工作情况

2013年，在中国证监会的指导支持和全体会员的积极参与下，中国期货业协会（以下简称协会）围绕期货市场改革发展大局，立足“自律、服务、传导”职能，从行业创新、会员服务、自律管理、人才培养、投资者教育、信息技术等方面，开展了富有成效的工作。

一、以引导会员服务实体经济为重点，积极推动了期货业创新发展

一是积极审慎开展期货公司风险管理服务子公司试点评估备案工作，制定了20余项内部制度和流程，组织开展了2次评估会议，受理和审核了32家公司提交的备案申请；目前共有20家公司完成了备案，18家完成了工商注册，14家开立了期货交易账户。

二是积极引导子公司试点业务开展，组织召开了专题业务培训暨研讨会、座谈会，对北京、上海、浙江、深圳等地区试点业务开展情况进行了实地调研，及时总结、推广子公司在仓单服务、合作套保、基差交易等业务上取得的成效和经验。

三是研究开发子公司综合信息管理系统，在需求分析和深入研究的基础上，提出了以管理、报表、查询和发布展示四大功能为核心的系统框架及其配套技术解决方案，为未来拓展子公司业务及其自律管理奠定了基础。

四是初步完成了境外OTC交易平台、产品标准化、做市商、报价机构运作模式等十多篇报告，对ISDA主协议、银行间市场和证券市场金融衍生品交易主协议进行了深入研究，起草了《中期协场外（商品）衍生品交易协议》。

五是与期货二部共同起草了《中国期货业十年发展规划纲要（2013—2022年）》，对未来十年期货业的发展进行顶层设计。

六是积极参与《期货法》立法研究，从立法框架、原则、中介机构定位、协会定位等方面提出了意见建议。

七是与期货二部共同完成了《期货资产管理业务发展暨监管问题研究》，为推动资产管理业务的深入开展建言献策。

八是开展了期货公司兼并重组情况调研，全面深入分析了期货行业兼并重组的现状、问题及政策建议。

九是以“中期协联合研究计划”为平台，组织开展了跨境期货交易中的投资者保护、金融交叉持牌对期货业的影响、期货公司线上营销等8个前沿性课题研究，为行业创新发展提供理论支持。

二、以强化监督检查为重点，深入开展了期货业自律管理

一是开展了自律规则的废改并立，修改了《期货经纪合同指引》等8件，废止了2件；配合资产管理、子公司试点、连续交易、国债期货等新业务和新品种，制定发布了4项新规则。

二是开展了居间人管理调研，形成了《期货居间人自律管理思路汇报材料》，组织证监会相关部门召开了协调会议，推动居间人规范管理。

三是进一步规范了从业人员管理，开展了从业人员分类管理研究，对3万多名从业人员的资格注册、后续培训、执业行为等进行了全面检查，受理审核了1.8万人次的申请和变更信息。

四是强化自律惩戒，针对从业人员检查、日常投诉以及监管部门移交的违法违规案件，对51名从业人员和5家期货公司给予了纪律惩戒，对22家公司进行了约见高管

谈话，向4家公司发出了警示函。

五是对诚信征文比赛中的获奖论文进行了整理和推广，开展了诚信调研活动，积极提升行业诚信水平。

六是推动建立行业纠纷调解机制，起草了调解规则、委员会工作办法、调解员守则等，通过书面、电话、投诉平台等接受和处理投资者投诉30余件。

七是完成了《关于行业仲裁工作有关情况的报告》，与西城法院签署了《诉讼与非诉讼对接合作协议书》，并与北京仲裁委等15家单位发起成立了“北京调解论坛”，探索建立行业性仲裁机构的可行性。

三、以培养市场急需的专业人才为重点，大力开展了分层次分类别的境内外培训

一是与美国、加拿大和德国相关机构建立了长期合作机制，完成了期货公司高管研修班、首席风险官研修班和利率及衍生品专业人才研修班等五期境外培训，累计200多名高管、首席风险官和专业人才接受了培训。

二是在厦门大学建立了金融衍生品高端人才培训基地，重点培养金融衍生品研究分析、产品设计及基金经理类等高端专业人才，目前已开展了3期培训，培训学员235名。

三是积极培养后备人才，举办了“全国高校期货教学与人才培养研讨会”和“高校期货论坛大奖赛”，与北京、上海等8家地方协会合作举办了“期货后备人才培训班”，形成了产学研结合培养期货人才的良性机制。

四是完成了2期期货公司高管人员任职资质测试培训；分别举办了2期信息技术培训和2期子公司专项业务培训；完善了网络培训平台，录制了10多门金融衍生品系列课程，已有33096人次进行了在线注册，累计完成了34万学时的培训。

五是举办了5次全国范围的期货从业人员资格考试和2次投资咨询考试，累计报名科次19万次。

截至2013年12月底，全国期货从业人员共计49268人，其中，期货公司从业人员32149人，证券IB机构期货从业人员为17119人；全国新增期货从业人员12009人，较2012年底增长了32.23%。

四、以促进期货市场功能发挥为重点，着力开展了投资者教育和保护

一是成立了“培育产业客户和机构投资者工作组”，与期货一部、交易所就交易制度、规则等进行了深入沟通，推动解决制约产业客户进入期货市场的制度障碍。

二是开展了“期货牵手产企报告会”，分别在贵州、安徽、广西、天津等地，联合当地政府、金融办、交易所、大型国企等进行了巡讲，促进企业对期货市场的了解。

三是与中央农广校合作推出视频公开课，并通过该校卫星和网络两种平台进行播出，重点面向农业企业宣讲期货知识。

四是制定了“培育产业客户与机构投资者优秀期货公司”评选表彰方案，启动了经典案例征集活动，先后在上海、广东等地进行了调研，引导会员积极服务实体经济。

五是组织编写了金融衍生品系列丛书及视频课程，已出版国债、外汇、金融期权、场外衍生品市场、结构化衍生品和配套习题集“5+1”共六册丛书，完成20门同步视频课程。

六是加强了投资者保护工作，与投保局等单位联合举办了“投资者保护研讨会暨专题培训班”，举办了投教展览。

七是关注行业舆情，及时回复证监会“12386”投资者服务热线，切实保护投资者合法权益。

五、以安全稳定运行为重点，扎实推进了期货业信息技术建设

一是对《期货公司信息技术管理指引》进行了修改完善，组织编写了《期货公司运维管理实践案例》，为会员运维管理提供指引和参考。

二是受期货二部委托，组织开展了对50家期货公司的信息技术升级检查和抽查工作；目前达到《指引》3类及以上要求的共计60家，较2012年增加了27.7%。

三是受证监会委托，完成了《证券期货科学技术奖励管理办法》的修订工作，协助中国证券业协会开展了2013年科技奖评选工作。

四是起草了《2012年度期货行业信息安全事故分析报告》，对行业信息安全事故进行全面深入分析。

五是发挥专业委员会作用，组织行业专家对银期一线通转账平台方案、行情服务商安全隐患及应对策略等热点问题进行了研究探讨。

六是改版行业信息管理平台，解决了证监会FISS系统与信息平台公示信息推送及审核处理问题，保证了行业核心数据运行和传输的安全。

六、以促进对外开放为重点，全面推动期货业的交流与合作

一是成功举办了“第九届中国（深圳）国际期货大会”和“第七届中国（杭州）期货分析师论坛”，积极促进境内外、业内外的深入交流。

二是加强了与境外同行的合作，在MOU协议框架下，积极与芝加哥商业交易所、欧洲期货交易所和美国期货业协会展开了培训、信息交流、高层互访等合作项目，并与瑞士期货期权协会、新加坡交易所、香港交易所3家机构签署了合作备忘录。

三是组织召开了联席会员、中小期货公司、期货公司财务分析、期货女高管等座谈会和行业会议，积极搭建会员之间沟通交流的平台。

四是编辑出版了6期《中国期货》杂志并开通了微信公众号，完成了2013年《中国期货业发展报告》，开展了协会网站改版工作，启动了与央视等财经媒体的合作事宜，多渠道宣传行业形象。

五是完成了期货公司2012年经营情况分析，组织编写了《期货公司2012年财务年报》，在协会网站公布了期货公司六项财务指标排名，加强了公司信息披露。

七、以明确定位和改进作风为重点，切实加强了协会自身建设

一是成立了协会改革发展课题组，深入研究分析了美国NFA、中证协等相关行业

协会发展的经验，起草了协会五年发展规划，进一步明确了协会改革发展的方向。

二是完成了会员发展的调研报告，形成了短中长期会员结构调整的意见，稳步推进了会员发展工作，目前中国期货保证金监控中心和42家证券公司已提交了入会申请。

三是参加了民政部社团组织评估，全面梳理评估了协会过去10多年的工作成绩和不足，据此开展了制度梳理、档案整理、文件规范等工作，并取得5A级全国性行业协会商会的等级。

四是深入开展了党的群众路线教育实践活动，在认真学习中央精神和文件的基础上，班子成员分别到15个地区进行了专题调研，共征集意见和建议81条；党委班子和成员分别撰写了对照检查材料，在民主生活会上开展了深刻的批评和自我批评，并制定了切实可行的整改措施。

期货公司概况

近年来，随着期货市场不断发展，期货公司资本实力不断增强，规范运作水平不断提高，公司治理结构不断规范；服务实体经济手段日趋丰富，经营范围由单一的期货经纪业务扩展到期货经纪业务、投资咨询业务、资产管理业务，期货行业服务国民经济能力进一步提升。

一、期货行业基本情况

截至2013年12月底，全国共有156家期货公司，1469家期货营业部。

其中，注册资本2亿元以上的期货公司62家，3亿元以上的40家，4亿元以上的28家，5亿元以上的26家，6亿元以上的15家，8亿元以上的8家，10亿元以上的6家，注册资本最高达17亿元；共有独资期货公司31家，上市公司参控股的期货公司50家，被证券公司控股或与证券公司受同一实际控制人控制的期货公司73家。

截至2013年12月底，全国156家期货公司总资产、实收资本、净资产及净资本分别为629.89亿元（不含客户资产）、383.55亿元、526.32亿元和441.00亿元，同比分别增长14.24%、14.71%、14.34%、5.38%；期货公司管理的客户保证金达1939.18亿元，全年累计代理交易额为534万亿元（双边计算），较去年342万亿元增长56.37%；全国期货公司2013年全年累计实现净利润35.78亿元，较去年微降0.39%。

截至2013年12月底，期货公司获批金融期货全面结算业务资格15家，金融期货交易结算业务资格67家，金融期货经纪业务资格151家，期货投资咨询业务资格93家，资产管理业务资格29家，合计3163家证券公司营业部开展中间介绍业务。

二、期货公司高管及从业人员情况

截至2013年12月底，全国期货公司已经取得任职资格且已任职的董事长、独立董事、监事会主席和高级管理人员共1103人，其中董事长155人，独立董事143人，监事会主席86人，总经理154人，副总经理411人，首席风险官154人；期货公司从业人员32149人，证券公司中提供IB业务人员17119人，共计49268人。

三、期货公司内部控制情况

第一，2013年度，全国期货公司已经基本配备了首席风险官，首席风险官在期货公司风险管理方面的职能逐步发挥，期货公司风险管理体系与风险管理制度得到完善，风险管理水平不断提高。

第二，期货公司建立了以内部控制为核心的管理体系与风险控制制度。《期货公司管理办法》对期货公司的内部管理提出了具体要求，并在期货经纪业务规则及客户资产保护方面作出了详细要求与规定。期货公司能够按照前、中、后台业务分开的原则，合理设置业务部门及其职能，建立交易、结算、风险管理、财务等岗位责任制，对关键岗位及业务实施重点控制，交易、结算、财务业务应当由不同部门和人员分开办理。形成了业务隔离、风险控制、营业部、“四统一”等内部管理制度，期货公司的风险管理水平和能力都有了长足的进步。

第三，期货公司在内部合规与外部审计等方面有所加强。期货公司按照规定设立了合规审查部门或岗位，对期货公司经营管理行为的合法合规性进行审查、稽核。期货公司财务状况按规定接受独立审计师的审计。在年度终了后的 4 个月内向监管部门报送经证券、期货相关业务资格的会计师事务所审计的年度风险监管报表。

四、期货公司客户情况

截至 2013 年 12 月底，期货公司共有客户 13293 万户，其中休眠客户 57. 69 万户，占 43. 52%，有效客户 77. 32 万户，占 56. 48%（注：有效客户数为经过客户账户规范并且剔除休眠账户后的客户数）。

有效客户数中，其中有效个人客户数 75. 24 万户，占 97. 31%，有效法人客户数 2. 08 万户，占 2. 69%。

五、期货行业对外开放情况

目前，期货行业对外开放仅限于 CEPA 框架下对港澳地区的开放。国内共有银河期货、中信新际期货、摩根大通期货 3 家合资期货公司，永安期货、南华期货、国际期货、广发期货、金瑞期货和格林期货 6 家期货公司在香港设立了子公司。

截至 2013 年 12 月底，3 家合资期货公司总资产 442725 万港元，总负债 355165 万港元，净资产 87560 万港元，速动资金 46250 万港元；保证金规模为 348137 万港元。

2013 年，6 家香港子公司运行平稳，盈利能力稳健，符合香港证监会监管要求。截至 2013 年 12 月底，6 家香港子公司合计实现税后净盈利 10439. 04 万港元；其速动资金充足，均达到了香港证监会的监管要求。

第五部分

2013年期货市场运行数据汇总

期货市场分交易所数据①

表 5－1－1　　2013 年全国期货交易所交易品种一览表

交易所	简称	品种
上海期货交易所	上海期货（SHFE）	铜、铝、锌、铅、黄金、白银、天然橡胶、燃料油、石油沥青、螺纹钢、线材
郑州商品交易所	郑商所（ZCE）	优质强筋小麦、普通小麦、棉花、菜籽油、白砂糖、精对苯二甲酸、早籼稻、甲醇、平板玻璃、菜籽粕、油菜籽、动力煤、粳稻谷
大连商品交易所	大商所（DCE）	玉米、黄大豆一号、黄大豆二号、豆粕、豆油、棕榈油、鸡蛋、纤维板、胶合板、聚乙烯、聚氯乙烯、焦炭、焦煤、铁矿石
中国金融期货交易所	中金所（CFFEX）	沪深 300 股指期货，5 年期国债期货

表 5－1－2　　2013 年全国期货交易所市场概况　　单位：亿元

交易所	期货品种	会员总数	总成交额	总成交量	总实物交割额	总实物交割量
上海期货交易所	11	206	604167.73	642473980	3459664.19	285776
郑州商品交易所	13	205	189000.80	525299023	391315.35	85162
大连商品交易所	14	175	471527.27	700500777	576690.34	147167
中国金融期货交易所	2	150	1410066.21	193549311	38857	284
合计	40	—	2674762	2061823091	4466526.88	518389

表 5－1－3　2013 年全国期货交易所会员、期货公司会员和非期货公司会员情况　单位：家

交易所	会员总数	期货公司会员	非期货公司会员
上海期货交易所	206	157	49
郑州商品交易所	205	163	42
大连商品交易所	175	160	15
中国金融期货交易所	150	150	0

① 本部分注：a. 无特殊说明，成交量、持仓量和交割量单位为手；库存单位为吨，成交额和交割额单位为万元；价格单位为元/吨。b. 成交量、成交金额为单边计算；含期转现。c. 交割量和交割金额中包括期转现。

表 5－1－4　　2013 年上海期货交易所会员统计

地区分布	会员类型	会员号	会员简称	会员全称	合计（家）
安徽省	期货公司会员	186	徽商期货	徽商期货有限责任公司	5
		238	安粮期货	安粮期货有限公司	
		299	华安期货	华安期货有限责任公司	
	非期货公司会员	248	芜湖恒鑫	芜湖恒鑫铜业集团有限公司	
		379	马钢股份	马鞍山钢铁股份有限公司	
北京市	期货公司会员	2	中钢期货	中钢期货有限公司	37
		34	北京中期	北京中期期货有限公司	
		37	经易期货	经易期货经纪有限公司	
		43	国元期货	国元期货有限公司	
		55	银建期货	银建期货经纪有限责任公司	
		80	金鹏期货	金鹏期货经纪有限公司	
		116	北京首创	北京首创期货有限责任公司	
		118	华海期货	华海期货有限公司	
		121	格林大华	格林大华期货有限公司	
		137	宏源期货	宏源期货有限公司	
		139	中粮期货	中粮期货有限公司	
		156	中衍期货	中衍期货有限公司	
		171	京都期货	京都期货有限公司	
		242	国都期货	国都期货有限公司	
		244	民生期货	民生期货有限公司	
		254	冠通期货	冠通期货有限公司	
		262	英大期货	英大期货有限公司	
		272	银河期货	银河期货有限公司	
		336	安信期货	安信期货有限责任公司	
		375	第一创业	第一创业期货有限责任公司	
	非期货公司会员	297	中国中金	中国中金科技股份有限公司	
		307	中铝国贸	中铝国际贸易有限公司	
		345	海油销售	中海油销售（北京）股份有限公司	
		350	中联油	中国联合石油有限责任公司	
		352	中国船燃	中国船舶燃料有限责任公司	
		356	中化石油	中化石油有限公司	
		358	中油燃料	中油燃料油有限责任公司	
		359	联合石化	中国国际石油化工联合有限责任公司	
		360	振华恒生	北京振华恒生石油化工有限公司	
		368	中国黄金	中国黄金集团公司	
		369	工商银行	中国工商银行股份有限公司	
		377	中海石油	中海石油化工进出口有限公司	
		381	民生银行	中国民生银行股份有限公司	
		386	中国银行	中国银行股份有限公司	
		387	农业银行	中国农业银行股份有限公司	
		393	光大银行	中国光大银行股份有限公司	
		398	建设银行	中国建设银行股份有限公司	

续表

地区分布	会员类型	会员号	会员简称	会员全称	合计（家）
福建省	期货公司会员	22	金友期货	金友期货经纪有限责任公司	7
		58	国贸期货	国贸期货经纪有限公司	
		59	瑞达期货	瑞达期货股份有限公司	
		311	兴证期货	兴证期货有限公司	
		318	鑫鼎盛	鑫鼎盛期货有限公司	
	非期货公司会员	370	紫金矿业	紫金矿业集团股份有限公司	
		382	兴业银行	兴业银行股份有限公司	
甘肃	期货公司会员	45	华龙期货	华龙期货有限公司	4
	非期货公司会员	17	金川集团	金川集团股份有限公司	
		26	白银有色	白银有色金属公司	
		36	连城铝业	兰州连城铝业有限责任公司	
广东省	期货公司会员	9	五矿期货	五矿期货有限公司	29
		31	中航期货	中航期货经纪有限公司	
		49	金瑞期货	金瑞期货有限公司	
		108	深圳金汇	深圳金汇期货经纪有限公司	
		115	新晟期货	新晟期货有限公司	
		138	瑞龙期货	深圳瑞龙期货有限公司	
		148	中信期货	中信期货有限公司	
		157	中国国际	中国国际期货有限公司	
		160	华南期货	华南期货经纪有限公司	
		161	招商期货	招商期货有限公司	
		182	海航东银	海航东银期货有限公司	
		184	摩根大通	摩根大通期货有限公司	
		239	乾坤期货	乾坤期货有限公司	
		240	广发期货	广发期货有限公司	
		252	鸿海期货	广东鸿海期货有限公司	
		253	华泰长城	华泰长城期货有限公司	
		261	集成期货	集成期货有限公司	
		266	江南期货	江南期货经纪有限公司	
		276	华联期货	华联期货有限公司	
		288	平安期货	平安期货有限公司	
		310	神华期货	神华期货经纪有限公司	
		331	广永期货	广永期货有限公司	
		335	中投期货	中投天琪期货有限公司	
		338	广州期货	广州期货有限公司	
	非期货公司会员	326	金创利	广州金创利经贸有限公司	
		351	华泰兴	广州市华泰兴石油化工有限公司	
		365	碧辟投资	碧辟（中国）投资有限公司	
		392	平安银行	平安银行股份有限公司	
		396	招商银行	招商银行股份有限公司	

续表

地区分布	会员类型	会员号	会员简称	会员全称	合计（家）
海南省	期货公司会员	89	金元期货	金元期货经纪有限公司	4
		245	金海岸	海南金海岸期货经纪有限公司	
		269	华融期货	华融期货有限责任公司	
		372	中银国际	中银国际期货有限责任公司	
河北省	期货公司会员	290	河北恒银	河北恒银期货经纪有限公司	1
河南省	期货公司会员	327	中原期货	中原期货有限公司	2
		332	万达期货	万达期货股份有限公司	
黑龙江省	期货公司会员	27	时代期货	黑龙江时代期货经纪有限公司	3
		286	大通期货	大通期货经纪有限公司	
		337	三力期货	黑龙江三力期货经纪有限责任公司	
湖北省	期货公司会员	48	长江期货	长江期货有限公司	3
		295	美尔雅	美尔雅期货经纪有限公司	
	非期货公司会员	361	大冶有色	大冶有色金属有限公司	
湖南省	期货公司会员	292	方正期货	方正期货有限公司	4
		312	金信期货	金信期货有限公司	
		320	大有期货	大有期货有限公司	
		349	德盛期货	德盛期货有限公司	
吉林省	期货公司会员	13	中融汇信	中融汇信期货有限公司	3
		328	天富期货	天富期货有限公司	
		348	东方汇金	东方汇金期货有限公司	
江苏省	期货公司会员	7	东海期货	东海期货有限责任公司	11
		14	锦泰期货	锦泰期货有限公司	
		18	国联期货	国联期货有限责任公司	
		38	南证期货	南证期货有限责任公司	
		73	江苏东华	江苏东华期货有限公司	
		76	道通期货	道通期货经纪有限公司	
		151	创元期货	创元期货经纪有限公司	
		178	弘业期货	弘业期货股份有限公司	
		270	文峰期货	文峰期货有限公司	
		322	新纪元	新纪元期货有限公司	
	非期货公司会员	378	沙钢集团	江苏沙钢集团有限公司	
江西省	期货公司会员	72	江西瑞奇	江西瑞奇期货经纪有限公司	1
辽宁省	期货公司会员	124	江海汇鑫	江海汇鑫期货有限公司	7
		271	渤海期货	渤海期货有限公司	
		321	天风期货	天风期货有限公司	
		339	大连良运	大连良运期货经纪有限公司	
		385	国富期货	国富期货有限公司	
		389	江信国盛	江信国盛期货有限责任公司	
	非期货公司会员	373	锌业股份	葫芦岛锌业股份有限公司	

续表

地区分布	会员类型	会员号	会员简称	会员全称	合计（家）
宁夏回族自治区	非期货公司会员	383	青铜峡	青铜峡铝业股份有限公司	1
青海省	期货公司会员	343	财富期货	财富期货有限公司	1
山东省	期货公司会员	1	招金期货	招金期货有限公司	5
		275	鲁证期货	鲁证期货股份有限公司	
		313	中州期货	中州期货有限公司	
	非期货公司会员	367	山东黄金	山东黄金矿业股份有限公司	
		371	招金集团	山东招金集团有限公司	
山西省	期货公司会员	274	中辉期货	中辉期货经纪有限公司	5
		280	山西三立	山西三立期货经纪有限公司	
		305	晟鑫期货	晟鑫期货经纪有限公司	
		324	和合期货	和合期货经纪有限公司	
	非期货公司会员	363	北方铜业	北方铜业股份有限公司	
陕西省	期货公司会员	47	迈科期货	迈科期货经纪有限公司	3
		263	长安期货	长安期货有限公司	
		319	西部期货	西部期货有限公司	
上海市	期货公司会员	3	上海良茂	上海良茂期货经纪有限公司	39
		4	国泰君安	国泰君安期货有限公司	
		5	中信新际	中信新际期货有限公司	
		6	华鑫期货	华鑫期货有限公司	
		8	上海中期	上海中期期货有限公司	
		11	上海东方	上海东方期货经纪有限责任公司	
		16	上海大陆	上海大陆期货有限公司	
		25	上海金源	上海金源期货有限公司	
		28	上海通联	上海通联期货有限公司	
		30	恒泰期货	恒泰期货有限公司	
		42	光大期货	光大期货有限公司	
		67	中财期货	上海中财期货有限公司	
		69	申万期货	申银万国期货有限公司	
		75	上海浙石	上海浙石期货经纪有限公司	
		77	新湖期货	新湖期货有限公司	
		81	海通期货	海通期货有限公司	
		82	国投期货	国投中谷期货有限公司	
		84	上海普民	上海普民期货经纪有限公司	
		86	东航期货	东航期货有限责任公司	
		88	上海东亚	上海东亚期货经纪有限公司	
		153	海证期货	海证期货有限公司	
		163	东证期货	上海东证期货有限公司	
		234	中化国际	中化国际（控股）股份有限公司	
		259	华闻期货	华闻期货经纪有限公司	

续表

地区分布	会员类型	会员号	会员简称	会员全称	合计（家）
上海市	期货公司会员	298	同信久恒	同信久恒期货有限责任公司	39
		308	国信期货	国信期货有限责任公司	
		309	天鸿期货	天鸿期货经纪有限公司	
		316	东兴期货	东兴期货有限责任公司	
		323	东吴期货	东吴期货有限公司	
	非期货公司会员	65	上海五矿	上海市五金矿产进出口有限公司	
		300	上海恒洋	上海恒洋国际贸易有限公司	
		353	高盈石化	上海高盈石化股份有限公司	
		357	上海燃料	上海燃料有限公司	
		376	上海鑫德	上海鑫德投资发展有限公司	
		380	交通银行	交通银行股份有限公司	
		390	汇丰银行	汇丰银行（中国）有限公司	
		391	澳新中国	澳大利亚和新西兰银行(中国）有限公司	
		395	上海银行	上海银行股份有限公司	
		388	浦发银行	上海浦东发展银行股份有限公司	
四川省	期货公司会员	95	国金期货	国金期货有限责任公司	3
		159	成都倍特	成都倍特期货经纪有限公司	
		257	华西期货	华西期货有限责任公司	
天津市	期货公司会员	51	金谷期货	金谷期货有限公司	6
		52	象屿期货	象屿期货有限责任公司	
		68	财达期货	财达期货有限公司	
		277	一德期货	一德期货有限公司	
		296	和融期货	和融期货经纪有限责任公司	
		342	津投期货	津投期货经纪有限公司	
新疆维吾尔自治区	期货公司会员	105	金石期货	金石期货有限公司	2
		330	新疆天利	新疆天利期货经纪有限公司	
云南省	期货公司会员	306	红塔期货	红塔期货有限责任公司	3
	非期货公司会员	315	云晨期货	云晨期货有限责任公司	
		247	云南农垦	云南农垦集团有限责任公司	
浙江省	期货公司会员	19	宝城期货	宝城期货有限责任公司	13
		29	国海良时	国海良时期货有限公司	
		96	南华期货	南华期货股份有限公司	
		103	永安期货	永安期货股份有限公司	
		107	浙新世纪	浙江新世纪期货有限公司	
		123	浙商期货	浙商期货有限公司	
		125	浙江中大	浙江中大期货有限公司	
		134	大越期货	大越期货有限公司	
		136	信达期货	信达期货有限公司	
		169	宁波杉立	宁波杉立期货经纪有限公司	
		177	大地期货	大地期货有限公司	
		333	盛达期货	盛达期货有限公司	
	非期货公司会员	397	宁波银行	宁波银行股份有限公司	

续表

地区分布	会员类型	会员号	会员简称	会员全称	合计（家）
重庆市	期货公司会员	23	华创期货	华创期货有限责任公司	4
		141	西南期货	西南期货经纪有限公司	
		249	先融期货	中电投先融期货有限公司	
		268	中信建投	中信建投期货有限公司	

表5-1-5　　2013年郑州商品交易所会员统计

地区	会员类型	会员号	会员简称	会员全称	合计
安徽	期货公司会员	32	徽商期货	徽商期货有限责任公司	3
		139	安粮期货	安粮期货有限公司	
		209	华安期货	华安期货有限责任公司	
	非期货公司会员		安徽粮食	安徽省粮食集团有限责任公司	1
北京	期货公司会员	4	中钢期货	中钢期货有限公司	21
		16	格林期货	格林期货有限公司	
		39	北京中期	北京中期期货有限公司	
		43	国元海勤	国元期货有限公司	
		51	银河期货	银河期货有限公司	
		68	中粮期货	中粮期货有限公司	
		98	第一创业	第一创业期货有限责任公司	
		117	国都期货	国都期货有限公司	
		126	安信期货	安信期货有限责任公司	
		131	京都期货	京都期货有限公司	
		138	金鹏期货	金鹏期货经纪有限公司	
		141	中国国际	中国国际期货有限公司	
		148	民生期货	民生期货有限公司	
		159	银建期货	银建期货经纪有限责任公司	
		189	冠通期货	冠通期货有限公司	
		198	英大期货	英大期货有限公司	
		203	宏源期货	宏源期货有限公司	
		241	首创期货	北京首创期货有限责任公司	
		257	经易期货	经易期货经纪有限公司	
		258	中衍期货	中衍期货有限公司	
			天星期货	北京天星期货经纪有限公司	
	非期货公司会员	65	中国粮食	中国粮食贸易公司	7
		153	路易达孚	路易达孚（北京）贸易有限责任公司	
			全国棉花	北京全国棉花交易市场有限责任公司	
			北京粮食	北京粮食集团有限责任公司	
			中纺棉花	中纺棉花进出口公司	
			北京中棉	北京中棉通泰经贸有限公司	
			北京慧聪	北京慧聪建设信息咨询有限公司	

续表

地区	会员类型	会员号	会员简称	会员全称	合计
重庆	期货公司会员	71	西南期货	西南期货经纪有限公司	4
		122	华创期货	华创期货有限责任公司	
		168	中信建投	中信建投期货有限公司	
		206	中电投期货	中电投先融期货有限公司	
福建	期货公司会员	80	金友期货	金友期货经纪有限责任公司	4
		101	国贸期货	国贸期货经纪有限公司	
		121	瑞达期货	瑞达期货股份有限公司	
		268	兴证期货	兴证期货有限公司	
甘肃	期货公司会员	33	华龙期货	华龙期货有限公司	1
广东	期货公司会员	7	华泰长城	华泰长城期货有限公司	25
		10	招商期货	招商期货有限公司	
		26	海航东银	海航东银期货有限公司	
		27	中航期货	中航期货经纪有限公司	
		37	集成期货	集成期货有限公司	
		55	中证期货	中证期货有限公司	
		62	金瑞期货	金瑞期货有限公司	
		82	大通期货	摩根大通期货有限公司	
		93	金汇期货	深圳金汇期货经纪有限公司	
		129	江南期货	江南期货经纪有限公司	
		133	华联期货	华联期货有限公司	
		155	中投天琪	中投天琪期货有限公司	
		163	五矿期货	五矿期货有限公司	
		173	广发期货	广发期货有限公司	
		191	广永期货	广永期货有限公司	
		196	鸿海期货	广东鸿海期货有限公司	
		215	瑞龙期货	深圳瑞龙期货有限公司	
		220	乾坤期货	乾坤期货有限公司	
		225	广州期货	广州期货有限公司	
		229	华南期货	华南期货经纪有限公司	
		235	新晟期货	新晟期货有限公司	
		274	神华期货	神华期货经纪有限公司	
		278	平安期货	平安期货有限公司	
			汇储期货	广东汇储期货经纪有限公司	
			天太期货	珠海市天太期货经纪有限公司	
	非期货公司会员		深圳农产品	深圳市农产品股份有限公司	
			新产业投资	新产业投资股份有限公司	2
海南	期货公司会员	23	金海岸期货	海南金海岸期货经纪有限公司	4
		86	金元期货	金元期货经纪有限公司	
		100	中银国际	中银国际期货有限责任公司	
		108	华融期货	华融期货有限责任公司	
	非期货公司会员		置地集团	置地集团有限公司	1

续表

地区	会员类型	会员号	会员简称	会员全称	合计
河北	期货公司会员	218	恒银期货	河北恒银期货经纪有限公司	1
	非期货公司会员	152	廊坊中糖	廊坊中糖华洋实业公司	3
			河北粮油	河北省粮油集团有限公司	
			保定瑞丰	保定瑞丰糖业有限公司	
河南	期货公司会员	69	万达期货	万达期货有限公司	2
		88	中原期货	中原期货有限公司	
	非期货公司会员	42	郑州万家城	郑州万家城置业有限公司	20
			河南粮食	河南省粮食贸易公司	
			河南粮油	河南省粮油工业总公司	
			河南天予	河南天予粮食购销储运有限公司	
			邓州粮油	邓州市粮油总公司	
			获嘉粮油	获嘉县粮油（集团）总公司	
			河南储运	河南省粮食储运公司	
			河南油脂	河南省油脂公司	
			河南商业	河南省商业总公司	
			河南畜产品	河南省畜产品进出口公司	
			南阳油脂	河南省南阳市油脂集团公司	
			南阳粮食	河南省南阳市粮食总公司	
			利华实业	河南利华实业发展有限公司	
			河南物资	河南物资集团公司	
			河南粮油食品	河南粮油食品进出口集团有限责任公司	
			郑州万事利	郑州万事利实业有限公司	
			卧龙粮油	南阳市卧龙区粮油总公司	
			河南外贸	河南省粮油对外贸易总公司	
			南召粮油	南召县粮油总公司	
			河南神力	河南神力集团有限责任公司	
黑龙江	期货公司会员	84	大通期货	大通期货经纪有限公司	3
		233	时代期货	黑龙江时代期货经纪有限公司	
			龙兴期货	黑龙江省龙兴期货经纪有限公司	
湖北	期货公司会员	76	长江期货	长江期货有限公司	2
		107	美尔雅期货	美尔雅期货经纪有限公司	
	非期货公司会员		银丰股份	湖北银丰棉花股份有限公司	1
湖南	期货公司会员	149	大有期货	大有期货有限公司	4
		201	方正期货	方正期货有限公司	
		226	德盛期货	德盛期货有限公司	
		232	金信期货	金信期货有限公司	
吉林	期货公司会员	61	中融汇信	中融汇信期货有限公司	3
		75	东方汇金	东方汇金期货有限公司	
		77	天富期货	天富期货有限公司	

续表

地区	会员类型	会员号	会员简称	会员全称	合计
江苏	期货公司会员	5	新纪元期货	新纪元期货有限公司	10
		19	东华期货	江苏东华期货有限公司	
		20	弘业期货	弘业期货股份有限公司	
		81	南证期货	南证期货有限责任公司	
		91	创元期货	创元期货有限公司	
		174	国联期货	国联期货有限责任公司	
		176	道通期货	道通期货经纪有限公司	
		182	文峰期货	文峰期货有限公司	
		210	东海期货	东海期货有限责任公司	
		243	锦泰期货	锦泰期货有限公司	
江西	期货公司会员	22	瑞奇期货	江西瑞奇期货经纪有限公司	1
辽宁	期货公司会员	15	江信国盛	江信国盛期货有限责任公司	7
		52	渤海期货	渤海期货有限公司	
		118	华海期货	华海期货有限公司	
		156	天风期货	天风期货有限公司	
		160	国富期货	国富期货有限公司	
		195	良运期货	大连良运期货经纪有限公司	
		199	江海汇鑫	江海汇鑫期货有限公司	
内蒙古	期货公司会员	169	鑫鼎盛期货	鑫鼎盛期货有限公司	1
青海	期货公司会员	31	财富期货	财富期货有限公司	1
山东	期货公司会员	58	鲁证期货	鲁证期货股份有限公司	4
		103	招金期货	招金期货有限公司	
		161	中州期货	中州期货有限公司	
			国大期货	青岛国大期货经纪有限公司	
	非期货公司会员		沂南粮油	山东沂南县粮油总公司	2
			济宁粮油	济宁市粮油总公司	
山西	期货公司会员	2	晟鑫期货	晟鑫期货经纪有限公司	4
		134	三立期货	山西三立期货经纪有限公司	
		146	和合期货	和合期货经纪有限公司	
		202	中辉期货	中辉期货经纪有限公司	
陕西	期货公司会员	102	迈科期货	迈科期货经纪有限公司	3
		147	长安期货	长安期货有限公司	
		193	西部期货	西部期货有限公司	
上海	期货公司会员	8	大陆期货	上海大陆期货有限公司	
		9	国投中谷	国投中谷期货有限公司	
		17	中财期货	上海中财期货有限公司	
		18	国信期货	国信期货有限责任公司	
		21	东方期货	上海东方期货经纪有限责任公司	
		38	申银万国	申银万国期货有限公司	
		60	东兴期货	东兴期货有限责任公司	

续表

地区	会员类型	会员号	会员简称	会员全称	合计
上海	期货公司会员	70	中信新际	中信新际期货有限公司	29
		83	海通期货	海通期货有限公司	
		87	金源期货	上海金源期货有限公司	
		99	天鸿期货	天鸿期货经纪有限公司	
		109	东证期货	上海东证期货有限公司	
		111	光大期货	光大期货有限公司	
		142	东航期货	东航期货有限责任公司	
		179	上海中期	上海中期期货有限公司	
		183	华鑫期货	华鑫期货有限公司	
		185	东吴期货	东吴期货有限公司	
		186	国泰君安	国泰君安期货有限公司	
		205	浙石期货	上海浙石期货经纪有限公司	
		211	大华期货	大华期货有限公司	
		216	良茂期货	上海良茂期货经纪有限公司	
		222	海证期货	海证期货有限公司	
		234	新湖期货	新湖期货有限公司	
		236	通联期货	上海通联期货有限公司	
		246	恒泰期货	恒泰期货有限公司	
		249	东亚期货	上海东亚期货有限公司	
		269	同信久恒	同信久恒期货有限责任公司	
		275	华闻期货	华闻期货经纪有限公司	
			普民期货	上海普民期货经纪有限公司	
	非期货公司会员	151	上海恒洋	上海恒洋国际贸易有限公司	2
			上海欧亚美	上海欧亚美进出口有限公司	
四川	期货公司会员	1	华西期货	华西期货有限责任公司	3
		110	国金期货	国金期货有限责任公司	
		178	倍特期货	成都倍特期货经纪有限公司	
	非期货公司会员		资阳棉麻	资阳市供销棉麻土产有限公司	1
天津	期货公司会员	73	金谷期货	金谷期货有限公司	6
		79	津投期货	津投期货经纪有限公司	
		92	象屿期货	象屿期货有限责任公司	
		228	和融期货	和融期货经纪有限责任公司	
		262	一德期货	一德期货有限公司	
		265	财达期货	财达期货有限公司	
新疆	期货公司会员	50	金石期货	金石期货有限公司	2
		157	天利期货	新疆天利期货经纪有限公司	
	非期货公司会员		新疆粮油	新疆粮油集团有限责任公司	1
云南	期货公司会员	3	红塔期货	红塔期货有限责任公司	3
		66	云晨期货	云晨期货有限责任公司	
			云南恒丰	云南恒丰期货经纪有限公司	

续表

地区	会员类型	会员号	会员简称	会员全称	合计
云南	非期货公司会员		金珂糖业	云南省元江县金珂集团糖业有限责任公司	1
浙江	期货公司会员	11	宝城期货	宝城期货有限责任公司	12
		25	盛达期货	盛达期货有限公司	
		94	杉立期货	宁波杉立期货经纪有限公司	
		95	大地期货	大地期货有限公司	
		113	浙商期货	浙商期货有限公司	
		114	信达期货	信达期货有限公司	
		123	新世纪期货	浙江新世纪期货有限公司	
		175	中大期货	浙江中大期货有限公司	
		188	永安期货	永安期货股份有限公司	
		190	国海良时	国海良时期货有限公司	
		212	南华期货	南华期货股份有限公司	
		254	大越期货	大越期货有限公司	

表 5－1－6　　2013 年大连商品交易所会员统计

地区	会员类型	会员号	会员简称	会员全称	合计
安徽	经纪	129	华安期货	华安期货有限责任公司	3
		169	安粮期货	安粮期货有限公司	
		187	徽商期货	徽商期货有限责任公司	
北京	经纪	12	银建期货	银建期货经纪有限责任公司	24
		18	宏源期货	宏源期货有限公司	
		33	中钢期货	中钢期货有限公司	
		51	银河期货	银河期货有限公司	
		52	中粮期货	中粮期货有限公司	
		58	北京中期	北京中期期货经纪有限公司	
		81	北京金鹏	金鹏期货经纪有限公司	
		92	英大期货	英大期货有限公司	
		95	北京首创	北京首创期货有限责任公司	
		103	中国国际	中国国际期货有限公司	
		138	经易期货	经易期货经纪有限公司	
		150	中衍期货	中衍期货有限公司	
		156	国都期货	国都期货有限公司	
		160	冠通期货	冠通期货有限公司	
		168	华海期货	华海期货有限公司	
		181	格林期货	格林期货有限公司	
		226	安信期货	安信期货有限责任公司	
		227	国元海勤	国元海勤期货有限公司	
		244	第一创业	第一创业期货有限责任公司	
		246	京都期货	京都期货有限公司	

续表

地区	会员类型	会员号	会员简称	会员全称	合计
北京	经纪	148	民生期货	民生期货有限公司	24
	自营	36	中粮集团	中粮集团有限公司	
		183	路易达孚	路易达孚（北京）贸易有限责任公司	
		200	中谷粮油	中谷粮油集团公司	
福建	经纪	121	鑫鼎盛期货	鑫鼎盛期货有限公司	5
		133	兴业期货	兴业期货有限公司	
		180	国贸期货	国贸期货经纪有限公司	
		192	金友期货	金友期货经纪有限责任公司	
		195	瑞达期货	瑞达期货经纪有限公司	
甘肃	经纪	69	华龙期货	华龙期货有限公司	1
广东	经纪	23	海航东银	海航东银期货有限公司	26
		25	乾坤期货	乾坤期货有限公司	
		37	中航期货	中航期货经纪有限公司	
		48	江南期货	江南期货经纪有限公司	
		75	深圳瑞龙	深圳瑞龙期货有限公司	
		110	中信期货	中信期货有限公司	
		112	新晟期货	新晟期货有限公司	
		113	华联期货	华联期货有限公司	
		120	中投期货	中投天琪期货有限公司	
		122	华泰长城	华泰长城期货有限公司	
		134	五矿期货	五矿期货有限公司	
		145	华南期货	华南期货经纪有限公司	
		147	广东鸿海	广东鸿海期货有限公司	
		167	集成期货	集成期货有限公司	
		173	广发期货	广发期货有限公司	
		203	平安期货	平安期货有限公司	
		206	金瑞期货	金瑞期货有限公司	
		210	招商期货	招商期货有限公司	
		212	神华期货	神华期货经纪有限公司	
		213	深圳金汇	深圳金汇期货经纪有限公司	
		221	广永期货	广永期货经纪有限公司	
		223	盛达期货	盛达期货有限公司	
		225	广州期货	广州期货有限公司	
		240	摩根大通	摩根大通期货有限公司	
	自营	241	深圳年年丰	深圳市年年丰粮油有限公司	
		243	温氏集团	广东温氏食品集团有限公司	
海南	经纪	19	华融期货	华融期货有限公司	4
		115	金元期货	金元期货经纪有限公司	
		194	海南金海岸	海南金海岸期货经纪有限公司	
		242	中银国际	中银国际期货有限责任公司	

续表

地区	会员类型	会员号	会员简称	会员全称	合计
河北	经纪	182	河北恒银	河北恒银期货经纪有限公司	1
河南	经纪	78	万达期货	万达期货有限公司	3
		202	中原期货	中原期货有限公司	
	自营	88	河南阳光	河南阳光油脂集团有限公司	
黑龙江	经纪	85	黑龙江时代	黑龙江时代期货经纪有限公司	5
		100	黑龙江三力	黑龙江三力期货经纪有限责任公司	
		171	大通期货	大通期货经纪有限公司	
		188	黑龙江龙兴	黑龙江省龙兴期货经纪有限公司	
	自营	111	北大荒粮油	黑龙江北大荒粮油经销总公司	
湖北	经纪	57	美尔雅期货	美尔雅期货经纪有限公司	2
		229	长江期货	长江期货有限公司	
湖南	经纪	60	方正期货	方正期货有限公司	4
		172	湖南金信	金信期货有限公司	
		218	大有期货	大有期货有限公司	
		236	德盛期货	德盛期货经纪有限公司	
吉林	经纪	158	天富期货	天富期货经纪有限公司	5
		233	吉粮期货	吉粮期货有限公司	
		235	中融汇信	中融汇信期货有限公司	
	自营	40	中粮吉林	中粮粮油吉林有限公司	
		99	吉粮集团	吉林粮食集团有限公司	
江苏	经纪	46	东海期货	东海期货有限责任公司	13
		93	江苏东华	江苏东华期货有限公司	
		104	创元期货	创元期货经纪有限公司	
		114	江苏新纪元	新纪元期货有限公司	
		117	弘业期货	弘业期货股份有限公司	
		139	道通期货	道通期货经纪有限公司	
		161	国联期货	国联期货有限责任公司	
		166	锦泰期货	锦泰期货有限公司	
		177	文峰期货	文峰期货有限公司	
		178	南证期货	南证期货有限责任公司	
		185	江苏期望	江苏期望期货经纪有限公司	
	自营	98	中粮四海丰	张家港保税区中粮四海丰贸易有限公司	
		208	江海粮油	江苏省江海粮油集团有限公司	
江西	经纪	89	江西瑞奇	江西瑞奇期货经纪有限公司	1
辽宁	经纪	16	汇鑫期货	江海汇鑫期货有限公司	
		20	渤海期货	渤海期货有限公司	
		74	大连良运	大连良运期货经纪有限公司	
		80	国富期货	国富期货有限公司	
		153	天风期货	天风期货有限公司	
		165	江信国盛	江信国盛期货有限责任公司	

续表

地区	会员类型	会员号	会员简称	会员全称	合计
辽宁	自营	38	辽宁粮油	辽宁粮油进出口股份有限公司	7
青海	经纪	230	财富期货	财富期货有限公司	1
山东	经纪	43	鲁证期货	鲁证期货有限公司	3
		189	中州期货	中州期货有限公司	
		190	招金期货	招金期货有限公司	
山西	经纪	11	中辉期货	中辉期货经纪有限公司	4
		65	和合期货	和合期货经纪有限公司	
		72	山西三立	山西三立期货经纪有限公司	
		216	晟鑫期货	晟鑫期货经纪有限公司	
陕西	经纪	53	迈科期货	迈科期货经纪有限公司	3
		82	长安期货	长安期货有限公司	
		164	西部期货	西部期货有限公司	
上海	经纪	15	新湖期货	新湖期货有限公司	30
		22	东航期货	东航期货经纪有限公司	
		30	国泰君安	国泰君安期货有限公司	
		49	海通期货	海通期货有限公司	
		56	申银万国	申银万国期货有限公司	
		62	华闻期货	华闻期货经纪有限公司	
		84	上海东亚	上海东亚期货有限公司	
		96	天鸿期货	天鸿期货经纪有限公司	
		102	上海中财	上海中财期货有限公司	
		105	光大期货	光大期货有限公司	
		106	上海通联	上海通联期货有限公司	
		108	上海普民	上海普民期货经纪有限公司	
		118	上海金源	上海金源期货有限公司	
		125	国投期货	国投中谷期货有限公司	
		126	海证期货	海证期货有限公司	
		131	华元期货	华元期货有限责任公司	
		135	上海中期	上海中期期货经纪有限公司	
		136	上海大陆	上海大陆期货有限公司	
		143	东吴期货	东吴期货有限公司	
		149	上海良茂	上海良茂期货经纪有限公司	
		157	上海浙石	上海浙石期货经纪有限公司	
		175	中信新际	中信新际期货有限公司	
		184	东证期货	上海东证期货有限公司	
		186	恒泰期货	恒泰期货有限公司	
		209	同信久恒	同信久恒期货有限责任公司	
		211	大华期货	大华期货有限公司	
		242	中银国际	中银国际期货有限责任公司	
		245	华鑫期货	华鑫期货有限公司	
		247	东方期货	上海东方期货经纪有限责任公司	
	自营	238	上海益海	上海益海商贸有限公司	

续表

地区	会员类型	会员号	会员简称	会员全称	合计
四川	经纪	21	国金期货	国金期货有限责任公司	3
		39	成都倍特	成都倍特期货经纪有限公司	
		123	华西期货	华西期货有限责任公司	
天津	经纪	35	和融期货	和融期货经纪有限责任公司	6
		63	财达期货	财达期货有限公司	
		67	金谷期货	金谷期货有限公司	
		196	一德期货	一德期货有限公司	
		207	象屿期货	象屿期货有限责任公司	
		228	津投期货	津投期货经纪有限公司	
新疆	经纪	42	金石期货	金石期货有限公司	2
		155	新疆天利	新疆天利期货经纪有限公司	
云南	经纪	201	红塔期货	红塔期货有限责任公司	2
		215	云晨期货	云晨期货有限责任公司	
浙江	经纪	14	信达期货	信达期货有限公司	11
		26	大越期货	大越期货有限公司	
		50	浙江新世纪	浙江新世纪期货有限公司	
		70	宝城期货	宝城期货有限责任公司	
		97	浙商期货	浙商期货有限公司	
		107	浙江中大	浙江中大期货有限公司	
		109	永安期货	永安期货股份有限公司	
		151	国海良时	国海良时期货有限公司	
		152	南华期货	南华期货股份有限公司	
		170	宁波杉立	宁波杉立期货经纪有限公司	
		176	大地期货	大地期货有限公司	
		223	盛达期货	盛达期货有限公司	
重庆	经纪	71	中信建投	中信建投期货经纪有限公司	5
		101	先融期货	中电投先融期货有限公司	
		141	西南期货	西南期货经纪有限公司	
		219	华创期货	华创期货有限责任公司	
	自营	239	重庆新涪	重庆新涪食品有限公司	

表 5－1－7　　　　2013 年中国金融期货交易所会员统计

辖区	会员类型	会员号	会员简称	会员全称	合计（家）
安徽	交易结算	0147	华安期货	华安期货有限责任公司	3
	交易会员	0200	徽商期货	徽商期货有限责任公司	
	交易会员	276	安粮期货	安粮期货有限公司	
北京	全面结算	0010	中粮期货	中粮期货有限公司	21
	交易结算	0101	经易期货	经易期货经纪有限公司	
	交易结算	0106	格林大华	格林大华期货有限公司	
	交易结算	0109	银河期货	银河期货有限公司	

续表

辖区	会员类型	会员号	会员简称	会员全称	合计（家）
北京	交易结算	0112	北京首创	北京首创期货有限责任公司	21
	交易结算	0121	中钢期货	中钢期货有限公司	
	交易结算	0130	国都期货	国都期货有限公司	
	交易结算	0135	冠通期货	冠通期货有限公司	
	交易结算	0137	宏源期货	宏源期货有限公司	
	交易结算	0149	民生期货	民生期货有限公司	
	交易结算	0150	安信期货	安信期货有限责任公司	
	交易结算	0159	中国国际	中国国际期货有限公司	
	交易结算	0167	北京中期	北京中期期货有限公司	
	交易结算	0171	国元期货	国元期货有限公司	
	交易结算	175	英大期货	英大期货有限公司	
	交易会员	0212	银建期货	银建期货经纪有限责任公司	
	交易会员	0218	金鹏期货	金鹏期货经纪有限公司	
	交易会员	0235	中衍期货	中衍期货有限公司	
	交易会员	0242	第一创业	第一创业期货有限责任公司	
	交易会员	262	华海期货	华海期货有限公司	
	交易会员	277	京都期货	京都期货有限公司	
大连	交易结算	0126	渤海期货	渤海期货有限公司	4
	交易结算	0161	大连良运	大连良运期货经纪有限公司	
	交易会员	0238	天风期货	天风期货有限公司	
	交易会员	281	国富期货	国富期货有限公司	
海南	交易结算	0117	金元期货	金元期货经纪有限公司	3
	交易结算	0165	中银国际	中银国际期货有限责任公司	
	交易会员	0251	华融期货	华融期货有限责任公司	
河北	交易会员	0228	河北恒银	河北恒银期货经纪有限公司	1
河南	交易结算	0113	国信期货	国信期货有限责任公司	3
	交易结算	0119	万达期货	万达期货有限公司	
	交易会员	0249	中原期货	中原期货有限公司	
湖北	交易结算	0116	长江期货	长江期货有限公司	2
	交易结算	181	美尔雅	美尔雅期货经纪有限公司	
湖南	交易会员	0215	大有期货	大有期货有限公司	4
	交易会员	0227	金信期货	金信期货有限公司	
	交易会员	0260	德盛期货	德盛期货有限公司	
	交易会员	265	方正期货	方正期货有限公司	
吉林	交易结算	0169	天富期货	天富期货有限公司	2
	交易会员	285	东方汇金	东方汇金期货有限公司	
江苏	全面结算	0008	东海期货	东海期货有限责任公司	10
	交易结算	0118	国联期货	国联期货有限责任公司	
	交易结算	0128	弘业期货	弘业期货股份有限公司	
	交易结算	0139	南证期货	南证期货有限责任公司	

续表

辖区	会员类型	会员号	会员简称	会员全称	合计（家）
江苏	交易结算	0151	锦泰期货	锦泰期货有限公司	10
	交易会员	0207	新纪元	新纪元期货有限公司	
	交易会员	0209	江苏东华	江苏东华期货有限公司	
	交易会员	0210	文峰期货	文峰期货有限公司	
	交易会员	0219	创元期货	创元期货经纪有限公司	
	交易会员	0239	道通期货	道通期货经纪有限公司	
江西	交易会员	0211	江西瑞奇	江西瑞奇期货经纪有限公司	1
四川	交易结算	0129	国金期货	国金期货有限责任公司	3
	交易结算	182	华西期货	华西期货有限责任公司	
	交易会员	0232	成都倍特	成都倍特期货经纪有限公司	
天津	全面结算	0005	一德期货	一德期货有限公司	5
	交易结算	0120	和融期货	和融期货经纪有限责任公司	
	交易会员	275	象屿期货	象屿期货有限责任公司	
	交易会员	287	财达期货	财达期货有限公司	
	交易会员	289	金谷期货	金谷期货有限公司	
陕西	交易结算	0160	西部期货	西部期货有限公司	3
	交易会员	0237	迈科期货	迈科期货经纪有限公司	
	交易会员	0248	长安期货	长安期货有限公司	
辽宁	交易会员	259	江海汇鑫	江海汇鑫期货有限公司	2
	交易会员	288	江信国盛	江信国盛期货有限责任公司	
青海	交易结算	172	财富期货	财富期货有限公司	1
厦门	交易结算	0108	国贸期货	国贸期货经纪有限公司	2
	交易结算	0170	瑞达期货	瑞达期货股份有限公司	
新疆	交易会员	0240	新疆天利	新疆天利期货经纪有限公司	2
	交易会员	0252	金石期货	金石期货有限公司	
甘肃	交易会员	279	华龙期货	华龙期货有限公司	1
山东	全面结算	0006	鲁证期货	鲁证期货股份有限公司	3
	交易会员	271	中州期货	中州期货有限公司	
	交易会员	283	招金期货	招金期货有限公司	
山西	交易会员	0231	山西三立	山西三立期货经纪有限公司	3
	交易会员	0243	中辉期货	中辉期货经纪有限公司	
	交易会员	269	和合期货	和合期货经纪有限公司	
上海	全面结算	0001	国泰君安	国泰君安期货有限公司	27
	全面结算	0007	光大期货	光大期货有限公司	
	交易结算	0103	上海良茂	上海良茂期货经纪有限公司	
	交易结算	0107	同信久恒	同信久恒期货有限责任公司	
	交易结算	0111	东吴期货	东吴期货有限公司	
	交易结算	0122	国投中谷	国投中谷期货有限公司	
	交易结算	0125	华闻期货	华闻期货经纪有限公司	
	交易结算	0131	申银万国	申银万国期货有限公司	

续表

辖区	会员类型	会员号	会员简称	会员全称	合计（家）
上海	交易结算	0133	海通期货	海通期货有限公司	27
	交易结算	0138	上海通联	上海通联期货有限公司	
	交易结算	0145	大华期货	大华期货有限公司	
	交易结算	0148	上海浙石	上海浙石期货经纪有限公司	
	交易结算	152	新湖期货	新湖期货有限公司	
	交易结算	0153	东航期货	东航期货经纪有限责任公司	
	交易结算	0155	海证期货	海证期货有限公司	
	交易结算	0156	上海东证	上海东证期货有限公司	
	交易结算	163	中信新际	中信新际期货有限公司	
	交易结算	176	上海中期	上海中期期货经纪有限公司	
	交易会员	0205	上海中财	上海中财期货有限公司	
	交易会员	0222	上海东亚	上海东亚期货有限公司	
	交易会员	0223	中融汇信	中融汇信期货交易会员	
	交易会员	245	恒泰期货	恒泰期货有限公司	
	交易会员	0253	上海大陆	上海大陆期货有限公司	
	交易会员	263	上海金源	上海金源期货经纪有限责任公司	
	交易会员	266	华鑫期货	华鑫期货有限公司	
	交易会员	270	东兴期货	东兴期货有限责任公司	
	交易会员	286	天鸿期货	天鸿期货经纪有限公司	
宁波	交易会员	0236	宁波杉立	宁波杉立期货经纪有限公司	1
重庆	交易结算	0115	中信建投	中信建投期货有限公司	4
	交易会员	0201	中电投	中电投先融期货有限公司	
	交易会员	0255	华创期货	华创期货有限责任公司	
	交易会员	282	西南期货	西南期货经纪有限公司	
深圳	全面结算	0012	五矿期货	五矿期货有限公司	11
	全面结算	0018	中信期货	中信期货经纪有限责任公司	
	全面结算	0019	金瑞期货	金瑞期货有限公司	
	交易结算	0105	平安期货	平安期货有限公司	
	交易结算	0123	海航东银	海航东银期货有限公司	
	交易结算	0132	中航期货	中航期货经纪有限公司	
	交易结算	0136	招商期货	招商期货有限公司	
	交易结算	0168	中投天琪	中投天琪期货有限公司	
	交易会员	0203	乾坤期货	乾坤期货有限公司	
	交易会员	268	深圳金汇	深圳金汇期货经纪有限公司	
	交易会员	273	深圳瑞龙	深圳瑞龙期货有限公司	
浙江	全面结算	0002	南华期货	南华期货有限公司	10
	全面结算	0003	永安期货	永安期货股份有限公司	
	全面结算	0009	浙商期货	浙商期货有限公司	
	全面结算	0017	信达期货	信达期货有限公司	
	交易结算	0100	新世纪	浙江新世纪期货有限公司	

续表

辖区	会员类型	会员号	会员简称	会员全称	合计（家）
浙江	交易结算	0110	宝城期货	宝城期货有限责任公司	10
	交易结算	0146	浙江中大	浙江中大期货有限公司	
	交易结算	177	大地期货	大地期货有限公司	
	交易结算	178	国海良时	国海良时期货有限公司	
	交易会员	0208	大越期货	大越期货有限公司	
广东	全面结算	0011	华泰长城	华泰长城期货有限公司	12
	全面结算	0016	广发期货	广发期货有限公司	
	交易结算	0158	华联期货	华联期货有限公司	
	交易结算	0166	新晟期货	新晟期货有限公司	
	交易会员	0217	广永期货	广永期货有限公司	
	交易会员	0226	江南期货	江南期货经纪有限公司	
	交易会员	0246	集成期货	集成期货有限公司	
	交易会员	0247	摩根大通	摩根大通期货有限公司	
	交易会员	0256	盛达期货	盛达期货有限公司	
	交易会员	0257	广东鸿海	广东鸿海期货有限公司	
	交易会员	261	神华期货	神华期货经纪有限公司	
	交易会员	278	广州期货	广州期货有限公司	
福建	交易结算	102	兴证期货	兴证期货有限公司	3
	交易结算	157	金友期货	金友期货经纪有限责任公司	
	交易会员	0272	鑫鼎盛	鑫鼎盛期货有限公司	
黑龙江	交易会员	280	大通期货	大通期货经纪有限公司	1
云南	交易结算	0127	云晨期货	云晨期货有限责任公司	2
	交易结算	180	红塔期货	红塔期货有限责任公司	

期货市场分品种类型数据

表 5－2－1　　2013 年全国期货交易分布

	成交金额（万元）	比重（%）	成交量（手）	比重（%）
农产品	4627201049.11	17.30	802308957	38.91
金属	4575269033.45	17.11	566900582	27.50
能源化工及其他	3444487909.02	12.88	499064241	24.20
金融	14100662089.76	52.72	193549311	9.39
总计	26747620081.34	100	2061823091	100

表 5－2－2　　2013 年农产品期货交易分布概况

品种	成交金额（万元）	比重（%）	成交量（手）	比重（%）
天然橡胶	1452677819.98	31.39	72438058	9.03
棉花	74065777.93	1.60	7452748	0.93
早籼稻	959799.39	0.02	358249	0.04
菜籽油	91329609.82	1.97	11853858	1.48
普通小麦	23425.03	0.00	1894	0.00
早籼稻	2584780.87	0.06	515471	0.06
菜籽粕	391941976.76	8.47	160100378	19.95
菜籽油	4246262.58	0.09	855411	0.11
油菜籽	6346074.54	0.14	1174626	0.15
白糖	363089590.52	7.85	69794046	8.70
优质强筋小麦	10308329.40	0.22	1871991	0.23
优质强筋小麦	2633447.17	0.06	1035689	0.13
粳稻	248241.76	0.01	40480	0.01
玉米	31746340.94	0.69	13313633	1.66
黄大豆 1 号	50624961.77	1.09	10993500	1.37
黄大豆 2 号	30614.61	0.00	7236	0.00
豆粕	884186268.00	19.11	265357592	33.07
豆油	721918911.12	15.60	96334673	12.01

续表

品种	成交金额（万元）	比重（%）	成交量（手）	比重（%）
棕榈油	508463429.08	10.99	82495230	10.28
鸡蛋	7983842.62	0.17	1951323	0.24
胶合板	13051434.74	0.28	1988112	0.25
纤维板	8740110.51	0.19	2374759	0.30
合计	4627201049.11	100.00	802308957	100.00

表5－2－3　　2013年金属期货交易分布概况

品种	成交金额（万元）	比重（%）	成交量（手）	比重（%）
铜	1673236230.16	36.57	64295856	11.34
铝	24073165.03	0.53	3305575	0.58
锌	90409237.33	1.98	12083166	2.13
铅	2462784.34	0.05	172759	0.03
黄金	535453102.47	11.70	20087824	3.54
白银	1155548637.96	25.26	173222611	30.56
螺纹钢	1094071289.54	23.91	293728929	51.81
线材	14586.62	0.00	3862	0.00
总计	4575269033.45	100.00	566900582	100.00

表5－2－4　　2013年能源化工及其他类期货交易分布概况

品种	成交金额（万元）	比重（%）	成交量（手）	比重（%）
燃料油	25107.59	0.00	1039	0.00
石油沥青	13705347.90	0.46	3134301	0.63
PTA	303288942.48	10.23	76283987	15.29
甲醇	55518916.20	1.87	3497720	0.70
动力煤	49512961.01	1.67	4357384	0.87
聚乙烯	386483243.77	13.04	72142084	14.46
聚氯乙烯	5932070.31	0.20	1787233	0.36
焦炭	1842497571.91	62.16	115306637	23.10
焦煤	233170700.54	7.87	34259550	6.86
铁矿石	20443226.71	0.69	2189215	0.44
玻璃	53390982.06	1.8	186105091	37.29
总计	2963969070.47	100.00	499064241	100.00

表5－2－5　　2013年金融期货交易分布概况

品种	成交金额（亿元）	比重（%）	成交量（手）	比重（%）
沪深300股指期货	1407002.33	99.78	193220516	99.83
5年期国债期货	3063.89	0.22	328795	0.17
总计	1410066.22	100	193549311	100

表 5－2－6　　2013 年农产品期货交易情况

品种	交易所	合约	年开盘价	年最高价	最高价日	年最低价	最低价日	成交金额（万元）	交易日数（个）	日均成交金额（万元）
天然橡胶	SHFE	ru1301	26245	26245	20130104	25195	20130115	28798.55	8	3599.82
		ru1303	26135	26445	20130206	22050	20130314	324331.62	46	7050.69
		ru1304	26520	26675	20130204	19700	20130415	66833.56	61	1095.63
		ru1305	26530	27040	20130206	17880	20130423	93919865.32	84	1118093.63
		ru1306	26785	26820	20130205	17235	20130613	141802.34	104	1363.48
		ru1307	26635	27045	20130205	15925	20130710	131679.11	117	1125.46
		ru1308	26820	27275	20130206	16110	20130710	349964.13	144	2430.31
		ru1309	26725	27560	20130205	16155	20130710	470583642.82	169	2784518.60
		ru1310	26630	27180	20130206	16205	20130710	261020.66	176	1483.07
		ru1311	26430	27020	20130206	16300	20130710	1000357.21	206	4856.10
		ru1401	25470	27515	20130206	16925	20130710	617062180.94	229	2694594.68
		ru1403	22795	23945	20130321	17000	20130710	77025.87	189	407.54
		ru1404	19210	21650	20130903	17500	20130710	50206.27	163	308.01
		ru1405	20295	21860	20130903	17455	20130710	255315062.53	153	1668725.90
		ru1406	19380	21840	20130903	17600	20130710	94383.87	121	780.03
		ru1407	18515	21935	20130903	17765	20130731	14670.63	92	159.46
		ru1408	19950	21900	20130903	18200	20131231	59361.36	80	742.02
		ru1409	20535	21520	20131016	18360	20131231	13170840.23	69	190881.74
		ru1410	20865	21600	20131017	18330	20131225	4578.18	38	120.48
		ru1411	19220	20220	20131212	18100	20131231	21214.83	31	684.35
一号棉花	ZCE	CF301	19900	20100	20130104	19400	20130117	70438.81	10	7043.88
		CF303	19680	20320	20130130	19080	20130228	95162.05	45	2114.71
		CF305	18940	21855	20130510	18910	20130104	9754415.29	84	116123.99
		CF307	19085	20495	20130411	19020	20130104	75958.86	123	617.55
		CF309	19125	21650	20130815	19040	20130104	45126286.44	168	268608.85
		CF311	19300	20665	20130816	19275	20130111	192114.44	205	937.14
		CF401	19410	20510	20130826	18650	20131230	11159051.27	228	48943.21
		CF403	20005	20250	20130815	18840	20131220	20934.83	193	108.47
		CF405	19910	19910	20130516	18265	20130729	6710357.02	154	43573.75
		CF407	19010	19100	20130723	18200	20130729	22708.00	115	197.46
		CF409	18500	18850	20131227	17865	20131125	642555.99	70	9179.37
		CF411	18000	18000	20131115	16910	20131118	195794.94	33	5933.18
早籼稻 ER	ZCE	ER301	2551	2614	20130118	2551	20130117	38.58	14	2.76
		ER303	2679	2700	20130118	2611	20130115	216.02	50	4.32
		ER305	2700	2755	20130118	2300	20130502	959544.79	90	10661.61

续表

品种	交易所	合约	年开盘价	年最高价	最高价日	年最低价	最低价日	成交金额（万元）	交易日数（个）	日均成交金额（万元）
菜籽油 OI	ZCE	OI307	9900	10268	20130415	9292	20130617	1542.87	123	12.54
		OI309	9930	10160	20130107	7728	20130902	7933154.14	168	47221.16
		OI311	9264	10084	20130503	7460	20130926	532.56	205	2.60
		OI401	9986	10000	20130122	6958	20131231	34301211.97	228	150443.91
		OI403	9350	9950	20130329	7026	20131230	4890.58	193	25.34
		OI405	9288	9298	20130516	7032	20131231	48035886.11	154	311921.34
		OI407	8112	8158	20130722	7110	20131226	711.93	115	6.19
		OI409	7564	7746	20131115	7080	20131231	1051330.03	70	15019.00
		OI411	7720	7792	20131115	7118	20131231	349.63	33	10.59
普通小麦	ZCE	PM301	2520	2520	20130104	2322	20130110	48.40	10	4.84
		PM303	2323	2510	20130124	2323	20130123	313.63	45	6.97
		PM305	2475	2539	20130114	2238	20130422	1917.02	84	22.82
		PM307	2435	2475	20130118	2278	20130524	2299.77	123	18.70
		PM309	2471	2547	20130205	2287	20130426	7163.53	168	42.64
		PM311	2363	2734	20131008	2363	20130108	1578.87	205	7.70
		PM401	2513	2636	20131023	2395	20130604	5968.07	228	26.18
		PM403	2451	2670	20131206	2423	20130617	660.99	193	3.42
		PM405	2451	2649	20131202	2425	20130605	2426.02	154	15.75
		PM407	2680	2680	20131206	2610	20131206	26.45	115	0.23
		PM409	2595	2663	20131014	2444	20130926	996.28	70	14.23
		PM411	2576	2625	20131118	2576	20131115	26.01	33	0.79
早籼稻 RI	ZCE	RI307	2721	2806	20130121	2346	20130613	792.47	123	6.44
		RI309	2774	2808	20130208	2401	20130828	416828.59	168	2481.12
		RI311	2761	2887	20130121	2413	20130830	2558.72	205	12.48
		RI401	2801	2862	20130221	2204	20131231	1345968.06	224	6008.79
		RI403	2792	2881	20130322	2351	20131212	3260.57	188	17.34
		RI405	2663	2720	20130524	2298	20131231	813296.45	148	5495.25
		RI407	2562	2578	20130731	2346	20131226	387.38	115	3.37
		RI409	2512	2570	20131024	2431	20131231	1632.47	70	23.32
		RI411	2606	2606	20131115	2486	20131211	56.15	33	1.70
菜籽粕	ZCE	RM305	2322	2795	20130402	2316	20130104	25699686.66	84	305948.65
		RM307	2314	3049	20130628	2306	20130104	3240.32	123	26.34
		RM308	2396	3198	20130731	2347	20130403	6252.22	146	42.82
		RM309	2281	3270	20130902	2277	20130104	78745134.74	168	468721.04

续表

品种	交易所	合约	年开盘价	年最高价	最高价日	年最低价	最低价日	成交金额（万元）	交易日数（个）	日均成交金额（万元）
菜籽粕	ZCE	RM311	2163	2968	20130925	2151	20130104	22985283.89	205	112123.34
		RM401	2386	2744	20131231	2103	20130502	155288834.28	228	681091.38
		RM403	2410	2682	20131231	2135	20130425	55177.55	193	285.89
		RM405	2165	2645	20131230	2156	20130516	96915208.25	154	629319.53
		RM407	2332	2601	20131230	2215	20130731	41799.85	115	363.48
		RM408	2361	2574	20131231	2360	20130815	12753.94	92	138.63
		RM409	2456	2535	20131230	2327	20131029	11495725.04	70	164224.64
		RM411	2228	2387	20131230	2212	20131122	692880.02	33	20996.36
菜籽油 RO	ZCE	RO301	9880	10000	20130104	9800	20130104	22337.07	10	2233.71
		RO303	10154	10318	20130110	9210	20130227	915.26	45	20.34
		RO305	9788	10134	20130115	9556	20130412	4223010.25	84	50273.93
油菜籽	ZCE	RS307	5312	5561	20130115	5095	20130418	3382.79	123	27.50
		RS308	5369	5575	20130517	5060	20130329	1027.68	146	7.04
		RS309	5273	5551	20130115	4969	20130821	6318993.50	168	37613.06
		RS311	5275	5441	20130107	4982	20130807	20407.79	205	99.55
		RS407	5425	5425	20130718	4759	20130809	427.29	115	3.72
		RS408	4808	5290	20130819	4808	20130819	91.39	92	0.99
		RS409	5257	5257	20130916	4885	20131231	1694.91	70	24.21
		RS411	4897	4989	20131231	4870	20131231	49.19	33	1.49
白糖	ZCE	SR301	5620	5721	20130108	5600	20130116	18402.13	10	1840.21
		SR303	5619	5725	20130108	5350	20130128	8235.10	45	183.00
		SR305	5542	5715	20130108	5296	20130207	25209863.30	84	300117.42
		SR307	5545	5705	20130108	5203	20130626	21046.82	123	171.11
		SR309	5549	5702	20130107	5037	20130530	163675005.31	168	974255.98
		SR311	5602	5691	20130108	5021	20130627	83998.36	205	409.75
		SR401	5595	5715	20130108	4792	20130717	123178616.19	238	517557.21
		SR403	5583	5723	20130108	4791	20130717	11033.17	238	46.36
		SR405	5575	5719	20130108	4745	20130717	46275782.28	238	194436.06
		SR407	5760	5760	20130118	4786	20130716	14127.23	228	61.96
		SR409	5551	5801	20130318	4778	20130717	4029016.80	193	20875.73
		SR411	5135	5272	20131022	4798	20130717	3623.01	154	23.53
		SR501	4820	5321	20131105	4800	20130717	542501.98	115	4717.41
		SR503	5020	5342	20131031	4895	20131230	561.52	70	8.02
		SR505	5276	5276	20131115	4906	20131231	17777.32	33	538.71

续表

品种	交易所	合约	年开盘价	年最高价	最高价日	年最低价	最低价日	成交金额（万元）	交易日数（个）	日均成交金额（万元）
优质强筋小麦WH	ZCE	WH307	2612	2701	20130621	2475	20130502	12870.46	123	104.64
		WH309	2680	2798	20130909	2506	20130416	2113645.01	168	12581.22
		WH311	2727	2836	20130924	2532	20130415	15161.18	205	73.96
		WH401	2728	2905	20131225	2558	20130416	5296127.24	224	23643.43
		WH403	2668	2902	20131202	2591	20130416	471.97	188	2.51
		WH405	2683	2900	20131213	2665	20130524	2739366.04	148	18509.23
		WH407	2844	2858	20131023	2732	20130829	667.35	115	5.80
		WH409	2802	2839	20131010	2736	20130917	129903.11	70	1855.76
		WH411	2769	2833	20131118	2746	20131231	117.05	33	3.55
优质强筋小麦WS	ZCE	WS301	2467	2510	20130108	2442	20130123	19860.92	14	1418.64
		WS303	2513	2585	20130108	2398	20130218	9407.22	50	188.14
		WS305	2567	2622	20130108	2411	20130426	2604179.02	90	28935.32
粳稻	ZCE	JR403	3051	3294	20131118	3029	20131118	5176.00	32	161.75
		JR405	3060	3128	20131127	3006	20131210	226844.00	32	7088.87
		JR407	3040	3124	20131129	3026	20131226	696.05	32	21.75
		JR409	3090	3112	20131127	3054	20131211	15092.17	32	471.63
		JR411	3085	3091	20131119	2977	20131210	433.54	32	13.55
玉米corn	DCE	c1301	2351	2351	20130104	2309	20130107	20995.66	10	2099.57
		c1303	2361	2434	20130109	2349	20130117	8021.06	45	178.25
		c1305	2433	2465	20130109	2214	20130506	4533735.28	84	53973.04
		c1307	2447	2476	20130109	2272	20130627	13638.49	123	110.88
		c1309	2495	2508	20130109	2362	20130424	28021129.69	168	166792.44
		c1311	2467	2477	20130110	2125	20131101	14058.48	205	68.58
		c1401	2380	2403	20130204	2100	20131230	16290472.46	228	71449.44
		c1403	2388	2399	20130321	2176	20131231	10317.23	193	53.46
		c1405	2395	2423	20130705	2296	20130812	13111579.05	154	85140.12
		c1407	2390	2452	20130715	2275	20131204	2578.27	115	22.42
		c1409	2321	2388	20131122	2317	20131009	1465764.82	70	20939.50
		c1411	2345	2384	20131126	2328	20131225	391.39	33	11.86
黄大豆1号soybean No.1	DCE	a1301	4590	4646	20130108	4590	20130104	8426.47	10	842.65
		a1303	4731	5193	20130312	4686	20130104	3571.58	45	79.37
		a1305	4720	5064	20130409	4682	20130104	8231097.54	84	97989.26
		a1307	4732	4981	20130419	4606	20130625	12240.24	123	99.51
		a1309	4739	4918	20130222	4321	20130830	32895309.79	168	195805.42

续表

品种	交易所	合约	年开盘价	年最高价	最高价日	年最低价	最低价日	成交金额（万元）	交易日数（个）	日均成交金额（万元）
黄大豆1号 soybean No. 1	DCE	a1311	4712	4839	20130222	4320	20131031	16961.30	205	82.74
		a1401	4740	4834	20130121	4263	20130731	39372114.62	238	165429.05
		a1403	4707	4878	20130121	4219	20130805	2794.32	238	11.74
		a1405	4812	4890	20130121	4184	20130731	16875387.83	238	70904.99
		a1407	4806	4955	20130208	4262	20130731	4766.64	228	20.91
		a1409	4701	4899	20130326	4186	20130809	3015102.98	193	15622.30
		a1411	4777	4777	20130520	4206	20130814	2198.50	154	14.28
		a1501	4682	4682	20130716	4171	20131231	799520.82	115	6952.35
		a1503	4423	4457	20131014	4231	20131230	1493.91	70	21.34
		a1505	4390	4450	20131115	4209	20131230	8937.01	33	270.82
黄大豆2号	DCE	b1301			20130104		20130104			
		b1303	4849	4900	20130104	4500	20130226	74.65	45	1.66
		b1305	4691	4725	20130104	4350	20130424	4283.94	84	51.00
		b1307	4466	4820	20130123	4151	20130507	426.00	123	3.46
		b1309	4700	4866	20130222	3891	20130426	23583.92	168	140.38
		b1311	4700	4873	20130205	3902	20130918	990.36	205	4.83
		b1401	4800	4800	20130123	3875	20130726	18387.97	228	80.65
		b1403	4700	4700	20130320	3833	20130726	2476.07	193	12.83
		b1405	4029	4294	20130705	3907	20130726	6081.60	154	39.49
		b1407		4280	20130815	3780	20131203	4019.08	115	34.95
		b1409	3960	4147	20131105	3960	20130916	258.15	70	3.69
		b1411		4100	20131211	3850	20131211	647.48	33	19.62
豆粕	DCE	m1301	3850	3850	20130104	3620	20130109	100002.42	10	10000.24
		m1303	3526	4148	20130301	3463	20130104	13598.75	45	302.19
		m1305	3240	3849	20130513	3206	20130107	155843210.32	84	1855276.31
		m1307	3207	3922	20130711	3186	20130107	99766.21	123	811.11
		m1308	3444	3860	20130719	3180	20130107	44009.84	146	301.44
		m1309	3194	4190	20130913	3051	20130408	570740474.54	168	3397264.73
		m1311	3209	4065	20131010	3031	20130424	161566.16	205	788.13
		m1312	3200	4130	20131203	2967	20130416	71976.26	226	318.48
		m1401	3190	3787	20131218	2928	20130424	685889680.75	228	3008288.07
		m1403	3223	3651	20131218	2950	20130424	91103.54	193	472.04
		m1405	2923	3434	20131230	2908	20130516	289366315.65	154	1879002.05
		m1407	3088	3384	20130827	2972	20130807	181720.93	115	1580.18

续表

品种	交易所	合约	年开盘价	年最高价	最高价日	年最低价	最低价日	成交金额（万元）	交易日数（个）	日均成交金额（万元）
豆粕	DCE	m1408	3064	3365	20130903	3064	20130815	94530.33	92	1027.50
		m1409	3208	3265	20131230	3056	20130930	65451052.39	70	935015.03
		m1411	3138	3244	20131204	3095	20131120	194710.17	33	5900.31
		m1412	3145	3207	20131230	3132	20131216	28817.74	12	2401.48
豆油	DCE	y1301	9090	9090	20130104	8230	20130110	2130.22	10	213.02
		y1303	8668	8704	20130225	7872	20130301	2141.66	45	47.59
		y1305	8698	8798	20130204	6954	20130502	52074454.11	84	619933.98
		y1307	8738	8838	20130204	6748	20130705	4431.13	123	36.03
		y1308	8766	8950	20130123	6268	20130802	12624.42	146	86.47
		y1309	8680	8932	20130204	6760	20130731	527479355.93	168	3139758.07
		y1311	8834	8940	20130204	6450	20131031	33720.19	205	164.49
		y1312	8720	8992	20130204	6728	20131129	19017.19	226	84.15
		y1401	8760	8998	20130204	6710	20131231	491804680.95	228	2157038.07
		y1403	8268	8368	20130409	6846	20131230	36263.05	193	187.89
		y1405	7686	7874	20130523	6842	20131227	350294345.12	154	2274638.60
		y1407	7444	7444	20130723	6888	20131225	3914.60	115	34.04
		y1408	7426	7534	20130826	6898	20131231	2870.60	92	31.20
		y1409	7154	7402	20131122	6888	20131227	22066897.27	70	315241.39
		y1411	7230	7358	20131202	6990	20131227	863.14	33	26.16
		y1412	7154	7154	20131216	6982	20131231	112.66	12	9.39
棕榈油	DCE	p1301	6348	6360	20130107	5988	20130104	71298.97	10	7129.90
		p1302	6340	6506	20130124	5902	20130131	4521.57	30	150.72
		p1303	6620	6884	20130107	5710	20130308	10174.96	45	226.11
		p1304	6798	6894	20130104	5514	20130410	10016.33	66	151.76
		p1305	6940	7038	20130104	5302	20130502	70858003.37	84	843547.66
		p1306	7350	7380	20130107	5406	20130502	77897.79	106	734.88
		p1307	7166	7252	20130104	5482	20130628	4561.82	123	37.09
		p1308	7096	7296	20130104	5300	20130726	14133.50	146	96.80
		p1309	7236	7344	20130104	5278	20130730	343358781.89	168	2043802.27
		p1310	7152	7286	20130204	5022	20130930	88733.83	187	474.51
		p1311	7242	7356	20130201	5360	20130927	41457.98	205	202.23
		p1312	7190	7312	20130204	5394	20130924	23548.54	226	104.20
		p1401	6880	7422	20130131	5306	20130730	291843899.73	228	1280017.10
		p1402	6910	6910	20130228	5286	20130813	9629.91	208	46.30

续表

品种	交易所	合约	年开盘价	年最高价	最高价日	年最低价	最低价日	成交金额（万元）	交易日数（个）	日均成交金额（万元）
棕榈油	DCE	p1403	6440	6440	20130318	5506	20130808	2749.10	193	14.24
		p1404	6156	6476	20131125	5476	20130808	18684.62	172	108.63
		p1405	6246	6494	20131125	5482	20130808	293966794.97	154	1908875.29
		p1406		6524	20131122	5512	20130812	13300.41	132	100.76
		p1407	6016	6484	20131121	5460	20130809	885.24	115	7.70
		p1408	5838	6498	20131122	5838	20130816	2021.22	92	21.97
		p1409	5900	6544	20131125	5654	20130923	16495792.51	70	235654.18
		p1410	6078	6480	20131122	6068	20131223	9845.30	51	193.05
		p1411	6234	6548	20131125	6234	20131120	50.86	33	1.54
		p1412	6208	6208	20131220	6090	20131224	73.75	12	6.15
鸡蛋（元/500千克）	DCE	jd1403	4010	4012	20131108	3830	20131220	169024.08	38	4448.00
		jd1404	3849	4155	20131125	3849	20131108	2012.55	38	52.96
		jd1405	4050	4196	20131203	3932	20131111	14605150.82	38	384346.07
		jd1406	4150	4276	20131211	4035	20131111	2301.45	38	60.56
		jd1409	4350	4500	20131125	4237	20131231	1185729.23	38	31203.40
		jd1410	4200	4436	20131225	4109	20131108	3311.93	38	87.16
		jd1411	4363	4363	20131126	4205	20131231	155.18	33	4.70
		jd1412			20131216		20131216			
胶合板（元/张）	DCE	bb1404	125	136	20131212	117	20131206	2673.92	18	148.55
		bb1405	126	138	20131212	121	20131230	26087523.24	18	1449306.85
		bb1406	127	139	20131212	121	20131230	2689.85	18	149.44
		bb1407	125	138	20131212	123	20131209	440.20	18	24.46
		bb1408			20131206		20131206			
		bb1409	126	138	20131212	123	20131231	9450.10	18	525.01
		bb1410	134	134	20131211	132	20131210	40.02	18	2.22
		bb1411	133	134	20131211	126	20131230	52.15	18	2.90
		bb1412			20131216		20131216			
纤维板（元/张）	DCE	fb1404	75	76	20131212	70	20131230	1205.90	18	66.99
		fb1405	75	76	20131209	69	20131230	17469289.12	18	970516.06
		fb1406	76	77	20131212	70	20131231	1768.91	18	98.27
		fb1407	78	78	20131206	73	20131210	297.02	18	16.50
		fb1408	74	76	20131213	73	20131218	170.80	18	9.49
		fb1409	74	76	20131209	70	20131230	7302.13	18	405.67
		fb1410	71	72	20131230	71	20131230	127.68	18	7.09
		fb1411			20131206		20131206			
		fb1412	73	75	20131225	73	20131223	59.48	12	4.96

表 5－2－7　　　　　　　　　　**2013 年金属期货交易情况**

品种	交易所	合约	年开盘价	年最高价	最高价日	年最低价	最低价日	成交金额（万元）	交易日数（个）	日均成交金额（万元）
铜	SHFE	cu1301	58000	58200	20130111	55400	20130115	714769.70	8	89346.21
		cu1302	58570	59500	20130204	57270	20130115	4064861.84	27	150550.44
		cu1303	58500	59850	20130204	56070	20130304	9428914.96	46	204976.41
		cu1304	58610	60000	20130204	53570	20130415	39968537.06	65	614900.57
		cu1305	58640	60270	20130204	49370	20130423	62324656.15	84	741960.19
		cu1306	58980	60400	20130204	49070	20130423	65459530.57	104	629418.56
		cu1307	58730	60440	20130204	48320	20130625	97222022.17	124	784048.57
		cu1308	58790	60510	20130204	48020	20130625	163551495.41	147	1112595.21
		cu1309	58950	60620	20130204	47860	20130625	266975274.95	169	1579735.35
		cu1310	58870	60670	20130204	47560	20130625	229244307.68	183	1252701.13
		cu1311	58900	60750	20130204	47470	20130625	244489227.89	206	1186840.91
		cu1312	59060	60890	20130204	47460	20130625	186321549.12	227	820799.78
		cu1401	59000	60710	20130204	47510	20130625	139978527.57	226	619374.02
		cu1402	59550	59550	20130219	47580	20130625	96584764.33	211	457747.70
		cu1403	55570	56450	20130325	47860	20130625	53932930.69	189	285359.42
		cu1404	52500	53810	20130417	47930	20130710	8856743.11	173	51195.05
		cu1405	52650	53950	20130826	47960	20130710	2975616.27	152	19576.42
		cu1406	51170	53530	20130826	48030	20130710	675986.76	134	5044.68
		cu1407	49900	53520	20130826	48780	20130731	145934.65	111	1314.73
		cu1408	53000	53650	20130826	49820	20131119	131985.98	91	1450.40
		cu1409	51690	52980	20130930	49210	20131114	76334.39	68	1122.56
		cu1410	52380	52790	20131226	49900	20131119	72208.72	55	1312.89
		cu1411	50550	52800	20131226	49690	20131119	30137.26	32	941.79
		cu1412	51710	52880	20131226	51050	20131219	9912.97	11	901.18
铝	SHFE	al1301	15210	15210	20130104	14915	20130115	140508.55	8	17563.57
		al1302	15295	15310	20130104	14770	20130218	334008.26	27	12370.68
		al1303	15395	15420	20130104	14355	20130304	945317.47	46	20550.38
		al1304	15535	15535	20130104	14430	20130415	1277324.05	65	19651.14
		al1305	15610	15610	20130104	14025	20130416	2227525.40	84	26518.16
		al1306	15620	15690	20130104	14220	20130418	3001950.33	104	28864.91
		al1307	15710	15710	20130107	14200	20130418	2042882.40	122	16744.94
		al1308	15620	15735	20130107	14150	20130731	2047036.23	138	14833.60
		al1309	15690	15750	20130131	13800	20130731	1704985.52	158	10791.05
		al1310	15860	15860	20130110	14120	20130418	2058095.05	168	12250.57

续表

品种	交易所	合约	年开盘价	年最高价	最高价日	年最低价	最低价日	成交金额（万元）	交易日数（个）	日均成交金额（万元）
铝	SHFE	al1311	15840	15905	20130131	13610	20130930	1680560. 32	173	9714. 22
		al1312	15910	15920	20130204	14005	20130917	2011679. 38	185	10873. 94
		al1401	16075	16095	20130131	13985	20131224	1704546. 45	185	9213. 76
		al1402	15580	15580	20130227	13820	20131227	1148548. 82	161	7133. 84
		al1403	15090	15260	20130326	13875	20131225	897992. 58	140	6414. 23
		al1404	15120	15120	20130417	13875	20131225	464409. 82	113	4109. 82
		al1405	14875	15155	20130605	13880	20131220	246357. 33	117	2105. 62
		al1406	14575	14685	20130709	13885	20131220	96485. 64	66	1461. 90
		al1407	14535	14535	20130805	13890	20131227	24146. 71	53	455. 60
		al1408	14650	14720	20130822	13905	20131226	11544. 36	38	303. 80
		al1409	14370	14440	20131015	13930	20131219	3487. 44	26	134. 13
		al1410	14280	14540	20131105	13930	20131219	3048. 75	19	160. 46
		al1411	14170	14215	20131202	13970	20131224	647. 21	11	58. 84
		al1412	14100	14100	20131219	13900	20131219	76. 97	4	19. 24
锌	SHFE	zn1301	15370	15370	20130104	14990	20130115	51172. 45	8	6396. 56
		zn1302	15400	15875	20130204	15015	20130115	337040. 45	27	12482. 98
		zn1303	15545	16000	20130204	14900	20130307	1428527. 19	46	31054. 94
		zn1304	15600	16130	20130204	14350	20130415	5971090. 79	65	91862. 94
		zn1305	15805	16255	20130204	13920	20130418	10156225. 26	84	120907. 44
		zn1306	15870	16360	20130204	14000	20130502	8914074. 27	104	85712. 25
		zn1307	16030	16420	20130204	14025	20130418	7456194. 13	124	60130. 60
		zn1308	16100	16490	20130204	14060	20130418	9147784. 09	147	62229. 82
		zn1309	16245	16600	20130204	14130	20130418	8298202. 75	169	49101. 79
		zn1310	16140	16680	20130204	14165	20130418	7597430. 39	172	44171. 11
		zn1311	16320	16775	20130204	14100	20130515	6287250. 13	198	31753. 79
		zn1312	16255	16765	20130204	14310	20130418	7547289. 58	215	35103. 67
		zn1401	16095	16850	20130204	14360	20130625	7038052. 20	215	32735. 13
		zn1402	16665	16665	20130219	14415	20130418	4114162. 20	183	22481. 76
		zn1403	15815	15815	20130318	14440	20130625	4956660. 33	167	29680. 60
		zn1404	14650	15475	20131225	14400	20130418	757811. 72	111	6827. 13
		zn1405	15165	15490	20131225	14360	20131115	322910. 37	117	2759. 92
		zn1406	15105	15485	20131225	14635	20130731	17729. 65	64	277. 03
		zn1407	15090	15485	20131225	14785	20131203	3754. 35	31	121. 11
		zn1408	15380	15510	20130820	14810	20131128	1294. 30	32	40. 45

续表

品种	交易所	合约	年开盘价	年最高价	最高价日	年最低价	最低价日	成交金额（万元）	交易日数（个）	日均成交金额（万元）
锌	SHFE	zn1409	15125	15345	20131223	14790	20131128	380.94	15	25.40
		zn1410	15400	15490	20131225	14835	20131031	2058.29	31	66.40
		zn1411	15090	15490	20131225	14880	20131205	1733.07	12	144.42
		zn1412	15295	15555	20131225	15260	20131224	408.45	6	68.08
铅	SHFE	pb1301	15145	15150	20130104	14850	20130115	20103.14	8	2512.89
		pb1302	15315	15320	20130204	14940	20130117	84512.71	27	3130.10
		pb1303	15690	15690	20130104	14460	20130314	141489.63	46	3075.86
		pb1304	15555	15625	20130131	13805	20130415	198908.09	65	3060.12
		pb1305	15550	15800	20130204	13350	20130418	201605.00	76	2652.70
		pb1306	15540	15950	20130131	13405	20130517	178831.21	78	2292.71
		pb1307	15865	15960	20130122	13595	20130418	173363.11	95	1824.87
		pb1308	15580	15580	20130115	13640	20130506	138819.98	92	1508.91
		pb1309	15280	15950	20130111	13450	20130729	239608.10	100	2396.08
		pb1310	15965	16095	20130207	13805	20130730	152813.48	103	1483.63
		pb1311	15820	16230	20130204	13800	20131114	146501.62	101	1450.51
		pb1312	15680	15680	20130227	13750	20131203	283490.20	98	2892.76
		pb1401	14545	15015	20130819	13360	20130930	202058.40	99	2040.99
		pb1402	15370	15370	20130320	13910	20131202	157507.27	84	1875.09
		pb1403	14400	14900	20130426	13970	20131203	74907.15	44	1702.44
		pb1404	14400	14900	20130426	13890	20131129	62678.23	29	2161.32
		pb1405	14480	15330	20130606	14015	20131202	4937.49	32	154.30
		pb1406	15430	15430	20130827	14040	20131204	540.44	11	49.13
		pb1407	14495	14550	20131224	14205	20131203	50.43	4	12.61
		pb1408	14960	14960	20130905	14130	20131120	29.18	4	7.30
		pb1409			20130917		20130917	0.00	0	—
		pb1410	14625	14955	20131025	14625	20131025	14.79	1	14.79
		pb1411			20131118		20131118	0.00	0	—
		pb1412	14890	14890	20131224	14540	20131224	14.72	1	14.72
黄金	SHFE	au1301	327.00	334.60	20130115	327.00	20130104	6141.85	7	877.41
		au1302	331.28	339.54	20130123	331.28	20130104	4925.21	21	234.53
		au1303	332.15	340.50	20130123	313.32	20130228	15063.19	38	396.40
		au1304	334.01	354.69	20130115	315.00	20130408	9586.87	35	273.91
		au1305	339.58	344.18	20130122	268.11	20130418	40628.46	67	606.39
		au1306	337.19	345.60	20130122	264.59	20130418	47263239.88	103	458866.41

续表

品种	交易所	合约	年开盘价	年最高价	最高价日	年最低价	最低价日	成交金额（万元）	交易日数（个）	日均成交金额（万元）
黄金	SHFE	au1307	336.33	345.35	20130122	242.20	20130628	21484.90	78	275.45
		au1308	341.47	345.83	20130122	242.20	20130628	67716.41	114	594.00
		au1309	341.44	346.15	20130121	240.00	20130628	217288.98	156	1392.88
		au1310	339.14	346.91	20130123	239.25	20130628	62908.41	121	519.90
		au1311	338.19	346.61	20130118	241.30	20130628	102610.33	134	765.75
		au1312	339.70	347.55	20130122	238.90	20130628	406497920.84	227	1790739.74
		au1401	338.45	340.69	20130130	232.70	20131231	1147011.89	203	5650.30
		au1402	325.64	330.41	20130325	235.25	20131224	25309.52	122	207.46
		au1403	321.55	321.55	20130411	236.00	20131223	19351.81	122	158.62
		au1404	272.39	301.13	20130426	238.05	20131223	17281.74	122	141.65
		au1405	274.34	284.45	20130828	236.70	20131223	54666.87	112	488.10
		au1406	277.16	285.40	20130828	237.90	20131223	79820355.00	134	595674.29
		au1407	259.65	285.05	20130829	238.75	20131223	31710.91	73	434.40
		au1408	274.00	283.75	20130828	240.05	20131220	10905.16	63	173.10
		au1410	263.15	266.50	20131023	239.45	20131223	3722.45	33	112.80
		au1412	229.30	249.40	20131217	229.30	20131217	13271.80	11	1206.53
白银	SHFE	ag1301	6002.00	6322.00	20130115	5922.00	20130104	142996.88	8	17874.61
		ag1302	6051.00	6518.00	20130123	5988.00	20130104	182851.40	27	6772.27
		ag1303	6166.00	6558.00	20130123	5760.00	20130314	139390.33	46	3030.22
		ag1304	6323.00	6599.00	20130123	5280.00	20130415	54129.60	60	902.16
		ag1305	6292.00	6656.00	20130123	4502.00	20130418	185943.09	84	2213.61
		ag1306	6306.00	6715.00	20130123	4292.00	20130603	66689991.54	104	641249.92
		ag1307	6279.00	6765.00	20130201	3634.00	20130628	83579.72	121	690.74
		ag1308	6281.00	6753.00	20130122	3659.00	20130628	94596.50	138	685.48
		ag1309	6452.00	6804.00	20130121	3659.00	20130628	609884.88	169	3608.79
		ag1310	6383.00	6831.00	20130121	3692.00	20130628	71950.32	161	446.9
		ag1311	6382.00	6852.00	20130121	3705.00	20130628	115406	177	652.01
		ag1312	6419.00	6947.00	20130115	3710.00	20130628	878278055.4	227	3869066.32
		ag1401	6830.00	6942.00	20130118	3726.00	20130628	30768686.47	216	142447.62
		ag1402	6400.00	6544.00	20130219	3805.00	20130628	159185.83	184	865.14
		ag1403	6240.00	6363.00	20130322	3830.00	20130628	129392.95	184	703.22
		ag1404	4888.00	5236.00	20130426	3882.00	20130628	24581.51	163	150.81
		ag1405	4692.00	5114.00	20130828	3808.00	20130628	154622.4	147	1051.85
		ag1406	4643.00	5149.00	20130828	3817.00	20130628	177574326.7	134	1325181.54

续表

品种	交易所	合约	年开盘价	年最高价	最高价日	年最低价	最低价日	成交金额（万元）	交易日数（个）	日均成交金额（万元）
白银	SHFE	ag1407	4030.00	5125.00	20130828	3970.00	20130802	20400.58	108	188.89
		ag1408	4433.00	5121.00	20130828	4062.00	20131204	11152.16	88	126.73
		ag1409	4471.00	4679.00	20131031	4081.00	20131204	12557.84	66	190.27
		ag1410	4390.00	4708.00	20131031	4094.00	20131204	4609.78	53	86.98
		ag1411	4259.00	4332.00	20131211	4099.00	20131204	2747.98	27	101.78
		ag1412	4200.00	4416.00	20131217	4094.00	20131220	37598.2	11	3418.02
螺纹钢	SHFE	rb1301	3896	3910	20130107	3796	20130114	13985.25	8	1748.16
		rb1302	3858	3960	20130204	3789	20130131	20296.30	25	811.85
		rb1303	3921	4013	20130204	3501	20130314	27534.71	46	598.58
		rb1304	3911	4131	20130204	3618	20130415	29977.04	62	483.50
		rb1305	4018	4235	20130204	3391	20130515	126592247.85	84	1507050.57
		rb1306	3996	4230	20130204	3081	20130603	40506.32	99	409.15
		rb1307	3998	4231	20130204	3120	20130628	13737.04	108	127.19
		rb1308	4014	4235	20130204	3235	20130621	15894.33	131	121.33
		rb1309	4043	4295	20130206	3309	20130830	1822964.40	167	10915.95
		rb1310	4059	4298	20130205	3365	20131015	544161989.95	183	2973562.79
		rb1311	4049	4292	20130205	3189	20131029	47154.80	191	246.88
		rb1312	4030	4270	20130208	3330	20131101	53465.21	212	252.19
		rb1401	3934	4335	20130218	3290	20131231	279511295.10	230	1215266.50
		rb1402	4110	4236	20130220	3339	20131231	61704.87	206	299.54
		rb1403	3910	3936	20130411	3442	20131231	14776.29	172	85.91
		rb1404	3665	3874	20130813	3402	20130617	13313.13	164	81.18
		rb1405	3700	3923	20130826	3538	20130627	137150761.32	154	890589.36
		rb1406	3650	3904	20130827	3567	20131231	9966.93	105	94.92
		rb1407	3760	3926	20130826	3587	20131028	2311.07	84	27.51
		rb1408	3929	4000	20130826	3597	20131115	3045.99	63	48.35
		rb1409	3746	3816	20130923	3606	20131119	26100.98	68	383.84
		rb1410	3808	3808	20131016	3619	20131115	4436282.19	55	80659.68
		rb1411	3690	3801	20131212	3628	20131230	1797.72	26	69.14
		rb1412	3730	3748	20131217	3652	20131230	180.76	10	18.08
线材	SHFE	wr1301			20130104		20130104	0.00	0	0.00
		wr1302	3842	3842	20130130	3842	20130130	3.84	1	3.84
		wr1303	4199	4357	20130124	3912	20130205	302.17	14	21.58
		wr1304	3925	4196	20130221	3925	20130128	52.35	8	6.54

续表

品种	交易所	合约	年开盘价	年最高价	最高价日	年最低价	最低价日	成交金额（万元）	交易日数（个）	日均成交金额（万元）
线材	SHFE	wr1305	3966	4085	20130131	3600	20130425	850. 72	37	22. 99
		wr1306	4078	4091	20130506	3500	20130515	61. 61	4	15. 40
		wr1307	4005	4005	20130116	3451	20130619	35. 90	4	8. 98
		wr1308	4014	4014	20130110	3400	20130606	106. 91	13	8. 22
		wr1309	3850	4020	20130319	3411	20130625	863. 47	23	37. 54
		wr1310	3933	4146	20130206	3480	20130621	5733. 97	83	69. 08
		wr1311	4216	4245	20130313	3414	20130531	251. 56	22	11. 43
		wr1312	3798	4045	20130121	3485	20130626	190. 83	20	9. 54
		wr1401	4094	4094	20130307	3470	20130517	1545. 59	63	24. 53
		wr1402	3750	4136	20130321	3520	20130625	2770. 48	30	92. 35
		wr1403	3617	3884	20130522	3533	20130607	821. 53	19	43. 24
		wr1404	3700	3889	20130814	3460	20131231	440. 38	18	24. 47
		wr1405	3461	3821	20131220	3461	20130530	165. 03	9	18. 34
		wr1406	3676	3884	20130813	3639	20130729	37. 73	9	4. 19
		wr1407			20130716		20130716	0. 00	0	0. 00
		wr1408	3601	3651	20131008	3601	20131008	7. 25	1	7. 25
		wr1409	3607	3736	20131119	3522	20131119	345. 30	7	49. 33
		wr1410			20131016		20131016	0. 00	0	0. 00
		wr1411			20131118		20131118	0. 00	0	0. 00
		wr1412			20131217		20131217	0. 00	0	0. 00

表 5－2－8　2013 年能源化工及其他类期货合约交易情况

品种	交易所	合约	年开盘价	年最高价	最高价日	年最低价	最低价日	成交金额（万元）	交易日数（个）	日均成交金额（万元）
燃料油	SHFE	fu1303	5150	5204	20130205	4841	20130117	251. 38	5	50. 28
		fu1304	5040	5040	20130130	5040	20130130	25. 20	1	25. 20
		fu1305	5041	5398	20130125	4560	20130419	7459. 54	54	138. 14
		fu1306	5258	5593	20130426	4646	20130529	1533. 74	16	95. 86
		fu1307			20130104		20130104	0. 00	0	—
		fu1308	5128	5135	20130531	4800	20130531	423. 83	1	423. 83
		fu1309	5365	5455	20130222	4324	20130822	2949. 53	49	60. 19
		fu1310	4801	5415	20130411	3843	20130924	2175. 67	30	72. 52
		fu1311	4511	5365	20130701	3580	20131025	1217. 93	20	60. 90
		fu1312	4501	5369	20130329	3598	20131120	1228. 73	30	40. 96
		fu1402	5402	5407	20130624	3744	20131112	1490. 23	16	93. 14

续表

品种	交易所	合约	年开盘价	年最高价	最高价日	年最低价	最低价日	成交金额（万元）	交易日数（个）	日均成交金额（万元）
燃料油	SHFE	fu1403	4478	5471	20130322	4303	20131018	363.13	5	72.63
		fu1404	5599	5599	20130509	4084	20131120	1508.01	24	62.83
		fu1405	4700	5500	20130524	4700	20130524	373.79	7	53.40
		fu1406	4760	5729	20130711	4380	20131219	391.93	5	78.39
		fu1407	4525	5293	20130711	4300	20131218	1080.36	11	98.21
		fu1408	4452	5272	20130806	4235	20131018	713.67	22	32.44
		fu1409	4400	4999	20130904	3855	20131025	1663.99	15	110.93
		fu1410	4098	4599	20131231	4098	20131231	65.01	1	65.01
		fu1411	4747	4969	20131204	4510	20131204	191.94	2	95.97
		fu1412			20131202		20131202	0.00	0	—
石油沥青	SHFE	bu1402	4598	4658	20131009	4228	20131030	13481624.47	60	224693.74
		bu1403	4650	4656	20131009	4238	20131030	165183.50	60	2753.06
		bu1404	4508	4508	20131016	4290	20131108	237.38	19	12.49
		bu1405	4310	4500	20131209	4302	20131125	9379.69	32	293.12
		bu1406	4640	4780	20131015	4282	20131111	39920.58	60	665.34
		bu1409	4716	4716	20131009	4342	20131105	3027.51	47	64.42
		bu1412	4676	4676	20131009	4282	20131111	4084.58	58	70.42
		bu1503	4678	4680	20131010	4366	20131112	1240.54	32	38.77
		bu1506	4622	4636	20131024	4418	20131108	380.34	25	15.21
		bu1509	4668	4668	20131009	4432	20131226	260.43	20	13.02
		bu1512	4410	4480	20131226	4410	20131226	8.89	1	8.89
甲醇	ZCE	ME301	2766	2800	20130107	2640	20130116	3907.60	10	390.76
		ME302	2802	2863	20130121	2661	20130121	248.93	30	8.30
		ME303	2701	2900	20130226	2696	20130130	110.67	45	2.46
		ME304	2851	2967	20130204	2629	20130416	11400.40	66	172.73
		ME305	2729	3015	20130206	2603	20130426	7804151.18	84	92906.56
		ME306	2837	3001	20130129	2810	20130117	318.06	106	3.00
		ME307	2851	2851	20130515	2642	20130529	81.84	123	0.67
		ME308	2830	3010	20130121	2516	20130702	464.76	146	3.18
		ME309	2745	3149	20130206	2573	20130708	2545541.76	168	15152.03
		ME310	3062	3152	20130131	2714	20130724	716.60	187	3.83
		ME311	3039	3039	20130121	2690	20130725	213.82	205	1.04
		ME312	2713	3007	20130221	2477	20130716	1502.42	226	6.65
		ME401	2960	3728	20131211	2544	20130704	17245225.49	228	75636.95

续表

品种	交易所	合约	年开盘价	年最高价	最高价日	年最低价	最低价日	成交金额（万元）	交易日数（个）	日均成交金额（万元）
甲醇	ZCE	ME402	2646	3593	20131211	2646	20130326	7571.10	208	36.40
		ME403	2705	3496	20131211	2705	20130326	807.59	193	4.18
		ME404	2481	3484	20131210	2481	20130705	1366.72	172	7.95
		ME405	2794	3404	20131210	2697	20130626	26978962.49	154	175188.07
		ME406	2550	3386	20131210	2550	20130716	2030.36	132	15.38
		ME407	3270	3363	20131210	3045	20131219	394.49	115	3.43
		ME408	2923	2971	20131118	2836	20130906	189.33	92	2.06
		ME409	2849	3304	20131209	2817	20131028	913122.55	70	13044.61
		ME410	3091	3138	20131211	2927	20131230	258.14	51	5.06
		ME411	3008	3035	20131212	2965	20131217	300.01	33	9.09
		ME412	3005	3005	20131216	2985	20131225	29.95	12	2.50
PTA	ZCE	TA301	8774	9078	20130117	8350	20130104	32879.85	10	3287.99
		TA302	8674	8880	20130208	8556	20130124	27430.63	30	914.35
		TA303	8674	8930	20130204	7974	20130313	10171.81	45	226.04
		TA304	8666	8908	20130207	7618	20130416	31388.46	66	475.58
		TA305	8602	8946	20130218	7500	20130515	37742769.44	84	449318.68
		TA306	8572	8910	20130218	7600	20130418	25570.21	106	241.23
		TA307	8526	8950	20130208	7544	20130418	24464.96	123	198.90
		TA308	8658	8978	20130207	7480	20130418	20799.68	146	142.46
		TA309	8522	9032	20130208	7450	20130418	170436129.35	168	1014500.77
		TA310	8558	9004	20130208	7486	20130418	29812.77	187	159.43
		TA311	8648	8950	20130208	7364	20131029	3216.66	205	15.69
		TA312	8456	8864	20130218	7344	20131128	73713.43	226	326.17
		TA401	8288	9056	20130208	7352	20130627	76574343.33	228	335852.38
		TA402	8040	8138	20130828	7218	20130627	3156.43	208	15.18
		TA403	8320	8320	20130315	7330	20130627	596.57	193	3.09
		TA404	7714	8182	20130828	7378	20130628	2392.00	172	13.91
		TA405	7620	8216	20130828	7300	20130627	18102467.38	154	117548.49
		TA406	7564	8056	20130909	7340	20131220	1215.75	132	9.21
		TA407	7732	7956	20130905	7348	20131218	229.68	115	2.00
		TA408	7844	8070	20130828	7300	20131223	1315.93	92	14.30
		TA409	7904	7908	20130916	7300	20131223	144790.12	70	2068.43
		TA410	7386	7386	20131223	7294	20131223	77.07	51	1.51
		TA411		0				0.00	33	0.00
		TA412	7388	7388	20131218	7228	20131218	11.00	12	0.92

续表

品种	交易所	合约	年开盘价	年最高价	最高价日	年最低价	最低价日	成交金额（万元）	交易日数（个）	日均成交金额（万元）
动力煤	ZCE	TC312	522	600	20131121	522	20130926	20419.60	47	434.46
		TC401	525.4	601.6	20131202	523.8	20130926	22843337.67	64	356927.15
		TC402	528	593.8	20131129	526	20130926	1697.39	64	26.52
		TC403	533.8	599.8	20131203	527.2	20130926	1712.88	64	26.76
		TC404	534.8	602.8	20131203	534.8	20130926	2569.80	64	40.15
		TC405	525.8	600.4	20131203	525.8	20130926	26232470.38	64	409882.35
		TC406	541	600	20131209	536.2	20130926	2903.71	64	45.37
		TC407	572.6	598.2	20131129	565.2	20131010	299.21	64	4.68
		TC408	527	601.8	20131203	527	20130926	662.98	64	10.36
		TC409	531.6	604.6	20131203	531.6	20130926	406181.66	64	6346.59
		TC410	595	603.2	20131127	566.2	20131231	377.65	56	6.74
		TC411	584.2	594.6	20131121	571	20131224	268.00	38	7.05
		TC412	586.2	607	20131210	586.2	20131210	60.07	17	3.53
玻璃	ZCE	FG303	1332	1494	20130115	1332	20130104	7977.24	45	177.27
		FG304	1383	1511	20130115	1284	20130321	2358.42	66	35.73
		FG305	1371	1527	20130115	1118	20130503	67518771.45	84	803794.90
		FG306	1413	1581	20130204	1261	20130502	97891.11	106	923.50
		FG307	1424	1602	20130206	1278	20130502	10211.94	123	83.02
		FG308	1456	1636	20130205	1291	20130723	17567.36	146	120.32
		FG309	1435	1652	20130206	1200	20130830	283126988.04	168	1685279.69
		FG310	1450	1646	20130204	1218	20130917	75474.07	187	403.60
		FG311	1467	1648	20130206	1227	20130917	17829.64	205	86.97
		FG312	1467	1683	20130206	1290	20131120	47558.41	226	210.44
		FG401	1582	1702	20130206	1272	20131231	153044645.34	228	671248.44
		FG402	1619	1632	20130222	1289	20131119	22129.86	208	106.39
		FG403	1435	1503	20130522	1284	20131118	6243.72	193	32.35
		FG404	1371	1515	20130520	1277	20130417	9448.21	172	54.93
		FG405	1431	1526	20130522	1278	20131220	29265411.82	154	190035.14
		FG406	1452	1511	20130828	1347	20131025	8407.09	132	63.69
		FG407	1362	1503	20130823	1355	20130924	263.80	115	2.29
		FG408	1520	1520	20130816	1372	20131028	1752.48	92	19.05
		FG409	1455	1482	20130916	1358	20131025	628769.69	70	8982.42
		FG410	1363	1437	20131212	1363	20131029	92.83	51	1.82
		FG411	1356	1438	20131212	1356	20131203	28.08	33	0.85
		FG412		0				0.00	12	0.00

续表

品种	交易所	合约	年开盘价	年最高价	最高价日	年最低价	最低价日	成交金额（万元）	交易日数（个）	日均成交金额（万元）
LLDPE	DCE	l1301	11260	11400	20130107	10900	20130114	3263.41	10	326.34
		l1302	11005	11645	20130218	10850	20130117	2766.08	30	92.20
		l1303	11300	11750	20130208	10600	20130311	17973.57	45	399.41
		l1304	11195	11480	20130204	10385	20130315	7440.61	66	112.74
		l1305	10900	11540	20130204	9835	20130418	57220296.72	84	681194.01
		l1306	10830	11435	20130204	9880	20130419	10502.72	106	99.08
		l1307		11550	20130207	9505	20130418	1671.13	123	13.59
		l1308		11650	20130807	9545	20130418	10439.19	146	71.50
		l1309	10810	12435	20130830	9470	20130418	316130840.64	168	1881731.19
		l1310	10625	11785	20130925	9455	20130418	24855.24	187	132.92
		l1311		11965	20131031	9785	20130503	6184.45	205	30.17
		l1312	10895	12000	20131129	9905	20130503	15081.07	226	66.73
		l1401	10655	12145	20131203	9505	20130418	304093952.41	228	1333745.41
		l1402		12090	20131203	9790	20130416	6704.59	208	32.23
		l1403	10295	11440	20131211	10050	20130620	2990.09	193	15.49
		l1404		11480	20131209	9780	20130627	6253.22	172	36.36
		l1405	9895	11365	20131209	9780	20130627	94269745.49	154	612141.20
		l1406	10160	11270	20131209	9815	20130621	1498.36	132	11.35
		l1407		11040	20131129	10490	20130917	162.40	115	1.41
		l1408	10470	10945	20131218	10470	20130823	300.20	92	3.26
		l1409	10630	11065	20131209	10290	20130926	1130407.65	70	16148.68
		l1410	10475	11020	20131205	10475	20131023	3158.35	51	61.93
		l1411			20131115		20131115			
		l1412			20131216		20131216			
PVC	DCE	v1301	6350	6450	20130107	6285	20130117	6290.75	10	629.08
		v1302	6320	6455	20130201	6300	20130129	63.60	30	2.12
		v1303	6550	6660	20130204	6070	20130228	2438.10	45	54.18
		v1304	6670	7145	20130122	5995	20130401	435.39	66	6.60
		v1305	6630	6805	20130204	6305	20130425	4201862.77	84	50022.18
		v1306	6695	6790	20130123	6440	20130415	344.02	106	3.25
		v1307	6575	6870	20130218	6270	20130606	554.79	123	4.51
		v1308	6920	6920	20130128	6500	20130503	158.55	146	1.09
		v1309	6850	7045	20130204	6410	20130418	4472230.18	168	26620.42
		v1310		6960	20130218	6475	20130925	351.94	187	1.88

续表

品种	交易所	合约	年开盘价	年最高价	最高价日	年最低价	最低价日	成交金额（万元）	交易日数（个）	日均成交金额（万元）
PVC	DCE	v1311	6850	7000	20130111	6420	20131016	309.73	205	1.51
		v1312	6720	7150	20130207	6250	20131113	670.90	226	2.97
		v1401	7035	7215	20130204	6205	20131231	2294863.83	228	10065.19
		v1402		6940	20130313	6190	20131212	269.96	208	1.30
		v1403		7250	20130415	6260	20131213	149.54	193	0.77
		v1404	6925	6925	20130426	6350	20131219	222.60	172	1.29
		v1405	6795	6880	20130719	6250	20131220	868932.52	154	5642.42
		v1406		6720	20130905	6390	20131220	45.73	132	0.35
		v1407		6640	20131010	6515	20131125	13.16	115	0.11
		v1408	6635	6890	20130815	6450	20131223	98.31	92	1.07
		v1409		6735	20131009	6400	20131220	13755.92	70	196.51
		v1410		6585	20131202	6520	20131218	39.27	51	0.77
		v1411		6540	20131218	6500	20131223	39.13	33	1.19
		v1412			20131216		20131216			
焦炭	DCE	j1301	1614	1760	20130109	1576	20130107	9166.42	10	916.64
		j1302	1717	1746	20130118	1639	20130124	303.76	30	10.13
		j1303	1774	1865	20130121	1710	20130121	2078.90	45	46.20
		j1304	1826	1929	20130125	1548	20130328	16013.70	66	242.63
		j1305	1835	1931	20130204	1401	20130502	425717755.44	84	5068068.52
		j1306	1827	1940	20130208	1381	20130531	41049.44	106	387.26
		j1307	1875	1925	20130130	1356	20130613	7972.98	123	64.82
		j1308	1800	2028	20130206	1353	20130625	46732.74	146	320.09
		j1309	1886	2074	20130205	1358	20130710	1644215028.56	168	9786994.22
		j1310	1910	2067	20130218	1305	20131015	204168.74	187	1091.81
		j1311	1891	2050	20130206	1364	20131008	17413.86	205	84.95
		j1312	1900	2008	20130220	1403	20130626	42967.46	226	190.12
		j1401	1912	2120	20130205	1378	20131231	1192950705.06	228	5232239.93
		j1402	1908	1908	20130228	1386	20130705	64598.82	208	310.57
		j1403	1693	1748	20130321	1443	20130723	30472.08	193	157.89
		j1404	1615	1712	20130815	1426	20130716	26546.28	172	154.34
		j1405	1625	1780	20130826	1452	20131231	417060429.74	154	2708184.61
		j1406	1500	1727	20130927	1460	20131231	11839.54	132	89.69
		j1407		1754	20130826	1516	20131226	8661.20	115	75.31
		j1408	1741	1751	20131015	1597	20131213	1607.64	92	17.47

续表

品种	交易所	合约	年开盘价	年最高价	最高价日	年最低价	最低价日	成交金额（万元）	交易日数（个）	日均成交金额（万元）
焦炭	DCE	j1409	1700	1787	20131015	1503	20131231	4516158.92	70	64516.56
		j1410	1663	1701	20131205	1575	20131224	1065.68	51	20.90
		j1411	1640	1702	20131205	1513	20131119	1899.10	33	57.55
		j1412	1601	1601	20131223	1574	20131226	507.76	12	42.31
焦煤	DCE	jm1307	1300	1300	20130322	932	20130701	15725.75	73	215.42
		jm1308	1315	1315	20130322	962	20130718	12302.10	96	128.15
		jm1309	1280	1304	20130322	938	20130830	145078033.13	118	1229474.86
		jm1310	1300	1333	20130322	945	20130916	17890.36	137	130.59
		jm1311	1365	1365	20130322	946	20131106	8768.08	155	56.57
		jm1312	1378	1378	20130322	954	20131202	12758.82	176	72.49
		jm1401	1330	1350	20130322	950	20131231	231139632.13	188	1229466.13
		jm1402	1402	1402	20130322	1029	20130701	11602.40	188	61.71
		jm1403	1490	1490	20130322	990	20131231	13194.24	188	70.18
		jm1404	1212	1258	20130522	1013	20131231	11432.14	172	66.47
		jm1405	1244	1298	20130826	1002	20131231	87367157.83	154	567319.21
		jm1406	1109	1274	20130827	1039	20131224	9570.95	132	72.51
		jm1407		1289	20130826	1061	20131224	2790.46	115	24.26
		jm1408	1279	1284	20130827	1071	20131224	645.32	92	7.01
		jm1409	1254	1320	20131015	1042	20131231	2637887.24	70	37684.10
		jm1410	1257	1258	20131022	1092	20131226	1480.28	51	29.03
		jm1411	1184	1184	20131118	1105	20131223	276.46	33	8.38
		jm1412	1135	1136	20131220	1104	20131225	253.40	12	21.12
铁矿石	DCE	i1403	974	994	20131018	895	20131223	500828.14	53	9449.59
		i1404	960	975	20131018	899	20131226	10307.38	53	194.48
		i1405	978	984	20131018	885	20131223	38731952.00	53	730791.55
		i1406	951	965	20131018	875	20131223	3431.12	53	64.74
		i1407	920	960	20131018	880	20131226	1476.70	53	27.86
		i1408	950	960	20131018	891	20131231	1067.74	53	20.15
		i1409	967	977	20131018	869	20131223	1634948.62	53	30848.09
		i1410	928	931	20131113	901	20131024	2316.36	51	45.42
		i1411		908	20131216	908	20131216	18.16	33	0.55
		i1412	959	959	20131216	869	20131224	107.20	12	8.93

表 5－2－9　　2013 年金融期货合约交易情况

品种	交易所	合约	年开盘价(元)	年最高价(元)	最高价日	年最低价(元)	最低价日	成交金额（亿元）	交易日数（个）	日均成交金额（亿元）
沪深300股指期货	CFFEX	IF1301	2565	2608.6	20130115	2481.8	20130111	44240.9	11	4021.9
		IF1302	2565	2799	20130208	2495.2	20130111	87010.4	27	3222.61
		IF1303	2583.8	2830.2	20130208	2503.6	20130315	131713	46	2863.33
		IF1304	2763.6	2768.4	20130219	2417.2	20130416	136258	42	3244.24
		IF1305	2524.8	2655.2	20130325	2415	20130502	89979.5	40	2249.49
		IF1306	2603.6	2863	20130208	2277.6	20130621	132382	108	1225.76
		IF1307	2577.8	2648.2	20130529	1996	20130625	132332	42	3150.76
		IF1308	2300	2399.8	20130816	2002.4	20130625	125796	40	3144.91
		IF1309	2678	2883.8	20130208	2006.4	20130625	156304	161	970.832
		IF1310	2288.8	2527.4	20130912	2249.4	20130823	76219.2	38	2005.77
		IF1311	2477.6	2484	20131015	2285.4	20131114	102749	34	3022.04
		IF1312	2536	2684.4	20130529	2036	20130625	136616	162	843.31
		IF1401	2369	2504	20131204	2273.6	20131223	50049.5	32	1564.05
		IF1402	2301	2363.8	20131231	2282.6	20131223	238.76	7	34.1086
		IF1403	2167.2	2544.4	20130912	2133	20130729	4431.75	110	40.2886
		IF1406	2437.2	2512.8	20131204	2293	20131114	681.22	52	13.1004
5年期国债期货	CFFEX	TF1312	94.2	94.6	20130926	90.0	20131204	2283.78	64	35.68
		TF1403	94.7	94.7	20130906	91.2	20131211	734.80	76	9.67
		TF1406	94.9	94.9	20130906	91.5	20131211	44.40	76	0.58
		TF1409	92.3	92.7	20131224	92.1	20131219	0.90	12	0.08

表 5－2－10　　2013 年农产品期货实物交割情况

品种	交易所	合约	交割量	合约成交量	最高持仓量	最高持仓日期	交割金额	合约成交金额	结算价	交割率（%）		
										Ⅰ	Ⅱ	Ⅲ
天然橡胶	SHFE	ru1301	2276	21169265	99945	20120813	58003.86	491877197.89	25210	0.01	2.28	0.01
		ru1303	1076	58435	2826	20121214	24425.20	1398250.51	22320	1.84	38.08	1.75
		ru1304	417	6043	445	20130412	8573.52	144037.45	19885	6.90	93.71	5.95
		ru1305	3492	14612631	87263	20121217	69874.92	362730259.23	19820	0.02	4.00	0.02
		ru1306	889	11486	985	20121205	15819.76	256359.42	17620	7.74	90.25	6.17
		ru1307	907	8227	1024	20130705	14729.68	156718.26	16200	11.02	88.57	9.40
		ru1308	728	21087	1342	20130702	13245.96	420930.72	18185	3.45	54.25	3.15
		ru1309	2615	23146359	105468	20130606	48823.33	474045919.07	18040	0.01	2.48	0.01
		ru1310	300	13561	466	20130318	5512.50	274147.43	18515	2.21	64.38	2.01
		ru1311	1907	51501	2257	20130410	33153.20	1005649.81	17290	3.70	84.49	3.30

续表

品种	交易所	合约	交割量	合约成交量	最高持仓量	最高持仓日期	交割金额	合约成交金额	结算价	交割率（%）		
										Ⅰ	Ⅱ	Ⅲ
一号棉花	ZCE	CF301	2600	10409481	168926	20120730	25766. 24	101402523. 83	19755	0. 02	1. 54	0. 03
		CF303	272	52499	7804	20121207	2649. 28	518283. 89	19600	0. 52	3. 49	0. 51
		CF305	1240	3259032	106482	20121210	13171. 90	31699294. 47	20610	0. 04	1. 16	0. 04
		CF307	880	10444	1810	20130517	8916. 60	103316. 58	20220	8. 43	48. 62	8. 63
		CF309	2200	4618798	115688	20130205	23089. 00	46365996. 66	20945	0. 05	1. 90	0. 05
		CF311	1288	19471	2866	20130806	12807. 12	195090. 54	19480	6. 61	44. 94	6. 56
早籼稻	ZCE	ER301	1077	1968739	39495	20120917	2790. 51	5415848. 14	2610	0. 05	2. 73	0. 05
		ER303	10	419	37	20121119	26. 82	1135. 55	2585	2. 39	27. 03	2. 36
		ER305	384	1116393	45997	20121225	890. 88	3034237. 34	2320	0. 03	0. 83	0. 03
菜籽油	ZCE	OI307	0	586	44	20121130	0. 00	5754. 49	9456	0. 00	0. 00	0. 00
		OI309	1770	852131	44974	20130509	13923. 22	7948896. 91	7826	0. 21	3. 94	0. 18
		OI311	0	65	1	20130503	0. 00	532. 56	7812	0. 00	0. 00	0. 00
普通小麦	ZCE	PM301		5859	604	20120719		66340. 84	2322	0. 00	0. 00	0. 00
		PM303		72	4	20120807		839. 18	2412	0. 00	0. 00	0. 00
		PM305		414	14	20130114		4974. 60	2300	0. 00	0. 00	0. 00
		PM307	1	242	35	20130617	11. 66	2881. 45	2338	0. 41	2. 86	0. 40
		PM309		650	70	20130726		7904. 96	2520	0. 00	0. 00	0. 00
		PM311		124	4	20130812		1578. 87	2680	0. 00	0. 00	0. 00
早籼稻	ZCE	RI307		233	12	20130524		1246. 83	2387	0. 00	0. 00	0. 00
		RI309	1210	79654	4519	20130417	5999. 18	423522. 60	2498	1. 52	26. 78	1. 42
		RI311		476	24	20130813		2564. 28	2498	0. 00	0. 00	0. 00
菜粕	ZCE	RM305	716	10374920	96140	20130116	1875. 92	26487537. 88	2500	0. 01	0. 74	0. 01
		RM307	8	1610	59	20130424	23. 92	4021. 67	3036	0. 50	13. 56	0. 59
		RM308		2527	105	20130418		6299. 841	3139	0	0	0
		RM309	740	31738586	202604	20130416	2309. 54	78885292. 08	3117	0. 00	0. 37	0. 00
		RM311	1950	8596151	155630	20130924	5103. 15	23056006. 37	2540	0. 02	1. 25	0. 02
菜籽油	ZCE	RO301	1331	2945160	78928	20120614	6619. 063	14941551. 21	9950	0. 0004519	0. 0168635	0. 000443
		RO303	45	421	50	20130220	213. 345	2096. 362	9500	0. 1068884	0. 9	0. 1017692
		RO305	958	1573840	55980	20130110	4705. 845	7775854. 732	9850	0. 0006087	0. 0171133	0. 0006052
菜籽	ZCE	RS307		2680	122	20121228		14243. 33	5373	0. 00	0. 00	0. 00
		RS308		445	13	20130118		2373. 89	5175	0. 00	0. 00	0. 00
		RS309	300	1304022	13797	20130123	1534. 80	7028687. 76	5116	0. 02	2. 17	0. 02
		RS311		4111	448	20130115		21509. 77	5161	0. 00	0. 00	0. 00

续表

品种	交易所	合约	交割量	合约成交量	最高持仓量	最高持仓日期	交割金额	合约成交金额	结算价	交割率（%）		
										Ⅰ	Ⅱ	Ⅲ
白糖	ZCE	SR301	705	94517055	431525	20120618	3999. 47	530929791. 86	5656	0. 00	0. 16	0. 00
		SR303	100	20164	631	20120907	549. 90	112550. 34	5450	0. 50	15. 85	0. 49
		SR305	747	36967250	364113	20121217	4062. 93	198562669. 10	5405	0. 00	0. 21	0. 00
		SR307	196	13219	432	20121019	1037. 62	72078. 64	5286	1. 48	45. 37	1. 44
		SR309	2001	32162005	368327	20130321	10707. 35	172071016. 26	5380	0. 01	0. 54	0. 01
		SR311	300	18174	2051	20130902	1618. 80	96849. 45	5100	1. 65	14. 63	1. 67
优质强筋小麦	ZCE	WS301	13688	11734676	252674	20120705	33905. 96	29542673. 66	2451	0. 12	5. 42	0. 11
		WS303	701	5930	901	20130311	1736. 76	14928. 75	2488	11. 82	77. 80	11. 63
		WS305	3759	4576017	154755	20121224	9174. 50	11674326. 40	2450	0. 08	2. 43	0. 08
强筋小麦	ZCE	WH307	262	4438	779	20121211	1414. 28	22802. 19	2699	5. 90	33. 63	6. 20
		WH309	2187	416698	21732	20130617	11984. 76	2157402. 70	2790	0. 52	10. 06	0. 56
		WH311	441	2902	502	20131014	2449. 31	15836. 26	2816	15. 20	87. 85	15. 47
玉米	DCE	c1301	8330	15099183	329283	20120815	9683. 11	35639704. 24	2325	0. 06	2. 53	0. 05
		c1305	11654	5987833	202271	20121113	13647. 41	14504153. 65	2342	0. 19	5. 76	0. 19
		c1307	171	4962	352	20130403	202. 30	12014. 32	2366	3. 45	48. 58	3. 37
		c1309	55529	6119580	374520	20130423	67665. 40	14877664. 19	2437	0. 91	14. 83	0. 91
黄大豆1号	DCE	a1301	1888	18106923	249133	20120723	4340. 93	84667514. 07	4598	0. 01	0. 76	0. 01
		a1303	65	4394	234	20121106	157. 68	20507. 66	4852	1. 48	27. 78	1. 54
		a1305	3184	23012356	288082	20121113	7606. 96	110110265. 95	4778	0. 01	1. 11	0. 01
		a1307	411	3225	412	20130627	960. 49	15367. 89	4674	12. 74	99. 76	12. 50
		a1309	538	5138870	127199	20130424	1169. 711	24630695. 71	4348	0. 01	0. 42	0. 01
		a1311	14	2976	145	20130712	31. 213	13850. 582	4459	0. 47	9. 66	0. 45
豆粕	DCE	m1305	4006	132703854	770502	20121115	7429. 13	451681000. 29	3709	0. 00	0. 52	0. 00
		m1307	137	35024	1833	20130510	256. 12	121032. 86	3739	0. 39	7. 47	0. 42
		m1308	1	9732	331	20130621	1. 85	33435. 80	3700	0. 01	0. 30	0. 01
		m1309	8930	89935911	1009254	20130411	17757. 28	297314473. 02	3977	0. 01	0. 88	0. 01
		m1311	372	24668	978	20130924	728. 934	86888. 3	3919	1. 51	38. 04	1. 68
		m1312	470	10645	502	20131121	940	37168. 178	4000	4. 42	93. 63	5. 06
豆油	DCE	y1301	410	28000002	265412	20120903	1728. 01	268706716. 30	8429	0. 00	0. 15	0. 00
		y1305	5492	23958431	353579	20121112	19711. 91	212199154. 46	7178	0. 02	1. 55	0. 02
		y1307	1	688	32	20130118	3. 40	5861. 67	6802	0. 15	3. 13	0. 12
		y1308	20	1298	76	20130604	65. 28	10613. 86	6528	1. 54	26. 32	1. 23
		y1309	2312	35044600	415904	20130424	8120. 84	277426159. 37	7025	0. 01	0. 56	0. 01
		y1311	5	2194	142	20130320	16. 57	17111. 95	6626	0. 23	3. 52	0. 19
		y1312	22	1290	74	20131101	77. 53	9569. 10	7048	1. 71	29. 73	1. 62

续表

品种	交易所	合约	交割量	合约成交量	最高持仓量	最高持仓日期	交割金额	合约成交金额	结算价	交割率（%）		
										Ⅰ	Ⅱ	Ⅲ
棕榈油	DCE	p1301	4564	17529835	167310	20121015	14171.22	133546064.54	6210	0.03	2.73	0.02
		p1302	27	1824	153	20121228	84.43	12259.41	6254	1.48	17.65	1.38
		p1303	45	2486	168	20130219	135.36	17307.11	6016	1.81	26.79	1.56
		p1305	5868	21784025	319717	20130111	16084.19	149877650.26	5482	0.03	1.84	0.02
		p1306	—	7558	1395	20130423		47582.12	—	—	—	—
		p1309	5000	28242868	317299	20130305	13605	182317075.1	5442	0.02	1.58	0.01
		p1310	500	7286	1074	20130528	1422.5	44906.414	5690	6.86	46.55	6.34

注：交割率Ⅰ＝交割量/合约成交量；交割率Ⅱ＝交割量/最高持仓量；交割率Ⅲ＝交割金额/合约成交金额。

表5－2－11　　2013年金属期货实物交割情况

品种	交易所	合约	交割量	合约成交量	最高持仓量	最高持仓日期	交割金额	合约成交金额	结算价	交割率（%）		
										Ⅰ	Ⅱ	Ⅲ
铜	SHFE	cu1301	4345	4131749	101147	20120919	124592.88	120490490.11	57350	0.11	4.30	0.10
		cu1302	6115	3382569	107063	20121113	178802.60	95888524.47	58480	0.18	5.71	0.19
		cu1303	7495	3133915	100214	20121206	212940.05	89501015.51	56780	0.24	7.48	0.24
		cu1304	2645	2440787	89204	20130110	71586.93	70454170.66	54130	0.11	2.97	0.10
		cu1305	4440	2289780	101485	20130208	118170.60	66277295.94	53230	0.19	4.38	0.18
		cu1306	3245	2345745	116959	20130304	85327.28	65985589.78	52590	0.14	2.77	0.13
		cu1307	3055	3560904	137208	20130319	77138.75	97356655.32	50500	0.09	2.23	0.08
		cu1308	3095	6304058	209430	20130423	81491.35	163632511.71	52660	0.05	1.48	0.05
		cu1309	2985	10228516	153503	20130503	77624.93	267039576.66	52010	0.03	1.94	0.03
		cu1310	5290	9082268	213561	20130624	138703.80	229304421.92	52440	0.06	2.48	0.06
		cu1311	5360	9744683	190824	20130730	135795.60	244515310.69	50670	0.06	2.81	0.06
		cu1312	3530	7216005	127306	20130902	90423.40	186326917.75	51240	0.05	2.77	0.05
铝	SHFE	al1301	10465	342884	27113	20121115	78199.71	2645832.42	14945	3.05	38.60	2.96
		al1302	8715	233264	21595	20121123	64556.36	1787319.75	14815	3.74	40.36	3.61
		al1303	15405	290260	32818	20130107	112417.99	2210188.77	14595	5.31	46.94	5.09
		al1304	13025	201463	27051	20130129	94463.81	1515781.24	14505	6.47	48.15	6.23
		al1305	9780	306428	45567	20130222	71027.25	2285609.42	14525	3.19	21.46	3.11
		al1306	6020	406240	50113	20130315	44487.80	3009434.99	14780	1.48	12.01	1.48
		al1307	4090	279357	32086	20130415	29355.98	2050788.77	14355	1.46	12.75	1.43
		al1308	5330	280793	33142	20130520	38242.75	2049891.85	14350	1.90	16.08	1.87
		al1309	1795	233992	24688	20130603	12928.49	1705760.81	14405	0.77	7.27	0.76
		al1310	4915	284742	36559	20130710	35510.88	2058837.42	14450	1.73	13.44	1.72
		al1311	1125	233817	26839	20130807	8057.81	1681255.81	14325	0.48	4.19	0.48
		al1312	1245	280896	40720	20130925	8855.06	2011790.23	14225	0.44	3.06	0.44

续表

品种	交易所	合约	交割量	合约成交量	最高持仓量	最高持仓日期	交割金额	合约成交金额	结算价	交割率（%）		
										Ⅰ	Ⅱ	Ⅲ
锌	SHFE	zn1301	3725	1704941	70975	20121026	28058.56	12994355.17	15065	0.22	5.25	0.22
		zn1302	5325	1400779	60272	20121116	41282.06	10567673.86	15505	0.38	8.83	0.39
		zn1303	5425	1327437	61691	20121217	40768.88	10253636.01	15030	0.41	8.79	0.40
		zn1304	4295	922106	55419	20130115	30956.21	7140211.49	14415	0.47	7.75	0.43
		zn1305	4930	1319959	91228	20130204	35496.00	10356019.86	14400	0.37	5.40	0.34
		zn1306	4355	1177551	70809	20130318	31704.40	8945911.07	14560	0.37	6.15	0.35
		zn1307	2970	1018775	77749	20130416	21777.53	7468231.94	14665	0.29	3.82	0.29
		zn1308	1525	1256009	75983	20130515	11361.25	9152168.50	14900	0.12	2.01	0.12
		zn1309	1105	1137388	85168	20130530	8154.90	8308519.30	14760	0.10	1.30	0.10
		zn1310	1310	1041637	80710	20130702	9838.10	7600950.54	15020	0.13	1.62	0.13
		zn1311	1405	852660	68882	20130808	10460.23	6292637.45	14890	0.16	2.04	0.17
		zn1312	1040	1012937	72370	20130923	7823.40	7547305.93	15045	0.10	1.44	0.10
铅	SHFE	pb1301	769	6840	1254	20121120	28635.64	261286.88	14895	11.24	61.32	10.96
		pb1302	967	5661	1256	20121221	36347.11	215930.18	15035	17.08	76.99	16.83
		pb1303	914	4886	1150	20130128	33155.35	185407.46	14510	18.71	79.48	17.88
		pb1304	739	5410	1293	20130220	25800.34	202634.46	13965	13.66	57.15	12.73
		pb1305	838	5574	1186	20130312	28649.13	203216.50	13675	15.03	70.66	14.10
		pb1306	891	5063	1161	20130510	30928.84	179452.60	13885	17.60	76.74	17.24
		pb1307	618	4949	1065	20130516	21189.68	173704.63	13715	12.49	58.03	12.20
		pb1308	802	3985	802	20130815	28801.83	138898.54	14365	20.13	100.00	20.74
		pb1309	3555	9816	4760	20130902	24831.68	239608.10	13970	36.22	74.68	10.36
		pb1310	2390	10751	3413	20130904	16885.35	152852.62	14130	22.23	70.03	11.05
		pb1311	3115	14654	3372	20131028	21711.55	146619.03	13940	21.26	92.38	14.81
		pb1312	3995	36807	5839	20131030	27885.10	283530.03	13960	10.85	68.42	9.83
黄金	SHFE	au1301	240	8399	418	20121106	7979.76	293656.31	333.90	2.86	57.42	2.72
		au1302	78	779	99	20121231	2619.01	26521.23	337	10.01	78.79	9.88
		au1303	117	1111	199	20121226	3727.15	37399.94	318	10.53	58.79	9.97
		au1304	12	591	108	20130121	383.87	19969.14	315	2.03	11.11	1.92
		au1305		3162	183	20121231	0.00	105295.59	285	0.00	0.00	0.00
		au1306	609	2433189	62026	20130221	16958.82	79543060.49	276.30	0.03	0.98	0.02
		au1307		910	72	20130313	0.00	27929.20	253	0.00	0.00	0.00
		au1308	12	2520	260	20130412	316.74	73206.39	268	0.48	4.62	0.43
		au1309	3	7977	258	20130520	82.52	224621.04	268	0.04	1.16	0.04
		au1310	0	2366	245	20130530	0.00	64810.67	258.50	0.00	0.00	0.00
		au1311	9	3826	381	20130826	231.47	103140.69	251.55	0.24	2.36	0.22
		au1312	1761	15288243	80432	20130731	43133.99	406509396.81	241	0.01	2.19	0.01

续表

品种	交易所	合约	交割量	合约成交量	最高持仓量	最高持仓日期	交割金额	合约成交金额	结算价	交割率（%）		
										Ⅰ	Ⅱ	Ⅲ
白银	SHFE	ag1301	9514	3983631	104774	20121126	89807. 40	40466145. 65	6293	0. 24	9. 08	0. 22
		ag1302	4770	33561	4776	20130208	43523. 87	326156. 20	6083	14. 21	99. 87	13. 34
		ag1303	3452	22352	3452	20130315	30570. 91	209513. 31	5904	15. 44	100. 00	14. 59
		ag1304	2326	7381	2326	20130412	18421. 92	66268. 87	5280	31. 51	100. 00	27. 80
		ag1305	3764	35461	3764	20130515	26197. 44	318121. 98	4640	10. 61	100. 00	8. 24
		ag1306	11098	9992969	149811	20130327	73163. 57	87854181. 72	4395	0. 11	7. 41	0. 08
		ag1307	1376	12772	1376	20130715	8266. 32	89459. 98	4005	10. 77	100. 00	9. 24
		ag1308	4284	15573	4284	20130815	28280. 83	99992. 40	4401	27. 51	100. 00	28. 28
		ag1309	2354	88623	3059	20130607	15695. 30	634956. 32	4445	2. 66	76. 95	2. 47
		ag1310	1076	11258	1128	20131009	6980. 55	78756. 60	4325	9. 56	95. 39	8. 86
		ag1311	2480	17608	2542	20131113	15783. 96	118229. 16	4243	14. 08	97. 56	13. 35
		ag1312	11294	131790274	286205	20130828	68068. 94	878287062. 92	4018	0. 01	3. 95	0. 01
螺纹钢	SHFE	rb1301	7740	78163295	865246	20120905	29829. 96	277990151. 21	3854	0. 01	0. 89	0. 01
		rb1302	1020	33696	2474	20121231	3958. 62	122777. 84	3881	3. 03	41. 23	3. 22
		rb1303	1440	12602	2093	20130208	5290. 56	47403. 97	3674	11. 43	68. 80	11. 16
		rb1304	360	14391	2049	20130204	1309. 68	54581. 84	3638	2. 50	17. 57	2. 40
		rb1305	4440	95772605	789534	20130125	15096. 00	362764355. 06	3400	0. 00	0. 56	0. 00
		rb1306	150	19276	640	20121115	481. 50	72895. 81	3210	0. 78	23. 44	0. 66
		rb1307	60	5691	159	20130528	189. 72	21212. 54	3162	1. 05	37. 74	0. 89
		rb1308	0	6130	277	20130514	0. 00	22587. 46	3381	0. 00	0. 00	0. 00
		rb1309	840	494107	3230	20130527	2846. 76	1845557. 46	3389	0. 17	26. 01	0. 15
		rb1310	3420	146702582	1127948	20130531	11528. 82	544452731. 67	3371	0. 00	0. 30	0. 00
		rb1311	270	12969	431	20130320	918	47841. 02	3400	2. 08	62. 65	1. 92
		rb1312	210	14897	1793	20131022	714	53504. 73	3400	1. 41	11. 71	1. 33
线材	SHFE	wr1301	0	931	28	20120817	0	3553. 80	3690	0. 00	0. 00	0. 00
		wr1302	0	55	2	20121224	0	210. 16	3842	0. 00	0. 00	0. 00
		wr1303	0	96	14	20130204	0	391. 06	4140	0. 00	0. 00	0. 00
		wr1304	0	21	2	20130129	0	81. 62	3962	0. 00	0. 00	0. 00
		wr1305	0	727	24	20130130	0	2767. 55	3810	0. 00	0. 00	0. 00
		wr1306	0	35	2	20130506	0	130. 35	3700	0. 00	0. 00	0. 00
		wr1307	0	28	1	20120913	0	99. 884	3525	0. 00	0. 00	0. 00
		wr1308	0	89	9	20121127	0	326. 192	3800	0. 00	0. 00	0. 00
		wr1309	0	250	24	20130419	0	930. 256	3687	0. 00	0. 00	0. 00
		wr1310	0	1529	250	20130222	0	5733. 966	3722	0. 00	0. 00	0. 00
		wr1311	0	68	5	20130621	0	251. 556	3750	0. 00	0. 00	0. 00
		wr1312	0	59	6	20130625	0	222. 261	3590	0. 00	0. 00	0. 00

表 5－2－12　　2013 年能源化工及其他类期货合约实物交割情况

品种	交易所	合约	交割量	合约成交量	最高持仓量	最高持仓日期	交割金额	合约成交金额	结算价	交割率（%）		
										Ⅰ	Ⅱ	Ⅲ
燃料油	SHFE	fu1301	25	1181	142	20120912	625.75	29237.27	5010	2.12	17.61	2.14
		fu1303	0	35	3	20121207	0.00	868.59	5200	0.00	0.00	0.00
		fu1304	0	32	2	20120517	0.00	808.42	5185	0.00	0.00	0.00
		fu1305	40	460	51	20130311	969.60	11741.38	4810	8.70	78.43	8.26
		fu1306	0	67	6	20130315	0.00	1722.01	4646	0.00	0.00	0.00
		fu1307	0	2	1	20120911	0.00	46.32	4494	0.00	0.00	0.00
		fu1308	0	30	0	20120801	0.00	749.93	4986	0.00	0.00	0.00
		fu1309	1	119	7	20130515	23.10	2949.53	4539	0.84	14.29	0.78
		fu1310	7	114	11	20130904	142.17	2621.74	4017	6.14	63.64	5.42
		fu1311	1	52	3	20130701	19.73	1217.93	4056	1.92	33.33	1.62
		fu1312	3	56	10	20130926	54.12	1228.73	3598	5.36	30.00	4.40
PTA	ZCE	TA301	1257	54538422	392592	20120913	5630.103	208106937.5	9036	0.00	0.32	0.00
		TA302	1451	12320	2841	20130130	6391.655	50882.904	8732	11.78	51.07	12.56
		TA303	1249	4745	1257	20130313	5103.414	19431.522	8010	26.32	99.36	26.26
		TA304	1005	9578	2538	20130329	3943.62	39275.705	7692	10.49	39.60	10.04
		TA305	6641	31118302	362225	20121207	25814.367	126215148.6	7698	0.02	1.83	0.02
		TA306	1139	11928	728	20130618	4466.019	46733.738	7826	9.55	156.46	9.56
		TA307	1006	6779	1014	20130711	3899.256	26436.22	7768	14.84	99.21	14.75
		TA308	581	5494	877	20130805	2273.453	21680.553	7800	10.58	66.25	10.49
		TA309	12865	43105213	402145	20130528	49687.923	171156467.8	7712	0.03	3.20	0.03
		TA310	435	7776	436	20131017	1649.52	30580.261	7498	5.59	99.77	5.39
		TA311	75	1012	94	20130829	278.625	3918.005	7458	7.41	79.79	7.11
		TA312	8633	19747	8939	20131211	32356.484	73803.88	7488	43.72	96.58	43.84
甲醇	ZCE	ME301	1268	1681516	22942	20120905	17363.48	23092557.78	2677	0.08	5.53	0.08
		ME302		140	4	20120815		2014.82	2774	0.00	0.00	0.00
		ME303		45	3	20130130		630.56	2900	0.00	0.00	0.00
		ME304	25	826	191	20130322	335.875	11495.725	2658	3.03	13.09	2.92
		ME305	338	628818	13827	20130130	4500.47	9062882.385	2634	0.05	2.44	0.05
		ME306		37	2	20121129		527.92	2689	0.00	0.00	0.00
		ME307		6	0			81.835	2678	0.00	0.00	0.00
		ME308		51	4	20130506		698.605	2680	0.00	0.00	0.00
		ME309	391	182608	3702	20130527	5305.87	2548295.91	2799	0.21	10.56	0.21
		ME310		50	8	20130218		744.78	2978	0.00	0.00	0.00
		ME311		17	1	20121224		240.97	2865	0.00	0.00	0.00
		ME312		106	6	20130104		1502.42	2897	0.00	0.00	0.00

续表

品种	交易所	合约	交割量	合约成交量	最高持仓量	最高持仓日期	交割金额	合约成交金额	结算价	交割率（%）		
										Ⅰ	Ⅱ	Ⅲ
动力煤	ZCE	TC312		1918	106	41543		20419. 604	566. 6	0. 00	0. 00	0. 00
玻璃FG	ZCE	FG303	227	31877	1493	41246	627. 428	85953. 536	1375	0. 71	15. 20	0. 73
		FG304	10	1706	43	41283	26. 92	4756. 02	1346	0. 59	23. 26	0. 57
		FG305	229	38350837	269468	41291	539. 94	108799764. 1	1142	0. 00	0. 08	0. 00
		FG306	1154	37448	4405	41311	3240. 432	106615. 536	1417	3. 08	26. 20	3. 04
		FG307		4291	341	41397		12201. 87	1305	0. 00	0. 00	0. 00
		FG308		6300	185	41401		18329. 91	1373	0. 00	0. 00	0. 00
		FG309	850	97519894	306749	41381	2111. 4	284705740. 4	1243	0. 00	0. 28	0. 00
		FG310	91	26219	619	41353	232. 414	76217. 664	1273	0. 35	14. 70	0. 30
		FG311	25	7097	549	41543	64. 75	20146. 178	1306	0. 35	4. 55	0. 32
		FG312	150	16932	2096	41534	402. 3	47723. 55	1340	0. 89	7. 16	0. 84
聚乙烯	DCE	l1301	908	21617973	148419	20120917	2536. 725	109411794. 7	11175	0. 00	0. 61	0. 00
		l1302	46	1627	122	20120807	132. 365	8408. 32	11510	2. 83	37. 70	3. 15
		l1303	766	2598	766	20130311	2090. 2225	14219. 5575	10915	29. 48	100. 00	29. 40
		l1304	230	1714	252	20130325	601. 45	8948. 5875	10460	13. 42	91. 27	13. 44
		l1305	1576	16927661	149292	20121210	4129. 12	88146049. 58	10480	0. 01	1. 06	0. 01
		l1306	7	2328	226	20121127	18. 99625	12090. 6775	10855	0. 30	3. 10	0. 31
		l1308	111	1038	137	20130806	322. 455	5467. 855	11620	10. 69	81. 02	11. 79
		l1309	15171	30464811	218718	20130607	45930. 2025	159042355. 9	12110	0. 05	6. 94	0. 06
		l1310	36	2462	104	20130320	102. 24	12918. 575	11360	1. 46	34. 62	1. 58
		l1311	312	559	312	20131112	897. 39	3112. 1575	11505	55. 81	100. 00	57. 67
		l1312	31	1379	133	20130828	92. 6125	7577. 47	11950	2. 25	23. 31	2. 44
聚氯乙烯	DCE	v1301	1857	2088602	54246	20120914	2957. 2725	6849979. 6	6370	0. 09	3. 42	0. 09
		v1302	6	253	7	20121231	9. 6825	845. 7025	6455	2. 37	85. 71	2. 29
		v1303	335	737	325	20130313	525. 1125	2407. 6375	6270	45. 45	103. 08	43. 62
		v1304	9	134	13	20130312	14. 1525	442. 8025	6290	6. 72	69. 23	6. 39
		v1305	2450	1328940	58182	20130204	3965. 9375	4383626. 443	6475	0. 18	4. 21	0. 18
		v1309	720	676593	25009	20130416	1188	2251331. 125	6600	0. 11	2. 88	0. 11
焦炭	DCE	j1301	300	14531707	87178	20121016	2437. 5	215782069. 2	1625	0. 00	0. 34	0. 00
		j1305	150	29234041	110553	20130118	1082. 25	497856609. 2	1443	0. 00	0. 14	0. 00
		j1309	1070	51408495	150071	20130514	7741. 45	822279039. 6	1447	0. 00	0. 71	0. 00
		j1310	80	6472	178	20130425	556. 8	104226. 06	1392	1. 24	44. 94	1. 07
		j1311	30	586	33	20131025	224. 7	9538. 11	1498	5. 12	90. 91	4. 71
焦煤	DCE	jm1309	900	10354436	86527	20130620	2673	72539016. 56	990	0. 01	1. 04	0. 01
		jm1311	100	665	104	20130930	310. 8	4384. 038	1036	15. 04	96. 15	14. 18

表 5-2-13　　　　2013 年金融期货交割情况

品种	交易所	合约	交割量（手）	合约成交量（手）	最高持仓量（手）	最高持仓日期	交割金额（亿元）	合约成交金额（亿元）	结算价（元）	交割率（%）		
										Ⅰ	Ⅱ	Ⅲ
沪深300股指期货	CFFEX	IF1301	19031207	5801147	21190727	20130104	19000111	20210213	19070204	0.02	1.79	0.03
		IF1302	19090919	10949549	20840413	20130128	19000129	21380322	19070708	0.03	5.27	0.03
		IF1303	19070210	16614500	21871222	20130219	19000120	22600812	19070111	0.02	2.47	0.02
		IF1304	19080601	17985952	20961217	20130325	19000123	22730120	19061202	0.02	4.27	0.02
		IF1305	19060923	12023996	20660704	20130422	19000119	21460508	19070119	0.02	4.04	0.02
		IF1306	19071216	17375958	21810829	20130522	19000120	22620612	19060503	0.02	2.83	0.02
		IF1307	19050813	19969505	21491206	20130624	19000113	22620422	19060124	0.01	2.25	0.01
		IF1308	19060108	18733717	20841201	20130801	19000115	22440531	19060518	0.01	3.26	0.01
		IF1309	19090106	22152971	21521106	20130826	19000124	23271210	19060929	0.01	3.57	0.02
		IF1310	19110920	10421785	21090202	20130923	19000131	21080904	19060824	0.04	5.61	0.04
		IF1311	19060919	14395774	21040317	20131024	19000117	21810424	19060616	0.02	3.29	0.02
		IF1312	19220305	18886559	21710617	20131128	19000224	22740114	19060408	0.04	8.17	0.04
		IF1401	—	7162757	21740513	20131226	—	20370109	—	—	—	—
		IF1402	—	34238	19041005	20131231	—	19000825	—	—	—	—
		IF1403	—	617417	19510419	20131226	—	19120217	—	—	—	—
		IF1406	—	94691	19221213	20131230	—	19011111	—	—	—	—
5年期国债期货	CFFEX	TF1312	451	244070	5022	20130917	4.09395	2283.780087	90.658	0.18	8.98	0.18
		TF1403	—	79863	3318	20131231	—	734.8011452	—	—	—	—
		TF1406	—	4764	288	20131227	—	44.400177	—	—	—	—
		TF1409	—	98	29	20131231	—	0.904365	—	—	—	—

表 5-2-14　　　　2013 年农产品期货合约月末结算价

合约品种	交易所	合约	1月	2月	3月	4月	5月	6月	7月	8月	9月	10月	11月	12月
天然橡胶	SHFE	ru1301	25210											
		ru1303	25785	24155	22320									
		ru1304	26010	24460	21340	19885								
		ru1305	26235	24660	21605	18895	19820							
		ru1306	26065	24515	21755	19020	18540	17620						
		ru1307	26130	24570	21880	19105	18690	16695	16200					
		ru1308	26260	24500	22005	19215	18770	16900	16595	18185				
		ru1309	26360	24690	22025	19280	18930	17065	16745	18690	18040			
		ru1310	26030	24420	21910	19380	19035	17200	16625	18840	18055	18515		
		ru1311	25745	24110	21705	19270	19020	17145	16790	18915	18215	17380	17290	
		ru1401	26370	24710	22495	19955	19620	17790	17710	20055	20205	19360	18860	17595
		ru1403			22550	20225	19650	18065	17990	20330	20475	19630	19280	17925

续表

合约品种	交易所	合约	1月	2月	3月	4月	5月	6月	7月	8月	9月	10月	11月	12月
天然橡胶	SHFE	ru1404				19990	19795	18195	18145	20365	20405	19655	19240	18030
		ru1405					19960	18295	18130	20550	20490	19745	19500	18205
		ru1406						18525	17845	20585	20315	19665	19680	18245
		ru1407							17975	20735	20495	19820	19745	18300
		ru1408								20740	20475	19745	19580	18320
		ru1409									20585	19915	19640	18505
		ru1410										19825	19585	18445
		ru1411											19515	18195
一号棉花	ZCE	CF301	19755											
		CF303	20270	19175	19600									
		CF305	20360	20000	20330	20670	20610							
		CF307	20235	19885	20225	19790	19790	20025	20220					
		CF309	20315	19885	20315	19915	20095	20440	20895	21040	20945			
		CF311	20075	20090	20195	20060	20145	20200	20065	20040	20330	20005	19480	
		CF401	20030	20045	20145	19895	19830	20005	19795	19865	19925	19810	19725	18840
		CF403			20140	19895	19765	19770	19275	19350	19420	19290	19230	19115
		CF405					19600	19455	18520	18605	18770	18655	18650	19275
		CF407							18325	18415	18490	18500	18505	18860
		CF409									18270	18375	18155	18775
		CF411											17340	17180
早籼稻 ER	ZCE	ER301	2610											
		ER303	2683	2693	2585									
		ER305	2726	2678	2591	2328	2320							
粳稻	ZCE	JR403											3092	3142
		JR405											3098	3075
		JR407											3124	3052
		JR409											3086	3061
		JR411											3072	3019
菜籽油 OI	ZCE	OI307	10146	9800	9954	9942	9996	9456	9456					
		OI309	10002	9732	9712	9830	9854	8710	8054	7984	7826			
		OI311	9876	9788	9760	9512	9448	8738	8090	7832	7724	7812	7812	
		OI401	9894	9596	9608	9390	9284	8160	7590	7644	7286	7454	7674	7018
		OI403			9650	9398	9340	8120	7602	7708	7368	7424	7650	7082
		OI405					9192	8074	7534	7610	7234	7408	7586	7082
		OI407							7548	7712	7306	7426	7572	7078
		OI409									7342	7470	7608	7124
		OI411											7600	7150

续表

合约品种	交易所	合约	1月	2月	3月	4月	5月	6月	7月	8月	9月	10月	11月	12月
普通小麦	ZCE	PM301	2322											
		PM303	2412	2412	2412									
		PM305	2402	2383	2375	2260	2300							
		PM307	2420	2420	2380	2333	2332	2280	2338					
		PM309	2460	2440	2423	2300	2401	2420	2506	2437	2520			
		PM311	2453	2467	2500	2479	2422	2445	2521	2495	2700	2680	2680	
		PM401	2499	2496	2535	2475	2427	2453	2509	2489	2598	2560	2594	2625
		PM403			2527	2518	2471	2487	2578	2519	2665	2608	2648	2556
		PM405					2451	2459	2579	2574	2645	2607	2635	2622
		PM407							2549	2549	2623	2621	2621	2642
		PM409									2572	2606	2637	2599
		PM411											2625	2660
早籼稻 RI	ZCE	RI307	2739	2749	2706	2650	2431	2387	2387					
		RI309	2791	2795	2718	2617	2611	2611	2572	2403	2498			
		RI311	2807	2827	2789	2651	2645	2651	2621	2417	2498	2498	2498	
		RI401	2815	2848	2801	2663	2650	2641	2536	2488	2450	2462	2462	2213
		RI403			2820	2698	2671	2668	2559	2485	2417	2456	2460	2338
		RI405					2687	2670	2532	2508	2459	2465	2475	2310
		RI407							2533	2558	2492	2512	2497	2359
		RI409									2508	2528	2526	2437
		RI411											2561	2494
菜籽粕	ZCE	RM305	2539	2642	2730	2649	2500							
		RM307	2451	2568	2462	2528	2676	3034	3036					
		RM308	2447	2534	2409	2413	2513	2710	3139	3139				
		RM309	2417	2507	2362	2343	2435	2592	2880	3241	3117			
		RM311	2288	2350	2236	2204	2252	2339	2559	2768	2857	2562	2540	
		RM401	2295	2317	2228	2129	2226	2225	2208	2433	2478	2372	2501	2717
		RM403			2246	2154	2240	2233	2215	2439	2483	2391	2525	2673
		RM405					2303	2279	2262	2486	2480	2394	2437	2618
		RM407							2231	2447	2437	2382	2430	2586
		RM408								2455	2422	2384	2421	2562
		RM409									2378	2350	2384	2502
		RM411											2246	2358
菜籽油 RO	ZCE	RO301	9950											
		RO303	10026	9456	9500									
		RO305	9994	9698	9978	9800	9850							

续表

合约品种	交易所	合约	1 月	2 月	3 月	4 月	5 月	6 月	7 月	8 月	9 月	10 月	11 月	12 月
油菜籽	ZCE	RS307	5430	5326	5289	5303	5373	5373	5373					
		RS308	5451	5356	5096	5286	5191	5175	5175	5175				
		RS309	5416	5317	5265	5222	5188	5180	5128	5116	5116			
		RS311	5287	5177	5139	5103	5136	5087	5106	5143	5152	5161	5161	
		RS407							4990	5067	5050	4976	5038	4980
		RS408								5049	5117	5083	5052	5015
		RS409									5070	5012	4996	4960
		RS411											4925	4918
白糖	ZCE	SR301	5656											
		SR303	5451	5503	5450									
		SR305	5396	5402	5413	5436	5405							
		SR307	5410	5409	5421	5314	5276	5336	5286					
		SR309	5426	5411	5366	5190	5089	5179	5213	5320	5380			
		SR311	5462	5454	5406	5211	5118	5116	5124	5219	5341	5500	5100	
		SR401	5535	5522	5429	5126	4952	4952	4911	5010	5082	5192	5063	4851
		SR403	5541	5560	5479	5131	4957	4960	4893	4982	5074	5185	5047	4806
		SR405	5554	5606	5526	5111	4932	4921	4842	4936	4990	5145	5022	4798
		SR407	5613	5610	5559	5127	4958	4940	4848	4950	5004	5185	5045	4826
		SR409			5616	5157	4996	4964	4871	4966	5030	5215	5089	4823
		SR411					5013	4994	4872	4985	5025	5231	5124	4883
		SR501							4891	4949	5033	5249	5147	4884
		SR503									4987	5298	5157	4952
		SR505											5184	4926
优质强筋小麦 WH	ZCE	WH307	2561	2509	2524	2489	2520	2699	2699					
		WH309	2623	2567	2551	2525	2568	2641	2668	2678	2790			
		WH311	2655	2609	2575	2554	2606	2688	2714	2715	2830	2770	2816	
		WH401	2692	2647	2617	2585	2645	2733	2729	2735	2849	2793	2863	2871
		WH403			2668	2617	2652	2749	2744	2748	2853	2804	2866	2848
		WH405					2697	2795	2752	2744	2850	2838	2877	2845
		WH407							2778	2746	2813	2831	2828	2785
		WH409									2774	2798	2791	2776
		WH411											2778	2786
优质强筋小麦 WS	ZCE	WS301	2451											
		WS303	2501	2444	2488									
		WS305	2538	2487	2495	2419	2450							

续表

合约品种	交易所	合约	1月	2月	3月	4月	5月	6月	7月	8月	9月	10月	11月	12月
玉米 corn	DCE	c1301	2328											
		c1303	2371	2372	2370									
		c1305	2424	2382	2373	2309	2371							
		c1307	2455	2432	2435	2366	2395	2354	2359					
		c1309	2473	2437	2463	2391	2446	2419	2400	2409	2440			
		c1311	2438	2415	2433	2362	2405	2371	2357	2382	2363	2260	2188	
		c1401	2392	2357	2353	2327	2373	2339	2334	2319	2315	2316	2320	2111
		c1403			2379	2327	2374	2346	2332	2302	2311	2310	2327	2180
		c1405					2410	2370	2342	2319	2313	2320	2362	2343
		c1407							2359	2336	2333	2333	2366	2354
		c1409									2335	2345	2374	2361
		c1411											2372	2347
黄大豆1号 soybean No. 1	DCE	a1301	4594											
		a1303	4800	4880	4905									
		a1305	4862	4868	4996	4922	4743							
		a1307	4852	4750	4786	4848	4829	4685	4674					
		a1309	4847	4738	4785	4765	4805	4789	4604	4332	4353			
		a1311	4802	4713	4732	4669	4803	4782	4499	4440	4548	4334	4445	
		a1401	4793	4708	4726	4621	4681	4621	4360	4509	4622	4483	4299	4420
		a1403	4792	4731	4743	4666	4660	4600	4390	4496	4541	4453	4382	4414
		a1405	4865	4794	4806	4695	4635	4584	4278	4405	4510	4467	4392	4434
		a1407	4834	4849	4807	4697	4641	4594	4262	4400	4493	4473	4342	4375
		a1409			4813	4708	4660	4617	4268	4336	4403	4421	4292	4312
		a1411					4596	4638	4295	4350	4381	4390	4315	4306
		a1501							4276	4336	4406	4392	4256	4187
		a1503									4398	4391	4293	4243
		a1505											4293	4232
黄大豆2号 soybean No. 2	DCE	b1301	5009											
		b1303	4595	4500	4500									
		b1305	4644	4535	4494	4548	4530							
		b1307	4675	4663	4470	4350	4256	4390	4300					
		b1309	4696	4593	4440	3954	4075	4141	3994	4278	4024			
		b1311	4694	4873	4873	4158	4083	4321	3985	4075	4122	4100	4100	
		b1401	4684	4565	4550	4071	4068	4155	3911	4100	4091	4133	4136	4636
		b1403			4510	4052	4070	4141	3920	4150	4148	4225	4150	4295

续表

合约品种	交易所	合约	1 月	2 月	3 月	4 月	5 月	6 月	7 月	8 月	9 月	10 月	11 月	12 月
黄大豆 2 号 soybean No. 2	DCE	b1405					4101	4160	4034	4128	4084	4113	4011	4102
		b1407							4056	4122	4088	4100	3935	3960
		b1409									4076	4093	4050	3986
		b1411											4030	4060
豆粕 soybean meal	DCE	m1301	3780											
		m1303	3809	3914	3930									
		m1305	3514	3619	3637	3655	3709							
		m1307	3396	3434	3483	3378	3615	3599	3739					
		m1308	3381	3391	3384	3296	3513	3632	3842	3700				
		m1309	3355	3358	3215	3173	3417	3478	3564	3874	3977			
		m1311	3322	3310	3157	3095	3313	3361	3426	3716	3933	3903	3919	
		m1312	3296	3271	3149	3044	3280	3318	3328	3626	3834	3731	3942	3990
		m1401	3214	3175	3095	2973	3200	3162	3134	3555	3694	3550	3719	3722
		m1403			3103	2986	3181	3133	3107	3396	3494	3424	3566	3614
		m1405					3075	3020	2975	3249	3272	3234	3337	3362
		m1407							3010	3234	3192	3173	3242	3270
		m1408								3223	3183	3171	3244	3285
		m1409									3065	3119	3171	3214
		m1411											3125	3176
		m1412												3165
豆油 soybean oil	DCE	y1301	8520											
		y1303	8588	8374	7872									
		y1305	8720	8282	7872	7114	7120							
		y1307	8778	8298	8004	7258	7292	7290	6802					
		y1308	8718	8326	7950	7300	7416	7222	6668	6268				
		y1309	8810	8310	7918	7340	7500	7164	6874	6974	7012			
		y1311	8764	8330	7966	7522	7612	7230	7028	7124	6882	6626	6626	
		y1312	8830	8448	7976	7490	7640	7290	7032	7218	6924	6876	6938	7080
		y1401	8876	8386	8090	7540	7724	7316	7018	7178	6970	7188	7276	6834
		y1403			8096	7668	7778	7348	7022	7198	7018	7186	7282	6874
		y1405					7742	7368	7034	7146	6930	7212	7292	6866
		y1407							7036	7282	6950	7216	7260	6902
		y1408								7216	6978	7194	7306	6898
		y1409									6984	7236	7314	6920
		y1411											7342	6998
		y1412												6996

续表

合约品种	交易所	合约	1月	2月	3月	4月	5月	6月	7月	8月	9月	10月	11月	12月
棕榈油 RBD palm oil	DCE	p1301	6210											
		p1302	6098	6254										
		p1303	6358	6064	6016									
		p1304	6640	6296	5746	5700								
		p1305	6808	6386	5894	5516	5482							
		p1306	7004	6492	6006	5644	5810	5946						
		p1307	7042	6656	6256	5780	5982	5574	5690					
		p1308	7128	6658	6170	5840	6016	5730	5380	5650				
		p1309	7138	6674	6222	5996	6152	5798	5440	5398	5442			
		p1310	7130	6752	6266	6104	6172	5806	5430	5488	5056	5690		
		p1311	7078	6894	6350	6046	6274	5856	5422	5700	5074	5798	5798	
		p1312	7168	7312	6460	6144	6346	5922	5544	5652	5486	5932	5940	5940
		p1401	7288	6818	6406	6110	6218	5848	5426	5562	5392	6066	6118	5798
		p1402		6894	6640	6186	6218	5892	5480	5748	5502	6134	6224	5960
		p1403			6440	6274	6304	6072	5554	5748	5574	6272	6308	6004
		p1404				6252	6276	5978	5570	5752	5582	6224	6318	6082
		p1405					6346	6048	5622	5772	5560	6300	6338	6038
		p1406						6166	5642	5834	5628	6360	6366	6068
		p1407							5706	5840	5686	6336	6430	6082
		p1408								5812	5624	6332	6326	6096
		p1409									5694	6322	6394	6114
		p1410										6300	6414	6116
		p1411											6450	6122
		p1412												6166
鸡蛋（元/500千克）	DCE	jd1403											3979	3921
		jd1404											4101	3942
		jd1405											4170	3964
		jd1406											4221	4072
		jd1409											4464	4256
		jd1410											4371	4236
		jd1411											4349	4205
		jd1412												4229
胶合板（元/张）	DCE	bb1404												123
		bb1405												123
		bb1406												123

续表

合约品种	交易所	合约	1月	2月	3月	4月	5月	6月	7月	8月	9月	10月	11月	12月
胶合板（元/张）	DCE	bb1407												124
		bb1408												124
		bb1409												123
		bb1410												125
		bb1411												126
		bb1412												126
纤维板（元/张）	DCE	fb1404												70
		fb1405												70
		fb1406												70
		fb1407												71
		fb1408												71
		fb1409												71
		fb1410												71
		fb1411												71
		fb1412												72

表 5-2-15　　2013 年金属期货合约月末结算价

合约品种	交易所	合约	1月	2月	3月	4月	5月	6月	7月	8月	9月	10月	11月	12月
铜	SHFE	cu1301	57350											
		cu1302	58880	58480										
		cu1303	59150	57370	56780									
		cu1304	59350	57550	55170	54130								
		cu1305	59560	57640	55120	52330	53230							
		cu1306	59690	57700	55050	52090	53360	52590						
		cu1307	59840	57760	55030	52010	53130	49070	50500					
		cu1308	59930	57770	55040	51810	52940	48850	49580	52660				
		cu1309	60020	57900	55050	51780	52760	48670	49380	52270	52010			
		cu1310	60080	57880	55080	51780	52630	48390	49150	52140	52730	52440		
		cu1311	60220	57970	55160	51780	52570	48240	48910	51990	52670	52030	50670	
		cu1312	60250	58020	55210	51830	52560	48220	48760	51860	52570	51960	50780	51240
		cu1401	60350	58120	55260	51890	52580	48200	48670	51830	52470	51830	50760	52260
		cu1402		58110	55340	51800	52640	48350	48590	51830	52410	51780	50620	52240
		cu1403			55400	51890	52600	48460	48580	51880	52430	51830	50560	52280
		cu1404				52030	52590	48700	48710	51880	52460	51870	50550	52310
		cu1405					52610	48820	48770	51950	52510	51930	50550	52300
		cu1406						49000	48880	52030	52550	51970	50550	52330

续表

合约品种	交易所	合约	1月	2月	3月	4月	5月	6月	7月	8月	9月	10月	11月	12月
铜	SHFE	cu1407							48950	52050	52630	52030	50620	52360
		cu1408								52080	52710	52000	50610	52470
		cu1409									52690	52020	50650	52430
		cu1410										52060	50660	52480
		cu1411											50710	52490
		cu1412												52460
铝	SHFE	al1301	14945											
		al1302	15020	14815										
		al1303	15135	14600	14595									
		al1304	15245	14705	14520	14505								
		al1305	15345	14815	14560	14590	14525							
		al1306	15425	14900	14600	14650	14780	14780						
		al1307	15505	14975	14645	14675	14755	14350	14355					
		al1308	15580	15065	14690	14685	14770	14265	14195	14350				
		al1309	15695	15165	14745	14700	14780	14240	14180	14295	14405			
		al1310	15805	15230	14805	14705	14795	14230	14195	14295	14430	14450		
		al1311	15905	15260	14840	14720	14815	14235	14190	14295	14355	14435	14325	
		al1312	15940	15385	14910	14770	14825	14240	14195	14285	14285	14430	14190	14225
		al1401	15980	15430	14950	14770	14825	14275	14220	14285	14250	14410	14075	14115
		al1402		15570	15000	14855	14795	14305	14260	14285	14245	14400	14000	14040
		al1403			14960	14815	14860	14300	14270	14280	14240	14395	13970	14020
		al1404				14835	14860	14360	14290	14310	14250	14410	13970	13975
		al1405					14930	14405	14320	14350	14270	14405	13985	13955
		al1406						14680	14410	14410	14260	14445	13995	13945
		al1407							14350	14430	14280	14440	14025	13950
		al1408								14605	14355	14480	14060	13970
		al1409									14365	14440	14095	13955
		al1410										14450	14125	13970
		al1411											14170	13970
		al1412												13995
锌	SHFE	zn1301	15065											
		zn1302	15700	15505										
		zn1303	15815	15430	15030									
		zn1304	15945	15555	14690	14415								
		zn1305	16080	15655	14725	14655	14400							

续表

合约品种	交易所	合约	1 月	2 月	3 月	4 月	5 月	6 月	7 月	8 月	9 月	10 月	11 月	12 月
锌	SHFE	zn1306	16145	15755	14770	14720	14715	14560						
		zn1307	16275	15860	14815	14770	14710	14410	14665					
		zn1308	16325	15955	14880	14820	14730	14390	14455	14900				
		zn1309	16405	16005	14945	14885	14775	14385	14455	14860	14760			
		zn1310	16495	16115	15020	14985	14820	14405	14455	14850	14810	15020		
		zn1311	16585	16170	15125	15040	14835	14430	14460	14850	14810	14970	14890	
		zn1312	16665	16220	15205	15080	14880	14450	14475	14880	14815	14915	14820	15045
		zn1401	16705	16300	15225	15115	14925	14495	14495	14915	14840	14965	14765	15145
		zn1402		16400	15175	15195	14940	14520	14550	14955	14860	14975	14750	15195
		zn1403			15390	15235	14990	14560	14530	15000	14875	14950	14750	15220
		zn1404				15125	15000	14600	14735	15035	14925	15070	14755	15235
		zn1405					14800	14860	14625	15040	14905	14940	14775	15255
		zn1406						14725	14635	15090	14895	14955	14775	15280
		zn1407							14840	15285	14980	15060	14790	15245
		zn1408								15310	15005	15045	14795	15380
		zn1409									14990	15180	14835	15310
		zn1410										15090	14870	15295
		zn1411											15000	15370
		zn1412												15455
铅	SHFE	pb1301	14895											
		pb1302	15275	15035										
		pb1303	15410	14870	14510									
		pb1304	15545	15010	14265	13965								
		pb1305	15680	15155	14385	13790	13675							
		pb1306	15875	15305	14495	13880	13925	13885						
		pb1307	15825	15370	14605	13975	14025	13720	13715					
		pb1308	15940	15460	14745	14045	14105	13800	13690	14365				
		pb1309	15625	15330	14930	14105	14175	13895	13750	14655	13970			
		pb1310	16000	15595	15030	14165	14220	13980	13815	14675	14030	14130		
		pb1311	16200	15680	15100	14280	14280	14020	13860	14685	14075	14295	13940	
		pb1312	16070	15680	15200	14365	14435	14210	13980	14700	14130	14335	13830	13960
		pb1401	16115	15485	14940	14290	14205	14355	14115	14785	14155	14375	13915	14285
		pb1402		15525	15205	14600	14750	14880	14215	14890	14195	14455	13980	14300
		pb1403			15660	14645	14660	14895	14365	14945	14185	14425	14030	14355
		pb1404				14615	14630	14870	14315	15015	14265	14560	14040	14390

续表

合约品种	交易所	合约	1月	2月	3月	4月	5月	6月	7月	8月	9月	10月	11月	12月
铅	SHFE	pb1405					14670	15005	14450	15155	14405	14585	14175	14395
		pb1406						14990	14435	15085	14480	14620	14280	14475
		pb1407							14435	15085	14605	14530	14290	14550
		pb1408								15085	14625	14795	14195	14480
		pb1409									14545	14720	14215	14530
		pb1410										14720	14290	14540
		pb1411											14180	14465
		pb1412												14565
黄金	SHFE	au1301	333.90											
		au1302	335.92	336.50										
		au1303	339.10	321.98	318.00									
		au1304	338.72	321.79	318.61	315.00								
		au1305	339.17	324.99	320.61	297.07	284.88							
		au1306	341.53	326.17	322.86	296.04	283.91	276.30						
		au1307	341.87	329.00	323.85	294.76	284.20	243.10	252.50					
		au1308	341.27	330.01	324.78	295.34	284.43	244.90	265.10	268.10				
		au1309	343.50	327.58	323.45	297.03	283.55	242.50	265.55	279.95	268.05			
		au1310	344.53	326.78	324.65	298.11	284.26	241.85	263.85	280.75	262.10	258.50		
		au1311	344.14	327.91	324.00	297.35	284.36	242.85	263.35	279.85	266.35	264.95	251.55	
		au1312	343.21	327.00	324.02	297.48	283.75	242.60	264.00	280.45	266.90	265.40	245.75	240.75
		au1401	342.62	327.94	325.20	297.84	284.91	243.65	264.25	279.75	266.70	266.05	246.75	237.30
		au1402		327.94	326.61	299.09	283.44	244.05	262.90	279.80	266.95	266.80	247.30	237.35
		au1403			328.09	300.99	284.13	244.75	266.20	280.70	266.85	268.60	247.65	238.40
		au1404				299.59	284.95	243.40	265.70	280.65	266.45	264.40	248.05	239.30
		au1405					281.22	243.55	263.55	281.65	266.55	265.75	248.50	239.50
		au1406						243.65	264.95	280.35	267.20	265.95	248.40	240.45
		au1407							263.80	281.60	268.10	264.85	248.85	241.40
		au1408								280.70	267.65	267.35	249.10	240.90
		au1410										265.20	248.40	242.20
		au1412												241.75
白银	SHFE	ag1301	6293											
		ag1302	6470	6083										
		ag1303	6508	5964	5904									
		ag1304	6568	6014	5756	5280								
		ag1305	6607	6048	5791	4909	4640							

续表

合约品种	交易所	合约	1 月	2 月	3 月	4 月	5 月	6 月	7 月	8 月	9 月	10 月	11 月	12 月
白银	SHFE	ag1306	6649	6085	5821	4937	4566	4395						
		ag1307	6684	6114	5852	4966	4581	3713	4005					
		ag1308	6703	6157	5895	4947	4616	3715	3964	4401				
		ag1309	6728	6185	5900	5028	4621	3752	3961	4742	4445			
		ag1310	6755	6219	5963	5035	4645	3790	3960	4715	4370	4325		
		ag1311	6806	6274	6013	5092	4655	3789	3970	4783	4388	4563	4243	
		ag1312	6844	6281	6010	5094	4668	3806	3963	4801	4402	4556	4125	4018
		ag1401	6866	6324	6030	5153	4672	3788	3983	4805	4410	4529	4128	4031
		ag1402		6356	6074	5177	4693	3848	4003	4819	4421	4575	4135	4059
		ag1403			6107	5184	4712	3885	3995	4820	4415	4528	4139	4078
		ag1404				5177	4737	3919	4011	4818	4426	4538	4147	4089
		ag1405					4787	3891	4020	4837	4468	4550	4148	4102
		ag1406						3902	4040	4851	4450	4538	4146	4136
		ag1407							4049	4807	4456	4563	4153	4146
		ag1408								4854	4480	4555	4163	4138
		ag1409									4492	4550	4172	4129
		ag1410										4587	4168	4146
		ag1411											4184	4151
		ag1412												4168
螺纹钢	SHFE	rb1301	3854											
		rb1302	3881	3881										
		rb1303	3927	3791	3674									
		rb1304	4017	3929	3734	3638								
		rb1305	4114	3963	3770	3451	3400							
		rb1306	4121	3984	3803	3530	3244	3210						
		rb1307	4135	4011	3819	3547	3377	3165	3162					
		rb1308	4128	4015	3822	3617	3417	3371	3381	3381				
		rb1309	4137	4027	3805	3622	3440	3447	3513	3392	3389			
		rb1310	4180	4032	3813	3636	3431	3481	3568	3557	3450	3371		
		rb1311	4189	4039	3837	3677	3458	3512	3604	3581	3454	3296	3400	
		rb1312	4179	4036	3850	3697	3483	3522	3621	3636	3477	3370	3487	3400
		rb1401	4196	4054	3838	3700	3490	3536	3641	3754	3588	3509	3550	3344
		rb1402		4061	3861	3698	3528	3562	3673	3758	3589	3499	3512	3351
		rb1403			3879	3771	3569	3581	3670	3790	3616	3542	3570	3450
		rb1404				3756	3567	3601	3686	3802	3668	3599	3632	3524

续表

合约品种	交易所	合约	1月	2月	3月	4月	5月	6月	7月	8月	9月	10月	11月	12月
螺纹钢	SHFE	rb1405					3565	3613	3691	3825	3689	3637	3670	3575
		rb1406						3604	3712	3837	3691	3639	3675	3572
		rb1407							3706	3861	3699	3646	3697	3558
		rb1408								3864	3712	3648	3687	3605
		rb1409									3724	3657	3689	3637
		rb1410										3695	3709	3650
		rb1411											3710	3648
		rb1412												3662
线材	SHFE	wr1301	3690											
		wr1302	3842	3842										
		wr1303	4023	4027	4140									
		wr1304	4100	4234	3962	3962								
		wr1305	4050	3952	3883	3810	3810							
		wr1306	4097	4134	4079	4091	3700	3700						
		wr1307	4000	3910	3861	3660	3653	3525	3525					
		wr1308	3977	3869	3871	3770	3477	3592	3800	3800				
		wr1309	3980	3882	3940	3654	3498	3498	3722	3687	3687			
		wr1310	4029	3869	3858	3782	3578	3579	3569	3793	3722	3722		
		wr1311	3956	4154	3955	3821	3448	3550	3632	3790	3690	3750	3750	
		wr1312	3989	4018	3892	3695	3492	3524	3626	3770	3700	3663	3590	3590
		wr1401	4043	4119	3972	3697	3558	3572	3654	3775	3631	3600	3690	3690
		wr1402		4269	3862	3764	3620	3602	3671	3797	3693	3660	3625	3646
		wr1403			3935	3663	3565	3606	3700	3799	3772	3678	3717	3717
		wr1404				3517	3420	3611	3685	3831	3743	3491	3534	3532
		wr1405					3595	3599	3718	3748	3738	3655	3644	3688
		wr1406						3613	3682	3802	3705	3598	3613	3685
		wr1407							3680	3844	3718	3606	3620	3688
		wr1408								3880	3719	3616	3598	3725
		wr1409									3613	3676	3670	3684
		wr1410										3678	3679	3679
		wr1411											3636	3720
		wr1412												3716

表 5－2－16　　　　2013 年能源化工及其他类期货合约月末结算价

合约品种	交易所	合约	1 月	2 月	3 月	4 月	5 月	6 月	7 月	8 月	9 月	10 月	11 月	12 月
燃料油	SHFE	fu1303	4910	5200										
		fu1304	5040	5185	5185									
		fu1305	5204	5183	5157	4810								
		fu1306	5223	5249	5290	5593	4646							
		fu1307	5099	5135	5143	4896	4494	4494						
		fu1308	5070	5130	5138	4891	4986	4986	4986					
		fu1309	5193	5337	5182	5052	4954	4744	4600	4539				
		fu1310	5226	5349	5032	5496	5274	4712	4720	4359	4017			
		fu1311	5226	5349	5018	5324	5000	5110	4607	4700	4177	4056		
		fu1312	5174	5298	5040	5348	4983	4859	4941	4672	3800	3959	3598	
		fu1402		5298	5044	5347	5132	5225	5077	4790	3826	4157	3941	3800
		fu1403			5176	5182	4763	4770	4510	4820	4530	4360	4070	4070
		fu1404				5176	5183	4545	4915	4939	4317	4362	4150	4151
		fu1405					5017	4771	5009	4998	4698	4581	4355	4167
		fu1406						5017	5077	4823	4823	4704	4473	4440
		fu1407							4935	4935	4638	4588	4601	4340
		fu1408								4862	4862	4356	4330	4485
		fu1409									4745	4247	4689	4361
		fu1410										4737	4554	4334
		fu1411											5031	4482
		fu1412												4482
石油沥青	SHFE	bu1402										4304	4348	4308
		bu1403										4310	4364	4332
		bu1404										4378	4378	4356
		bu1405											4386	4436
		bu1406										4382	4460	4480
		bu1409										4386	4444	4436
		bu1412										4338	4400	4404
		bu1503										4430	4444	4476
		bu1506										4470	4500	4498
		bu1509										4452	4466	4446
		bu1512												4422
甲醇	ZCE	ME301	2677											
		ME302	2774	2774										
		ME303	2807	2900	2900									

续表

合约品种	交易所	合约	1月	2月	3月	4月	5月	6月	7月	8月	9月	10月	11月	12月
甲醇	ZCE	ME304	2876	2821	2715	2658								
		ME305	2944	2888	2779	2638	2634							
		ME306	2934	2896	2807	2689	2689	2689						
		ME307	2902	2868	2779	2638	2678	2678	2678					
		ME308	2917	2882	2887	2752	2639	2620	2680	2680				
		ME309	3017	2974	2909	2779	2692	2591	2778	2670	2799			
		ME310	3020	2975	2965	2876	2752	2659	2814	2827	2978	2978		
		ME311	3111	3078	2970	2836	2749	2647	2812	2814	2865	2865	2865	
		ME312	3040	2997	2940	2809	2740	2665	2841	2848	2897	2897	2897	2897
		ME401	3025	3008	2951	2818	2737	2634	2772	2803	2873	2842	3132	3051
		ME402		3092	2840	2708	2631	2531	2855	2856	2909	2860	3094	3065
		ME403			2806	2753	2672	2571	2845	2936	3010	2978	3221	3051
		ME404				2673	2600	2502	2856	2810	2889	2857	3087	3026
		ME405					2776	2697	2777	2838	2908	2858	3059	3021
		ME406						2688	2775	2895	2935	2881	3038	3021
		ME407							2775	2917	2978	2929	3089	3005
		ME408								2925	2892	2841	3056	3026
		ME409									2922	2875	3040	2994
		ME410										2861	3064	2954
		ME411											3064	2950
		ME412												2914
PTA	ZCE	TA301	9036											
		TA302	8804	8732										
		TA303	8756	8490	8010									
		TA304	8720	8494	7766	7692								
		TA305	8670	8502	7820	7788	7698							
		TA306	8598	8446	7828	7756	7786	7826						
		TA307	8600	8432	7838	7764	7832	7656	7768					
		TA308	8596	8474	7812	7782	7846	7728	7840	7800				
		TA309	8578	8424	7810	7810	7872	7814	7906	7756	7712			
		TA310	8508	8424	7860	7740	7812	7636	7834	7886	7670	7498		
		TA311	8514	8408	7804	7640	7730	7596	7878	7916	7724	7386	7458	
		TA312	8500	8438	7792	7674	7670	7510	7784	7928	7716	7428	7380	7488
		TA401	8512	8422	7778	7624	7628	7422	7832	8010	7760	7498	7454	7618
		TA402		8426	7770	7564	7610	7416	7838	8012	7728	7446	7448	7444

续表

合约品种	交易所	合约	1月	2月	3月	4月	5月	6月	7月	8月	9月	10月	11月	12月
PTA	ZCE	TA403			7754	7622	7628	7378	7790	8034	7738	7448	7446	7462
		TA404				7516	7628	7404	7812	7960	7692	7412	7476	7420
		TA405					7590	7366	7728	7998	7592	7390	7458	7386
		TA406						7360	7742	7984	7612	7422	7454	7380
		TA407							7730	7954	7656	7422	7426	7380
		TA408								8034	7602	7452	7426	7336
		TA409									7570	7406	7446	7338
		TA410										7468	7446	7344
		TA411											7420	7348
		TA412												7348
动力煤	ZCE	TC312									545	554. 8	566. 6	566. 6
		TC401									548. 8	556. 2	593. 6	591. 8
		TC402									549. 8	559. 4	593. 8	571
		TC403									549	559. 4	595. 2	569. 4
		TC404									559. 6	564. 4	596. 4	565. 6
		TC405									562. 2	566. 6	594. 8	562. 4
		TC406									565. 4	570	598. 4	563. 8
		TC407									558. 6	575. 6	597. 6	566. 6
		TC408									573	577. 4	597. 2	561
		TC409									572. 8	579	598. 8	564
		TC410										583. 6	600. 8	566. 6
		TC411											601. 8	571
		TC412												568. 8
玻璃	ZCE	FG303	1441	1421	1375									
		FG304	1457	1428	1346	1346								
		FG305	1474	1458	1356	1147	1142							
		FG306	1526	1518	1401	1314	1393	1417						
		FG307	1547	1537	1423	1319	1369	1305	1305					
		FG308	1573	1563	1427	1349	1385	1365	1373	1373				
		FG309	1589	1575	1432	1352	1400	1372	1349	1220	1243			
		FG310	1587	1576	1428	1362	1400	1369	1344	1251	1280	1273		
		FG311	1593	1580	1434	1350	1400	1368	1343	1262	1292	1315	1306	
		FG312	1605	1595	1431	1363	1427	1385	1366	1374	1326	1353	1344	1340
		FG401	1630	1613	1423	1360	1424	1382	1363	1379	1309	1310	1318	1302
		FG402		1614	1424	1359	1415	1389	1368	1390	1321	1306	1317	1310

续表

合约品种	交易所	合约	1月	2月	3月	4月	5月	6月	7月	8月	9月	10月	11月	12月
玻璃	ZCE	FG403			1433	1377	1440	1399	1375	1406	1319	1306	1313	1325
		FG404				1363	1450	1402	1387	1402	1316	1324	1314	1309
		FG405					1460	1422	1401	1416	1322	1320	1315	1302
		FG406						1440	1419	1447	1380	1368	1382	1383
		FG407							1428	1452	1396	1387	1386	1378
		FG408								1447	1408	1395	1403	1397
		FG409									1400	1388	1396	1401
		FG410										1388	1399	1405
		FG411											1390	1390
		FG412												1400
聚乙烯 LLDPE	DCE	l1301	11175											
		l1302	11175	11510										
		l1303	11190	11190	10915									
		l1304	11150	11085	10645	10460								
		l1305	11060	11005	10825	10300	10480							
		l1306	10960	11055	10575	10305	10400	10855						
		l1307	10500	10920	10440	10115	10365	10695	10695					
		l1308	10425	10930	10630	10010	10410	10275	11355	11620				
		l1309	11085	10895	10430	9960	10320	10440	11410	12310	12110			
		l1310	11025	10850	10335	9965	10285	10325	10955	11320	11005	11360		
		l1311	10160	11135	10405	10190	10215	10200	11045	11285	11285	11725	11505	
		l1312	10625	10895	10475	10230	10050	10170	10780	11030	11185	11525	12000	11950
		l1401	11100	10925	10490	9845	10070	10010	10660	10835	10945	11440	11860	11880
		l1402		11145	10445	9870	10080	9975	10630	10755	10800	11270	11520	11550
		l1403			10460	9705	9905	9950	10510	10635	10820	11110	11425	11220
		l1404				9965	10370	9900	10550	10610	10700	10925	11225	11265
		l1405					10025	9875	10390	10630	10535	10855	11145	11150
		l1406						9725	10410	10590	10540	10825	11055	11065
		l1407							10520	10765	10570	10860	11040	10975
		l1408								10715	10550	10785	10945	10920
		l1409									10365	10665	10935	10880
		l1410										10580	10915	10820
		l1411											10880	10850
		l1412												10805

续表

合约品种	交易所	合约	1 月	2 月	3 月	4 月	5 月	6 月	7 月	8 月	9 月	10 月	11 月	12 月
聚氯乙烯 PVC	DCE	v1301	6370											
		v1302	6340	6455										
		v1303	6500	6070	6270									
		v1304	6710	6570	6340	6290								
		v1305	6735	6555	6425	6365	6475							
		v1306	6690	6625	6560	6395	6505	6505						
		v1307	6730	6725	6505	6460	6530	6550	6600					
		v1308	6855	6725	6725	6530	6525	6540	6670	6670				
		v1309	6965	6765	6590	6540	6585	6545	6745	6660	6600			
		v1310	6795	6805	6665	6580	6590	6540	6765	6735	6485	6485		
		v1311	6925	6870	6750	6670	6660	6620	6950	6715	6515	6500	6500	
		v1312	6875	6980	6980	6720	6765	6570	6870	6675	6645	6395	6265	6265
		v1401	7030	6910	6780	6650	6680	6570	6665	6645	6520	6360	6320	6230
		v1402		6940	6835	6685	6755	6615	6600	6625	6515	6360	6295	6205
		v1403			6765	6995	6850	6705	6635	6670	6545	6385	6320	6335
		v1404				6925	6780	6660	6765	6890	6585	6425	6375	6360
		v1405					6735	6595	6685	6740	6595	6430	6510	6425
		v1406						6710	6775	6855	6600	6435	6485	6425
		v1407							6675	6725	6500	6445	6495	6425
		v1408								6740	6515	6475	6550	6430
		v1409									6700	6540	6600	6555
		v1410										6585	6605	6570
		v1411											6460	6555
		v1412												6520
焦炭 coke	DCE	j1301	1625											
		j1302	1676	1676										
		j1303	1811	1811	1811									
		j1304	1882	1826	1596	1596								
		j1305	1889	1789	1549	1423	1443							
		j1306	1895	1813	1582	1455	1475	1457						
		j1307	1916	1810	1575	1491	1448	1381	1381					
		j1308	1918	1842	1596	1514	1478	1374	1399	1399				
		j1309	1950	1861	1590	1518	1484	1386	1386	1433	1447			
		j1310	1931	1877	1616	1560	1518	1424	1425	1459	1404	1392		
		j1311	1927	1836	1688	1543	1552	1416	1433	1502	1446	1418	1498	

续表

合约品种	交易所	合约	1月	2月	3月	4月	5月	6月	7月	8月	9月	10月	11月	12月
焦炭 coke	DCE	j1312	1901	1872	1872	1569	1566	1435	1448	1561	1506	1478	1500	1500
		j1401	1976	1899	1638	1585	1557	1445	1453	1584	1554	1526	1546	1381
		j1402		1908	1827	1605	1572	1454	1468	1604	1569	1574	1580	1427
		j1403			1664	1605	1567	1465	1482	1637	1597	1585	1592	1442
		j1404				1596	1571	1467	1492	1636	1613	1590	1607	1451
		j1405					1604	1505	1504	1664	1636	1606	1617	1466
		j1406						1526	1516	1670	1669	1625	1629	1473
		j1407							1527	1679	1674	1630	1632	1491
		j1408								1672	1677	1642	1631	1517
		j1409									1690	1666	1655	1517
		j1410										1687	1669	1551
		j1411											1670	1534
		j1412												1548
焦煤	DCE	jm1307			1229	1108	1079	991	962					
		jm1308			1237	1098	1056	996	1048	1048				
		jm1309			1252	1145	1102	1004	995	957	990			
		jm1310			1281	1165	1112	1016	1003	969	986	1003		
		jm1311			1282	1166	1113	1015	1031	1014	1007	1006	1036	
		jm1312			1317	1200	1149	1051	1048	1058	1065	1009	1014	954
		jm1401			1317	1207	1162	1053	1056	1131	1142	1076	1078	968
		jm1402			1357	1191	1160	1054	1060	1143	1155	1092	1096	1001
		jm1403			1330	1218	1173	1073	1083	1164	1161	1099	1085	999
		jm1404				1207	1178	1075	1085	1185	1193	1137	1104	1013
		jm1405					1194	1108	1096	1208	1216	1151	1112	1011
		jm1406						1113	1102	1231	1231	1162	1125	1023
		jm1407							1089	1224	1222	1166	1138	1028
		jm1408								1216	1232	1182	1139	1038
		jm1409									1258	1205	1143	1051
		jm1410										1215	1163	1055
		jm1411											1180	1068
		jm1412												1068
铁矿石	DCE	i1403										934	965	921
		i1404										926	942	907
		i1405										923	941	909
		i1406										926	937	903

续表

合约品种	交易所	合约	1月	2月	3月	4月	5月	6月	7月	8月	9月	10月	11月	12月
铁矿石	DCE	i1407										915	927	892
		i1408										910	933	894
		i1409										902	924	891
		i1410										903	923	880
		i1411											953	886
		i1412												880

表 5－2－17　　2013 年金融期货合约月末结算价

合约品种	交易所	合约	1月	2月	3月	4月	5月	6月	7月	8月	9月	10月	11月	12月
沪深 300 股指期货	CFFEX	IF1301												
		IF1302	2691.8											
		IF1303	2705.6	2669.4										
		IF1304		2683	2497									
		IF1305			2499.6	2444.2								
		IF1306	2733	2698	2494.2	2434.6	2602.4							
		IF1307					2595.8	2144.6						
		IF1308						2144.2	2170					
		IF1309	2757.6	2722.6	2507	2443.8	2611.6	2150.4	2159.8	2302.2				
		IF1310								2305.4	2408.4			
		IF1311									2413.4	2376.2		
		IF1312				2463.4	2637.8	2166.8	2165	2313.2	2418.4	2377.2	2453.2	
		IF1401											2455	2348.4
		IF1402												2356.4
		IF1403							2176.4	2324.4	2438	2386.8	2462.8	2365.6
		IF1406										2388.8	2467.6	2372
5 年期国债期货	CFFEX	TF1312									94.444	93.718	91.906	
		TF1403									94.486	93.948	92.6	91.804
		TF1406									94.486	94.008	92.908	92.314
		TF1409												92.5

表 5－2－18　　2013 年农产品期货合约每月成交量

合约品种	交易所	合约	1月	2月	3月	4月	5月	6月	7月	8月	9月	10月	11月	12月
天然橡胶	SHFE	ru1301	1126											
		ru1303	6400	5497	1990									
		ru1304	700	388	1342	444								
		ru1305	2827417	663936	127588	22717	1900							

续表

合约品种	交易所	合约	1月	2月	3月	4月	5月	6月	7月	8月	9月	10月	11月	12月
天然橡胶	SHFE	ru1306	623	462	1173	697	3099	734						
		ru1307	118	142	267	485	1704	2711	1751					
		ru1308	321	905	2563	2032	2944	3562	5192	660				
		ru1309	276201	1507922	3781722	4952342	7553429	4204866	752782	105081	3222			
		ru1310	146	1275	2466	1054	2182	2233	1704	1080	754	221		
		ru1311	1472	1531	5147	10840	5158	4314	6714	5999	5540	3504	1142	
		ru1401	221	4180	28005	207954	732186	2126872	8906703	8697949	6143060	4358355	637160	85057
		ru1403			86	392	175	291	543	532	369	423	529	593
		ru1404				36	138	136	588	476	329	340	230	300
		ru1405					327	3490	49130	366170	752212	1837592	5100507	4951064
		ru1406						10	724	821	897	734	601	1017
		ru1407							35	282	93	32	60	249
		ru1408								83	185	49	305	2529
		ru1409									593	3710	89645	586878
		ru1410										47	75	111
		ru1411											77	1043
一号棉花	ZCE	CF301	7095											
		CF303	6335	3140	125									
		CF305	757184	181853	34251	10632	2587							
		CF307	725	556	320	1077	3009	1771	157					
		CF309	584426	1350405	1354277	799949	329596	44880	18844	5633	793			
		CF311	1429	1727	1650	1553	3387	1427	2142	999	2456	1604	789	
		CF401	17394	30511	53246	56739	68648	144242	373991	217927	86005	36775	28927	8793
		CF403			12	458	203	199	750	219	129	35	53	68
		CF405					742	5326	46935	102089	78874	100201	142886	236760
		CF407							104	599	782	855	68	43
		CF409									1835	6970	16057	44848
		CF411											4104	18563
粳稻	ZCE	JR403											796	45
		JR405											28064	8943
		JR407											82	32
		JR409											2070	377
		JR411											37	34
早籼稻	ZCE	ER301	15											
		ER303	80	1	0									
		ER305	209621	74792	53637	19110	993							

续表

合约品种	交易所	合约	1月	2月	3月	4月	5月	6月	7月	8月	9月	10月	11月	12月
菜籽油	ZCE	OI307	7	3	54	51	26	15	0					
		OI309	11753	33060	62431	144427	123719	362954	88983	18125	5088			
		OI311	0	0	0	0	3	5	18	17	14	8	0	
		OI401	1219	3016	4733	14215	39019	308165	799139	1477414	789954	783705	201908	22331
		OI403			2	3	7	11	17	42	318	10	140	96
		OI405					1547	14214	91703	173851	188134	665153	3267863	2012892
		OI407							12	4	3	8	35	32
		OI409									584	11445	33790	96316
		OI411											23	24
普通小麦	ZCE	PM301	4											
		PM303	26	0	0									
		PM305	90	25	22	22	1							
		PM307	24	1	2	34	42	53	39					
		PM309	52	20	149	38	75	75	81	64	36			
		PM311	4	21	10	0	1	11	5	17	11	44	0	
		PM401	20	29	12	20	66	77	53	56	62	39	28	13
		PM403			10	4	2	3	10	2	14	0	1	6
		PM405					2	5	27	16	8	84	8	37
		PM407							0	0	0	0	0	2
		PM409									23	44	5	5
		PM411											2	0
早籼稻	ZCE	RI307	52	1	12	1	55	29	0					
		RI309	1778	3783	16732	15927	11082	14667	11836	2630	16			
		RI311	268	21	11	1	4	0	27	102	8	33	0	
		RI401	95	695	3501	3453	1945	4423	30822	102909	62324	36848	14614	6786
		RI403			9	15	527	17	7	7	11	0	9	2
		RI405					130	635	3570	6650	9947	14652	39517	91859
		RI407							27	3	15	16	7	9
		RI409									7	26	42	253
		RI411											2	9
菜籽粕	ZCE	RM305	7256872	2006779	680959	100449	706							
		RM307	341	172	341	239	96	93	2					
		RM308	129	319	702	1012	92	152	101	0				
		RM309	1088916	6840258	8861695	6371276	3353819	2579650	1449788	1131392	2081			
		RM311	363702	516299	406858	48702	11863	10330	12062	2361400	4408401	421764	2775	

续表

合约品种	交易所	合约	1月	2月	3月	4月	5月	6月	7月	8月	9月	10月	11月	12月
菜籽粕	ZCE	RM401	3054	88885	372441	749140	1171704	4347927	9684838	14688641	14118484	14609848	5356421	392901
		RM403			513	1718	1440	700	788	1777	1329	2662	3766	7930
		RM405					56333	206920	967205	2184827	2509776	3536625	11099893	18582037
		RM407							2835	6418	3491	1587	1278	1806
		RM408								907	1001	1719	1051	540
		RM409									128275	952653	979261	2673446
		RM411											56516	244484
菜籽油	ZCE	RO301	4476											
		RO303	94	84	8									
		RO305	547396	167782	109237	23500	2834							
油菜籽	ZCE	RS307	536	61	12	11	2	0	0					
		RS308	121	25	9	3	29	3	0	0				
		RS309	780470	210067	97954	32092	22418	14042	6831	5586	0			
		RS311	1485	650	870	355	164	107	68	71	105	27		
		RS407							21	27	22	3	11	1
		RS408								8	4	2	2	2
		RS409									16	54	92	177
		RS411											2	8
白糖	ZCE	SR301	3235											
		SR303	753	478	259									
		SR305	3912946	401599	202806	32965	2795							
		SR307	1128	817	464	730	334	194	230					
		SR309	4283089	5110573	7776940	6561178	5359835	1037749	382820	99803	3385			
		SR311	336	244	1630	1467	2836	619	1316	2869	3016	1377	139	
		SR401	20346	30131	166718	695894	2327757	3204902	4886951	4580477	5370553	2473692	539566	123197
		SR403	137	9	87	101	155	120	175	271	226	468	157	244
		SR405	3483	3240	19685	59183	107037	103751	339710	490220	759466	1074664	2676977	3627199
		SR407	230	12	368	800	218	187	133	114	85	123	125	276
		SR409			1158	4735	16088	11271	36661	48196	62237	120307	164533	334868
		SR411					11	3	74	53	153	80	110	233
		SR501							448	3254	6402	11750	28134	57088
		SR503									4	27	59	18
		SR505											419	3098
优质强筋小麦	ZCE	WH307	162	313	491	175	742	651	0					
		WH309	17626	24702	55452	68341	99163	107178	28512	7023	468			

续表

合约品种	交易所	合约	1月	2月	3月	4月	5月	6月	7月	8月	9月	10月	11月	12月
优质强筋小麦	ZCE	WH311	78	22	40	14	54	519	640	257	712	157	284	
		WH401	72	331	3869	5970	14031	98396	186413	175346	228726	97911	97781	45305
		WH403			3	5	5	1	6	17	25	14	3	6
		WH405					384	4809	12530	15931	30746	40212	131572	244381
		WH407							8	8	53	5	7	38
		WH409									761	3716	7165	11632
		WH411											10	11
优质强筋小麦	ZCE	WS301	8014											
		WS303	608	425	2768									
		WS305	565271	242890	172473	41015	2225							
玉米	DCE	c1301	4509											
		c1303	1351	306	24									
		c1305	556806	172091	148432	58998	2492							
		c1307	157	180	648	916	473	292	172					
		c1309	348983	518983	719228	1830032	1212034	516559	362168	212982	50064			
		c1311	259	95	161	205	112	162	1585	104	117	132	6	
		c1401	5409	17663	63645	143790	385447	291332	906046	864575	459192	219120	97063	25569
		c1403			20	220	216	213	134	195	305	113	164	660
		c1405					29755	48425	203166	477960	331510	483437	608620	616789
		c1407							122	72	41	39	130	142
		c1409									6864	65145	83701	154723
		c1411											39	44
黄大豆1号	DCE	a1301	917											
		a1303	234	130	8									
		a1305	616374	136711	61358	38259	858							
		a1307	75	30	113	274	389	384	3					
		a1309	354946	516684	952582	953924	441365	117888	84191	16703	85			
		a1311	28	218	122	99	121	54	670	282	101	123	8	
		a1401	29907	47418	108926	192035	301816	216851	907448	1860000	419121	218508	44940	11595
		a1403	2	5	23	16	13	1	7	29	33	116	30	31
		a1405	931	2179	3514	4952	59985	46448	225256	365905	141911	236713	401698	406274
		a1407	6	5	25	15	89	4	15	22	24	10	139	174
		a1409			312	777	2180	545	5563	18836	12856	38381	49743	217276
		a1411					3	4	4	54	7	3	134	41
		a1501							794	2065	1205	3728	8730	77570
		a1503									5	64	41	61
		a1505											305	737

续表

合约品种	交易所	合约	1月	2月	3月	4月	5月	6月	7月	8月	9月	10月	11月	12月
黄大豆2号	DCE	b1303	5	3	0									
		b1305	184	117	81	81	5							
		b1307	12	3	4	1	18	9	1					
		b1309	24	106	275	403	551	385	370	402	319			
		b1311	2	2	0	2	34	46	6	9	16	1	0	
		b1401	10	6	1283	34	85	47	59	171	179	83	49	92
		b1403			7	0	7	36	124	61	22	24	12	7
		b1405					19	6	207	27	14	38	72	356
		b1407							0	29	22	6	162	290
		b1409									9	0	5	18
		b1411											0	81
豆粕	DCE	m1301	13225											
		m1303	1212	625	3									
		m1305	11808570	5406509	4067179	1118695	12320							
		m1307	1540	949	1659	1641	5355	2604	452					
		m1308	446	672	1405	1027	523	1345	901	21				
		m1309	5678655	13433645	21393478	18915536	14860919	8270274	3142210	589311	3692			
		m1311	1001	723	4925	700	1592	1065	2338	2182	4825	2964	472	
		m1312	809	951	830	338	753	483	924	1308	998	1139	1451	304
		m1401	263094	1179287	1649381	3145379	8328798	15663566	19171726	18031923	18769256	10216976	4467395	982933
		m1403			277	1096	1289	1242	781	1698	1201	698	1360	3879
		m1405					362501	1047042	2597719	5235138	5571783	8497943	9680930	11311579
		m1407							1527	2493	6834	3991	4727	8719
		m1408								1415	6161	2451	2264	2372
		m1409									347026	2880942	2810067	4283756
		m1411											4525	26231
		m1412												4548
豆油	DCE	y1301	125											
		y1303	63	59	3									
		y1305	2441225	306416	180040	107007	693							
		y1307	76	39	6	107	33	10	8					
		y1308	137	74	77	53	221	203	47	1				
		y1309	3815910	3589790	6623833	6536688	9238217	3056845	506318	93520	1784			
		y1311	9	12	1243	116	231	168	150	73	94	69	0	
		y1312	70	34	46	45	162	57	99	277	193	103	197	0

续表

合约品种	交易所	合约	1月	2月	3月	4月	5月	6月	7月	8月	9月	10月	11月	12月
豆油	DCE	y1401	9200	51830	204989	442396	1711310	4718838	8429515	8519183	6057789	3090641	540378	99339
		y1403			14	13	26	61	36	759	64	473	718	341
		y1405					19833	90463	307233	921447	1524488	5287605	8586072	7681662
		y1407							5	31	62	22	84	69
		y1408								57	47	36	37	20
		y1409									6542	142092	614690	771019
		y1411											5	55
		y1412												8
棕榈油	DCE	p1301	5739											
		p1302	357	3										
		p1303	418	345	39									
		p1304	356	290	79	53								
		p1305	3961116	666454	481708	181175	3642							
		p1306	498	911	1758	2627	256	283						
		p1307	26	61	44	139	67	29	1					
		p1308	236	168	241	102	297	31	18	1				
		p1309	3336304	3824110	5577871	5084859	5834278	2632798	350665	100492	4685			
		p1310	37	233	1873	473	3055	699	447	92	151	150		
		p1311	46	2568	43	37	36	149	26	34	14	14	0	
		p1312	50	7	5	5	30	33	751	352	200	628	20	0
		p1401	4239	18655	288262	479236	2077917	4148160	5323121	5179028	3656471	2689164	1113787	214950
		p1402		2	45	15	261	16	68	73	15	168	99	30
		p1403			1	1	14	72	32	32	18	17	34	6
		p1404				18	3	308	217	38	165	449	263	79
		p1405					15090	55630	296721	726517	1133274	4895547	8351290	8433020
		p1406						0	6	28	76	483	214	277
		p1407							3	31	21	4	16	0
		p1408								104	0	0	43	20
		p1409									4834	80579	348490	888669
		p1410										631	96	69
		p1411											2	2
		p1412												6
胶合板	DCE	bb1404												210
		bb1405												1986927
		bb1406												205

续表

合约品种	交易所	合约	1月	2月	3月	4月	5月	6月	7月	8月	9月	10月	11月	12月
胶合板	DCE	bb1407												33
		bb1409												730
		bb1410												3
		bb1411												4
纤维板	DCE	fb1404												163
		fb1405												2373282
		fb1406												236
		fb1407												40
		fb1408												23
		fb1409												989
		fb1410												18
		fb1412												8
鸡蛋	DCE	jd1403											20785	910
		jd1404											222	31
		jd1405											937461	855495
		jd1406											209	70
		jd1409											99090	36641
		jd1410											327	64
		jd1411											8	10

表 5－2－19　　2013 年金属期货合约每月成交量

合约品种	交易所	合约	1月	2月	3月	4月	5月	6月	7月	8月	9月	10月	11月	12月
铜	SHFE	cu1301	24775											
		cu1302	122469	17355										
		cu1303	174268	120554	35510									
		cu1304	1074996	136735	133396	39170								
		cu1305	870633	848739	239806	160972	48888							
		cu1306	49533	770181	1152580	215638	198488	39906						
		cu1307	3353	46744	2117381	978502	180994	169822	65840					
		cu1308	1974	5574	422666	4398163	1055704	147916	214771	55024				
		cu1309	611	2729	49793	1431736	7283082	966864	248389	182151	61109			
		cu1310	465	1221	7169	153943	1466542	4883067	2181355	170951	182068	33452		
		cu1311	261	504	2422	21460	140349	664915	6278369	2176306	227702	181319	50189	
		cu1312	382	692	2505	9836	36577	127396	832080	3238844	2337115	403929	182355	44132
		cu1401	147	299	621	6578	7450	20513	121375	356688	799131	2357442	1543029	214308
		cu1402		193	494	2319	1960	5108	26325	32009	64196	301516	2007566	1356372

续表

合约品种	交易所	合约	1月	2月	3月	4月	5月	6月	7月	8月	9月	10月	11月	12月
铜	SHFE	cu1403			153	2077	968	3139	5625	12334	25355	44885	270618	1731620
		cu1404				790	1300	2456	4474	3273	4877	13577	46381	266687
		cu1405					327	1428	2911	3143	3168	5445	26691	72812
		cu1406						954	1760	1837	1359	2647	4238	13572
		cu1407							204	972	552	1019	1423	1506
		cu1408								481	789	1643	1390	805
		cu1409									374	810	749	1026
		cu1410										747	1169	892
		cu1411											181	992
		cu1412												382
铝	SHFE	al1301	18685											
		al1302	34388	10005										
		al1303	66500	38823	23365									
		al1304	70145	45443	46427	11280								
		al1305	40194	118249	86498	46138	13296							
		al1306	9454	80246	201097	61212	45033	16661						
		al1307	1285	15778	65043	108015	45406	34225	12340					
		al1308	100	978	16238	89156	86624	47508	25721	14235				
		al1309	133	423	7235	19274	63858	76996	32437	21559	11990			
		al1310	276	166	559	4915	24325	94083	69552	52483	28882	9409		
		al1311	7	16	122	4075	3849	28411	53230	79612	26991	27046	10371	
		al1312	4	96	91	390	1181	8606	22293	79231	79170	48139	29266	12418
		al1401	5	5	28	133	131	1561	3647	23622	53780	65024	55797	35216
		al1402		39	42	43	76	339	306	5697	11849	25346	57633	60711
		al1403			7	52	34	115	148	2872	7027	11218	34903	71010
		al1404				8	16	13	70	341	2685	3925	12640	46462
		al1405					30	86	31	62	864	2758	7743	23498
		al1406							89	12	34	101	2035	11523
		al1407								3	16	167	454	2803
		al1408								11	36	36	159	1406
		al1409									2	13	109	372
		al1410											85	349
		al1411											10	82
		al1412												11

续表

合约品种	交易所	合约	1月	2月	3月	4月	5月	6月	7月	8月	9月	10月	11月	12月
锌	SHFE	zn1301	6745											
		zn1302	40566	3410										
		zn1303	155306	22243	9485									
		zn1304	656281	78343	31267	8730								
		zn1305	358962	735266	170681	44491	10075							
		zn1306	15179	229995	761425	142393	43024	10200						
		zn1307	1354	3635	195713	661701	113641	33883	7840					
		zn1308	394	646	14702	572982	547760	82752	28190	8076				
		zn1309	281	1566	4186	61351	610854	337385	82912	34098	3620			
		zn1310	46	102	411	5388	75130	392018	441212	105675	18898	2316		
		zn1311	161	108	175	2304	6723	38534	307138	422123	49410	22146	3170	
		zn1312	35	131	166	248	2310	4212	47080	449461	361677	119387	23439	4790
		zn1401	23	57	148	276	237	1151	4385	53856	183069	485442	169262	44998
		zn1402		7	88	115	64	131	81	1513	10666	105952	223696	208234
		zn1403			27	93	109	78	84	246	388	9054	56406	586956
		zn1404				17	30	33	63	53	83	237	5507	93864
		zn1405						210	138	136	93	281	607	40953
		zn1406						4	55	52	24	23	99	2069
		zn1407								2	1	21	39	428
		zn1408								4	6	40	11	109
		zn1409										4	26	21
		zn1410										162	27	82
		zn1411												227
		zn1412												53
铅	SHFE	pb1301	535											
		pb1302	2047	186										
		pb1303	1879	1278	725									
		pb1304	1605	1527	1764	492								
		pb1305	235	1290	2052	1522	505							
		pb1306	10	151	1202	1619	1596	471						
		pb1307	104	25	351	1043	1460	1330	629					
		pb1308	1	1	5	184	870	916	1150	856				
		pb1309	2			27	516	1664	1311	2486	3810			
		pb1310	2	1	70	23	53	94	800	1635	6537	1535		
		pb1311	9	2	5		4	11	132	1279	4916	6128	2165	

续表

合约品种	交易所	合约	1 月	2 月	3 月	4 月	5 月	6 月	7 月	8 月	9 月	10 月	11 月	12 月
铅	SHFE	pb1312		1	1	2	5	1	23	730	12057	9575	12006	2405
		pb1401						2	20	182	1367	5088	9646	11349
		pb1402			1	1			2	52	558	235	2758	18277
		pb1403				15			1	2		64	797	9504
		pb1404				6							115	8604
		pb1405						2				55	36	583
		pb1406								2		7		57
		pb1407									3			4
		pb1408									2		1	1
		pb1409												
		pb1410										2		
		pb1411												
		pb1412												2
黄金	SHFE	au1301	185											
		au1302	138	9										
		au1303	229	162	75									
		au1304	108	39	137	6								
		au1305	478	254	74	452	24							
		au1306	330422	258076	325643	512763	92873	1822						
		au1307	33	33	173	209	173	73	33					
		au1308	25	321	74	747	409	132	587	69				
		au1309	82	236	249	1510	2495	1965	816	390	39			
		au1310	14	6	4	145	1029	322	461	225	99	6		
		au1311	17	20	9	91	104	81	458	2133	314	392	192	
		au1312	1914	8217	20187	278335	1080470	740596	3569102	4347872	2266440	1928107	1038234	9102
		au1401	13	38	48	381	371	1586	7054	10595	6437	5879	5451	5993
		au1402			8	12	25	14	67	243	137	118	153	198
		au1403				33	26	29	63	112	41	43	134	272
		au1404				71	175	34	58	90	49	48	41	75
		au1405					7	33	96	109	32	169	721	1003
		au1406						406	2525	10898	21050	65254	849757	2275114
		au1407							10	24	63	130	87	956
		au1408								21	25	122	113	145
		au1410										7	36	106
		au1412												546
		cu1301	24775											

续表

合约品种	交易所	合约	1月	2月	3月	4月	5月	6月	7月	8月	9月	10月	11月	12月
白银	SHFE	ag1301	15550											
		ag1302	15528	3666										
		ag1303	2783	6617	6572									
		ag1304	598	407	2848	2312								
		ag1305	6069	3446	1508	6939	4436							
		ag1306	1677508	1084636	1577738	2652694	914321	19085						
		ag1307	282	402	875	2452	2606	3261	2359					
		ag1308	62	114	124	1212	787	672	6619	5478				
		ag1309	788	2264	7950	18420	21080	14099	12274	6670	2903			
		ag1310	56	45	498	498	1102	1150	1872	2087	2602	714		
		ag1311	42	30	17	151	370	417	1794	4534	1998	5730	2258	
		ag1312	3298	5213	25080	435223	5024512	3473713	18529456	40232225	31856168	19257672	12870272	76755
		ag1401	13	87	102	772	1311	3198	46023	335394	470312	565368	2369106	985328
		ag1402		22	20	82	215	55	846	1405	873	1451	6478	13823
		ag1403			8	717	997	1015	1202	3170	2560	1782	4007	4191
		ag1404				603	475	158	308	518	229	238	462	681
		ag1405					40	193	356	317	328	1209	2760	19500
		ag1406						1548	6081	19632	17259	86149	1775625	26568849
		ag1407							92	228	626	390	238	1568
		ag1408								587	337	204	247	252
		ag1409									215	395	390	950
		ag1410										77	330	316
		ag1411											66	374
		ag1412												6011
螺纹钢	SHFE	rb1301	3636											
		rb1302	3888	1381										
		rb1303	2553	3816	1170									
		rb1304	3380	1815	1936	570								
		rb1305	25876251	5050701	524359	69502	4320							
		rb1306	3396	2709	1259	1019	1947	300						
		rb1307	1219	356	402	455	652	598	6					
		rb1308	845	228	382	987	662	919	292					
		rb1309	11399	63894	101424	127614	124389	50016	12296	2573	600			
		rb1310	503014	15788923	33510641	30907467	39207466	25338095	2325819	372079	93038	5482		
		rb1311	411	518	3911	1397	1410	2120	1016	490	483	949	120	

续表

合约品种	交易所	合约	1 月	2 月	3 月	4 月	5 月	6 月	7 月	8 月	9 月	10 月	11 月	12 月
螺纹钢	SHFE	rb1312	116	395	1147	166	1349	1165	2070	1566	1598	3156	1988	180
		rb1401	326	15501	20822	55716	677043	6881300	28100746	19296835	12373676	7420973	1228161	244522
		rb1402		76	398	537	231	615	1605	4877	2035	3145	1841	1484
		rb1403			25	582	286	371	160	403	1375	397	241	184
		rb1404				173	624	630	318	326	288	196	391	680
		rb1405					4011	12587	32655	146643	319048	5498315	16566026	14939009
		rb1406						2	402	84	59	102	356	1709
		rb1407							36	235	83	98	63	100
		rb1408								59	95	129	268	270
		rb1409									142	3671	1636	1645
		rb1410										36491	283702	878361
		rb1411											12	472
		rb1412												49
线材	SHFE	wr1301												
		wr1302	1											
		wr1303	24	50	11									
		wr1304	7	2	4									
		wr1305	149	19	39	7								
		wr1306				2	14							
		wr1307	2					8						
		wr1308	1		7		9	9	2	1				
		wr1309		6	2	134	58	6	9	17				
		wr1310	1	478	497	108	174	170	106	7	52			
		wr1311		2	8	2	4	13	6	27	3	3		
		wr1312	14		2	12	7	11	1	1			3	
		wr1401			3	4	45	69	152	44	56	45	4	1
		wr1402			604		75	12	7	5	1	1	6	
		wr1403				42	120	25	1	4			32	
		wr1404				2				29	68	12		5
		wr1405					2	6	3	2				32
		wr1406							3	4	2	1		
		wr1407												
		wr1408										2		
		wr1409									2	5	86	1
		wr1410												
		wr1411												
		wr1412												

表 5－2－20　　　　2013 年能源及其他期货合约每月成交量

合约品种	交易所	合约	1月	2月	3月	4月	5月	6月	7月	8月	9月	10月	11月	12月
燃料油	SHFE	fu1303	7	3										
		fu1304	1											
		fu1305	104	88	93	12								
		fu1306	4		30	20	5							
		fu1307												
		fu1308					17							
		fu1309	4	5	24	16	23	34	7	6				
		fu1310			2	6	13	4	5	22	44			
		fu1311			3		2		19	18	4	6		
		fu1312			3		4	2	5	7	19	4	12	
		fu1402				7		11		35		3	5	1
		fu1403			7					5	2	1		
		fu1404					16	2	2	3	1	3	31	8
		fu1405					10	3		2				
		fu1406							3					14
		fu1407							7				16	24
		fu1408								3		13	3	13
		fu1409									17	23	31	4
		fu1410												3
		fu1411												8
		fu1412												
石油沥青	SHFE	bu1402										1587161	924497	572804
		bu1403										27495	5756	3502
		bu1404										2	14	38
		bu1405											657	1470
		bu1406										2424	3519	2960
		bu1409										465	139	64
		bu1412										535	181	203
		bu1503										163	28	81
		bu1506										35	39	10
		bu1509										45	9	3
		bu1512												2
甲醇	ZCE	ME301	288											
		ME302	18	0										
		ME303	7	1	0									

续表

合约品种	交易所	合约	1 月	2 月	3 月	4 月	5 月	6 月	7 月	8 月	9 月	10 月	11 月	12 月
甲醇	ZCE	ME304	304	126	165	224								
		ME305	295841	193103	44766	3126	204							
		ME306	15	1	6	0	0	0						
		ME307	0	0	0	0	6	0	0					
		ME308	7	0	1	0	11	1	13	1				
		ME309	1115	7116	30393	43794	40494	18255	23303	17837	102			
		ME310	7	26	5	0	0	0	2	6	2	0		
		ME311	1	0	0	0	0	0	2	2	10	0	0	
		ME312	9	5	1	0	4	3	3	0	81	0	0	0
		ME401	4	12	27	436	763	225	884	26411	33511	18552	105810	824998
		ME402		0	2	0	0	0	3	2	0	1	306	160
		ME403			3	0	0	0	0	0	0	0	0	49
		ME404				0	0	0	4	4	1	0	0	79
		ME405					72	65	29	262	454	351	15065	1688642
		ME406						0	4	2	0	0	18	106
		ME407							0	0	0	0	0	24
		ME408								0	11	0	2	0
		ME409									32	30	49	59403
		ME410										0	7	10
		ME411											0	20
		ME412												2
PTA	ZCE	TA301	7372											
		TA302	3997	2279										
		TA303	615	1162	593									
		TA304	1594	1428	2214	2383								
		TA305	6960443	1586784	220029	38260	6042							
		TA306	527	165	760	1532	1115	2357						
		TA307	25	40	800	2800	556	1565	479					
		TA308	136	117	645	1024	775	637	1380	556				
		TA309	332466	2920177	11005696	12019992	10534244	5471898	503201	126744	10064			
		TA310	12	91	2125	1303	1810	520	201	585	497	431		
		TA311	18	35	25	66	57	101	128	109	126	107	54	
		TA312	4	4	10	390	127	105	134	102	55	428	9314	9052
		TA401	305	1131	15180	93464	322810	1631424	5085542	6280430	3281368	1976112	609794	295174
		TA402		0	42	31	25	75	187	129	115	108	61	41

续表

合约品种	交易所	合约	1月	2月	3月	4月	5月	6月	7月	8月	9月	10月	11月	12月
PTA	ZCE	TA403			5	20	13	10	0	6	2	1	63	37
		TA404				8	13	26	367	23	25	14	54	90
		TA405					1020	7826	20680	79355	93108	327603	1919321	2395227
		TA406						54	4	7	12	16	16	215
		TA407							14	1	4	4	1	37
		TA408								4	235	13	0	94
		TA409									4679	1056	5666	27572
		TA410										0	0	21
		TA411											0	0
		TA412												3
动力煤	ZCE	TC312									1713	174	31	0
		TC401									489500	1377960	168803	26084
		TC402									26	105	19	3
		TC403									8	68	17	57
		TC404									17	96	39	72
		TC405									41255	144968	761256	1309995
		TC406									31	14	95	113
		TC407									0	6	4	16
		TC408									31	14	11	3
		TC409									1120	3983	8618	20999
		TC410										3	10	19
		TC411											13	10
		TC412												5
玻璃	ZCE	FG303	2294	461	10									
		FG304	649	80	81	0								
		FG305	21699353	930386	165716	18881	468							
		FG306	6666	7262	3377	3458	12961	503						
		FG307	839	330	316	653	1115	311	0					
		FG308	533	1439	602	629	1893	817	113	0				
		FG309	7961674	13511242	21400756	17927564	22821974	12750001	533794	46795	630			
		FG310	965	2260	12848	3434	3295	2254	396	208	238	51		
		FG311	936	469	1322	424	497	645	245	218	1101	318	58	
		FG312	1609	1179	621	342	524	1045	1069	1542	5059	2466	1381	36
		FG401	4858	86655	948013	990082	4178742	9422620	14311088	12420560	8269447	3674153	546789	135323
		FG402		65	1206	326	502	559	451	2169	816	297	967	570

续表

合约品种	交易所	合约	1月	2月	3月	4月	5月	6月	7月	8月	9月	10月	11月	12月
玻璃	ZCE	FG403			131	178	185	80	162	726	59	50	521	150
		FG404				76	343	223	1648	422	113	254	155	146
		FG405					16459	64787	131655	386307	586834	2136396	3945883	3741766
		FG406						93	169	888	653	429	277	442
		FG407							9	32	33	12	6	0
		FG408								28	291	76	93	125
		FG409									9143	48245	48467	117889
		FG410										3	9	21
		FG411											0	10
		FG412												0
聚乙烯	DCE	l1301	292											
		l1302	190	57										
		l1303	374	869	367									
		l1304	118	84	455	30								
		l1305	3855362	1135385	213341	50972	832							
		l1306	183	188	158	350	102	10						
		l1307	0	44	5	66	39	6	0					
		l1308	0	128	59	401	126	44	188	43				
		l1309	325464	3451217	7674103	6551115	6296568	5096484	607341	253697	20080			
		l1310	35	52	1165	255	161	498	49	49	94	7		
		l1311	0	8	77	0	5	2	90	33	10	13	317	
		l1312	3	15	23	2	32	12	359	581	95	127	73	50
		l1401	127	471	5408	47809	203646	1017186	6560583	7210258	5112354	5034919	2358042	390504
		l1402		0	5	2	5	12	61	238	189	66	8	34
		l1403			4	1	0	42	0	137	4	40	31	17
		l1404				0	2	33	44	31	38	148	189	91
		l1405					1159	4990	10750	102398	238500	736912	3637406	3821530
		l1406						2	2	6	1	10	60	56
		l1407							0	0	7	0	7	1
		l1408								1	6	3	17	1
		l1409									338	3159	20079	80381
		l1410										176	36	82
		v1301	987											
		v1302	8	2										
聚氯乙烯	DCE	v1303	13	39	335									
		v1304	29	9	21	7								

续表

合约品种	交易所	合约	1月	2月	3月	4月	5月	6月	7月	8月	9月	10月	11月	12月
聚氯乙烯	DCE	v1305	405471	175549	32087	15776	769							
		v1306	11	15	14	8	4	0						
		v1307	5	8	47	8	2	10	4					
		v1308	3	2	0	10	5	2	2	0				
		v1309	20781	99708	157497	160113	106278	77936	41775	7749	199			
		v1310	0	21	21	0	0	0	2	4	4	0		
		v1311	4	2	20	0	0	0	4	6	6	4	0	
		v1312	10	39	0	7	0	8	5	23	2	2	2	0
		v1401	52	142	1086	2018	8048	9983	51540	129132	44557	43589	40149	16494
		v1402		0	5	2	3	8	2	7	0	0	0	14
		v1403			0	8	8	1	0	1	0	0	0	4
		v1404				1	6	2	2	2	2	0	2	17
		v1405					42	278	702	1756	834	4378	31994	94732
		v1406						0	0	0	1	2	0	4
		v1407							0	0	0	1	1	0
		v1408								3	0	3	2	7
		v1409									0	102	405	1593
		v1410										0	0	6
		v1411											0	6
		j1301	282											
		j1302	9	0										
		j1303	35	23	0									
冶金焦炭	DCE	j1304	396	16	20	0								
		j1305	10512639	1004780	30840	3607	7							
		j1306	691	105	110	92	166	5						
		j1307	27	8	17	90	14	103	0					
		j1308	41	65	495	295	426	117	23	0				
		j1309	195103	3549511	12098110	13765401	15733264	5822031	198513	36359	440			
		j1310	36	448	1993	1215	980	624	261	505	241	41		
		j1311	41	21	191	52	13	40	21	35	48	66	9	
		j1312	7	4	0	121	30	198	301	210	93	335	85	33
		j1401	72	918	3761	16672	810177	7346333	11350433	10716993	5879946	2742298	213341	37418
		j1402		1	2	1	20	43	1116	198	42	563	85	65
		j1403			189	71	89	28	410	66	35	26	48	11
		j1404				3	7	41	374	60	57	66	122	138

续表

合约品种	交易所	合约	1 月	2 月	3 月	4 月	5 月	6 月	7 月	8 月	9 月	10 月	11 月	12 月
冶金焦炭	DCE	j1405					380	1583	5854	92772	182030	2337199	5358208	5103880
		j1406						6	12	12	29	68	87	156
		j1407							0	17	5	12	214	21
		j1408								5	15	8	13	7
		j1409									630	8910	36108	93377
		j1410										5	15	12
		j1411											45	13
		j1412												16
焦煤	DCE	jm1307			658	359	14	36	9					
		jm1308			79	520	106	158	39	0				
		jm1309			2141544	4217831	2027037	1760005	186418	20613	988			
		jm1310			223	142	73	54	37	390	246	211		
		jm1311			50	162	0	1	12	88	194	145	13	
		jm1312			53	22	21	7	37	213	173	136	311	1
		jm1401			6641	7394	30140	927696	4503316	6048709	3370713	1771452	378143	164200
		jm1402			15	45	15	104	127	168	235	105	19	18
		jm1403			170	130	41	49	56	55	169	145	65	44
		jm1404				3	57	39	134	383	39	38	55	77
		jm1405					74	586	3258	87810	146988	1300383	2581531	2374512
		jm1406						1	1	9	2	27	49	657
		jm1407							0	65	12	70	30	16
		jm1408								6	4	19	7	9
		jm1409									1417	15314	56718	119397
		jm1410										16	38	52
		jm1411											10	10
		jm1412												19
铁矿石	DCE	i1403										22475	2284	1073
		i1404										428	24	87
		i1405										629867	807885	634838
		i1406										83	69	31
		i1407										57	3	19
		i1408										51	1	5
		i1409										20599	26984	42218
		i1410										117	9	1
		i1411											0	1
		i1412												6

表 5-2-21　　2013 年金融期货每月成交量

合约品种	交易所	合约	1月	2月	3月	4月	5月	6月	7月	8月	9月	10月	11月	12月
沪深300股指期货	CFFEX	IF1301	5801147											
		IF1302	8351243	2598306										
		IF1303	795074	8265996	7553430									
		IF1304		121032	9993989	7870931								
		IF1305			94971	5632289	6296736							
		IF1306	85169	197531	533937	854689	10168542	5536090						
		IF1307					179993	7769043	12020469					
		IF1308						59423	10044428	8629866				
		IF1309	9624	24163	54330	63419	214742	334784	1018178	12078242	8355489			
		IF1310								106164	5450205	4865416		
		IF1311									18374	8114188	6263212	
		IF1312				4695	25802	45505	121433	264989	286670	587763	9377223	8172479
		IF1401											115001	7047756
		IF1402												34238
		IF1403							7119	29202	26619	48309	174403	331765
		IF1406										8336	31448	54907
5年期国债期货	CFFEX	TF1312									146369	35669	60360	1672
		TF1403									5401	772	13891	59799
		TF1406									1550	365	1333	1516
		TF1409												97

期货市场客户及资金分布情况

表 5－3－1　　2013 年期货市场客户数量　　单位：户

时间	有效客户数量	有效单位客户数量	有效个人客户数量
1 月	722213	19718	702495
2 月	722557	19697	702860
3 月	735359	20898	714461
4 月	739981	20223	719758
5 月	753458	20509	732949
6 月	756101	20994	735107
7 月	767121	20258	746863
8 月	772866	20407	752459
9 月	773378	20515	752863
10 月	774901	20403	754498
11 月	774571	20580	753991
12 月	772408	20743	751665

表 5－3－2　　2013 年期货市场客户资金结构　　单位：户

权益规模	客户数量	占总客户数量比例
10 万元以下	1296739	91.95%
10 万元～1000 万元	111022	7.87%
1000 万元以上	2563	0.18%

表 5－3－3　　2013 年 1 月期货市场资金分布　　单位：亿元

项目	本月末金额及比例			比上月末增减比例
	金额	比例		
期货市场资金总量	2034.74			6.83%
资金在交易所分布量	1173.83	57.69%		3.37%
上海期货交易所	453.22		38.61%	3.76%
郑州商品交易所	173.64		14.79%	6.05%
大连商品交易所	259.51		22.11%	-4.5%
中国金融期货交易所	287.46		24.49%	9.18%
资金在银行分布量	860.91	42.31%		11.94%

表 5－3－4　2013 年 2 月期货市场资金分布　单位：亿元

项目	本月末金额及比例			比上月末增减比例
	金额	比例		
期货市场资金总量	2053.72			0.93%
资金在交易所分布量	1151.06	58.92%		－1.94%
上海期货交易所	448.86		39%	－0.96%
郑州商品交易所	172.15		14.96%	－0.86%
大连商品交易所	245.44		21.32%	－5.42%
中国金融期货交易所	284.61		24.73%	－0.99%
资金在银行分布量	902.66	41.08%		4.85%

表 5－3－5　2013 年 3 月期货市场资金分布　单位：亿元

项目	本月末金额及比例			比上月末增减比例
	金额	比例		
期货市场资金总量	2007.57			－2.25%
资金在交易所分布量	1120.7	55.82%		－2.64%
上海期货交易所	455.39		40.63%	1.46%
郑州商品交易所	161.31		14.39%	－6.3%
大连商品交易所	244.36		21.8%	－0.44%
中国金融期货交易所	259.64		23.17%	－8.77%
资金在银行分布量	886.87	44.18%		－1.75%

表 5－3－6　2013 年 4 月期货市场资金分布　单位：亿元

项目	本月末金额及比例			比上月末增减比例
	金额	比例		
期货市场资金总量	2162.91			7.74%
资金在交易所分布量	1171.98	54.19%		4.58%
上海期货交易所	478		40.79%	4.96%
郑州商品交易所	167.87		14.32%	4.07%
大连商品交易所	271.45		23.16%	11.09%
中国金融期货交易所	254.67		21.73%	－1.92%
资金在银行分布量	990.93	45.81%		11.73%

表 5－3－7　2013 年 5 月期货市场资金分布　单位：亿元

项目	本月末金额及比例			比上月末增减比例
	金额	比例		
期货市场资金总量	2239.04			3.52%
资金在交易所分布量	1241.82	55.46%		5.96%
上海期货交易所	477.7		38.47%	－0.06%
郑州商品交易所	170.44		13.73%	1.53%
大连商品交易所	272.48		21.94%	0.38%
中国金融期货交易所	321.21		25.87%	26.13%
资金在银行分布量	997.22	44.54%		0.63%

表 5－3－8　　2013 年 6 月期货市场资金分布　　单位：亿元

项目	本月末金额及比例			比上月末增减比例
	金额	比例		
期货市场资金总量	1989.87			－11.13%
资金在交易所分布量	1032.68	51.90%		－16.84%
上海期货交易所	434.3		38.61%	－9.08%
郑州商品交易所	154.77		14.79%	－9.19%
大连商品交易所	246.59		22.11%	－9.5%
中国金融期货交易所	197.02		24.49%	－38.66%
资金在银行分布量	957.19	48.10%		－4.01%

表 5－3－9　　2013 年 7 月期货市场资金分布　　单位：亿元

项目	本月末金额及比例			比上月末增减比例
	金额	比例		
期货市场资金总量	2165.86			8.84%
资金在交易所分布量	1114.16	51.44%		7.89%
上海期货交易所	468.31		42.03%	7.83%
郑州商品交易所	157.19		14.11%	1.56%
大连商品交易所	256.03		22.98%	3.83%
中国金融期货交易所	232.63		20.88%	18.07%
资金在银行分布量	1051.7	48.56%		9.87%

表 5－3－10　　2013 年 8 月期货市场资金分布　　单位：亿元

项目	本月末金额及比例			比上月末增减比例
	金额	比例		
期货市场资金总量	2214.29			2.24%
资金在交易所分布量	1146.38	51.77%		2.89%
上海期货交易所	451.35		39.37%	－3.62%
郑州商品交易所	167		14.57%	6.24%
大连商品交易所	282.52		24.64%	10.35%
中国金融期货交易所	245.52		21.42%	5.54%
资金在银行分布量	1067.91	48.23%		1.54%

表 5－3－11　　2013 年 9 月期货市场资金分布　　单位：亿元

项目	本月末金额及比例			比上月末增减比例
	金额	比例		
期货市场资金总量	2124.72			－4.05%
资金在交易所分布量	1240.73	58.39%		8.23%
上海期货交易所	486.75		39.23%	7.84%
郑州商品交易所	200.75		16.18%	20.21%
大连商品交易所	341.86		27.55%	21%
中国金融期货交易所	211.37		17.04%	－13.91%
资金在银行分布量	883.99	41.61%		－17.22%

表 5-3-12　**2013 年 10 月期货市场资金分布**　单位：亿元

项目	本月末金额及比例			比上月末增减比例
	金额	比例		
期货市场资金总量	2219.7			4.47%
资金在交易所分布量	1147.45	51.69%		-7.52%
上海期货交易所	447.32		38.98%	-8.1%
郑州商品交易所	163.98		14.29%	-18.32%
大连商品交易所	289.46		25.23%	-15.33%
中国金融期货交易所	246.69		21.5%	16.71%
资金在银行分布量	1072.25	48.31%		21.30%

表 5-3-13　**2013 年 11 月期货市场资金分布**　单位：亿元

项目	本月末金额及比例			比上月末增减比例
	金额	比例		
期货市场资金总量	2210.33			-0.42%
资金在交易所分布量	1220.53	55.22%		6.37%
上海期货交易所	470.87		38.58%	5.26%
郑州商品交易所	166.22		13.62%	1.37%
大连商品交易所	300.64		24.63%	3.86%
中国金融期货交易所	282.8		23.17%	14.64%
资金在银行分布量	989.8	44.78%		-7.69%

表 5-3-14　**2013 年 12 月期货市场资金分布**　单位：亿元

项目	本月末金额及比例			比上月末增减比例
	金额	比例		
期货市场资金总量	2069.06			-6.39%
资金在交易所分布量	1102.2	53.27%		-9.70%
上海期货交易所	417.67		37.89%	-11.3%
郑州商品交易所	171.98		15.6%	3.46%
大连商品交易所	250.56		22.73%	-16.66%
中国金融期货交易所	261.99		23.77%	-7.36%
资金在银行分布量	966.86	46.73%		-2.32%

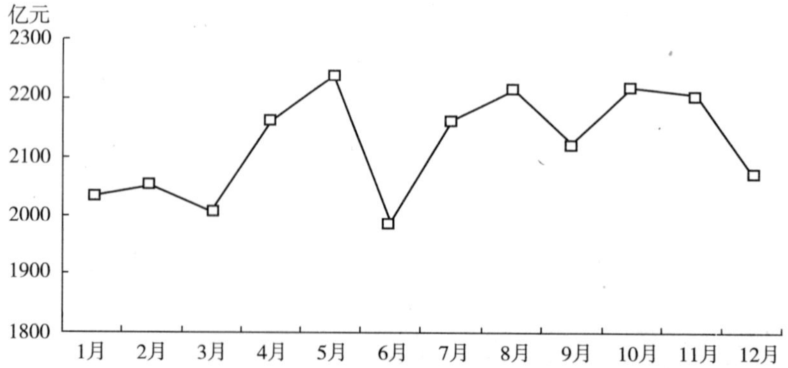

图 5-3-1　期货市场资金总量变化

期货市场分品种持仓量、成交量及成交金额分布

表5-4-1　　2013年各月品种持仓量占比情况　　单位:%

品种	1月	2月	3月	4月	5月	6月	7月	8月	9月	10月	11月	12月
5年期国债期货								0.00	0.06	0.05	0.04	0.05
LLDPE	2.73	2.92	3.21	2.93	2.79	3.15	3.38	3.15	2.01	2.72	3.29	2.08
PTA	4.26	3.10	5.56	6.25	5.45	5.96	4.29	3.41	3.39	4.06	4.84	3.81
PVC	1.07	0.68	0.56	0.40	0.26	0.25	0.19	0.19	0.19	0.23	0.26	0.22
白糖	7.79	6.84	6.31	6.39	7.04	6.14	6.11	6.27	5.78	4.26	4.35	5.80
白银	1.87	2.31	2.21	1.70	1.69	2.08	2.45	3.63	2.47	2.61	3.68	4.55
玻璃	6.11	5.91	4.57	5.10	4.69	4.33	3.98	6.14	6.64	5.89	4.51	2.08
菜籽粕	2.21	4.30	3.47	3.29	2.86	4.63	9.08	10.90	10.56	8.84	7.09	10.30
菜籽油	0.89	0.96	0.84	0.88	0.66	0.94	1.32	1.56	1.51	1.60	2.00	2.19
动力煤									0.37	0.38	0.62	0.46
豆二	0.00	0.00	0.00	0.00	0.00	0.00	0.00	0.00	0.00	0.00	0.00	0.00
豆粕	17.52	19.96	21.09	18.86	19.77	18.33	19.07	17.75	22.64	21.92	21.33	18.60
豆一	3.14	2.79	2.88	3.02	2.11	1.82	2.41	1.82	1.17	1.02	1.04	1.40
豆油	6.94	7.68	7.57	7.97	6.30	6.15	6.75	7.26	7.14	7.22	7.56	7.63
沪深300指数	1.86	1.82	1.71	1.62	1.75	1.17	1.35	1.32	1.21	1.15	1.45	1.62
黄金	1.10	1.09	1.05	0.88	0.78	0.90	1.14	1.05	0.90	0.90	1.02	1.16
鸡蛋											0.59	0.54
甲醇	0.24	0.11	0.07	0.05	0.05	0.04	0.05	0.03	0.04	0.02	0.10	0.29
焦煤			0.84	0.65	0.77	1.57	0.98	2.14	2.41	3.06	3.56	2.08
焦炭	1.88	1.42	1.75	1.67	2.28	2.32	1.78	1.67	2.00	2.39	1.79	1.49
粳稻（谷）											0.03	0.02
沥青									0.00	0.34	0.25	0.30
铝	1.65	2.19	2.09	1.79	1.29	1.59	1.38	1.32	1.50	1.06	1.33	1.47
螺纹钢	13.54	11.72	10.97	11.29	16.96	14.83	11.76	10.67	10.70	13.46	12.88	13.71
棉花	3.01	1.67	1.65	1.52	0.85	0.73	0.85	0.74	0.54	0.57	0.60	0.85
普麦	0.00	0.00	0.00	0.00	0.00	0.00	0.00	0.00	0.00	0.00	0.00	0.00

续表

品种	1月	2月	3月	4月	5月	6月	7月	8月	9月	10月	11月	12月
铅	0.06	0.05	0.05	0.05	0.04	0.03	0.03	0.04	0.15	0.15	0.15	0.18
强麦	1.87	1.42	0.81	0.42	0.37	0.61	0.66	0.69	0.63	0.64	0.86	1.09
燃料油	0.00	0.00	0.00	0.00	0.00	0.00	0.00	0.00	0.00	0.00	0.00	0.00
天胶	1.46	1.59	1.51	1.51	1.73	2.01	1.61	1.51	1.24	1.56	1.68	1.98
铁矿石										0.59	0.78	0.88
铜	3.93	4.42	5.74	6.45	4.59	5.77	5.25	4.21	3.10	3.28	3.58	3.52
细木工板												0.41
线材	0.00	0.00	0.00	0.00	0.00	0.00	0.00	0.00	0.00	0.00	0.00	0.00
锌	2.64	2.07	2.46	2.47	2.67	2.59	2.33	1.55	1.79	1.26	1.61	1.56
油菜籽	0.15	0.19	0.18	0.16	0.10	0.08	0.06	0.00	0.00	0.00	0.00	0.00
玉米	4.18	5.09	4.41	6.93	5.68	5.79	5.80	5.32	4.08	3.00	2.53	3.24
早籼稻	0.51	0.26	0.20	0.10	0.07	0.10	0.11	0.17	0.21	0.16	0.13	0.22
中密度纤维板												0.35
棕榈油	7.39	7.42	6.23	5.64	6.40	6.10	5.83	5.49	5.58	5.62	4.47	3.88

表5-4-2　　2013年各月品种成交量占比情况　　单位：%

品种	1月	2月	3月	4月	5月	6月	7月	8月	9月	10月	11月	12月
5年期国债期货								0.00	0.09	0.02	0.05	0.04
LLDPE	2.67	4.06	4.30	3.80	3.16	3.60	3.53	3.47	3.19	3.87	3.95	2.57
PTA	4.66	3.99	6.13	6.95	5.28	4.19	2.76	2.98	2.01	1.55	1.67	1.63
PVC	0.27	0.24	0.10	0.10	0.06	0.05	0.05	0.06	0.03	0.03	0.05	0.07
白糖	5.25	4.91	4.45	4.20	3.80	2.57	2.78	2.40	3.68	2.47	2.24	2.48
白银	1.10	0.93	0.89	1.78	2.90	2.07	9.16	18.63	19.21	13.36	11.19	16.58
玻璃	18.93	12.87	12.29	10.82	13.14	13.09	7.37	5.90	5.27	3.93	2.99	2.39
菜籽粕	5.56	8.36	5.63	4.15	2.23	4.21	5.96	9.35	12.57	13.09	11.50	13.12
菜籽油	0.36	0.18	0.10	0.10	0.08	0.40	0.48	0.77	0.58	0.98	2.30	1.28
动力煤									0.32	1.02	0.62	0.81
豆二	0.00	0.00	0.00	0.00	0.00	0.00	0.00	0.00	0.00	0.00	0.00	0.00
豆粕	11.33	17.71	14.79	13.24	11.46	14.71	12.26	10.95	14.67	14.49	11.15	9.96
豆一	0.64	0.62	0.61	0.68	0.39	0.22	0.60	1.04	0.34	0.33	0.33	0.43
豆油	4.00	3.49	3.82	4.05	5.33	4.63	4.55	4.38	4.51	5.71	6.40	5.12
沪深300指数	9.60	9.92	9.94	8.24	8.21	8.09	11.42	9.69	8.39	9.13	10.49	9.37
黄金	0.21	0.22	0.19	0.45	0.57	0.44	1.76	2.01	1.36	1.34	1.25	1.37
鸡蛋											0.70	0.53
甲醇	0.19	0.18	0.04	0.03	0.02	0.01	0.01	0.02	0.02	0.01	0.08	1.54
焦煤			1.17	2.41	1.00	1.58	2.31	2.83	2.09	2.07	1.98	1.59

续表

品种	1 月	2 月	3 月	4 月	5 月	6 月	7 月	8 月	9 月	10 月	11 月	12 月
焦炭	6.83	4.03	6.62	7.87	8.04	7.75	5.69	4.98	3.60	3.41	3.69	3.14
粳稻（谷）											0.02	0.01
沥青									0.00	1.09	0.61	0.35
铝	0.15	0.25	0.24	0.20	0.14	0.18	0.11	0.13	0.13	0.13	0.14	0.16
螺纹钢	16.85	17.21	18.63	17.80	19.46	19.00	15.00	9.10	7.59	8.70	11.88	9.62
棉花	0.88	1.39	0.79	0.50	0.20	0.12	0.22	0.15	0.10	0.10	0.13	0.19
普麦	0.00	0.00	0.00	0.00	0.00	0.00	0.00	0.00	0.00	0.00	0.00	0.00
铅	0.00	0.00	0.00	0.00	0.00	0.00	0.00	0.00	0.02	0.02	0.02	0.03
强麦	0.38	0.24	0.13	0.07	0.06	0.12	0.11	0.09	0.16	0.10	0.16	0.18
燃料油	0.00	0.00	0.00	0.00	0.00	0.00	0.00	0.00	0.00	0.00	0.00	0.00
天胶	1.99	1.81	2.15	2.97	4.04	3.74	4.79	4.21	4.10	4.16	3.83	3.37
铁矿石										0.45	0.55	0.41
铜	1.48	1.61	2.27	4.24	5.07	4.14	4.91	2.86	2.20	2.25	2.72	2.22
细木工板（胶合板）												1.19
线材	0.00	0.00	0.00	0.00	0.00	0.00	0.00	0.00	0.00	0.00	0.00	0.00
锌	0.79	0.90	0.65	0.86	0.69	0.53	0.45	0.49	0.37	0.50	0.32	0.59
油菜籽（简称“菜籽”）	0.50	0.19	0.05	0.02	0.01	0.01	0.00	0.00	0.00	0.00	0.00	0.00
玉米	0.59	0.63	0.51	1.16	0.79	0.50	0.73	0.71	0.50	0.51	0.52	0.48
早籼稻	0.14	0.07	0.04	0.02	0.01	0.01	0.02	0.05	0.04	0.03	0.04	0.06
中密度纤维板（纤维板）												1.42
棕榈油	4.66	3.99	3.46	3.28	3.86	4.02	2.94	2.76	2.85	5.14	6.45	5.71

表 5-4-3　　2013 年各月品种成交金额分布情况　　单位:%

品种	1 月	2 月	3 月	4 月	5 月	6 月	7 月	8 月	9 月	10 月	11 月	12 月
5 年期国债期货								0.00	0.69	0.18	0.34	0.27
LLDPE	1.09	1.69	1.70	1.53	1.25	1.62	1.33	1.42	1.40	1.71	1.62	1.13
PTA	1.51	1.29	1.84	2.19	1.60	1.41	0.77	0.90	0.64	0.46	0.46	0.48
PVC	0.07	0.06	0.03	0.03	0.01	0.01	0.01	0.02	0.01	0.01	0.01	0.02
白糖	2.19	1.98	1.81	1.79	1.52	1.11	0.98	0.91	1.52	1.01	0.84	0.95
白银	0.81	0.65	0.60	1.08	1.59	1.10	3.93	9.61	10.74	7.01	5.27	8.06
玻璃	4.31	3.04	2.72	2.42	2.90	3.17	1.46	1.26	1.16	0.81	0.58	0.50
菜籽粕（简称“菜粕”）	1.06	1.58	1.03	0.80	0.40	0.86	0.99	1.72	2.55	2.51	2.04	2.58

续表

品种	1月	2月	3月	4月	5月	6月	7月	8月	9月	10月	11月	12月
菜籽油	0.14	0.08	0.05	0.08	0.06	0.31	0.28	0.44	0.35	0.57	1.28	0.73
动力煤									0.28	0.90	0.52	0.74
豆二	0.00	0.00	0.00	0.00	0.00	0.00	0.00	0.00	0.00	0.00	0.00	0.00
豆粕	2.85	4.51	3.72	3.37	2.85	4.17	2.85	2.76	4.21	3.91	2.74	2.60
豆一	0.23	0.22	0.22	0.26	0.14	0.09	0.19	0.35	0.13	0.12	0.11	0.15
豆油	2.63	2.24	2.33	2.51	3.09	2.97	2.35	2.36	2.61	3.20	3.41	2.84
沪深300指数	56.45	59.85	57.52	49.51	48.66	48.26	54.06	50.53	49.30	52.05	55.04	52.34
黄金	0.55	0.54	0.46	1.06	1.26	0.99	3.26	4.07	2.98	2.75	2.33	2.63
鸡蛋											0.21	0.17
甲醇	0.21	0.20	0.04	0.03	0.02	0.01	0.01	0.02	0.02	0.01	0.09	1.97
焦煤			0.67	1.39	0.53	0.85	1.04	1.48	1.17	1.11	0.98	0.80
焦炭	9.52	5.78	8.45	9.93	9.57	9.76	5.90	5.96	4.65	4.27	4.34	3.83
粳稻（谷）											0.01	0.00
沥青									0.00	0.38	0.20	0.12
铝	0.09	0.14	0.13	0.12	0.08	0.11	0.06	0.07	0.08	0.07	0.07	0.09
螺纹钢	5.11	5.28	5.41	5.37	5.39	5.67	3.90	2.59	2.27	2.46	3.18	2.76
棉花	0.66	1.04	0.59	0.40	0.15	0.10	0.15	0.11	0.08	0.07	0.09	0.14
普麦	0.00	0.00	0.00	0.00	0.00	0.00	0.00	0.00	0.00	0.00	0.00	0.00
铅	0.01	0.01	0.01	0.01	0.01	0.01	0.00	0.01	0.01	0.01	0.01	0.02
强麦	0.08	0.05	0.03	0.02	0.02	0.06	0.04	0.04	0.07	0.04	0.06	0.08
燃料油	0.00	0.00	0.00	0.00	0.00	0.00	0.00	0.00	0.00	0.00	0.00	0.00
天胶	3.91	3.47	3.73	4.84	6.23	5.83	6.13	6.20	6.84	6.65	5.44	5.06
铁矿石										0.33	0.38	0.29
铜	3.28	3.50	4.75	8.89	10.30	8.95	8.74	5.59	4.62	4.57	5.08	4.45
细木工板（胶合板）												0.61
线材	0.00	0.00	0.00	0.00	0.00	0.00	0.00	0.00	0.00	0.00	0.00	0.00
锌	0.46	0.53	0.37	0.51	0.39	0.33	0.24	0.28	0.22	0.29	0.17	0.35
油菜籽（简称“菜籽”）	0.21	0.08	0.02	0.01	0.00	0.00	0.00	0.00	0.00	0.00	0.00	0.00
玉米	0.11	0.11	0.09	0.23	0.15	0.10	0.12	0.13	0.10	0.09	0.09	0.09
早籼稻	0.03	0.01	0.01	0.01	0.00	0.01	0.01	0.02	0.02	0.01	0.01	0.02
中密度纤维板（纤维板）												0.41
棕榈油	2.45	2.06	1.66	1.64	1.82	2.12	1.20	1.16	1.28	2.41	2.98	2.73

表 5－4－4　　**2013 年农产品期货持仓情况**　　单位：手

品种	交易所	合约	最高持仓量	最高持仓日期	最后持仓	最后持仓日期	年末持仓
天然橡胶	SHFE	ru1301	2322	20130108	2276	20130115	
		ru1303	2775	20130104	1076	20130315	
		ru1304	445	20130412	417	20130415	
		ru1305	73104	20130107	3492	20130515	
		ru1306	935	20130522	889	20130617	
		ru1307	1024	20130705	907	20130715	
		ru1308	1342	20130702	728	20130815	
		ru1309	105468	20130606	2565	20130916	
		ru1310	466	20130318	300	20131015	
		ru1311	2257	20130410	1907	20131115	
		ru1401	104503	20130806	7021	20131231	7021
		ru1403	245	20131227	215	20131231	215
		ru1404	182	20130812	46	20131231	46
		ru1405	110618	20131224	104961	20131231	104961
		ru1406	510	20130917	205	20131231	205
		ru1407	188	20131231	188	20131231	188
		ru1408	1449	20131231	1449	20131231	1449
		ru1409	33312	20131227	31367	20131231	31367
		ru1410	78	20131218	66	20131231	66
		ru1411	434	20131231	434	20131231	434
一号棉花	ZCE	CF301	5199	20130104	2814	20130116	0
		CF303	4704	20130104	272	20130313	0
		CF305	92691	20130104	2261	20130514	0
		CF307	1810	20130517	880	20130711	0
		CF309	115688	20130205	2200	20130912	0
		CF311	2866	20130806	1072	20131113	0
		CF401	40893	20130729	837	20131231	837
		CF403	405	20130527	24	20131231	24
		CF405	36760	20131231	36760	20131231	36760
		CF407	449	20130917	21	20131231	21
		CF409	12362	20131231	12362	20131231	12362
		CF411	12835	20131231	12835	20131231	12835
粳稻	ZCE	JR403	149	20131118	102	20131231	102
		JR405	3209	20131119	1245	20131231	1245
		JR407	8	20131118	1	20131231	1
		JR409	405	20131119	193	20131231	193
		JR411	27	20131119	27	20131129	27

续表

品种	交易所	合约	最高持仓量	最高持仓日期	最后持仓	最后持仓日期	年末持仓
早籼稻 ER	ZCE	ER301	1077	20130104	1077	20130122	0
		ER303	10	20130104	10	20130131	0
		ER305	41026	20130123	384	20130522	0
菜籽油 OI	ZCE	OI307	33	20130104	0		0
		OI309	44974	20130509	2008	20130912	0
		OI311	1	20130503	0		0
		OI401	87508	20130823	1374	20131231	1374
		OI403	22	20131230	22	20131231	22
		OI405	166256	20131115	136593	20131231	136593
		OI407	7	20131125	1	20131231	1
		OI409	23503	20131231	23503	20131231	23503
		OI411	17	20131231	17	20131231	17
普通小麦	ZCE	PM301	2	20130104	1	20130109	0
		PM303	0		0		0
		PM305	14	20130114	1	20130426	0
		PM307	35	20130617	1	20130711	0
		PM309	70	20130726	24	20130911	0
		PM311	4	20130812	0		0
		PM401	31	20130628	18	20131231	18
		PM403	3	20130416	2	20130329	2
		PM405	10	20131017	8	20131129	8
		PM407	0		0		0
		PM409	8	20131108	7	20131031	7
		PM411	1	20131115	0		0
早籼稻 RI	ZCE	RI307	12	20130524	0		0
		RI309	4519	20130417	1210	20130912	0
		RI311	24	20130813	0		0
		RI401	11006	20130917	615	20131231	615
		RI403	9	20130507	1	20130329	1
		RI405	15566	20131231	15566	20131231	15566
		RI407	7	20130830	1	20131231	1
		RI409	67	20131231	67	20131231	67
		RI411	3	20131218	3	20131231	3
菜籽粕	ZCE	RM305	96140	20130116	724	20130514	0
		RM307	59	20130424	8	20130711	0

续表

品种	交易所	合约	最高持仓量	最高持仓日期	最后持仓	最后持仓日期	年末持仓
菜籽粕	ZCE	RM308	105	20130418	0		0
		RM309	202604	20130416	712	20130912	0
		RM311	155630	20130924	2083	20131113	0
		RM401	520202	20130822	6466	20131231	6466
		RM403	2110	20131219	1975	20131231	1975
		RM405	509565	20131227	470532	20131231	470532
		RM407	1179	20130809	686	20131231	686
		RM408	258	20131111	190	20131231	190
		RM409	261517	20131231	261517	20131231	261517
		RM411	24913	20131224	17725	20131231	17725
菜籽油 RO	ZCE	RO301	5423	20130104	2231	20130116	0
		RO303	50	20130220	45	20130228	0
		RO305	55980	20130110	3485	20130514	0
油菜籽	ZCE	RS307	69	20130107	0		0
		RS308	13	20130118	0		0
		RS309	13797	20130123	300	20130830	0
		RS311	448	20130115	0		0
		RS407	6	20130926	1	20131231	1
		RS408	1	20130916	0		0
		RS409	20	20131219	14	20131231	14
		RS411	1	20131128	1	20131129	1
白糖	ZCE	SR301	2159	20130107	705	20130116	0
		SR303	488	20130204	100	20130313	0
		SR305	279748	20130108	811	20130514	0
		SR307	401	20130425	196	20130711	0
		SR309	368327	20130321	2067	20130912	0
		SR311	2051	20130902	300	20131113	0
		SR401	405486	20130906	3920	20131231	3920
		SR403	253	20131219	248	20131231	248
		SR405	309912	20131217	308466	20131231	308466
		SR407	140	20131218	132	20131231	132
		SR409	90524	20131231	90524	20131231	90524
		SR411	120	20131225	103	20131231	103
		SR501	23604	20131231	23604	20131231	23604
		SR503	11	20131023	6	20131231	6
		SR505	645	20131231	645	20131231	645

续表

品种	交易所	合约	最高持仓量	最高持仓日期	最后持仓	最后持仓日期	年末持仓
优质强筋小麦	ZCE	WH307	725	20130117	262	20130628	0
		WH309	21732	20130617	2187	20130912	0
		WH311	502	20131014	441	20131113	0
		WH401	45608	20130912	11241	20131231	11241
		WH403	5	20130916	1	20130628	0
		WH405	64568	20131223	61825	20131231	61825
		WH407	22	20131213	12	20131231	12
		WH409	7636	20131220	7350	20131231	7350
		WH411	2	20131128	2	20131129	2
优质强筋小麦	ZCE	WS301	15234	20130104	13155	20130122	0
		WS303	901	20130311	741	20130320	0
		WS305	140496	20130108	3151	20130522	0
玉米	DCE	c1301	2022	20130107	1	20130116	0
		c1303	151	20130107	24	20130306	0
		c1305	140966	20130108	203	20130514	0
		c1307	352	20130403	61	20130711	0
		c1309	374520	20130423	4029	20130912	0
		c1311	166	20130705	6	20131031	0
		c1401	220999	20130807	4170	20131231	4170
		c1403	255	20131231	255	20131231	255
		c1405	170296	20131227	164348	20131231	164348
		c1407	43	20131127	3	20131231	3
		c1409	70685	20131230	70072	20131231	70072
		c1411	15	20131223	12	20131231	12
黄大豆1号	DCE	a1301	987	20130104	100	20130116	0
		a1303	118	20130121	1	20130311	0
		a1305	113783	20130104	1105	20130514	0
		a1307	412	20130627	404	20130711	0
		a1309	127199	20130424	413	20130912	0
		a1311	145	20130712	6	20131112	0
		a1401	118059	20130807	1056	20131231	1056
		a1403	39	20131021	16	20131231	16
		a1405	63036	20131112	33232	20131231	33232
		a1407	109	20131202	62	20131231	62
		a1409	42480	20131230	39970	20131231	39970

续表

品种	交易所	合约	最高持仓量	最高持仓日期	最后持仓	最后持仓日期	年末持仓
黄大豆1号	DCE	a1411	67	20131231	67	20131231	67
		a1501	28106	20131231	28106	20131231	28106
		a1503	39	20131210	33	20131231	33
		a1505	369	20131231	369	20131231	369
黄大豆2号	DCE	b1301	0	20130104	8	20121228	0
		b1303	1	20130104	1	20130227	0
		b1305	115	20130227	3	20130502	0
		b1307	5	20130522	1	20130628	0
		b1309	301	20130723	50	20130911	0
		b1311	8	20130627	1	20131022	0
		b1401	71	20131120	12	20131231	12
		b1403	19	20130808	14	20131231	14
		b1405	15	20130712	3	20131231	3
		b1407	50	20131230	50	20131231	50
		b1409	11	20131225	11	20131231	11
		b1411	2	20131211	2	20131231	2
豆粕	DCE	m1301	8082	20130104	46	20130116	0
		m1303	508	20130104	3	20130228	0
		m1305	600642	20130104	4006	20130514	0
		m1307	1833	20130510	203	20130711	0
		m1308	331	20130621	1	20130813	0
		m1309	1009254	20130411	9000	20130912	0
		m1311	978	20130924	372	20131113	0
		m1312	502	20131121	1	20131211	0
		m1401	1098405	20130913	6088	20131231	6088
		m1403	1089	20131225	980	20131231	980
		m1405	912878	20131204	778411	20131231	778411
		m1407	5446	20131231	5446	20131231	5446
		m1408	1517	20131231	1517	20131231	1517
		m1409	606452	20131119	574021	20131231	574021
		m1411	5123	20131213	3233	20131231	3233
		m1412	1363	20131231	1363	20131231	1363
豆油	DCE	y1301	529	20130104	281	20130116	0
		y1303	38	20130118	3	20130228	0
		y1305	254277	20130107	650	20130514	0

续表

品种	交易所	合约	最高持仓量	最高持仓日期	最后持仓	最后持仓日期	年末持仓
豆油	DCE	y1307	32	20130118	1	20130711	0
		y1308	76	20130604	7	20130801	0
		y1309	415904	20130424	1532	20130912	0
		y1311	142	20130320	5	20131113	0
		y1312	74	20131101	17	20131212	0
		y1401	405046	20130819	3798	20131231	3798
		y1403	166	20131125	38	20131231	38
		y1405	463540	20131202	417707	20131231	417707
		y1407	19	20131217	14	20131231	14
		y1408	21	20131029	17	20131231	17
		y1409	140558	20131231	140558	20131231	140558
		y1411	18	20131231	18	20131231	18
		y1412	4	20131231	4	20131231	4
棕榈油	DCE	p1301	8727	20130104	4564	20130116	0
		p1302	81	20130110	27	20130220	0
		p1303	168	20130219	45	20130313	0
		p1304	111	20130107	5	20130410	0
		p1305	319717	20130111	5868	20130514	0
		p1306	1395	20130423	283	20130531	0
		p1307	34	20130410	1	20130701	0
		p1308	47	20130515	1	20130806	0
		p1309	317299	20130305	5100	20130912	0
		p1310	1074	20130528	500	20131018	0
		p1311	263	20130201	1	20131030	0
		p1312	199	20131015	3	20131128	0
		p1401	370533	20130812	8487	20131231	8487
		p1402	36	20131023	5	20131231	5
		p1403	12	20131128	4	20131231	4
		p1404	122	20130925	6	20131231	6
		p1405	292950	20131125	220932	20131231	220932
		p1406	85	20131023	6	20131231	6
		p1407	4	20130808	1	20131017	0
		p1408	12	20131121	3	20131231	3
		p1409	56859	20131220	56649	20131231	56649
		p1410	68	20131101	8	20131231	8
		p1411	1	20131120	1	20131122	0
		p1412	1	20131224	1	20131231	1

续表

品种	交易所	合约	最高持仓量	最高持仓日期	最后持仓	最后持仓日期	年末持仓
鸡蛋	DCE	jd1403	2628	20131108	220	20131231	220
		jd1404	19	20131108	5	20131231	5
		jd1405	35378	20131125	27492	20131231	27492
		jd1406	34	20131111	3	20131231	3
		jd1409	14301	20131203	12193	20131231	12193
		jd1410	47	20131108	24	20131231	24
		jd1411	8	20131231	8	20131231	8
		jd1412	0	20131216			
胶合板	DCE	bb1404	12	20131231	12	20131231	12
		bb1405	36673	20131225	29871	20131231	29871
		bb1406	14	20131225	8	20131231	8
		bb1407	3	20131212	1	20131231	1
		bb1408	0	20131206			
		bb1409	122	20131230	118	20131231	118
		bb1410	1	20131210	1	20131210	0
		bb1411	1	20131226	1	20131231	1
		bb1412	0	20131216			
纤维板	DCE	fb1404	4	20131212	2	20131231	2
		fb1405	28229	20131226	25354	20131231	25354
		fb1406	9	20131212	4	20131231	4
		fb1407	9	20131209	2	20131231	2
		fb1408	2	20131213	1	20131231	1
		fb1409	174	20131211	103	20131231	103
		fb1410	3	20131230	1	20131231	1
		fb1411	0	20131206			
		fb1412	1	20131223	1	20131231	1

表5-4-5　　2013年金属期货持仓情况　　单位：手

品种	交易所	合约	最高持仓量	最高持仓日期	最后持仓	最后持仓日期	年末持仓
铜	SHFE	cu1301	11875	20130104	4345	20130115	
		cu1302	28509	20130115	6115	20130218	
		cu1303	49490	20130104	7295	20130315	
		cu1304	89204	20130110	2645	20130415	
		cu1305	101485	20130208	4440	20130515	
		cu1306	116959	20130304	3245	20130617	
		cu1307	137208	20130319	3055	20130715	

续表

品种	交易所	合约	最高持仓量	最高持仓日期	最后持仓	最后持仓日期	年末持仓
铜	SHFE	cu1308	209430	20130423	3095	20130815	
		cu1309	153503	20130503	2985	20130916	
		cu1310	213561	20130624	5290	20131015	
		cu1311	190824	20130730	5360	20131115	
		cu1312	127306	20130902	3490	20131216	
		cu1401	150469	20131029	15396	20131231	15396
		cu1402	147545	20131203	50039	20131231	50039
		cu1403	113453	20131231	113453	20131231	113453
		cu1404	56802	20131231	56802	20131231	56802
		cu1405	16285	20131231	16285	20131231	16285
		cu1406	4196	20131231	4196	20131231	4196
		cu1407	829	20131231	829	20131231	829
		cu1408	787	20131231	787	20131231	787
		cu1409	529	20131224	485	20131231	485
		cu1410	607	20131202	557	20131231	557
		cu1411	317	20131225	264	20131231	264
		cu1412	202	20131226	200	20131231	200
铝	SHFE	al1301	18190	20130104	10465	20130115	
		al1302	20185	20130114	8715	20130218	
		al1303	32818	20130107	15405	20130315	
		al1304	27051	20130129	13025	20130415	
		al1305	45567	20130222	9780	20130515	
		al1306	50113	20130315	6020	20130617	
		al1307	32086	20130415	4090	20130715	
		al1308	33142	20130520	5330	20130815	
		al1309	24688	20130603	1795	20130916	
		al1310	36559	20130710	4915	20131015	
		al1311	26839	20130807	1125	20131115	
		al1312	40720	20130925	1245	20131216	
		al1401	29529	20131024	8955	20131231	8955
		al1402	32236	20131203	19254	20131231	19254
		al1403	26967	20131230	26510	20131231	26510
		al1404	27350	20131231	27350	20131231	27350
		al1405	15101	20131231	15101	20131231	15101
		al1406	7585	20131231	7585	20131231	7585

续表

品种	交易所	合约	最高持仓量	最高持仓日期	最后持仓	最后持仓日期	年末持仓
铝	SHFE	al1407	1645	20131231	1645	20131231	1645
		al1408	969	20131231	969	20131231	969
		al1409	317	20131231	317	20131231	317
		al1410	285	20131231	285	20131231	285
		al1411	39	20131212	34	20131231	34
		al1412	5	20131231	5	20131231	5
锌	SHFE	zn1301	6300	20130104	3725	20130115	
		zn1302	18255	20130104	5325	20130218	
		zn1303	40569	20130104	5425	20130315	
		zn1304	55419	20130115	4295	20130415	
		zn1305	91228	20130204	4930	20130515	
		zn1306	70809	20130318	4355	20130617	
		zn1307	77749	20130416	2970	20130715	
		zn1308	75983	20130515	1525	20130815	
		zn1309	85168	20130530	1105	20130916	
		zn1310	80710	20130702	1310	20131015	
		zn1311	68882	20130808	1405	20131115	
		zn1312	72370	20130923	1040	20131216	
		zn1401	76446	20131022	3320	20131231	3320
		zn1402	66525	20131203	10523	20131231	10523
		zn1403	64548	20131225	54503	20131231	54503
		zn1404	29406	20131231	29406	20131231	29406
		zn1405	15937	20131231	15937	20131231	15937
		zn1406	783	20131230	773	20131231	773
		zn1407	212	20131231	212	20131231	212
		zn1408	65	20131230	65	20131231	65
		zn1409	18	20131224	18	20131231	18
		zn1410	36	20131226	34	20131231	34
		zn1411	27	20131219	14	20131231	14
		zn1412	13	20131225	12	20131231	12
铅	SHFE	pb1301	829	20130110	769	20130115	
		pb1302	1194	20130104	967	20130218	
		pb1303	1150	20130128	914	20130315	
		pb1304	1293	20130220	739	20130415	
		pb1305	1186	20130312	838	20130515	

续表

品种	交易所	合约	最高持仓量	最高持仓日期	最后持仓	最后持仓日期	年末持仓
铅	SHFE	pb1306	1161	20130510	891	20130617	
		pb1307	1065	20130516	618	20130715	
		pb1308	802	20130815	802	20130815	
		pb1309	4760	20130902	3555	20130916	
		pb1310	3413	20130904	2390	20131015	
		pb1311	3372	20131028	3115	20131115	
		pb1312	5839	20131030	3995	20131216	
		pb1401	5551	20131129	3585	20131231	3585
		pb1402	4176	20131223	3775	20131231	3775
		pb1403	2697	20131231	2697	20131231	2697
		pb1404	2731	20131231	2731	20131231	2731
		pb1405	191	20131231	191	20131231	191
		pb1406	29	20131223	24	20131231	24
		pb1407	2	20131224	2	20131231	2
		pb1408	1	20130905	0	20131231	0
		pb1409	0	20130917	0	20131231	0
		pb1410	0	20131016	0	20131231	0
		pb1411	0	20131118	0	20131231	0
		pb1412	0	20131217	0	20131231	0
黄金	SHFE	au1301	258	20130104	240	20130115	
		au1302	99	20130104	78	20130218	
		au1303	182	20130104	117	20130315	
		au1304	108	20130121	12	20130415	
		au1305	182	20130104	0	20130515	
		au1306	62026	20130221	609	20130617	
		au1307	72	20130313	0	20130715	
		au1308	260	20130412	12	20130815	
		au1309	258	20130520	3	20130916	
		au1310	245	20130530	0	20131015	
		au1311	381	20130826	6	20131115	
		au1312	80432	20130731	1059	20131216	
		au1401	605	20131205	445	20131231	445
		au1402	46	20131220	41	20131231	41
		au1403	76	20131225	75	20131231	75
		au1404	31	20131230	30	20131231	30

续表

品种	交易所	合约	最高持仓量	最高持仓日期	最后持仓	最后持仓日期	年末持仓
黄金	SHFE	au1405	88	20131121	54	20131231	54
		au1406	92840	20131220	84549	20131231	84549
		au1407	53	20131205	39	20131231	39
		au1408	68	20131211	63	20131231	63
		au1410	22	20131210	11	20131231	11
		au1412	190	20131230	189	20131231	189
白银	SHFE	ag1301	13762	20130104	9514	20130115	
		ag1302	4776	20130208	4770	20130218	
		ag1303	3452	20130315	3452	20130315	
		ag1304	2326	20130412	2326	20130415	
		ag1305	3764	20130515	3764	20130515	
		ag1306	149811	20130327	11098	20130617	
		ag1307	1376	20130715	1376	20130715	
		ag1308	4284	20130815	4284	20130815	
		ag1309	3059	20130607	2354	20130916	
		ag1310	1128	20131009	1076	20131015	
		ag1311	2542	20131113	2480	20131115	
		ag1312	286205	20130828	11294	20131216	
		ag1401	94992	20131125	10680	20131231	10680
		ag1402	4505	20131231	4505	20131231	4505
		ag1403	2815	20131227	2764	20131231	2764
		ag1404	233	20130726	173	20131231	173
		ag1405	1012	20131231	1012	20131231	1012
		ag1406	351083	20131223	312636	20131231	312636
		ag1407	259	20131223	254	20131231	254
		ag1408	157	20131226	156	20131231	156
		ag1409	327	20131220	304	20131231	304
		ag1410	173	20131226	125	20131231	125
		ag1411	158	20131224	153	20131231	153
		ag1412	2329	20131231	2329	20131231	2329
螺纹钢	SHFE	rb1301	9930	20130104	7740	20130115	
		rb1302	2473	20130107	1020	20130218	
		rb1303	2093	20130208	1440	20130315	
		rb1304	2049	20130204	360	20130415	
		rb1305	789534	20130125	4440	20130515	

续表

品种	交易所	合约	最高持仓量	最高持仓日期	最后持仓	最后持仓日期	年末持仓
螺纹钢	SHFE	rb1306	539	20130220	150	20130617	
		rb1307	159	20130528	60	20130715	
		rb1308	277	20130514	0	20130815	
		rb1309	3230	20130527	840	20130916	
		rb1310	1127948	20130531	3420	20131015	
		rb1311	431	20130320	270	20131115	
		rb1312	1793	20131022	210	20131216	
		rb1401	829148	20130814	6632	20131231	6632
		rb1402	2479	20131022	2222	20131231	2222
		rb1403	414	20130923	315	20131231	315
		rb1404	192	20131231	192	20131231	192
		rb1405	862260	20131212	709820	20131231	709820
		rb1406	307	20131217	140	20131231	140
		rb1407	153	20130906	115	20131231	115
		rb1408	245	20131127	38	20131231	38
		rb1409	1115	20131105	710	20131231	710
		rb1410	293536	20131230	289726	20131231	289726
		rb1411	231	20131231	231	20131231	231
		rb1412	11	20131226	10	20131231	10
线材	SHFE	wr1301	0	20130104	0	20130115	
		wr1302	1	20130104	0	20130218	
		wr1303	14	20130204	0	20130315	
		wr1304	2	20130129	0	20130415	
		wr1305	24	20130130	0	20130515	
		wr1306	2	20130506	0	20130617	
		wr1307	1	20130116	0	20130715	
		wr1308	1	20130104	0	20130815	
		wr1309	24	20130419	0	20130916	
		wr1310	250	20130222	0	20131015	
		wr1311	5	20130621	0	20131115	
		wr1312	6	20130625	0	20131216	
		wr1401	12	20130529	0	20131231	0
		wr1402	28	20130522	0	20131231	0
		wr1403	40	20130426	1	20131231	1
		wr1404	11	20130830	1	20131231	1

续表

品种	交易所	合约	最高持仓量	最高持仓日期	最后持仓	最后持仓日期	年末持仓
线材	SHFE	wr1405	2	20130711	0	20131231	0
		wr1406	1	20130722	0	20131231	0
		wr1407	0	20130716	0	20131231	0
		wr1408	0	20130816	0	20131231	0
		wr1409	4	20131119	3	20131231	3
		wr1410	0	20131016	0	20131231	0
		wr1411	0	20131118	0	20131231	0
		wr1412	0	20131217	0	20131231	0

表5-4-6　2013年能源化工及其他类期货合约持仓情况　单位：手

品种	交易所	合约	最高持仓量	最高持仓日期	最后持仓	最后持仓日期	年末持仓
燃料油	SHFE	fu1303	3	20130104	0	20130228	
		fu1304	1	20130104	0	20130329	
		fu1305	51	20130311	40	20130426	
		fu1306	6	20130315	0	20130531	
		fu1307	0	20130104	0	20130628	
		fu1308	0	20130104	0	20130731	
		fu1309	7	20130515	1	20130830	
		fu1310	11	20130904	7	20130930	
		fu1311	3	20130701	1	20131031	
		fu1312	10	20130926	3	20131129	
		fu1402	4	20131106	3	20131231	3
		fu1403	1	20130821	1	20131231	1
		fu1404	7	20131120	6	20131231	6
		fu1405	2	20130621	1	20131231	1
		fu1406	2	20131217	1	20131231	1
		fu1407	4	20131209	0	20131231	0
		fu1408	9	20131028	6	20131231	6
		fu1409	4	20131129	0	20131231	0
		fu1410	0	20131008	0	20131231	0
		fu1411	2	20131203	2	20131231	2
		fu1412	0	20131202	0	20131231	0
石油沥青	SHFE	bu1402	46966	20131028	20212	20131231	20212
		bu1403	2228	20131009	862	20131231	862
		bu1404	6	20131204	2	20131231	2
		bu1405	227	20131204	126	20131231	126

续表

品种	交易所	合约	最高持仓量	最高持仓日期	最后持仓	最后持仓日期	年末持仓
石油沥青	SHFE	bu1406	1080	20131119	754	20131231	754
		bu1409	64	20131010	32	20131231	32
		bu1412	168	20131025	48	20131231	48
		bu1503	31	20131028	21	20131231	21
		bu1506	19	20131128	19	20131231	19
		bu1509	15	20131018	4	20131231	4
		bu1512	1	20131226	1	20131231	1
甲醇	ZCE	ME301	1282	20130104	894	20130116	0
		ME302	4	20130118	0		0
		ME303	3	20130130	0		0
		ME304	191	20130322	62	20130415	0
		ME305	13827	20130130	372	20130514	0
		ME306	1	20130104	0		0
		ME307	0		0		0
		ME308	4	20130506	1	20130131	0
		ME309	3702	20130527	450	20130830	0
		ME310	8	20130218	0		0
		ME311	1	20130104	0		0
		ME312	6	20130104	0		0
		ME401	15798	20131212	52	20130628	52
		ME402	8	20131213	3	20131129	3
		ME403	2	20131212	1	20131226	0
		ME404	7	20131217	2	20131231	2
		ME405	24668	20131217	18347	20131231	18347
		ME406	4	20131231	4	20131231	4
		ME407	3	20131210	1	20131231	1
		ME408	2	20131115	1	20130930	1
		ME409	3499	20131223	3247	20131231	3247
		ME410	3	20131212	1	20131231	1
		ME411	5	20131212	1	20131231	1
		ME412	1	20131216	1	20131231	1
PTA	ZCE	TA301	4962	20130104	1397	20130116	0
		TA302	2841	20130130	1538	20130220	0
		TA303	1257	20130313	1257	20130313	0
		TA304	2538	20130329	1093	20130415	0

续表

品种	交易所	合约	最高持仓量	最高持仓日期	最后持仓	最后持仓日期	年末持仓
PTA	ZCE	TA305	231432	20130107	6880	20130514	0
		TA306	728	20130618	728	20130618	0
		TA307	1014	20130711	1014	20130711	0
		TA308	877	20130805	494	20130813	0
		TA309	402145	20130528	10326	20130912	0
		TA310	436	20131017	436	20131018	0
		TA311	94	20130829	80	20131113	0
		TA312	8939	20131211	8632	20131212	0
		TA401	292094	20130813	89801	20131231	89801
		TA402	68	20131114	37	20131231	37
		TA403	16	20131217	14	20131231	14
		TA404	101	20130719	28	20131231	28
		TA405	221909	20131212	182624	20131231	182624
		TA406	37	20131206	7	20130628	7
		TA407	21	20131230	21	20131231	21
		TA408	83	20131223	79	20131231	79
		TA409	8163	20131231	8163	20131231	8163
		TA410	3	20131231	3	20131231	3
		TA411	0		0		0
		TA412	1	20131218	1	20131231	1
动力煤	ZCE	TC312	106	20130926	0		0
		TC401	35170	20131017	350	20131231	350
		TC402	5	20131025	2	20131129	2
		TC403	15	20131014	1	20131231	1
		TC404	22	20131022	5	20131231	5
		TC405	50760	20131204	28255	20131231	28255
		TC406	7	20131202	4	20130930	4
		TC407	1	20131018	1	20131023	1
		TC408	5	20130926	3	20131231	3
		TC409	5020	20131231	5020	20131231	5020
		TC410	3	20131211	3	20131231	3
		TC411	0		0		0
		TC412	0		0		0
聚乙烯 LLDPE	DCE	l1301	1019	20130104	932	20130116	0
		l1302	84	20130109	46	20130220	0

续表

品种	交易所	合约	最高持仓量	最高持仓日期	最后持仓	最后持仓日期	年末持仓
聚乙烯 LLDPE	DCE	l1303	766	20130311	766	20130313	0
		l1304	252	20130325	250	20130415	0
		l1305	137778	20130107	1596	20130514	0
		l1306	145	20130401	7	20130618	0
		l1307	14	20130514	3	20130626	0
		l1308	137	20130806	137	20130813	0
		l1309	218718	20130607	15928	20130912	0
		l1310	104	20130320	36	20131018	0
		l1311	312	20131112	312	20131113	0
		l1312	133	20130828	56	20131212	0
		l1401	221900	20130905	2863	20131231	2863
		l1402	45	20130820	2	20131231	2
		l1403	33	20130828	1	20131231	1
		l1404	23	20131021	10	20131231	10
		l1405	208507	20131209	138392	20131231	138392
		l1406	10	20131127	8	20131231	8
		l1407	4	20131125	3	20131231	3
		l1408	6	20131120	1	20131231	1
		l1409	12829	20131224	11775	20131231	11775
		l1410	41	20131202	2	20131231	2
		l1411	0	20131115			
		l1412	0	20131216			
聚氯乙烯 PVC	DCE	v1301	1868	20130108	1868	20130116	0
		v1302	7	20130104	6	20130220	0
		v1303	325	20130313	325	20130313	0
		v1304	13	20130312	9	20130415	0
		v1305	58182	20130204	2590	20130514	0
		v1306	5	20130220	1	20130522	0
		v1307	23	20130320	4	20130709	0
		v1308	5	20130408	1	20130723	0
		v1309	25009	20130416	722	20130912	0
		v1310	6	20130220	1	20130924	0
		v1311	2	20130222	1	20130823	0
		v1312	13	20130207	1	20131121	0
		v1401	17373	20130814	496	20131231	496

续表

品种	交易所	合约	最高持仓量	最高持仓日期	最后持仓	最后持仓日期	年末持仓
聚氯乙烯 PVC	DCE	v1402	4	20131203	2	20131231	2
		v1403	2	20131209	2	20131231	2
		v1404	5	20131217	5	20131231	5
		v1405	17283	20131219	14968	20131231	14968
		v1406	2	20131227	2	20131231	2
		v1407	1	20131010	1	20131231	1
		v1408	3	20131225	3	20131231	3
		v1409	754	20131230	728	20131231	728
		v1410	3	20131218	3	20131231	3
		v1411	3	20131225	3	20131231	3
		v1412	0	20131216			
焦炭 coke	DCE	j1301	300	20130104	300	20130116	0
		j1302	2	20130104	1	20130125	0
		j1303	3	20130121	1	20130227	0
		j1304	12	20130123	1	20130320	0
		j1305	110553	20130118	151	20130514	0
		j1306	22	20130205	4	20130607	0
		j1307	12	20130606	1	20130613	0
		j1308	14	20130416	1	20130716	0
		j1309	150071	20130514	1143	20130912	0
		j1310	178	20130425	85	20131018	0
		j1311	33	20131025	32	20131113	0
		j1312	98	20131023	30	20131210	0
		j1401	152797	20130924	483	20131231	483
		j1402	164	20131017	41	20131231	41
		j1403	108	20130701	1	20131231	1
		j1404	15	20130716	4	20131231	4
		j1405	137275	20131119	96846	20131231	96846
		j1406	17	20131231	17	20131231	17
		j1407	101	20131106	1	20131231	1
		j1408	6	20131014	1	20131205	0
		j1409	12648	20131231	12648	20131231	12648
		j1410	6	20131206	2	20131231	2
		j1411	8	20131227	8	20131231	8
		j1412	2	20131226	2	20131231	2

续表

品种	交易所	合约	最高持仓量	最高持仓日期	最后持仓	最后持仓日期	年末持仓
焦煤	DCE	jm1307	152	20130325	4	20130709	0
		jm1308	56	20130517	1	20130730	0
		jm1309	86527	20130620	900	20130912	0
		jm1310	133	20130904	84	20131018	0
		jm1311	104	20130930	102	20131113	0
		jm1312	131	20131016	1	20131129	0
		jm1401	216425	20131023	8325	20131231	8325
		jm1402	83	20130911	4	20131231	4
		jm1403	83	20130930	20	20131231	20
		jm1404	85	20130822	4	20131231	4
		jm1405	184914	20131127	115338	20131231	115338
		jm1406	48	20131224	1	20131231	1
		jm1407	18	20130826	5	20131231	5
		jm1408	7	20131213	7	20131231	7
		jm1409	31196	20131230	29376	20131231	29376
		jm1410	13	20131128	4	20131231	4
		jm1411	3	20131126	1	20131231	1
		jm1412	5	20131224	5	20131231	5
铁矿石	DCE	i1403	3802	20131018	181	20131231	181
		i1404	156	20131018	9	20131231	9
		i1405	67862	20131223	49323	20131231	49323
		i1406	21	20131030	11	20131231	11
		i1407	12	20131018	6	20131231	6
		i1408	10	20131018	1	20131231	1
		i1409	17144	20131226	15355	20131231	15355
		i1410	11	20131024	3	20131231	3
		i1411	1	20131216	1	20131231	1
		i1412	1	20131216	1	20131231	1

表 5－4－7　　2013 年金融期货合约持仓情况　　单位：手

合约品种	交易所	合约	最高持仓量	最高持仓日期	最后持仓量	最后持仓日期	年末持仓
沪深 300 股指期货	CFFEX	IF1301	80197	2013/01/04	8653	2013/01/17	0
		IF1302	67310	2013/01/28	9371	2013/02/08	0
		IF1303	105182	2013/02/19	18150	2013/03/14	0
		IF1304	71941	2013/03/25	11904	2013/04/18	0
		IF1305	60817	2013/04/22	11865	2013/05/16	0

续表

合约品种	交易所	合约	最高持仓量	最高持仓日期	最后持仓量	最后持仓日期	年末持仓
沪深300股指期货	CFFEX	IF1306	102876	2013/05/22	13893	2013/06/20	0
		IF1307	91287	2013/06/24	11648	2013/07/18	0
		IF1308	67542	2013/08/01	9874	2013/08/15	0
		IF1309	92353	2013/08/26	13052	2013/09/18	0
		IF1310	76370	2013/09/23	21731	2013/10/17	0
		IF1311	74587	2013/10/24	20549	2013/11/14	0
		IF1312	99150	2013/11/28	30785	2013/12/19	0
		IF1401	100211	2013/12/26	—	—	91351
		IF1402	1740	2013/12/31	—	—	1740
		IF1403	18737	2013/12/26	—	—	18142
		IF1406	8383	2013/12/30	—	—	8301
5年期国债期货	CFFEX	TF1312	5022	2013/09/17	400	2013/12/12	—
		TF1403	3318	2013/12/31	—	—	3318
		TF1406	288	2013/12/27	—	—	285
		TF1409	29	2013/12/31	—	—	29

各期货品种合约汇总

表 5－5－1　　2013 年农产品期货合约汇总

交易品种	天然橡胶
交易单位	10 吨/手（从 ru1208 开始橡胶由原有 5 吨/手调整为 10 吨/手）
报价单位	元（人民币）/吨
最小变动价位	5 元/吨
每日价格最大波动限制	不超过上一交易日结算价 ±3%
合约交割月份	1、3、4、5、6、7、8、9、10、11 月
交易时间	每周一至周五（北京时间，节假日除外） 上午 9:00～11:30　下午 1:30～3:00
最后交易日	合约交割月份的 15 日（遇法定假日顺延）
交割日期	最后交易日后连续五个工作日
交割等级	标准品：1. 国产天然橡胶（SCR WF），质量符合国标 GB/T 8081—2008
交割地点	交易所指定交割仓库
保证金	合约价值的 5%
交割方式	实物交割
交易代码	RU
上市交易所	上海期货交易所
交易品种	优质强筋小麦
交易单位	10 吨/手
报价单位	元（人民币）/吨
最小变动价位	1 元/吨
每日价格最大波动限制	不超过上一交易日结算价 ±3%
合约交割月份	1、3、5、7、9、11 月
交易时间	每周一至周五（北京时间，节假日除外） 上午 9:00～11:30　下午 1:30～3:00
最后交易日	合约交割月份的倒数第七个交易日
交割日期	合约交割月份的第一个交易日至最后交易日

续表

交易品种	优质强筋小麦
交割品级	标准交割品：符合郑州商品交易所期货交易用优质强筋小麦标准（Q/ZSJ 001－2003）二等优质强筋小麦，替代品及升贴水见《郑州商品交易所期货交割细则》
交割地点	交易所指定交割仓库
交易保证金	合约价值的 5%
交易手续费	2 元/手（含风险准备金）
交割方式	实物交割
交易代码	WS
上市交易所	郑州商品交易所
【注】该合约挂盘交易至 2013 年 5 月合约	
交易品种	优质强筋小麦（简称“强麦”）
交易单位	20 吨/手
报价单位	元（人民币）/吨
最小变动价位	1 元/吨
每日价格波动限制	上一个交易日结算价 ±4% 及《郑州商品交易所期货交易风险控制管理办法》相关规定
最低交易保证金	合约价值的 5%
合约交割月份	1、3、5、7、9、11 月
交易时间	每周一至周五（北京时间，法定节假日除外） 上午：9:00—11:30　　下午：1:30—3:00
最后交易日	合约交割月份的第 10 个交易日
最后交割日	合约交割月份的第 12 个交易日
交割品级	符合《中华人民共和国国家标准 小麦》（GB 1351—2008）的三等及以上小麦，且稳定时间、湿面筋等指标符合《郑州商品交易所期货交割细则》规定要求
交割地点	交易所指定交割仓库
交割方式	实物交割
交易代码	WH
上市交易所	郑州商品交易所
【注】自 2013 年 7 月合约开始执行新的强麦期货合约	
交易品种	普通小麦
交易单位	50 吨/手
报价单位	元（人民币）/吨
最小变动价位	1 元/吨
每日价格波动限制	上一个交易日结算价 ±4% 及《郑州商品交易所期货交易风险控制管理办法》相关规定
最低交易保证金	合约价值的 5%

续表

交易品种	普通小麦
合约交割月份	1、3、5、7、9、11 月
交易时间	每周一至周五（北京时间，法定节假日除外） 上午：9:00—11:30　　下午：1:30—3:00
最后交易日	合约交割月份的第 10 个交易日
最后交割日	仓单交割：合约交割月份的第 12 个交易日 车船板交割：合约交割月份的次月 20 日
交割品级	符合《中华人民共和国国家标准 小麦》（GB 1351—2008）的三等及以上小麦，且物理指标等符合《郑州商品交易所期货交割细则》规定要求
交割地点	交易所指定交割仓库及指定交割计价点
交割方式	实物交割
交易代码	PM
上市交易所	郑州商品交易所
交易品种	一号棉花
交易单位	5 吨/手（公定重量）
报价单位	元（人民币）/吨
最小变动价位	5 元/吨
每日价格最大波动限制	上一交易日结算价 ±4% 及《郑州商品交易所期货交易风险控制管理办法》相关规定
合约交割月份	1、3、5、7、9、11 月
交易时间	星期一至星期五（法定节假日除外） 上午：9:00—11:30　　下午：1:30—3:00
最后交易日	合约交割月份的第 10 个交易日
最后交割日	合约交割月份的第 12 个交易日
交割品级	基准交割品：符合 GB 1103. 1—2012《棉花　第 1 部分：锯齿加工细绒棉》规定的 3128B 级，且长度整齐度为 U3 档，断裂比强度为 S3 档，轧工质量为 P2 档的国产棉花。 替代品详见交易所交割细则。替代品升贴水见交易所公告
交割地点	交易所指定棉花交割仓库
最低交易保证金	合约价值的 5%
交割方式	实物交割
交易代码	CF
上市交易所	郑州商品交易所

续表

交易品种	白砂糖
交易单位	10 吨/手
报价单位	元（人民币）/吨
最小变动价位	1 元/吨
每日价格最大波动限制	不超过上一个交易日结算价 ±4%
合约交割月份	1、3、5、7、9、11 月
交易时间	星期一至星期五（法定节假日除外） 上午：9:00—11:30　　下午：1:30—3:00
最后交易日	合约交割月份的第 10 个交易日
最后交割日	合约交割月份的第 12 个交易日
交割品级	标准品：一级白糖（符合 GB 317—2006）；替代品及升贴水见《郑州商品交易所期货交割细则》。
交割地点	交易所指定仓库
最低交易保证金	合约价值的 6%
交易手续费	4 元 / 手（含风险准备金）
交割方式	实物交割
交易代码	SR
上市交易所	郑州商品交易所
交易品种	早籼稻
交易单位	10 吨/手
报价单位	元（人民币）/吨
最小变动价位	1 元/吨
每日价格波动限制	上一交易日结算价 ±3% 及《郑州商品交易所期货交易风险控制管理办法》相关规定
合约交割月份	1、3、5、7、9、11 月
交易时间	每周一至周五（北京时间，法定节假日除外） 上午 9:00 - 11:30　　下午 1:30 - 3:00
最后交易日	合约交割月份的倒数第七个交易日
交割日期	合约交割月份的第一个交易日至倒数第五个交易日
交割品级	基准交割品：符合《中华人民共和国国家标准 稻谷》（GB 1350—1999）三等及以上等级质量指标及《郑州商品交易所期货交割细则》规定的早籼稻。替代品及升贴水见《郑州商品交易所期货交割细则》。
交割地点	交易所指定交割仓库
最低交易保证金	合约价值的 5%
最高交易手续费	2 元/手（含风险准备金）
交割方式	实物交割
交易代码	ER
上市交易所	郑州商品交易所
【注】该合约挂盘交易至 2013 年 5 月合约	

续表

交易品种	早籼稻
交易单位	20 吨/手
报价单位	元（人民币）/吨
最小变动价位	1 元/吨
每日价格波动限制	上一个交易日结算价 ±4% 及《郑州商品交易所期货交易风险控制管理办法》相关规定
最低交易保证金	合约价值的 5%
合约交割月份	1、3、5、7、9、11 月
交易时间	每周一至周五（北京时间，法定节假日除外） 上午：9:00—11:30　　下午：1:30—3:00
最后交易日	合约交割月份的第 10 个交易日
最后交割日	合约交割月份的第 12 个交易日
交割品级	基准交割品：符合《中华人民共和国国家标准 稻谷》（GB 1350—2009）三等及以上等级质量指标及《郑州商品交易所期货交割细则》规定的早籼稻谷。 替代品及升贴水见《郑州商品交易所期货交割细则》
交割地点	交易所指定交割仓库
交割方式	实物交割
交易代码	RI
上市交易所	郑州商品交易所
【注】自 2013 年 7 月合约开始执行新的早籼稻期货合约	
交易品种	菜籽油
交易单位	5 吨/手
报价单位	元（人民币）/吨
最小变动价位	2 元/吨
每日价格最大波动限制	不超过上一交易日结算价 ±4%
合约交割月份	1、3、5、7、9、11 月
交易时间	每周一至周五（北京时间，法定节假日除外） 上午 9:00 - 11:30　下午 1:30 - 3:00
最后交易日	合约交割月份第 10 个交易日
最后交割日	合约交割月份第 12 个交易日
交割品级	基准交割品：符合《郑州商品交易所期货交易用菜籽油》（Q/ZSJ 003—2007）四级质量指标及《郑州商品交易所菜籽油交割细则》规定的菜籽油。替代品及升贴水见《郑州商品交易所菜籽油交割细则》。
交割地点	交易所指定交割仓库
最低交易保证金	合约价值的 5%
交易手续费	4 元/手（含风险准备金）
交割方式	实物交割
交易代码	RO
上市交易所	郑州商品交易所
【注】该合约挂盘交易至 2013 年 5 月合约	

续表

交易品种	菜籽油（简称“菜油”）
交易单位	10 吨/手
报价单位	元（人民币）/吨
最小变动价位	2 元/吨
每日价格波动限制	上一个交易日结算价 ±4% 及《郑州商品交易所期货交易风险控制管理办法》相关规定
最低交易保证金	合约价值的 5%
合约交割月份	1、3、5、7、9、11 月
交易时间	每周一至周五（北京时间，法定节假日除外） 上午：9:00—11:30　　下午：1:30—3:00
最后交易日	合约交割月份的第 10 个交易日
最后交割日	合约交割月份的第 12 个交易日
交割品级	基准交割品：符合《中华人民共和国国家标准 菜籽油》（GB 1536—2004）四级质量指标的菜油。 替代品及升贴水见《郑州商品交易所期货交割细则》
交割地点	交易所指定交割仓库
交割方式	实物交割
交易代码	OI
上市交易所	郑州商品交易所
【注】自 2013 年 7 月合约开始执行新的菜籽油期货合约	
交易品种	油菜籽（简称“菜籽”）
交易单位	10 吨/手
报价单位	元（人民币）/吨
最小变动价位	1 元/吨
每日价格波动限制	上一个交易日结算价 ±4% 及《郑州商品交易所期货交易风险控制管理办法》相关规定
最低交易保证金	合约价值的 5%
合约交割月份	7、8、9、11 月
交易时间	每周一至周五（北京时间，法定节假日除外） 上午：9:00—11:30　　下午：1:30—3:00
最后交易日	合约交割月份的第 10 个交易日
最后交割日	仓单交割：合约交割月份的第 12 个交易日 车板交割：合约交割月份的次月 20 日
交割品级	见《郑州商品交易所期货交割细则》
交割地点	交易所指定交割地点
交割方式	实物交割
交易代码	RS
上市交易所	郑州商品交易所

续表

交易品种	菜籽粕（简称“菜粕”）
交易单位	10 吨/手
报价单位	元（人民币）/吨
最小变动价位	1 元/吨
每日价格波动限制	上一交易日结算价 ±4% 及《郑州商品交易所期货交易风险控制管理办法》相关规定
最低交易保证金	合约价值的 5%
合约交割月份	1、3、5、7、8、9、11 月
交易时间	每周一至周五（北京时间，法定节假日除外） 上午：9:00—11:30　　下午：1:30—3:00
最后交易日	合约交割月份的第 10 个交易日
最后交割日	合约交割月份的第 12 个交易日
交割品级	见《郑州商品交易所期货交割细则》
交割地点	交易所指定交割地点
交割方式	实物交割
交易代码	RM
上市交易所	郑州商品交易所
交易品种	粳稻谷（简称“粳稻”）
交易单位	20 吨/手
报价单位	元（人民币）/吨
最小变动价位	1 元/吨
每日价格波动限制	上一交易日结算价 ±4% 及《郑州商品交易所期货交易风险控制管理办法》相关规定
最低交易保证金	合约价值的 5%
合约交割月份	11、1、3、5、7、9 月
交易时间	每周一至周五（北京时间，法定节假日除外） 上午：9:00—11:30　　下午：1:30—3:00 最后交易日上午 9:00 - 11:30
最后交易日	合约交割月份的第 10 个交易日
最后交割日	合约交割月份的第 12 个交易日
交割品级	见《郑州商品交易所期货交割细则》
交割地点	交易所指定交割地点
交割方式	实物交割
交易代码	JR
上市交易所	郑州商品交易所

续表

交易品种	黄大豆 1 号
交易单位	10 吨/手
报价单位	元（人民币）/吨
最小变动价位	1 元/吨
每日价格最大波动限制	上一交易日结算价的 4%
合约交割月份	1、3、5、7、9、11
交易时间	每周一至周五（北京时间，法定节假日除外） 上午：9:00—11:30　　下午：1:30—3:00
最后交易日	合约月份第 10 个交易日
交割日期	最后交易日后七日（遇法定节假日顺延）
交割品级	大连商品交易所黄大豆 1 号交割质量标准（FA/DCE D001—2012）
交割地点	大连商品交易所指定交割仓库
最低交易保证金	合约价值的 5%
交易手续费	不超过 4 元/手
交割方式	实物交割
交易代码	A
上市交易所	大连商品交易所
交易品种	黄大豆 2 号
交易单位	10 吨/手
报价单位	元（人民币）/吨
最小变动价位	1 元/吨
每日价格最大波动限制	上一交易日结算价的 4%
合约交割月份	1、3、5、7、9、11
交易时间	每周一至周五（北京时间，法定节假日除外） 上午：9:00—11:30　　下午：1:30—3:00
最后交易日	合约月份第 10 个交易日
交割日期	最后交易日后第 3 个交易日
交割品级	大连商品交易所黄大豆 2 号交割质量标准（FB/DCE D001—2013）
交割地点	大连商品交易所指定交割仓库
最低交易保证金	合约价值的 5%
交易手续费	不超过 4 元/手
交割方式	实物交割
交易代码	B
上市交易所	大连商品交易所

续表

交易品种	豆粕
交易单位	10 吨/手
报价单位	元（人民币）/吨
最小变动价位	1 元/吨
每日价格最大波动限制	上一交易日结算价的 4%
合约交割月份	1、3、5、7、8、9、11、12
交易时间	每周一至周五（北京时间，法定节假日除外） 上午：9:00—11:30　　下午：1:30—3:00
最后交易日	合约月份第 10 个交易日
交割日期	最后交易日后第 4 个交易日
交割品级	大连商品交易所豆粕交割质量标准
交割地点	大连商品交易所指定交割仓库
最低交易保证金	合约价值的 5%
交易手续费	不超过 3 元/手
交割方式	实物交割
交易代码	M
上市交易所	大连商品交易所
交易品种	豆粕
交易单位	10 吨/手
报价单位	元（人民币）/吨
最小变动价位	1 元/吨
每日价格最大波动限制	上一交易日结算价的 4%
合约交割月份	1、3、5、7、8、9、11、12
交易时间	每周一至周五（北京时间，法定节假日除外） 上午：9:00—11:30　　下午：1:30—3:00
最后交易日	合约月份第 10 个交易日
交割日期	最后交易日后第 4 个交易日
交割品级	大连商品交易所豆粕交割质量标准
交割地点	大连商品交易所指定交割仓库
最低交易保证金	合约价值的 5%
交易手续费	不超过 3 元/手
交割方式	实物交割
交易代码	M
上市交易所	大连商品交易所

续表

交易品种	大豆原油
交易单位	10 吨/手
报价单位	元（人民币）/吨
最小变动价位	2 元/吨
每日价格最大波动限制	上一交易日结算价的 4%
合约交割月份	1、3、5、7、8、9、11、12
交易时间	每周一至周五（北京时间，法定节假日除外） 上午：9:00—11:30 下午：1:30—3:00
最后交易日	合约月份第 10 个交易日
交割日期	最后交易日后第 3 个交易日
交割品级	大连商品交易所豆油交割质量标准
交割地点	大连商品交易所指定交割仓库
最低交易保证金	合约价值的 5%
交易手续费	不超过 6 元/手
交割方式	实物交割
交易代码	Y
上市交易所	大连商品交易所
交易品种	棕榈油
交易单位	10 吨/手
报价单位	元（人民币）/吨
最小变动价位	2 元/吨
每日价格最大波动限制	上一交易日结算价的 4%
合约交割月份	1、2、3、4、5、6、7、8、9、10、11、12
交易时间	每周一至周五（北京时间，法定节假日除外） 上午：9:00—11:30 下午：1:30—3:00
最后交易日	合约月份第 10 个交易日
交割日期	最后交易日后第 2 个交易日
交割品级	大连商品交易所棕榈油交割质量标准
交割地点	大连商品交易所指定交割仓库
最低交易保证金	合约价值的 5%
交易手续费	不超过 6 元/手
交割方式	实物交割
交易代码	P
上市交易所	大连商品交易所

续表

交易品种	玉米
交易单位	10 吨/手
报价单位	元（人民币）/吨
最小变动价位	1 元/吨
每日价格最大波动限制	上一交易日结算价的 4%
合约交割月份	1、3、5、7、9、11
交易时间	每周一至周五（北京时间，法定节假日除外） 上午：9:00—11:30　　下午：1:30—3:00
最后交易日	合约月份第 10 个交易日
交割日期	最后交易日后第 2 个交易日
交割品级	大连商品交易所玉米交割质量标准（FC/DCE D001—2013）
交割地点	大连商品交易所玉米指定交割仓库
最低交易保证金	合约价值的 5%
交易手续费	不超过 3 元/手
交割方式	实物交割
交易代码	C
上市交易所	大连商品交易所
交易品种	鲜鸡蛋
交易单位	5 吨/手
报价单位	元（人民币）/500 千克
最小变动价位	1 元/500 千克
每日价格最大波动限制	上一交易日结算价的 4%
合约交割月份	1、2、3、4、5、6、9、10、11、12
交易时间	每周一至周五（北京时间，法定节假日除外） 上午：9:00—11:30　　下午：1:30—3:00
最后交易日	合约月份第 10 个交易日
交割日期	最后交易日后第 3 个交易日
交割品级	大连商品交易所鸡蛋交割质量标准
交割地点	大连商品交易所鸡蛋指定交割仓库
最低交易保证金	合约价值的 5%
交易手续费	成交金额的万分之一点五
交割方式	实物交割
交易代码	JD
上市交易所	大连商品交易所

续表

交易品种	中密度纤维板
交易单位	500 张/手
报价单位	元（人民币）/张
最小变动价位	0.05 元/张
每日价格最大波动限制	上一交易日结算价的 4%（注：当前暂为 5%）
合约交割月份	1、2、3、4、5、6、7、8、9、10、11、12
交易时间	每周一至周五（北京时间，法定节假日除外） 上午：9:00—11:30　　下午：1:30—3:00
最后交易日	合约月份第 10 个交易日
交割日期	最后交易日后第 3 个交易日
交割品级	大连商品交易所纤维板交割质量标准
交割地点	大连商品交易所纤维板指定交割仓库
最低交易保证金	合约价值的 5%（注：当前暂为 7%）
交易手续费	成交金额的万分之一，当日同一合约先开仓后平仓按万分之零点五收取
交割方式	实物交割
交易代码	FB
上市交易所	大连商品交易所
交易品种	细木工板
交易单位	500 张/手
报价单位	元（人民币）/张
最小变动价位	0.05 元/张
每日价格最大波动限制	上一交易日结算价的 4%（注：当前暂为 5%）
合约交割月份	1、2、3、4、5、6、7、8、9、10、11、12
交易时间	每周一至周五（北京时间，法定节假日除外） 上午：9:00—11:30　　下午：1:30—3:00
最后交易日	合约月份第 10 个交易日
交割日期	最后交易日后第 3 个交易日
交割品级	大连商品交易所胶合板交割质量标准
交割地点	大连商品交易所胶合板指定交割仓库
最低交易保证金	合约价值的 5%（注：当前暂为 10%）
交易手续费	成交金额的万分之一，当日同一合约先开仓后平仓按万分之零点五收取
交割方式	实物交割
交易代码	BB
上市交易所	大连商品交易所

表 5－5－2　　　　2013 年金属期货合约汇总表

交易品种	阴极铜
交易单位	5 吨/手
报价单位	元（人民币）/吨
最小变动价位	10 元/吨
每日价格最大波动限制	不超过上一交易日结算价 ±3%
合约交割月份	1～12 月
交易时间	每周一到周五（法定节假日除外） 上午 9:00～11:30　　下午 1:30～3:00 和交易所规定的其他交易时间
最后交易日	合约交割月份的 15 日（遇法定假日顺延）
交割日期	最后交易日后连续五个工作日
交割品级	标准品：阴极铜，符合国标 GB/T467—2010 中 1 号标准铜（Cu－CATH－2）规定，其中主成分铜加银含量不小于 99.95%。 替代品：阴极铜，符合国标 GB/T467—2010 中 A 级铜（Cu－CATH－1）规定；或符合 BS EN 1978：1998 中 A 级铜（Cu－CATH－1）规定
交割地点	交易所指定交割仓库
最低交易保证金	合约价值的 5%
交易手续费	不高于成交金额的万分之二（含风险准备金）
最小交割单位	无
交割方式	实物交割
交易代码	Cu
上市交易所	上海期货交易所
交易品种	铝
交易单位	5 吨/手
报价单位	元（人民币）/吨
最小变动价位	5 元/吨
每日价格最大波动限制	不超过上一交易日结算价 ±3%
合约交割月份	1～12 月
交易时间	每周一到周五（法定节假日除外） 上午 9:00～11:30　　下午 1:30～3:00 和交易所规定的其他交易时间
最后交易日	合约交割月份的 15 日（遇法定假日顺延）
交割日期	最后交易日后连续五个工作日
交割品级	标准品：铝锭，符合国标 GB/T1196—2008 AL99.70 规定，其中铝含量不低于 99.70%。 替代品：1. 铝锭，符合国标 GB/T1196—2008 AL99.85，AL99.90 规定。2. 铝锭，符合 P1020A 标准
交割地点	交易所指定交割仓库

续表

交易品种	铝
最低交易保证金	合约价值的 5%
交易手续费	不高于成交金额的万分之二（含风险准备金）
最小交割单位	无
交割方式	实物交割
交易代码	AL
上市交易所	上海期货交易所
交易品种	锌
交易单位	5 吨/手
报价单位	元（人民币）/吨
最小变动价位	5 元/吨
每日价格最大波动限制	不超过上一交易日结算价 ±4%
合约交割月份	1－12 月
交易时间	每周一到周五（法定节假日除外） 上午 9:00～11:30　　下午 1:30～3:00 和交易所规定的其他交易时间
最后交易日	合约交割月份的 15 日（遇法定假日顺延）
交割日期	最后交易日后连续五个工作日
交割品级	标准品：锌锭，符合国标 GB/T 470—2008 ZN99.995 规定，其中锌含量不小于 99.995%。替代品：锌锭，符合 BS EN 1179：2003 Z1 规定，其中锌含量不小于 99.995%。
交割地点	交易所指定交割仓库
最低交易保证金	合约价值的 5%
交易手续费	不高于成交金额的万分之二（含风险准备金）
最小交割单位	25 吨
交割方式	实物交割
交易代码	ZN
上市交易所	上海期货交易所
交易品种	铅
交易单位	5 吨/手
报价单位	元（人民币）/吨
最小变动价位	5 元/吨
每日价格最大波动限制	不超过上一交易日结算价 ±4%
合约交割月份	1－12 月
交易时间	每周一到周五（法定节假日除外） 上午 9:00～11:30　　下午 1:30～3:00 和交易所规定的其他交易时间

续表

交易品种	铅
最后交易日	合约交割月份的15日（遇法定假日顺延）
交割日期	最后交易日后连续五个工作日
交割品级	标准品：铅锭，符合国标 GB/T 469—2005 Pb99.994 规定，其中铅含量不小于99.994%
交割地点	交易所指定交割仓库
最低交易保证金	合约价值的5%
交易手续费	不高于成交金额的万分之一
最小交割单位	25吨
交割方式	实物交割
交易代码	PB
上市交易所	上海期货交易所
交易品种	黄金
交易单位	1000克/手
报价单位	元（人民币）/克
最小变动价位	0.05元/克
每日价格最大波动限制	不超过上一交易日结算价±3%
合约交割月份	最近三个连续月份的合约以及最近11个月以内的双月合约
交易时间	每周一到周五（法定节假日除外） 上午9:00~11:30　下午1:30~3:00和交易所规定的其他交易时间
最后交易日	合约交割月份的15日（遇法定假日顺延）
交割日期	最后交易日后连续五个工作日
交割品级	金含量不小于99.95%的国产金锭及经交易所认可的伦敦金银市场协会（LBMA）认定的合格供货商或精炼厂生产的标准金锭
交割地点	交易所指定交割金库
最低交易保证金	合约价值的4%
交易手续费	不高于成交金额的万分之二
最小交割单位	3000克
交割方式	实物交割
交易代码	AU
上市交易所	上海期货交易所
交易品种	白银
交易单位	15千克/手
报价单位	元（人民币）/千克
最小变动价位	1元/千克
每日价格最大波动限制	不超过上一交易日结算价±3%

续表

交易品种	白银
合约交割月份	1－12 月
交易时间	每周一到周五（法定节假日除外） 上午 9:00～11:30　　下午 1:30～3:00 和交易所规定的其他交易时间
最后交易日	合约交割月份的 15 日（遇法定假日顺延）
交割日期	最后交易日后连续五个工作日
交割品级	标准品：符合国标 GB/T 4135—2002 IC－Ag99.99 规定，其中银含量不低于 99.99%
交割地点	交易所指定交割金库
最低交易保证金	合约价值的 4%
交易手续费	不高于成交金额的万分之零点八
最小交割单位	30 千克
交割方式	实物交割
交易代码	AG
上市交易所	上海期货交易所
交易品种	螺纹钢
交易单位	10 吨/手
报价单位	元（人民币）/吨
最小变动价位	1 元/吨
每日价格最大波动限制	不超过上一交易日结算价 ±3%
合约交割月份	1～12 月
交易时间	每周一到周五（法定节假日除外） 上午 9:00～11:30　　下午 1:30～3:00
最后交易日	合约交割月份的 15 日（遇法定假日顺延）
交割日期	最后交易日后连续五个工作日
交割品级	标准品：符合国标 GB 1499.2—2007《钢筋混凝土用钢　第 2 部分：热轧带肋钢筋》HRB400 或 HRBF400 牌号的 φ16mm、φ18mm、φ20mm、φ22mm、φ25mm 螺纹钢。 替代品：符合国标 GB1499.2—2007《钢筋混凝土用钢　第 2 部分：热轧带肋钢筋》HRB335 或 HRBF335 牌号的 φ16mm、φ18mm、φ20mm、φ22mm、φ25mm 螺纹钢
交割地点	交易所指定交割仓库
最低交易保证金	合约价值的 5%
交易手续费	不高于成交金额的万分之二
最小交割单位	300 吨
交割方式	实物交割
交易代码	RB
上市交易所	上海期货交易所

续表

交易品种	线材
交易单位	10 吨/手
报价单位	元（人民币）/吨
最小变动价位	1 元/吨
每日价格最大波动限制	不超过上一交易日结算价 ±5%
合约交割月份	1～12 月
交易时间	每周一到周五（法定节假日除外） 上午 9:00～11:30　　下午 1:30～3:00
最后交易日	合约交割月份的 15 日（遇法定假日顺延）
交割日期	最后交易日后连续五个工作日
交割品级	标准品：符合国标 GB 1499.1—2008《钢筋混凝土用钢　第 1 部分：热轧光圆钢筋》HPB235 牌号的 φ8mm 线材。 替代品：符合国标 GB 1499.1—2008《钢筋混凝土用钢　第 1 部分：热轧光圆钢筋》HPB235 牌号的 φ6.5mm 线材
交割地点	交易所指定交割仓库
最低交易保证金	合约价值的 7%
交易手续费	不高于成交金额的万分之二（含风险准备金）
最小交割单位	300 吨
交割方式	实物交割
交易代码	WR
上市交易所	上海期货交易所

表 5－5－3　　　　2013 年能源化工及其他类期货合约汇总

交易品种	燃料油
交易单位	50 吨/手（从 fu1202 开始燃料油由原有 10 吨/手调整为 50 吨/手）
报价单位	元（人民币）/吨
最小变动价位	1 元/吨
每日价格最大波动限制	上一交易日结算价 ±5%
合约交割月份	1 － 12 月（春节月份除外）
交易时间	上午 9:00 － 11:30　下午 1:30 － 3:00
最后交易日	合约交割月份前一月份的最后一个交易日
交割日期	最后交易日后连续五个工作日
交割品级	180CST 燃料油（具体质量规定见附件）或质量优于该标准的其他燃料油
交割地点	交易所指定交割地点
最低交易保证金	合约价值的 8%
交割方式	实物交割
交易代码	FU
上市交易所	上海期货交易所

续表

交易品种	石油沥青
交易单位	10 吨/手
报价单位	元（人民币）/吨
最小变动价位	2 元/吨
每日价格最大波动限制	不超过上一交易日结算价 ±3%
合约交割月份	24 个月以内，其中最近 1－6 个月为连续月份合约，6 个月以后为季月合约
交易时间	上午 9:00 － 11:30，下午 1:30 － 3:00 和交易所规定的其他交易时间
最后交易日	合约交割月份的 15 日（遇法定假日顺延）
交割日期	最后交易日后连续五个工作日
交割品级	70 号 A 级道路石油沥青，具体内容见《上海期货交易所石油沥青期货交割实施细则（试行）》
交割地点	交易所指定交割地点
最低交易保证金	合约价值的 4%
交割方式	实物交割
交易代码	BU
上市交易所	上海期货交易所
交易品种	精对苯二甲酸（PTA）
交易单位	5 吨/手
报价单位	元（人民币）/ 吨
最小变动价位	2 元/吨
每日价格最大波动限制	不超过上一个交易日结算价 ±4%
合约交割月份	1、2、3、4、5、6、7、8、9、10、11、12 月
交易时间	每周一至周五（法定节假日除外） 上午 9:00 — 11:30　　下午 1:30 — 3:00
最后交易日	交割月第 10 个交易日
最后交割日	交割月第 12 个交易日
交割品级	符合工业用精对苯二甲酸 SH/T1612. 1—2005 质量标准的优等品 PTA 详见《郑州商品交易所精对苯二甲酸交割细则》
交割地点	交易所指定仓库
最低交易保证金	合约价值的 6%
交易手续费	不高于 4 元 /手（含风险准备金）
交割方式	实物交割
交易代码	TA
上市交易所	郑州商品交易所

续表

交易品种	甲醇
交易单位	50 吨/手
报价单位	元（人民币）/吨
最小变动价位	1 元/吨
每日价格最大波动限制	不超过上一交易日结算价 ±4% 及《郑州商品交易所期货交易风险控制管理办法》相关规定
最低交易保证金	合约价值的 6%
合约交割月份	1－12 月
交易时间	每周一至周五（北京时间，法定节假日除外） 上午 9:00－11:30；下午 1:30－3:00
最后交易日	合约交割月份的第 10 个交易日
最后交割日	合约交割月份的第 12 个交易日
交割品级	见《郑州商品交易所期货交割细则》
交割地点	交易所指定交割地点
交割方式	实物交割
交易代码	ME
上市交易所	郑州商品交易所
交易品种	动力煤
交易单位	200 吨/手
报价单位	元（人民币）/ 吨
最小变动价位	0. 2 元/吨
每日价格最大波动限制	上一交易日结算价 ±4% 及《郑州商品交易所期货交易风险控制管理办法》相关规定
最低交易保证金	合约价值的 5%
合约交割月份	1－12 月
交易时间	每周一至周五（北京时间，法定节假日除外） 上午 9:00 — 11:30　　下午 1:30 — 3:00 最后交易日上午 9:00－11:30
最后交易日	合约交割月份的第 5 个交易日
最后交割日	车（船）板交割：合约交割月份的最后 1 个日历日 仓单交割：合约交割月份的第 7 个交易日
交割品级	见《郑州商品交易所期货交割细则》
交割地点	交易所指定交割地点
交割方式	实物交割
交易代码	TC
上市交易所	郑州商品交易所

续表

交易品种	平板玻璃（简称玻璃）
交易单位	20 吨/手
报价单位	元（人民币）/ 吨
最小变动价位	1 元/吨
每日价格最大波动限制	上一交易日结算价 ±4% 及《郑州商品交易所期货交易风险控制管理办法》相关规定
最低交易保证金	合约价值的 6%
合约交割月份	1－12 月
交易时间	每周一至周五（北京时间，法定节假日除外） 上午 9:00 — 11:30　　下午 1:30 — 3:00
最后交易日	合约交割月份的第 10 个交易日
最后交割日	合约交割月份的第 12 个交易日
交割品级	见《郑州商品交易所期货交割细则》
交割地点	交易所指定交割地点
交割方式	实物交割
交易代码	FG
上市交易所	郑州商品交易所
交易品种	线型低密度聚乙烯
交易单位	5 吨/手
报价单位	元（人民币）/吨
最小变动价位	5 元/吨
每日价格最大波动限制	上一交易日结算价的 4%
最低交易保证金	合约价值的 5%（当前暂为 6%）
合约交割月份	1、2、3、4、5、6、7、8、9、10、11、12
交易时间	每周一至周五 9:00～11:30，13:30～15:00
最后交易日	合约月份第 10 个交易日
最后交割日	最后交易日后第 2 个交易日
交割品级	大连商品交易所线型低密度聚乙烯交割质量标准
交割地点	大连商品交易所线型低密度聚乙烯指定交割仓库
交易费用	不超过 8 元/手（当前暂为 2.5 元/手）
交割方式	实物交割
交易代码	L
上市交易所	大连商品交易所

续表

交易品种	聚氯乙烯
交易单位	5 吨/手
报价单位	元（人民币）/吨
最小变动价位	5 元/吨
每日价格最大波动限制	上一交易日结算价的 4%
最低交易保证金	合约价值的 5%（当前暂为 6%）
合约交割月份	1、2、3、4、5、6、7、8、9、10、11、12 月
交易时间	每周一至周五 9:00～11:30，13:30～15:00
最后交易日	合约月份第 10 个交易日
最后交割日	最后交易日后第 2 个交易日
交割品级	质量标准符合《悬浮法通用型聚氯乙烯树脂（GB/T 5761—2006）》规定的 SG5 型一等品和优等品
交割地点	大连商品交易所指定交割仓库
交易费用	不超过 6 元/手（当前暂为 2 元/手）
交割方式	实物交割
交易代码	V
上市交易所	大连商品交易所
交易品种	冶金焦炭
交易单位	100 吨/手
报价单位	元（人民币）/吨
最小变动价位	1 元/吨
每日价格最大波动限制	上一交易日结算价的 4%
最低交易保证金	合约价值的 5%（当前暂为 6%）
合约交割月份	1、2、3、4、5、6、7、8、9、10、11、12 月
交易时间	每周一至周五 9:00～11:30，13:30～15:00
最后交易日	合约月份第 10 个交易日
最后交割日	最后交易日后第 2 个交易日
交割品级	大连商品交易所焦炭交割质量标准
交割地点	大连商品交易所焦炭指定交割仓库
交易费用	成交金额的万分之一，当日同一合约先开仓后平仓按万分之零点五收取
交割方式	实物交割
交易代码	J
上市交易所	大连商品交易所

续表

交易品种	焦煤
交易单位	60吨/手
报价单位	元（人民币）/吨
最小变动价位	1元/吨
每日价格最大波动限制	上一交易日结算价的4%
最低交易保证金	合约价值的5%
合约交割月份	1、2、3、4、5、6、7、8、9、10、11、12月
交易时间	每周一至周五上午9:00～11:30，下午13:30～15:00
最后交易日	合约月份第10个交易日
最后交割日	最后交易日后第3个交易日
交割品级	大连商品交易所焦煤交割质量标准
交割地点	大连商品交易所焦煤指定交割仓库
交易费用	成交金额的万分之一，当日同一合约先开仓后平仓按万分之零点五收取
交割方式	实物交割
交易代码	JM
上市交易所	大连商品交易所
交易品种	铁矿石
交易单位	100吨/手
报价单位	元（人民币）/吨
最小变动价位	1元/吨
每日价格最大波动限制	上一交易日结算价的4%
最低交易保证金	合约价值的5%
合约交割月份	1、2、3、4、5、6、7、8、9、10、11、12月
交易时间	每周一至周五上午9:00～11:30，下午13:30～15:00
最后交易日	合约月份第10个交易日
最后交割日	最后交易日后第3个交易日
交割品级	大连商品交易所铁矿石交割质量标准
交割地点	大连商品交易所铁矿石指定交割仓库及指定交割地点
交易费用	成交金额的万分之一，当日同一合约先开仓后平仓按万分之零点四收取
交割方式	实物交割
交易代码	I
上市交易所	大连商品交易所

表 5-5-4　　2013 年金融期货合约汇总表

合约名称	沪深 300 股票指数期货合约
合约标的	沪深 300 指数
合约乘数	每点 300 元
报价单位	指数点
最小变动价位	0.2 点
合约月份	当月、下月及随后两个季月
交易时间	上午：9:15-11:30，下午：13:00-15:15
最后交易日交易时间	上午：9:15-11:30，下午：13:00-15:00
每日价格最大波动限制	上一个交易日结算价的 ±10%
最低交易保证金	合约价值的 12%
最后交易日	合约到期月份的第三个周五，遇国家法定假日顺延
交割日期	同最后交易日
交割方式	现金交割
交易代码	IF
上市交易所	中国金融期货交易所
合约名称	5 年期国债期货合约
合约标的	面值为 100 万元人民币、票面利率为 3% 的名义中期国债
可交割国债	合约到期月首日剩余期限为 4-7 年的记账式附息国债
报价方式	百元净价报价
最小变动价位	0.002 元
合约月份	最近的三个季月（3 月、6 月、9 月、12 月中的最近三个月循环）
交易时间	09:15—11:30，13:00—15:15
最后交易日交易时间	09:15—11:30
每日价格最大波动限制	上一交易日结算价的 ±2%
最低交易保证金	合约价值的 2%
最后交易日	合约到期月份的第二个星期五
最后交割日	最后交易日后的第三个交易日
交割方式	实物交割
交易代码	TF
上市交易所	中国金融期货交易所

各期货品种交割仓库明细

表 5－6－1　　　　2013 年各期货品种交割仓（厂）库明细

品种	交易所	交割仓库	库容	地址	电话
天胶	上期所	海南新思科电子商务有限公司	16000	海南省海口市长流金盘永桂开发区永桂路 9 号	0898－66700097
		海口港集团（货运公司）	18000	海南省海口市秀英码头	0898－68652597
		山东储备物资管理局八三二处	37000	山东省青岛市城阳区文阳路 988 号	0532－87756961
		山东省奥润特贸易有限公司	20000	山东省青岛市李沧区长顺路 15 号	0532－84816601
		上海长桥物流有限公司	20000	上海市老沪闵路 1070 号	021－64106734
		上海晶通化轻发展有限公司	16000	上海市南大路 478 号	021－62506540、62506407
		中储发展股份有限公司	30000	天津市北辰区天穆村顺义道	022－58986699
		中储发展股份有限公司	25000	上海市宝山区南大路 310、137 号	021－51621983、51621965
		中储发展股份有限公司	35000	上海市奉贤区平宇路 585 号	021－68280480
		云南天然橡胶储运中心	15000	云南省昆明市经济开发区洛羊街道办事处王家营	0871－63914605
		中远物流仓储配送有限公司	35000	青岛市高新技术产业开发区宝源路 688 号	0532－87707998、82850297
		天津全程物流配送有限公司	20000	天津市东丽区华粮道 2298 号	022－84828862、84828366、84828228
铜、铝、锌、铅	上期所	上海国储天威仓储有限公司	铜 6.6 万（或铝 2.2 万）、锌 1 万、铅 1 万	上海市嘉定区黄渡工业园区星塔路 1289 号	（021）56354900
铜、铝			铜 2 万（或铝 0.66 万）	上海市外高桥保税区荷丹路 68 号	（021）50640027
铝			铝 4 万	上海市浦东新区同顺大道 1111 号	（021）51242188
铜、铝、锌、铅		中储发展股份有限公司	铜 14.5 万（或铝 4.8 万）、锌 1.5 万、铅、1.5 万	上海宝山铁山路 495 号	（021）33794175
铜、铝、锌、铅			铜 19.6 万（或铝 9.53 万）、锌 4 万、铅 1.5 万	上海市宝山区南大路 257 号、310 号、137 号	（021）62500165
铝、铅、铜			铝 5 万、铅 2 万、铜 2 万	江苏无锡市城南路 32－1 号	（0510）85368888
铅			铅 2 万	天津市北辰区顺义道	（022）86563351
铝		广东储备物资管理局八三〇处	铝 1.8 万、2 万	广东佛山市南海区盐步镇三眼桥货场西侧	（0757）85760802
铜、铝			铜 3 万、铝 4 万	广州市萝岗区开发大道 1330 号	
铝		广东晟世有色金属仓储物流有限公司	铝 0.58 万	广东佛山市南海区盐步镇三眼桥货场西侧三河东路虎榜段	（0757）85785606
铝、锌、铅			铝 2 万、锌 2 万、铅 2 万	广东省佛山市南海区小塘西货场侧晟世物流小塘西仓库	0575－87501753
铝、锌、铅		南储仓储管理有限公司	铝 4 万、锌 8 万、铅 3 万	广东佛山市禅城区佛罗公路 166 号	（0757）88015023
铜、铝		上海期晟储运管理有限公司	铜 9 万（或铝 3 万）	上海市闵行区剑川路 2280 号	（021）64305295
锌、铅			锌 9 万、铅 1.5 万	上海市曹安路 3645 号	（021）51642912

续表

品种	交易所	交割仓库	库容	地址	电话
铜、铝（保税）	上期所	中储临港物流开发有限公司	铜3万（或铝1万）	上海洋山港区双惠路195号	（021）68280480
铝、锌、铅		浙江康运仓储有限公司	铝3万、锌1万	杭州市拱康路98号（铁路康桥货场内）	0571-56725585
			铝2.5万、锌1万、铅1.5万	浙江诸暨市陶朱街道西二环路539号	（0575）87501753
铜、铝、锌		上港物流金属仓储（上海）有限公司	铜39万（或铝13万）、锌8万	上海宝山区安达路240号、军工路4049号、军工路4051号	（021）56442456
铜、铝、锌		上海裕强物流有限公司	铜1.5万（或铝0.5万）、锌2万	上海共和新路3501号	（021）36030075
铜、铝、锌			铝2万（或铜6万）、锌2万	上海市闵行区剑川路2222号	
铜、铝、锌		上海同盛物流园区投资开发有限公司	铜6万（或铝2万）、锌1.5万	上海浦东新区芦潮港同顺大道777号	（021）68281891
铜、铝（保税）			铜3万（或铝1万）	上海洋山港区顺运路389号	（021）68281891
铝、锌、铅、铜		国家物资储备局浙江八三七处	铝2万、锌1万、铜2万	宁波镇海区大通路331号	（0574）86266748
铝、锌、铜		无锡市国联物流有限公司	铝3万、锌2万、铜2万	无锡市惠山区洛社镇石塘湾梅径村南	（0510）83076358
铝、锌、铜		宁波九龙仓仓储有限公司	铝1.3万、锌0.5万、铜2万	宁波市镇海区平海路299号	（0574）27685010
铅		天津渤海物流有限公司	铅1.5万	天津市北辰区北仓道55号	（022）26916700
铅		国家物资储备局天津八三三处	铅1.5万	天津市滨海新区临港路15号	（022）59823612
铅		上海宝钢物流有限公司	铅2万	上海市宝山区宝杨路2035号	（021）56582373
铝、锌		佛山市中金圣源仓储管理有限公司	铝2万、锌1万	广东省佛山市南海区狮山小塘西货场中金仓	（0757）81082830 FAX：56441555
铝、锌		中国外运华东有限公司	铝2万、锌2万	上海市逸仙路4088号	（021）63222499 FAX：56441555
黄金	上期所	中国工商银行股份有限公司	工商银行北京市分行营业部	北京市复兴门南大街2号天银大厦B座	010-66410615
			工商银行上海市分行营业部	上海市中山东一路24号	021-63215820 63211678*1038
			工商银行深圳市分行	深圳市深南东路金融中心北座二楼	0755-82246264，25930009
			工商银行贵溪支行	江西省贵溪市雄石路38号	0701-3773031 13970159069
			工商银行三门峡分行	河南省三门峡市崤山路40号	0398-2836749
			工商银行灵宝支行	河南省灵宝市函谷路中段	0398-8862627，8861995
			工商银行龙岩分行	福建省龙岩市新罗区九一南路47号	0597-2227697
			工商银行龙岩分行上杭支行	福建省龙岩市上杭县北环路东段	0597-3835952
			工商银行招远支行	山东省招远市魁星路95号	0535-8224694
			工商银行莱州支行	山东省莱州市鼓城街88号	0535-2211315
			工商银行洛阳分行	河南省洛阳市中州中路230号	0379-63336969
		中国建设银行股份有限公司	建行北京市分行现金服务中心铁道分金库	北京西客站北广场东配楼铁道支行	010-51996841
			建设银行上海分行	上海陆家嘴环路900号	021-58880000*1311
			建设银行深圳市分行	广东省深圳市红岭南路金融中心东座	0755-82488307
			建设银行安徽省铜陵市分行	安徽省铜陵市长江西路41号	0562-2820013
			建设银行河南省三门峡市分行	河南省三门峡市崤山路52号	0398-2985036
			建设银行河南省灵宝支行金库	灵宝市金城大道西段7号	0398-8869166
			建设银行山东省烟台市分行	山东省烟台市南大街9号	0535-6603087
			建设银行福建省分行龙岩分行	福建省龙岩市九一北路111号	
			建设银行福建省分行上杭支行	福建省龙岩市上杭县临江镇北环路261号	
			建设银行贵州省分行	贵州省贵阳市中华北路56号	

续表

品种	交易所	交割仓库	库容	地址	电话
黄金	上期所	交通银行股份有限公司	交通银行北京市分行	北京市西城区金融大街33号	010－66101331，66101327
			交通银行上海市分行	上海市闸北区万荣一路20号	021－63111000＊4506
			交通银行深圳分行	深圳市福田区红荔西路3002号交行大厦	0755－83205555＊2215
			交通银行云南省分行	云南省昆明市护国路67号	0871－3151206
			交通银行湖北省分行	湖北省武汉市建设大道847号A座	027－85487301
			交通银行广西区分行	广西南宁市人民东路228号	0771－2835721
		中国银行股份有限公司	中国银行股份有限公司上海市分行	上海市中山东一路23号	021－63291331
			中国银行股份有限公司深圳市分行	深圳市和平路1195号中怡大厦	0755－22333088
			中国银行股份有限公司莱州支行	山东省莱州市莱州北路733号	0535－2273355
			中国银行股份有限公司招远支行	山东省招远市府前路78号	0535－8261210
			中国银行股份有限公司福建省分行	福建省福州市五四路136号	0591－87090661
			中国银行股份有限公司三门峡分行	河南省三门峡市崤山东路15号	0398－2982761
			中国银行股份有限公司灵宝支行	河南省灵宝市金城大道10号	0398－2982822
白银	上期所	中储发展股份有限公司	500吨白银	上海市宝山区宝杨路2069号	021－33791452
		中国外运华东有限公司	1000吨白银	上海市虹井路865号	021－63221003
螺纹钢、线材	上期所	上海宝钢物流有限公司	24万吨螺纹钢或8万吨线材	上海市宝杨路2035号	021－33790928
		上海中农吴泾农资有限公司	6万吨螺纹钢或2万吨线材	上海市闵行区吴泾通海路275号	021－64501589
		上海铁路闵行钢铁发展有限公司	24万吨螺纹钢或8万吨线材	上海市闵行区昆阳路1658号	021－51161118
		浙江康运仓储有限公司	4.5万吨螺纹钢或1.5万吨线材	浙江省杭州市拱康路98号（铁路康桥货场内）	0571－88027012
			9万吨螺纹钢或3万吨线材	浙江省杭州市崇贤镇长路兜22－1号	0571－88013253
			4.5万吨螺纹钢或1.5万吨线材	浙江省宁波市江北区白沙路353号	0574－27690096
		镇江惠龙长江港务有限公司	180万吨螺纹钢或60万吨线材（一期启用90万吨螺纹钢或30万吨线材）	江苏镇江金桥大道88号	0511－85898888
		上海期晟储运管理有限公司	60万吨螺纹钢或20万吨线材（一期启用45万吨螺纹钢或15万吨线材）	江苏省靖江市经济开发区新港园区六助港路1号	0523－84835065
		中储发展股份有限公司	12万吨螺纹钢或4万吨线材	无锡市新区城南路32－1号	0510－85368888
			45万吨螺纹钢或15万吨线材	天津市北辰区顺义道	022－58986699
		江苏金驹物流投资有限公司（仅限螺纹钢）	12万吨螺纹钢	江苏省徐州市鼓楼区三环北路1号，徐州金驹物流园	0516－87533988
		广东鱼珠物流基地有限公司（仅限螺纹钢）	9万吨螺纹钢	广州市白云区石井镇龙湖乡唐阁村西街4号	020－62110238
		天津开发区泰达公共保税仓有限公司	15万吨螺纹钢或5万吨线材	天津经济技术开发区渤海路39号	022－59858176
燃料油	上期所	中石油燃料油有限责任公司湛江仓储分公司（中油湛江）	281300	湛江市霞山区友谊路1号港务局二区中石油燃料油有限责任公司湛江仓储分公司	0759－2259019
		南方石化仓储（广州南沙）有限公司（南方石化）	295450	广州南沙区黄阁镇小虎岛石化工业区粤海大道	020－34689468
		广州发展碧辟油品有限公司（碧辟南沙）	39350	广州南沙区环市大道北19号	020－84684191

续表

品种	交易所	交割仓库	库容	地址	电话
燃料油	上期所	中国石化燃料油销售有限公司广东分公司（西基油库）	28300	广州市经济技术开发区西基村	020－85507959
		珠海中燃石油有限公司（中燃珠海）	9850	广东珠海桂山岛	0756－3231869
		中化兴中石油转运（舟山）有限公司（中化兴中）	49250	浙江省舟山市岙山岛	0580－2061786
		洋山申港国际石油储运有限公司（洋山石油）	49250	上海洋山深水港东港区	021－58208558
		浙江海洋石油仓储有限公司（海洋仓储）	68950	浙江省舟山市定海区岑港镇海洋化工工业园区22号（烟墩）	0580－8710828
		上海百联石化物流有限公司（百联油库）	9850	上海市金山区州工路158号	021－57252016
优质强筋小麦	郑商所	山东济宁市第一粮库	不限	山东省济宁市车站西路67号	0537－2250416 13345198339
		菏泽市粮油中转储备库	不限	菏泽市人民南路43号	0530－5967760 13853050340
		河北藁城永安国家粮食储备库	不限	河北藁城永安路18号	0311－88199970 13582026905
		河北省粮食局直属机械化粮油储备库	不限	河北省元氏县城北	0311－84626134 1391129002
		河北邢台国家粮食储备库有限公司	不限	邢台市中兴西大街36号	0319－2166003 13503289866
		河北衡水和平国储粮有限责任公司	不限	衡水市和平东路道岔街4号	0318－2057008 13603189586
		江苏徐州国家粮食储备库	不限	徐州市下淀路174号	0516－83643222 13705213101
		河南新乡新华国家粮食储备库	不限	新乡市解放路425号	0373－2117199 13598681960
		河南濮阳皇甫国家粮食储备库	不限	河南濮阳市高新区黄河路西段	0393－8998052 13803935338
		陕西西瑞粮食储备库有限公司	不限	西安西站108专线	029－38412031 13991944341
		南京铁心桥国家粮食储备库	不限	南京市雨花台区铁心桥镇吾尚村	025－52891674 13605152082
		河南安阳安林国家粮食储备库	不限	安阳市柏庄镇青春村	0372－8798529 15037255816
		山东德州联众博亚粮油有限公司	不限	山东省德州市武城县肆女寺镇蔡西村德商路北	0534－6595222 13969297919
		河南延津金麦粮食储备库	不限	河南省延津县司寨乡通村	0371－69106826 13523564175
		中央储备粮淇县直属库	不限	河南省鹤壁市淇县高村镇西大街8号	13937193876
		河南郑州兴隆国家粮食储备库	不限	郑州市南阳路北段粮仓路1号	0371－63757525 13837106972
普通小麦	郑商所	山东济宁市第一粮库	不限	山东省济宁市车站西路67号	0537－2250416 13345198339
		菏泽市粮油中转储备库	不限	菏泽市人民南路43号	0530－5967760 13853050340

续表

品种	交易所	交割仓库	库容	地址	电话
普通小麦	郑商所	河北省粮食局直属机械化粮油储备库	不限	河北省元氏县城北	0311－84626134 1391129002
		河北邢台国家粮食储备库有限公司	不限	邢台市中兴西大街 36 号	0319－2166003 13503289866
		河北衡水和平国储粮有限责任公司	不限	衡水市和平东路道岔街 4 号	0318－2057008 13603189586
		江苏徐州国家粮食储备库	不限	徐州市下淀路 174 号	0516－83643222 13705213101
		河南新乡新华国家粮食储备库	不限	新乡市解放路 425 号	0373－2117199 13598681960
		河南郑州兴隆国家粮食储备库	不限	郑州市南阳路北段粮仓路 1 号	0371－63757525 13837106972
		南京铁心桥国家粮食储备库	不限	南京市雨花台区铁心桥镇吾尚村	025－52891674 13605152082
		河南安阳安林国家粮食储备库	不限	安阳市柏庄镇青春村	0372－8798529 15037255816
		山东德州联众博亚粮油有限公司	不限	山东省德州市武城县肆女寺镇蔡西村德商路北	0534－6595222 13969297919
		河南许昌新兴国家粮食储备管理有限公司	不限	河南许昌市文峰路北段 1042 号	0374－2330399 13937422899
		河南周口东郊国家粮食储备库	不限	周口市交通路东段 31 号	0394－8912808 13193600018
		陕西西瑞粮食储备库有限公司	不限	西安西站 108 专线	029－38412031 13991944341
		河南省粮油对外贸易有限公司郾城粮食储备库	不限	河南省漯河市郾城区孟庙镇文明路	0395－6932898 13939505839
		安徽阜阳中谷国家粮食储备库	不限	安徽省颍上县南照镇中谷大道	0558－4137615 13905609459
早籼稻	郑商所	江西中储粮万年直属库	不限	江西万年县城六零南大道 82 号	0793－3841888 15807933601
		湖南金霞粮食产业有限公司	不限	湖南省长沙市开福区金霞路二段 289 号	0731－84471311 13607487349
		湖南金健粮油实业发展有限责任公司	不限	湖南省常德市德山开发区崇德路	0736－7308680 13873659639
		湖南永州下河国家粮食储备库	不限	湖南省永州市冷水滩区零陵路 411 号	0746－8466615 13874607385
		中国华粮物流集团城陵矶港口库	不限	湖南岳阳城陵矶桂花园路 1 号	0730－8571866 13975090668
		江西樟树国家粮食储备库	不限	江西樟树市药都北大道 15 号	0795－7348126 13970568889
		江西省温圳粮库	不限	江西省进贤县温圳镇城北大道 169 号	0791－5540486 13807001492
		九江市粮油总公司储备仓库	不限	江西省九江市滨江路 577 号五丰大厦 9 楼	0792－8138902 13979289831
		浙江嘉善银粮国家粮食储备库	不限	浙江省嘉善县开源路 298 号	0573－84161294 13905832330
		江西中储粮吉安直属库	不限	江西省吉安市青原区学苑路 19 号	0796－8188354 13979685982

续表

品种	交易所	交割仓库	库容	地址	电话
早籼稻	郑商所	湖南益阳粒粒晶粮食购销公司	不限	湖南省益阳市赫山区兰溪镇	0737－3279800 13007371356
		湖南赤山国家粮食储备库	不限	湖南省沅江市南嘴镇沅南路8号	0737－2286511 13907373286
		广西宾阳黎塘镇国家粮食储备库	不限	广西宾阳县黎塘镇永安东路228号	13978683020
		中央储备粮南昌直属库	不限	江西省南昌市庐山中大道911号支路	13907008101
		江西省粮油集团新干购销有限公司	不限	江西省新干县城南工业园	13755423388 0796－2689566
		武汉市大花岭粮食储备库	不限	湖北省武汉市江夏区大桥街环岭路18号	027－81946536 13098868698
		湖南衡阳三塘国家粮食储备库	不限	湖南省衡南县三塘镇环城南路65号	0734－8722197 13723833485
		株洲渌口国家粮食储备库	不限	湖南省株洲县路口镇菜码头86号	0731－27627998 13807411307
白砂糖	郑商所	广西中糖物流有限公司	不限	广西北海市深水港旁	13977925955 0779－3905169 13877930305
		广西柳州国家粮食储备库	不限	广西柳州市柳太路11－1号	0772－3735278 18907722217 0772－3735236 18907723599
		广西荣桂贸易公司	不限	手续：广西南宁市竹溪大道中段43号荣桂商厦B座六楼	0771－5757656
			不限	提货：钦州市钦州港经济开发区勒沟作业区	15177103600
		广西储备物资管理局九三一处	不限	广西南宁市五一西路15－2号	0771－4985887 13907712293 13907712293 0771－4981936 13807715579
		广西鼎华商业股份有限公司	不限	南宁市五一西路48号	13347500833 0771－4862156 13978668986
		广西柳州桂糖有限责任公司	不限	柳州市航生路9号	0772－3213992 13977219332 13768896068
		昆明国家粮食储备有限公司	不限	云南省昆明市东郊小石坝黄龙山	0871－7330035 13888171852
		云南广大铁路物资储运有限公司	不限	云南祥云火车站、大理东火车站	0878－3399195 13987072245 13987872909
		湛江糖库储运有限公司	不限	湛江市霞山区南山村	0759－3306501 13802828047 13828243008
		佛山市华商物流有限公司	不限	广东省佛山市南海区小塘工业大道（小塘段）45号	0757－86667199 13923192628
		上海东方通海物流有限公司	不限	上海市凉闵行区吴泾镇通海路315号	021－64501854 15921611726

续表

品种	交易所	交割仓库	库容	地址	电话
白砂糖	郑商所	天津中糖华丰物流有限公司	不限	天津市西青区中北镇东姜井村南	022－27515479 13702162792 022－27513708 13920103115
		浙江甘泽糖酒仓储有限公司	不限	浙江省平湖市独山港镇海河路1988号	0573－85656977 13957194388
		营口港务集团有限公司	不限	辽宁省营口市鲅鱼圈新港大路1号	0417－6268751 13841790121 13504170439
		中糖世纪股份有限公司湖北分公司	不限	武汉市解放大道1127号富商大厦六楼	027－83603206 13907105562 027－83603469 13907157793
		佛山市顺德区中糖储备糖库	不限	佛山市顺德区大良沙头	0757－22321735 13929923180 15899568082
		日照凌非华商仓储有限公司	不限	日照市西安路南首	0633－3601359 13906339731 13306338709
		中国储备棉管理总公司天津直属库	不限	天津市东丽区华明镇北坨村北	022－84828798 15900201690
		广东湛江金海粮油有限公司	不限	广东省湛江市霞山区新尚路13号	0759－2201352 13326518798
		徐州恒富仓储管理有限公司	不限	徐州市下淀路160号	0516－83643363 13685136868
		中储发展股份有限公司郑州南阳寨分公司	不限	郑州市兴隆铺路9号	0371－63720132 13613842271
		中糖世纪股份有限公司河南分公司	不限	新郑市和庄镇道西北4号	0371－66250708 13949031694
		海口港集装箱码头有限公司	不限	海南省海口市滨海大道96号海口港第二作业区内	0898－68623716 13389822888 0898－68652597 13876355793
		云南新储物流有限公司	不限	云南省昆明市凉亭路156号	0871－6179749 13888801113
		广西黑五类物流有限公司	不限	广西南宁市江南区五一西路48号沙井仓库	13978827973 15607715302
		广西荣桂贸易公司来宾仓储分公司	不限	广西来宾市盘古大道	13978291363
		陕西西瑞粮食储备库有限公司	不限	西安市丰禾路56号	029－84416564 13991944341 029－84416007 13363910986
		天津市军粮城国家粮食储备库	不限	天津市东丽区军粮城大街193号	022－24351358 13502090596
		河北藁城国家粮食储备有限责任公司	不限	藁城市永安路新桥西169号	0311－88198155 13731185811
		邢台国家粮食储备分库有限责任公司	不限	河北省邢台市守敬南路119号	0319－2024128 13932972669

续表

品种	交易所	交割仓库	库容	地址	电话
菜籽油	郑商所	中粮粮油安徽有限公司	不限	安徽省合肥市双凤工业区中谷园	0551－2686661 13655518719
		益海嘉里（武汉）粮油工业公司	不限	湖北省武汉市东西湖区慈惠农场良种站	027－83241031 13907115515
		中粮祥瑞粮油工业（荆门）有限公司	不限	湖北省钟祥市莫愁湖经济开发区	0724－4285729 13774057872
		荆州金楚科技有限公司	不限	湖北省荆州市开发区三湾路72号	0716－4308906 18972155678
		益海（广汉）粮油饲料有限公司	不限	四川省（德阳市）广汉市湘潭路一段80号	0838－5303973 13419007775
		中储粮镇江粮油有限公司	不限	镇江市京口区谏壁镇粮山村	0511－83355571 15051115966
		东海粮油工业（张家港）有限公司	不限	江苏省张家港市东金港镇	0512－58388228 13812990889
		中央储备粮四川新津直属库	不限	四川省成都市新津县普兴镇	028－67716022 13801353827
		中兴能源（湖北）有限公司	不限	湖北省洪湖市经济开发区文泉东路58号	0716－2185810 13627167799
		益海嘉里（泰州）粮油工业有限公司	不限	江苏省泰州市高港区永安洲镇港北路1号	0523－86991728 1.52953E＋11
		陕西西瑞粮食储备库有限公司	不限	西安西站108专线	029－38412031 13991944341
		南京铁心桥国家粮食储备库	不限	南京市雨花台区铁心桥镇吾尚村	025－52891674 13605152082
菜籽粕	郑商所	靖江龙威粮油港务有限公司（仓库）	不限	江苏省靖江市新港园区	0523－84228571
		中国华粮物流集团南通粮油接运有限责任公司（仓库）	不限	南通市任港路62号	0513－83540360 13773691202
		益海嘉里（盐城）粮油工业有限公司（仓库）	不限	江苏省盐城市射阳县临港工业区	0515－89211819 15295325877
		益海嘉里（安徽）粮油工业有限公司（仓库）	不限	安徽芜湖市无为县二坝镇经济开发区	0553－2539266 13673417666
		中粮粮油工业（巢湖）有限公司仓库情况（仓库）	不限	安徽省巢湖市居巢经济开发区旗山路	0551－82350794 15156523663
		荆州金楚油脂科技有限公（仓库）	不限	荆州开发区三湾路	0716－4308996 18972155678
		中粮粮油工业（黄冈）有限公司仓库情况（仓库）	不限	湖北省黄冈市黄州工业园高新技术产业区	0713－8397592 13409950839
		湖北宏凯工贸发展有限公司（仓库）	不限	湖北省荆州市江陵工业园区	0716－4735267 13593871144
		中粮祥瑞粮油工业（荆门）有限公司（仓库）	不限	湖北省钟祥市经济开发区	0724－4285729 13774057872
		中粮粮油工业（荆州）有限公司（仓库）	不限	湖北省荆州市公安县青吉工业园	0716－5396152 13966055777
		湖南盈成油脂工业有限公司（仓库）	不限	湖南常德市澧县工业大道一号	15973628888
		中纺粮油（四川）有限公司（仓库）	不限	四川省彭山县观音镇文昌村	028－37675618 13550555966

续表

品种	交易所	交割仓库	库容	地址	电话
菜籽粕	郑商所	广州惠安仓储装卸有限公司（仓库）	不限	东莞市麻涌镇南洲村南洲路	020－82298016 13570008981
		广东湛江中纺粮油（湛江）有限公司（厂库）	不限	湛江市霞山区友谊路一号港务局第一作业区内	0759－2227021 13859213090
		中粮油脂（钦州）有限公司（厂库）	不限	广西钦州市钦州港经济技术开发区建港路39号	0777－3815388
		厦门银祥油脂有限公司（厂库）	不限	福建省厦门市同安区美禾六路99号	0592－7399766
		东莞市富之源饲料蛋白开发有限公司（仓库）	不限	东莞市洪梅镇樱花台盈工业区	0769－7399766 15859289777
		大海粮油工业（防城港）有限公司（仓库）	不限	防城港市港口区出海大道一号	0770－6130724 13877088327
		福州集佳油脂有限公司（仓库）	不限	福州市元洪投资区	0591－85589778 15959045869
		中纺粮油（福建）有限公司（仓库）	不限	漳州市招商局招商大道129号	0596－6856582 13516334599
油菜籽	郑商所	靖江龙威粮油港务有限公司	不限	江苏省靖江市新港园区	0523－84228571
		中国华粮物流集团南通粮油接运有限责任公司	不限	南通市任港路62号	0513－83540360 13773691202
		益海（盐城）粮油工业有限公司	不限	江苏省盐城市射阳县临港工业区	0515－89211819 15295325877
		益海嘉里（安徽）粮油工业有限公司	不限	安徽芜湖市无为县二坝镇经济开发区	0553－2539266 13593871144
		中粮粮油工业（巢湖）有限公司仓库情况	不限	安徽省巢湖市居巢经济开发区旗山路	0551－82350794 15156523663
		荆州金楚油脂科技有限公司	不限	荆州开发区三湾路	0716－4308996 18972155678
		中粮粮油工业（黄冈）有限公司仓库情况	不限	湖北省黄冈市黄州工业园高新技术产业区	0713－8397592 13409950839
		湖北宏凯工贸发展有限公司	不限	湖北省荆州市江陵工业园区	0716－4735267 13673417666
		中粮祥瑞粮油工业（荆门）有限公司	不限	湖北省钟祥市经济开发区	0724－4285729 13774057872
		中粮粮油工业（荆州）有限公司	不限	湖北省荆州市公安县青吉工业园	0716－5396152 13966055777
		湖南盈成油脂工业有限公司	不限	湖南常德市澧县工业大道一号	15973628888
		中纺粮油（四川）有限公司	不限	四川省彭山县观音镇文昌村	028－37675618 13550555966
		呼伦贝尔合适佳食品有限公司	不限	内蒙古呼伦贝尔市海拉尔经济开发区创业大街8号	0470－2315868 0470－2315873
		中央储备粮平安直属库	不限	青海省西宁市平安县平安镇兰青路595号	0927－8613334
一号棉	郑商所	河南储备物资管理局四三二处	不限	河南省获嘉县史庄镇南	0373－5965905 13569868886 0373－5965918 13598695666
		南阳市红棉仓储有限公司	不限	河南省南阳市光武西路万商街9号	0377－63293168 13507638377 0377－63296339 13838776788

续表

品种	交易所	交割仓库	库容	地址	电话
一号棉	郑商所	河南豫棉物流有限公司	不限	河南郑州管城区南曹乡小李庄火车站	0371－66713101 13937160659
		衡水市棉麻总公司储备库	不限	衡水市人民西路西段98号	0318－2398268 13932894467
		菏泽市棉麻公司	不限	菏泽市长江路东段	0530－5110033 13805302233
		中国储备棉管理总公司徐州直属库	不限	江苏省徐州市铜山县新区二堡	0516－66665978 15996961037
		湖北银丰仓储物流有限责任公司	不限	湖北省武汉市东西湖区余氏墩	15827420551
		芜湖市棉麻有限责任公司	不限	芜湖市褐山路79号	0553－58093070 13955315865
		山东省禹城棉麻有限公司	不限	禹城市人民路777路	0534－2126278 13953458198
		中国储备棉管理总公司绍兴直属库	不限	浙江省绍兴市亭山工业园区	0575－88337653 1390575243
		南通棉麻有限公司	不限	江苏省南通市崇川区崇川路46号	0513－85597011 13912272686
		山东省棉麻有限公司	不限	济南市章丘双山街道办事处明埠路北首西侧	0531－61323991 13505311391
		滨州中纺银泰实业有限公司	不限	山东省滨州市高新区小营办事处虎跃三路十四号	0543－3613613 13905430020
		江阴市协丰棉麻有限公司	不限	江阴市华西村物流园（沿江高速华西出口处）	0510－86060698 13801522007
		中国储备棉管理总公司盐城直属库	不限	盐城市开放大道316号	0515－86013015 18936312776
		连云港新苏豫棉花储运有限公司	不限	连云港开发区（猴嘴）沿新西路16号	0518－85447039 13705137669
		湖北储备物资管理局三三八处	不限	湖北省孝昌县卫店镇三三八处	0712－4835048 13871898880
		湖南银华现代农业物流股份有限公司	不限	常德德山经济开发区海德路	0736－7326689 18974222501
PTA	郑商所	国家物资储备局浙江八三七处	不限	浙江省宁波市镇海区大通路331号	0574－86378767 13566523632
		江苏省江海粮油贸易公司张家港储运部	不限	江苏省张家港市金港镇宝岛路1号	0512－58388066 13906249916
		太仓新港物流管理中心有限公司	不限	江苏省太仓市浮桥镇北环路9号	0512－53706218 13606246878
		张家港保税区华瑞物流有限公司	不限	张家港保税区福建南路	0512－56308901 13773225051
		杭州临港物流有限公司	不限	浙江省杭州市萧山区瓜沥镇临港工业园区	0571－83786763 15067159380
		宁波保税区高新货柜有限公司	不限	宁波保税东区兴业四路2号	0574－87270612 13806669798
		翔鹭石化股份有限公司	不限	厦门市海沧区南海路1180号	0592－6808310 13606007320
		江阴市协丰棉麻有限公司	不限	江阴市华西村物流园（沿江高速华西出口处）	0510－86060699 13801522007

续表

品种	交易所	交割仓库	库容	地址	电话
PTA	郑商所	中国储备棉管理总公司绍兴直属库	不限	浙江省绍兴市亭山工业园区	0575－88337653 13905755243
		平湖华瑞仓储有限公司	不限	平湖市独山港镇海路 88 号	0573－85656921 13511332030
		张家港保税区港务有限公司	不限	江苏张家港保税物流园区（西区）南京路 55 号	0512－58323199 13601566013
甲醇	郑商所	太仓阳鸿石化有限公司（仓库）	不限	江苏太仓市港口开发区石化路 1 号	0512－53370166 13812907677
		南通千红石化港储有限公司（仓库）	不限	南通经济技术开发区江海港区（通盛南路 6 号）	0513－85991146 13906299080
		江苏东华能源仓储有限公司（仓库）	不限	江苏省张家港保税区德积东华路 668 号	0512－58728068 15150203925
		南通诚晖石油化工有限公司（仓库）	不限	江苏省如皋港区长江镇香江路 28 号	0513－80778877 13951313467
		江阴华西化工码头有限公司（仓库）	不限	江阴临港新城石庄办事处诚信路 1 号	0510－86668555 13812139676
		江苏海企化工仓储有限公司（仓库）	不限	江苏省泰州高港区永安洲工业园	0523－86991210 13952618356
		河南省中原大化集团有限责任公司（厂库）	不限	河南省濮阳市人民路西段	0393－8958729 13939368999
		兖矿煤化供销有限公司（厂库）	不限	办公：山东邹城西外环路 1888 号 提货：兖矿国宏化工有限公司（山东邹城市北外环国宏大道）	15725378108 15153705737
		新能凤凰（滕州）能源有限公司（厂库）	不限	山东省滕州市木石镇驻地	0632－2225366 15863238389
		江阴澄利散装化工有限公司（仓库）	不限	江苏省江阴经济开发区西区滨江西路 1200 号	0510－86668728 13914287099
		宁波市镇海宁远化工仓储有限公司（仓库）	不限	浙江省宁波市镇海区威远路 111 号	0574－27685030 15869330582
		福建泰山石化仓储发展有限公司（仓库）	不限	福建省泉州市泉港区后龙镇上西化工码头区	0595－87777028 13959818672
		东莞市百安石化仓储有限公司（仓库）	不限	广东省东莞市沙田镇立沙岛大流管理区	0769－89985600 13922175242
		东莞市东洲国际石化仓储有限公司（仓库）	不限	广东省东莞市沙田镇大流村	0769－89985058 13829118232
		广州发展碧辟油品有限公司（仓库）	不限	广东省广州市南沙经济技术开发区坦头村（环市大道北 15 号）	020－84684191 13711033258
		定州天鹭新能源有限公司（厂库）	不限	河北省定州市定曲路北侧	0312－5538517 18831900511
		内蒙古博源联合化工有限公司（厂库）	不限	内蒙古鄂尔多斯市东胜区大桥路西 19 号（博源物流院内）	0477－8139890 18647171616
		新能能源有限公司（厂库）	不限	内蒙古鄂尔多斯市达拉特旗新能能源有限公司	0477－5285752 15004773886
玻璃	郑商所	沙河市安全实业有限公司	不限	河北省沙河市经济开发区安全路 1 号	0319－8840176 13831927199
		河北大光明实业集团嘉晶玻璃有限公司	不限	河北省沙河市南环路东端路北	0319－8920770 13932924010

续表

品种	交易所	交割仓库	库容	地址	电话
玻璃	郑商所	中国耀华玻璃集团有限公司	不限	河北省秦皇岛市海港区西港北路61号	0335－7987888 13933556009
		山东金晶科技股份有限公司	不限	山东省淄博市高新区金晶大道204号	18653376729 13953317772
		山东巨润建材有限公司	不限	山东省菏泽市巨野县巨润路1号	0530－2089130 18963053117
		华尔润玻璃产业股份有限公司	不限	江苏省张家港市锦丰镇	0512－58565935 15050125545
		河北德金玻璃有限公司	不限	河北省沙河市济南国际开发区纬三路26号	0319－8848168 15931995839
		漳州旗滨玻璃有限公司	不限	福建省漳州市东山县康美镇城垵村	0596－5699162 15880566834
		荆州市亿钧玻璃股份有限公司	不限	湖北省荆州市开发区东方大道52号	0716－8336578 13872201732
		武汉长利玻璃（汉南）有限公司	不限	汉南区汉南大道458号	027－84738120 15926309947
		株洲旗滨集团股份有限公司	不限	湖南市株洲市石峰区铜塘湾	0596－5699162 13617336700
		江门华尔润玻璃有限责任公司	不限	广东省江门市荷塘镇南格工业区	0750－2036434 18823061919
		滕州金晶玻璃有限公司	不限	深圳市宝安区福永镇塘尾村南玻工业城	0755－29795622 13823583176
粳稻	郑商所	中央储备粮哈尔滨直属库（仓库）	不限	黑龙江省哈尔滨市香坊区哈平路新发屯7.5公里	0451－87066509 13796089611
		中粮米业（绥化）有限公司（仓库、厂库）	不限	黑龙江省绥化市经济技术开发区食品工业园区	0455－8713026
		益海嘉里（哈尔滨）粮油食品工业有限公司（仓库、厂库）	不限	黑龙江省哈尔滨市平房开发区哈平东路10号	0451－86783031 13766805505
		沈阳市直属粮食储备库（仓库）	不限	辽宁省沈阳市浑南新区沈营路52号	024－23788258 13555812303
		中粮米业（吉林）有限公司（仓库）	不限	吉林省吉林市吉林经济技术开发区吉孤路668号	18643148816 0431－88790336
		吉林粮食集团米业有限公司（仓库）	不限	办公地址：吉林省长春市春城大街1515号	18946500336
		北京古船米业有限公司（仓库）	不限	办公地址：北京市顺义区牛栏山镇正大路二号	15500091990
		营口港务集团有限公司（仓库）	不限	辽宁省营口市鲅鱼圈新港大路1号	0417－6268751 13841790121 13504170439
动力煤	郑商所	中国中煤能源股份有限公司	不限	北京市朝阳区黄寺大街1号中煤大厦	010－82256721 18618228712
		神华销售集团有限公司	不限		010－58134803 18601183697
		大同煤矿集团有限责任公司	不限		010－58134803 18601183697
		陕西煤业化工集团有限责任公司	不限	陕西省西安市高新区锦业路1号	029－89282181 18629562979
		内蒙古伊泰煤炭股份有限公司	不限	内蒙古鄂尔多斯市东胜区天骄北路伊泰大厦	0477－8565917 18947777979

续表

品种	交易所	交割仓库	库容	地址	电话
玉米	DCE	大连港股份有限公司		大连市开发区新华路1号	0411－87598178
		大连吴家国家粮食储备库有限公司		大连市金州区站前街道吴家村	0411－87700836－8012
		吉粮集团大连运销总公司		大连市甘井子区甘海路4号	13591109511
		锦州港股份有限公司		锦州经济技术开发区锦港大街一段1号	0416－3586138
		辽宁锦州锦阳国家粮食储备（中转）库		锦州经济技术开发区兴海路西段	0416－3581537
		营口港务集团有限公司		营口市鲅鱼圈区新港大路1号	0417－6268751
		中国华粮物流集团北良有限公司		大连经济技术开发区海青岛柳柴沟	0411－39898186
		中央储备粮大连直属库		大连市甘井子区华北路286号	0411－86537718
黄大豆1号	DCE	大连良运集团储运有限公司		大连市甘井子区新水泥路2号	0411－88101455
		大连浙经乾元物资储运有限责任公司		大连市金州区站前街道双兴路20号	0411－87851802
		中粮辽宁粮油进出口公司大连储运贸易公司		大连市甘井子区西北路	0411－86429383
		大连高泰仓储有限公司		大连市甘井子区毛营子村	13842818308
		辽宁大连粮贸国家粮食储备库		大连市甘井子区大连湾镇后盐村	0411－86872111
		中国外运辽宁储运公司		大连市甘井子区后革镇革钢路	0411－86428574
		中国华粮物流集团北良有限公司		大连开发区海青岛柳柴沟	0411－39898186
		大连港股份有限公司		大连市开发区新华路1号	0411－87598178
		中央储备粮大连直属库		大连市甘井子区华北路286号	0411－86537718
		中央储备粮哈尔滨直属库		哈尔滨市香坊区哈平路7.5公里处	0451－87066509
		益海嘉里（哈尔滨）粮油食品工业有限公司		哈尔滨市平房开发区哈平东路10号	15846633449
黄大豆2号	DCE	中粮辽宁粮油进出口公司大连储运贸易公司		大连市甘井子区西北路	0411－86429383
		大连经济技术开发区湾港储运有限公司		大连市甘井子区大连湾新街4号	0411－82627866
		大连港集团有限公司		大连市开发区大窑湾	0411－87598928
		中国华粮物流集团北良有限公司		大连开发区海青岛柳柴沟	0411－39898186
		中国华粮物流集团南通粮油接运有限责任公司		江苏南通市任港路62号	0513－83508460
		日照港（集团）有限公司		山东日照市海滨五路南首	0633－7381619
		日照港（集团）岚山港务有限公司		山东日照岚山港	0633－2633037
		青岛港（集团）有限公司		山东青岛市港青路6号	0532－82984649
豆粕	DCE	中粮新沙粮油工业（东莞）有限公司		广东省东莞市麻涌镇新沙港科技工业园区	0769－88825601－6601
		统一嘉吉（东莞）饲料蛋白科技有限公司		广东省东莞市麻涌镇新沙港科技工业园区	0769－88236702
		中粮东海粮油工业（张家港）有限公司		江苏省张家港市金港镇东海路1号	0512－58388228
		张家港江海粮油工业有限公司		江苏张家港市金港镇宝岛路1号	025－84798952
		益海（连云港）粮油工业有限公司		江苏省连云港市墟沟大港路	0518－82387208
		中粮黄海粮油工业（山东）有限公司		山东省日照市岚山港北	0633－2639062

续表

品种	交易所	交割仓库	库容	地址	电话
豆粕	DCE	山东新良油脂有限公司		山东省日照市海滨五路南首新良路1号	0633－2216076
		邦基三维油脂有限公司		山东省日照市经济开发区海滨五路	0633－2211880
		九三集团天津大豆科技有限公司		天津市天津港保税区新港大道266号	022－66271996
		东莞市富之源饲料蛋白开发有限公司		东莞市洪梅镇樱花台盈工业区	0769－88436012
		南通来宝谷物蛋白有限公司		江苏省南通市跃龙南路214号	0513－81193335
		中纺粮油（湛江）有限公司		湛江市霞山区友谊路1号港务局1区	0759－2227021
		嘉吉粮油（南通）有限公司		江苏省南通市经济技术开发区同兴路	0513－85966020
		中纺粮油（东莞）有限公司		东莞市麻涌镇新沙工业园区	0769－88235183
		东莞嘉吉粮油有限公司		东莞市麻涌镇新沙工业园区	0769－88236702
		嘉吉粮油（阳江）有限公司		广东省阳江市阳江港沿港大道3－6号	0769－88236702
豆油	DCE	中粮东海粮油工业（张家港）有限公司		江苏省张家港市金港镇东海路1号	0512－58388228
		嘉里粮油（天津）有限公司		天津港保税区津滨大道95号	022－66271665
		九三集团天津大豆科技有限公司		天津港保税区新港大道266号	022－66271996
		天津龙威粮油工业有限公司		天津港保税区海滨五路136号	022－25764808
		益海（连云港）粮油工业有限公司		江苏省连云港市墟沟大港路	0518－82388336
		中粮黄海粮油工业（山东）有限公司		山东省日照市岚山港北	0633－2639062
		山东新良油脂有限公司		山东省日照市新良路1号	0633－2216076
		路易达孚（霸州）饲料蛋白有限公司		河北省霸州市开发区地方货场西物资库（岔河集乡津保路北）	0316－7903558
		南通来宝谷物蛋白有限公司		江苏省南通市跃龙南路214号	0513－81193335
		金光食品（宁波）有限公司		浙江省宁波市北仑区黄河北路1号	0574－86886932
		邦基三维油脂有限公司		山东省日照市经济开发区海滨五路	0633－2211880
		龙口新龙食油有限公司		山东省龙口市开发区新港路39号	0535－8857015
		嘉吉粮油（南通）有限公司		江苏省南通市经济技术开发区同兴路	0513－85966702
棕榈油	DCE	天津龙威粮油工业有限公司		天津港保税区海滨五路136号	022－25764808
		华东油脂工业（泰兴）有限公司		江苏省泰兴市经济技术开发区沿江路12号	0523－87679332
		仪征方顺粮油工业有限公司		江苏省仪征市油港路3号	0514－83299628
		靖江龙威粮油工业有限公司		江苏省靖江市经济开发区新港园区安宁村岳怀埭68号	0523－84228416
鸡蛋	DCE	石家庄双鸽食品有限责任公司		河北省石家庄市胜利南大街307号	0311－85210316（F）
		宜城市襄大农牧有限公司		宜城市经济开发区楚都大道655号	0710－4255311
		无锡天鹏菜篮子工程有限公司		江苏省无锡市通沙路88号无锡天鹏食品城	0510－82363252
		中外运上海冷链物流有限公司		上海嘉定区江桥解放岛东环路468号	021－39117368
		中粮集团（深圳）有限公司		广东省深圳市罗湖区清水河四路15号	0755－22316186
胶合板	DCE	广东广物木材产业有限公司		广州市黄埔大道东838号广东鱼珠国际木材市场	020－82490255
		广东国储物流股份有限公司		广州市萝岗区开发大道1330号	020－32288125
		江苏武进港务有限公司		江苏省常州市武进区奔牛镇奔牛港	0519－68850505
		立晨物流股份有限公司		临沂经济开发区杭州路21号	0539－6012272

续表

品种	交易所	交割仓库	库容	地址	电话
胶合板	DCE	天津全程物流配送有限公司		天津市东丽区华粮道2298号	022－84828862
		浙江省国际贸易集团物流有限公司		浙江省嘉兴市塘汇镇铁路东站内	0571－85778718
		镇江惠龙长江港务有限公司		镇江市金桥大道88号	0511－85938558
		中储发展股份有限公司		天津市滨海新区塘沽新港四号路北	022－59815152
		中国物资储运广州公司		广东省东莞市麻涌镇新基村新基工业区	020－－82299020
纤维板	DCE	天津龙威粮油工业有限公司		天津港保税区海滨五路136号	022－25764808
		华东油脂工业（泰兴）有限公司		江苏省泰兴市经济技术开发区沿江路12号	0523－87679332
		仪征方顺粮油工业有限公司		江苏省仪征市油港路3号	0514－83299628
		靖江龙威粮油工业有限公司		江苏省靖江市经济开发区新港园区安宁村岳怀埭68号	0523－84228416

期货从业人员及中国期货业协会会员概况

表 5－7－1　　2013 年期货公司从业人员增长情况

项目	2006	2007	2008	2009	2010	2011	2012	2013
员工总数（人）	6573	8857	13574	17182	24064	28323	31210	33270
增长率（%）	—	38.98	53.26	26.58	40.05	17.7	10.19	6.6
从业人员数（人）	4729	6510	11989	16007	22993	27227	30151	32149
增长率（%）	—	37.66	84.16	33.51	43.64	18.41	10.74	6.63
从业人员占员工比（%）	74.2	73.5	88.32	93.16	95.55	96.13	96.61	96.63

表 5－7－2　　2013 年期货公司从业人员年龄分布

年龄	期货公司从业人员		证券 IB 人员		营业部经理		高管人员	
	人数（人）	比例（%）	人数（人）	比例（%）	人数（人）	比例（%）	人数（人）	比例（%）
30 岁以下	18056	56.16	5528	32.29	130	9.35	9	0.92
31～40 岁	9835	30.59	6990	40.83	675	48.56	148	15.16
41～50 岁	3826	11.9	4371	25.53	516	37.12	581	59.53
51 岁以上	432	1.34	230	1.34	69	4.96	238	24.39
合计	32149	100	17119	100	1390	100	976	100

表 5－7－3　　2013 年各类期货公司从业人员数量

类别	期货公司数（个）		从业人员（人）		行业占比（%）		平均人数（人）	
	2012 年	2013 年	2012 年	2013 年	2012 年	2013 年	2012 年	2013 年
A	22	24	10122	11803	33.57	36.71	460	492
B	51	64	11409	13622	37.84	42.37	224	213
C	80	65	8337	6632	27.65	20.63	106	102
D	8	4	283	92	0.94	0.29	35	23
合计	161	157	30151	32149	100	100	188	205

表 5－7－4　　2013 年期货公司从业人员学历结构

学历	期货公司		高管人员		营业部经理		IB 人员	
	人数（人）	比例（%）	人数（人）	比例（%）	人数（人）	比例（%）	人数（人）	比例（%）
本科以下	9115	28.35	162	16.60	223	16.04	2823	16.49
本科	18980	59.04	500	51.23	1022	73.53	12685	74.1
硕士	3903	12.14	280	28.69	145	10.43	1592	9.30
博士	151	0.47	34	3.48	0	0.00	19	0.11
合计	32149	100	976	100	1390	100	17119	100

表5-7-5　　2013年中国期货业协会会员单位目录

地区	会员类型	会员号	会员名称	合计
安徽	团体会员	104G	徽商期货有限责任公司	4
		105G	华安期货有限责任公司	
		107G	安粮期货有限公司	
	联系会员	512C	安徽省证券期货业协会	
北京	团体会员	001G	方正中期期货有限公司	21
		002G	金鹏期货经纪有限公司	
		003G	国都期货有限公司	
		004G	中粮期货有限公司	
		005G	北京首创期货有限责任公司	
		007G	宏源期货有限公司	
		011G	第一创业期货有限责任公司	
		012G	冠通期货有限公司	
		014G	国元期货有限公司	
		015G	经易期货经纪有限公司	
		016G	京都期货有限公司	
		017G	中衍期货有限公司	
		018G	中钢期货有限公司	
		026G	民生期货有限公司	
		046G	银河期货有限公司	
		048G	中国国际期货有限公司	
		102G	英大期货有限公司	
		109G	格林期货有限公司	
		145G	银建期货经纪有限责任公司	
		192G	安信期货有限责任公司	
	联系会员	501C	北京期货商会	
大连	特别会员	001S	大连商品交易所	6
	团体会员	036G	大连良运期货经纪有限公司	
		047G	天风期货有限公司	
		049G	渤海期货有限公司	
		050G	国富期货有限公司	
	联系会员	508C	大连市证券期货业协会	
福建	团体会员	028G	鑫鼎盛期货有限公司	4
		037G	兴证期货有限公司	
		115G	金友期货经纪有限责任公司	
	联系会员	518C	福建省证券期货业协会	
甘肃	团体会员	132G	华龙期货有限公司	2
	联系会员	522C	甘肃证券期货业协会	

续表

地区	会员类型	会员号	会员名称	合计
广东	团体会员	129G	江南期货经纪有限公司	12
		131G	华联期货有限公司	
		133G	广发期货有限公司	
		134G	华南期货经纪有限公司	
		137G	新晟期货有限公司	
		139G	集成期货有限公司	
		140G	摩根大通期货有限公司	
		141G	华泰长城期货有限公司	
		190G	广永期货有限公司	
		191G	盛达期货有限公司	
	联系会员	193G	广州期货有限公司	
		516C	广东证券期货业协会	
广西	联系会员	517C	广西证券期货业协会	1
贵州	联系会员	530C	贵州证券业协会	1
海南	团体会员	159G	金元期货经纪有限公司	5
		160G	华融期货有限责任公司	
		164G	海南金海岸期货经纪有限公司	
		198G	中银国际期货有限责任公司	
	联系会员	524C	海南证券期货业协会	
河北	团体会员	024G	河北恒银期货经纪有限公司	2
	联系会员	507C	河北省期货业联席会	
河南	特别会员	002S	郑州商品交易所	5
	团体会员	111G	万达期货有限公司	
		112G	国信期货有限责任公司	
		113G	中原期货有限公司	
	联系会员	514C	河南证券期货业协会	
黑龙江	团体会员	042G	黑龙江三力期货经纪有限责任公司	4
		043G	大通期货经纪有限公司	
		184G	黑龙江时代期货经纪有限公司	
	联系会员	503C	黑龙江省期货业协会	
湖北	团体会员	121G	美尔雅期货经纪有限公司	3
		125G	长江期货有限公司	
	联系会员	532C	湖北省期货业协会	
湖南	团体会员	120G	金信期货有限公司	4
		186G	大有期货有限公司	
		197G	德盛期货有限公司	
	联系会员	531C	湖南省期货业协会	

续表

地区	会员类型	会员号	会员名称	合计
吉林	团体会员	034G	天富期货有限公司	4
		035G	中融汇信期货有限公司	
		196G	东方汇金期货有限公司	
	联系会员	528C	吉林省证券业协会	
江苏	团体会员	074G	江苏东华期货有限公司	11
		075G	国联期货有限责任公司	
		077G	创元期货有限公司	
		078G	东海期货有限责任公司	
		079G	新纪元期货有限公司	
		081G	弘业期货股份有限公司	
		082G	文峰期货有限公司	
		083G	锦泰期货有限公司	
		126G	南证期货有限责任公司	
		162G	道通期货经纪有限公司	
	联系会员	505C	江苏省期货业协会	
江西	团体会员	182G	江西瑞奇期货经纪有限公司	2
	联系会员	515C	江西省证券期货业协会	
辽宁	团体会员	030G	华海期货有限公司	4
		032G	江海汇鑫期货有限公司	
		033G	江信国盛期货有限责任公司	
	联系会员	509C	辽宁期货业协会	
内蒙古	联系会员	533C	内蒙古证券期货业协会	1
宁波	团体会员	096G	宁波杉立期货经纪有限公司	2
	联系会员	511C	宁波市证券期货业协会	
宁夏	联系会员	529C	宁夏证券期货业协会	1
青岛	联系会员	527C	青岛证券期货业协会	1
青海	团体会员	195G	财富期货有限公司	1
山东	团体会员	098G	鲁证期货股份有限公司	4
		099G	招金期货有限公司	
		101G	中州期货有限公司	
	联系会员	513C	山东省期货业协会	
山西	团体会员	025G	山西三立期货经纪有限公司	5
		027G	和合期货经纪有限公司	
		038G	晟鑫期货经纪有限公司	
		185G	中辉期货经纪有限公司	
	联系会员	534C	山西省期货业协会	

续表

地区	会员类型	会员号	会员名称	合计
陕西	团体会员	178G	西部期货有限公司	4
		179G	长安期货有限公司	
		183G	迈科期货经纪有限公司	
	联系会员	526C	陕西证券期货业协会	
上海	特别会员	003S	上海期货交易所	30
		004S	中国金融期货交易所	
	团体会员	021G	国泰君安期货有限公司	
		040G	天鸿期货经纪有限公司	
		051G	海通期货有限公司	
		052G	华鑫期货有限公司	
		053G	光大期货有限公司	
		054G	铜冠金源期货有限公司	
		055G	恒泰期货有限公司	
		056G	国投中谷期货有限公司	
		057G	建信期货有限责任公司	
		058G	上海东亚期货有限公司	
		059G	上海东方期货经纪有限责任公司	
		060G	上海大陆期货有限公司	
		061G	东航期货有限责任公司	
		062G	上海中财期货有限公司	
		063G	上海浙石期货经纪有限公司	
		064G	上海普民期货经纪有限公司	
		066G	上海通联期货有限公司	
		067G	上海东证期货有限公司	
		068G	海证期货有限公司	
		070G	上海中期期货有限公司	
		072G	中信新际期货有限公司	
		073G	同信久恒期货有限责任公司	
		092G	新湖期货有限公司	
		123G	华闻期货经纪有限公司	
		166G	申银万国期货有限公司	
		180G	东兴期货有限责任公司	
		189G	东吴期货有限公司	
	联系会员	504C	上海市期货同业公会	

续表

地区	会员类型	会员号	会员名称	合计
深圳	团体会员	029G	深圳瑞龙期货有限公司	14
		044G	中投天琪期货有限公司	
		135G	广东鸿海期货有限公司	
		148G	中航期货经纪有限公司	
		149G	中证期货有限公司	
		150G	五矿期货有限公司	
		151G	招商期货有限公司	
		152G	深圳金汇期货经纪有限公司	
		154G	乾坤期货有限公司	
		155G	海航东银期货有限公司	
		156G	神华期货经纪有限公司	
		157G	金瑞期货有限公司	
		158G	平安期货有限公司	
	联系会员	506C	深圳市期货同业协会	
四川	团体会员	167G	华西期货有限责任公司	4
		170G	国金期货有限责任公司	
		171G	成都倍特期货经纪有限公司	
	联系会员	520C	四川省证券期货业协会	
天津	团体会员	006G	一德期货有限公司	7
		019G	金谷期货有限公司	
		020G	财达期货有限公司	
		022G	象屿期货有限责任公司	
		023G	和融期货经纪有限责任公司	
		194G	津投期货经纪有限公司	
	联系会员	502C	天津市期货协会	
厦门	团体会员	147G	国贸期货经纪有限公司	3
		168G	瑞达期货股份有限公司	
	联系会员	519C	厦门证券期货业协会	
新疆	团体会员	122G	新疆天利期货经纪有限公司	3
		143G	金石期货有限公司	
	联系会员	523C	新疆证券期货业协会	
云南	团体会员	176G	红塔期货有限责任公司	3
		188G	云晨期货有限责任公司	
	联系会员	525C	云南省证券业协会	

续表

地区	会员类型	会员号	会员名称	合计
浙江	团体会员	084G	浙江中大期货有限公司	11
		085G	浙江新世纪期货有限公司	
		086G	宝城期货有限责任公司	
		088G	大地期货有限公司	
		089G	浙商期货有限公司	
		090G	大越期货有限公司	
		091G	信达期货有限公司	
		093G	南华期货股份有限公司	
		094G	国海良时期货有限公司	
		095G	永安期货股份有限公司	
	联系会员	510C	浙江期货行业协会	
重庆	团体会员	172G	西南期货经纪有限公司	5
		173G	中信建投期货有限公司	
		175G	中电投先融期货有限公司	
		187G	华创期货有限责任公司	
	联系会员	521C	重庆市证券期货业协会	
合计				194

期货公司基本情况

表 5-8-1　　全国期货公司基本情况表

序号	公司名称	注册资本（亿元）	注册地	成立时间	是否具有以下业务资格：金融期货经纪业务资格	期货投资咨询业务资格	资产管理业务资格
1	光大期货有限公司	6.00	上海	1993-04-08	✓	✓	✓
2	东吴期货有限公司	2.00		1993-03-18	✓	✓	
3	上海浙石期货经纪有限公司	2.00		1995-05-19	✓		
4	海证期货有限公司	1.60		1995-12-14	✓	✓	
5	上海普民期货经纪有限公司	0.30		1995-07-10			
6	新湖期货有限公司	2.25		1995-10-23	✓	✓	✓
7	上海东证期货有限公司	5.00		1995-12-08	✓	✓	✓
8	东航期货有限责任公司	1.00		1995-02-21	✓	✓	
9	国投中谷期货有限公司	3.00		1993-04-23	✓	✓	✓
10	上海通联期货有限公司	1.25		1995-10-30	✓		
11	上海东亚期货有限公司	1.00		1993-04-17	✓	✓	
12	海通期货有限公司	10.00		1993-03-18	✓	✓	✓
13	上海中期期货有限公司	2.00		1995-09-19	✓	✓	
14	中信新际期货有限公司	2.00		1993-10-30	✓	✓	
15	国信期货有限责任公司	6.00		1995-05-04	✓	✓	✓
16	上海良茂期货经纪有限公司	1.00		1993-04-26	✓		
17	申银万国期货有限公司	7.76		1993-01-07	✓	✓	✓
18	恒泰期货有限公司	1.00		1992-12-20	✓	✓	
19	上海大陆期货有限公司	1.50		1993-04-21	✓	✓	
20	上海中财期货有限公司	1.90		1995-02-25	✓	✓	
21	国泰君安期货有限公司	7.00		2000-04-06	✓	✓	✓
22	天鸿期货经纪有限公司	0.80		1996-06-13	✓		
23	上海东方期货经纪有限责任公司	0.30		1993-04-14			

续表

序号	公司名称	注册资本（亿元）	注册地	成立时间	是否具有以下业务资格：金融期货经纪业务资格	期货投资咨询业务资格	资产管理业务资格
24	上海金源期货有限公司	1.00	上海	1992-11-30	✓		
25	同信久恒期货有限责任公司	0.80		1995-05-15	✓		
26	华闻期货经纪有限公司	1.00		1995-07-31	✓		
27	东兴期货有限责任公司	3.18		1995-10-23	✓	✓	
28	华鑫期货有限公司	2.00		1992-12-23	✓	✓	
29	深圳金汇期货经纪有限公司	1.60	深圳	1993-03-19	✓		
30	乾坤期货有限公司	1.50		1993-11-05	✓		
31	广东鸿海期货有限公司	0.50		1995-01-03	✓		
32	深圳瑞龙期货有限公司	1.00		1993-03-26	✓		
33	海航东银期货有限公司	5.00		1993-02-22	✓	✓	✓
34	中投天琪期货有限公司	3.00		1996-03-01	✓		
35	中航期货经纪有限公司	2.60		1993-04-07	✓		
36	五矿期货有限公司	10.00		1993-04-21	✓		
37	神华期货经纪有限公司	0.50		1995-01-06	✓		
38	金瑞期货有限公司	5.13		1996-03-18	✓	✓	
39	平安期货有限公司	1.20		1996-04-10	✓		
40	招商期货有限公司	4.00		1993-01-04	✓	✓	✓
41	中信期货有限公司	15.00		1993-03-30	✓	✓	✓
42	大地期货有限公司	2.40	浙江	1995-09-05	✓	✓	✓
43	南华期货股份有限公司	5.10		1996-05-28	✓	✓	✓
44	宝城期货有限责任公司	1.20		1993-03-27	✓	✓	
45	盛达期货有限公司	0.50		2003-07-07	✓		
46	永安期货股份有限公司	8.60		1992-09-07	✓	✓	✓
47	大越期货有限公司	1.00		1995-09-14	✓	✓	
48	信达期货有限公司	3.00		1995-10-05	✓	✓	
49	国海良时期货有限公司	2.00		1996-05-22	✓	✓	
50	浙江新世纪期货有限公司	1.50		1993-09-18	✓	✓	
51	浙商期货有限公司	5.00		1995-09-07	✓	✓	✓
52	浙江中大期货有限公司	3.60		1993-09-18	✓	✓	✓
53	新纪元期货有限公司	1.08	江苏	1995-03-15	✓	✓	
54	弘业期货股份有限公司	6.80		1995-07-31	✓	✓	✓
55	江苏东华期货有限公司	0.50		1993-10-19	✓		

续表

序号	公司名称	注册资本（亿元）	注册地	成立时间	是否具有以下业务资格：金融期货经纪业务资格	期货投资咨询业务资格	资产管理业务资格
56	南证期货有限责任公司	1.26	江苏	1995-05-18	✓	✓	
57	东海期货有限责任公司	5.00	江苏	1993-04-18	✓	✓	✓
58	锦泰期货有限公司	5.07	江苏	1995-09-28	✓	✓	
59	国联期货有限责任公司	2.00	江苏	1993-04-30	✓	✓	
60	道通期货经纪有限公司	1.50	江苏	1995-09-10	✓	✓	
61	创元期货有限公司	1.20	江苏	1995-02-25	✓	✓	
62	文峰期货有限公司	1.00	江苏	1995-07-07	✓	✓	
63	安粮期货有限公司	1.00	安徽	1996-07-09	✓		
64	徽商期货有限责任公司	1.00	安徽	1996-02-14	✓	✓	
65	华安期货有限责任公司	2.00	安徽	1995-05-15	✓	✓	
66	中粮期货有限公司	8.46	北京	1996-03-01	✓	✓	✓
67	宏源期货有限公司	5.50	北京	1995-05-02	✓	✓	✓
68	北京中期期货有限公司	3.40	北京	2005-08-09	✓	✓	
69	国都期货有限公司	2.00	北京	1992-09-24	✓	✓	
70	银建期货经纪有限责任公司	1.06	北京	1997-01-16	✓		
71	安信期货有限责任公司	2.86	北京	2003-07-10	✓	✓	
72	北京首创期货有限责任公司	1.50	北京	1996-01-12	✓	✓	
73	金鹏期货经纪有限公司	1.01	北京	1991-05-15	✓	✓	
74	经易期货经纪有限公司	2.00	北京	1993-05-15	✓	✓	
75	冠通期货有限公司	1.00	北京	1996-12-03	✓	✓	
76	中国国际期货有限公司	17.00	北京	1995-10-30	✓	✓	✓
77	国元期货有限公司	2.00	北京	1996-04-17	✓	✓	
78	第一创业期货有限责任公司	1.20	北京	1993-03-31	✓		
79	京都期货有限公司	1.00	北京	1993-03-06	✓		
80	中钢期货有限公司	2.80	北京	1996-07-10	✓	✓	
81	格林大华期货有限公司	5.80	北京	1993-02-28	✓	✓	
82	中衍期货有限公司	1.35	北京	1996-03-29	✓	✓	
83	华海期货有限公司	0.50	北京	1993-04-18	✓		
84	英大期货有限公司	3.50	北京	1996-04-17	✓	✓	
85	民生期货有限公司	1.00	北京	1996-01-29	✓	✓	
86	银河期货有限公司	12.00	北京	2006-12-25	✓	✓	✓

续表

序号	公司名称	注册资本（亿元）	注册地	成立时间	是否具有以下业务资格：金融期货经纪业务资格	期货投资咨询业务资格	资产管理业务资格
87	大连良运期货经纪有限公司	1.00	大连	1996-03-21	✓	✓	
88	天风期货有限公司	1.30		1996-03-29	✓	✓	
89	国富期货有限公司	0.65		1992-12-16	✓		
90	渤海期货有限公司	1.50		1996-01-12	✓		
91	华龙期货有限公司	1.09	甘肃	1992-11-12	✓	✓	
92	华南期货经纪有限公司	0.50	广东	1993-12-31			
93	广永期货有限公司	1.50		2003-06-13	✓	✓	
94	摩根大通期货有限公司	4.60		1996-05-27	✓		
95	华泰长城期货有限公司	6.00		1994-03-28	✓	✓	✓
96	广州期货有限公司	1.28		2003-08-22	✓	✓	
97	江南期货经纪有限公司	0.30		1993-04-08	✓		
98	集成期货有限公司	0.65		1996-04-10	✓		
99	广发期货有限公司	11.00		1993-03-23	✓	✓	✓
100	新晟期货有限公司	1.20		1996-01-18	✓	✓	
101	华联期货有限公司	1.00		1993-04-10	✓	✓	
102	华融期货有限责任公司	3.20	海南	1993-09-22	✓		
103	中银国际期货有限责任公司	1.50		2008-01-21	✓	✓	
104	金元期货经纪有限公司	1.50		1991-12-03	✓	✓	
105	海南金海岸期货经纪有限公司	0.30		1995-09-20			
106	河北恒银期货经纪有限公司	0.58	河北	1999-09-21	✓		
107	中原期货有限公司	1.10	河南	1993-04-18	✓		
108	万达期货股份有限公司	5.06		1993-04-08	✓	✓	✓
109	大通期货经纪有限公司	0.30	黑龙江	1996-03-01	✓		
110	黑龙江时代期货经纪有限公司	0.30		1996-02-12			
111	美尔雅期货经纪有限公司	0.60	湖北	1995-05-15	✓		
112	长江期货有限公司	3.10		1996-07-24	✓		
113	金信期货有限公司	1.00	湖南	1995-10-23	✓		
114	德盛期货有限公司	1.00		2005-08-01	✓		
115	大有期货有限公司	1.50		2002-07-28	✓	✓	
116	方正期货有限公司	2.00		1993-02-26	✓		
117	天富期货有限公司	1.50	吉林	1996-04-17	✓	✓	
118	东方汇金期货有限公司	1.30		2004-12-28	✓		
119	中融汇信期货有限公司	2.00		1995-12-14	✓	✓	

续表

序号	公司名称	注册资本（亿元）	注册地	成立时间	是否具有以下业务资格：金融期货经纪业务资格	期货投资咨询业务资格	资产管理业务资格
120	江西瑞奇期货经纪有限公司	0.56	江西	1993-04-10	√		
121	江信国盛期货有限责任公司	0.53	辽宁	1999-01-29	√		
122	江海汇鑫期货有限公司	1.00		1995-05-02	√		
123	宁波杉立期货经纪有限公司	1.00	宁波	1993-03-22	√	√	
124	财富期货有限公司	2.00	青海	2004-07-22	√		
125	中州期货有限公司	1.00	山东	1995-09-21	√	√	
126	招金期货有限公司	1.00		1993-04-09	√	√	
127	鲁证期货股份有限公司	7.50		1995-06-05	√	√	√
128	山西三立期货经纪有限公司	0.35	山西	1993-12-20	√		
129	中辉期货经纪有限公司	0.62		1993-12-04	√		
130	晟鑫期货经纪有限公司	0.90		1995-11-22			
131	和合期货经纪有限公司	0.30		1993-04-22	√		
132	迈科期货经纪有限公司	1.45	陕西	1993-12-20	√		
133	西部期货有限公司	1.50		1993-03-29	√		
134	长安期货有限公司	2.00		1993-04-06	√	√	
135	华西期货有限责任公司	2.00	四川	1993-03-20	√	√	
136	国金期货有限责任公司	1.50		1993-07-28	√	√	
137	成都倍特期货经纪有限公司	2.00		1993-02-08	√	√	
138	财达期货有限公司	1.00	天津	1996-03-01	√		
139	津投期货经纪有限公司	0.85		2004-05-31	√		
140	和融期货经纪有限责任公司	0.85		2001-04-24	√		
141	金谷期货有限公司	0.80		1995-06-26	√		
142	一德期货有限公司	1.65		1995-07-10	√	√	
143	象屿期货有限责任公司	1.00		1992-11-24	√	√	
144	瑞达期货股份有限公司	3.00	厦门	1993-03-24	√	√	√
145	国贸期货经纪有限公司	5.00		1995-12-07	√	√	√
146	金石期货有限公司	0.66	新疆	1995-03-31	√		
147	新疆天利期货经纪有限公司	0.30		1993-05-29	√		
148	红塔期货有限责任公司	1.01	云南	1993-04-13	√	√	
149	云晨期货有限责任公司	1.10		2002-03-07	√		
150	西南期货经纪有限公司	0.50	重庆	1995-06-26	√		
151	中电投先融期货有限公司	1.00		1995-08-23	√	√	
152	中信建投期货有限公司	3.90		1993-03-16	√	√	√
153	华创期货有限责任公司	1.00		1995-08-23	√		
154	金友期货经纪有限责任公司	1.00	福建	1995-05-18	√	√	
155	鑫鼎盛期货有限公司	0.70		1995-10-04	√		
156	兴证期货有限公司	3.30		1995-12-14	√		

表 5-8-2　　期货公司营业部名录

营业部所属辖区	期货公司营业部名称	注册地址	联系电话	备注
安徽	安粮期货有限公司安庆营业部	安徽省安庆市迎江区龙山路 156 号 5 楼	0556-5696679	
安徽	安粮期货有限公司淮南营业部	淮南市朝阳中路 91 号科技大厦 8 楼	0554-6666588	
安徽	安粮期货有限公司马鞍山营业部	马鞍山市花山区中央花园 9-504 室	0555-2960118	
安徽	安粮期货有限公司芜湖营业部	芜湖市黄山西路证券大厦第 7 层	0553-3833893	
安徽	大有期货有限公司合肥营业部	合肥市庐阳区濉溪路 278 号财富广场 1908、1909、1910 室	0551-6106758	
安徽	格林大华期货有限公司合肥营业部	合肥市庐阳区濉溪路 118 号汇丰广场办 1-1806、1807、1808 室	0551-62796672	
安徽	冠通期货有限公司合肥营业部	安徽省合肥市马鞍山路 58 号商办楼第四层	0551-65251598	
安徽	国都期货有限公司合肥营业部	合肥市庐阳区濉溪路 168 号新天地国际广场 501-505 室	0551-66115601	
安徽	国联期货有限责任公司合肥营业部	合肥市长江西路三号春天大厦 503 室	0551-62817878	
安徽	国贸期货经纪有限公司合肥营业部	安徽省合肥市庐阳区金寨路 329 号国轩凯旋大厦 2115、2116、2117、2118 室	0551-5267168	
安徽	国信期货有限责任公司合肥营业部	合肥市包河区马鞍山南路 680 号绿地赢海国际大厦 C 座 22 层（2213、2214、2215、2216、2217 室）	0551-63757967	
安徽	国元期货有限公司合肥营业部	安徽省合肥市金寨路 329 号国轩凯旋大厦 4 层	0551-65194096	
安徽	海航东银期货有限公司合肥营业部	合肥市庐阳区濉溪路 287 号金鼎国际广场 A 座 1702、1703、1707、1708 室	0551-5633133	
安徽	海通期货有限公司合肥营业部	合肥市庐阳区濉溪路 278 号财富广场三期 C 座 1101 室	0551-65666282	
安徽	海证期货有限公司芜湖营业部	芜湖市文化路 25 号皖江金融大厦 12 层	0553-3116377	
安徽	弘业期货股份有限公司合肥营业部	合肥市蜀山区长江西路 200 号置地投资广场 1306、1307、1310 室	0551-62671969	
安徽	弘业期货股份有限公司芜湖营业部	安徽省芜湖市镜湖区融汇中江广场 H#楼 1511、1512、1513、1514 室	0553-3917066	
安徽	宏源期货有限公司合肥营业部	合肥市包河区马鞍山路绿地赢海国际大厦 C 座 602、603、604 室	0551-3714286	
安徽	华安期货有限责任公司安庆营业部	安徽省安庆市迎江区龙山路 31 幢综合楼 7 层	0556-5696819	
安徽	华安期货有限责任公司阜阳营业部	安徽省阜阳市颍州中路 58 号绿洲大厦第二层	0558-2256095	

续表

营业部所属辖区	期货公司营业部名称	注册地址	联系电话	备注
安徽	华安期货有限责任公司马鞍山营业部	安徽省马鞍山市雨山区雨山西路 497 号 -804、904 室	0555 -5206011	
安徽	华安期货有限责任公司芜湖营业部	安徽省芜湖市新芜区新利商厦 8 号 3 楼	0553 -3873359	
安徽	徽商期货有限责任公司阜阳营业部	阜阳市颍泉区中市办慧湖路 88 号中央豪景小区 15#16#楼 417、418 室	0558 -2151567	
安徽	徽商期货有限责任公司马鞍山营业部	马鞍山市雨山区花雨路 348 号（名筑时代广场 1 -423）	0555 -2367067	
安徽	徽商期货有限责任公司铜陵营业部	安徽省铜陵市义安大道北段 1287 号财富广场 A1501 室	0562 -2837238	
安徽	徽商期货有限责任公司芜湖营业部	芜湖市融汇中江广场 H#楼 2312、2313 室	0553 -3830091	
安徽	江海汇鑫期货有限公司蚌埠营业部	蚌埠市涂山路 1757 号投资大厦 12 楼	0552 -3183720	
安徽	金信期货有限公司合肥营业部	合肥市包河区马鞍山南路 660 号绿地赢海国际大厦 D 座 707、708、709 室	0551 -66108818	
安徽	锦泰期货有限公司芜湖营业部	安徽省芜湖市黄山中路镜街 99 金鼎 19 层 1901 -1903 室	0553 -2915663	
安徽	南华期货股份有限公司芜湖营业部	芜湖市中山北路 77 号侨鸿国际商城 904、906、908 室	0553 -3880208	
安徽	上海金源期货有限公司铜陵营业部	安徽省铜陵市义安大道 1287 号财富广场 A2506 室	0562 -5860996	
安徽	上海中财期货有限公司合肥营业部	合肥市庐阳区淮河路 288 号香港广场 1306、1307 室	0551 -2651811	
安徽	万达期货股份有限公司合肥营业部	合肥市庐阳区濉溪路 278 号财富广场 501 室	0551 -62758699	
安徽	浙江中大期货有限公司合肥营业部	合肥市包河区屯溪路 239 号富广大厦 1504、1505 室	0551 -64656832	
安徽	中国国际期货有限公司合肥营业部	安徽省合肥市包河区马鞍山路 130 号万达广场 C 区 7 -1302 室	0551 -66104503	
安徽	中辉期货经纪有限公司合肥营业部	安徽省合肥市政务区潜山南路蔚蓝商务港城市广场 B 座 1201、1202、1203、1204 室	0551 -62727199	
安徽	中信建投期货有限公司合肥营业部	合肥市包河区马鞍山路 130 号万达广场 C 区 6 幢 1903、1904、1905 室	0551 -62889767	

续表

营业部所属辖区	期货公司营业部名称	注册地址	联系电话	备注
安徽	中信期货有限公司芜湖营业部	芜湖市弋江区泰鑫商务中心2101室	0555－3509800	
北京	安粮期货有限公司北京营业部	北京市朝阳区建国路甲92号－4至24层1105室	010－85800661	
北京	宝城期货有限责任公司北京营业部	北京市朝阳区望京西路甲50号1号楼7层1－09内701－02单元	010－64795820	
北京	北京首创期货有限责任公司北京北辰东路营业部	北京市朝阳区北辰东路8号亚运村1号门	010－84973126	
北京	北京首创期货有限责任公司北京长虹桥营业部	北京市朝阳区东三环北路19号嘉盛中心B2座中青大厦601、602室	010－65089658	
北京	北京中期期货有限公司北京彩和坊路营业部	北京市海淀区彩和坊路8号2层213室	010－82868239	
北京	北京中期期货有限公司北京西直门营业部	北京市西城区西直门外大街1号院3号楼20D12－D13（德胜园区）	010－66058407	
北京	渤海期货有限公司北京营业部	北京市朝阳区朝外大街乙6号朝外SO-HO23层2306室	010－59002541	
北京	财达期货有限公司北京首体南路营业部	北京市海淀区首体南路20号国兴大厦D座二层西侧（201）	010－88315101	
北京	财富期货有限公司北京建外大街营业部	北京市朝阳区建国门外大街甲6号爱思开大厦204室	010－85679888	
北京	长江期货有限公司北京复兴路营业部	北京市海淀区复兴路乙12号626、627室	01059817091	
北京	长江期货有限公司北京建国门北大街营业部	北京市东城区建国门北大街8号华润大厦一层103单元	010－84682178	
北京	成都倍特期货经纪有限公司北京营业部	北京市东城区北三环东路36号环贸中心D座705－706室	010－58257599	
北京	大地期货有限公司北京西三环北路营业部	北京市海淀区西三环北路89号十一层B1102	010－68731889	
北京	大华期货有限公司北京北三环中路营业部	北京市西城区北三环中路6号3栋13层1306室	010－62366253	
北京	大连良运期货经纪有限公司北京永安东里营业部	北京市朝阳区永安东里甲3号院1号楼2207E	010－58207273	
北京	大通期货经纪有限公司北京营业部	北京市朝阳区延静西里2号华商大厦311－315室	010－65914450	
北京	大有期货有限公司北京北辰西路营业部	北京市朝阳区北辰西路69号2层2单元201室	010－58782828	

续表

营业部所属辖区	期货公司营业部名称	注册地址	联系电话	备注
北京	道通期货经纪有限公司北京蓝靛厂东路营业部	北京市海淀区蓝靛厂东路 2 号院 2 号楼（金源时代商务中心 2 号楼）2 单元 B 座 2F	010－88594342	
北京	东方汇金期货有限公司北京营业部	北京市东城区永定门西滨河路 8 号院 7 楼东塔 5 层 05 单元	010－59947955	
北京	东海期货有限责任公司北京西三环北路营业部	北京市海淀区西三环北路 87 号 9 层4－901 室	010－88825100	
北京	东吴期货有限公司北京东三环中路营业部	北京市朝阳区东三环中路 24 号楼 5 层 505 室	010－67714238	
北京	东兴期货有限责任公司北京营业部	北京市东城区安定门东大街 28 号 2 号楼 8 层 802 室	010－66553323	
北京	方正期货有限公司北京阜外大街营业部	北京市西城区阜成门外大街甲 34 号二楼	010－68578857	
北京	格林大华期货有限公司北京建国门外大街营业部	北京市朝阳区建国门外大街乙 12 号双子座大厦西塔 12 层 1201A	010－66215759－810	
北京	冠通期货有限公司北京知春路营业部	北京市海淀区知春路 118 号知春大厦 A 座 1001A 室	010－62576919	
北京	光大期货有限公司北京营业部	北京市西城区月坛北街 2 号月坛大厦东配楼五层	010－68084650	
北京	广发期货有限公司北京营业部	北京市朝阳区安慧里四区 15 号院 2 号楼 12 层 1201－1209、1211 室	010－64923660	
北京	广永期货有限公司北京中关村大街营业部	北京市海淀区中关村大街 11 号（北科置业大厦）A1108 室	010－62684827	
北京	广州期货有限公司北京营业部	北京市西城区月坛北街 26 号写字楼 410 室	010－58566917	
北京	国金期货有限责任公司北京长椿街营业部	北京市西城区长椿街 3 号 3 号楼一层	010－66218298	
北京	国泰君安期货有限公司北京建国门外大街营业部	北京市朝阳区建国门外大街乙 12 号双子座大厦东塔 29 层 2901、2902 室	010－58795766	
北京	国投中谷期货有限公司北京营业部	北京市西城区广安门外南滨河路 1 号 8－9 层	010－68747676	
北京	国信期货有限责任公司北京营业部	北京市朝阳区北辰东路 8 号汇欣大厦 1 号楼 B0801 室	010－84988801	
北京	海航东银期货有限公司北京新源南路营业部	北京市朝阳区新源南路 3 号 10 层 101 内 B1003	010－65974969	

续表

营业部所属辖区	期货公司营业部名称	注册地址	联系电话	备注
北京	海通期货有限公司北京南礼士路营业部	北京市西城区南礼士路66号1号楼建威大厦812－815室	010－68086896	
北京	弘业期货股份有限公司北京营业部	北京市东城区安定门外大街丁88号9层	010－68031609	
北京	宏源期货有限公司北京西直门北大街营业部	北京市海淀区西直门北大街甲43号1幢6层01、02、03、04、05、06、11房间	010－62699689	
北京	华海期货有限公司北京西直门北大街营业部	北京市海淀区西直门北大街甲43号1号楼2层1－8－07号	010－82212682	
北京	华泰长城期货有限公司北京营业部	北京市朝阳区北三环东路28号易亨大厦1209室	010－64405616	
北京	华闻期货经纪有限公司北京营业部	北京市东城区北京站东街8号四层401至403室	010－84464135	
北京	华西期货有限责任公司北京营业部	北京市东城区建国门内大街18号办—1103－1104室	010－65174391	
北京	徽商期货有限责任公司北京南竹杆胡同营业部	北京市东城区南竹杆胡同6号楼4层07室	010－58641775	
北京	集成期货有限公司北京朝阳工人体育场北路营业部	北京市朝阳区工人体育场北路8号院1号楼13层01－1603	010－85270310	
北京	江海汇鑫期货有限公司北京营业部	北京市朝阳区东大桥路8号院3号楼12层1202	010－51665806	
北京	金鹏期货经纪有限公司北京太平街营业部	北京市西城区太平街6号富力摩根中心D座1012、1015室	010－83132622	
北京	金鹏期货经纪有限公司丰台营业部	北京市丰台区汽车博物馆东路1号院4号楼北座902室（园区）	010－83681815	
北京	金瑞期货有限公司北京营业部	北京市东城区安定门东大街28号1号楼D单元1206号	010－66555677	
北京	锦泰期货有限公司北京朝外大街营业部	北京市朝阳区朝外大街26号13层B1601	010－85653078	
北京	京都期货有限公司北京德胜门外大街营业部	北京市西城区德胜门外大街115号1层B区（1009－1012室）	010－59366136	
北京	经易期货经纪有限公司北京安立路营业部	北京市朝阳区安立路80号1005室	010－59636858	
北京	鲁证期货股份有限公司北京平安里西大街营业部	北京市西城区平安里西大街28号楼701－01、08、09室	010－63220926	

续表

营业部所属辖区	期货公司营业部名称	注册地址	联系电话	备注
北京	迈科期货经纪有限公司北京朝阳门北大街营业部	北京市东城区朝阳门北大街1号新保利大厦11层c	010-64082007	
北京	美尔雅期货经纪有限公司北京霞光里营业部	北京市朝阳区霞光里15号楼3层309室	010-84463746	
北京	民生期货有限公司北京新街口北大街营业部	北京市西城区新街口北大街3号星街坊大厦5层509室	010-82270085	
北京	南华期货股份有限公司北京营业部	北京市西城区宣武门外大街28号2幢B801、B802、B803、B805、B608、B609室	010-63514526	
北京	乾坤期货有限公司北京月坛北街营业部	西城区月坛北街2号月坛大厦A座七层A706-A707号	010-68083230	
北京	瑞达期货股份有限公司北京大柳树路营业部	北京市海淀区大柳树路17号富海中心3号楼602室	010-62155857	
北京	上海大陆期货有限公司北京首体南路营业部	北京市海淀区首体南路9号5楼3层0301-02号	010-65528139	
北京	上海东亚期货有限公司北京营业部	北京市东城区东四十条甲22号1号楼B1018、B1020室	010-51690960	
北京	上海东证期货有限公司北京安苑路营业部	北京市朝阳区小关北里45号世纪嘉园5号楼6层	010-84896646	
北京	上海良茂期货经纪有限公司北京营业部	北京市朝阳区北辰东路8号K座1216-1217室	010-84980658	
北京	上海中财期货有限公司北京西直门外大街营业部	北京市西城区西直门外大街1号院T2楼15层C5、C6室	010-82205991	
北京	上海中期期货有限公司北京知春路营业部	北京市海淀区知春路106号太平洋国际大厦905、906室	010-59714689	
北京	申银万国期货有限公司北京劲松九区营业部	北京市朝阳区劲松九区909楼4层	010-67789206-606	
北京	神华期货经纪有限公司北京营业部	北京市海淀区苏州街18号院长远天地大厦4号楼3A01室	010-82613962	
北京	晟鑫期货经纪有限公司北京东直门外大街营业部	北京市东城区东直门外大街46号天恒大厦1203室	010-84608458	
北京	天风期货有限公司北京营业部	北京市朝阳区安贞西里26楼5层503、504、505室	010-64414066	
北京	天富期货有限公司北京营业部	北京市东城区东中街40号1号楼3层01号	010-64162779	

续表

营业部所属辖区	期货公司营业部名称	注册地址	联系电话	备注
北京	万达期货股份有限公司北京营业部	北京市西城区德胜门外大街125号3层301B（德胜园区）	010－59323366	
北京	五矿期货有限公司北京东中街营业部	北京市东城区东中街9号（北写字楼）第六层F号	010－64185322	
北京	新湖期货有限公司北京海运仓营业部	北京市东城区海运仓胡同1号9层901号	010－64006876	
北京	新纪元期货有限公司北京东四十条营业部	北京市东城区东四十条68号平安发展大厦4层403、407室	010－84261653	
北京	信达期货有限公司北京裕民路营业部	北京市朝阳区裕民路12号（中国国际科技会展中心）A座506室	010－82252390	
北京	兴证期货有限公司北京西直门北大街营业部	北京市海淀区西直门北大街32号院1号楼6层706室	010－62237670	
北京	一德期货有限公司北京北三环东路营业部	北京市东城区北三环东路36号E栋7层02/03房间	010－88312828－8668	
北京	银河期货有限公司北京航丰路营业部	北京市丰台区航丰路1号院2号楼817室	010－58090015	
北京	银河期货有限公司北京营业部	北京市朝阳区曙光西里甲5号院16号楼第23层2303－2305单元	010－85879509－618	
北京	英大期货有限公司北京东三环中路营业部	北京市朝阳区呼家楼（京广中心）3层301室	010－65978388	
北京	永安期货股份有限公司北京营业部	北京市东城区金宝街58号6层	010－65120691	
北京	招金期货有限公司北京朝阳北路营业部	北京市朝阳区朝阳北路237号楼26层3002、3003室	010－65087306	
北京	招商期货有限公司北京西直门北大街营业部	北京市海淀区西直门北大街60号首钢国际大厦5层0507－0508号房间	010－82291683	
北京	浙江新世纪期货有限公司北京营业部	北京市西城区黄寺大街23号北广大厦1111室	010－82232918	
北京	浙江中大期货有限公司北京营业部	北京市东城区安定门外大街138号地坛大厦A0503、A0505、A0506室	010－65060066	
北京	浙商期货有限公司北京光华路营业部	北京市朝阳区光华路甲14号1幢12层1202室、1203室	010－65082206	
北京	中钢期货有限公司北京安外大街营业部	北京市安定门外大街甲88号中联大厦701室	010－64253186	

续表

营业部所属辖区	期货公司营业部名称	注册地址	联系电话	备注
北京	中国国际期货有限公司北京朝阳营业部	北京市朝阳区麦子店西路3号12层1319－1325号	010－59539999	
北京	中国国际期货有限公司北京中关村大街营业部	北京市海淀区中关村大街27号6层609、610号	010－51905951	
北京	中粮期货有限公司北京营业部	北京市朝阳区北辰东路8号汇欣大厦A608室	010－84986951	
北京	中融汇信期货有限公司北京营业部	北京市朝阳区东三环中路20号楼10层03－05单元	010－67766695	
北京	中投天琪期货有限公司北京营业部	北京市朝阳区朝外大街18号B1116－1117室	010－65880625	
北京	中信建投期货有限公司北京营业部	北京市东城区朝阳门北大街6号首创大厦207室	010－85283001	
北京	中信期货有限公司北京建国门外大街营业部	北京市朝阳区建国门外大街8号楼8层801室	010－57762881	
北京	中衍期货有限公司北京西直门北大街营业部	北京市海淀区西直门北大街32号院1号楼5层606室	010－62269027	
大连	安粮期货有限公司大连营业部	大连市沙河口区会展路129号大连国际金融中心A座－大连期货大厦2204、2206B号房间	0411－39668858	
大连	宝城期货有限责任公司大连营业部	大连市沙河口区会展路129号大连国际金融中心A座－大连期货大厦2001、2006B号房间	0411－84807258	
大连	北京首创期货有限责任公司大连营业部	大连市沙河口区会展路129号大连国际金融中心A座－大连期货大厦2505号房间	0411－84800321	
大连	渤海期货有限公司大连营业部	大连市中山区玉光街11号远洋大厦B座写字间1单元806、807室	0411－82690775	
大连	创元期货有限公司大连营业部	大连市沙河口区会展路129号大连国际金融中心A座－大连期货大厦2806号房间	0411－84990496	
大连	大华期货有限公司大连营业部	大连市沙河口区会展路129号大连国际金融中心A座—大连期货大厦2106A、2106B、2107号房间	0411－84807513	
大连	大连良运期货经纪有限公司大连营业部	大连市沙河口区会展路129号大连国际金融中心A座－大连期货大厦2008、2009号房间	0411－84806148	

续表

营业部所属辖区	期货公司营业部名称	注册地址	联系电话	备注
大连	大通期货经纪有限公司大连营业部	大连市沙河口区会展路129号大连国际金融中心A座－大连期货大厦2210室	0411－84807548	
大连	东海期货有限责任公司大连营业部	大连市沙河口区会展路129号大连国际金融中心A座－大连期货大厦1904、1905号房间	0411－84800413	
大连	东航期货有限责任公司大连营业部	大连市沙河口区会展路81号2单元11层2号	0411－84990301	
大连	格林大华期货有限公司大连期货大厦营业部	大连市沙河口区会展路129号大连国际金融中心A座－大连期货大厦2005号房间	0411－84807363	
大连	冠通期货有限公司大连营业部	大连市沙河口区会展路129号大连国际金融中心A座—大连期货大厦2705、2706号房间	0411－84807290	
大连	光大期货有限公司大连营业部	大连市沙河口区会展路129号大连国际金融中心A座－大连期货大厦2002、2003、2410号房间	0411－84806828	
大连	广发期货有限公司大连营业部	大连市沙河口区会展路129号大连国际金融中心A座—大连期货大厦2202、2203、2903号房间	0411－84806771	
大连	广永期货有限公司大连营业部	大连市沙河口区会展路129号大连国际金融中心A座－大连期货大厦2311号房间	0411－84806645	
大连	国都期货有限公司大连营业部	大连市沙河口区会展路129号大连国际金融中心A座—大连期货大厦1909、1910号房间	0411－84807416	
大连	国联期货有限责任公司大连营业部	大连市沙河口区会展路129号大连国际金融中心A座—大连期货大厦2510、2511号房间	0411－82312828	
大连	国泰君安期货有限公司大连营业部	大连市沙河口区会展路129号大连国际金融中心A座—大连期货大厦2703号房间	0411－84807767	
大连	国投中谷期货有限公司大连营业部	大连市沙河口区会展路129号大连国际金融中心A座－大连期货大厦1901、1912号房间	0411－84807030	
大连	国信期货有限责任公司大连营业部	大连市沙河口区高尔基路737号和平现代城E座3楼	0411－84377068	
大连	国元期货有限公司大连营业部	大连市沙河口区会展路129号大连国际金融中心A座－大连期货大厦2406B、2407室	0411－84807740	

续表

营业部所属辖区	期货公司营业部名称	注册地址	联系电话	备注
大连	海航东银期货有限公司大连营业部	大连市沙河口区会展路 129 号大连国际金融中心 A 座－大连期货大厦 2404 号房间	0411－84806313	
大连	海通期货有限公司大连营业部	大连市中山区人民路 23 号 36 层 10 号、9 号、8 号	0411－82507227	
大连	弘业期货股份有限公司大连营业部	大连市沙河口区会展路 129 号大连国际金融中心 A 座－大连期货大厦 2301、2302 号房间	0411－39799891	
大连	宏源期货有限公司大连营业部	大连市沙河口区会展路 129 号大连国际金融中心 A 座大连期货大厦 2105、2306B 号房间	0411－84806965	
大连	华安期货有限责任公司大连营业部	大连市沙河口区会展路 129 号大连国际金融中心 A 座－大连期货大厦 2908 号房间	0411－84806625	
大连	华泰长城期货有限公司大连营业部	大连市会展路 129 号大连国际金融中心 A 座－大连期货大厦 2312 号房间	0411－84800629	
大连	徽商期货有限责任公司大连营业部	大连市沙河口区会展路 129 号大连国际金融中心 A 座大连期货大厦 2507、2902 号房间	0411－84805075	
大连	集成期货有限公司大连营业部	大连市沙河口区会展路 129 号大连国际金融中心 A 座大连期货大厦 2307 房间	0411－84807167	
大连	江海汇鑫期货有限公司大连营业部	辽宁省大连市沙河口区会展路 129 号大连国际金融中心 A 座－大连期货大厦 3305、3306、3307 号房	0411－84806970	
大连	江苏东华期货有限公司大连营业部	大连市沙河口区会展路 115 号 2 单元 7 层 2 号	0411－84807549	
大连	江信国盛期货有限责任公司大连营业部	辽宁省大连市沙河口区会展路 129 号大连国际金融中心 A 座－大连期货大厦 2007 室	0411－84807351	
大连	金鹏期货经纪有限公司大连营业部	大连市沙河口区会展路 129 号大连国际金融中心 A 座－大连期货大厦 2004、2010 号房间	0411－84800342	
大连	金瑞期货有限公司大连营业部	大连市沙河口区会展路 129 号大连国际金融中心 A 座－大连期货大厦 2201 号房间	0411－84806341	

续表

营业部所属辖区	期货公司营业部名称	注册地址	联系电话	备注
大连	金元期货经纪有限公司大连营业部	大连市沙河口区会展路129号大连国际金融中心A座-大连期货大厦2108、2209号房间	0411-84807873	
大连	经易期货经纪有限公司大连营业部	大连市沙河口区会展路129号大连国际金融中心A座-大连期货大厦2011号房间	0411-84806606	
大连	鲁证期货股份有限公司大连营业部	大连市沙河口区会展路129号大连国际金融中心A座-大连期货大厦1902、1903号房间	0411-84806878	
大连	迈科期货经纪有限公司大连营业部	大连市沙河口区会展路129号大连金融中心A座-大连期货大厦2502房间	0411-84807866	
大连	民生期货有限公司大连营业部	大连市沙河口区会展路129号大连国际金融中心A座-大连期货大厦2909号房间	0411-84807801	
大连	南华期货股份有限公司大连营业部	大连市沙河口区会展路129号大连国际金融中心A座-大连期货大厦第34层3401、3410号	0411-84377288	
大连	山西三立期货经纪有限公司大连营业部	大连市沙河口区会展路129号大连国际金融中心A座-大连期货大厦2402、2403号房间	0411-84807561	
大连	上海大陆期货有限公司大连营业部	大连市中山区延安路9号一方大厦13层A、B、F	0411-39646228	
大连	上海东证期货有限公司大连营业部	大连市沙河口区会展路129号大连国际会展中心A座-大连期货大厦2411、2412号房间	0411-84801650	
大连	上海金源期货有限公司大连营业部	大连沙河口区会展路67号5-3-7-5	0411-84990352	
大连	上海中期期货有限公司大连营业部	大连市沙河口区会展路129号大连国际金融中心A座-大连期货大厦2212房间	0411-84807877	
大连	申银万国期货有限公司大连营业部	大连市沙河口区会展路129号大连国际金融中心A座-大连期货大厦2110、2111、2901	0411-84806733	
大连	深圳金汇期货经纪有限公司大连营业部	大连市沙河口区会展路129号大连国际金融中心A座大连期货大厦2308室	0411-84807238	

续表

营业部所属辖区	期货公司营业部名称	注册地址	联系电话	备注
大连	深圳瑞龙期货有限公司大连营业部	大连市沙河口区会展路129号大连国际金融中心A座－大连期货大厦2304号	0411－84806974	
大连	晟鑫期货经纪有限公司大连营业部	大连市沙河口区会展路129号大连国际金融中心A座－大连期货大厦2104、2109室	0411－84807350	
大连	天富期货有限公司大连营业部	大连市沙河口区会展路129号大连国际金融中心A座－大连期货大厦2506B室	0411－84800251	
大连	万达期货股份有限公司大连营业部	大连市沙河口区会展路129号大连国际金融中心A座－大连期货大厦2102、2103、2306A室	0411－84806755	
大连	新湖期货有限公司大连营业部	大连市沙河口区会展路129号大连国际金融中心A座－大连期货大厦2701、2702号房间	0411－84807987	
大连	信达期货有限公司大连营业部	大连市沙河口区会展路129号大连国际金融中心A座－大连期货大厦2408、2409号房间	0411－84807776	
大连	兴证期货有限公司大连营业部	大连市沙河口区会展路129号大连国际金融中心A座－大连期货大厦1906A、1906B、1907房间	0411－84806658	
大连	一德期货有限公司大连营业部	大连市沙河口区会展路129号大连国际金融中心A座－大连期货大厦2303、2309、2310号房间	0411－84807158	
大连	银河期货有限公司大连营业部	大连市沙河口区会展路129号大连国际金融中心A座大连期货大厦2401、2707、2805房间	0411－84806610	
大连	英大期货有限公司大连营业部	大连市沙河口区会展路129号大连国际金融中心A座－大连期货大厦1908号房间	0411－84806388	
大连	招金期货有限公司大连营业部	大连市沙河口区会展路115号6－2－5－5	0411－84990702	
大连	浙商期货有限公司大连营业部	大连市沙河口区会展路129号大连国际金融中心A座－大连期货大厦2802号房间	0411－84806018	
大连	中钢期货有限公司大连营业部	大连市沙河口区会展路129号大连国际金融中心A座－大连期货大厦A座2112房间	0411－84807570	

续表

营业部所属辖区	期货公司营业部名称	注册地址	联系电话	备注
大连	中国国际期货有限公司大连期货大厦营业部	大连市沙河口区会展路129号大连国际金融中心A座－大连期货大厦2503、2504、2704号房间	0411－84806549	
大连	中国国际期货有限公司大连中山广场营业部	大连市中山区同兴街10号东亚银行大厦1501、1502、1503、1509室	0411－39815999	
大连	中辉期货经纪有限公司大连营业部	大连市沙河口区会展路129号大连国际金融中心A座－大连期货大厦2205、2206A号房间	0411－84807315	
大连	中粮期货有限公司大连营业部	大连市沙河口区会展路129号大连国际金融中心A座－大连期货大厦2803、2804号房间	0411－39859558	
大连	中融汇信期货有限公司大连营业部	大连市沙河口区会展路129号大连国际金融中心A座－大连期货大厦2305号房间	0411－84803121	
大连	中投天琪期货有限公司大连营业部	大连市沙河口区会展路129号大连国际金融中心A座－大连期货大厦29－07	0411－84801563	
大连	中信建投期货有限公司大连营业部	大连市沙河口区会展路129号国际金融中心A座期货大厦2905、2904号房间	0411－84806361	
大连	中信期货有限公司大连营业部	大连市沙河口区会展路129号大连国际金融中心A座－大连期货大厦2508、2509号房间	0411－84807783	
大连	中衍期货有限公司大连营业部	大连市沙河口区中山路572号6层5号	0411－84804557	
大连	中原期货有限公司大连营业部	大连市沙河口区会展路129号大连国际金融中心A座－大连期货大厦2405号房间	0411－84807946	
大连	中州期货有限公司大连营业部	大连市沙河口区会展路129号大连国际金融中心A座－大连期货大厦2208号房间	0411－84806738	
福建	渤海期货有限公司福州营业部	福州市鼓楼区东街92号中福广场9楼E单元	0591－87279897	
福建	长江期货有限公司福州营业部	福建省福州市鼓楼区湖东路168号宏利大厦21层B3、B4、B5、A4、A5	0591－87808303	
福建	东海期货有限责任公司福州营业部	福州市台江区新港街道五一南路1号联信中心主楼13层04室	0591－83267697	

续表

营业部所属辖区	期货公司营业部名称	注册地址	联系电话	备注
福建	东兴期货有限责任公司福州营业部	福州市台江区洋中街道学军路 1 号群升国际 A 地块 1#楼 2 层 17、18、19、45、46 号	0591－87566702	
福建	格林大华期货有限公司福州营业部	福建省福州市鼓楼区五一北路 1 号力宝天马广场十三层 D	0591－87809180	
福建	格林大华期货有限公司泉州营业部	福建省泉州市丰泽区丰泽街中段南测中银大厦 20 楼	0595－28980077	
福建	光大期货有限公司福州营业部	福州市鼓楼区东大路 92 号华源大厦 15 层 1503 室	0591－87875126	
福建	广发期货有限公司福州营业部	福州市鼓楼区古田路 121 号华福大厦四层	0591－83360199	
福建	国联期货有限责任公司福州营业部	福州市台江区鳌峰街道鳌江路 8 号（江滨中大道北侧、曙光路东侧）福州金融街万达广场二期 A1#写字楼 17 层 01、02、03、05、26、27 室	0591－87509701	
福建	国贸期货经纪有限公司福州营业部	福州市鼓楼区温泉街道湖东路 189 号凯捷大厦 4 层 01 室	0591－87800128	
福建	国贸期货经纪有限公司晋江营业部	晋江市青阳泉安中路晋江国贸中心大厦 702、705 室	0595－85631919	
福建	国贸期货经纪有限公司龙岩营业部	龙岩市新罗区九一北路闽西图书大厦八楼	0597－2259866	
福建	国贸期货经纪有限公司南平营业部	南平市解放路 101 号紫云商住大楼二层	0599－6111583	
福建	国贸期货经纪有限公司泉州营业部	泉州市丰泽区田安南路外代大厦二楼	0595－24669333	
福建	国贸期货经纪有限公司三明营业部	福建省三明市梅列区江滨新村 37 幢十九层 1 号、2 号、3 号、4 号、8 号	0598－8289858	
福建	国贸期货经纪有限公司漳州营业部	漳州市芗城区胜利西路向荣大厦七层	0596－2037537	
福建	海通期货有限公司泉州营业部	泉州市丰泽区田安路与泉秀路交叉路“先锋大厦”3－F2	0595－24677555	
福建	弘业期货股份有限公司福州营业部	福建省福州市鼓楼区五一北路 1 号力宝天马广场二十五层 2504 单元	0591－38118117	
福建	宏源期货有限公司福州营业部	福州市鼓楼区鼓东街道井大路 68 号建银综合楼 14 层 01、02、06 室	0591－28363033	

续表

营业部所属辖区	期货公司营业部名称	注册地址	联系电话	备注
福建	金鹏期货经纪有限公司福州营业部	福州市鼓楼区五四路159号世界金龙大厦10层A北单元	0591－87802669	
福建	金友期货经纪有限责任公司福安营业部	福安市城南金山南路50号1号楼2－3层	0593－6625666	
福建	金友期货经纪有限责任公司晋江营业部	晋江市青阳镇曾井小区16层	0595－85616696	
福建	金友期货经纪有限责任公司龙岩营业部	龙岩市新罗区西城西桥九一南路38号矿泉大厦2层	0597－2219938	
福建	金友期货经纪有限责任公司莆田营业部	莆田市城厢区龙桥办龙桥居委会荔城北路三信城市家园综合楼3层	0594－2720909	
福建	金友期货经纪有限责任公司泉州营业部	泉州市丰泽区田安路北段阳光大厦A幢7层	0595－22115955	
福建	金友期货经纪有限责任公司永安营业部	永安市名流公馆小区7幢202室、7幢1－301室	0598－3859578	
福建	金友期货经纪有限责任公司漳州营业部	漳州市芗城区悦华园10幢80A号	0596－2038010	
福建	美尔雅期货经纪有限公司福州营业部	福建省福州市鼓楼区东水路55号设计大楼2层	0591－87510155	
福建	瑞达期货股份有限公司福州营业部	福州市鼓楼区温泉街道东大路92号华源大厦8层05、07、08、09、10室	0591－87276662	
福建	瑞达期货股份有限公司晋江营业部	晋江市青阳镇崇德路273号工行大厦17楼	0595－86778989	
福建	瑞达期货股份有限公司龙岩营业部	龙岩市中山路改造二期5#楼凯丰商厦七楼	0597－2950001	
福建	瑞达期货股份有限公司莆田营业部	莆田市城厢区学园中路88号德信大厦三楼301－304室	0594－6271001	
福建	瑞达期货股份有限公司泉州营业部	泉州市丰泽区丰泽街建行大厦十层C座、十八层B、D座	0595－29013908	
福建	瑞达期货股份有限公司三明营业部	三明市梅列区崇桂新村46幢二层	0598－8291318	
福建	瑞达期货股份有限公司石狮营业部	石狮市金林路兴业大厦21层	0595－83011001	
福建	瑞达期货股份有限公司漳州营业部	漳州市芗城区胜利路外经贸广场十四层	0596－6102129	

续表

营业部所属辖区	期货公司营业部名称	注册地址	联系电话	备注
福建	上海大陆期货有限公司福州营业部	福州市鼓楼区湖东路169号天鹜大厦四层	0591－87629779	
福建	上海良茂期货经纪有限公司福清营业部	福清市一拂路新亚商贸中心九层	0591－86005197	
福建	上海良茂期货经纪有限公司宁德营业部	福建省宁德市闽东大广场A幢701、702室	0593－7185151	
福建	上海良茂期货经纪有限公司泉州营业部	泉州市鲤城区温陵北路72号五交化大楼二层	0595－24669901	
福建	天风期货有限公司福州营业部	福州市鼓楼区五一北路106号新侨联广场1号楼1408、1409室	0591－87564600	
福建	天鸿期货经纪有限公司莆田营业部	福建省莆田市荔城区镇海街道延寿南街609号501室	0594－7513333	
福建	象屿期货有限责任公司晋江营业部	福建省晋江市竹树下小区晋江福隆花园（二区）双龙路71#、73#、75#	0595－82038895	
福建	新湖期货有限公司福州营业部	福州市鼓楼区水部街道五一北路129号榕城商贸中心11层02号	0591－83337972	
福建	新晟期货有限公司福清营业部	福清市加州城9号楼三层	0591－86006998	
福建	鑫鼎盛期货有限公司龙岩营业部	龙岩市新罗区西城登高西路163号（富山国际中心）6层612、613、615、616、618－620室	0597－2128600	
福建	鑫鼎盛期货有限公司莆田营业部	莆田市荔城区拱辰街道延寿中街1299号辰华财富中心（荔城友德大酒店A栋）6层东侧	0594－2519911	
福建	兴证期货有限公司福州营业部	福建省福州市鼓楼区湖东路99号七星大厦16层	0591－87668686	
福建	兴证期货有限公司龙岩营业部	龙岩市新罗区西陂镇龙腾中路618号（五洲财富中心）3幢3层303室	0597－5255898	
福建	兴证期货有限公司泉州营业部	泉州市丰泽区田安路汇源大厦A幢3层	0595－24668909	
福建	兴证期货有限公司漳州营业部	漳州市芗城区水仙大街42号闽南商业城综合楼A座（新城大厦）三楼东南侧角	0596－2999785	
福建	银河期货有限公司福州营业部	福州市鼓楼区东水路88号闽发大厦12层	0591－87508878	
福建	永安期货股份有限公司福州营业部	福州市五一北路106号新侨联广场B座7层	0591－87610559	
福建	招金期货有限公司福州营业部	福建省福州市鼓楼区华大街道北环中路131号时代金典大厦2层	0591－87622320	

续表

营业部所属辖区	期货公司营业部名称	注册地址	联系电话	备注
福建	浙江中大期货有限公司福州营业部	福州市五一中路88号平安大厦22层B单元	0591－28312158	
福建	中国国际期货有限公司福州营业部	福建省福州市鼓楼区五一北路力宝天马广场十四层E、F单元	0591－88089006	
福建	中辉期货经纪有限公司莆田营业部	莆田市城厢区梅园路三信花园5楼	0594－2228913	
福建	中信建投期货有限公司漳州营业部	福建省漳州市芗城区华联商厦第七层	0596－6161588	
甘肃	海航东银期货有限公司兰州营业部	兰州市城关区庆阳路169号陇鑫大厦写字楼21层04、06号	0931－2176965	
甘肃	海通期货有限公司兰州营业部	甘肃省兰州市城关区皋兰路街道广场南路107号第11层004室、005室、006室、1107室	0931－8783890	
甘肃	华龙期货有限公司酒泉营业部	酒泉市新城区世纪大道玉门油田新天地商业街2号楼3层	0937－3920697	
甘肃	南华期货股份有限公司兰州营业部	兰州市庆阳路488号万盛商务大厦26楼	0931－8805313	
甘肃	万达期货股份有限公司兰州营业部	兰州市城关区张掖路1号保利大厦14楼1401、1402、1403室	0931－8429691	
甘肃	浙江中大期货有限公司酒泉营业部	酒泉市肃州区北大街37号5楼	0937－2803833	
广东	安信期货有限责任公司广州营业部	广州市天河区珠江东路11号高德置地广场F座11楼02－03单元	020－29161058	
广东	北京中期期货有限公司广州营业部	广州市天河区天河路230号1701－1702室	020－28633258	
广东	渤海期货有限公司广州营业部	广州市越秀区东风东路745号自编2104房	020－28079827	
广东	长江期货有限公司广州营业部	广州市海珠区琶洲大道东2、4、6、8号琶洲国际采购中心A－1栋16层1608－1609房	020－28087808	
广东	成都倍特期货经纪有限公司广州营业部	广州市天河区珠江东路13号7楼01单元	020－28630323	
广东	东海期货有限责任公司广州营业部	广州市天河区花城大道87号15楼04单元	020－84393992	
广东	格林大华期货有限公司广州营业部	广州市越秀区长堤大马路318号1205、1207房	020－22230258－888	

续表

营业部所属辖区	期货公司营业部名称	注册地址	联系电话	备注
广东	光大期货有限公司广州营业部	广州市天河区天河北路689号1808、1809、1810单元	020-38731485	
广东	广东鸿海期货有限公司佛山南海营业部	佛山市南海区桂城南海大道北51号财汇大厦11层1101室	0757-86236347	
广东	广东鸿海期货有限公司顺德营业部	广东省佛山市顺德区大良沿江北路121号建设大厦五楼	0757-22385323	
广东	广发期货有限公司东莞营业部	东莞市东城南路联和商业大厦首层101号	0769-23036111	
广东	广发期货有限公司佛山营业部	佛山市南海区南海大道北路51号财汇大厦1014、1015室	0757-88599898	
广东	广发期货有限公司广州民间金融街营业部	广东省广州市越秀区长堤大马路252-256号二楼	020-81922827	
广东	广发期货有限公司广州营业部	广州市越秀区寺右新马路111-115号19楼1918房	020-87355998	
广东	广发期货有限公司江门营业部	江门市蓬江区迎宾大道中118号2幢808-809房	0750-3928798	
广东	广发期货有限公司汕头营业部	广东省汕头市龙湖区金砂路116号（汕融大厦）10楼1013房	0754-88424661	
广东	广发期货有限公司肇庆营业部	肇庆市天宁北路75号之一发展广场17层03、04、05、08房	0758-2313903	
广东	广发期货有限公司中山营业部	中山市中山四路35号财富大厦2楼201房	0760-88367378	
广东	广发期货有限公司珠海营业部	珠海市香洲人民西路68号（南村豪苑）12栋3楼301室	0756-3332178	
广东	广永期货有限公司佛山营业部	佛山市禅城区汾江中路148号11楼	0757-88352811	
广东	广永期货有限公司广州营业部	广州市天河区花城大道7号五楼E5房	020-38298599	
广东	广永期货有限公司顺德营业部	广东省佛山市顺德区容桂街道办事处德胜居委会桥东路10号首层	0757-26382011	
广东	广永期货有限公司新塘营业部	广州市增城新塘镇东坑三横中路1号汇创国贸大厦第一幢17层03室	020-32915055	
广东	广永期货有限公司中山营业部	广东省中山市东区竹苑新村竹苑路102号首层（底层之一后座）	0760-88367718	
广东	广州期货有限公司佛山南海营业部	佛山市南海区大沥镇九龙小商品批发城主楼3号西501、502、503房及主楼3号东502房	0757-88772893	

续表

营业部所属辖区	期货公司营业部名称	注册地址	联系电话	备注
广东	广州期货有限公司清远营业部	广东省清远市清城区广清大道65号交行大厦13层01－1单元	0763－6988233	
广东	国金期货有限责任公司广州营业部	广东省广州市天河区体育西路191号中石化大厦B塔3806号	020－28028060	
广东	国贸期货经纪有限公司广州营业部	广州市天河区体育西路191号B塔3117－3121房	020－38081918	
广东	国泰君安期货有限公司广州营业部	广州市天河区体育西路111－115单号9楼AB	020－38628582	
广东	国投中谷期货有限公司广州营业部	广州市天河区天河北路183号大都会广场2705室	020－85250390	
广东	海通期货有限公司广州营业部	广州市天河区林和西路9号耀中广场1716B室	020－22028133	
广东	弘业期货股份有限公司广州营业部	广州市天河区体育东路136、138号自编层第九层［自然层第九层］中09－11房	020－22836686	
广东	华联期货有限公司东莞东城营业部	东莞市东城区东城大道御景大厦三楼303#	0769－23072006	
广东	华联期货有限公司东莞樟木头营业部	东莞市樟木头镇帝豪路88号广盈办公楼二楼	0769－82337282	
广东	华联期货有限公司佛山营业部	佛山市南海区桂城南海大道北20号金安大厦704、705室	0757－63864923	
广东	华联期货有限公司广州营业部	广州市天河区林和西路9号1701房	020－38011983	
广东	华联期货有限公司揭阳营业部	广东省揭阳市东山黄岐山大道以西建阳路以南金城广场宾馆第十一层	0663－8285280	
广东	华泰长城期货有限公司东莞营业部	广东省东莞市南城区胜和路华凯大厦802B	0769－22806930	
广东	华泰长城期货有限公司番禺营业部	广州市番禺区市桥街清河东路338号2205、2206、2207房	020－84701499	
广东	华泰长城期货有限公司佛山营业部	佛山市禅城区季华五路21号1401、1402、1403、1404室	0757－83809098	
广东	华泰长城期货有限公司广州营业部	广东省广州市天河区天河路242号2110、2111、2112室	020－38395258	
广东	华泰长城期货有限公司惠州营业部	惠州市江北东江二路二号富力丽港中心酒店24层01号	0752－2055272	
广东	华泰长城期货有限公司汕头营业部	汕头市龙湖区金砂路116号汕融大厦1210、1212号房	0754－88488577	

续表

营业部所属辖区	期货公司营业部名称	注册地址	联系电话	备注
广东	华泰长城期货有限公司湛江营业部	湛江市湛江开发区观海路 183 号荣基国际广场公寓 25 层 01、02、03、05、06、07、08 号房	0759－2669108	
广东	华泰长城期货有限公司中山营业部	中山市石岐区兴中道 6 号假日广场 1 栋 510 室	0760－88863108	
广东	华泰长城期货有限公司珠海营业部	珠海市吉大海宾南路 47 号 2308、2309 室	0756－3217878	
广东	徽商期货有限责任公司东莞营业部	东莞市东城区东莞大道 17 号汇业写字楼 21 楼 01、02、13 号	0769－22858827	
广东	集成期货有限公司佛山市顺德营业部	佛山市顺德区乐从镇乐从居委会细海工业区 9－1 号 F 西 13 号	0757－29238968	
广东	集成期货有限公司佛山营业部	广东省佛山市禅城区季华五路 29 号广发大厦 15 楼	0757－83999775	
广东	集成期货有限公司梅州营业部	广东省梅州市江南彬芳大道鸿达路鸿兴商务创意园第伍层第壹卡	0753－2188508	
广东	金瑞期货有限公司佛山营业部	广东省佛山市禅城区城门头西路 1 号 1203－1204 室	0757－82361317	
广东	锦泰期货有限公司东莞营业部	东莞市南城区元美路与鸿福路交汇处东莞市财富广场 1 栋（A、B）座写字楼 2 单元 507、508 号房	0769－88057799	
广东	鲁证期货股份有限公司广州营业部	广州市天河区花城大道 85 号 11 楼 04 单元	020－38838588	
广东	美尔雅期货经纪有限公司广州营业部	广州市越秀区中山三路 33 号中华广场 B 座 21 楼 08－09 室	020－83888373	
广东	民生期货有限公司广州营业部	广州市广州大道中 299 号璟泰大厦 605 单元	020－28829186	
广东	南华期货股份有限公司广州营业部	广州市天河区天河北路 28 号时代广场东座 717 房、718 房	020－38809869	
广东	南华期货股份有限公司普宁营业部	广东省普宁市中信华府南向门市东起第 3－8 间首层至二层	0663－2663818	
广东	乾坤期货有限公司广州营业部	广州市天河区体育西路 103 号维多利广场 A 塔 1502 房	020－85236948	
广东	瑞达期货股份有限公司广州营业部	广州市越秀区先烈中路 69 号 1007－1008 室	020－22370806	
广东	瑞达期货股份有限公司汕头营业部	广东省汕头市金平区金砂路 99 号君悦华庭 1 栋 514、519、520 号	0754－88647811	

续表

营业部所属辖区	期货公司营业部名称	注册地址	联系电话	备注
广东	上海大陆期货有限公司广州营业部	广东省广州市海珠区南洲路158号侨建集团大厦7层	020－83642392	
广东	上海东证期货有限公司广州营业部	广州市天河区体育西路191号中石化大厦B塔2721、2722、2723、2724房	020－38084980	
广东	申银万国期货有限公司广州营业部	广州市天河区体育东路108号西塔1705－1707单元	020－23386008	
广东	盛达期货有限公司广州营业部	广东省广州市越秀区天河路45之二号901自编901单元	020－22025628	
广东	盛达期货有限公司珠海营业部	珠海市吉大景山路188号粤财大厦25楼1单元	0756－3883301	
广东	天风期货有限公司广州营业部	广州市天河区珠江新城华强路3号之二富力盈力大厦北塔907室	020－38013423	
广东	万达期货股份有限公司广州营业部	广州市天河区体育西路123号新创举大厦22层A区	020－85580613	
广东	万达期货股份有限公司湛江营业部	广东省湛江市霞山区人民大道南28号怡福大厦A幢701、702、703、705、706房	0759－2299816	
广东	新纪元期货有限公司广州营业部	广州市越秀区东风东路703大院29号11层	020－87750826	
广东	新晟期货有限公司番禺营业部	广州市番禺区市桥镇光明北路233号绿茵庭园办公楼7楼	020－39992598	
广东	新晟期货有限公司广州营业部	广州市天河区林和西路1号广州国际贸易中心1201单元	020－38255782	
广东	新晟期货有限公司南海营业部	广东省佛山市南海区广佛路125号城际大厦C座5层	0757－85923905	
广东	新晟期货有限公司汕头营业部	广州省汕头市长平路93号华乾大厦十楼	0754－88643868	
广东	新晟期货有限公司顺德营业部	佛山市顺德区乐从镇乐从社区居委会建设路A143号P－5号铺	0757－28785008	
广东	信达期货有限公司广州营业部	广州市天河区体育西路111号建和中心大厦11楼C单元	020－28862030	
广东	银河期货有限公司佛山南海营业部	佛山市南海区桂城南海大道北57号十楼	0757－86330199	
广东	永安期货股份有限公司广州营业部	广州市天河区临江大道路5号第26层06单元	020－23382525	
广东	招商期货有限公司广州营业部	广州市天河区珠江新城华穗路5号11楼1101A房	020－38038519	

续表

营业部所属辖区	期货公司营业部名称	注册地址	联系电话	备注
广东	浙商期货有限公司广州营业部	广州市海珠区琶洲大道东路 8 号 818、819 房	020－89059193	
广东	中国国际期货有限公司东莞营业部	东莞市南城区胜和大朗村塘贝路口胜和商住广场 A 座七层 A1	0769－22800622	
广东	中国国际期货有限公司番禺营业部	广州市番禺区石基镇广华南路 71 号东瀚园 2 座写字楼 301、302 房	020－84611342	
广东	中国国际期货有限公司佛山营业部	广东省佛山市南海区桂城南海大道北 61 号经委大厦 3 楼	0757－81210162	
广东	中国国际期货有限公司广州营业部	广州市天河区体育东路 138 号自编层第二十层 02－04 房	020－38879130	
广东	中国国际期货有限公司惠州营业部	广东省惠州市江北文昌一路 7 号华贸大厦 1 单元 16 层 02、03 号房	0752－2086531	
广东	中国国际期货有限公司江门营业部	广东省江门市蓬江区迎宾大道中 118 号 2 幢 911－912 单元	0750－3275201	
广东	中国国际期货有限公司梅州营业部	广东省梅州市江南彬芳大道金利来时尚步行街 C 区 C18－102B	0753－2242888	
广东	中国国际期货有限公司清远营业部	广东省清远市人民二路二十三号卓越大厦 6 层 01、602、603、604 号	0763－6880812	
广东	中国国际期货有限公司湛江营业部	广东省湛江市赤坎区观海北路 18 号丽湾名邸 B1 栋首层 11 号商铺	0759－2381686	
广东	中国国际期货有限公司肇庆营业部	广东省肇庆市天宁北路 75 号之一 18E07－08 号	0758－6810886	
广东	中国国际期货有限公司珠海营业部	广东省珠海市吉大海滨南路 47 号光大国际贸易中心 2003 房	0756－3217866	
广东	中航期货经纪有限公司汕头营业部	广东省汕头市金砂东路 124 号华美大厦三楼西梯 302 室	0754－88899132	
广东	中辉期货经纪有限公司广州营业部	广州市天河区天河北路 183－187 号 4001、4002、4003 房	020－22220992	
广东	中信建投期货有限公司广州营业部	广州市越秀区东风路 410－412 号 7 层自编 704A、705－06 房	020－28325286	
广东	中信期货有限公司广州营业部	广东省广州市越秀区长堤大马路 344 号三层	020－81866621	
广西	宝城期货有限责任公司南宁营业部	南宁市金湖路 26－1 号东方国际商务港 A 座 6 层	0771－5503108	

续表

营业部所属辖区	期货公司营业部名称	注册地址	联系电话	备注
广西	北京首创期货有限责任公司南宁营业部	南宁市青秀区双拥路38号广西国际金融投资大厦12楼	0771－5776608	
广西	成都倍特期货经纪有限公司南宁营业部	南宁市金洲路25号太平洋世纪广场A座1206、1207室	0771－5760056	
广西	大连良运期货经纪有限公司南宁营业部	南宁市民族大道115－1号现代国际10楼1011号	0771－5507226	
广西	大有期货有限公司南宁营业部	广西南宁市兴宁区朝阳路66号钻石广场19楼A15－A23、B11－B15室	0771－3283200	
广西	东海期货有限责任公司南宁营业部	南宁市民生路38号南宁饭店西楼十三层A1301、A1302室	0771－2501739	
广西	格林大华期货有限公司桂林营业部	桂林市七星区漓江路28号中软现代城4号楼11楼6、7、8室	0773－3116903	
广西	冠通期货有限公司柳州营业部	广西柳州市潭中东路17号华信国际A座1单元12－6	0772－2620772	
广西	光大期货有限公司南宁营业部	南宁市民生路131号绿都商厦商住楼第31层3119、3120、3121、3122、3123、3132室	0771－2866618	
广西	广发期货有限公司南宁营业部	南宁市青秀区地王国际商会中心4008－4012号房	0771－5592588	
广西	国海良时期货有限公司柳州营业部	广西柳州市友谊路4号11栋友谊国际2－3号	0772－3010011	
广西	国海良时期货有限公司南宁营业部	南宁市金湖路26－1号东方国际商务港A座4楼	0771－5588180	
广西	国联期货有限责任公司南宁营业部	南宁市青秀区民族大道143号德瑞花园6号楼4层02号B区	0771－5735806	
广西	海航东银期货有限公司南宁营业部	南宁市长湖路50号广西三月花国际大酒店三楼3188室	0771－5736510	
广西	海通期货有限公司南宁营业部	南宁市民族大道131号航洋国际城恒富中心2号楼2016、2018、2019室	0771－5591951	
广西	弘业期货股份有限公司南宁营业部	南宁市金洲路25号太平洋世纪广场A座21层2103室	0771－5760761	
广西	宏源期货有限公司南宁营业部	南宁市民族大道115－1号现代国际大厦7层	0771－5557242－888	
广西	华泰长城期货有限公司南宁营业部	南宁市民族大道137号春晖花园A区办公楼1501号房	0771－5739977	

续表

营业部所属辖区	期货公司营业部名称	注册地址	联系电话	备注
广西	美尔雅期货经纪有限公司南宁营业部	南宁市民生路38号南宁饭店主楼十三层B1310至1313、B1316、B1318至1321室	0771－2623160	
广西	民生期货有限公司南宁营业部	广西南宁市金浦路16号汇东国际F座1209、1211、1213室	0771－5567567	
广西	南证期货有限责任公司北海营业部	北海市北海大道201号华美财富广场A座B区701号	0779－2216583	
广西	瑞达期货股份有限公司柳州营业部	柳州市景行路19号方东大厦6楼	0772－3028927	
广西	瑞达期货股份有限公司梧州营业部	梧州市新兴三路8号西侧二楼	0744－6026871	
广西	上海大陆期货有限公司柳州营业部	柳州市景行路19号方东大厦5层	0772－3011001	
广西	万达期货股份有限公司南宁营业部	南宁市金湖路59号地王国际商会中心36层I室	0771－5597698	
广西	新晟期货有限公司南宁营业部	南宁市民族大道127号铂宫国际24层2405、2406、2407、2408号房	0771－5360389	
广西	银建期货经纪有限责任公司南宁营业部	南宁市青秀区民族大道93号新兴大厦A栋17层	0771－5849094	
广西	中电投先融期货有限公司南宁营业部	金湖路68号金源现代城18层1821、1823、1825、1827号	0771－5776290	
广西	中国国际期货有限公司南宁营业部	广西南宁市金湖路38号6楼	0771－5589233	
广西	中辉期货经纪有限公司柳州营业部	柳州市潭中中路8号华泰大厦1610－1614室	0772－2879298	
广西	中粮期货有限公司南宁营业部	南宁市金湖路63号金源CBD现代城1325号	0771－5557558	
广西	中信期货有限公司南宁营业部	南宁市青秀区双拥路38号广西国际金融投资大厦10层A区	0771－5828467	
广西	中信期货有限公司玉林营业部	玉林市人民中路六路口东门商业广场B幢二十一层2112、2113、2115、2116号	0775－2330857	
贵州	东海期货有限责任公司贵阳营业部	贵阳市延安东路1号邮政大厦8楼	0851－5861601	
贵州	冠通期货有限公司贵阳营业部	贵阳市南明区都司大道商务港10层5C	0851－8639393	
贵州	广发期货有限公司贵阳营业部	贵阳市云岩区延安中路40号兴中元大厦M层B1座	0851－6572722	

续表

营业部所属辖区	期货公司营业部名称	注册地址	联系电话	备注
贵州	海航东银期货有限公司贵阳营业部	贵阳市云岩区延安西路2号贵州建设大厦13楼1301室	0851－6833698	
贵州	华创期货有限责任公司贵阳营业部	贵阳市云岩区中华北路216号云港大厦10楼1001、1007室	0851－8652518	
贵州	华泰长城期货有限公司贵阳营业部	贵州省贵阳市南明区都司路62号鸿灵纽约25层5－6号	0851－5833569	
贵州	瑞达期货股份有限公司贵阳营业部	贵阳市云岩区富水北路68号贵州省物资综合大楼15楼3－6号	0851－5855805	
贵州	申银万国期货有限公司贵阳营业部	贵阳市陕西路99号创世纪新城北楼二层	0851－6824030	
贵州	天风期货有限公司贵阳营业部	贵州省贵阳市云岩区富水北路68号贵州物资综合楼16层1号	0851－8576039	
海南	道通期货经纪有限公司海口营业部	海南省海口市滨海大道81号南洋大厦22层2201－2203室	0898－68500090	
海南	东海期货有限责任公司海口营业部	海口市大同路38号财富中心1402、1405室	0898－36387899	
海南	格林大华期货有限公司海口营业部	海南省海口市龙华国贸2路海南时代广场17层B1	0898－36601318	
海南	光大期货有限公司海口营业部	海南省海口市国贸大道56号北京大厦20层F、G、H房	0898－68538658	
海南	国海良时期货有限公司三亚营业部	三亚市三亚湾路蓝色海岸B、C段	0898－88398838	
海南	海航东银期货有限公司海口营业部	海南省海口市玉沙路5号国贸中心大厦33A房	0898－68582053	
海南	海通期货有限公司海口营业部	海口市滨海大道123号鸿联商务广场9C房	0898－68567033	
海南	海证期货有限公司海口营业部	海南省海口市金龙路51号万利隆商务大厦9层	0898－68501323	
海南	弘业期货股份有限公司海口营业部	海南省海口市龙华区大同路38号财富中心1809－1811室	0898－66509189	
海南	金元期货经纪有限公司海口市南宝路营业部	海口市南宝路36号证券大厦五层501、502、503、598室	0898－68559282	
海南	鲁证期货股份有限公司海口营业部	海口市国贸路56号北京大厦22层F、G号	0898－68503119	

续表

营业部所属辖区	期货公司营业部名称	注册地址	联系电话	备注
海南	天富期货有限公司海口营业部	海口市国贸大道49－1号港澳发展大厦24层B2号	0898－36385998	
海南	新湖期货有限公司海口营业部	海南省海口市国贸路2号海南时代广场15层北侧	0898－36627000	
海南	中国国际期货有限公司海口营业部	海南省海口市龙华区海秀中路51－1号星城大厦9A（901）房	0898－68582156	
河北	北京中期期货有限公司保定营业部	保定市时代路56号国贸大厦十层1011、1012室	0312－3035518	
河北	北京中期期货有限公司邯郸营业部	邯郸市丛台区人民东路98号招贤大厦1009、1010室	0310－3053688	
河北	北京中期期货有限公司唐山营业部	高新区建设北路152号（东方大厦C座0812、0815房间）	0315－3195439	
河北	大连良运期货经纪有限公司石家庄营业部	石家庄长安区广安街36号银泰国际大厦18层1803、1804室	0311－89182815	
河北	格林大华期货有限公司石家庄营业部	石家庄市自强路35号庄家金融大厦903室	0311－87875665	
河北	冠通期货有限公司秦皇岛营业部	秦皇岛市海港区秦皇东大街264号八达大厦九楼901、903、905、907室	0335－3641266	
河北	海通期货有限公司石家庄营业部	河北省石家庄市长安区育才街56号九派大厦A－1－1903	0311－86069155	
河北	河北恒银期货经纪有限公司沧州营业部	沧州市浮阳北大道28号幞园新村北公建楼二楼	0317－5673888	
河北	河北恒银期货经纪有限公司承德营业部	承德市南营子大街永兴大厦B座七层	0314－2060177	
河北	河北恒银期货经纪有限公司邯郸营业部	邯郸市人民东路312号新时代商务大厦24层E、F、G室	0310－5109977	
河北	河北恒银期货经纪有限公司衡水营业部	衡水市人民西路558号	0318－5105599	
河北	河北恒银期货经纪有限公司廊坊营业部	廊坊市新华路76号天利得益商务中心15层1508、1509、1510、1511室	0316－2210666	
河北	河北恒银期货经纪有限公司唐山营业部	唐山市路北区大里路228号	0315－2352909	
河北	宏源期货有限公司石家庄营业部	石家庄桥西区裕华西路15号万象天成商务广场2单元2504室	0311－67802128	

续表

营业部所属辖区	期货公司营业部名称	注册地址	联系电话	备注
河北	华泰长城期货有限公司石家庄营业部	河北省石家庄市中山西路188号中华商务中心A座1608、1611室	0311－85519307	
河北	津投期货经纪有限公司秦皇岛营业部	秦皇岛市海港区新华街9号新天地商务中心A座2201、2218室	0335－3088123	
河北	锦泰期货有限公司石家庄营业部	石家庄市新华区康乐街8号尚德国际商务中心509、510室	0311－66683209	
河北	美尔雅期货经纪有限公司石家庄营业部	石家庄市中山西路83号东方大厦9层0927室	0311－85272201	
河北	民生期货有限公司唐山营业部	唐山市路北区天源里天源骏景中小俱乐部3－189号	0315－2568987	
河北	上海中财期货有限公司唐山营业部	唐山市唐山路南区万达广场购物中心2单元B座1804、1805室	0315－2222072	
河北	晟鑫期货经纪有限公司石家庄营业部	石家庄市桥西区中山西路48号华银大厦1001室、1002室、1003室	0311－85189980	
河北	天富期货有限公司唐山营业部	河北省唐山市路北区大理路121号	0315－2230128	
河北	信达期货有限公司石家庄营业部	石家庄市平安南大街30号万隆大厦5层501、502、503、504、510、511室	0311－89691998	
河北	银河期货有限公司唐山营业部	河北省唐山市路南区新华西道32号新华贸中心写字楼12层05、06、07、08号	0315－5778916	
河北	永安期货股份有限公司石家庄营业部	石家庄长安区中山东路322号开元大厦A－2－1002室	0311－89627354	
河北	中电投先融期货有限公司石家庄营业部	河北省石家庄市长安区广安街91号世纪方舟B座811室	0311－86061916	
河北	中钢期货有限公司唐山营业部	唐山市高新区建设北路152号东方大厦B座9388、9688室	0315－3192883	
河北	中国国际期货有限公司石家庄营业部	河北省石家庄市桥西区中华南大街172号泰丰大厦1701、1703室	0311－80959911	
河北	中辉期货经纪有限公司石家庄营业部	石家庄市桥西区裕华西路9号裕园广场C座1－1903室	0311－85288801	
河北	中辉期货经纪有限公司唐山营业部	唐山市路南区新华西道32号新华贸17层1706室、1707室	0315－6328398	
河北	中信建投期货有限公司廊坊营业部	廊坊市广阳区广阳道20号中太大厦707、708、709室	0316－2326909	
河南	安粮期货有限公司郑州营业部	郑州市郑东新区CBD商务外环路东，商务西三街北1幢8层09、10号	0371－65613859	

续表

营业部所属辖区	期货公司营业部名称	注册地址	联系电话	备注
河南	宝城期货有限责任公司郑州营业部	郑州市未来大道69号未来大厦1201、1202室	0371－65612832	
河南	北京首创期货有限责任公司郑州营业部	郑州市未来大道69号未来大厦1601室	0371－65615187	
河南	渤海期货有限公司郑州营业部	郑州市未来大道69号未来大厦1709室	0371－65618255	
河南	长安期货有限公司郑州营业部	郑州市郑东新区商务外环路25号18层1807、1808号	0371－86676962	
河南	长江期货有限公司郑州营业部	郑州市金水区经三路15号广汇国贸大厦A座1601号	0371－65665726	
河南	创元期货有限公司郑州营业部	郑州市未来大道69号未来公寓301、302、303、305、307、316号	0371－65611863	
河南	大连良运期货经纪有限公司郑州营业部	郑州市未来大道69号未来大厦1612房间	0371－65613002	
河南	大有期货有限公司郑州营业部	河南省郑州市经三路32号财富广场6号楼3层	0371－60946688	
河南	东方汇金期货有限公司郑州营业部	郑州市金水区金水路288号11号楼4层411号	0371－65675970	
河南	东海期货有限责任公司郑州营业部	郑州市未来大道69号未来大厦908A号	0371－65618245	
河南	格林大华期货有限公司洛阳营业部	洛阳市西苑路6号洛阳友谊宾馆5层501－510室	0379－64687777	
河南	格林大华期货有限公司郑州未来路营业部	郑州市未来路69号未来大厦15楼1506室	0371－65613027	
河南	格林大华期货有限公司郑州郑东新区营业部	郑州市郑东新区商务外环路29号17层1706－1710号	0371－65616756	
河南	冠通期货有限公司郑州营业部	郑州市未来大道69号未来大厦1602、1606、1618、1619室	0371－65612218	
河南	光大期货有限公司郑州营业部	郑州市金水区未来大道69号未来大厦1208室	0371－65615553	
河南	广发期货有限公司郑州营业部	郑州市未来大道69号未来公寓	0371－65612753	
河南	国都期货有限公司郑州营业部	郑州市黄河路26号1号楼7层A座	0371－63588006	
河南	国海良时期货有限公司郑州营业部	郑州市郑东新区商务外环28号18层07、08号	0371－56971659	
河南	国联期货有限责任公司郑州营业部	郑州市郑东新区商务外环路29号20层2006号、2007号	0371－65613193	

续表

营业部所属辖区	期货公司营业部名称	注册地址	联系电话	备注
河南	国投中谷期货有限公司郑州营业部	河南省郑州市未来大道69号未来大厦2210室	0371－65615399	
河南	国信期货有限责任公司洛阳营业部	洛阳市涧西区南昌路南端兴隆花园29－2幢2层	0379－60689966	
河南	国信期货有限责任公司南阳营业部	南阳市卧龙区卧龙路382号5层西区	0377－63216757	
河南	海航东银期货有限公司郑州营业部	郑州市未来大道69号未来公寓	0371－65618303	
河南	海通期货有限公司郑州营业部	郑州市金水区未来大道69号未来大厦1708A、1807、1808、1809、1810B号	0371－65612988	
河南	和融期货经纪有限责任公司郑州营业部	郑州市未来大道69号未来公寓407房间	0371－65611151	
河南	弘业期货股份有限公司郑州营业部	郑州市金水区未来大道69号未来大厦1605、1610室	0371－65615362	
河南	红塔期货有限责任公司郑州营业部	郑州市未来大道69号未来大厦1715、1716室	0371－65612718	
河南	宏源期货有限公司郑州营业部	郑州市郑东新区商务外环路13号6层605、606室	0371－55152562	
河南	华安期货有限责任公司郑州营业部	郑州市郑东新区CBD内环A41－45号（五行嘉园）2幢1层04号、3层26号	0371－86616973	
河南	华泰长城期货有限公司郑州营业部	河南省郑州市未来大道69号未来公寓601、602、603、605、616室	0371－65628001	
河南	华闻期货经纪有限公司郑州营业部	郑州市未来大道69号未来大厦1711、1712室	0371－65612636	
河南	徽商期货有限责任公司郑州营业部	郑州市未来大道未来路69号未来大厦8楼808室	0371－65613220	
河南	集成期货有限公司郑州营业部	郑州市未来大道69号未来公寓902室、101室、905室和1608室	0371－65612203	
河南	江南期货经纪有限公司郑州营业部	河南省郑州市未来大道69号未来大厦22楼2222室	0371－65612801	
河南	江苏东华期货有限公司郑州营业部	郑州市未来大道69号未来公寓	0371－65618974	
河南	金鹏期货经纪有限公司郑州营业部	河南省郑州市商务内环路10号1804、1805、1806室	0371－86605633	
河南	金瑞期货有限公司郑州营业部	郑州市未来路69号未来公寓1405号、1507号、1605号、1616号	0371－65613420	

续表

营业部所属辖区	期货公司营业部名称	注册地址	联系电话	备注
河南	金石期货有限公司郑州营业部	郑州市郑东新区商务内环路23号6号商铺3层	0371－55621198	
河南	金元期货经纪有限公司郑州营业部	郑州市未来大道未来公寓1105、916、1203、1305室	0371－65618891	
河南	锦泰期货有限公司郑州营业部	郑州市金水区经三北路财富广场4号楼1802室	0371－60158850	
河南	经易期货经纪有限公司郑州营业部	郑州市经三北路32号财富广场1号楼25层西北西南户	0371－67261518	
河南	鲁证期货股份有限公司郑州营业部	河南省郑州市未来大道69号未来大厦802室	0371－65629609	
河南	迈科期货经纪有限公司郑州营业部	郑州市未来路69号未来大厦14楼1409室	0371－65610168	
河南	民生期货有限公司郑州营业部	郑州市未来大道69号未来大厦903、905、906室	0371－65614395	
河南	南华期货股份有限公司郑州营业部	郑州市未来路73号锦江国际花园1幢南14层	0371－65618119	
河南	瑞达期货股份有限公司郑州营业部	郑州市金水区未来路69号未来大厦909室	0371－55156299	
河南	山西三立期货经纪有限公司郑州营业部	郑州市未来路69号未来公寓1205、1216室	0371－65613430	
河南	上海大陆期货有限公司郑州营业部	郑州市郑东新区商务内环路15号7层702室	0371－60131296	
河南	上海东证期货有限公司郑州营业部	河南省郑州市金水区未来大道69号未来大厦1507室	0371－65616191	
河南	上海金源期货有限公司郑州营业部	郑州市未来大道	0371－65611449	
河南	上海良茂期货经纪有限公司郑州营业部	郑州市未来路69号未来大厦2008A室	0371－65613459	
河南	上海中财期货有限公司郑州营业部	郑州市未来路69号未来公寓816室、707室	0371－65611472	
河南	上海中期期货有限公司郑州营业部	郑州市未来大道69号未来公寓716室、802室	0371－65616113	
河南	申银万国期货有限公司郑州营业部	郑州市金水区未来大道69号未来大厦1011室	0371－65612708	
河南	神华期货经纪有限公司郑州营业部	郑州市未来大道69号未来大厦2001室	0371－65628103	

续表

营业部所属辖区	期货公司营业部名称	注册地址	联系电话	备注
河南	晟鑫期货经纪有限公司郑州营业部	郑州市未来大道69号未来公寓701、702室	0371－65628958	
河南	万达期货股份有限公司安阳营业部	安阳市殷都区钢花路中盛梧桐园临街门面房北楼2层02号	0372－3156628	
河南	五矿期货有限公司郑州营业部	郑州市金水区金水路288号14号楼22层2203、2210号	0371－55521006	
河南	新湖期货有限公司郑州营业部	郑州市未来大道69号未来大厦806、812、1410室	0371－65612773	
河南	一德期货有限公司郑州营业部	郑州市未来大道69号未来大厦803、804、805室	0371－65612079	
河南	银河期货有限公司郑州营业部	郑州市未来大道69号未来大厦2005、2006室	0371－65612597	
河南	银建期货经纪有限责任公司郑州营业部	郑州市未来大道69号未来公寓1406室	0371－65613028	
河南	中国国际期货有限公司洛阳营业部	洛阳市涧西区西苑路付6号第13层1306、1308、1310号	0379－65168609	
河南	中国国际期货有限公司郑州未来路营业部	郑州市未来大道69号未来大厦1901、1902、1903、1912室	0371－65613897	
河南	中辉期货经纪有限公司郑州营业部	郑州市未来大道69号未来大厦908C号	0371－65616467	
河南	中粮期货有限公司郑州营业部	郑州市金水区未来大道69号未来大厦1008室	0371－65629350	
河南	中投天琪期货有限公司郑州营业部	郑州市郑东新区CBD商务外环路9号17层1705－1706号	0371－86505018	
河南	中信建投期货有限公司郑州营业部	郑州市未来大道69号未来大厦2205、2211房	0371－65612349	
河南	中信期货有限公司焦作营业部	焦作市山阳区塔南路1028号华融国际大厦1707、1708号	0391－8821369	
河南	中信期货有限公司郑州营业部	郑州市郑东新区商务外环路14号18层1803号－1807号	0371－65613662	
河南	中原期货有限公司灵宝营业部	灵宝市函谷大道北段西侧（灵宝市函谷路与五龙路交叉口西南角金湖公馆）	0398－2297999	
河南	中原期货有限公司南阳营业部	南阳市人民路175号粮业大厦三楼	0377－63226600	
河南	中原期货有限公司新乡营业部	新乡市荣校路195号1号楼东1－2层	0373－2072880	
黑龙江	北京首创期货有限责任公司哈尔滨营业部	哈尔滨市南岗区玉山路10号D栋（一层、二层、501室）5号门市	0451－82368398	

续表

营业部所属辖区	期货公司营业部名称	注册地址	联系电话	备注
黑龙江	广发期货有限公司哈尔滨营业部	黑龙江省哈尔滨市南岗区长江路 157 号欧倍德中心 4 层 13 号	0451－86791380	
黑龙江	海航东银期货有限公司哈尔滨营业部	哈尔滨市经开区南岗集中区昆仑商城康顺街 34 号	0451－87583377	
黑龙江	海通期货有限公司哈尔滨营业部	哈尔滨市经开区南岗集中区红旗大街 235 号投资大厦 10 层 A 区	0451－51908111	
黑龙江	黑龙江时代期货经纪有限公司大庆营业部	黑龙江省大庆市让胡路区奥林国际公寓商业区 G 区写字楼 1812、1813 室	0459－5156464	
黑龙江	津投期货经纪有限公司哈尔滨营业部	哈尔滨市南岗区东大直街 259 号深业大厦 28 层	0451－53658887	
黑龙江	南华期货股份有限公司哈尔滨营业部	哈尔滨市香坊区中山路 93 号 201、801、804、811、812 室	0451－82345690	
黑龙江	南华期货股份有限公司齐齐哈尔营业部	黑龙江省齐齐哈尔市龙沙区迈特广场 15 层 1 号、2 号	0452－5883883	
黑龙江	信达期货有限公司哈尔滨营业部	哈尔滨市南岗区长江路 157 号欧倍德中心 5 层 3 号	0451－87222486	
黑龙江	银河期货有限公司哈尔滨营业部	哈尔滨市香坊区中山路 172 号常青大厦 607、608、609 室	0451－55505201	
黑龙江	中投天琪期货有限公司大庆营业部	黑龙江省大庆市萨尔图区兰智路 46 号唐宁馨苑 11 号楼 50 号 52 号商服	0459－6342200	
黑龙江	中投天琪期货有限公司哈尔滨营业部	哈尔滨市南岗区赣水路 41 号 5 楼	0451－82287666	
黑龙江	中投天琪期货有限公司佳木斯营业部	佳木斯市前进区保卫社区	0454－6015558	
黑龙江	中信期货有限公司哈尔滨营业部	哈尔滨市道里区上海街 7 号 B 栋 4 层 407 号	0451－82287877	
湖北	宝城期货有限责任公司武汉营业部	武昌区中山路 347 号中铁大厦塔楼七层 705－707 室	027－88923272	
湖北	北京首创期货有限责任公司武汉营业部	武昌区水果湖街中北路 86 号武汉中央文化旅游区 K3 地块 2 幢 34 层 1 号	027－87222252	
湖北	北京中期期货有限公司武汉营业部	武汉市武昌区民主路 782 号洪广宝座 27 层 F、G、H 号	027－87267756	
湖北	长江期货有限公司黄石营业部	湖北省黄石市黄石高新技术创业服务中心综合楼 8018 号	0714－6355528	
湖北	长江期货有限公司武汉市江岸营业部	武汉市沿江大道 159 号时代广场 1 栋 8 层 3 室、4 室	027－85853870	

续表

营业部所属辖区	期货公司营业部名称	注册地址	联系电话	备注
湖北	长江期货有限公司武汉市江汉营业部	湖北省武汉市汉口解放大道单洞路口1号国际大厦A座三楼	027－85865598	
湖北	长江期货有限公司武汉市硚口营业部	湖北省武汉市硚口区解放大道1007号兴隆大厦第九层	027－83310016	
湖北	长江期货有限公司武汉市青山营业部	湖北省武汉市青山区友谊大道999号武汉钢铁（集团）公司办公大楼B座705－707室	027－86740456	
湖北	长江期货有限公司武汉市武昌营业部	武昌区洪山路81号洪山礼堂一层	027－85499380	
湖北	成都倍特期货经纪有限公司武汉营业部	武汉市江汉区建设大道847号B座22层	027－59907331	
湖北	格林大华期货有限公司武汉营业部	湖北省武汉市建设大道648号联合大厦A座雷王金融中心第17层	027－85553135	
湖北	冠通期货有限公司武汉营业部	武昌区武珞路628号亚贸广场B座19层1、2号	027－87571567	
湖北	光大期货有限公司武汉营业部	湖北省武汉市张之洞路224号紫阳大厦10层	027－88312075	
湖北	广发期货有限公司武汉营业部	武汉市武昌区徐东大街20号福星惠誉国际城8栋1单元14层1－7号	027－88228216	
湖北	国联期货有限责任公司武汉营业部	武昌区临江大道96号武汉万达中心17层04、05单元	027－88220309	
湖北	国信期货有限责任公司武汉营业部	武汉船舶国际广场武汉市江岸区江汉路250号写字楼21层（名义25层）R4、R5、R6室	027－82201158	
湖北	海通期货有限公司武汉营业部	湖北省武汉市武昌区武珞路456号新时代商务中心主楼33层2室、3室和4室	027－86654908	
湖北	弘业期货股份有限公司武汉营业部	武汉市江汉区中山大道888号佳丽广场22楼2208、2209室	027－82798310	
湖北	华泰长城期货有限公司武汉营业部	湖北省武汉市江汉区建设大道847号瑞通广场B座10层1002室	027－85487365	
湖北	华闻期货经纪有限公司武汉营业部	武汉市硚口区武胜路72号泰合广场37层3701室	027－85712070	
湖北	徽商期货有限责任公司武汉营业部	武汉市江岸区江汉路26号正信大厦23层2301室	027－82966109	
湖北	金信期货有限公司武汉营业部	武汉市洪山区中山北路166号东湖春树里8栋17层34－39室	027－88735851	
湖北	美尔雅期货经纪有限公司黄石营业部	湖北省黄石市交通路121号名门世界7楼701－702室	0714－63099827	

续表

营业部所属辖区	期货公司营业部名称	注册地址	联系电话	备注
湖北	美尔雅期货经纪有限公司荆州营业部	湖北省荆州市北京中路 219 号广源大厦 12 楼	0716－8216196	
湖北	美尔雅期货经纪有限公司十堰营业部	湖北省十堰市人民北路 68 号大都会广场写字楼 21 层	0719－8663190	
湖北	美尔雅期货经纪有限公司武昌营业部	湖北省武汉市武昌区中南路 7 号中商广场写字楼 B 座 1707－1709 号	027－87300866	
湖北	美尔雅期货经纪有限公司武汉市光谷营业部	武汉市东湖新技术开发区珞瑜路光谷世界城 1 栋 1505－1510 室	027－85787073	
湖北	美尔雅期货经纪有限公司武汉市汉口营业部	武汉市江岸区江汉北路 8 号金茂大楼展厅四楼	027－85802370	
湖北	美尔雅期货经纪有限公司襄樊营业部	湖北省襄樊市樊城区解放路 63 号米公小学 2 楼	0710－3472960	
湖北	美尔雅期货经纪有限公司宜昌营业部	湖北省宜昌市西陵一路 18－1 号 0007 幢 1005 室—1007 室	0717－6465518	
湖北	南证期货有限责任公司汉口营业部	武汉市汉口解放大道单洞口国际大厦 B 栋 15 楼	027－85830601	
湖北	瑞达期货股份有限公司武汉营业部	武汉市江汉区唐家墩路 7、9、11 号武汉菱角湖万达广场 A 栋 A2 单元 7 层 2－9 室	027－85898736	
湖北	上海中财期货有限公司武汉营业部	湖北省武汉市硚口区沿河大道 236－237 号 A 栋 1 号 10 层	027－85659011－0	
湖北	申银万国期货有限公司武汉营业部	武汉市江汉区武汉世界贸易大厦 51 层 17－21 室	027－85518718	
湖北	神华期货经纪有限公司武汉营业部	湖北省武汉市武昌区武珞路 442 号中南国际商务公寓 B 座 28 楼 1－7 号	027－87739509	
湖北	天风期货有限公司武汉营业部	湖北省武汉市武昌区八一路 87 号银海华庭 A 栋二层、B 栋二层	027－87362503	
湖北	万达期货股份有限公司武汉营业部	湖北省武汉市江汉区建设大道 568 号新世界国贸大厦 I 座 15 层 02、03、05 号写字间	027－85740699	
湖北	新湖期货有限公司武汉营业部	武昌区友谊大道 2 号（老中山北路 379 号）2008 新长江广场 3 层 1 室 303 号	027－88751298	
湖北	银河期货有限公司武汉营业部	武汉市汉口硚口区解放大道 634 号新世界中心写字楼 A 座 12 层 1209、1210 室	027－83990911	
湖北	永安期货股份有限公司武汉营业部	武汉市江汉区长江日报路 77 号投资大厦 8 楼	027－85565608	

续表

营业部所属辖区	期货公司营业部名称	注册地址	联系电话	备注
湖北	浙江新世纪期货有限公司宜昌营业部	湖北省宜昌市西陵区西陵二路20号上海春天商务大厦11楼1102－1105室	0717－6237038	
湖北	浙商期货有限公司武汉营业部	武汉市硚口区武胜路72号泰合广场31层3110室	027－85849205	
湖北	中钢期货有限公司武汉营业部	湖北省武汉市江汉区新华路139号凯盟大厦3层	027－85499368	
湖北	中国国际期货有限公司武昌营业部	武汉市武昌区中南路1号国际贸易金融大厦11层	027－85267798	
湖北	中国国际期货有限公司武汉营业部	武汉市江汉区建设大道566号新世界国贸大厦2座7层	027－85267608	
湖北	中国国际期货有限公司襄樊营业部	湖北省襄樊市樊城区长虹路323号金座大厦7层3号	0710－3713885	
湖北	中航期货经纪有限公司武汉营业部	武汉市武昌区紫阳东路77号伟鹏大厦5楼	027－87250645	
湖北	中信期货有限公司武汉营业部	武汉市武昌区中南路99号武汉保利广场16层1602－E	027－87115299	
湖南	宝城期货有限责任公司长沙营业部	长沙市雨花区芙蓉中路二段279号金源大酒店天麒楼14楼1401室	0731－85239868	
湖南	北京首创期货有限责任公司长沙营业部	长沙市芙蓉区五一大道800号中隆国际大厦8楼801室	0731－82681970	
湖南	长江期货有限公司长沙营业部	长沙市雨花区芙蓉中路二段359号佳天国际新城北栋21B，C，E，H	0731－88772121	
湖南	大有期货有限公司郴州营业部	郴州市五岭大道1号林邑财富中心6楼602房	0735－5777588	
湖南	大有期货有限公司邵阳营业部	邵阳市大祥区西湖路99号B栋3楼	0739－5123017	
湖南	大有期货有限公司岳阳营业部	湖南省岳阳市南湖大道292号中房大厦四楼	0730－8801055	
湖南	大有期货有限公司株洲营业部	湖南省株洲市芦淞区建设南路108号家润多广场1栋1506室	0731－22330585	
湖南	德盛期货有限公司长沙营业部	长沙市天心区芙蓉中路二段144号城市之心大厦15楼1501－1509、1517号	0731－82920888	
湖南	德盛期货有限公司常德营业部	常德市武陵区城南办事处百街口居委会1组人民中路1617号金泰利商业广场601室	0736－7319577	
湖南	德盛期货有限公司郴州营业部	郴州市天一名邸14楼	0735－2296008	

续表

营业部所属辖区	期货公司营业部名称	注册地址	联系电话	备注
湖南	德盛期货有限公司衡阳营业部	衡阳市雁峰区蒸阳南路2号崇业商业广场三区12楼1206－1208室	0734－8828266	
湖南	德盛期货有限公司吉首营业部	吉首市人民北路13号明珠商业广场4楼	0743－8225198	
湖南	德盛期货有限公司娄底营业部	娄底市娄星区氐星路春园步行街银街12栋4楼	0738－8222818	
湖南	德盛期货有限公司湘潭营业部	湘潭市岳塘区吉安路77号中瀚财富广场二楼	0731－52352859	
湖南	德盛期货有限公司益阳营业部	益阳市益阳大道南侧289号嘉信大厦8楼810－815、822－826号	0737－4308508	
湖南	德盛期货有限公司永州营业部	永州市冷水滩区潇湘步行街C区四楼	0746－8668779	
湖南	德盛期货有限公司岳阳营业部	岳阳市南湖大道银都大厦16楼C、D座	0730－8295618	
湖南	德盛期货有限公司株洲营业部	株洲市芦淞区建设中路356号湖南火电科技大厦第四层	0731－22135888	
湖南	东海期货有限责任公司长沙营业部	长沙市芙蓉区韶山北路139号文化大厦1101房	0731－84862886	
湖南	东海期货有限责任公司郴州营业部	郴州市北湖区五岭大道与环城南路交汇处林邑财富中心五楼	0735－2127666	
湖南	方正期货有限公司长沙营业部	湖南省长沙市开福区芙蓉中路一段372号（原留芳岭14号）证券大厦三楼	0731－84313486	
湖南	方正期货有限公司常德营业部	常德市武陵区城南办事处高山街社区人民中路278号新华大厦四楼401号	0736－7319919	
湖南	方正期货有限公司郴州营业部	郴州市北湖区博物馆路雄森时代广场大厦附楼12层	0735－2812007	
湖南	方正期货有限公司娄底营业部	娄底市站前路十号国贸商业城东副三楼	0738－8321808	
湖南	方正期货有限公司岳阳营业部	湖南省岳阳市金鹗中路228号景源商务中心地上十五层二号（西边）	0730－8831589	
湖南	格林大华期货有限公司长沙营业部	长沙市雨花区芙蓉中路二段359号佳天国际新城北栋29A、B、C、D、E	0731－88271766	
湖南	冠通期货有限公司长沙营业部	湖南省长沙市芙蓉区五一路235号湘域中央1栋1609、1611房	0731－85178217	
湖南	光大期货有限公司长沙营业部	长沙市天心区芙蓉中路三段142号友谊阿波罗大厦1210、1211、1213号	0731－82906096	
湖南	广永期货有限公司长沙营业部	长沙市芙蓉区五一大道389号华美欧大厦705、706房	0731－88211208	

续表

营业部所属辖区	期货公司营业部名称	注册地址	联系电话	备注
湖南	国海良时期货有限公司长沙营业部	长沙市雨花区中意一路158号中建大厦裙楼2楼	0731－88338318	
湖南	国联期货有限责任公司长沙营业部	湖南省长沙市芙蓉中路一段469号新闻大厦12层	0731－84331308	
湖南	海通期货有限公司长沙营业部	长沙市芙蓉中路三段269号神农大酒店商务楼六楼A/B/M/L/K室	0731－82092975	
湖南	海证期货有限公司长沙营业部	湖南省长沙市天心区芙蓉中路二段168－1号摩天大厦二栋2439室	0731－88577778	
湖南	弘业期货股份有限公司长沙营业部	长沙市芙蓉区韶山北路139号文化大厦17层1701号房	0731－84426856	
湖南	华泰长城期货有限公司长沙营业部	湖南省长沙市芙蓉区韶山北路159号通程国际大酒店1301室	0731－88271761	
湖南	金鹏期货经纪有限公司长沙营业部	湖南省长沙市芙蓉区芙蓉中路二段80号顺天国际财务中心2206室	0731－89912489	
湖南	金信期货有限公司长沙营业部	长沙市天心区芙蓉中路三段398号新时空大厦1605、1607房	0731－88706550	
湖南	金信期货有限公司郴州营业部	郴州市北湖区国庆南路5号希顿大酒店8楼801－803、805－807室	0735－2477999	
湖南	金信期货有限公司衡阳营业部	湖南省衡阳市蒸湘区船山西路48号1栋综合楼8楼	0734－8456008	
湖南	金信期货有限公司永州营业部	湖南省永州市冷水滩区凤凰路与零陵北路交汇处东北角舜德财富中心写字楼904室	0746－8228777	
湖南	金信期货有限公司岳阳营业部	岳阳市岳阳楼区南湖大道329号国贸大厦9楼1011－1016房	0730－8699609	
湖南	鲁证期货股份有限公司长沙营业部	长沙市天心区芙蓉路与城南路交汇处西北角城市之心1520－1522房	0731－89737711	
湖南	瑞达期货股份有限公司长沙营业部	长沙市天心区劳动西路289号嘉盛国际大厦21层21001－21007室	0731－88338451	
湖南	上海东证期货有限公司长沙营业部	湖南省长沙市天心区芙蓉中路2段168号天玺大酒店七楼701室	0731－85235510	
湖南	上海中财期货有限公司长沙营业部	长沙市芙蓉中路三段426号5楼	0731－85559932	
湖南	新湖期货有限公司长沙营业部	长沙市天心区芙蓉中路二段198号新世纪大厦1701、1702、1703、1704室	0731－82776058	

续表

营业部所属辖区	期货公司营业部名称	注册地址	联系电话	备注
湖南	永安期货股份有限公司长沙营业部	长沙市芙蓉区五一大道 800 号中隆国际大厦 25 楼（2505、2506、2507 房）	0731－84903108	
湖南	浙江中大期货有限公司长沙营业部	湖南省长沙市芙蓉区芙蓉中路顺天财富中心 905 房	0731－85119771	
湖南	中国国际期货有限公司长沙营业部	长沙市芙蓉区五一大道 766 号中天广场写字楼 26038、26039 房	0731－85513938	
湖南	中辉期货经纪有限公司长沙营业部	长沙市芙蓉区五一大道 766 号中天广场行政公馆 15 楼 15022－15027、15037－15038 房	0731－89913966	
湖南	中信建投期货有限公司长沙营业部	长沙市芙蓉区五一大道 800 号中隆国际大厦 903 室	0731－82681811	
吉林	渤海期货有限公司长春营业部	朝阳区建设街 2007 号	0431－88567955	
吉林	大连良运期货经纪有限公司长春营业部	长春市朝阳区西安大路与安达街交汇处（盛嘉新城 1 幢 1101 号房）	0431－88506658	
吉林	东方汇金期货有限公司白城营业部	白城市洮北区中兴西大路 8 号第一幢四单元 1－2 层 107 号	0436－3510107	
吉林	光大期货有限公司长春营业部	长春市朝阳区解放大路 2677 号光大大厦 15 层 1511、1513、1515 室	0431－88405568	
吉林	国泰君安期货有限公司长春营业部	吉林省长春市朝阳区延安大街 99 号富苑盛世城 A 区 2022 室	0431－88515559	
吉林	国泰君安期货有限公司四平营业部	吉林省四平市公园北街 855 号	0434－5085879	
吉林	经易期货经纪有限公司长春营业部	长春市人民大街 4111 号兆丰国际 12 层 1201、1213 室	0431－82660999	
吉林	天富期货有限公司吉林市营业部	吉林市解放中路 208－6 号	0432－62042788	
吉林	天富期货有限公司通化营业部	通化市新华大街 1796 号 1－2 层	0435－3594555	
吉林	天富期货有限公司延吉营业部	延吉市爱丹路 1171－2 号延弘大厦西侧一、二层	0433－5006770	
吉林	天鸿期货经纪有限公司长春营业部	长春市朝阳区延安大路 456 号富苑盛世城 3031 室	0431－81154935	
吉林	天鸿期货经纪有限公司辽源营业部	吉林省辽源市龙山区西宁大路 957 号二层	0437－3253366	
吉林	万达期货股份有限公司长春营业部	长春市朝阳区西安大路 1688 号新润天国际大厦 1807－1808 室	0431－87069517	

续表

营业部所属辖区	期货公司营业部名称	注册地址	联系电话	备注
吉林	兴证期货有限公司长春营业部	吉林省长春市康平街889号润天国际24层	0431－88506977	
吉林	银河期货有限公司长春营业部	长春市朝阳区西民主大街1161号七层	0431－81032997	
吉林	永安期货股份有限公司长春营业部	长春净月高新技术产业开发区伟峰彩宇新城一期11幢0单元2204、2205室	0431－81919933	
吉林	中国国际期货有限公司长春营业部	长春市人民大街7088号伟峰国际商务广场1108室	0431－85679183	
吉林	中融汇信期货有限公司长春营业部	长春市人民大街4848号华贸国际2604室	0431－89168088	
吉林	中投天琪期货有限公司长春营业部	长春市朝阳区西安大路1688号新润天国际7层703室	0431－87069922	
吉林	中信期货有限公司吉林营业部	吉林市船营区解放中路111－8号四层	0432－62882088	
江苏	创元期货有限公司常州营业部	常州市广化街20号1102室	0519－88055952	
江苏	创元期货有限公司南京营业部	南京市广州路5号2幢1502室	025－85510765	
江苏	创元期货有限公司苏州市常熟营业部	常熟市枫林路27号5幢4楼	0512－52868980	
江苏	创元期货有限公司苏州市吴江营业部	江苏省苏州市吴江区松陵镇花园路2518号鼎盛银座商务楼418室	0512－63803977	
江苏	创元期货有限公司宿迁营业部	宿迁市苏宿工业园区通达大道15号1幢204室	0527－88260506	
江苏	创元期货有限公司无锡营业部	无锡市北大街22－412、413室	0510－82620193	
江苏	创元期货有限公司徐州营业部	徐州市泉山区文亭街8号A幢7层705、706、707号	0516－83109555	
江苏	大有期货有限公司南京营业部	南京市山西路8号金山大厦A座2603－07室	025－58785268	
江苏	道通期货经纪有限公司宜兴营业部	江苏省宜兴市宜城街道荆溪中路296号荆溪大厦五层	0510－87221166	
江苏	道通期货经纪有限公司张家港营业部	江苏省张家港市杨舍镇暨阳中路158号501室	0512－35025816	
江苏	东海期货有限责任公司常州营业部	江苏省常州市新北区通江中路369号4001室	0519－88111457	
江苏	东海期货有限责任公司淮安营业部	淮安市淮海北路8号淮海购物广场A区C座1002室	0517－86285968	
江苏	东海期货有限责任公司江阴营业部	江苏省江阴市香山路29号301、302、304、308、309、310、311、312、313室	0510－80613585	

续表

营业部所属辖区	期货公司营业部名称	注册地址	联系电话	备注
江苏	东海期货有限责任公司南京营业部	南京市玄武区长江路 109 号 325、326、327、328 室	025－84718016	
江苏	东海期货有限责任公司南通营业部	南通市濠西路 266 号百安谊家大厦 A1305、1306 室	0513－80107699	
江苏	东海期货有限责任公司苏州营业部	苏州工业园区苏雅路 388 号新天翔商业广场 2 幢 601－5 室	0512－69560699	
江苏	东海期货有限责任公司无锡营业部	无锡市南长区运河东路 555 号时代国际大厦 A 栋 3306 室	0510－82719000	
江苏	东海期货有限责任公司徐州营业部	徐州市建国东路 111 号 17 楼	0516－66697879	
江苏	东海期货有限责任公司扬州营业部	扬州市文汇西路 215 号华远国际大厦 A101 室	0514－87699768	
江苏	东吴期货有限公司江阴营业部	江阴市长江路 2－8 号、朝阳路 102 号 2 楼	0510－86802985	
江苏	东吴期货有限公司苏州市常熟营业部	常熟市海虞北路 45 号世界贸易中心 B702 室、B705 室、B724 室	0512－52702373	
江苏	东吴期货有限公司苏州市昆山营业部	昆山市玉山镇人民路 1 号 4 楼	0512－55236068	
江苏	东吴期货有限公司苏州市狮山路营业部	苏州市高新区狮山路 199 号 1 幢 2505、2506 室	0512－65773098	
江苏	东吴期货有限公司苏州市太仓营业部	江苏省苏州市太仓市城厢镇上海东路 77 号 1 幢 908、909、910 室	0512－53581288	
江苏	东吴期货有限公司苏州营业部	苏州工业园区金鸡湖路 88 号 1 幢 201、206、208 室	0512－87671918	
江苏	东吴期货有限公司吴江营业部	吴江市松陵镇中山南路 1729 号上领大厦 907、908 室	0512－63965118	
江苏	东吴期货有限公司张家港营业部	张家港市杨舍镇河东路 1 号五楼	0512－58791618	
江苏	方正期货有限公司常州营业部	常州市钟楼区延陵西路 99 号嘉业国贸大厦 3201、3202 室	0519－86811208	
江苏	方正期货有限公司南京营业部	南京市玄武区珠江路 699 号	025－58061185	
江苏	方正期货有限公司苏州营业部	苏州市东吴北路 299 号 2201 室	0512－65105067	
江苏	方正期货有限公司扬州营业部	扬州市邗江区文昌西路 283 号金都汇大厦 1 幢 801、802、803、805、806、807、808、809、810、811、812 室	0514－82991075	

续表

营业部所属辖区	期货公司营业部名称	注册地址	联系电话	备注
江苏	格林大华期货有限公司南京营业部	江苏省南京市中山南路1号51层C2C3C4区	025－85288208	
江苏	冠通期货有限公司南通营业部	南通市崇川路88号南通国际贸易中心2301、2302室	0513－87112088	
江苏	光大期货有限公司南京营业部	南京市玄武区中央路288号501室	025－83122058	
江苏	广发期货有限公司无锡营业部	无锡市中山路359号吟春大厦10层FGH单元	0510－66897116	
江苏	国联期货有限责任公司常州营业部	常州市延陵西路19号	0519－88168922	
江苏	国联期货有限责任公司江阴营业部	江苏省无锡市江阴市澄江中路5－1号301、302、303室	0510－86876325	
江苏	国联期货有限责任公司南京营业部	南京市建邺区庐山路158号嘉业国际城4幢1701室	025－86729299	
江苏	国联期货有限责任公司南通营业部	南通市崇川区南大街290号崇川大厦四层	0513－55880605	
江苏	国联期货有限责任公司苏州营业部	苏州工业园区苏雅路388号新天翔商业广场2幢903、904室	0512－62963102	
江苏	国联期货有限责任公司无锡营业部	无锡市人民中路97号佳福大厦1408－1411室	0510－82750127	
江苏	国联期货有限责任公司盐城营业部	盐城市人民中路2号房产大厦4楼	0515－83706606	
江苏	国联期货有限责任公司扬州营业部	扬州市扬子江中路617号崇文国际大厦5幢1305－1311室	0514－89886811	
江苏	国联期货有限责任公司宜兴营业部	宜兴市光明西路2号神马小区6号楼	0510－87339966	
江苏	海航东银期货有限公司苏州营业部	苏州市养育巷229号	0512－85189789	
江苏	海通期货有限公司常州营业部	常州市天宁区关河东路66号九洲环宇商务广场A座1709、1710室	0519－86616760	
江苏	海证期货有限公司江阴营业部	江苏省江阴市环城北路27号2102室	0523－89106858	
江苏	弘业期货股份有限公司常州营业部	常州市关河东路66号1610、1611室	0519－88161261	
江苏	弘业期货股份有限公司淮安营业部	淮安市清河区淮海第一城办公楼801、802室	0517－83900209	

续表

营业部所属辖区	期货公司营业部名称	注册地址	联系电话	备注
江苏	弘业期货股份有限公司连云港营业部	江苏省连云港市新浦区苍梧路 6 号龙河大厦二期工程 1101－1108 号	0518－85321108	
江苏	弘业期货股份有限公司南通营业部	南通市姚港路 6 号	0513－85113309	
江苏	弘业期货股份有限公司苏州营业部	苏州市姑苏区爱河桥路 9 号 13 楼	0512－88166669	
江苏	弘业期货股份有限公司宿迁营业部	江苏省宿迁市青海湖路 80 号中兴・君临国际广场 A－1505、1506、1507 室	0527－84331588	
江苏	弘业期货股份有限公司泰州营业部	泰州市海陵区迎春西路 21 号 108－109、206－210 室	0523－86211993	
江苏	弘业期货股份有限公司无锡营业部	无锡市中山路 531－1706、1707、1708、1709 室	0510－82701302	
江苏	弘业期货股份有限公司无锡中山路营业部	无锡市中山路 333－3A	0510－82798215	
江苏	弘业期货股份有限公司徐州营业部	徐州市云龙区和平路帝都大厦 2206－2208 室	0516－85695258	
江苏	弘业期货股份有限公司徐州中山北路营业部	徐州市中山北路 29 号	0516－85795222	
江苏	弘业期货股份有限公司盐城营业部	盐城市华邦东厦 2 幢 1906、1907、1908 室	0515－88889288	
江苏	弘业期货股份有限公司扬州营业部	扬州市扬子江北路 368 号中集格兰云天酒店旁三层小商业 2、3 层	0514－87314255	
江苏	弘业期货股份有限公司宜兴营业部	宜兴市人民中路 135 号二楼、六楼	0510－87961109	
江苏	弘业期货股份有限公司张家港营业部	张家港市城北路 178 号	0512－89598788	
江苏	弘业期货股份有限公司镇江营业部	镇江市中山东路 18 号京凌大厦 9 楼	0511－85088168	
江苏	宏源期货有限公司扬州营业部	江苏省扬州市文昌中路 6 号（华泰首席国际大厦）－602 室	0514－85165797	
江苏	华泰长城期货有限公司南京营业部	江苏省南京市中山东路 288 号新世纪广场 A 座 4703 室	025－84671198	
江苏	华泰长城期货有限公司南通营业部	南通市青年中路 111 号 4 层 401 室	0513－89013835	

续表

营业部所属辖区	期货公司营业部名称	注册地址	联系电话	备注
江苏	华泰长城期货有限公司苏州营业部	苏州工业园区苏惠路98号11层1107、1108室	0512－87773308	
江苏	华泰长城期货有限公司无锡营业部	江苏省无锡市中山路343号东方广场第22层H座、I座、J座	0510－82728358	
江苏	徽商期货有限责任公司南通营业部	南通市姚港路6号四层403	0513－55888100	
江苏	江苏东华期货有限公司苏州营业部	苏州市干将西路399号403室	0512－67270031	
江苏	江苏东华期货有限公司泰州营业部	泰州市海陵区青年北路219号716室	0523－86227126	
江苏	江苏东华期货有限公司无锡营业部	无锡市中山路359号商业大厦集团东方广场B座商务楼第21层M单元	0510－82739321	
江苏	江苏东华期货有限公司张家港营业部	张家港市新风桥东堍	0512－58137764	
江苏	金瑞期货有限公司常州营业部	江苏省常州市延陵西路19号嘉宏世纪大厦2908－2912室	0519－89995398	
江苏	锦泰期货有限公司常熟营业部	常熟市锁澜南路21号－59号417室	0512－52861019	
江苏	锦泰期货有限公司常州营业部	常州市怀德中路48号1701－1705室	0519－88173169	
江苏	锦泰期货有限公司连云港营业部	连云港市新浦区郁洲南路12号万源花苑B综合楼202室	0518－85855209	
江苏	锦泰期货有限公司南京营业部	南京市建邺区江东中路359号8楼	025－66106188	
江苏	锦泰期货有限公司南通营业部	南通市工农路111号华辰大厦2座2303、2304室	0513－55089666	
江苏	锦泰期货有限公司苏州营业部	苏州市干将东路599号东凌大厦307、308室	0512－85550088	
江苏	锦泰期货有限公司无锡营业部	无锡市解放西路193号四层	0510－82704353	
江苏	锦泰期货有限公司徐州营业部	徐州市建国西路43号	0516－66696659	
江苏	锦泰期货有限公司扬州营业部	扬州市文昌西路56号（公元国际大厦）1幢510室	0514－87695880	
江苏	美尔雅期货经纪有限公司常州营业部	常州市怀德中路50－1601、1602、1603、1607室	0519－81290680	
江苏	南华期货股份有限公司南通营业部	南通市南大街89号（南通总部）六层603、604室	0513－89011158	
江苏	南证期货有限责任公司常州营业部	常州市钟楼区河景花园463号－467号	0519－89196191	

续表

营业部所属辖区	期货公司营业部名称	注册地址	联系电话	备注
江苏	南证期货有限责任公司苏州营业部	苏州工业园区苏惠路98号13楼	0512－67601776	
江苏	南证期货有限责任公司无锡营业部	无锡市中山路726号国信大厦10楼	0510－82619702	
江苏	南证期货有限责任公司扬州营业部	江苏省扬州市文昌西路56号公元国际大厦1幢919室、920室、921室、922室	0514－85882908	
江苏	瑞达期货股份有限公司南京营业部	南京市庐山路158号嘉业国际城3幢2510室	025－52241731	
江苏	瑞达期货股份有限公司徐州营业部	徐州市云龙区和平路帝都大厦1#－1－302、2201室	0516－61888716	
江苏	上海大陆期货有限公司宜兴营业部	江苏省宜兴市氿滨南路10号1501室	0510－80797301	
江苏	上海东证期货有限公司常州营业部	常州市延陵西路23、25、27、29号1612、1618－1658室	0519－88051036	
江苏	上海中财期货有限公司无锡营业部	江苏省江阴市福泰路89号401－4006室	0510－86971297	
江苏	上海中期期货有限公司苏州营业部	苏州市干将西路1359号5楼	0512－68275899	
江苏	上海中期期货有限公司无锡营业部	无锡市崇安区人民中路118号金鼎广场3A（301）	0510－82703386	
江苏	申银万国期货有限公司南京营业部	南京市华侨路27号	025－89669009	
江苏	神华期货经纪有限公司无锡营业部	无锡市北塘区兴源北路401号（北创科技园一期大楼12－16、17、19）	0510－66632801	
江苏	万达期货股份有限公司南京营业部	南京市建邺区江东路与集庆门大街交汇处西北角万达广场西地贰街区11幢2409、2410、2411室	025－68221288	
江苏	文峰期货有限公司常州营业部	常州市延陵西路99号嘉业国贸广场17楼E室	0519－85065081	
江苏	文峰期货有限公司连云港营业部	连云港市新浦区通灌南路128－A号楼3单元	0518－85523589	
江苏	文峰期货有限公司苏州营业部	苏州市平江区人民路3188号9幢107室	0512－69356653	
江苏	文峰期货有限公司无锡营业部	无锡市青祁路86号二楼	0510－85867060	
江苏	文峰期货有限公司盐城营业部	盐城市建军东路38号四楼	0515－88150988	

续表

营业部所属辖区	期货公司营业部名称	注册地址	联系电话	备注
江苏	新纪元期货有限公司常州营业部	常州市武进区湖塘镇延政中路16号B2008、B2009室	0519－88059977	
江苏	新纪元期货有限公司南京营业部	南京市玄武区珠江路63－1号	025－84787999	
江苏	新纪元期货有限公司南通营业部	南通市环城西路16号6层603－2、604室	0513－55880598	
江苏	新纪元期货有限公司苏州营业部	苏州工业园区苏州大道西2号1幢国际大厦602－604室	0512－69560998	
江苏	新纪元期货有限公司无锡营业部	无锡市南长区槐古豪庭15号7楼	0510－82827006	
江苏	永安期货股份有限公司无锡营业部	无锡市中山路531－2003、2005室	0510－82702008	
江苏	浙江中大期货有限公司南京营业部	南京市广州路5号2幢1605室	025－85399202	
江苏	中钢期货有限公司南京营业部	南京市白下区户部街15号兴业大厦3楼311室	025－86895786	
江苏	中国国际期货有限公司江阴营业部	江阴市澄江中路118号12楼C座	0510－66200886	
江苏	中国国际期货有限公司南京营业部	南京市白下区中山南路1号41层D1D2D3区	025－66087355	
江苏	中国国际期货有限公司苏州营业部	苏州市狮山路35号金河国际大厦1001室、1002室、1003室	0512－85559816	
江苏	中辉期货经纪有限公司常州营业部	常州通江南路88－1001号	0519－8109970	
江苏	中粮期货有限公司苏州市张家港营业部	江苏省张家港市杨舍镇人民路40号（国贸酒店）四层	0512－58812669	
江苏	中信期货有限公司苏州营业部	苏州工业园区苏雅路308号8楼西	0512－62891197	
江苏	中信期货有限公司无锡营业部	无锡市滨湖区金融一街10号无锡金融中心707单元	0510－83030602	
江西	宝城期货有限责任公司南昌营业部	南昌市西湖区中山路150号地王广场7楼	0791－86259952	
江西	成都倍特期货经纪有限公司南昌营业部	江西省南昌市东湖区八一大道357号财富广场A座18楼1801号房	0791－86256775	
江西	格林大华期货有限公司南昌营业部	南昌市红谷滩新区赣江北大道1号中航国际广场1008－1011室	0791－82078818	

续表

营业部所属辖区	期货公司营业部名称	注册地址	联系电话	备注
江西	国联期货有限责任公司南昌营业部	南昌市北京西路88号（江信国际大厦17楼）	0791－86304789	
江西	国贸期货经纪有限公司九江营业部	江西省九江市环城路82号华强财富大酒店1002室	0792－8222939	
江西	弘业期货股份有限公司南昌营业部	南昌市西湖区桃苑大厦Ⅱ区B座三层东南面东北面	0791－86653106	
江西	江南期货经纪有限公司南昌营业部	江西省南昌市广场南路198号	0791－82111153	
江西	江西瑞奇期货经纪有限公司抚州营业部	江西省抚州市赣东大道679号卫生局培训中心三楼	0794－8223329	
江西	江西瑞奇期货经纪有限公司赣州营业部	江西省赣州市红旗大道56号创意大厦2楼	0797－8302209	
江西	江西瑞奇期货经纪有限公司吉安营业部	江西省吉州区阳明东路3号人民剧院大楼三楼	0796－8249189	
江西	江西瑞奇期货经纪有限公司景德镇营业部	江西省景德镇市新厂西路竞成岭海宏花园3栋201室	0798－2181100	
江西	江西瑞奇期货经纪有限公司九江营业部	江西省九江市长虹北路1号长盛锦江小区第一、三栋不分单元912－924（3栋901－913）	0792－8226788	
江西	江西瑞奇期货经纪有限公司南昌营业部	江西省南昌市红谷滩新区红谷中大道788号江信国际花园公建18号楼－203室	0791－86667908	
江西	江西瑞奇期货经纪有限公司萍乡营业部	江西省萍乡市跃进南路93号恒隆国际大厦13楼	0799－6889666	
江西	江西瑞奇期货经纪有限公司上饶营业部	江西省上饶市信州区五三大道162号综合楼二楼	0793－8300916	
江西	江西瑞奇期货经纪有限公司新余营业部	江西省新余市仙来东大道720号	0790－6451938	
江西	江西瑞奇期货经纪有限公司宜春营业部	江西省宜春市鼓楼商业街24号楼12楼	0795－3912548	
江西	金瑞期货有限公司赣州营业部	赣州市章贡区黄屋坪路1号星光华城商场三层	0797－8192888	
江西	金瑞期货有限公司南昌营业部	南昌市八一大道366号	0791－86846116	
江西	美尔雅期货经纪有限公司南昌营业部	南昌市青山湖区洪都北大道299号高能金域名都12栋1415室、1416室、1417室、1418室	0791－85225616	

续表

营业部所属辖区	期货公司营业部名称	注册地址	联系电话	备注
江西	南证期货有限责任公司南昌营业部	南昌市东湖区叠山路119号天河大厦9－10楼A座	0791－86807508	
江西	瑞达期货股份有限公司赣州营业部	江西省赣州市长征大道6号金鹏雅典园17号写字楼	0797－7396191	
江西	瑞达期货股份有限公司南昌营业部	南昌市洪城路8号2幢B座1102室	0791－82066278	
江西	上海中财期货有限公司南昌营业部	江西省南昌市青云谱区解放西路49号明珠广场H栋601、602、614室	0791－88457727	
江西	永安期货股份有限公司南昌营业部	南昌市东湖区洪都北大道636号西格玛商务中心604－605室	0791－86862710	
江西	中国国际期货有限公司南昌营业部	南昌市红谷滩新区中央广场B区准甲办公楼1710、1709室	0791－82211618	
江西	中信建投期货有限公司南昌营业部	江西省南昌市西湖区八一大道96号华龙国际大厦1303－1305室	0791－86376890	
江西	中信期货有限公司南昌营业部	江西省南昌市红谷滩新区红谷凯旋商业办公综合楼603室	0791－83960731	
辽宁	宝城期货有限责任公司沈阳营业部	沈阳市皇姑区黑龙江街25号7层	024－86219955	
辽宁	北京首创期货有限责任公司沈阳营业部	沈阳市和平区十一纬路25号辽宁出版集团智能大厦1号楼5－3、5－4、5－6、5－7、5－8室	024－23284555	
辽宁	渤海期货有限公司沈阳营业部	沈阳市和平区和平北大街28号华利大厦15－2室、15－6室	024－31325610	
辽宁	大连良运期货经纪有限公司沈阳营业部	沈阳市皇姑区黄河南大街110号110栋1－17－1、1－17－2、1－17－3、1－17－4室	024－86110987	
辽宁	东海期货有限责任公司沈阳营业部	沈阳市和平区青年大街390号皇朝万鑫C座1701室	024－31314656	
辽宁	东吴期货有限公司沈阳营业部	沈阳市沈河区北站路115号（1906）	024－88716111	
辽宁	冠通期货有限公司沈阳营业部	沈阳市沈河区北京街51号（1－10－1）（1－10－11）	024－62570151	
辽宁	海通期货有限公司沈阳营业部	沈阳市沈河区北京街7号辽宁有色大厦4层	024－62116789	
辽宁	海通期货有限公司营口营业部	营口经济技术开发区辽东湾大街宏基大厦宏基商务宾馆10楼1006室	0417－3216321	

续表

营业部所属辖区	期货公司营业部名称	注册地址	联系电话	备注
辽宁	弘业期货股份有限公司沈阳营业部	沈阳市沈河区北站路57号21-3、21-4	024-31286433	
辽宁	华海期货有限公司鞍山营业部	鞍山市铁东区解放街道嘉宝丽园201网点8号	0412-8521945	
辽宁	华海期货有限公司沈阳营业部	沈阳市沈河区团结路9号（1-9-10）、（1-9-11）	024-22598083	
辽宁	华融期货有限责任公司沈阳营业部	辽宁省沈阳市沈河区市府大路290号（A座27层8-17室）	024-62238399	
辽宁	江海汇鑫期货有限公司鞍山营业部	鞍山市铁东区二道街23栋	0412-2210448	
辽宁	江海汇鑫期货有限公司沈阳营业部	沈阳市沈河区北站路59号E座2105	024-22730807	
辽宁	江海汇鑫期货有限公司营口市市府路营业部	营口市市府路1-1号营口市财富广场C写字楼A座8层9、10、11、12号	0417-2892008	
辽宁	江信国盛期货有限责任公司沈阳营业部	辽宁省沈阳市和平区三好街华强大厦A座1006号	024-31909478	
辽宁	金瑞期货有限公司沈阳市文艺路营业部	沈阳市和平区青年大街286号2007室	024-31379993	
辽宁	鲁证期货股份有限公司沈阳营业部	沈阳市和平区南京北街161号（C座701-703）	024-23259108	
辽宁	南华期货股份有限公司沈阳营业部	沈阳市沈河区北站路51号15层C室	024-22566918	
辽宁	上海大陆期货有限公司沈阳营业部	沈阳市和平区青年大街322号（昌鑫大厦F座701、702、703、704室）	024-31883448	
辽宁	上海中财期货有限公司沈阳市三好街营业部	沈阳市和平区三好街87号三号SOHO大厦0801室、0802室、0803室	024-31872006	
辽宁	上海中期期货有限公司沈阳营业部	沈阳市沈河区友好街19号奉天银座B座8层806-809室	024-31270661	
辽宁	天风期货有限公司营口营业部	辽宁省营口市金牛山大街东139号	0417-3947775	
辽宁	新湖期货有限公司沈阳营业部	沈阳市沈河区惠工街10号卓越大厦15层1505、1506、1507	024-31060031	
辽宁	信达期货有限公司沈阳营业部	沈阳市沈河区惠工街56号8层	024-31973678	
辽宁	银河期货有限公司沈阳营业部	沈阳市沈河区悦宾街1号（1606室）	024-22505797	
辽宁	银建期货经纪有限责任公司沈阳营业部	沈阳市和平区北五马路45、47、49号	024-22890725	

续表

营业部所属辖区	期货公司营业部名称	注册地址	联系电话	备注
辽宁	英大期货有限公司沈阳营业部	沈阳市沈河区北站路53号沈阳财富中心B座第13层6号	024－31288133	
辽宁	永安期货股份有限公司鞍山营业部	鞍山市铁东区南胜利路40号金龙大厦四层401室、402室	0412－2233397	
辽宁	永安期货股份有限公司沈阳营业部	沈阳市沈河区北站路53号财富中心B座23层	024－31286565	
辽宁	中国国际期货有限公司沈阳营业部	沈阳市沈河区北站路59号财富中心E座（19－5、6、7）	024－82513107	
辽宁	中信期货有限公司沈阳营业部	沈阳市沈河区惠工街124号中韩大厦14－5甲，14－5乙，14－6甲，14－6乙	024－62651187	
内蒙古	北京首创期货有限责任公司包头营业部	内蒙古自治区包头市青山区钢铁大街10号中环大厦B－702、704、706、708、710、712、714号	0472－6167900	
内蒙古	北京首创期货有限责任公司赤峰营业部	赤峰市新城区水榭花都B区57号楼2单元02011号	0476－8301830	
内蒙古	北京中期期货有限公司包头营业部	内蒙古自治区包头市青山区少先路2号包头商会大厦10层1002室	0472－6997288	
内蒙古	格林大华期货有限公司呼和浩特营业部	呼和浩特市塞罕区大学西路36号学府康都C座2层	0471－3382760	
内蒙古	国元期货有限公司通辽营业部	内蒙古通辽市科尔沁区建国路37号世基大厦12层西侧	0475－6380818	
内蒙古	金鹏期货经纪有限公司鄂尔多斯市营业部	内蒙古鄂尔多斯市东胜区创业大厦A座六楼601	0477－3878349	
内蒙古	民生期货有限公司包头营业部	包头市青山区钢铁大街46号金顶商务大厦905、907	0472－5134655	
内蒙古	瑞达期货股份有限公司鄂尔多斯市营业部	东胜区吉劳庆北路6号街坊金辉大厦A座九层907－908房	0477－8547981	
内蒙古	上海中财期货有限公司赤峰营业部	内蒙古赤峰市红山区办事处嘉信房产综合楼5楼	0476－5951080	
内蒙古	鑫鼎盛期货有限公司包头营业部	包头市青山区钢铁大街2号恒通公寓－106	0472－2885313	
内蒙古	鑫鼎盛期货有限公司呼和浩特营业部	内蒙古呼和浩特市回民区新华大街82号内蒙古体育文化活动综合楼（奥体大酒店十层）	0471－6281872	

续表

营业部所属辖区	期货公司营业部名称	注册地址	联系电话	备注
内蒙古	中信期货有限公司包头营业部	内蒙古自治区包头市昆区市府西路科源大厦8楼	0472－6862626	
宁波	北京中期期货有限公司宁波营业部	浙江省宁波市江东区中兴路719号098幢13－3、13－4、13－5、13－6、13－7室	0574－87096853	
宁波	大地期货有限公司宁波营业部	宁波市海曙区冷静街8号9楼	0574－87193731	
宁波	大越期货有限公司余姚营业部	浙江省余姚市城区长安路218号中宇锦江大厦6楼	0574－62661377	
宁波	东海期货有限责任公司宁波营业部	浙江省宁波市江北区北岸财富中心9幢<5－4>号	0574－83899096	
宁波	光大期货有限公司宁波营业部	浙江省宁波市海曙区华楼巷19号3－11室	0574－87860380	
宁波	广发期货有限公司宁波营业部	宁波市江东区和济街180号1幢14－2室	0574－27990009	
宁波	国泰君安期货有限公司宁波营业部	宁波市海曙区中山西路2号恒隆中心26层	0574－56868188	
宁波	海通期货有限公司宁波鄞州营业部	浙江省宁波市鄞州区首南街道泰康中路558号1501室	0574－89069108	
宁波	弘业期货股份有限公司宁波营业部	宁波市江东区惊驾路555号002幢19－3	0574－87869517	
宁波	华泰长城期货有限公司宁波营业部	浙江省宁波市海曙区柳汀街230号2幢8306、8308室	0574－83883688	
宁波	鲁证期货股份有限公司宁波营业部	浙江省宁波市江北区槐树路36号<1－20>－<1－22>	0574－27893883	
宁波	南华期货股份有限公司慈溪营业部	浙江省慈溪市浒山街道开发大道1277号香格大厦7楼	0574－63925100	
宁波	南华期货股份有限公司宁波营业部	宁波市和义路77号汇金大厦9楼	0574－87197098	
宁波	南华期货股份有限公司余姚营业部	浙江省余姚市城区余姚中国塑料城国际商务中心3幢1601、1602室	0574－62509018	
宁波	宁波杉立期货经纪有限公司慈溪营业部	慈溪市开发大道1277号香格大厦1809室	0574－63113362	
宁波	宁波杉立期货经纪有限公司宁海营业部	宁波市宁海县世贸中心1幢1号1801—1802室	0574－83556533	
宁波	宁波杉立期货经纪有限公司鄞州营业部	浙江省宁波市鄞州区首南街道鄞县大道东段1299号0125幢1002室	0574－89017523	
宁波	宁波杉立期货经纪有限公司余姚营业部	浙江省余姚市新建北路1号城市金座10楼	0574－62657758	

续表

营业部所属辖区	期货公司营业部名称	注册地址	联系电话	备注
宁波	上海浙石期货经纪有限公司宁波营业部	宁波市海曙区灵桥路255号中宁大厦1101室	0574－56120216	
宁波	上海中期期货有限公司宁波营业部	浙江省宁波市江东区中兴路775号天润商座3幢3号10楼	0574－87867601	
宁波	申银万国期货有限公司宁波营业部	浙江省宁波市江东区江东北路317号宁波和丰创意广场H幢楼601室	0574－27992727	
宁波	万达期货股份有限公司宁波鄞州营业部	浙江省宁波市鄞州区首南街道天童南路575号812室	0574－89018159	
宁波	新湖期货有限公司宁波营业部	宁波市江北区江安路钻石商业广场18号1106－07	0574－83068868	
宁波	信达期货有限公司宁波营业部	宁波市江东区悦盛路359号滨江商业广场007幢14－3、14－4、14－5	0574－55127078	
宁波	一德期货有限公司宁波营业部	浙江省宁波市江东区彩虹北路48号波特曼大厦8－6、8－7号	0574－87951915－109	
宁波	银河期货有限公司宁波营业部	浙江省宁波市华楼巷19号301室	0574－27661133	
宁波	永安期货股份有限公司宁波营业部	浙江省宁波市江东区彩虹南路11号嘉汇国贸A座五楼	0574－87270515	
宁波	永安期货股份有限公司余姚营业部	余姚市城区新建北路232号中塑国际大厦7楼	0574－62551110	
宁波	浙江新世纪期货有限公司宁波营业部	浙江省宁波市海曙区车轿街69号恒泰大厦8－5号	0574－83896168	
宁波	浙江中大期货有限公司宁波营业部	浙江省宁波市江东区福明路828号（13—2）、（13—3）、（13—4）	0574－27990099	
宁波	浙商期货有限公司宁波营业部	浙江省宁波市海曙区南站东路16号11楼	0574－83868668	
宁波	中国国际期货有限公司宁波营业部	浙江省宁波市海曙区东渡路55号22楼	0574－27705568	
宁波	中辉期货经纪有限公司宁波营业部	浙江省宁波市海曙区和义路168号15－3室	0574－83899103	
宁波	中粮期货有限公司宁波营业部	浙江省宁波市江东区世纪东方广场3、5、6号003幢12－7、12－8	0574－27955898	
宁波	中信期货有限公司宁波鄞州营业部	宁波市鄞州区天童北路939号B座607、609－612、615－618室	0574－82809856	
宁夏	格林大华期货有限公司银川营业部	银川市解放西街2号（老大楼商务写字楼13楼16号、18号）	0951－6072084	

续表

营业部所属辖区	期货公司营业部名称	注册地址	联系电话	备注
宁夏	华龙期货有限公司银川营业部	银川市金凤区北京中路51号瑞银财富中心2幢20层4号	0951－4011287	
宁夏	中信期货有限公司银川营业部	银川市兴庆区文化西街106号银川国际贸易中心B栋8层B03、B05、B06室	0951－5198131	
青岛	宝城期货有限责任公司青岛营业部	青岛经济技术开发区紫金山路117栋1单元14楼1401号	0532－86108788	
青岛	北京中期期货有限公司青岛营业部	青岛市市南区香港中路61号阳光大厦A座21楼EH单元	0532－82020087	
青岛	成都倍特期货经纪有限公司青岛营业部	山东省青岛市市南区香港西路67号5F/JK室	0532－83101969	
青岛	东海期货有限责任公司青岛营业部	青岛市市南区东海西路39号世纪大厦17层D、E户	0532－86102999	
青岛	格林大华期货有限公司青岛营业部	青岛市市南区山东路2号甲17层F、G区	0532－83095258	
青岛	冠通期货有限公司青岛营业部	青岛市市南区香港中路20号北栋15层1519、1521房间	0532－85023696	
青岛	光大期货有限公司青岛营业部	青岛市市南区香港西路67号12层JKLM室	0532－86127019	
青岛	广发期货有限公司青岛营业部	青岛市市南区东海西路39号世纪大厦15层1501室	0532－85799288	
青岛	国联期货有限责任公司青岛营业部	青岛市市南区东海西路35号2栋3层2、3、4户	0532－89092087	
青岛	海通期货有限公司青岛营业部	青岛市市南区南京路2号绮丽大厦1301、1302、1303室	0532－66773188	
青岛	弘业期货股份有限公司青岛营业部	青岛市市南区香港中路10号1号楼2301、2303户	0532－85026122	
青岛	华安期货有限责任公司青岛营业部	青岛市市南区闽江路2号国华大厦B座2804室	0532－86662579	
青岛	华泰长城期货有限公司青岛营业部	青岛市市南区香港中路12号丰合广场A栋3层A户	0532－85029801	
青岛	金瑞期货有限公司青岛营业部	青岛市市南区东海西路5号甲16层4户	0532－80901908	
青岛	金友期货经纪有限责任公司青岛营业部	青岛市中山路58号百盛国际商务中心1510室	0532－82023818	
青岛	锦泰期货有限公司青岛营业部	青岛市市南区闽江路2号2单元1801室	0532－89071256	
青岛	经易期货经纪有限公司青岛营业部	青岛市东海西路35号太平洋中心3号楼4层	0532－85780820	

续表

营业部所属辖区	期货公司营业部名称	注册地址	联系电话	备注
青岛	鲁证期货股份有限公司青岛营业部	山东省青岛市市南区江西路78号	0532－80776050	
青岛	迈科期货经纪有限公司青岛营业部	青岛市市南区香港中路10号1号楼1905户	0532－85029906	
青岛	南华期货股份有限公司青岛营业部	青岛市市南区闽江路2号1单元2501室	0532－85808555	
青岛	上海东证期货有限公司青岛营业部	青岛市市南区香港中路7号甲亚麦国际中心A2东户	0532－80869701	
青岛	万达期货股份有限公司青岛营业部	青岛市市南区东海中路2号环海大厦20层E－01室、E－02室	0532－86688507	
青岛	新湖期货有限公司青岛营业部	青岛市市南区东海西路39号世纪大厦18楼1808、1809室	0532－85790036	
青岛	银河期货有限公司青岛营业部	青岛市市南区香港中路12号C201户	0532－80661688	
青岛	英大期货有限公司青岛营业部	山东省青岛市市南区东海西路35号4栋8层A、C	0532－85976320	
青岛	永安期货股份有限公司青岛营业部	青岛市市南区香港中路40号906户	0532－86679886	
青岛	浙江中大期货有限公司青岛营业部	青岛市市南区南海路9号汇泉王朝大饭店裙楼三楼C8	0532－85605252	
青岛	中电投先融期货有限公司青岛营业部	山东省青岛市市南区香港中路10号颐和国际A座2901户	0532－85029287	
青岛	中国国际期货有限公司青岛营业部	青岛市市南区山东路22号金孚大厦B座九层H_I室	0532－85778585	
青岛	中粮期货有限公司青岛营业部	青岛市市南区东海西路17号海信大厦1508、1509房间	0532－68899825	
青岛	中信期货有限公司青岛营业部	山东省青岛市市南区香港中路6号世贸中心B座105室	0532－85917806	
青岛	中州期货有限公司青岛营业部	青岛市市南区南京路9号联合大厦19层	0532－85753103	
山东	北京首创期货有限责任公司济南营业部	山东省历下区趵突泉北路1号开元广场B502室	0531－86908558	
山东	渤海期货有限公司济南营业部	济南市历下区解放路112号正大时代广场1811、1812、1813、1814、1815、1819室	0531－82391308	
山东	成都倍特期货经纪有限公司济南营业部	济南市市中区泺源大街229号金龙大厦主楼17层B室	0531－86123618	

续表

营业部所属辖区	期货公司营业部名称	注册地址	联系电话	备注
山东	大地期货有限公司济南营业部	济南市历下区文化西路13号（海辰办公写字楼1－302）	0531－55638701	
山东	大越期货有限公司日照营业部	山东省日照市东港区烟台路与济南路交汇处国际金融中心5号楼13层ES－01	0633－2295577	
山东	东兴期货有限责任公司烟台营业部	山东省烟台市芝罘区南大街9号金都大厦23层	0535－6600122	
山东	格林大华期货有限公司日照营业部	山东省日照市东港区泰安路179号国际大厦B座10层	0633－2295901	
山东	国信期货有限责任公司济南营业部	山东省济南市历下区泉城路268号901、916室	0531－86019905	
山东	海通期货有限公司济南营业部	济南市市中区经四路万达商业广场D座11层1103、1105室	0531－81675959	
山东	弘业期货股份有限公司济南营业部	济南市市中区经七路88号房地产大厦14层	0531－55592288	
山东	宏源期货有限公司济南营业部	济南市历下区文化西路13号海辰办公写字楼2－501室	0531－89015018	
山东	金鹏期货经纪有限公司临沂营业部	山东省临沂市兰山区金雀山路10号开元上城国际1号楼B座1918、1919室	0539－8137117	
山东	鲁证期货股份有限公司德州营业部	德州市德城区天衢中路1369号丽晶大厦11层	0534－2617088	
山东	鲁证期货股份有限公司东营营业部	东营市东营区济南路20号鑫都大厦8楼	0546－82779996	
山东	鲁证期货股份有限公司济南营业部	山东省济南市天桥区英贤街19号（4楼）	0531－81916257	
山东	鲁证期货股份有限公司济宁营业部	济宁市洸河路123号兴唐金茂大厦807室	0537－2715707	
山东	鲁证期货股份有限公司临沂营业部	临沂市兰山区启阳路26号澳尔诺国际大厦3号楼701室	0539－8073720	
山东	鲁证期货股份有限公司潍坊营业部	潍坊市奎文区东风东街338号银海恒基大厦12层A座	0536－8232653	
山东	鲁证期货股份有限公司烟台营业部	山东省烟台市莱山区观海路267号观海大厦B座4层	0535－6605095	
山东	鲁证期货股份有限公司淄博营业部	淄博市张店区人民西路66号证券大厦9层	0533－2187987	

续表

营业部所属辖区	期货公司营业部名称	注册地址	联系电话	备注
山东	美尔雅期货经纪有限公司济南营业部	济南市历下区经十路17703号华特广场B105、B107室	0531－82388187	
山东	瑞达期货股份有限公司济南营业部	山东省济南市槐荫区经七纬十二路银座中心1号楼1－1802室	0531－55707955	
山东	上海中财期货有限公司济南营业部	山东省济南市解放路112号历东商务大厦16楼	0531－83196202	
山东	上海中财期货有限公司莱芜营业部	莱芜市钢城区钢都大街168号10楼	0634－5653399	
山东	上海中期期货有限公司临沂营业部	临沂市兰山区银雀路58号矿务局1号楼13层	0539－7576177	
山东	上海中期期货有限公司邹城营业部	山东省邹城市太平东路51号中国银行大厦一层和九层	0537－5308099	
山东	新湖期货有限公司济南营业部	山东省济南市历下区历山路157号六层601、602、603室	0531－80973138	
山东	一德期货有限公司德州营业部	德州市经济开发区三八东路中建华府小区S7商业三层317号	0534－5019157	
山东	银河期货有限公司济南营业部	山东省济南市经七路83号	0531－81772300	
山东	英大期货有限公司东营营业部	山东省东营市北一路747号东赵大厦16层	0546－8168999	
山东	英大期货有限公司济南营业部	山东省济南市泺源大街5号良友富临大厦5楼	0531－66573257	
山东	英大期货有限公司临沂营业部	山东省临沂市兰山区金雀山一路141号京元大厦九楼	0539－8133789	
山东	英大期货有限公司潍坊营业部	潍坊市东风东街360号	0536－8229708	
山东	永安期货股份有限公司济南营业部	山东省济南市槐荫区经十路22799号银座中心1号楼3301室	0531－81670988	
山东	永安期货股份有限公司潍坊营业部	潍坊市奎文区胜利东街5087号潍坊金融服务区2号楼2701－2708室	0536－8236189	
山东	永安期货股份有限公司淄博营业部	山东省淄博市高新区柳泉路107号国贸大厦24层	0533－6285698	
山东	招金期货有限公司济南营业部	济南市市中区经四路万达广场B座1206、1207、1208室	0531－66689266	
山东	招金期货有限公司临沂营业部	临沂市兰山区金雀山路10号开元上城国际B座1411、1412、1413室	0539－8118366	

续表

营业部所属辖区	期货公司营业部名称	注册地址	联系电话	备注
山东	浙江中大期货有限公司济南营业部	济南市经十路 22799 号 1 号楼 3101 室	0531－55620555	
山东	中钢期货有限公司济南营业部	山东省济南市南门大街 2 号银座泉城大酒店 B 座 206－212	0531－61369758	
山东	中国国际期货有限公司济南万达营业部	济南市市中区万达广场 A 座 2408 室	0531－66678666	
山东	中国国际期货有限公司临沂营业部	山东省临沂市北城新区三和二街府佑大厦十七层	0539－8729278	
山东	中信建投期货有限公司济南营业部	济南市泺源大街 150 号中信广场 6 楼 602、606、607 房	0531－85180668	
山东	中信期货有限公司济南营业部	济南市历下区泺源大街 150 号中信广场 A 座五层 502 室、512 室	0531－55705066	
山东	中信期货有限公司淄博营业部	淄博市张店区人民西路 12 号甲 1 号 5 层	0533－2311667	
山东	中州期货有限公司滨州营业部	滨州市滨城区黄河五路 498 号三楼	0543－3091828	
山东	中州期货有限公司东营营业部	东营市东营区济南路 47 号科贸中心九层	0546－8259291	
山东	中州期货有限公司济南营业部	济南市市中区经七路 386 号房金大厦 10 层	0531－69905588	
山东	中州期货有限公司临沂营业部	临沂市兰山区沂蒙路 454 号 1 号楼 801 室	0539－8053283	
山东	中州期货有限公司龙口营业部	龙口市港城大道 585 号三楼	0535－8549808	
山东	中州期货有限公司烟台营业部	山东省烟台市南大街 117 号文化宫大厦 16、17 层	0535－6695733	
山西	长江期货有限公司太原营业部	太原市小店区平阳路 1 号金茂国际数码中心大厦 1 幢 A 座 17 层 A、B 号	0351－8720088	
山西	第一创业期货有限责任公司太原营业部	太原市杏花岭区府西街 9 号王府商务大厦 A 座 17 层 C 户、D 户	0351－5263370	
山西	东海期货有限责任公司太原营业部	太原市小店区王村南街 65 号山西投资大厦第六层南厅西三跨、北厅西二跨	0351－5266757	
山西	东兴期货有限责任公司太原营业部	太原市小店区南内环街 98－2 号财富大厦 22 层 2219、2219A、2221 室	0351－5282867	
山西	格林大华期货有限公司太原营业部	太原市新建路 78 号新闻大厦二十五层	0351－8222733	
山西	国联期货有限责任公司太原营业部	太原市小店区长风街 705 号（和信商业广场）1 幢（塔楼）3002E	0351－2729357	

续表

营业部所属辖区	期货公司营业部名称	注册地址	联系电话	备注
山西	国投中谷期货有限公司太原营业部	山西省太原市小店区长风街113号千禧世纪广场第一幢C单元1101－1102室	0351－8333642	
山西	海航东银期货有限公司太原营业部	太原市长风街12号新纪元大酒店1606－1613房间及1603房间	0351－2393216	
山西	海通期货有限公司太原营业部	太原市小店区长治路111号世贸大厦A座25层08室	0351－7219185	
山西	和合期货经纪有限公司大同营业部	大同市文昌路1号诚益大厦4层406室	0352－5337651	
山西	弘业期货股份有限公司太原营业部	太原市杏花岭区府西街69号山西国际贸易中心西塔楼18层1806、1808室	0351－8689591	
山西	民生期货有限公司大同营业部	山西省大同市操场城街甲6号洪泰大厦10层1010、1011号房	0352－2050286	
山西	民生期货有限公司太原营业部	山西省太原市小店区长风街132号长风大厦17层南区	0351－7041832	
山西	民生期货有限公司阳泉营业部	山西省阳泉市新建路274号	0353－2596675	
山西	民生期货有限公司运城营业部	山西省运城市盐湖区人民北路147号环球财富大厦1209、1211室	0359－2255366	
山西	南华期货股份有限公司太原营业部	太原市迎泽区解放南路2号山西景峰国际商务大厦2501、2502室	0351－2118002	
山西	瑞达期货股份有限公司太原营业部	太原市小店区长风大街705号（和信商业广场）1幢（塔楼）28层804－808号	0351－7527225	
山西	山西三立期货经纪有限公司晋城营业部	山西晋城市泽州路与红星街交叉口国贸中心A座1601号	0357－2056468	
山西	山西三立期货经纪有限公司临汾营业部	山西临汾煤化巷19号楼	0357－2119344	
山西	上海东证期货有限公司太原营业部	太原市小店区长风路705号（和信商业广场）1幢（塔楼）10层1023、1024、1025、1026号	0351－8397503	
山西	上海中财期货有限公司太原营业部	太原市杏花岭区府西街69号山西国际贸易中心东塔楼10层1010号	0351－8689383	
山西	晟鑫期货经纪有限公司长治营业部	长治市长兴中路43号	0355－2033565	
山西	晟鑫期货经纪有限公司晋中营业部	晋中市榆次区中都北路12号中元商务楼10层1001号	0354－2663296	

续表

营业部所属辖区	期货公司营业部名称	注册地址	联系电话	备注
山西	晟鑫期货经纪有限公司太原营业部	太原市长治路103号阳光国际商务中心A座九层0904号、0905号	0351－5273703	
山西	万达期货股份有限公司太原营业部	太原市小店区长治路111号世贸中心A座24层A07、A08室	0351－7117768	
山西	新湖期货有限公司太原营业部	太原市小店区长风大街705号（和信商业广场）1幢（塔楼）32层3220－3223号	0351－2239770	
山西	银河期货有限公司太原营业部	太原市小店区长治路103号阳光国际商务中心B座12层1202室	0351－7882641	
山西	中国国际期货有限公司太原营业部	山西省太原市迎泽区解放南路2号山西景峰国际商务大厦604室	0351－2148788	
山西	中粮期货有限公司太原营业部	太原市杏花岭区府西街69号山西国际贸易中心西塔楼2009单元	0351－8687889	
陕西	北京中期期货有限公司西安营业部	西安市高新区高新路42号金融大厦12层	029－68529188	
陕西	长安期货有限公司宝鸡营业部	宝鸡市渭滨区经二路155号21层1号	0917－3202029	
陕西	长安期货有限公司韩城营业部	陕西省韩城市招商区育英二区5号商住楼3单元2层	0913－5215668	
陕西	长安期货有限公司汉中营业部	陕西省汉中市汉台区东大街2号	0916－2520085	
陕西	长安期货有限公司西安营业部	西安市碑林区和平路金鑫国际大厦707、708、717、718室	029－87206162	
陕西	广发期货有限公司西安营业部	西安市莲湖区北大街55号新时代广场4层I座	029－87208130	
陕西	国信期货有限责任公司榆林营业部	陕西省榆林市航宇路幸福路1号金穗大厦一楼	0912－3688258	
陕西	国元期货有限公司西安营业部	陕西省西安市高新区高新四路13号朗臣大厦11701、11702室	029－88604088	
陕西	海通期货有限公司西安营业部	西安市高新区科技四路2号枫林绿洲G区3号商业楼10201、10202室	029－68908861	
陕西	弘业期货股份有限公司西安营业部	西安市北大街55号新时代广场12层C号	029－87208280	
陕西	金元期货经纪有限公司西安营业部	西安市和平路118号和平银座1101、1102、1015室	029－87517795	
陕西	经易期货经纪有限公司西安营业部	西安市新城区纬什街新科路1号楼一层	029－62662718	

续表

营业部所属辖区	期货公司营业部名称	注册地址	联系电话	备注
陕西	迈科期货经纪有限公司西安营业部	西安市莲湖区北大街55号新时代广场7层H、I号	029－87208982	
陕西	迈科期货经纪有限公司榆林营业部	陕西省榆林市经济开发区兴达路榆林国际商务大厦6楼C段619、623室	0912－3519901	
陕西	山西三立期货经纪有限公司西安营业部	西安市雁塔区二环南路100号金叶现代之窗10层	029－88376790	
陕西	上海中财期货有限公司西安营业部	西安市碑林区和平路22号盛唐国际3楼304、307、308室	029－87938489	
陕西	上海中期期货有限公司西安营业部	陕西省西安市高新路2号西部国际广场1幢2单元15层01室	029－88829509	
陕西	万达期货股份有限公司西安营业部	西安市高新区沣惠南路34号新长安广场第1幢2单元16层21601、21602号	029－68689278	
陕西	西部期货有限公司宝鸡营业部	宝鸡市渭滨区经二路东段5号宝鸡日报社大楼二层、四层	0917－3207999	
陕西	西部期货有限公司西安营业部	西安市高新区科技路48号创业广场A201室	029－87998626	
陕西	西部期货有限公司榆林营业部	榆林市榆阳区长城南路1号龙腾国际大酒店9层	0912－3283861	
陕西	新湖期货有限公司西安营业部	西安市高新区高新一路2号国家开发银行大厦1105室	029－88377578	
陕西	银河期货有限公司西安营业部	西安市碑林区友谊东路51号	029－88666636	
陕西	浙江中大期货有限公司西安营业部	西安市未央区未央路132号经发大厦905室	029－86524589	
陕西	中辉期货经纪有限公司西安营业部	西安市高新区科技路48号创业广场B座1506室	029－88335818	
陕西	中信建投期货有限公司西安营业部	西安市高新区科技路38号林凯国际大厦十六层1604、1605室	029－89384301	
陕西	中信期货有限公司西安营业部	西安市高新区高新路56号高新电信广场裙楼4层东侧4D室	029－88993229	
陕西	中原期货有限公司咸阳营业部	陕西省咸阳市渭城区中山街学道门巷C段北2层1号	029－38196839	
上海	安粮期货有限公司上海营业部	上海市浦东新区浦电路500号期货大厦2401、2402室	021－68401016	
上海	安信期货有限责任公司上海营业部	上海市浦东新区世纪大道1589号16层11单元	021－68765121	

续表

营业部所属辖区	期货公司营业部名称	注册地址	联系电话	备注
上海	宝城期货有限责任公司上海营业部	上海市浦东新区世纪大道 1501 号 1002B、1003 室	021 - 50196669	
上海	北京首创期货有限责任公司上海营业部	上海市浦东新区福山路 458 号 1901、1911、1912 室	021 - 58207856	
上海	北京中期期货有限公司上海营业部	上海市浦东新区松林路 300 号期货大厦 2501 室、2502 室	021 - 68402466	
上海	渤海期货有限公司上海营业部	上海市浦东新区松林路 300 号 3001 室	021 - 38991558	
上海	长安期货有限公司上海营业部	上海市杨浦区大连路 588 号、688 号 A 座 16 层 05 号	021 - 65688722	
上海	长江期货有限公司上海北京西路营业部	上海市静安区北京西路 1399 号 3 楼 A 座	021 - 62898366	
上海	长江期货有限公司上海世纪大道营业部	上海市浦东新区世纪大道 1589 号 8 楼 01 - 02 单元	021 - 61683728	
上海	成都倍特期货经纪有限公司上海营业部	上海市浦东新区松林路 300 号 2901 室	021 - 68402258	
上海	创元期货有限公司上海营业部	上海市浦东新区松林路 357 号 22 层 A、B 座	021 - 68409339	
上海	大地期货有限公司上海营业部	上海市浦东新区松林路 357 号 20 层 C、D、B1 室	021 - 60756198	
上海	大通期货经纪有限公司上海营业部	上海浦东新区浦东南路 1289 号 10 层 1010 室	021 - 58821622	
上海	大有期货有限公司上海营业部	上海市中山北路 2550 号物贸大厦 2 楼	021 - 52711392	
上海	大越期货有限公司上海东方路营业部	上海市浦东新区东方路 899 号 909 - 912 室	021 - 60451985	
上海	东方汇金期货有限公司上海营业部	上海市杨浦区翔殷路 1088 号 605 - 609 室	021 - 60319918 - 8002	
上海	东海期货有限责任公司上海营业部	上海市浦东新区世纪大道 1568 号 33 楼 4 单元	021 - 68758838	
上海	东吴期货有限公司上海牡丹江路营业部	上海宝山区牡丹江路 1211 号 310 室、311 室	021 - 56121916	
上海	东吴期货有限公司上海期货大厦营业部	上海市浦东新区松林路 300 号 1705 室	021 - 64450666	
上海	东吴期货有限公司上海世纪大道营业部	上海市浦东新区世纪大道 1600 号 1 幢 13 楼 7 - 8 室	021 - 33926607	

续表

营业部所属辖区	期货公司营业部名称	注册地址	联系电话	备注
上海	格林大华期货有限公司上海期货大厦营业部	上海市浦东新区松林路300号1805室、3004室	021－38529718	
上海	格林大华期货有限公司上海源深路营业部	上海市浦东新区源深路1088号葛洲坝大厦7层	021－38529735	
上海	冠通期货有限公司上海营业部	浦东新区松林路300号期货大厦2604室	021－68401589	
上海	光大期货有限公司上海世纪大道营业部	上海市浦东新区世纪大道1501号1301、1309室	021－50192130	
上海	光大期货有限公司上海新闸路营业部	上海市静安区新闸路1518号2楼	021－22169060	
上海	光大期货有限公司上海肇嘉浜路营业部	上海市肇嘉浜路680号金钟大厦811室	021－64155171	
上海	广发期货有限公司上海营业部	上海市浦东新区浦电路500号2801、2804、2805室	021－68402661	
上海	广州期货有限公司上海福山路营业部	上海市浦东新区福山路458号同盛大厦17层1701室	021－51866700	
上海	国都期货有限公司上海黄兴路营业部	上海市杨浦区黄兴路1725号1001、1002、1003、1006室	021－61230968	
上海	国海良时期货有限公司上海营业部	上海市浦东新区世纪大道1777号东方希望大厦8层GH室	021－50810143	
上海	国金期货有限责任公司上海芳甸路营业部	上海市浦东新区芳甸路1088号紫竹国际大厦501单元	021－68401918	
上海	国联期货有限责任公司上海营业部	上海市浦东新区世纪大道1589号6楼10－11单元	021－58208206	
上海	国贸期货经纪有限公司上海张杨路营业部	上海市浦东新区张杨路620号中融恒瑞大厦东楼902、903B1室	021－51969288	
上海	国泰君安期货有限公司上海期货大厦营业部	上海市浦东新区松林路300号期货大厦2001B	021－68402787	
上海	国泰君安期货有限公司上海市曲阳路营业部	上海市曲阳路910号11号楼705、706室	021－55892960	
上海	国泰君安期货有限公司上海中山北路营业部	上海市普陀区中山北路3000号五层506、507、508单元	021－32522838	
上海	国投中谷期货有限公司上海期货大厦营业部	上海市浦东新区浦电路500号期货大厦1804室	021－68401202	
上海	国信期货有限责任公司上海陆家嘴环路营业部	上海市浦东新区陆家嘴环路958号华能联合大厦15楼	021－68866580	

续表

营业部所属辖区	期货公司营业部名称	注册地址	联系电话	备注
上海	国元期货有限公司上海营业部	上海市浦东新区松林路300号3101室	021－68402806	
上海	海航东银期货有限公司上海营业部	上海市南京西路580号南证大厦1801室、1505室、1108室	021－62189782	
上海	海通期货有限公司上海番禺路营业部	上海市长宁区番禺路3号裙房3A6、3A7、3F1室	021－64662556	
上海	海通期货有限公司上海纪念路营业部	上海市虹口区纪念路465号3楼	021－65443619	
上海	海通期货有限公司上海民生路营业部	上海市浦东新区民生路1403号2901、2906室	021－60232188	
上海	海通期货有限公司上海期货大厦营业部	上海市浦东新区浦电路500号期货大厦2201B	021－68401778	
上海	海证期货有限公司上海期货大厦营业部	上海市浦东新区松林路300号期货大厦2703室	021－68400623	
上海	弘业期货股份有限公司上海期货大厦营业部	上海市浦东新区松林路300号期货大厦2601B室	021－68402731	
上海	弘业期货股份有限公司上海营业部	上海市浦东新区世纪大道1589号609、1210、1211室	021－58308628	
上海	红塔期货有限责任公司上海田林东路营业部	上海市徐汇区田林东路414弄12号1楼	021－60737260	
上海	宏源期货有限公司上海源深路营业部	上海市浦东新区源深路1088号15层01单元	021－38571393－8003	
上海	华安期货有限责任公司上海竹林路营业部	上海市浦东新区竹林路101号1004室	021－60470966	
上海	华龙期货有限公司上海营业部	上海市浦东新区松林路300号期货大厦1602室	021－68401163	
上海	华泰长城期货有限公司上海世纪大道营业部	上海市浦东新区世纪大道1589号长泰国际金融大厦7层01－05单元	021－68758098	
上海	华鑫期货有限公司上海浦东南路营业部	上海市浦东新区浦东南路379号8楼C、D座	021－58878809	
上海	华鑫期货有限公司上海中山北路营业部	上海市中山北路2550号物贸大厦12层A座1205－1208室	021－62855572	
上海	徽商期货有限责任公司上海期货大厦营业部	上海市浦东新区松林路300号1504B、1505室	021－68401482	
上海	江海汇鑫期货有限公司上海张杨路营业部	上海市浦东新区张杨路500号15F－EF座	021－68885586	

续表

营业部所属辖区	期货公司营业部名称	注册地址	联系电话	备注
上海	江苏东华期货有限公司上海营业部	上海市中山北路2550号805－808室、1825室	021－62572551	
上海	金鹏期货经纪有限公司上海期货大厦营业部	上海市浦东新区松林路300号期货大厦1704室	021－68401921	
上海	金瑞期货有限公司上海东方路营业部	上海市浦东新区东方路16号6楼	021－50311995	
上海	金石期货有限公司上海营业部	上海市浦东新区福山路458号1203室、1204室、1205室、1206室	021－68406585	
上海	金元期货经纪有限公司上海世纪大道营业部	上海市浦东新区世纪大道1589号18楼07、08、09单元	021－68759399	
上海	锦泰期货有限公司上海长宁路营业部	上海市静安区长宁路125号四楼K室、L室	021－61363780	
上海	经易期货经纪有限公司上海营业部	上海市浦东新区浦东南路855号世界广场16楼D、E、F座	021－58784528	
上海	鲁证期货股份有限公司上海营业部	上海市浦东新区浦电路438号1801、1802室	021－61049968	
上海	迈科期货经纪有限公司上海营业部	上海市福山路458号同盛大厦705室	021－50587658－8031	
上海	美尔雅期货经纪有限公司上海源深路营业部	上海市浦东新区源深路1088号1806室	021－51758118	
上海	民生期货有限公司上海营业部	上海市浦东新区福山路458号18层1802、1803室	021－61659051	
上海	摩根大通期货有限公司上海营业部	上海市静安区南京西路1601号越洋国际广场4204室、4205C室	021－52003663	
上海	南华期货股份有限公司上海虹桥路营业部	上海市徐汇区虹桥路663号1楼、3楼、7楼	021－52585950	
上海	南华期货股份有限公司上海世纪大道营业部	上海市浦东新区世纪大道1589号长泰国际金融大厦26楼	021－50125107	
上海	宁波杉立期货经纪有限公司上海营业部	上海市浦东新区浦电路500号期货大厦1501A室	021－68402557	
上海	平安期货有限公司上海营业部	上海市浦东新区松林路300号2003室	021－68400584	
上海	瑞达期货股份有限公司上海成都北路营业部	上海市静安区成都北路199号401室	021－61353596	
上海	瑞达期货股份有限公司上海向城路营业部	上海市浦东新区向城路288号1203室	021－68911783	

续表

营业部所属辖区	期货公司营业部名称	注册地址	联系电话	备注
上海	上海大陆期货有限公司上海长寿路营业部	上海市普陀区长寿路137号1721室、1726室	021－62990879	
上海	上海大陆期货有限公司上海金沙路营业部	上海市嘉定区金沙路75号802、806室	021－69988010	
上海	上海大陆期货有限公司上海凯旋路营业部	上海市徐汇区凯旋路3131号2406室	021－24016091	
上海	上海大陆期货有限公司上海翔殷路营业部	上海市杨浦区翔殷路1088号1幢1305室	021－55891033	
上海	上海大陆期货有限公司上海中山北路营业部	上海市普陀区中山北路3000号1105室	021－62853062	
上海	上海东证期货有限公司上海延安西路营业部	上海市长宁区延安西路500号万宝国际广场1601、1602室	021－32506670	
上海	上海东证期货有限公司上海中山南路营业部	上海市黄浦区中山南路318号2号楼35楼	021－63325888	
上海	上海金源期货有限公司上海期货大厦营业部	上海市浦东新区松林路300号2603、2904室	021－68400688	
上海	上海良茂期货经纪有限公司上海四川北路营业部	上海市虹口区四川北路525号23层2301、2312室	021－63097527	
上海	上海良茂期货经纪有限公司上海宣化路营业部	上海市长宁区宣化路157号101室	021－62522008	
上海	上海中财期货有限公司上海甘河路营业部	上海市虹口区甘河路8号203室	021－60959195	
上海	上海中财期货有限公司上海襄阳南路营业部	上海市徐汇区襄阳南路365号B座	021－64333880	
上海	上海中期期货有限公司上海漕溪北路营业部	上海市徐汇区漕溪北路18号6B室	021－64279668	
上海	上海中期期货有限公司上海中山北路营业部	上海市普陀区中山北路2000号17层	021－62036264	
上海	申银万国期货有限公司上海东体育会路营业部	上海市虹口区东体育会路1188号101室	021－61016500	
上海	申银万国期货有限公司上海期货大厦营业部	上海市浦东新区浦电路500号期货大厦2902、2903室	021－68401928	
上海	申银万国期货有限公司上海新昌路营业部	上海市新昌路180号2楼	021－63275865	

续表

营业部所属辖区	期货公司营业部名称	注册地址	联系电话	备注
上海	神华期货经纪有限公司上海营业部	上海市虹口区吴淞路218号宝矿国际大厦1201室	021－63935282	
上海	晟鑫期货经纪有限公司上海期货大厦营业部	上海市浦东新区浦电路500号期货大厦2301C室、2105A室	021－68400218	
上海	天富期货有限公司上海营业部	上海市浦东新区浦电路438号双鸽大厦1105室	021－61050725	
上海	万达期货股份有限公司上海营业部	上海市浦东新区松林路300号期货大厦2802、2803室	021－68400233	
上海	五矿期货有限公司上海营业部	上海市浦东新区松林路300号期货大厦2101室	021－68401485	
上海	西部期货有限公司上海世纪大道营业部	上海市浦东新区世纪大道1701号501室－520室	021－61600357	
上海	西南期货有限公司上海期货大厦营业部	上海浦东新区松林路300号期货大厦1803室、1802B室	021－68401236	
上海	象屿期货有限责任公司上海松林路营业部	上海市浦东新区松林路357号22层D－E座	021－68405038	
上海	新湖期货有限公司上海世纪大道营业部	上海市浦东新区世纪大道1589号1801－04单元	021－61657568	
上海	新纪元期货有限公司上海浦东南路营业部	上海市浦东新区浦东南路256号1905B室	021－61017393	
上海	信达期货有限公司上海营业部	上海市静安区北京西路1399号11层E室	021－50819373	
上海	兴证期货有限公司上海营业部	上海市浦东新区松林路300号2002室、2005室	021－68401601	
上海	一德期货有限公司上海营业部	上海市普陀区中山北路2550号1604－1608室	021－62860576	
上海	银河期货有限公司上海世纪大道营业部	上海市浦东新区世纪大道1501号901－909室	021－60328600	
上海	银建期货经纪有限责任公司上海营业部	上海市浦东新区松林路357号2001－2005室	021－68405607	
上海	英大期货有限公司上海营业部	上海市浦东新区浦电路500号期货大厦2301B、2302室	021－68868112	
上海	永安期货股份有限公司上海营业部	上海市浦东新区世纪大道1600号1幢12楼8－15室	021－60477150	
上海	招金期货有限公司上海营业部	上海市普陀区中山北路1777号1905、1906室	021－52910959	

续表

营业部所属辖区	期货公司营业部名称	注册地址	联系电话	备注
上海	招商期货有限公司上海世纪大道营业部	上海市浦东新区世纪大道1501号，向城路288号702、703、705室	021－61659555	
上海	浙江新世纪期货有限公司上海营业部	上海市中山北路2550号物贸大厦905－908室	021－62851085	
上海	浙江中大期货有限公司上海延安东路营业部	上海市黄浦区延安东路618号东海商业中心（二期）20层A2C室	021－53855017	
上海	浙商期货有限公司上海营业部	上海市浦东新区松林路357号24层2401－2404室	021－68405285	
上海	中钢期货有限公司上海营业部	上海市浦东新区松林路300号2704室	021－68400268	
上海	中国国际期货有限公司上海邯郸路营业部	上海市杨浦区邯郸路8号1层店铺103#、105#	021－55661851	
上海	中国国际期货有限公司上海浦东松林路营业部	上海市浦东新区松林路300号1308－10室	021－60731317	办理注销中
上海	中国国际期货有限公司上海期货大厦营业部	上海市浦东新区松林路300号12F	021－68401449	
上海	中国国际期货有限公司上海遵义路营业部	上海市长宁区遵义路100号B幢21楼10－12单元	021－62376990	
上海	中航期货经纪有限公司上海营业部	上海市徐汇区龙华西路398弄4号	021－54101683	
上海	中辉期货经纪有限公司上海世纪大道营业部	上海市浦东新区世纪大道1589号1810、1811室	021－68768055	
上海	中粮期货有限公司上海营业部	浦东新区松林路300号上海期货大厦2303－2304室	021－68401549	
上海	中融汇信期货有限公司上海营业部	上海市浦东新区松林路300号期货大厦1703室	021－68400877	
上海	中投天琪期货有限公司上海民生路营业部	上海市浦东新区民生路1286号1601－1603、1609－1612室	021－61601515	
上海	中信建投期货有限公司上海漕溪北路营业部	上海市徐汇区漕溪北路331号A楼（新华中心）9层B单元	021－33973506	
上海	中信建投期货有限公司上海世纪大道营业部	上海市浦东新区世纪大道1589号长泰国际金融大厦8楼08－11单元	021－68763488	
上海	中信期货有限公司上海浦电路营业部	上海市浦东新区松林路300号3102－3104室	021－68751268	
上海	中信期货有限公司上海世纪大道营业部	上海市浦东新区世纪大道1777号东方希望大厦9层C、D、E、H室	021－61019856	

续表

营业部所属辖区	期货公司营业部名称	注册地址	联系电话	备注
上海	中信新际期货有限公司上海中信广场营业部	上海市虹口区四川北路859号中信广场29楼2904室	021－61051121	
上海	中银国际期货有限责任公司上海世纪大道营业部	上海浦东新区世纪大道1589号长泰国际金融大厦901单元	021－61088062	
深圳	安信期货有限责任公司深圳营业部	深圳市福田区深南大道2008号中国凤凰大厦1栋7D、7E	0755－82558148	
深圳	宝城期货有限责任公司深圳营业部	深圳市福田区中心区26－3中国凤凰大厦1栋15D	0755－33031001	
深圳	北京首创期货有限责任公司深圳营业部	深圳市福田区金田路与福华路交汇处金中环商务大厦主楼3609	0755－88609932	
深圳	渤海期货有限公司深圳营业部	深圳市福田区深南大道6007号安徽大厦2007－2010	0755－66642367	
深圳	长江期货有限公司深圳营业部	深圳市福田区益田路与福华三路交界东北深圳国际商会中心0606、0608	0755－82833171	
深圳	东海期货有限责任公司深圳营业部	深圳市福田区香蜜湖街道香梅路1061号中投国际商务中心A座17层	0755－33063358	
深圳	方正期货有限公司深圳营业部	深圳市福田区福田中心区金田路与福华路交汇处金中环商务大厦主楼4303房	0755－33092759	
深圳	格林大华期货有限公司深圳营业部	深圳市福田区金田路诺德金融中心9楼E单元	0755－33983299	
深圳	冠通期货有限公司深圳营业部	深圳市福田区彩田路东方新天地C座1007	0775－33063296	
深圳	光大期货有限公司深圳营业部	深圳市福田区益田路西、福中路北新世界商务中心2701、2702室	0755－82767977	
深圳	广东鸿海期货有限公司龙岗营业部	广东省深圳市龙岗区龙城街道龙岗天安数码创新园一号厂房A1003	0755－23999987	
深圳	广发期货有限公司深圳营业部	深圳市福田区中心区26－3中国凤凰大厦1栋15B	0755－33223089	
深圳	广州期货有限公司深圳营业部	深圳市福田区莲花街道商报路7号天健创业大厦1608、1610、1612、1614单元	0755－83515026	
深圳	国泰君安期货有限公司深圳营业部	深圳市福田区益田路西、福中路北新世界商务中心603、604	0755－23982567	
深圳	国信期货有限责任公司深圳营业部	深圳市罗湖区红岭中路1010号国际信托大厦1305、1306、1307、1308、1309、1907、2001、2002、2007、24楼	0755－82133580	

续表

营业部所属辖区	期货公司营业部名称	注册地址	联系电话	备注
深圳	海通期货有限公司深圳营业部	深圳市福田区益田路与福华三路东交汇处深圳国际商会中心2810室	0755－88269998	
深圳	弘业期货股份有限公司深圳营业部	深圳市福田区中心四路1－1号嘉里建设广场第三座第5层03室	0755－22663166	
深圳	宏源期货有限公司深圳营业部	深圳市福田区福华一路中心商务大厦612房、613房、614房	0755－83475331	
深圳	华泰长城期货有限公司深圳金田路营业部	深圳市福田区金田路与福中路交界东南荣超经贸中心1009室	0755－33970198	
深圳	华泰长城期货有限公司深圳竹子林营业部	深圳市福田区竹子林紫竹七道中国经贸大厦22层ABCDEFGHJ及13层ABC单元	0755－83774830	
深圳	徽商期货有限责任公司深圳营业部	深圳市福田区金田路荣超中心1713－15室	0755－23983233	
深圳	江南期货经纪有限公司深圳营业部	深圳市福田区华富路1006号航都大厦21层FGHIJKLA室	0755－83248725	
深圳	金瑞期货有限公司深圳南山营业部	深圳市南山区商业文化中心区海岸大厦（西座1701室）	0755－86338615	
深圳	金元期货经纪有限公司深圳营业部	深圳市福田区上步南路锦峰大厦写字楼21A、21H	0755－82077656	
深圳	锦泰期货有限公司深圳营业部	深圳市前海深港合作区前湾一路鲤鱼门街1号前海深港合作区管理局综合办公楼A 201室（入驻深圳市前海商务秘书有限公司）	0755－33609398	
深圳	经易期货经纪有限公司深圳营业部	深圳市福田区福中三路1006号诺德中心18楼E单位	0755－88267280	
深圳	鲁证期货股份有限公司深圳营业部	深圳市福田区深南大道与民田路交界西南新华保险大厦723、725、726、728单元	0755－83509686	
深圳	迈科期货经纪有限公司深圳营业部	深圳市福田区益田路西福中路北新世界商务中心18楼1803、1804、1805室	0755－23982022－625	
深圳	南华期货股份有限公司深圳营业部	深圳市福田区金田路4028号荣超经贸中心812、2703、2705室	0755－82577536	
深圳	瑞达期货股份有限公司深圳营业部	深圳市福田区滨河路北彩田路东交汇处联合广场A栋塔楼A1510、A1511	0755－83130183	

续表

营业部所属辖区	期货公司营业部名称	注册地址	联系电话	备注
深圳	上海大陆期货有限公司深圳营业部	深圳市福田区深南大道4009号投资大厦21楼E4－E5区	0755－83885809	
深圳	上海金源期货有限公司深圳营业部	深圳市福田区福华一路卓越大厦17楼1706A室	0755－82874510	
深圳	上海中财期货有限公司深圳营业部	深圳市福田区益田路4068号卓越时代广场2902－2903室	0755－82881617	
深圳	上海中期期货有限公司深圳营业部	深圳市福田区益田路6009号新世界商务中心1505－1506室	0755－82760986	
深圳	申银万国期货有限公司深圳营业部	深圳市福田区深南大道耀华创建大厦1座07层707、708、709、710号	0755－33096656	
深圳	深圳金汇期货经纪有限公司深圳营业部	深圳市福田区福华三路与金田路交汇处卓越世纪中心4号楼1401、1402室	0755－82795168	
深圳	神华期货经纪有限公司深圳市南山大道营业部	深圳市南山区南山大道新绿岛大厦8B	0755－26455900	
深圳	五矿期货有限公司深圳营业部	深圳市福田区上步南路锦峰大厦写字楼12B	0755－83752310	
深圳	新湖期货有限公司深圳营业部	深圳市福田区金田路与福中路交界荣超经贸中心2405、2406室	0755－23811815	
深圳	银河期货有限公司深圳营业部	深圳市福田中心区深圳中心商务大厦1701至1704室、1716至1718室	0755－82032082	
深圳	永安期货股份有限公司深圳营业部	深圳市福田区益田路与福华三路交界东北深圳国际商会中心1303、1305、1306室	0755－33029818	
深圳	中国国际期货有限公司深圳市宝安宝民路营业部	深圳市宝安区宝城3区宝民路中粮地产集团中心609、610单元	0755－29993256	
深圳	中国国际期货有限公司深圳市福田益田路营业部	深圳市福田区益田路6003号荣超商务中心A栋第15层01、02、03、05、06、08、09、10、11、12单元	0755－23818483	
深圳	中国国际期货有限公司深圳市罗湖深南东路营业部	深圳市罗湖区深南东路2010号奥康德大厦10楼西侧	0755－23818116	
深圳	中航期货经纪有限公司深圳市南山营业部	深圳市南山区登良路南油第二工业区205栋7层701室	0755－25316766	
深圳	中粮期货有限公司深圳营业部	深圳市福田区福华一路免税商务大厦塔楼23楼04B、05、06、07A单元	0755－33973112	
深圳	中融汇信期货有限公司深圳营业部	深圳市福田区金田路4028号荣超经贸中心3203室	0755－88602910	

续表

营业部所属辖区	期货公司营业部名称	注册地址	联系电话	备注
深圳	中投天琪期货有限公司深圳营业部	深圳市福田区中心区卓越皇岗世纪中心1号楼19楼1906、1907、1908单元	0755－82909708	
深圳	中信建投期货有限公司深圳营业部	深圳市福田区深南大道和泰然大道交汇处绿景纪元大厦11I	0755－33378896	
深圳	中信期货有限公司深圳营业部	深圳市福田区皇岗路与深南中路交界东北田面城市大厦15C－15D	0755－83218341	
四川	北京首创期货有限责任公司成都营业部	四川省成都市锦江区东大街紫东楼段35号明宇金融广场1206室	028－65169377	
四川	渤海期货有限公司成都营业部	成都市武侯区二环路南四段51号莱蒙置地广场2栋14层5号	028－87492823	
四川	长江期货有限公司成都营业部	成都市青羊区白丝街56号棉麻大厦3楼B区	028－86629851	
四川	成都倍特期货经纪有限公司成都营业部	成都市青羊区青龙街51号1幢倍特康派9层	028－86269379	
四川	成都倍特期货经纪有限公司绵阳营业部	四川省绵阳市涪城区临园路东段54号1幢16－1号	0816－2227369	
四川	成都倍特期货经纪有限公司西昌营业部	凉山彝族自治州西昌市航天大道西段149号四川凉山国家粮食储备库物流综合办公楼三楼	0834－6196086	
四川	冠通期货有限公司成都营业部	成都市锦江区锦东路568号摩根中心2栋32层1号	028－85970343	
四川	光大期货有限公司成都营业部	成都市武侯区领事馆路7号1栋2单元8层805号	028－86032828	
四川	广发期货有限公司成都营业部	成都市青羊区下南大街2号宏达国际广场18楼17－19号	028－86210516	
四川	广州期货有限公司成都营业部	成都市锦江区东大街下东大街段216号1栋22层2、3、4号	028－86513190	
四川	国联期货有限责任公司成都营业部	成都高新区锦城大道666号3幢12层5号	028－62725330	
四川	海通期货有限公司成都营业部	四川省成都市锦江区东大街紫东楼段35号明宇金融广场10楼6号	028－62128697	
四川	弘业期货股份有限公司成都营业部	成都市锦江区东大街芷泉段68号天府时代广场A1区9楼03、04号	028－84471800	
四川	华泰长城期货有限公司成都营业部	成都市锦江区新光华街7号航天科技大厦8层806号	028－86587081	

续表

营业部所属辖区	期货公司营业部名称	注册地址	联系电话	备注
四川	华西期货有限责任公司德阳营业部	德阳市区峨眉山南路35号湖滨苑1－6－2号	0838－3063103	
四川	华西期货有限责任公司泸州营业部	泸州市龙马潭区龙南路66号1幢3号4层	0830－2527719	
四川	华西期货有限责任公司南充营业部	南充市顺庆区涪江路221号3楼	0817－2616029	
四川	华西期货有限责任公司攀枝花营业部	攀枝花市东区大河北路149号4楼	0812－3551746	
四川	华西期货有限责任公司宜宾营业部	宜宾市翠屏区交通街首席滨江2－3－4号	0831－5130169	
四川	金瑞期货有限公司成都营业部	成都高新区天府大道北段1700号1幢2单元15层1511、1513号	028－68730587	
四川	经易期货经纪有限公司成都营业部	成都市青羊区锦里东路2号宏达大厦11楼F单元	028－86139823	
四川	鲁证期货股份有限公司成都营业部	成都市锦江区东华正街42号5层2号	028－85970815	
四川	迈科期货经纪有限公司成都营业部	成都市总府路2号时代广场A座2109、2110室	028－86725791	
四川	南华期货股份有限公司成都营业部	成都市锦江区东大街紫东楼段35号17层1706号	028－86532609	
四川	瑞达期货股份有限公司成都营业部	成都市锦江区一环路东五段46号1栋1单元16层	028－86780289	
四川	瑞达期货股份有限公司乐山营业部	四川省乐山市市中区龙游路西段46号3楼8号	0833－2481819	
四川	瑞达期货股份有限公司绵阳营业部	绵阳市涪城区临园路东段72号新益大厦南楼26楼4－6室	0816－8385520	
四川	上海东亚期货有限公司成都营业部	成都市青羊区双新北路129号2层	028－86270692	
四川	申银万国期货有限公司成都营业部	成都市青羊区槐树街2号申银万国大厦3楼	028－86258738	
四川	五矿期货有限公司成都营业部	成都市武侯区人民南路四段45号新希望大厦1幢16层1号	028－85065846	
四川	新湖期货有限公司成都营业部	成都市青羊区锦里东路2号宏达大厦23楼B－2、C1座	028－66154668	

续表

营业部所属辖区	期货公司营业部名称	注册地址	联系电话	备注
四川	兴证期货有限公司成都营业部	成都市武侯区领事馆路7号1栋2单元8层802室	028-61510863	
四川	银河期货有限公司成都营业部	四川省成都市成华区建设路9号1栋高地中心906号房	028-62501610	
四川	永安期货股份有限公司成都营业部	成都市锦江区东大街芷泉段68号2栋1单元18层1801-1802号	028-65958999	
四川	浙江中大期货有限公司成都营业部	成都高新区府城大道中段88号1幢10层12号	028-65067758	
四川	中国国际期货有限公司成都营业部	四川省成都市武侯区人民南路四段19号1栋20层1-1、1-2、1-3、2号	028-66801885	
四川	中辉期货经纪有限公司成都营业部	成都市锦江区东大街芷泉段68号时代8号35A07号、35A08号	028-84470868	
四川	中粮期货有限公司成都营业部	成都市锦江区人民南路二段1号仁恒置地广场写字楼14楼1403单元	028-65335980	
四川	中信建投期货有限公司成都营业部	成都市武侯区科华北路62号（力宝大厦）1栋2单元18层2、3号	028-62818702	
四川	中信期货有限公司成都营业部	成都市高新区锦城大道666号4幢26层9号	028-85139631	
天津	北京首创期货有限责任公司天津营业部	天津市河西区解放南路256号7层AB座	022-59822886	
天津	北京中期期货有限公司天津营业部	天津市和平区大沽北路2号2608、2609室	022-23523115	
天津	成都倍特期货经纪有限公司天津营业部	天津市河东区十一经路61号人保大厦22楼	022-58812608	
天津	格林大华期货有限公司天津营业部	天津市和平区贵州路4号院龙通大厦2层205、206、208、209、210室	022-23046189	
天津	冠通期货有限公司天津营业部	天津市河北区民主道27号	022-26217956	
天津	光大期货有限公司天津营业部	天津市河西区解放南路中段西侧富裕大厦2-1701-A	022-58780700	
天津	国泰君安期货有限公司天津营业部	天津市和平区郑州道18号港澳大厦6层	022-23304929	
天津	海航东银期货有限公司天津营业部	天津市和平区张自忠路240号港湾中心写字楼12B02	022-23393518	
天津	海通期货有限公司天津营业部	天津滨海高新区梅苑路5号金座广场-2006、2007、2008、2009室	022-23756658	

续表

营业部所属辖区	期货公司营业部名称	注册地址	联系电话	备注
天津	弘业期货股份有限公司天津营业部	天津市河西区围堤道53号丽晶大厦22层2202－2203A室	022－58780756	
天津	宏源期货有限公司天津营业部	天津市河西区友谊路与平江道交口东南侧大安大厦A座1101、1105室	022－58378618	
天津	华泰长城期货有限公司天津营业部	天津市河西区友谊路35号君谊大厦2－2002室	022－88356381	
天津	鲁证期货股份有限公司天津营业部	天津经济技术开发区第三大街39号西区301A、301B、301C室	022－66283471	
天津	民生期货有限公司天津营业部	天津市河西区徐州道5号外代大厦701室	022－23398164	
天津	南华期货股份有限公司天津营业部	天津市河西区友谊路与平江道交口东南侧大安大厦A座802	022－88371079	
天津	上海大陆期货有限公司天津营业部	天津市和平区张自忠路240号港湾中心1－1－903室	022－23193260	
天津	上海中财期货有限公司天津营业部	天津市和平区马场道114号二楼	022－58228155	
天津	象屿期货有限责任公司天津营业部	河西区卫津南路21号新金龙公寓1－2－401、402室	022－23347757	
天津	一德期货有限公司天津滨海新区营业部	天津开发区广场东路20号滨海金融街E4－C－208室	022－59820933	
天津	一德期货有限公司天津营业部	天津南开区水上公园路水云花园C19号	022－28372290	
天津	银建期货经纪有限责任公司天津营业部	河东区新开路与华兴道交口南侧冠福大厦2508室	022－23130960	
天津	永安期货股份有限公司天津营业部	天津市和平区南马路11号、13号2356－3、2356－4、2357、2358－1、2358－2室	022－58633268	
天津	浙江中大期货有限公司天津营业部	天津市河西区广东路255号，前进道9号，育佳大厦10层	022－83654505	
天津	浙商期货有限公司天津营业部	天津市河西区友谊路5号北方金融大厦第17层FHI座	022－88351166	
天津	中国国际期货有限公司天津营业部	天津市和平区大沽北路2号－4202、4203室	022－58308173	
西藏	同信久恒期货有限责任公司拉萨营业部	拉萨市柳梧新区柳梧大厦2楼东	0891－6803700	
厦门	北京首创期货有限责任公司厦门营业部	厦门市思明区湖滨南路90号立信广场2304室	0592－3299380	

续表

营业部所属辖区	期货公司营业部名称	注册地址	联系电话	备注
厦门	渤海期货有限公司厦门营业部	厦门市湖里区嘉禾路398号708、709室	0592－5575900	
厦门	大地期货有限公司厦门营业部	厦门市思明区鹭江道96号之一钻石海岸A区23层2705单元	0592－2058837	
厦门	东方汇金期货有限公司厦门营业部	福建省厦门市思明区湖滨南路258号21C、21D	0592－5850338	
厦门	东海期货有限责任公司厦门营业部	福建省厦门市湖滨北路72号中闽大厦21楼01－1单元	0592－5325639	
厦门	东吴期货有限公司厦门营业部	福建省厦门市思明区嘉禾路386号东方财富广场B栋904单元	0592－5584622	
厦门	广发期货有限公司厦门营业部	厦门市思明区湖滨南路90号910室	0592－2270659	
厦门	广永期货有限公司厦门营业部	厦门市思明区厦禾路668号海翼大厦B栋第5层02单元	0592－3188108	
厦门	国信期货有限责任公司厦门营业部	厦门市思明区观音山国际商务中心南投路11号荣鑫盛营运中心20楼C单元	0592－7558266	
厦门	国元期货有限公司厦门营业部	福建省厦门市思明区莲岳路1号磐基中心1707－1708	0592－5312922	
厦门	海航东银期货有限公司厦门营业部	厦门市思明区莲前西路2号莲富大厦写字楼10楼D座	0592－5177528	
厦门	海通期货有限公司厦门营业部	厦门市思明区鹭江道100号第七层03－05单元	0592－2972598	
厦门	弘业期货股份有限公司厦门营业部	福建省厦门市思明区嘉禾路321号1406室	0592－5201699	
厦门	金友期货经纪有限责任公司厦门营业部	福建省厦门市湖里区东渡路61号B201、B202、B204室	0592－5678318	
厦门	南华期货股份有限公司厦门营业部	厦门市思明区鹭江道96号之二2104室、2105室、2106室、2107室	0592－2120369	
厦门	瑞达期货股份有限公司厦门营业部	厦门市思明区湖滨西路9号15C单元	0592－2290627	
厦门	上海良茂期货经纪有限公司厦门营业部	厦门市思明区厦禾路877号胜骏广场305室、304室	0592－3213532	
厦门	上海中财期货有限公司厦门营业部	厦门市湖里区嘉禾路398号414室	0592－3330518	
厦门	神华期货经纪有限公司厦门营业部	福建省厦门市思明区厦禾路820号帝豪大厦506A	0592－2977972	

续表

营业部所属辖区	期货公司营业部名称	注册地址	联系电话	备注
厦门	万达期货股份有限公司厦门营业部	厦门市思明区塔埔东路168号1701单元	0592-5903036	
厦门	象屿期货有限责任公司厦门营业部	厦门现代物流园区象屿路99号厦门国际航运中心E栋7层706、707单元	0592-5319186	
厦门	新湖期货有限公司厦门营业部	厦门市思明区厦禾路1032-1034号A栋802单元	0592-5835139	
厦门	鑫鼎盛期货有限公司厦门营业部	厦门市思明区鹭江道2号第一广场西座1505-1507室	0592-3122798	
厦门	兴证期货有限公司厦门营业部	厦门市思明区湖滨东路11号邮电广通大厦1601、1602室	0592-5830036	
厦门	银河期货有限公司厦门营业部	厦门市思明区鹭江道100号第十九层06单元、第二十层07单元	0592-2972601	
厦门	中国国际期货有限公司厦门营业部	厦门市湖滨南路81号光大银行大厦11层	0592-2228761	
厦门	中粮期货有限公司厦门营业部	厦门市思明区厦禾路189号2212-2215、2207室	0592-2685819	
新疆	宏源期货有限公司乌鲁木齐营业部	乌鲁木齐市天山区文艺路233号宏源大厦13楼	0991-2361099	
新疆	金石期货有限公司昌吉营业部	新疆维吾尔自治区昌吉回族自治州昌吉市延安北路198号东方广场16楼（1613室、1615室、1616室、1618室、1619室、1620室）	0994-6518999	
新疆	金石期货有限公司哈密营业部	新疆哈密地区哈密市爱国北路18号	0902-6990851	
新疆	金石期货有限公司库尔勒营业部	库尔勒市人民西路金都广场19楼	0996-2611100	
新疆	金石期货有限公司石河子营业部	新疆维吾尔自治区石河子市北四路167号4楼	0993-2070777	
新疆	金石期货有限公司乌鲁木齐市北城营业部	新疆维吾尔自治区乌鲁木齐市北京南路416号盈科国际中心五层5、6、7号房	0991-3655279	
新疆	万达期货股份有限公司乌鲁木齐营业部	乌鲁木齐市新华北路80号金谷大厦A座8楼	0991-6551099	
新疆	新疆天利期货经纪有限公司克拉玛依营业部	克拉玛依市友谊路169号友谊大厦五楼	0990-6238071	
新疆	新疆天利期货经纪有限公司伊犁营业部	伊宁市新伊犁河路怡安家园1号综合楼三楼	0999-8071130	

续表

营业部所属辖区	期货公司营业部名称	注册地址	联系电话	备注
云南	安信期货有限责任公司昆明营业部	昆明市盘龙区白塔路 387－395 号星耀大厦 7 层 703 号	0871－63150848	
云南	宝城期货有限责任公司昆明营业部	云南省昆明市盘龙区白云路与万华路交汇处滨江俊园 3 幢 1－2 层 3－05 室	0871－65732823	
云南	北京首创期货有限责任公司昆明营业部	昆明市护国路 2－4 号广业大厦 B 幢 15 楼 A 区	0871－63116976	
云南	广发期货有限公司昆明营业部	昆明市护国路 69 号护国大厦 15 楼 A 座	0871－63116612	
云南	红塔期货有限责任公司大理营业部	大理市建设西路 06 号建行大理南诏支行五楼	0872－8895096	
云南	红塔期货有限责任公司昆明营业部	昆明市祥云街 55－59 号银佳大厦 16 楼	0871－63614680	
云南	红塔期货有限责任公司曲靖营业部	云南曲靖市麒麟北路 2 号银利大酒店第 20 层	0874－3297799	
云南	红塔期货有限责任公司玉溪营业部	玉溪市红塔区凤凰路 47 号 4 楼	0877－6577468	
云南	宏源期货有限公司昆明营业部	昆明市春城路与吴井路交叉口证券大厦主楼 16 层 1602 号	0871－68072123	
云南	华泰长城期货有限公司昆明营业部	昆明市武成路 13 号地快天昊大厦 1 幢 15 楼 B 座	0871－65373933	
云南	乾坤期货有限公司昆明营业部	昆明市青年路 389 号志远大厦 23 层 C 座	0871－63190583	办理注销中
云南	瑞达期货股份有限公司昆明营业部	昆明市环城西路 611－613 号 A 幢 15 层 3、4 号	0871－68095158	
云南	万达期货股份有限公司昆明营业部	昆明市三市街六号柏联广场 9 楼 909－910 号	0871－63615159	
云南	五矿期货有限公司昆明营业部	昆明市盘龙区北京路与北辰大道交口西南角嶺域时代大厦 A 栋 13 层 2 室	0871－63338262	
云南	银河期货有限公司昆明营业部	昆明市滇池路 569 号南亚第一国际 C4－1－1607	0871－68070372	
云南	云晨期货有限责任公司楚雄营业部	云南省楚雄市鹿城南路 2 号新龙江广场 6 楼 1 号	0878－8968161	
云南	云晨期货有限责任公司蒙自营业部	云南省蒙自市工业园区 1 号路南湖花园 1 号商铺 1－3	0873－3650005	
云南	云晨期货有限责任公司曲靖营业部	云南省曲靖市麒麟西路与翠峰西路交叉处（汇宝商贸大厦）裙楼幢第 3 层商场 3－2 号	0874－8999460	

续表

营业部所属辖区	期货公司营业部名称	注册地址	联系电话	备注
云南	浙江中大期货有限公司昆明营业部	昆明市东风东路84号国联大厦三楼	0871－63388522	
云南	中国国际期货有限公司昆明营业部	昆明市官渡区拓东路45号11楼C1－C2号	0871－68068087	
浙江	宝城期货有限责任公司临海营业部	浙江省临海市大洋街道临海大道（中）45号	0576－85385316	
浙江	宝城期货有限责任公司温州营业部	温州市鹿城区矮凳桥228号10幢1013室	0577－89999719	
浙江	渤海期货有限公司杭州营业部	杭州市中河中路250号改革月报大楼十三层3室	0571－86825506	
浙江	大地期货有限公司金华营业部	浙江省金华市婺江西路28号时代商务中心1幢1501、1502、1503室	0579－82983185	
浙江	大地期货有限公司衢州营业部	浙江省衢州市下街165号	0570－8505858	
浙江	大地期货有限公司台州营业部	浙江省台州市路桥区塑料化工市场1501－1504号	0576－82567007	
浙江	大地期货有限公司温州营业部	浙江省温州市黎明中路海关大楼四层东首	0577－88102781	
浙江	大地期货有限公司诸暨营业部	浙江省诸暨市暨阳北路8号东方时代广场C幢401室	0575－21785992	
浙江	大越期货有限公司杭州营业部	杭州市西湖区紫荆花路2号联合大厦A座1107室	0571－87963293	
浙江	大越期货有限公司湖州营业部	浙江省德清县武康镇永安街148号东湖大厦四楼	0572－8076318	
浙江	大越期货有限公司柯桥营业部	浙江省绍兴县柯桥金汇大厦1幢905、906室	0575－81161522	
浙江	大越期货有限公司丽水营业部	浙江省丽水市莲都区寿尔福路445号16层	0578－2538888	
浙江	大越期货有限公司上虞营业部	浙江省上虞市百官街道锦茂大厦2001室	0575－80271828	
浙江	大越期货有限公司温州营业部	浙江省温州市车站大道裕达大厦1幢三层301－305室	0577－88670811	
浙江	格林大华期货有限公司杭州营业部	杭州市庆春路25－29号远洋大厦8层CD单元	0571－28860708	
浙江	光大期货有限公司杭州营业部	杭州市江干区富春路308号华成国际发展大厦1101、1102室	0571－89910727	

续表

营业部所属辖区	期货公司营业部名称	注册地址	联系电话	备注
浙江	广发期货有限公司杭州营业部	杭州市西湖大道239号定安路126号（耀江大厦）7003A、7003B室	0571－28800878	
浙江	国海良时期货有限公司湖州营业部	湖州市人民路333－349号	0572－2216073	
浙江	国海良时期货有限公司金华营业部	浙江省金华市宾虹路置信大厦15楼	0579－83739919	
浙江	国海良时期货有限公司柯桥营业部	浙江省绍兴县柯桥湖西路228号发展广场轻纺大厦B楼12层	0575－81168596	
浙江	国海良时期货有限公司绍兴营业部	诸暨市浣东街道暨东路68号第九层	0575－87019338	
浙江	国海良时期货有限公司台州营业部	台州温岭市万昌中路海关大楼北楼1楼	0576－81688166	
浙江	国海良时期货有限公司越城营业部	浙江省绍兴市迪荡新城北辰广场1603、1604室	0575－85359280	
浙江	国金期货有限责任公司杭州营业部	浙江省杭州市文三路535号15层1502室	0571－87956118	
浙江	国泰君安期货有限公司杭州营业部	杭州市上城区金隆花园南区三层1号	0571－56112323	
浙江	国投中谷期货有限公司杭州营业部	杭州市西湖区华星路99号杭州东软创业大厦三楼B310、B312室	0571－28898930	
浙江	国信期货有限责任公司杭州营业部	杭州市杭海路238号森禾商务广场2幢2502、2503、2504室	0571－87068867	
浙江	海通期货有限公司杭州营业部	浙江省杭州市江干区民心路100号万银大厦3902－3904室	0571－85860900	
浙江	海通期货有限公司温州营业部	浙江省温州市来福门松台大厦1幢1201室	0577－88223313	
浙江	弘业期货股份有限公司杭州营业部	杭州市西湖大道18号新东方大厦B座1401室	0571－87185615	
浙江	红塔期货有限责任公司杭州营业部	浙江省杭州市文二路391号西湖国际科技大厦C楼8层806－809室	0571－87560607	
浙江	宏源期货有限公司杭州营业部	杭州市华浙广场1号18楼	0571－85279708	
浙江	华泰长城期货有限公司杭州营业部	杭州市朝晖路203号1502室	0571－86890820	
浙江	经易期货经纪有限公司台州营业部	台州市黄岩区劳动北路黄岩总商会大厦11层	0576－89880998	
浙江	鲁证期货股份有限公司杭州营业部	浙江省杭州市下城区延安路466号省经贸大楼15楼	0571－28118966	
浙江	鲁证期货股份有限公司温州营业部	温州市鹿城区小南路国鼎大厦写字楼六层	0577－85552188	

续表

营业部所属辖区	期货公司营业部名称	注册地址	联系电话	备注
浙江	美尔雅期货经纪有限公司杭州营业部	杭州市杭大路9号聚龙大厦东3楼B室	0571－28183280	
浙江	南华期货股份有限公司海宁营业部	浙江省海宁市海洲街道钱江西路238号广隆财富中心1号楼301、302、312、313、608室	0573－80703000	
浙江	南华期货股份有限公司嘉兴营业部	嘉兴市中山路133号综合大楼东五楼	0573－82153186	
浙江	南华期货股份有限公司绍兴营业部	浙江省绍兴市越城区昆仑商务中心1幢1单元3101室	0575－85095808	
浙江	南华期货股份有限公司台州营业部	台州市耀达路99号现代购物广场401号	0576－81871931	
浙江	南华期货股份有限公司温州营业部	浙江省温州市市府路新益大厦1幢1401室	0577－89971820	
浙江	南华期货股份有限公司萧山营业部	杭州市萧山区北干街道金城路429号、431号天汇园1幢2单元301室、302室	0571－83869608	
浙江	南华期货股份有限公司永康营业部	浙江省永康市丽州中路63号11楼	0579－89292788	
浙江	宁波杉立期货经纪有限公司台州营业部	台州市黄岩区环城东路258号10楼	0576－84274548	
浙江	宁波杉立期货经纪有限公司温州营业部	温州汤家桥路大自然家园1幢1504室	0577－88980837	
浙江	瑞达期货股份有限公司杭州营业部	杭州市江干区香樟路2号泛海国际中心1幢1003、1004室	0571－28319672	
浙江	上海浙石期货经纪有限公司杭州营业部	杭州市密渡桥路1号B幢1－3楼	0571－56920852	
浙江	上海中财期货有限公司杭州营业部	杭州市西湖区体育场路458号二楼	0571－56080568	
浙江	上海中期期货有限公司杭州营业部	杭州市下城区建国北路658号海华广场1601室	0571－28898918	
浙江	申银万国期货有限公司杭州营业部	杭州市延安路328号恒通大厦401、402、403、405、407室	0571－86087566	
浙江	盛达期货有限公司杭州营业部	杭州市江干区迪凯国际中心2101、2102、2103、2104室	0571－28289378	
浙江	万达期货股份有限公司杭州营业部	浙江省杭州市城星路59号1001室	0571－81105322	

续表

营业部所属辖区	期货公司营业部名称	注册地址	联系电话	备注
浙江	新湖期货有限公司杭州营业部	杭州市江干区剧院路358号宏程国际大厦1202室	0571－87782173	
浙江	新湖期货有限公司嘉兴营业部	嘉兴市中环广场东区A－1203室	0573－82090662	
浙江	新湖期货有限公司台州营业部	浙江省台州市市府大道557号6层	0576－89892900	
浙江	新湖期货有限公司温州营业部	浙江省温州市鹿城区车站大道金鳞花苑2幢1101室	0577－88983327	
浙江	新纪元期货有限公司杭州营业部	杭州市上城区江城路889号香榭商务大厦E7、E7－1、F7室	0571－56282606	
浙江	信达期货有限公司富阳营业部	浙江省富阳市富春街道江滨西大道57号901－902室	0571－23255888	
浙江	信达期货有限公司金华营业部	金华市中山路331号海洋大厦8楼	0579－82328735	
浙江	信达期货有限公司乐清营业部	乐清市乐成镇乐怡路2号乐怡大厦3楼	0577－27857766	
浙江	信达期货有限公司绍兴营业部	绍兴市梅龙湖路56号1903室	0575－88122652	
浙江	信达期货有限公司台州营业部	台州市路桥区银安街679号501－510室	0576－82908870	
浙江	信达期货有限公司温州营业部	温州市鹿城区车站大道京龙大厦1幢十一层1号	0577－88881881	
浙江	信达期货有限公司义乌营业部	浙江省义乌市宾王路158号6楼	0579－85400021	
浙江	银河期货有限公司杭州营业部	杭州市解放路26号金衙庄大厦10楼	0571－28002999	
浙江	银河期货有限公司温州营业部	浙江省温州市百里西路工会大厦2幢701A室	0577－88220555	
浙江	永安期货股份有限公司嘉兴营业部	浙江省嘉兴市中山东路1558号耀城广场12－601、602室	0573－82050830	
浙江	永安期货股份有限公司金华营业部	浙江省金华市八一南街387号信华大楼12楼	0579－82133199	
浙江	永安期货股份有限公司瑞安营业部	浙江省瑞安市安阳街道隆山东路505号新潮大厦C单元22楼室	0577－66809850	
浙江	永安期货股份有限公司绍兴营业部	浙江省绍兴市崇贤街9号1901－1905室	0575－85149353	
浙江	永安期货股份有限公司台州营业部	浙江省台州市福贸大厦10楼1001－1009室	0576－88067111	
浙江	永安期货股份有限公司温州营业部	温州市小南路巴黎大厦二楼	0577－88838481	
浙江	永安期货股份有限公司萧山营业部	杭州市萧山区宁围镇宁泰路27号江宁大厦2幢第七层707－710室	0571－82891982	

续表

营业部所属辖区	期货公司营业部名称	注册地址	联系电话	备注
浙江	永安期货股份有限公司义乌营业部	浙江义乌市宾王路68号房地产交易大厦14楼	0579－85581098	
浙江	永安期货股份有限公司余杭营业部	杭州市余杭区南苑街道世纪大道168号1单元2201－2206室	0571－89366188	
浙江	永安期货股份有限公司舟山营业部	浙江省舟山市定海区人民中路86号三层	0580－2920801	
浙江	永安期货股份有限公司诸暨营业部	诸暨市城西开发区艮塔西路138号八方大厦9层	0575－87558801	
浙江	浙江新世纪期货有限公司东阳营业部	浙江省东阳市吴宁街道办事处双岘路18号“信用联社大厦”G楼一层	0579－89609100	
浙江	浙江新世纪期货有限公司湖州营业部	浙江省湖州市新天地写字楼13层1316－1320室	0572－2176897	
浙江	浙江新世纪期货有限公司临安营业部	浙江省临安市锦城街道石镜街696－706号	0571－61130808	
浙江	浙江新世纪期货有限公司衢州营业部	浙江省衢州市狮桥街2号6楼	0570－8585789	
浙江	浙江新世纪期货有限公司嵊州营业部	浙江省嵊州官河路682号剡城房产4楼	0575－83558619	
浙江	浙江新世纪期货有限公司温州营业部	浙江省温州市鹿城区锦绣路瑞康商务楼（万康商务中心）1幢504室	0577－88866545	
浙江	浙江新世纪期货有限公司萧山营业部	杭州市萧山区城厢镇商业新世纪广场C座八楼	0571－83519828	
浙江	浙江中大期货有限公司海宁营业部	海宁市海洲街道海洲西路218号405、407室	0573－87079511	
浙江	浙江中大期货有限公司湖州营业部	浙江省湖州市镭宝大厦2001室	0572－2206028	
浙江	浙江中大期货有限公司金华营业部	金华市丹溪路968号金华商城二期1－2区1302、1303室	0579－82060808	
浙江	浙江中大期货有限公司上虞营业部	上虞市王充路568号颖泰大厦六楼601室	0575－80271868	
浙江	浙江中大期货有限公司温岭营业部	温岭市万昌路118号邮政大楼11楼	0576－86019113	
浙江	浙江中大期货有限公司温州营业部	浙江省温州市鹿城区南塘风貌区北段3号楼3层	0577－88801118	

续表

营业部所属辖区	期货公司营业部名称	注册地址	联系电话	备注
浙江	浙江中大期货有限公司义乌营业部	浙江省义乌市工人西路18号8层	0579－85279567	
浙江	浙江中大期货有限公司永康营业部	永康市解放街8号供销大厦四楼	0579－87533999	
浙江	浙商期货有限公司杭州黄姑山路营业部	杭州市黄姑山路9号9层	0571－88215908	
浙江	浙商期货有限公司杭州中河中路营业部	浙江省杭州市中河中路281号1505、1506、1507、1508室	0571－28972506	
浙江	浙商期货有限公司湖州营业部	浙江省湖州市现代广场3幢12A07－12A12、12A15室	0572－2050066	
浙江	浙商期货有限公司嘉兴营业部	浙江省嘉兴市国浩广场5楼	0573－82770975	
浙江	浙商期货有限公司金华营业部	金华市八一北街118号汇金国际707、708、709室	0579－89198819	
浙江	浙商期货有限公司丽水营业部	浙江省丽水市莲都区北苑路198号201－3、202－2室	0578－2252788	
浙江	浙商期货有限公司瑞安营业部	浙江省瑞安市长虹路二轻大厦五楼	0577－65875508	
浙江	浙商期货有限公司绍兴营业部	浙江省绍兴市城南绿洲新村写字楼五层	0575－88970708	
浙江	浙商期货有限公司台州营业部	浙江省台州市路桥区西路桥大道555号天时大厦1203室	0576－82446661	
浙江	浙商期货有限公司温州营业部	浙江省温州市飞霞北路175号9楼	0577－88898813	
浙江	浙商期货有限公司萧山营业部	杭州市萧山区北干街道金城路540号心意广场3幢802室	0571－83788079	
浙江	浙商期货有限公司义乌营业部	义乌市宾王路223号一层、九层	0579－85567243	
浙江	浙商期货有限公司舟山营业部	舟山市定海人民南路6号南珍大厦十二楼	0580－2064103	
浙江	中国国际期货有限公司杭州营业部	杭州市西湖区学院路131－6、131－7号	0571－89716763	
浙江	中国国际期货有限公司温州营业部	温州市车站大道2号华盟商务广场1708、1709室	0577－28003881	
浙江	中辉期货经纪有限公司温州营业部	浙江省温州市车站大道高联大厦23层B2室	0557－86075616	
浙江	中粮期货有限公司杭州营业部	杭州市滨江区江南大道288号1幢1001室	0571－28058850	
浙江	中信建投期货有限公司杭州营业部	杭州市上城区庆春路137号811、812室	0571－28056981	
浙江	中信期货有限公司杭州凤起路营业部	杭州市凤起路102、108号国信房产大厦主楼第3层、裙楼第3层	0571－85783919	

续表

营业部所属辖区	期货公司营业部名称	注册地址	联系电话	备注
浙江	中信期货有限公司杭州延安路营业部	杭州市下城区延安路515号国信大厦第十一层1117室	0571－85060800	
浙江	中信期货有限公司绍兴营业部	浙江省绍兴市中兴中路276号现代大厦A603－608室	0575－85099709	
浙江	中信期货有限公司温岭营业部	浙江省温岭市东辉北路152号万昌大厦二楼	0576－86209625	
浙江	中信期货有限公司义乌营业部	浙江省义乌市江滨北路333－343号6楼	0579－81560977	
浙江	迈科期货经纪有限公司杭州营业部	杭州市江干区万银大厦2206室	0571－85871899	
重庆	北京首创期货有限责任公司重庆营业部	重庆市江北区江北城西大街25号平安财富中心（原金融街B座）17－1层（电梯楼层），15－1层（名义楼层）3单元	023－86823000	
重庆	渤海期货有限公司重庆营业部	重庆市南岸区南坪街道南坪西路2号2单元19－1号、19－9号、19－10号	023－88360325	
重庆	成都倍特期货经纪有限公司重庆营业部	重庆市江北区洋河一路68号1幢17—3 17—4	023－67666071	
重庆	东海期货有限责任公司重庆营业部	重庆市渝中区民族路108号B幢3－1号、3－2号	023－63938566	
重庆	格林大华期货有限公司重庆财富大道营业部	重庆市渝北区财富大道2号4－2	023－88197399	
重庆	格林大华期货有限公司重庆红黄路营业部	重庆市渝北区龙塔街道红黄路52号御景天成3、4号楼裙房幢1－1	023－86785268	
重庆	格林大华期货有限公司重庆民权路营业部	重庆市渝中区民权路27号19－2#、19－3#	023－63798622	
重庆	光大期货有限公司重庆营业部	重庆市渝中区民族路168号光大银行大厦3楼	023－86618118	
重庆	国联期货有限责任公司重庆营业部	重庆市渝中区中山三路162号16－1号	023－63638113	
重庆	国元期货有限公司重庆营业部	重庆市江北区观音桥步行街9号12－4	023－67107988	
重庆	海通期货有限公司重庆营业部	重庆市渝中区中华路178号23－3#、23－4#、23－5#	023－86596996	
重庆	弘业期货股份有限公司重庆营业部	重庆市渝中区新华路388号6－15#、6－16#、6－17#	023－88367700	
重庆	宏源期货有限公司重庆营业部	重庆市渝中区华一路2号B单元2楼	023－88328687	
重庆	华创期货有限责任公司重庆万州营业部	重庆市万州区白岩路65号第6层	023－87688980	

续表

营业部所属辖区	期货公司营业部名称	注册地址	联系电话	备注
重庆	华泰长城期货有限公司重庆营业部	重庆市江北区江北城西大街25号4－1	023－88730252	
重庆	南华期货股份有限公司重庆营业部	重庆市南岸区亚太路1号1幢1层1－2号、1－20号	023－62611626	
重庆	瑞达期货股份有限公司重庆营业部	重庆市渝中区五一路8号第24层2号	023－63714633	
重庆	上海东亚期货有限公司重庆营业部	重庆市渝中区民权路27号32－1#、32－2#、32－3#、32－4#	023－63836705	
重庆	上海中财期货有限公司重庆营业部	重庆市南岸区江南大道8号2栋6层办公8号、9号	023－88698700	
重庆	中银万国期货有限公司重庆营业部	重庆市九龙坡奥体路1号附5－11－1、5－11－14号	023－68672950	
重庆	万达期货股份有限公司重庆营业部	重庆市南岸区江南大道8号1栋8层办公3号、4号	023－88511066	
重庆	五矿期货有限公司重庆营业部	重庆市江北区江北城西大街25号11－1	023－67078086	
重庆	新湖期货有限公司重庆营业部	重庆市江北区建新东路36号10幢10－1、10－2、10－3、10－4、10－5、10－6	023－88518666	
重庆	新纪元期货有限公司重庆营业部	重庆市江北区西环路8号B幢8－2、8－3、8－3A号	023－67917658	
重庆	银河期货有限公司重庆营业部	重庆市南岸区南滨路22号1栋11层2号	023－88605253	
重庆	英大期货有限公司重庆营业部	重庆市江北区杨河一村78号20楼01号	023－89183999	
重庆	永安期货股份有限公司重庆营业部	重庆市江北区建新东路339号4幢10楼	023－67991006	
重庆	浙江中大期货有限公司重庆营业部	重庆市渝中区解放碑邹容路50号半岛国际商务大厦27楼	023－63763556	
重庆	中电投先融期货有限公司解放碑营业部	重庆市渝中区八一路177号雨田大厦十楼	023－63733900	
重庆	中电投先融期货有限公司沙坪坝营业部	重庆市沙坪坝区小龙坎新街85－7号	023－65472593	
重庆	中电投先融期货有限公司万州营业部	重庆市万州区高笋塘85号15楼	023－58152007	
重庆	中钢期货有限公司重庆营业部	重庆市渝中区上清寺路9号环球广场20层	023－63639938	
重庆	中国国际期货有限公司重庆营业部	重庆市渝中区中山三路168号中安大厦15楼	023－61629010	
重庆	中信建投期货有限公司重庆龙山一路营业部	重庆市渝北区冉家坝龙山一路5号扬子江商务小区4幢10－2号和10－5号	023－88502001	

国际期货及期权市场情况

一、2006—2013年国际期货及期权市场成交情况

表5-9-1　　全球期货及期权市场成交量（2006—2013年）

产品类别	2006年	2007年	2008年	2009年	2010年	2011年	2012年	2013年
期货	5282.82	7217.73	8317.70	8188.02	12049.27	12945.21	11072.11	12217.76
期权	6579.39	8308.90	9361.08	9556.59	10375.41	12027.19	10118.01	9425.66
总计	11862.21	15526.63	17678.78	17744.61	22424.68	24972.40	21190.12	21643.42

表5-9-2　全球期货及期权市场的各大类品种成交分布（2006—2013年）

产品类别	2006年	2007年	2008年	2009年	2010年	2011年	2012年	2013年
股指	4454.22	5616.82	6488.62	6382	7416.03	8459.52	6048.27	5370.86
个股	2876.49	4091.92	5511.19	5554.02	6295.26	7062.36	6469.51	6401.53
利率	3193.41	3740.88	3204.84	2467.76	3202.06	3491.20	2931.84	3330.72
外汇	240.05	334.71	597.48	984.48	2525.94	3147.06	2434.25	2491.14
农产品	489.03	645.64	894.63	927.61	1305.53	991.42	1254.42	1213.24
能源	385.97	496.41	580.95	655.93	723.61	814.76	925.59	1265.57
金属	218.68	256.07	356.16	613.8	818.58	776.37	873.55	1077.00
其他	4.36	4.22	44.9	114.44	137.65	229.71	252.69	493.36
总计	11862.21	15186.67	17678.78	17700.03	22424.68	24972.40	21190.12	21643.42

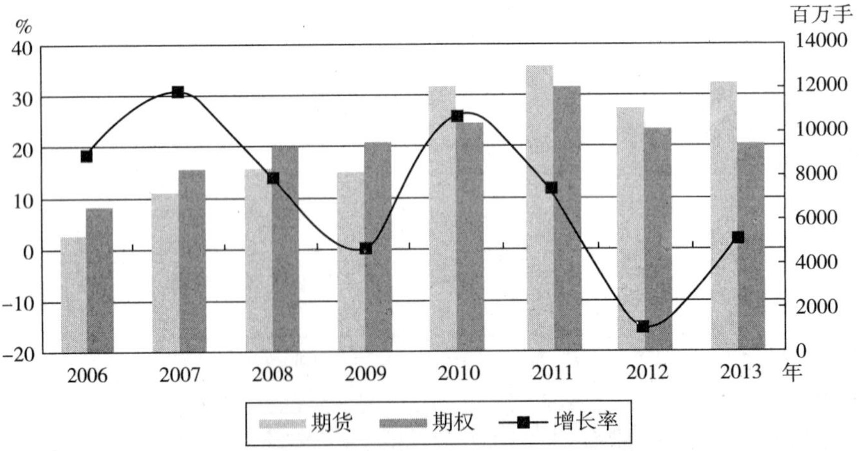

图5-9-1　全球期货及期权市场成交量和增长率（2006—2013年）

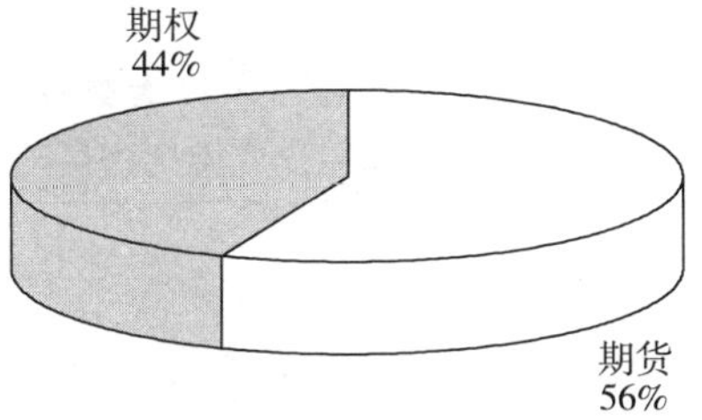

图5－9－2　全球期货与期权市场的成交量对比（2013年）

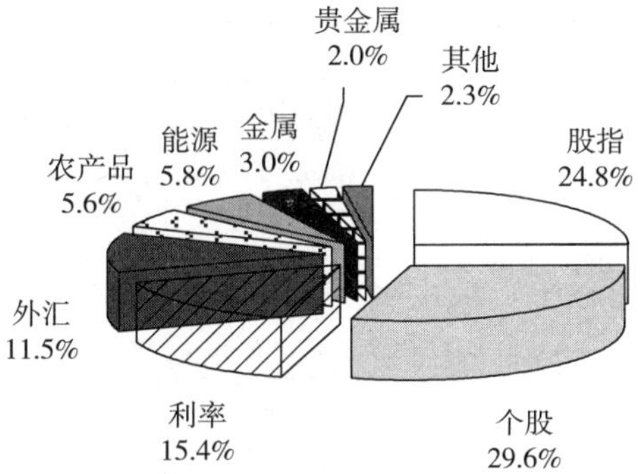

图5－9－3　全球期货及期权市场的各大类品种成交分布（2013年）

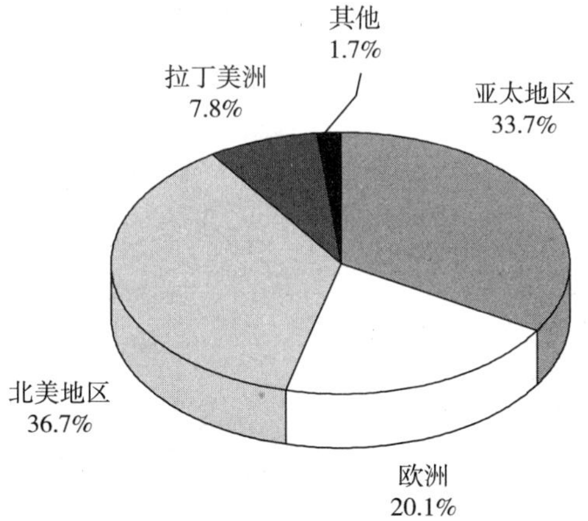

注：①其他的交易所包括有南非、土而其、以色列和迪拜。
②交易所的位置按照所在国家所在的大洲统计。

图5－9－4　全球期货及期权成交量的地区分布

二、前30大交易所

表5-9-3　　　2013年全球期货及期权市场前30大交易所排名

（FIA根据2013年期货和期权成交量/清算量排名）　　　单位：手

排名	交易所		2012年	2013年	增长率
1	芝加哥商业交易所集团	CME Group	2895125126	3161476638	9.2%
2	洲际交易所	Intercontinental Exchange	2448099505	2807970132	14.7%
3	欧洲期权与期货交易所	EUREX	2291368356	2190548148	-4.4%
4	印度国家证券交易所	National Stock Exchange of India	2010958057	2135637457	6.2%
5	巴西期货交易所—圣保罗证券交易所	BM&FBovespa	1636327195	1603600651	-2.0%
6	芝加哥期权交易所集团	CBOE Holdings	1134329197	1187642669	4.7%
7	纳斯达克OMX集团	NASDAQ OMX Group	1115078250	1142955206	2.5%
8	莫斯科交易所	Moscow Exchange	1062244624	1134477258	6.8%
9	韩国交易所	Korea Exchange	1835938749	820664621	-55.3%
10	印度多种商品交易所	Multi Commodity Exchange of India	960098730	794001650	-17.3%
11	大连商品交易所	Dalian Commodity Exchange	632792030	700500777	10.7%
12	上海期货交易所	Shanghai Futures Exchange	365249562	642473980	75.9%
13	郑州商品交易所	Zhengzhou Commodity Exchange	347190365	525299023	51.3%
14	日本交易所	Japan Exchange Group	234258426	366145920	56.3%
15	香港交易所	Hong Kong Exchange & Clearing	279599357	301128507	7.7%
16	澳大利亚证券交易所	Australian Securities Exchange Group	259971110	261790908	0.7%
17	孟买证券交易所	BSE	243871702	254845929	4.5%
18	南非约翰内斯堡证券交易所	JSE South Africa	158996880	254514098	60.2%
19	中国金融期货交易所	China Financial Futures Exchange	105075630	193549311	84.2%
20	加拿大TMX集团	TMX Group	209346066	155753473	-25.6%
21	台湾期货交易所	Taiwan Futures Exchange	156672022	153225238	-2.2%
22	BATS交易系统	BATS Exchange	130649646	151814889	16.2%
23	新加坡交易所	Singapore Exchange	80573161	112077267	39.1%
24	东京金融交易所	Tokyo Financial Exchange	66933391	65527790	-2.1%
25	特拉维夫证券交易所	Tel Aviv Stock Exchange	67163630	60514431	-9.9%
26	西班牙马德里交易所	Meff	67192263	54694502	-18.6%
27	伊斯坦布尔交易所	Borsa Istanbul	62482215	53172365	-14.9%
28	罗萨里奥期货交易所	Rosario Futures Exchange	51074551	51176700	0.2%
29	伦敦证券交易所	London Stock Exchange Group	68549947	50384211	-26.5%
30	印度联合证券交易所	United Stock Exchange of India	8863897	44931092	406.9%

注：排名不包括未向FIA报告交易数据的交易所。

三、前 20 大农产品期货及期权合约

表 5-9-4　　2013 年全球成交量前 20 大农产品期货及期权产品

（FIA 根据 2013 年期货和期权成交量/清算量排名）　　单位：手

排名	合约	交易所	2012 年	2013 年	变化率
1	豆粕期货 Soy Meal Futures	大连商品交易所 DCE	325876653	265357592	-18.57%
2	菜籽粕期货 Rapeseed Meal Futures*	郑州商品交易所 ZCE	421207	160100378	N/A
3	豆油期货 Soy Oil Futures	大连商品交易所 DCE	68858554	96334673	39.90%
4	棕榈油期货 Palm Oil Futures	大连商品交易所 DCE	43310013	82495230	90.48%
5	天然橡胶期货 Rubber Futures	上海期货交易所 SHFE	75176266	72438058	-3.64%
6	白糖期货 White Sugar Futures	郑州商品交易所 ZCE	148290190	69794046	-52.93%
7	玉米期货 Corn Futures	芝加哥期货交易所 CBOT	73184337	64322600	-12.11%
8	大豆期货 Soybean Futures	芝加哥期货交易所 CBOT	52041615	46721081	-10.22%
9	白糖 11 号期货 Sugar #11 Futures	洲际交易所 ICE Futures U. S.	27126728	29813680	9.91%
10	小麦期货 Wheat Futures	芝加哥期货交易所 CBOT	27379403	24993158	-8.72%
11	豆油期货 Soybean Oil Futures	芝加哥期货交易所 CBOT	27627590	23805912	-13.83%
12	玉米期权 Corn Options	芝加哥期货交易所 CBOT	26599756	23534308	-11.52%
13	黄豆粉期货 Soybean Meal Futures	芝加哥期货交易所 CBOT	18187433	20237181	11.27%
14	大豆期权 Soybean Options	芝加哥期货交易所 CBOT	18402208	14760704	-19.79%
15	玉米期货 Corn Futures	大连商品交易所 DCE	37824356	13313633	-64.80%
16	活牛期货 Live Cattle Futures	芝加哥商业交易所集团 CME	13985374	12463043	-10.89%
17	菜籽油期货 Rapeseed Oil Futures*	郑州商品交易所 ZCE	2021	11853858	N/A
18	瘦肉猪期货 Lean Hogs Futures	芝加哥商业交易所集团 CME	11461892	11277038	-1.61%
19	黄大豆 1 号期货 No. 1 Soybeans Futures	大连商品交易所 DCE	45475425	10993500	-75.83%
20	棕榈原油期货 Crude Palm oil Futures	马来西亚衍生品交易所 MDEX	7443143	7966096	7.03%

注：*2012 年 12 月才开始交易。

四、前 20 大能源期货及期权合约

表 5-9-5　　2013 年全球成交量前 20 大能源期货及期权产品

（FIA 根据 2013 年期货和期权成交量/清算量排名）　　单位：手

排名	合约	交易所	2012 年	2013 年	变化率
1	布伦特原油期货 Brent Crude Oil Futures	ICE 欧洲期货交易所 ICE Futures Europe	147385858	159093303	7.9%

续表

排名	合约	交易所	2012 年	2013 年	变化率
2	轻质低硫原油期货 Light Sweet Crude Oil Futures	纽约商业交易所 NYMEX	140531588	147690593	5.1%
3	亨利港天然气期货 Henry Hub Natural Gas Futures	纽约商业交易所 NYMEX	94799542	84282495	-11.1%
4	柴油期货 Gasoil Futures	ICE 欧洲期货交易所 ICE Futures Europe	63503591	63964827	0.7%
5	原油期货 Crude Oil Futures	印度多种商品交易所 MCX	57790229	39558169	-31.5%
6	西得克萨斯轻质原油期货 WTI Crude Futures	ICE 欧洲期货交易所 ICE Futures Europe	33142089	36106788	8.9%
7	纽约港 RBOB 汽油期货 NY Harbor RBOB Gasoline Futures	纽约商业交易所 NYMEX	36603841	34470288	-5.8%
8	2 号取暖油期货 No. 2 Heating Oil Futures	纽约商业交易所 NYMEX	36087707	32749553	-9.3%
9	原油期权 Crude Oil Options	纽约商业交易所 NYMEX	32525624	31478060	-3.2%
10	天然气期货 Natural Gas Futures	印度多种商品交易所 MCX	27886670	23828800	-14.6%
11	欧式天然气期权 Natural Gas European - Style Options	纽约商业交易所 NYMEX	24260726	21053064	-13.2%
12	布伦特油期货 Brent Oil Futures	莫斯科交易所 Moscow Exchange	11952101	18170809	52.0%
13	美国石油基金 ETF 期权 U. S. Oil Fund ETF Options	*	21348808	16557758	-22.4%
14	亨利港掉期期货 Henry Hub Swap Futures	纽约商业交易所 NYMEX	18156113	11459837	-36.9%
15	布伦特原油期权 Brent Crude Oil Options	ICE 欧洲期货交易所 ICE Futures Europe	8908862	9675876	8.6%
16	布伦特原油最后交易日期货 Brent Crude Oil Last Day Futures	纽约商业交易所 NYMEX	1161113	9214951	693.6%
17	美国天然气基金 ETF 期权 U. S. Natural Gas Fund ETF Options	*	12369729	7988602	-35.4%
18	欧洲排放指标期货 EUA Futures	ICE 欧洲期货交易所 ICE Futures Europe	6465262	7260390	12.3%
19	天然气倒数第二月互换期货 Natural Gas Penultimate Swap Futures	纽约商业交易所 NYMEX	7945695	6418797	-19.2%
20	动力煤期货 Thermal Coal Futures	郑州商品交易所 ZCE	N/A	4357384	N/A

注：* 在美国多家期权交易所交易。

五、前 20 大金属期货及期权合约

表 5-9-6　　2013 年全球成交量前 20 大金属期货及期权产品

（FIA 根据 2013 年期货和期权成交量/清算量排名）　　单位：手

排名	合约	交易所	2012 年	2013 年	变化率
1	螺纹钢期货 Steel Rebar Futures	上海期货交易所 SHFE	180562480	293728929	62.7%
2	银期货 Silver Futures	上海期货交易所 SHFE	21264954	173222611	714.6%
3	铜期货 Copper Futures	上海期货交易所 SHFE	57284835	64295856	12.2%
4	铝期货 High Grade Primary Aluminum Futures	伦敦金属交易所 LME	59123583	63767903	7.9%
5	SPDR 黄金股份 ETF 期权 SPDR Gold Shares ETF Options	*	54567743	49003859	-10.2%
6	纽约商业交易所黄金期货 Comex Gold Futures	纽约商业交易所 NYMEX	43893311	47294551	7.7%
7	A 级铜期货 Copper Grade A Futures	伦敦金属交易所 LME	35874789	40486017	12.9%
8	银 MIC 期货 Silver MIC Futures	印度多种商品交易所 MCX	51441996	33611357	-34.7%
9	锌期货 Special High Grade Zinc Futures	伦敦金属交易所 LME	29559338	30270370	2.4%
10	iShares 银信托 ETF 期权 iShares Silver Trust ETF Options	*	35963367	29722604	-17.4%
11	银 M 期货 Silver M Futures	印度多种商品交易所 MCX	36266593	20267222	-44.1%
12	黄金期货 Gold Futures	上海期货交易所 SHFE	5916745	20087824	239.5%
13	铜期货 Copper Futures	印度多种商品交易所 MCX	32520309	19758713	-39.2%
14	金花期货 Gold Petal Futures	印度多种商品交易所 MCX	36004247	19021199	-47.2%
15	纽约商业交易所铜期货 Comex Copper Futures	纽约商业交易所 NYMEX	16158815	17127383	6.0%
16	黄金期货 Gold Futures	莫斯科交易所 Moscow Exchange	8156949	15892846	94.8%
17	黄金 M 期货 Gold M Futures	印度多种商品交易所 MCX	22213409	15860098	-28.6%
18	纽约商业交易所银期货 Comex Silver Futures	纽约商业交易所 NYMEX	13315679	14475593	8.7%
19	镍期货 Primary Nickel Futures	伦敦金属交易所 LME	11164449	13678490	22.5%
20	标准铅期货 Standard Lead Futures	伦敦金属交易所 LME	14248937	12931067	-9.2%

注：* 在美国多家期权交易所交易。

六、前20大权益类期货及期权合约

表5－9－7　2013年全球成交量前20大权益类期货及期权产品

（FIA根据2013年期货和期权成交量/清算量排名）　　单位：手

排名	合约	交易所	2012年	2013年	变化率
1	CNX Nifty 指数期权 CNX Nifty Options	印度国家证券交易所 NSE India	803086926	874835809	8.93%
2	SPDR 标普500ETF 期权 SPDR S&P 500 ETF Options	*	585945819	596304426	1.77%
3	Kospi 200 指数期权 Kospi 200 Options	韩国交易所 KRX	1575394249	580460364	－63.15%
4	电子迷你标普500指数期货 E－Mini S&P 500 Futures	芝加哥商业交易所 CME	474278939	452291450	－4.64%
5	欧元斯托克50指数期货 Euro Stoxx 50 Futures	欧洲期权与期货交易所 EUREX	315179597	268495189	－14.81%
6	RTS 指数期货 RTS Futures	莫斯科交易所 Moscow Exchange	321031540	266131127	－17.10%
7	迷你日经225指数期货 Nikkei 225 Mini Futures	大阪证券交易所 OSE	130443680	233860478	79.28%
8	欧元斯托克50指数期权 Euro Stoxx 50 Options	欧洲期权与期货交易所 EUREX	280610954	225105846	－19.78%
9	标普500指数期权 S&P 500 Options	芝加哥期权交易所 CBOE	174457138	207488939	18.93%
10	沪深300指数期货 CSI 300 Futures	中国金融期货交易所 CFFEX	105061825	193220516	83.91%
11	波动率指数期权 VIX Options	芝加哥期权交易所 CBOE	110739796	142999960	29.13%
12	标普BSE100指数期权 S&P BSE 100 Options	孟买证券交易所 BSE	86243943	141727404	64.33%
13	安硕罗素2000ETF 期权 iShares Russell 2000 ETF Options	*	124525874	134857623	8.30%
14	标普孟买敏感指数期权 S&P Sensex India Options	孟买证券交易所 BSE	148314519	108612615	－26.77%
15	先锋QQQETF 期权 Powershares QQQ ETF Options	*	113719614	94302472	－17.07%
16	台指期权 Taiex Options	台湾期货交易所 Taifex	85626313	93452362	9.14%
17	ipath 标普500短期波动率指数期货ETN 期权 ipath S&P 500 VIX Short Term Futures ETN Options	*	47710104	83532121	75.08%
18	安硕高盛新兴市场ETF 期权 iShares MSCI Emerging Markets ETF Options	*	64284148	82452022	28.26%
19	标普CNX Nifty 指数期货 S&P CNX Nifty Futures	印度国家证券交易所 NSE India	80061861	74863943	－6.49%
20	电子迷你纳斯达克100指数期货 E－Mini Nasdaq 100 Futures	芝加哥商业交易所 CME	63530758	59393053	－6.51%

注：*表示可同时在美国多家期权交易所交易。

七、前 20 大利率类期货及期权合约

表 5－9－8　　　2013 年全球成交量前 20 大利率类期货及期权产品

（FIA 根据 2013 年期货和期权成交量/清算量排名）　　　单位：手

排名	合约	交易所	2012 年	2013 年	变化率
1	欧洲美元期货 Eurodollar Futures	芝加哥商业交易所 CME	426438437	517250183	21.3%
2	1 天银行间存款期货 One Day Inter – Bank Deposit Futures	巴西期货交易所 BM&F	340800485	394055420	15.6%
3	10 年期美国国债期货 10 Year Treasury Note Futures	芝加哥期货交易所 CBOT	264997089	325928194	23.0%
4	3 个月 Euribor 期货 3 Month Euribor Futures	纽约泛欧交易所集团 Liffe	178762097	238493786	33.4%
5	德国欧元长期债券期货 Euro – Bund Futures	欧洲期权与期货交易所 EUREX	184338704	190299482	3.2%
6	5 年期美国国债期货 5 Year Treasury Note Futures	芝加哥期货交易所 CBOT	133342429	175328163	31.5%
7	3 个月英镑利率期货 Short Sterling Futures	纽约泛欧交易所集团 Liffe	114915025	144279092	25.6%
8	德国欧元中期债券期货 Euro – Bobl Futures	欧洲期权与期货交易所 EUREX	107645238	129530977	20.3%
9	欧洲美元期货期权 Eurodollar Options On Futures	芝加哥商业交易所 CME	91189258	122159718	34.0%
10	30 年期美国国债期货 30 Year Treasury Bond Futures	芝加哥期货交易所 CBOT	91745232	97963266	6.8%
11	德国欧元短期债券期货 Euro – Schatz Futures	欧洲期权与期货交易所 EUREX	93840656	95505726	1.8%
12	10 年期美国国债期权 10 Year Treasury Note Options	芝加哥期货交易所 CBOT	56070376	90401169	61.2%
13	2 年期美国国债期货 2 Year Treasury Note Futures	芝加哥期货交易所 CBOT	55108651	57815900	4.9%
14	3 个月 Euribor 期权 3 Month Euribor Options	纽约泛欧交易所集团 Liffe	70671111	50888649	－28.0%
15	3 年期国债期货 3 Year Treasury Bond Futures	澳洲政权交易所 ASX 24	44003411	48978355	11.3%
16	英国长期债券期货 Long Gilt Futures	纽约泛欧交易所集团 Liffe	37777306	42299274	12.0%
17	IDI 指数期权 IDI Index Options	巴西期货交易所 BM&F	107961438	40626100	－62.4%
18	ID x US 远期利率期货 FRA on ID x US Dollar Spread Futures	巴西期货交易所 BM&F	34986267	36458503	4.2%
19	德国欧元长期债券期权 Euro – Bund Options	欧洲期权与期货交易所 EUREX	39924387	35220103	－11.8%
20	3 个月欧元同业拆借利率中期期权 3 Month Euribor Mid Curve Options	纽约泛欧交易所集团 Liffe	10504341	29825751	183.9%

八、前20大外汇类期货及期权合约

表5-9-9　　2013年全球成交量前20大外汇类期货及期权产品

（FIA根据2013年期货和期权成交量/清算量排名）　　单位：手

排名	合约	交易所	2012年	2013年	同比增长
1	美元/印度卢比期货 U. S. Dollar/Indian Rupee Futures	印度国家证券交易所 NSE India	620215043	566399936	-8.7%
2	美元/印度卢比期货 U. S. Dollar/Indian Rupee Futures	印度多种商品交易所 MCX-SX	551326121	496230881	-10.0%
3	美元/卢布期货 U. S. Dollar/Russian Ruble Futures	莫斯科交易所 Moscow Exchange	373108731	373466315	0.1%
4	美元/印度卢比期权 U. S. Dollar/Indian Rupee Options	印度国家证券交易所 NSE India	237062966	252398423	6.5%
5	美元期货 U. S. Dollar Futures	巴西期货交易所-圣保罗证券交易所 BM&F	84049097	83426499	-0.7%
6	欧元/美元期货 Euro/U. S. Dollar Futures	莫斯科交易所 Moscow Exchange	33632175	66436523	97.5%
7	欧元期货 Euro FX Futures	芝加哥商业交易所 CME	67407741	61285617	-9.1%
8	美元期货 U. S. Dollar Futures	韩国交易所 KRX	53549300	51814466	-3.2%
9	美元期货 U. S. Dollar Futures	阿根廷罗萨里奥交易所 ROFEX	50359614	50360076	0.0%
10	日元期货 Japanese Yen Futures	芝加哥商业交易所 CME	23520562	42762257	81.8%
11	美元/印度卢比期权 U. S. Dollar/Indian Rupee Options	印度联合证券交易所 USE	431783	29757433	6791.8%
12	英镑期货 British Pound Futures	芝加哥商业交易所 CME	26166290	29237763	11.7%
13	澳元期货 Australian Dollar Futures	芝加哥商业交易所 CME	32727390	26332299	-19.5%
14	美元/日元期货 U. S. Dollar/Japanese Yen Futures	东京金融交易所 TFX	9212876	20120943	118.4%
15	加元期货 Canadian Dollar Futures	芝加哥商业交易所 CME	22799446	17427832	-23.6%
16	欧元/印度卢比期货 Euro/Indian Rupee Futures	印度国家证券交易所 NSE India	5770205	16984993	194.4%
17	美元/兰特期货 U. S. Dollar/Rand Futures	南非政权交易所 JSE	8516917	16348258	92.0%
18	欧元/印度卢比期货 Euro/Indian Rupee Futures	印度多种商品交易所 MCX-SX	10496445	14409559	37.3%
19	墨西哥比索/美元期货 Mexican Peso/U. S. Dollar Futures	墨西哥衍生品交易所 Mexder	9827086	13535162	37.7%
20	美元/印度卢比期货 U. S. Dollar/Indian Rupee Futures	印度联合证券交易所 USE	6872015	11878194	72.8%

第六部分

期货市场大事记

2013 年国内期货市场大事记

【3 月 22 日】 大连商品交易所上市焦煤期货合约。

【4 月 10 日】 中国金融期货交易所与新加坡交易所在北京签署了谅解备忘录。根据备忘录内容，两家交易所将致力于发展在金融衍生品领域的友好合作关系，建立有效的沟通机制，探讨业务合作机会，支持和促进双方的发展。

【5 月 15 日】 大连商品交易所第一届监事会正式成立。

【5 月 23 日】 郑州商品交易所在北京召开“期货市场服务实体经济 30 人论坛”。

【5 月 28 日 -29 日】 上海期货交易所主办的第十届上海衍生品市场论坛在沪举行。

【6 月 3 日】 郑州商品交易所和泰国农产品期货交易所签署合作谅解备忘录。

【6 月 5 日 -6 日】 大连商品交易所与中国石油和化学工业联合会、中国轻工业联合会共同在宁波成功举办 2013 中国塑料产业大会。

【7 月 5 日】 上海期货交易所连续交易正式上线运行。

【8 月 29 日】 中共中央总书记、国家主席、中央军委主席习近平来大连商品交易所视察，对我国期货市场服务国民经济的功能给予充分肯定，同时勉励大连商品交易所：脚踏实地、大胆探索、努力为中国期货市场发展探索出一条成功之路。

【9 月 6 日】 中国金融期货交易所成功上市了 5 年期国债期货合约，阔别 18 载国债期货重新上市。

【9 月 12 日】 郑州商品交易所举办“2013 郑州农产品（稻谷）期货论坛”。

【9 月 26 日】 郑州商品交易所动力煤期货上市。

【9 月 26 日】 大连商品交易所联合中国饲料工业协会在南昌成功举办第六届国际玉米产业大会。

【10 月 9 日】 经中国证监会批准，石油沥青期货合约在上海期货交易所上市交易。

【10 月 15 日】 大连商品交易所与上海浦东发展银行签署战略合作协议。

【10 月 18 日】 大连商品交易所上市铁矿石期货合约。

【10 月 28 日】 中国金融期货交易所与纳斯达克交易所在墨西哥城举办的世界交易所联合会（WFE）年会上签订了谅解备忘录。双方旨在加强合作，共促发展。

【10 月 29 日】 郑州商品交易所和墨西哥衍生品交易所签署合作谅解备忘录。

【11 月 8 日】 中国金融期货交易所正式启动沪深 300 股指期权全市场仿真交易。

【11 月 8 日】 大连商品交易所上市鸡蛋期货合约。

【11 月 18 日】 郑州商品交易所粳稻期货上市。

【11 月 13 日】 大连商品交易所与广东省政府签署战略合作协议。

【11 月 13 日 -14 日】 大连商品交易所联合马来西亚衍生品交易所举办“第八届国际油脂油料大会”。

【11 月 21 日】 上海期货交易所和智利铜与矿业研究中心（CESCO）联合主办亚洲铜宴。

【11 月 22 日】 上海国际能源交易中心股份有限公司在上期所挂牌成立。

【12 月 6 日】 大连商品交易所上市纤维板、胶合板期货合约。

【12 月 20 日】 上海期货交易所有色金属连续交易上线启动。

【12 月 25 日】 中国金融期货交易所“5 年期国债期货”项目荣获 2013 年度上海金融创新奖特等奖。

2013 年国际期货市场大事记

【2013 年 2 月 21 日　纽约商业交易所泄露客户信息】　2 月 21 日，CFTC 宣布将起诉 CME 集团旗下的纽约商业交易所（New York Mercantile Exchange）及其两名前雇员，就其向一名外部经纪商提供秘密客户交易信息的违规行为追究法律责任。这是 1980 年以来 CFTC 首次对纽约商业交易所提出正式指控，显示了市场监管者规范市场行为的决心。对此 CME 发表声明，“表示对 CFTC 的诉讼决定非常失望，纽约商业交易所此前已经妥善处理和解决了相关事件，并没有对任何客户或者市场造成实质性的损害”。同时 CME 还强调，纽约商业交易所已于 2010 年解雇了相关雇员。不过对于此前 CFTC 指控纽约商业交易所并没有在 CFTC 发出第一次警告时采取相关行动，CME 声明中没有给予更多回应。

【2013 年 3 月 11 日　CFTC 强制清算】　CFTC 于 3 月 11 日宣布，即日起强制开始要求登记掉期交易商（registered swap dealers）对指数类掉期产品与信用违约掉期（CDS）两类掉期产品正式进行强制清算。此前，《多德—弗兰克法案》要求 CFTC 必须决定对哪些掉期产品进行强制清算，或委派结算所决定。法案中也规定，进行商业风险对冲的非金融机构可以豁免不进行强制清算。

【2013 年 4 月 1 日　CME 信息泄露】　CME 日前表示交易所于 4 月 1 日出现系统故障，导致原本应该保密的衍生品掉期交易细节泄露。引发投资者对新交易信息披露准确的担忧。对冲基金德劭集团（D. E. Shaw Group）是众多受到泄露事件影响的投资公司之一。德劭集团发现，在掉期交易中它的身份曾被短暂曝光。CME 一位发言人承认，其交易系统出现过短暂故障，曾允许少数交易者看到其他市场参与者 4 月 1 日的交易数据。他表示，大约有 500 笔涉及农产品与能源的掉期交易信息被泄露，总价值接近 100 万美元。

【2013 年 7 月 8 日　德交所　云交易所】　2013 年 7 月 8 日，德国金融市场运营商德国证券交易所集团宣称，正计划在明年年初建立全球第一个独立的云交易所，进行有关计算能力的交易，从而将计算能力变得商品化。云计算的出现不仅能让用户丢弃大多数价格高昂的硬件，同时也能让用户在第三方服务器之间进行转换，寻找价格最低的计算能力。德国证券交易所集团表示，云交易所将从明年第一季度开始作为现货市场进行交易，面向的对象是外包数据存储和计算机处理需求的公司及其他组织，这使其能像购买原油和电力等商品一样购买计算能力。

【2013 年 8 月 20 日　高盛　乌龙指】　2013 年 8 月 20 日，高盛软件升级出现问

题，生成并发送大批错误订单，涉及代码开头字母从I至K的股票期权和ETF，错误订单把部分期权价格压低至1美元。事后处理：第一，事件发生当天，各交易所纷纷警示投资者注意风险，提醒交易者上午9时30分至9时47分之间的部分交易可能被取消。第二，事件发生第二天，NYSE Euronex、CBOE和NASDAQ OMX等三家交易所经检查后，取消大部分错单交易，未撤销的头寸主要是与之相关的套保头寸。国际证券交易所（ISE）要求在满足交易一方是小投资人或双方都同意撤销的条件时直接取消交易，其他不满足条件的交易均通过调整价格解决。

【2013年10月29日　纳斯达克　技术故障】　纳斯达克（NASDAQ OMX Group）于美东时间10月29日下午12:15至13:00间，因无法公布纳斯达克综合指数（NASDAQ Composite）、NASDAQ 100、费城半导体指数（PHLX Semiconductor）、费城石油服务指数（PHLX Oil Service）和费城住房指数（PHLX Housing Sector）的价格，被迫暂停交易与上述指数相关的期权。纳斯达克表示："问题是由于人为因素导致的数据传输错误，它阻碍了系统发布指数数据的功能，但指数的计算未受影响。"美国证券交易委员会（SEC）发言人表示，SEC正与市场参与者保持沟通，并将密切关注事件的进展。

【2013年11月7日　期权　错单交易】　11月7日，美国SEC指出12家美国期权交易所正着手统一规则，以加强应对错单交易的能力。在今年8月的高盛错单事件中，纽交所（NYSE）几乎撤销了收到的全部错误订单，而国际证券交易所（ISE）则在除交易一方是小投资人或双方都同意撤销的情况下，一律通过调整解决错单。据知情人士透露，各交易所与美国证券交易委员会（SEC）最早将于11月12日推出统一规则，其中错单交易的处理规则将更倾向于ISE的现行规定。美国第三大股票交易所运营商BATS Global Markets期权负责人Jeromee Johnson表示："各交易所之间虽然有分歧，但正在逐渐形成统一意见。"

【2013年11月13日　洲际交易所　收购纽约泛欧交易所】　2013年11月13日，洲际交易所（ICE）以109亿美元完成收购纽约泛欧交易所集团（NYSE Euronext），使ICE成为继港交所（HKEx）、芝加哥商业交易所集团（CME Group）后，全球第三大交易所集团。ICE的总市值将增至230亿美元，下辖全球16家交易所，5家清算所。据悉，ICE此次收购的重点是接管伦敦国际金融期货交易所（Liffe），以拓展集团的利率衍生品业务，增加其在全球市场上的影响力。此外，ICE还计划分拆泛欧交易所（Euronext），出售Euronext下属的巴黎、阿姆斯特丹证券交易所和欧洲区域的股票期权业务。此举意在规避美欧公司治理法规间的差异，防范规则冲突对公司决策造成的影响。

【2013年11月18日　CME系统入侵】　世界最大的期货市场运营商芝加哥商业交易所集团公司（CME Group Inc.）表示，其计算机系统在7月的时候曾遭到入侵，部分客户信息遭到盗取，名下ClearPort平台也被影响。芝商所集团公司表示，但是没有证据显示名下的电子交易系统或者是结算服务系统受到过影响。交易所和联邦调查局也表示，这一事件已经在政府的调查之下。数字安全已经被行业组织和监管机构列为市场以及政府所遭遇的最大威胁之一。在7月进行的一次研究显示，全球约有53%的交易所在过去一年曾遭遇计算机入侵。

【2013年12月12日　韩国　下单失误】　韩国HANMAG投资证券公司因在KOS-

PI200 股指期权市场下单失误，面临破产风险。该公司 12 月 12 日上午以远高于和低于市场价的价格买入和卖出 KOSPI 200 12 月期货看涨期权和看跌期权。在证券市场需结算的金额为 63 亿韩元，在衍生品市场为 584 亿韩元。交易对手方共有 46 个，多为外国投资者，达成交易数共 3.61 万单。HANMAG 公司在结算截止时间点前未能与交易对象达成一致意见，并向韩国证券交易所提出了援助申请，交易所方面表示计划利用交易所损失赔偿共同基金来结算剩余部分。

【2013 年 12 月 16 日　Eurex 台湾期货交易所】　台湾知名金融集团元大金控（YFH）于 12 月 26 日宣布，其计划将持有的部分台期所（TAIFEX）股份转让给欧洲期货交易所（Eurex），共计 12.92 万股，价值约 4200 万美元。这一举措将加强 Eurex 与台期所的合作，推进台期所的国际化进程。据悉，台湾"金融监管委员会"（FSC）为防止垄断，规定任何机构和个人都不得持有超过台期所 5% 的股份。元大在 2012 年 4 月并购台湾宝来证券（Polaris Securities）后，其拥有的台期所股份已超出限额，此番股权转让旨在出售超出限额的部分，以满足 FSC 的要求。

第七部分

研究报告（摘要）

期货市场在服务城镇化建设中的作用

【摘要】期货市场与城镇化两者之间存在着紧密的双向互动关系。一方面，城镇化为期货市场加快发展提供了更为广阔的空间。另一方面，期货市场也是推进我国城镇化的重要配套措施。期货交易可以进一步完善价格形成机制，有助于以市场化手段推进城镇化，同时也可以满足城镇化过程中产生的风险管理需求。我国期货市场应抓住城镇化这一历史性机遇，在不发生系统性风险的前提下，加大产品和服务的创新力度，积极稳妥地推进对外开放，推进期货市场法制建设，更好地为城镇化建设服务。

当前，我国正处于经济转型升级的关键时期。党中央、国务院高度重视城镇化在推进我国经济转型升级中的重要作用。2012 年 12 月召开的中央经济工作会议指出，城镇化是我国现代化建设的历史任务，也是扩大内需的最大潜力所在。在当前形势下，实现城镇化与期货市场的良性互动，更好地为实体经济服务，是当前我国期货市场面临的重要任务之一。

一、准确把握期货市场与城镇化关系的实质和时代内涵

关于期货市场与城镇化这个话题，既有一般性，又有特殊性。所谓一般性是说，城镇化属于实体经济领域，而期货衍生品市场属于金融、或者说虚拟经济范畴。城镇化与期货市场的关系，实质上是经济增长与金融发展之间的关系。因此，对期货市场与城镇化的讨论，必须放在金融与实体经济关系的层面来考察，必须放在金融如何服务实体经济的角度来探讨。这是我们讨论这一问题的出发点和立足点。这是其一般性。

所谓特殊性，是说我们对期货市场与城镇化的讨论，不能仅仅满足于金融与实体之间的一般层面的探讨，还必须结合当前特殊的时代背景来考察。回顾我国改革开放 35 年的历程，中国经济的快速发展过程，其实也是一个城镇化水平不断提高的过程。但在目前阶段，城镇化被赋予了新的使命，其中有两个重要因素。一是经过三十多年的高速增长，我国经济发展面临的劳动力、资源和能源环境都已经发生深刻变化，原来的高消耗、高投资的增长模式不能持续，今后的经济增长动力，必须更多地依靠经济生产效率提升，必须依靠内需。这都更加有赖于我国城镇化水平的提高。从这个意义上讲，要实现中共中央十八大提出的“两个百年”的奋斗目标，城镇化对我国经济的拉动作用将更加突出。二是突出新型城镇化，也是基于对过去城镇化模式的反思。我国的城镇化率虽然已经达到了 52.6%，但如果以有城市户口的计算，城镇化率只有

35%。大量的农民工在城市居住、生活，但不能平等享受一般市民所具有的养老、医疗、教育的待遇。因此，正如李克强总理强调的那样，未来的城镇化的核心，是人的城镇化。因此，考虑到当前的特殊时代背景，探讨期货市场促进我国城镇化的具体实现机制和路径，既是我国经济进入转型升级关键阶段的必然要求，也可以为我们更好地理解期货市场的功能和作用，争取对期货市场更广泛的共识，提供一个新的视角，具有非常重要的意义。

二、期货市场在服务新型城镇化建设中的作用

无论是从期货市场发展的一般规律，还是从我国期货市场改革发展的多年经验体会，城镇化与期货市场之间是一种双向作用机制。期货市场和城镇化二者之间互为因果，互相促进，二者之间存在着紧密的双向互动关系。主要体现在以下两个方面。

首先，工业化和城镇化是期货市场得以产生和发展的基础条件。

现代意义上的期货市场诞生于英国和美国。美国芝加哥期货交易所（CBOT）1848年创建于芝加哥。英国伦敦金属交易所（LME）1876年诞生于伦敦。这两个期货市场的产生，有两个共同的特点：一是都创建于城市。伦敦和芝加哥分别是当时欧洲和美国最大的都市之一。二是两国分别处于工业化的不同阶段。在英国，第一次工业革命已经结束，大机器生产完全取代了传统的手工场生产。美国则是工业革命方兴未艾，东部工业区和西部农业区的分工正在形成，芝加哥成为美国西部农产品向东部运输的贸易枢纽。

从期货市场发展历史看，工业化、城镇化是期货市场产生的前提。一方面，工业化和城镇化的过程，也是大宗商品市场不断扩张，市场规模和交易半径不断扩大的过程。工业化和城镇化的快速推进和分工的发展，使铜、铝等金属以及农产品贸易迅速增长。商品交易的频繁和价格的波动导致了对风险管理的需求。另一方面，城镇化导致了人口、产业的集聚，以及分工的深化，规模效应使专业化的风险管理服务成为可能。期货交易所得以在城市产生。反观我国，我国期货市场快速发展的二十年，也恰好是我国工业化、城镇化快速推进的二十年，这并非历史的巧合，而是市场规律发生作用的结果。

其次，期货市场将在我国城镇化的推进过程中发挥不可替代的作用。

李克强总理在新一届政府的第一次记者招待会上指出，“城镇化是一个复杂的系统工程，会带来经济和社会深刻的变化，需要各项配套改革去推进”。经济和金融密不可分。城镇化的过程同样也离不开大量的、多元化的金融服务。在这一系列的金融服务中，首先就是大规模的融资服务，这主要依靠间接融资和直接融资市场的发展；其次是商品定价、风险管理、资产配置等方面的需求，这需要依靠包括期货市场在内的衍生品市场。期货市场可凭借独特的价格发现和风险管理功能，在我国今后的城镇化过程中发挥重要和不可替代的作用，具体表现在以下四个方面。

1. 优化价格形成机制，有助于以市场化手段推进城镇化

城镇化的实质是劳动力、土地和资金的自由流动和聚集，政府可以适当引导，但最终起决定性作用的还是市场，需要市场在更大程度、更大范围内发挥基础性作用。

这就需要一个市场化的价格形成机制相配套，通过合理的价格信号来引导要素的流动，提高城镇化的质量和资源配置效率。

期货市场的发展，有助于进一步优化我国的价格形成机制，提高定价的市场化程度，为优化城镇化资源配置提供基础条件。从商品领域看，城镇化与大宗商品关系密切。从国际经验看，期货衍生品市场是大宗商品市场的“标配”。期货市场的场内集中竞价交易机制，能够为经济活动提供透明、连续和及时的价格信息。在国际大宗商品市场（比如原油、农产品、有色金属等），早已形成了以期货价格为定价基准的定价模式。在我国，多数大宗商品定价基本实现了市场化，也有了配套的期货市场，但仍有部分适应国民经济发展和城镇化发展需要的商品，如原油、铁矿石、电力等，需要加快建立配套的期货市场。此外，过去的城镇化导致资源约束趋紧、环境污染严重、生态系统退化，是我国在发展过程中不得不面对的严峻形势。新型城镇化把生态文明建设放在突出地位。从国际经验看，加快碳排放权以及配套的碳排放权期货市场，是以市场化机制，实现低成本保护生态环境的有效手段之一。因此，需要加快相关期货市场的建设，推进这些大宗商品价格形成机制的市场化进程。

资金的价格也需要市场化。十八大报告明确提出要“稳步推进利率和汇率的市场化改革，逐步实现人民币资本项目可兑换”。如果没有利率、汇率等衍生品市场的发展，金融机构不能有效管理利率、汇率风险，这些金融关键领域的改革就难以顺利推进。20 世纪 70 年代的全球金融自由化浪潮中，美国的汇率、利率市场化改革之所以顺利推进，汇率、利率期货市场的建立发挥了关键性作用。因此，在我国资金价格市场化过程中，期货衍生品市场完全应该提供更广泛、更充分的服务，实现金融现货交易与期货衍生品风险管理市场的充分对接，通过丰富的金融衍生品市场来发现价格、配置资源，为金融管制的放松和进一步市场化创造条件。

2. 满足城镇化推进过程中产生的风险管理需求

城镇化对风险管理的需求具有“双重性”。一方面，城镇化过程与能源、基础原材料等大宗商品的生产和消费具有非常紧密的关系。从事大宗商品生产和流通的企业，需要利用期货市场来实现套期保值和风险管理，将期货衍生品工具渗透到生产、流通、销售等各个环节，实现精细化运营管理。另一方面，推动城镇化需要大量的资金支持。无论是资金需求方的企业，还是资金供应方的金融机构，都需要管理利率、汇率等价格波动的风险。如何规避、管理这些市场风险，是工业化、城镇化过程中非常重要的一项金融服务，这就需要期货市场和其他衍生品市场的发展。

3. 促进农业现代化，为新型城镇化的顺利推进创造有利条件

城镇化要求有序推进农业人口转移到城市，大力发展现代农业可以提高农业生产效率，保证基础农产品供应，为城镇化创造基础。农产品期货可以在农业生产、销售、流通的各个环节发挥积极作用。一是农业生产者可以利用农产品期货价格信号，合理安排种植面积，调整种植结构。二是稳定涉农企业的收入，推动发展现代农业。涉农企业可利用期货套期保值，在期货市场上提前锁定收购成本或销售价格，保证经营收益。三是农产品期货市场还可以推动农民专业合作社的发展，提高农业生产的集约化程度。农业生产普遍较为分散，规模较小，专业知识缺乏，大部分农民无法直接参与

期货交易。目前，“公司＋合作社＋农户，期货＋订单”的农业产业化运作模式渐成气候。一方面，涉农企业牵头成立专业合作社，通过合作社与农户签订订单，稳定农户种植的数量和质量，保证原料供应。另一方面，涉农企业通过期货市场锁定销售价格，获得稳定收入。因此，农产品期货可以为稳定企业经营业绩，提高农户收入，促进农业产业化发挥重要作用。

4. 资产管理

工业化、城镇化的过程，同时也是金融发展不断深化的过程。从国际经验看，城镇化水平越高，经济和金融的融合程度越深。在已经完成工业化和城镇化的经济体，金融资产的规模都远超 GDP。这些数额庞大的金融资产，客观上需要有更完善的衍生品市场，提供更加多元化的风险管理和资产配置服务。

目前，我国银行存款、股票、债券等三大类金融资产的总额超过 140 万亿元。信托、理财产品等市场也快速发展。随着城镇化的推进，随着经济全球化、资产证券化、商品金融化、交易网络化的日益发展，需要期货衍生品市场进一步发展，为市场提供更加多样化的风险管理工具，金融机构也可据此设计和提供具有不同风险—收益特征的金融创新产品，在满足市场日益增长的风险管理需要的同时，提高为城镇化筹集资金的效率和能力。

三、树立自信，大力发展期货市场

城镇化为期货市场的发展提出了新的要求，也为期货市场的加快发展提供了更为广阔的空间。我国期货市场经过二十多年的探索实践，成功实现了对风险要“管得住”的目标，具备了在更高层次、更广范围发展的基础。我国期货市场应抓住这一历史性机遇，在不发生系统性风险的前提下，以证监会肖钢主席提出的市场化、法治化、国际化为方向，通过创新驱动，实现转型发展。

一是加大产品创新力度，提升服务水平。在产品开发方面，按照实体经济发展和城镇化的需要，完善包括农产品、金属、能源化工、金融衍生品以及碳排放权期货在内的五大系列基础性产品的开发；在服务转型方面，贴近市场实际，及时有效调整相关规则，创新业务运作和交易机制，接轨国际惯例，提高市场运行效率和服务实体经济的能力。此外，配合国家新型城镇化的需要，可以考虑编制农产品指数、工业品指数、综合性商品指数、区域性商品指数、市政债券指数等一系列指数，并配套开发相应的指数期货产品，扩大期货价格的使用范围和影响力，深化价格信号影响力。

二是积极稳妥地推动期货市场对外开放。随着城镇化的推进，我国大宗商品市场与国外市场的联动将更加紧密。但是，由于我国期货市场还处于相对封闭状态，所形成的价格难以成为被广泛接受的国际基准，给中国企业乃至国家经济安全带来隐患。因此，我国期货市场应进一步加快国际化步伐。从具体实施路径看，可以从以下三个方面入手。其一是交易时间的国际化。目前我国已经成功推出了黄金、白银的夜盘交易，下一步可以考虑将夜盘交易拓展到其他品种，并积极研究推出长假交易。其二是以部分品种为试点，吸引境外投资者参与。为了尽快迈出实质性步伐，为全面开放积累经验，可以考虑在部分现有期货品种（如有色金属等）率先试点，在保持现有交易、交割和风控模式下，推动外汇、税收等相关配套措施出台，引入境外投资者参与我国期货市场。同时抓紧原油期货上市，推进国际平台建设。其三是加强与境外交易所的合作交流，与境外交易所建立沟通交流机制，积极探索未来合作的可能途径。

三是推进期货市场法制建设，促进期货市场健康平稳发展。推动法治建设、加强监管执法，是期货市场健康运行的保障，也是期货市场发挥功能、服务城镇化的前提。首先，应加快《期货法》的立法工作，制定《期货法》，有利于推动期货市场功能深化，有利于拓展期货市场创新发展空间，有利于更好地保障期货市场安全，有利于保护期货投资者合法权益，有利于加快期货市场对外开放。其次，加强监察执法力度。在加快期货创新发展的同时，需要不断完善现有的各项业务规则，以及风险控制和违规处理办法，强化诚信约束，加强对违法违规行为的打击力度，维护市场“三公”；提高风险防范和处置能力，守住不发生系统性、区域性风险底线。

（上海期货交易所　杨迈军）

期货市场在盘活存量资金、服务实体经济中的作用

【摘要】为了保障期货市场的健康运作，我国期货市场积累了相当规模的金融资源。鉴于期货市场的杠杆交易特性，用足用好这部分金融资源，对于进一步提高期货市场的运行质量和效率，全面提升期货市场服务实体经济的能力，具有"四两拨千斤"的重要作用。在守住不发生系统性风险底线的前提下，我国期货市场可以从盘活这部分存量资源入手，采取完善保证金制度、推动仓单金融化、适度降低手续费等具体措施，进一步激活期货市场创新发展的活力，全面促进期货市场功能的发挥。

国务院总理李克强在6月19日召开国务院常务会议时指出，金融和实体经济密不可分，要"在保持宏观经济政策稳定性、连续性的同时，逐步有序不停顿地推进改革，优化金融资源配置，用好增量、盘活存量"。具体到期货市场，盘活存量是手段，提升市场运行质量和效率、为实体经济服务是目的。经过20多年的发展和规范，我国期货市场以其特有的风险管理和价格发现功能，在我国经济发展中，日益显示出不可替代的作用，成为我国社会主义市场经济体系中不可或缺的有机组成部分。在我国经济面临转型的关键阶段，期货市场更要充分发挥其价格发现功能，为优化资源配置、引导和促进产业结构调整服务；发挥套期保值的功能，帮助实体经济锁定成本和利润，实现精细化运营，管理风险，稳定经营。当前，我国期货保证金余额已经达到2000亿元左右。此外，为了保障期货市场的健康运作，我国期货市场在期货中介机构、交易交割、风险管理、投资者保障等各个环节，也积累了相当规模的金融资源。在守住不发生系统性风险底线的前提下，我国期货市场可以从盘活这部分存量资源入手，采取完善保证金制度、推动仓单金融化、适度降低手续费等具体措施，进一步激活期货市场的发展活力，进一步提高期货市场的运行效率和质量，使期货市场更好地为实体经济服务。

一、完善保证金制度，降低保证金的占用

保证金制度是期货市场的基本制度之一。保证金作为买卖双方的履约担保，是控制市场风险的第一道防线。保证金水平定得过高，就会增加资金占用成本，降低期货市场运行效率。保证金定得过低，就会增加市场风险，影响期货市场健康平稳运行。

在风险可控的前提下，交易所应当进一步深入思考在风险和效率之间争取更优化的平衡，有效地降低投资者的保证金占用成本。

（一）降低交割月的保证金收取比例

目前，我国期货保证金的收取实行梯度保证金政策，即随着交割月份的临近，收取的保证金比率逐步提高。进入交割月份后，为保证顺利交割，保证金收取比例最高。这在防范交割风险的同时，也极大地增加了投资者的资金占用。经过多年发展，我国期货市场的风险控制水平、投资者风险意识和诚信水平都有了较大提高。在风险可控的前提下，应适当降低交割月的保证金收取比例。

（二）加快推出单向大边保证金制度

我国期货市场目前按照总持仓收取保证金，即对投资者的买入和卖出的持仓量双向分别收取交易保证金。根据期货市场的一般规律，同一品种、不同月份的期货合约，其价格变动方向通常具有一致性。由于多空持仓本身具有对冲功能，风险敞口体现在多空相抵后较多的持仓部分，即净头寸。成熟市场一般按照净头寸收取保证金。目前，上海期货交易所正在研究单向大边收取交易保证金制度，即对于同一会员、同一客户、同一品种的双向持仓，按照持仓较多的一边收取交易保证金。这一方法有利于使风险和保证金占用实现更好的匹配，提高资金使用效率，降低市场运行成本，应该尽快推出。

（三）降低套利交易的保证金收取比例

目前，我国期货市场上已有相当的客户专门从事套利交易。所谓套利交易是指，投资者在买入（或卖出）某一种期货合约的同时，卖出（或买入）相关的另一种期货合约，并在某个时间同时将两种合约对冲平仓的交易方式。套利交易有助于使扭曲的期货市场价格重新恢复到正常水平，有助于期货市场价格发现功能的有效发挥，并提高期货市场的流动性。

与一般单边投机交易相比，套利交易具有风险小的特点。因此，海外成熟市场一般对套利交易收取较低的保证金，这既是对于套利交易风险低的考虑，同时也可达到鼓励套利交易，提高市场定价效率的目的。我国已经对部分期货品种的套利交易开始保证金优惠。今后可以考虑在更大范围内对套利交易采取保证金优惠措施。

（四）探索建立新的动态保证金收取体系

我国目前的保证金是基于总持仓的静态保证金体系，基本做法是按照合约价值的一定比率，确定应该缴纳的保证金数额。这种保证金收取方法的优点是简单明了，易于投资者理解。而国际上往往采用基于 SPAN、STANS 系统的动态保证金体系，即根据合约的历史价格变化，引入风险价值的概念，对应收的保证金进行适时地调整。这一方法下的保证金比例涵盖了更多的市场信息，更为合理，且低于国内的保证金水平。相比之下，国内的静态保证金体系增加了投资者的资金占用成本。特别是，未来的期权、指数等产品上市后，过于简单的静态保证金体系将无法适应未来市场的发展需要。我国应抓紧对动态保证金收取体系的研究论证，逐步向SPAN等国际通行保证金体系靠拢。

二、适当降低交易手续费，降低投资者交易成本

交易手续费的降低将有助于降低投资者的交易成本，提高投资者参与期货交易的积极性，提升期货市场的流动性。2012年以来，国内期货市场先后两次下调了期货交易所收取的交易手续费比例，对部分品种还实施了当天开平仓的交易按照单边收取交易手续费等措施，全市场下调幅度累计达到了50%，其中，上海期货交易所下调了60%。但是，与成熟市场相比，我国收取的交易手续费还是比较高的。

从长期看，我国应努力推进期货市场的各项改革，积极创造条件，为进一步降低交易手续费打开空间。是否应当继续下降手续费，手续费下降幅度如何，受多种因素制约。比如，我国期货公司目前同质化竞争严重，如果交易所下调手续费，期货公司手续费也将伴随下调，因此必须考虑对期货公司财务经营状况的影响。再比如，我国期货交易所收入来源单一，手续费的下降须考虑交易所的财务承受能力。但是，从长期来看，降低交易手续费是减少期货市场的交易成本，提高期货市场的资金效率的有效手段之一。我国应积极创造条件，综合平衡投资者的交易成本、交易所的财务水平和期货公司的经营状况等各种因素，在保证市场健康稳健运行的前提下，进一步降低市场运行和交易成本，提高投资者参与交易的积极性。

三、进一步完善现有合约和交易制度

进一步修改和完善合约设计和交易制度，有助于提高期货市场的资金使用效率，提高期货市场的运行质量。比如，为了限制过度投机，根据现有规定，一天之内报撤单达到500次的，交易所将采取限制开仓的监管措施。该标准没有考虑到不同类型客户对报撤单的不同需求。以机构客户为例，有些机构客户的报单成交意愿很高，但为了获得更合理的交易价位，大多采用小额报单交易策略，报撤单次数比一般客户更多。“一刀切”式的500次频繁报撤单规定限制了其正常交易策略的发挥。因此，对于频繁报撤单的监管也应创新方式方法。对于那些试图干扰市场正常秩序的报单，应该坚决予以限制和惩罚；对于那些有助于提升市场流动性的、有较大可能被执行的报单，则应区别对待。通过科学设置频繁报撤单的监管标准，提高期货市场的运行效率，促进期货市场功能的发挥。

四、扩大可充抵保证金的抵押品的范围，并进一步推动仓单金融化

从国际经验看，除了现金以外，价值稳定、流动性强的有价证券也可用作保证金。我国《期货交易管理条例》规定标准仓单、国债可以用作抵押品。除此以外，也可以中国证监会认定的其他有价证券作为抵押品。但就目前实际操作来看，我国仅有标准仓单一种抵押品形式，可充抵保证金的抵押品范围相当狭窄。

为了提高资金使用的效率，我国急需扩大可充抵保证金的抵押品范围。可从以下

三个方面入手：一是进一步完善关于标准仓单的管理规定，扩大保证金中的标准仓单比重。二是研究出台将国债作为保证金的操作办法，使国债能够成为保证金的重要来源。三是可将质押品的范围扩大到股票、货币市场基金等其他有价证券。

此外，标准仓单源自期货市场，但其作用可不仅限于期货市场交割。需要进一步完善相关的标准仓单买卖和抵押融资相关管理规定，积极促进标准仓单金融化，降低企业的财务成本，提高生产企业的资金周转效率。

五、完善和优化对风险准备金和交易所经营盈余的管理

根据现有《期货交易所管理办法》规定，风险准备金按照期货交易所手续费收入的20%的比例提取，其规模由中国证监会根据期货交易所的业务规模、发展计划及潜在风险决定。风险准备金其规模理应与市场风险相适应。交易所作为市场一线监管者，对市场情况最为了解，因此，在风险准备金的提取方式和规模确定上，可以适当给予交易所的更大的自主权，有助于提升期货市场资金的使用效率。

此外，经过多年的发展，我国期货交易所积累了相当规模的经营盈余。在实际操作中，期货交易所的经营盈余只能存入银行或投资国债。当前，我国金融市场的深度、广度有了明显的提升，可投资产品品种日趋多样。在这种情况下，应当允许交易所适度扩大经营盈余的使用范围，提高交易所资金的使用效率。

六、场外市场与场内市场协调发展

国务院37号文及38号文对场外市场及场内市场进行了界定。与场外市场相比，期货市场的优势在于流动性好、透明度高、规范性强。而场外市场更便于满足实体企业个性化风险管理需求。当前，应当鼓励有能力的期货公司、证券公司在受到严格业务监管的前提下，尝试开展个性化的风险管理服务，而由期货交易所提供相应的结算和信息服务平台，发挥其在加强流动性和风险控制等方面的优势，实现场内和场外两个市场在资金、信息等方面的有效整合，推动两个市场的协调发展。

七、加强监管、精细管理，在盘活存量的同时留出风险控制的余地，确保风险可控，守住期货市场不发生系统性风险的底线

在盘活存量、提升效率的同时，我们也需要充分意识到期货市场杠杆比率高、波动大的风险特性，充分意识到我国经济“新兴加转轨”阶段的历史局限性决定的全社会市场经济意识差，投资者审慎有效参与市场的能力弱的中国国情，确保风险可控，坚决杜绝系统性、区域性风险的发生。经过20多年的发展，我国期货市场已经摸索形成了一套有中国特色的“中国式”期货监管制度体系。在风险控制措施方面，我们创设了禁止信用交易、三板强行平仓等具有中国特色的风险控制措施，对投机持仓也有严格的限制。在监管体制机制方面，我们建立了证监会、派出机构、交易所、监控中心和期货业协会“五位一体”的监管工作机制。搭建了“中国期货保证金监控中心”保证金监控平台。期货交易所作为期货交易的一线组织者和监管者，多年来不仅建立了完善的风险控制制度和措施，而且还积累了很多化解风险的经验。这些都是我国期

货市场独具的优势，在防范和化解重大突发系统性风险等监管实践中发挥了十分重要而独特的作用。因此，在盘活期货市场存量的过程中，我们要借鉴以前风险控制的经验，加强精细化管理，在各种措施设计中要考虑市场可能发生的剧烈波动，留出风险控制的充分余地，确保市场风险可控，守住不发生系统性风险的底线，使期货市场更好地为实体经济服务。

（上海期货交易所　杨建明　张　灿　郝琳）

澳大利亚碳交易体系研究及借鉴

【摘要】作为人均碳排放量最高的发达经济体，澳大利亚通过颁布《清洁能源法案》制定了开展碳交易的阶段性方案。同时，2015 年将对接欧盟碳交易体系，实现与其他碳市场的互联。本文研究澳大利亚碳交易体系，以期为我国碳交易开展和碳市场建设提供一些借鉴。

澳大利亚经济以采矿业、能源产业和农业为支柱，温室气体排放量约占全球的 1.5%，人均排放量是发达经济体中最多的国家。多年来，澳大利亚政府一直努力降低温室气体排放量，以此促进经济发展模式的转变。2007 年 12 月，澳大利亚政府签署《京都议定书》，2011 年 11 月 8 日，通过《清洁能源法案》，明确 2015 年 7 月 1 日正式启动碳排放交易。2012 年 8 月 28 日，澳大利亚与欧盟签订协议，确定 2015 年 7 月 1 日开始对接双方的碳交易体系。

一、澳大利亚碳交易体系建立的背景

澳大利亚是世界上最大的煤炭生产、出口国，全国 80% 的电力供应来自于煤炭为燃料的火力发电。对化石燃料的高度依赖，使澳大利亚成为目前发达经济体人均碳排放量最多的国家。

温室气体排放量的持续上升，导致该地区的气候变暖和海平面上升，同时降水减少、气候干燥。气候条件的变化，已经严重影响了澳大利亚的农业生产和旅游业。因此，尽早采取措施，积极应对气候变化，对于澳大利亚而言刻不容缓。

为实现节能减排的目标，2008 年 12 月 15 日，政府提出“碳污染减排机制”（Carbon Pollution Reduction Scheme，CPRS），第一次正式提出碳交易计划，但因金融危机，遭到反对党和工业界的强烈反对，两次被参议院驳回。2011 年 11 月 8 日，澳大利亚通过《清洁能源法案》（以下简称《法案》），明确从 2012 年 7 月 1 日起实施三年的固定碳价机制（Carbon Price Mechanism，CPM），2015 年 7 月 1 日开展碳交易。同时，为减轻企业、消费者的负担，政府将提供一系列的财政支持计划。

《法案》的实施，是澳大利亚应对气候变化的一个重要里程碑，通过引入碳交易机制，实现节能减排，从而最终实现澳大利亚经济发展模式的转变。

二、澳大利亚碳交易体系的特点

（一）参与碳交易体系的企业和行业覆盖范围广泛

根据《法案》，澳大利亚政府从2012年7月1日起，对全国碳排放量最大的500家企业征收碳税，每吨碳排放量需要支付23澳元的税费，随后两年内每年提高2.5%。从2015年7月1日起，实施温室气体排放总量控制，建立碳交易体系。

碳税计划的行业包括矿业、能源行业、交通运输业、工业制造业等。企业包括排放量位居前500位，尤其是每年碳排放超过25000吨温室气体的企业，基本上涵盖了澳大利亚60%的碳排放量。主要有力拓、必和必拓等矿产巨头；国际电力、TRU能源等电力企业和布鲁斯科、一钢等钢铁公司。暂不适用于家庭交通燃料、轻型车辆、商业交通燃料和农业、林业，也不针对个人、家庭或小型企业。适用的气体包含《京都议定书》中六项温室气体的四项，包括二氧化碳、甲烷、一氧化二氮及全氟碳化物。因此，澳大利亚的碳交易体系基本上涵盖了该国大多数行业和所有温室气体，覆盖的范围非常广泛。

（二）分阶段实施不同的碳排放权定价机制

根据《法案》，碳排放权定价机制的形成分为三个阶段。

1. 固定价格阶段（2012年7月1日至2015年6月30日）。2012年7月1日起，纳入碳交易体系的企业需要以23澳元/吨的价格购买碳排放权，随后的两年每年提高2.5%，企业按固定价格购买碳排放权，用于支付碳税。

2. 浮动价格阶段（2015年7月1日至2018年7月1日）。碳交易体系建成后，将采取碳配额拍卖等方式和上下限约束的弹性价格机制，实现碳排放权定价机制的市场化。其最高限价为20澳元/吨CO_2，每年实际增长5%；最低限价为15澳元/吨CO_2，每年实际增长4%。

3. 完全浮动价格阶段（2018年7月1日以后）。碳排放权定价完全由市场决定，配额价格自由浮动。

这种从固定价格到完全放开的阶段式定价机制，在碳交易体系建立初期，通过保持碳价的稳定，稳定控排企业的成本预期，吸引控排企业参与碳交易。

（三）配额分配采取免费为主、拍卖为辅的方式

在第一阶段，配额分配采取免费为主、拍卖为辅的模式。对于排放量较大且面临国际竞争压力的企业，如炼铝、炼锌、钢铁制造、平板玻璃、纸浆/造纸、石油炼化等约40类行业企业，可以免费获得其所需碳排放许可总额的94.5%，碳排放较小的企业也可以获得66%。

从2015年7月1日开始，澳大利亚将逐渐降低免费配额比例，增加拍卖比例，最终实现全部行业的完全拍卖。超过核定排放量的企业必须通过碳交易平台购买澳大利亚排放单位（Australian Carbon Credit Units，ACCUs），或通过海外交易购买国际碳信用

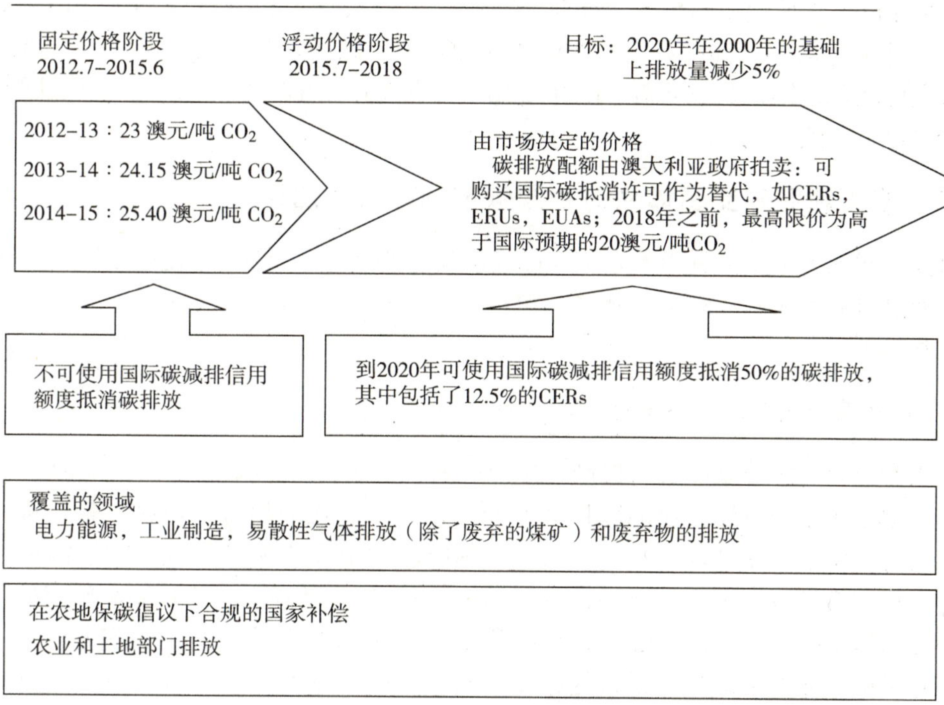

澳大利亚 CPM 机制路线图

额度（CERs、ERUs），抵补多余的排放量。同时，节能减排有盈余的企业，也可以在碳交易平台出售排放量获利。

（四）登记、核证、监管制度较为完备

澳大利亚从 1994 年开始编制国家排放清单，拥有从 1990 年到 2012 年完整的国家排放清单数据。2007 年澳大利亚发布《国家温室气体和能源上报法令》，要求符合条件的企业和设施向温室气体和能源数据办公室汇报年度能源生产、消费和温室气体排放量。根据《法案》，澳大利亚企业通过全国温室效应和能源汇报系统上报它们的碳排放污染情况，再依据固定碳价，企业将为其产生的每吨额外碳排放付费。

此外，澳大利亚政府建立三个新的机构，负责碳交易计划的实施。包括清洁能源管理局主要负责碳交易体系的运行；气候变化局负责提供污染总量控制下总排放指标；生产力委员会负责研究碳交易对澳大利亚经济影响，包括政府提供的各项资助的适当性，及国际碳减排政策的发展。

（五）对接欧盟碳交易体系

澳大利亚在设计碳交易体系时，就考虑到与其他国家碳交易体系的协调和对接，以使国内企业能参与国际碳市场，购买国际碳配额，从而以最低的价格来进行碳减排。

2012 年 8 月 28 日，澳大利亚与欧盟达成协议，同意对接双方的碳排放交易体系。按照协议，2015 年 7 月开始对接，初期采用“单边对接”的方式，将澳大利亚碳交易平台链接至欧盟排放交易系统，允许澳大利亚控排企业使用EUA、CERs和ERUs来抵消其不超过50%的年度排放责任，直到“双边对接”机制完全建立为止。“双边对接”机制将允许欧盟控排企业在欧盟ETS中使用澳大利亚排放单位，届时双方互认碳配额，配额价格也将一致。

三、澳大利亚碳交易体系对我国碳市场建设的启示

目前，我国7个试点省市的碳交易已经启动，并计划在2015年建成全国统一的碳市场，通过研究澳大利亚碳交易体系，可以为我国正在开展的碳交易试点工作提供一些借鉴和参考。

（一）开展碳交易，立法先行

澳大利亚政府为建立碳交易机制，于2011年11月8日颁布了《清洁能源法案》，从法律上规定了本国目标企业的减排义务和限定目标企业的温室气体排放量，从而为开展碳交易奠定了法律基础。目前，我国在国家层面上尚未制定和颁布开展温室气体交易的法律法规，仅有国家发改委在2012年6月颁布的《温室气体自愿减排交易管理暂行办法》，以及一些碳交易试点省市政府颁布的规章和实施意见，而这些办法、规章和实施意见的法律约束力都不强，这将影响到我国碳配额发放和碳交易市场的权威性和公信力。

（二）配额分配从免费发放为主逐步过渡到拍卖为主

目前，国内各碳交易试点地方的配额以免费发放为主。为引导碳配额价格合理预期的形成和提高控排企业参与碳交易的积极性，借鉴澳大利亚的经验，建议国内碳配额的发放从当前的免费为主，通过逐步减低免费发放的比例和提高拍卖的比例，到最后过渡到配额的发放完全通过拍卖进行。

（三）实现各试点交易平台对接，为全国统一碳市场建设打下基础

目前，国内共有7个碳交易试点省市，都建立自己的交易平台，且各平台不能对接。因此，各个地方的碳市场还是一个区域性的市场，碳配额的价格也是一个区域性的价格，配额不能自由流动，也不能进行抵补，客观上造成了多重碳配额价格的存在，不仅不利于碳交易机制作用的发挥，而且不利于今后我国统一碳市场的建设。因此，为以最小成本建设统一碳市场，建议可由国家相关部门制定交易平台的数据接口标准，各交易平台可遵循此标准，为今后各市场间的连接打下基础。

（四）分阶段地建设我国的碳交易市场

澳大利亚的碳交易定价机制分阶段进行，增加了控排企业对碳交易机制的适应时间。在这段适应时间内，企业可以熟悉碳交易机制的相关法规，建立碳资产管理的会计处理准则，完善自身应对碳价波动的成本风险控制机制，进而较好地适应继之而来的全面配额交易阶段。目前，我国碳市场的建设也采取了分阶段进行，现货试点已经

开始交易，在建设全国统一碳现货市场的同时，可论证开展碳期货交易的可行性，待基础设施比较齐备、相关条件具备后，再择机推出碳期货交易，从而建立包含现货和期货的全国统一碳市场。

（上海期货交易所 鲍建平 张 灿 徐 婧）

美国商品期货持仓限制制度

一、持仓限制制度的内容

投机持仓限制简称为持仓限制，是对投机持仓设置的最大数量限额。CFTC 的持仓限制定义包括以下内容：第一，持仓限制针对的是投机性持仓；第二，持仓限制由 CFTC 或交易所单独制定或共同制定；第三，持仓限制不仅包括期货，也包括期权；第四，持仓限制可以针对一种商品的单个月份持仓，也可以针对这个商品的所有月份合并的持仓；第五，持仓限制按净持仓计算；第六，持仓限制不仅是对一个人名下的持仓，而且还包括其实际控制的持仓。美国持仓限制制度就是按照 CFTC 这一定义中设置的原则进行设计和管理的。

二、持仓限制管理制度

目前，美国的持仓限制制度是联邦持仓限制与交易所持仓限制并存，但交易所的持仓限制制度要服从于联邦持仓限制制度。

（一）联邦持仓限制的管理

联邦持仓限制的品种主要为农产品。持仓限制分为现货月（即交割月）持仓限制、非现货月单个月份持仓限制、所有月份总持仓限制三部分，并对一般月份持仓限制和现货月持仓限制采取了不同的计算方法。

1. 所有月份总持仓限制与单个月份持仓限制

所有月份总持仓是期货和期权持仓的总和，并按净持仓计算。按照 CBOT 规则，所有月份总持仓是同一商品所有月份期货合约持仓，加上所有敲定价格（按 Delta 系数折算后）的期权持仓，合并计算后的净多或净空持仓。CFTC 规定，除现货月之外，任何其他单个月份的持仓限制，一般约为所有月份总持仓限制的三分之二。

2. 持仓限制调整公式

CFTC 规定，农产品最初上市时，除现货月之外，单个月份和所有月份合计持仓限制不得超过 1000 张合约。单个月份持仓限制和所有月份总持仓限制实行年度动态管理，与空盘量变化挂钩。其计算公式如下：当一个品种的期货和（用 Delta 系数折算后的）期权合约月末空盘量在 25000 张以内时，一个交易者的总持仓限制最高可为空盘量的 10%；在空盘量超过 25000 张后，对于增加的空盘量，每年最高可增加持仓限制

2.5%。被用于计算持仓限制的总空盘量是上一日历年度月末期货和期权持仓量的平均值。对于2.5%的边际增量，CFTC的解释是，最大单个交易者的持仓不会持续地与市场的整体持仓同步增加。

3. 现货月持仓限制

CFTC规定，对于实物交割的合约，现货月的持仓限制水平不得超过现货月可交割商品供给量的四分之一，而且每一个合约月份要分别计算；对于现金结算的期货合约，现货月的持仓限制不得超过足以潜在操纵或扭曲期货合约价格或期货标的物商品价格的最低数量。

（二）交易所持仓限制的管理

一是对联邦持仓没有限制的品种设置交易所持仓限制；二是在联邦持仓限制的基础上，根据可交割商品供给数量，进一步严格现货月持仓限制。

CBOT除照搬联邦持仓限制中现货月、单个月份和所有月份总持仓限制外，增加了对小麦5月期货合约的现货月递减持仓限制，同时也在交易所设置的糙米持仓限制中规定了现货月的递减持仓限制。现货月持仓限制是从现货月前一个月最后一个交易日（通知日）开始，而递减持仓限制则是在现货月最后5个交易日开始。小麦现货月的递减持仓限制采取相对量规定，而糙米则采取了绝对量限制。

三、持仓限制的豁免与管理

CFTC规定可以豁免投机持仓限制的包括套利持仓、符合资质实体的持仓和套期保值持仓。CBOT用风险管理持仓代替符合资质实体持仓。

（一）套利持仓限制的豁免

CBOT对跨市场套利、同品种跨月套利和跨品种套利，以及符合要求的期权/期权套利、期权/期货套利持仓，可以豁免持仓限制。

CFTC对套利持仓限制的豁免只限于单个月份持仓。对于受联邦持仓限制的品种，同一作物生产年度的期货或期权合约不同月份之间的持仓可以超出投机持仓限制，但现货月除外。套利持仓与其他单个月份的持仓相加后，不得超过所有月份总持仓限制。

（二）风险管理持仓限制的豁免

CFTC把可以豁免投机持仓限制的实体定义为符合资质的实体。这些实体在其分离账户、独立账户管理人管理的账户中的持仓可以豁免持仓限制，但是，现货月不能豁免。每个独立账户管理人所持有或控制的全部持仓也不能超出持仓限制。

掉期持仓限制作为风险管理持仓限制的一种，其持仓限制额度豁免的数量为持仓限制的两倍，但对现货月持仓没有豁免。

（三）套期保值持仓限制的豁免

1. 善意套期保值交易和持仓的定义

在 CFTC 规则中，善意的套期保值交易或持仓是指对用于将来交割的期货合约进行的交易或持有的头寸，在正常情况下，这些交易或持仓是暂时替代了随后将要在现货销售渠道进行的交易或持有的头寸，而且对于降低经营和管理风险在经济上是适当的。

2. 套期保值持仓限制的豁免

CFTC 对套期保值持仓限制的豁免比较谨慎。一是对于套期保值豁免持仓限制的资质审查，CFTC 制定了一些技术条款。在特殊情况下，CFTC 对交叉套期保值豁免持仓限制进行逐案审核。二是享受套期保值持仓限制豁免的市场参与者不能拥有任何投机持仓。三是 CFTC 认为，不能给予套期保值无限制的持仓限制豁免。

（四）违反持仓限制的处罚

对违反交易所持仓限制规定的，由交易所实施处罚；对违反联邦持仓限制的，由 CFTC 采取强制性措施。CBOT 规定：

1. 对第一次违反持仓限制的，进行警告

2. 对第二次违反持仓限制的，进行罚款

在被警告后 24 个月内再次违反持仓限制的，非会员客户将被自动罚款，结算会员除被自动罚款外，交易所还将向其签发不得再违反持仓限制的制止令。自动罚款金额依据超仓幅度进行计算。

3. 对第三次违反持仓限制的，建议起诉

（郑州商品交易所　赵文广）

ICE 市场异动处理规定探究及思考

在分析和研究ICE市场异动处理规定的基础上，我们提出几点思考。一是“价格尖峰”规定有助于日内市价较短时间内平稳变化，是防范日内市场风险的有效措施。二是“差错交易”规定有助于保护投资者利益，是风险控制的重要组成部分。三是慎用“取消或调整价格”的规定，避免引发市场不满情绪。

一、“价格尖峰”规定①

（一）交易所可以调整价格

为防止频繁出现的无正当理由的价格剧烈波动，洲际交易所修改的交易规则于2011年7月1日生效。洲际交易所可以调整价格的合约包括咖啡C、2号棉花、可可、冰冻浓缩橙汁和16号糖期货合约。如果交易所认为当时的成交价格不能代表特定期货或期权合约的市场价值的话，那么，交易所将可以调整价格。

（二）“价格尖峰”的确定

“价格尖峰”是指当出现下列情况时，即为“价格尖峰”：（1）商品价格在90秒之内先涨后跌（或先跌后涨）；（2）既无明显支撑“价格尖峰”的广泛信息，也无与相关产品类似的交易模式；（3）“价格尖峰”期间的每一笔交易都在交易所规定的“无撤销区间”范围内；（4）没有出现明显导致或加剧“价格尖峰”的差错交易；（5）“价格尖峰”的峰值（或谷值）大于交易所在“价格尖峰”结束时规定的“平衡价格”事先确定的点数。而“平衡价格”是当“价格尖峰”出现后，由交易所根据“价格尖峰”结束时所稳定的价格水平确定的。

（三）调整成交合约价格基本程序

11号原糖、C咖啡和可可的“平衡价格”：交易所将取消偏离“平衡价格”超过规定点数的所有交易，或者将成交价格调整到“平衡价格”加（出现尖峰峰值的情况）减（出现尖峰谷值的情况）规定的点数。

---

① “价格尖峰”新规是从2011年起洲际交易所根据市场交易情况变化新出台的规则。

二、“差错交易”规定[①]

（一）“差错交易”规定的主要内容

差错交易“新规”是因交易者技术操作失误发生的交易，存在造成市场价格突然变化的可能性。为了区分“价格尖峰”与“差错交易”，交易所进一步完善了差错交易的规定。差错交易“新规”主要由“固定价格”、“合理性限额”以及“无撤销区间”构成。

1. 固定价格。“固定价格”由交易所根据近月合约确定。交易所确定的“固定价格”可以是前一天的结算价、开盘配对期间的开盘价，或是最后成交价。

2. 合理性限额。电子交易系统设置“合理性限额”的目的是防止“胖手指”[②]这类技术操作的失误。

3. 无撤销区间。“无撤销区间”是由交易所确定的一项指标。

（二）“差错交易”的处理规定

在通常情况下，只有在成交价格不能代表市场价值的情况下，交易所才调整或取消交易。

三、几点思考

“价格尖峰”规定有助于日内市价较短时间内平稳变化，这是防范日内市场风险的有效措施。“价格尖峰”规则是针对频繁出现的无正当理由的价格剧烈波动情况制定的。洲际交易所的“价格尖峰”规则给予我们一些启示。一是价格尖峰规则有助于日内市价平稳变化。二是宁可调整价格，也要维护市场信誉。三是“价格尖峰”规则体现了交易所应对和控制“价格尖峰”现象的坚定态度。

“差错交易”规定有助于保护投资者利益，是风险控制的重要组成部分。2007 年，ICE 完成交易电子化的时候，差错交易“新规”就同时启用了。该规则包括“无撤销区间”的概念。也就是说，即使你的下单数量或价格下错了，但是，如果这些交易是在“无撤销区间”的规定范围内成交的，那么，无论当事人怎样申诉都无济于事，交易所不会取消这些交易。这对于防控过度投机、市场操纵以及规避类似光大证券异常交易等事件具有重要意义。

慎用“取消或调整价格”的规定，避免引发市场不满情绪。“价格尖峰”规则和“差错交易”规则都涉及“取消或调整价格”的规定。尽管取消或调整成交价格可以起到矫正市场的作用，但是，一旦调整不当，可能对市场造成极大伤害。尤其是调整价格标准很难准确计算，依据也难以把握。

（郑州商品交易所　王学勤）

---

① 严格来讲，差错交易不是“新规”。2007 年，交易所完成交易电子化的时候，差错交易“新规”就同时启用了。该规定基本上是从洲际交易所英国分部照搬过来的，交易所的每个分部都实施此类规定。称其为“新规”是因为数年来，经不断修订完善，差错交易规则已经成为风险控制制度体系的重要组成部分。

② “胖手指”指交易员在交易中键盘输入出现错误。

从期货市场看国家农产品宏观调控政策

一、涉农期货品种市场运行特点

2013 年上半年，郑商所涉农期货品种呈现以下三个特点。

一是交易量继续出现较大幅度下降。2013 年上半年涉农期货品种交易量与 2012 年、2011 年同期相比分别下降 37.3% 和 70.4%。

二是价格波动幅度不同程度的降低。2013 年上半年棉花、强麦和白糖价格波幅与 2012 年同期相比分别下降 63.27%、44.85% 和 31.82%。

三是部分涉农品种交割量出现大幅度减少。减幅最大的是棉花和菜油，较 2012 年同期分别降低 74.44% 和 6.57%。

二、从涉农期货品种看宏观调控对相关产业的影响

涉农品种期货价格波动幅度降低表明现货价格运行平稳，供求基本平衡。2012/13 年度，棉花、小麦期货市场反映了现货市场的情况，全年期货价格走势基本与现货市场一致。这一方面反映了国家收储政策起到了稳定价格的作用，另一方面也反映出买卖双方对价格争议少、现货供求基本平衡。

涉农期货品种成交量的减少表明市场参与度减少，流动性降低，实体企业的避险需求下降。2012/13 年度，棉花现货市场交易量急剧下降，期货交易量也随之减少，一些往年交易量较大的实体企业已数月不参与期货交易。小麦在国家托市政策影响下，价格保持稳中有涨。与国家小麦托市品种完全相同的普麦期货几无交易。

期货交割量下降表明实体企业期现货结合业务量减少。由于国家掌控粮源，现货企业没有参与期货的积极性，普麦期货交易清淡。棉花市场由于少有现货流通，无法注册仓单交割，也给涉棉企业开展套期保值带来困难。

三、现行收储政策给市场带来的影响

收储方式单一，收储力度较大，导致市场调节机制失灵，配置资源效率降低。近年来国家对大宗农产品实行较单一的最低保护价收购、敞开不限量收购的政策，在一定程度上干扰了市场机制发挥资源配置基础性作用的经济规律。

形成价格“堰塞湖”，造成流通环节停滞。调控过度，干扰了市场正常运行。以棉花为例，国家启动收储政策后，一方面使国内外棉花价差达 6000 元/吨左右，形成棉

花价格“堰塞湖”；另一方面又大量进口棉花，加大了库存压力。

国家付出较大、农民收益有限、企业经营艰难。粗略估计 2012/13 年度国家投入 1 200多亿元收储了 650 万吨棉花，以目前国家抛储亏损 10% 计算，亏损约 130 亿元以上。

棉农利益仅得到有限保障。以棉花收储价格 20400 元/吨为例，棉农实际收益 250 元/亩左右，低于其他农作物。

增加了纺织企业用棉成本。“政策市”破坏了原有的贸易生态环境，棉制品成本高企，纺织企业的竞争力被严重削弱。

四、欧美国家调控市场可借鉴的经验

欧美国家的做法概括有三个特点：

宏观调控的措施及效果惠及农民，保证农民利益较大化。美国在小麦上实施的最低保护价格政策是通过营销援助贷款和反周期补贴政策实现的。美国在棉花市场对农民则采取直补政策，补助的金额占到农民净收入的 50%。

调控不干预流通环节正常运行。欧美国家对棉花的调控更多地体现在对生产者的补贴上，这样基本没对流通环节造成影响，较大程度地发挥了市场价格形成的机制。

调控不影响市场价格形成。作为市场经济运行较为成熟的欧美国家，政府极少出台干预市场的政策，也少有通过收储影响供求关系及控制价格的行为。

五、从期货市场角度提几点建议

建议最大限度地通过市场机制进行宏观调控。我国确立市场经济体制后，农业领域发生了巨大变化。大宗农产品坚定不移地走市场化改革道路是人心所向，宏观调控只能作为市场调节的补充。

建议妥善处理库存，降低农产品库存压力。目前农产品中，库存压力最大的是棉花，建议在完成 2013/14 棉花年度收储工作后，以一定配比如 2:1 持续消解棉花库存。

建议进一步发挥期货市场功能，使期货更好地发挥为实体经济服务的作用。一是上市新期货品种。适时上市新品种，更好地发挥期货市场为实体经济服务的作用，使企业更有效地回避经营风险。二是调整相关政策。建议适时允许进口菜籽、菜粕进行期货交割，允许配额外进口棉进行棉花期货交割。三是开发新工具。适时引进期权工具，对农产品价格保值。

（郑州商品交易所　姬广坡）

国际铁矿石衍生品市场研究

【摘要】国际铁矿石衍生品市场发展迅猛，引发各方高度关注。本文回顾了国际铁矿石衍生品发展历程，对比了不同市场的衍生品合约异同及交易情况。同时指出：(1）目前，国际铁矿石衍生品交易已颇具规模，国际竞争十分激烈；(2）国内企业难以承受价格波动风险，纷纷参与境外掉期交易；(3）现有市场条件下，推出实物交割的期货更符合产业发展需求；(4）从为实体产业提供避险工具及构建公平、合理定价体系的角度出发，国内铁矿石期货宜尽早上市，形势较为紧迫。

2008 年，长协谈判定价模式陷入困境，贸易定价逐步市场化、短期化，铁矿石衍生品市场应运而生。德意志银行等数家金融机构率先开展铁矿石场外掉期交易。2010 年之后，铁矿石指数定价模式兴起，国际衍生品市场步入快速发展阶段，创新品种层出不穷，交易规模迅速扩大①。除了之前推出的场外交易场内结算的指数掉期和掉期期权外，2013 年 4 月、5 月，新加坡交易所（SGX）和芝加哥商业交易所（CME）又先后上市了场内交易场内结算的铁矿石指数期货。至此，铁矿石衍生品完成了由场外交易场外结算的掉期合约到场内交易场内结算的指数期货的完整蜕变。

一、国际铁矿石衍生品市场概况

从品种来看，目前国际铁矿石衍生品主要包括掉期②、期权③和期货三类。主要市场有新加坡、美国和印度。其中，铁矿石掉期以新加坡市场为主，市场占有率超过 90%，是所有铁矿石衍生品中最活跃的品种。铁矿石期货总体成交情况不佳，目前印度市场的商品期货交易量最大，但新加坡和美国的指数期货增长潜力较大。期权成交情况也不理想，市场主要在新加坡和美国，多属于场外交易场内清算的掉期期权。

① 2012 年，全球铁矿石衍生品成交量突破 1 亿吨。

② 传统意义上的掉期，多指场外交易、场外结算的衍生品。掉期期货（Swap futures），指的是场外交易但场内结算的掉期类衍生品。铁矿石掉期衍生品，实际上是这两类传统意义上的掉期与掉期期货的载体，交易模式仍沿用传统的掉期模式，标准化程度类似期货，而且既可以场外结算也可以场内结算。在本文中，期货特指场内交易、场内结算的标准化合约，凡是通过场外完成交易的合约统称为场外掉期，掉期的交易数据是指场内结算的掉期数据。

③ 期权与掉期情况相同。

表 1　　国际铁矿石衍生品市场发展史

时间	机构	类型
2008 年 5 月	德意志银行	场外交易、场外结算的掉期
2009 年 4 月	新加坡交易所	场外交易可场内结算的掉期
2009 年 5 月	伦敦清算所（LCH）	同上
2009 年 12 月	洲际交易所（ICE）	同上
2010 年 7 月	芝加哥商业交易所（CME）	同上
2011 年 1 月	印度商品交易所	商品期货
2011 年 1 月	印度多种商品交易所	商品期货
2011 年 3 月	芝加哥商业交易所	场外交易可场内结算的期权
2012 年 9 月	新加坡交易所	场外交易可场内结算的期权
2013 年 4 月	新加坡交易所	指数期货
2013 年 5 月	CME	指数期货
2013 年 5 月	ICE、LME	指数期货

二、铁矿石掉期市场情况分析

（一）国际铁矿石掉期市场的诞生

2008 年 5 月德意志银行推出世界首张铁矿石场外掉期合约。随后，许多投行及金融机构相继推出铁矿石 OTC 衍生品交易。但这些衍生品，通常是场外撮合一对一交易、场外结算的产品，标准化程度低，交易数据无法准确获取。

2009 年 4 月，新加坡交易所（SGX）推出首张场外交易、集中清算的高标准化的铁矿石掉期合约①，之后伦敦清算所（LCH）和洲际交易所（ICE）也先后推出类似产品。2010 年 10 月，芝加哥商业交易所（CME）推出可同时在场内（公开喊价交易池）② 和场外（ClearPort，场外人工撮合）交易的掉期期货合约（Swap futures）。实际上，被 CME 称之为掉期期货的衍生品和 SGX 的掉期合约基本一致，都是场外交易、场内结算的合约，同时也可以场外结算。

（二）主要掉期市场交易情况对比

铁矿石掉期市场中，SGX 是目前最大的铁矿石衍生品市场，成交量占掉期总交易量的 90%。自 2009 年 4 月上市至 2013 年 5 月 2 日，SGX 铁矿石掉期共成交 495967 手（双边），相当于 2.48 亿吨铁矿石。CME 是第二大铁矿石掉期市场，市场占有率不足 10%，自上市以来至 2013 年 4 月底，以 TSI 指数为标的的掉期累计成交 12817 手，约相当于 640 万吨铁矿石，而以普氏指数为标的的掉期仅成交 75 手。LCH③ 和 ICE 基本无成交。

---

① 部分金融机构也以新加坡交易所推出的掉期合约为基础进行 OTC 掉期交易，但此类交易与交易所无关，不能称其为交易所的掉期，其交易量也不在本文统计之内，下同。

② 据 CME 介绍，截至 2013 年 5 月 13 日，其铁矿石掉期尚无场内成交。

③ 2013 年 4 月成交量仅为 237 手。

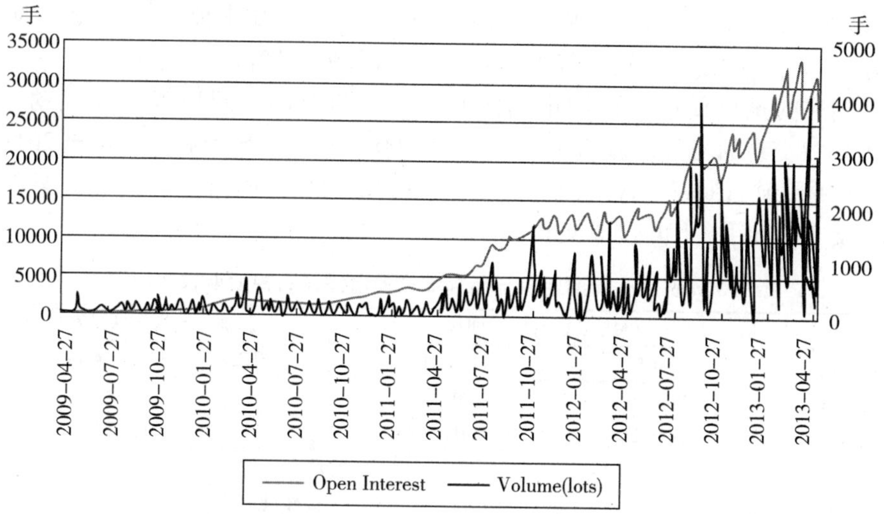

注：左轴是持仓情况，右轴是成交情况。

图 1　新加坡铁矿石掉期历史成交和持仓情况

（三）主要铁矿石掉期市场合约对比

目前，所有境外的铁矿石掉期合约都是以铁矿石指数为标的，采用现金结算，如 SGX 的铁矿石掉期合约以 TSI 指数为交易标的，CME 上市了两份铁矿石掉期合约，交易标的分别为 TSI 指数和普氏铁矿石指数①，详见表 2。

表 2　CME 铁矿石掉期合约与新加坡交易所铁矿石掉期合约对比

	CME 铁矿石掉期		新加坡交易所铁矿石掉期
商品代码	PIO	TIO	FE
交易标的	普氏铁矿石指数	TSI 指数	
合约规模	1000 干吨	500 干吨	500 吨①
报价单位	美元		
最小价格变动单位	0.01 美元/干吨		
交割结算价	Platts 指数平均值	TSI 指数平均值	
最后交易日	合约月份最后一个交易日②		合约月份 TSI 指数最后公布日
交易期限	当前年度及下两个日历年度		当前月份起最多 48 个月
交割方式	现金		

注：①由于 TSI 指数为干吨计价，因此，此处的吨与 TIO、PIO 中的干吨无本质差异，下同。
②若最后一个交易日为新加坡银行假日，则最后交易日为假日前一交易日，下同。

三、铁矿石掉期期权市场情况分析

2011 年 3 月，CME 率先推出基于 TSI 指数掉期合约的掉期期权（ICT），SGX 也于

① 目前常用的铁矿石指数有三个，分别为由普氏能源资讯发布的铁矿石普氏指数、普氏能源资讯旗下的钢铁指数公司发布的 TSI 指数和由金属导报发布的 MBIO 指数，它们都是以中国北方港口 62% 品位的进口粉矿到岸价为基础编制。其中，现货贸易普遍采用普氏指数计价，掉期衍生品多采用 TSI 指数。

2012年9月推出了同类期权产品。这类期权产品由于是基于掉期合约设计的，所以，也是场外交易性质的期权，可以场外结算，也可以场内结算。

掉期期权的推出促进了掉期市场的发展，在两个市场间形成良性互动。新加坡SGX推出期权交易的当月，掉期交易量达到1700万吨，创历史新高。截至2013年5月2日，SGX的铁矿石期权累计成交12584手。CME的ICT期权自上市日起至2013年4月底仅成交34306手，ICP仅成交21手。

表3　　CME铁矿石掉期期权与新加坡交易所铁矿石掉期期权对比

	CME铁矿石掉期期权		新加坡交易所铁矿石掉期期权
商品代码	ICP	ICT	看涨期权：CFE　看跌期权：PFE
交易标的	PIO合约	TIO合约	FE合约
合约规模	1000千吨	500千吨	500千吨
报价单位	美元		
最小价格变动单位	0.01美元/千吨		
期权类型	欧式期权		
执行价格	在平值期权上下以50美分的价格间距各设置3个执行价格		在平值期权上下各设置3个执行价格，此后可酌情创建
最后交易日	合约月份最后一个交易日		合约月份TSI指数最后公布日
结算方式	现金		

四、铁矿石期货市场情况分析

铁矿石期货最早诞生于印度。2011年1月，印度商品交易所（ICEX）和印度多种商品交易所（MCX）分别推出以中国港口62%品位的铁矿粉和以印度钦奈港62%品位的铁矿粉为交易标的商品期货，见表4。由于交易量较小，以印度钦奈港粉矿为标的的期货合约已于2012年摘牌，ICEX的铁矿石期货成交情况也不尽理想，自上市之日起2年多共成交269924手，约相当于2700万吨铁矿石。

表4　　印度两种期货合约规则设置

期货交易所	印度商品交易所	印度多种商品交易所
合约名称	IRONORE62F	IRONORE
交易标的	中国港口62%品位铁矿粉	钦奈（Chennai）港62%品位铁矿粉
合约规模	100吨	
参考报价	TSI指数	钦奈港口离岸价（FOB）
最小变动单位	0.5卢比/千吨	1卢比/千吨
交易时间	每周一至周五10:00－19:30；周六10:00－14:00	每周一至周五10:00－23:30；周六10:00－14:00
涨跌停板幅度	上一交易日结算价的4%	
最后交易日	合约到期月份的最后交易日	
最大交易规模	50手	
最小交割单位	5000吨	20000吨
交割地点	Ennore Port、Vizag、Haldia、Paradip	钦奈港口
交割方式	实物或现金	实物或现金

资料来源：印度商品交易所和印度多种商品交易所网站。

2013年4月8日，新加坡SGX推出首个铁矿石指数期货。该期货合约与其之前推出的掉期合约如出一辙，市场称之为“可转换合约”，意指SGX推出这个指数期货合约可和其推出的掉期合约相互转换。5月12日，美国CME也推出类似的指数期货合约。但两个合约推出后交易均不活跃，均遭遇了上市首日无成交的尴尬。SGX铁矿石期货2013年4月8日至5月13日共成交800余手。

表5　　CME铁矿石期货与新加坡交易所铁矿石期货的对比

	CME铁矿石期货	新加坡交易所铁矿石期货
商品代码	TIO	FEF
交易标的	TSI指数	
合约规模	500千吨	100千吨
报价单位	美元	
最小价格变动单位	0.01美元/千吨	
涨跌幅限制	无	
最小交易单位	无	5手
交易时间	周日至周五， 每日下午6:00至次日下午5:15， 5:15后开始休市45分钟	周一至周六 第一时段上午8:00至下午8:00 第二时段下午9:00至次日凌晨2:00 最后一个交易日只交易第一时段
最后交易日	合约月份最后一个交易日	合约月份TSI指数最后公布日

五、我国应采取的应对措施和建议

总体来看，铁矿石市场定价金融化已成大势所趋，我国应抓住国际铁矿石定价中心尚未形成之机，尽快推出铁矿石期货，以便争取主动。另外，从国际铁矿石衍生品市场情况来看，因为境外不具备铁矿石现货基础，所以，主要采用的是参照指数结算的现金交割方式。而这些主要国际价格指数，由于编制方法上的缺陷，无法将国内港口库存对价格的调节作用考虑在内，主要代表了国际矿商的利益。为了维护本国企业利益，发现一个能客观反映国内市场供需的价格，建议我国铁矿石期货采用实物交割的方式。

（大连商品交易所　陈　伟　王淑梅　张　康　刘竺青）

美式期权、欧式期权比较分析

【摘要】随着国内各交易所期权工作的逐步推进，对交易规则的细化研究变得更加重要。在交易规则中，期权执行方式的选择有美式和欧式之分，而国内各交易所目前期权规则在执行方式上也没有统一。本文主要针对美式期权与欧式期权本身的特点，结合国际主要交易所期权执行方式的实证分析，得出的主要结论为美式期权相对有较好的灵活性，也是商品期权尤其是农产品期权的主要执行方式。

一、美式期权、欧式期权定义

期权是一种金融合约，这一合约赋予其持有人在约定的时间以约定的价格买入或卖出标的资产的权利。期权的执行方式主要有美式和欧式。美式期权指期权的买方在合约到期日之前任意交易日都可以行使权利，也可以选择到期日行使权利。欧式期权是指期权买方只能选择合约到期日行使权利，在合约到期日之前不能执行。美式期权和欧式期权在合约到期日（或到期日之前）不执行的，则期权合约自动作废。

二、美式期权、欧式期权比较

美式期权与欧式期权同为期权的两种执行方式在衍生品市场中共同存在至今，表明美式期权和欧式期权各有优势，没有绝对的优劣之分，下面从二者的主要差别上来对比一下这两种期权的特点。

（一）美式期权更具执行的灵活性

由于美式期权在合约到期日及到期日之前的每个交易日均可执行，而欧式期权仅在合约到期日行使权利，显然，美式期权相对于买方来讲更具灵活性。

（二）美式期权具有较高的权利金价格

由于美式期权较欧式期权有更多的权利，买方可以选择在合约到期日前任意交易日行使权利，因此，美式期权较欧式期权权利金价格更高，以此来补偿卖方的风险。美式期权买方需要付出的成本较多，但可以获得更大的权利；美式期权卖方可以获得较多收益，但同样需要承担期权随时被执行的风险。

（三）期权风险管理

1. 美式期权

对于期权的买方来说，美式期权灵活的执行方式可以很好地规避风险。买方可以选择有利于自己的任何时机执行，而这样也能让偏离自身价值的期权标的产品的市场价格逐渐回归价值，保持市场的理性运行，防止期权到期时集中执行对市场造成一定冲击。

对于期权的卖方来说，美式期权由于在合约到期日前任意工作日都可以执行，这对于卖方所设计的投资策略是一个考验，因其必须要根据被执行期权的情况不断调整投资策略，对冲敞口风险，这也对期权卖方的风险控制能力提出较高要求，对我国机构投资者也是挑战。

2. 欧式期权

对于期权买方来说，期权无法随时执行，存在资产受损失风险。由于欧式期权仅在到期日可以执行，因而，如果期权未到期，即使市场发生了重大变化，买方也无法选择立即执行从而锁定风险或利润，导致买方所持期权可能由实值转变为虚值甚至深度虚值。

对于期权卖方来说，欧式期权有利于构建投资组合，减少对冲风险。欧式期权由于期限固定，期权卖方在构建投资策略时可以直接持有到期，无须考虑期权随时被执行时须重新建投资策略，从而保证风险完全对冲。

（四）美式期权为投资者提供灵活的退出途径

投资者在购买期权后，了结头寸的方式主要可选择平仓卖出、执行期权或者持有到期失效。在正常市场情况下，如果期权合约的市场流动性不足，导致期权无法平仓了结，如果市场的走势朝不利于期权投资者的方向发展，那么对投资者将会造成损失。美式期权由于可以在一段时间内执行，流动性较差的情形下可以通过执行结束交易，推出途径较为灵活。

（五）美式期权减少市场被操纵的可能性

欧式期权由于仅在到期日执行，到期日之前如果期权是实值期权，期权的卖方就有操纵市场从而使期权在到期日变为虚值的动机。我国期货市场目前的情况是临近交割月的期货合约活跃度都会骤减，市场流动性不足，在这种情况下，资金雄厚的机构投资者完全有能力操纵市场，所以必须要对期权市场进行严格监管，否则将存在市场被操纵的可能。

美式期权由于可以在到期日前的任意交易日执行，期权的卖方无法预期期权被执行的准确时间，即使是临近到期时期权仍为实值，期权卖方有操纵市场的动机，但期权买方可选择随时执行期权来规避市场被操纵造成损失。

三、国际上主要交易所采用的期权执行方式

对于国际上主要交易所采用期权的执行方式，我们选取了国际上主要的交易所进

行了实证分析，总结期权执行方式的特点。

（一）国外主要交易所期权品种执行方式对比

对 CME、CBOE、Eurex、LIFFE 为代表的全球主要期权交易品种的执行方式进行比较，得出主要结论为：

目前国际上主流交易所采取的期权执行方式选择美式执行方式较多（尤其是农产品），选择欧式执行方式的期权相对较少。

通过对表 1 各交易所选取的 257 个主要期权品种对比，选择美式期权执行方式的品种有 142 个，占整个品种数量的 55.25%，欧式期权品种有 92 个，占比为 35.80%。另外我们注意到还有一些品种既有美式期权执行方式又有欧式期权执行方式，这些品种共有 23 个，占比为 8.95%。选择美式期权执行方式的品种数量明显多于欧式期权，尤其是农产品期权全部 19 个品种执行方式均选择美式，说明美式期权在整体上尤其是农产品期权执行方式选择上占据主流。

此外，我们在表 2 中比较了 4 家交易所中商品期权和金融期权各自执行方式的选择，商品期权中选择美式的品种有 25 个，选择欧式的品种有 7 个，分别占比 65.79% 和 18.42%，美式期权数量是欧式期权数量的 3 倍多。而既有美式期权又有欧式期权的商品期权品种有 6 个，接近欧式期权数量，表明商品期权的美式行权方式受到市场欢迎，占据市场主流。

（二）全球交易所商品期权执行方式对比——商品期权多采用美式

对 8 家交易所中主要商品期权的执行方式进行比较，得出主要结论为：

国外主要交易所农产品期权绝大多数都采取了美式期权，美式期权是国际上农产品期权执行方式的主流；其他商品期权执行方式美式期权与欧式期权均有，美式期权数量略多。

我们选取了 8 家主要交易所，共 95 个商品期权品种，其中农产品期权 50 个，其他商品期权 45 个，农产品期权有 48 个都选取了美式期权执行方式，仅有 2 个品种选择了欧式期权，可见农产品期权国际上主要的行权方式是美式。在其他商品期权中，45 个期权品种有 21 个选择了美式期权，18 个品种选择了欧式期权，选择美式期权执行方式的商品期权略多。

（三）美式期权与欧式期权活跃度对比——美式期权品种较活跃

为了能直观地对比出美式期权与欧式期权的活跃程度，我们选取了同时具有美式行权方式与欧式行权方式的 CME 期权品种——发光轻质原油、布伦特原油、天然气、燃用油、汽油共 5 个期权品种作为研究对象，对比每个品种的美式期权合约与欧式期权合约交易量。经比较发现，采用美式期权的期权品种活跃度要多于采用欧式期权品种的活跃度。

通过表 4 我们可以清楚地看出，研究的 5 个品种中有 3 个品种（发光轻质原油、燃用油、汽油）的美式期权交易量远远大于欧式期权交易量，且相应的欧式期权交易量有逐年减少趋势；另外2个品种（布伦特原油、天然气）的欧式期权交易量大于美式期权交易量，但相应的美式期权交易量呈逐年上升趋势，欧式期权交易量则有增有减。由此可知，美式期权较欧式期权有较强的活跃度。

四、启示及建议

（一）选用美式期权执行方式，适应国内商品期权市场需求

国内期权市场目前处于起步阶段，无做市商报价，迫切需要活跃市场。由于美式期权具有执行日期灵活的特点，在全球交易所商品期权中也多被采用。所以国内期货交易所选择美式期权执行方式更能适应商品期权的特点。因此，选择美式期权相对更适合大连商品交易所期权品种和我国期权市场的需要。

（二）培育机构投资者，保障期权投资主体

目前，我国的期权市场还处于起步阶段，尚未引进做市商制度，大型的机构对期权买卖的风险管理能力也不成熟，在卖出期权产品后，构建投资组合对冲风险并动态管理对冲风险的经验较少。而美式期权的执行方式对期权卖方的动态风险管理能力要求较高，这种情况下我们只有大力培育机构投资者，保证期权市场有成熟的主体才能保证期权市场健康发展。

（三）加强期权市场监管，保证期权市场发展有序

上文中分析美式期权与欧式期权特点时提到，期权在临近到期执行时，期权卖方会有操纵市场的动机。因此，我们在期权产品推出后要加强对期权市场的监管，加强对仓位限制与信息报送等制度管理，保证期权市场的良好秩序。

附件

表1　　CME、CBOE、Eurex、LIFFE期权品种执行方式统计表

交易所	期权品种类别	期权品种	期权品种数量统计			
			美式	欧式	美式/欧式均有	合计
芝加哥商业交易所（CME）	商品期权	农产品	19	0	0	19
		能源	1	0	6	8
		金属	5	0	0	6
	金融期权	房地产	1	0	0	1
		股指	10	0	0	10
		外汇	13	0	10	23
		利率	8	4	0	12
		天气	4	23	3	30
		商品指数	1	2	0	3
小计			62	29	19	110

续表

交易所	期权品种类别	期权品种	期权品种数量统计			
			美式	欧式	美式/欧式均有	合计
芝加哥期权交易所（CBOE）	金融期权	指数	2	18	0	21
		股票	2	0	1	2
		交易所交易品种的期权	21	2	0	23
		长期股票期权	1	0	0	1
		两值期权	2	0	0	2
		季度期权	5	2	1	8
		弹性期权	0	0	1	1
小计			33	22	3	58
欧洲期货交易所（Eurex）	商品期权	商品	0	7	0	7
	金融期权	利率	8	0	0	8
		股指	0	27	0	27
		波动率指数	0	1	0	1
		交易所交易基金	16	1	1	18
小计			24	36	1	61
伦敦国际金融期货交易所（LIFFE）	金融期权	利率	18	1	0	19
		股指	0	4	0	4
		交易所交易基金	5	0	0	5
小计			23	5	0	28
总计			142	92	23	257
占比			55.25%	35.80%	8.95%	100%

注：表中四家交易所期权品种的执行方式为非美式、欧式的未列入其中，数据来自各交易所网站。

表 2　CME、CBOE、Eurex、LIFFE 商品期权与金融期权执行方式统计表

期权品种类型	美式期权	欧式期权	美式/欧式均有	合计
商品期权	25	7	6	38
金融期权	117	85	17	219
合计	142	92	23	257
商品期权占比	65.79%	18.42%	15.79%	100%
金融期权占比	53.42%	38.81%	7.76%	100%

表 3　全球主要交易所商品期权执行方式比较表

交易所名称	期权品种	美式期权	欧式期权	美式/欧式均有	合计
芝加哥商业交易所（CME）	农产品	19	0	0	19
	其他商品	6	0	6	12
小计		25	0	6	31
洲际交易所（ICE）	农产品	14	0	0	14
	其他商品	7	11	0	18
小计		21	11	0	32
欧洲期货交易所（Eurex）	农产品	0	0	0	0
	其他商品	0	7	0	7
小计		0	7	0	7
纽约－泛欧交易所（NYSE Euronext）	农产品	6	2	0	8
	其他商品	0	0	0	0
小计		6	2	0	8
伦敦金属交易所（LME）	农产品	0	0	0	0
	其他商品	8	0	0	8
小计		8	0	0	8
澳洲交易所（ASX）	农产品	5	0	0	5
	其他商品	0	0	0	0
小计		5	0	0	5
东京工业品交易所（TOCOM）	农产品	1	0	0	1
	其他商品	0	0	0	0
小计		1	0	0	1
东京谷物商品交易所（TGE）	农产品	3	0	0	3
	其他商品	0	0	0	0
小计		3	0	0	3
农产品合计		48	2	0	50
其他商品合计		21	18	6	45
总计		69	20	6	95
占比		72.63%	21.05%	6.32%	100%

注：表中期权品种的执行方式为非美式、欧式的未列入其中，数据来自各交易所网站。

表 4　　CME 同时具有美式期权与欧式期权品种交易量对比

合约名称＼年度累积交易量	2009 年	2010 年	2011 年	合计
发光轻质原油 美式合约	28551730	32785267	36716805	98053802
发光轻质原油 欧式合约	1507042	1195827	860949	3563818
布伦特原油 美式合约	2410	29880	139652	171942
布伦特原油 欧式合约	18562	79143	516740	614445
天然气 美式合约	1135135	1360225	2064055	4559415
天然气 欧式合约	25309214	23957725	23773183	73040122
燃用油 美式合约	686270	884849	889524	2460643
燃用油 欧式合约	11479	6261	3201	20941
汽油 美式合约	680635	546878	470606	1698119
汽油 欧式合约	21007	10016	165	31188

（大连商品交易所　郝维斌）

商品期权标的物选择研究

【摘要】商品期权标的物选择，是期权合约设计面临的首要问题。本文回顾了欧美场内商品现货期权与商品期货期权的发展历程和市场概况，分析了标的物价格公允性、标准化程度、流动性、监管体制等影响因素，在充分借鉴国际经验的基础上，提出了以期货作为商品期权合约标的物的设计建议。

期权是指在将来某一时间买方有权以特定价格买入或者卖出标的资产的一种投资工具。场内交易的商品期权根据标的资产的不同，可以分为商品现货期权与商品期货期权。商品现货期权在相关期权合约行权后，需要交割的标的资产是商品现货，即实物；而商品期货期权在相关期权合约行权后，需要交割的标的资产是标准化的期货合约。相比商品现货期权，大部分商品期货期权无论在价格公允度，还是在标的资产标准化程度、市场流动性、监管体制等方面，均有较强的优势。

一、欧美市场商品期权的发展历程

欧美市场的商品期权均萌芽于具有现货期权概念的衍生品，但多次因管理混乱、诈骗横行而使投资者丧失信心，市场萎靡①。人们对在统一公开平台上进行标准化期权合约交易的渴求越来越强烈，而处于发展中的商品期货吸引了投资者的目光，加之监管机构对期权交易流程的风险控制的需要，发展商品期货期权逐渐成为主流。现代商品期权是在权威公正的交易平台上，以标准化期货合约为标的物发展和繁荣起来的。

美国是现代商品期权的发源地，也是当前全球商品期权交易最为活跃的国家，其商品期权市场经历了从无序发展到规范发展的转变。与股票期权直接诞生于现货之上不同，商品期权的兴起和繁荣始终以期货期权形式完成。自20世纪80年代以来，美国商品期货交易委员会（CFTC）依靠严格的规范和积极的监管，通过试点品种的逐步扩大，推动了商品期货期权的市场发展。1982年，CFTC批准了白糖、黄金以及国债期货期权；1984年，CFTC批准了6家交易所的农产品期货期权；同年，CBOT的大豆期货期权开始交易②，这标志着当代农产品期货期权合约交易的起航。随后，更多商品期货期权进入人们的视野。然而，由于现货期权交易风险和信用风险较大，美国监管机构

① CFTC成立前的期货监管历史：http：//www. cftc. gov/About/HistoryoftheCFTC/history _ precftc。

② CFTC历史：http：//www. cftc. gov/About/HistoryoftheCFTC/history _ 1980s。

经过审慎考虑，至今仍未开放特定农产品的现货期权交易。

欧洲期权市场发展历史最悠久，17 世纪的“郁金香”热中，期权的概念就得到应用。但欧洲商品衍生品整体发展较为缓慢，真正当代意义上的商品期权始于 20 世纪 80 年代。1988 年，LIFFE 开始了欧洲小麦期货期权的交易。随着国际金融环境的变化，欧洲国家产业私有化政策刺激了金融创新的发展，欧洲商品期货期权开始进入活跃时期，以 ICE Europe 的布伦特原油期货期权、LME 的金属期货期权为表率。

二、欧美市场商品期权概况[①]

在美国，交易所上市的商品期权均以期货为标的。《商品交易所法案》（*The Commodity Exchange Act*）规定，期货期权只能在 CFTC 指定的交易所上市交易，这从监管条例上限制了以期货为标的的场外期权交易。虽然监管条例上没有明文规定交易所交易的商品期权必须以期货为标的，但美国所有场内商品期权均为期货期权。以 CME 为例，其商品期权覆盖大豆、玉米、豆粕、小麦等农产品，轻质原油、乙醇等能源品种，以及黄金、白银等贵金属品种，共计约 181 个期权品种均是以期货或期货价差为标的的期权。

以现货为标的的商品期权仅存在于美国场外交易市场。而且美国监管机构认为现货期权的交易风险过大，至今仍未放开《商品交易所法案》中所列举的部分农产品（包括玉米、大豆、小麦、大米和牲畜产品）的场外期权交易。未列入条例的农产品，如咖啡、白糖和水果等，可由商业企业在场外与其他非农产品商品一样进行交易。部分以现货为标的的场外期权，如布伦特原油，为降低对手方信用风险，可以在交易所清算机构进行清算，但由于现货合约规格和交易手段的灵活性和非标准化，交易所也只提供清算服务，而不提供合约设计、交易撮合、交割等服务。

在欧洲场内市场进行交易的商品期权，除 Eurex 的黄金、白银期权以现货作为标的物外，其他商品期权均为期货期权，如 NYSE－Liffe 的可可、咖啡、白糖等 8 种农产品期权，LME 的铝、铜、锌等 8 种金属期权。

总而言之，欧美市场场内交易的商品期权大部分是基于期货的商品期权，只有极少数量的贵金属商品，如黄金、白银，同时存在基于期货和基于现货的期权。由于监管的限制，以及以期货作为标的物在场外交割结算的难度较大，场外交易市场基本没有商品期货期权。

期货期权在欧美市场被广泛应用，有诸多原因，约翰 C. 赫尔在其《期权与期货市场基本原理》的著作中阐释了四个主要原因[②]：一是因为期货合约比标的现货具有更好的流动性；二是在交易所更易获得期货价格，而现货价格并不容易获得；三是期货期权的行权不一定会触发实物交割，大多数情况下标的期货合约在到期日前被平仓，给投资者带来更多交易了结方式的选择；四是期货与期权在同一交易所交易，且期货期权比现货交易费用更低，为对冲、套利、投机带来方便，提高了市场效率。

① 统计来源于 CME、Eurex、NYSE－Liffe 等各大交易所网站。

② 约翰 C. 赫尔著：《期权与期货市场基本原理》，机械工业出版社。

三、大连商品交易所选择商品期货期权的设计考虑

选择合约标的物是商品期权合约设计面临的首要问题。大连商品交易所选择基于期货的期权合约，而非基于现货的期权合约，充分借鉴了国际经验，主要基于如下四方面考虑。

（一）商品期货价格形成机制公允，易于采集获得

作为期权权利金定价的重要参数，商品期货的价格来源于同一交易平台，公开透明，期货价格连续公允，易于获得，市场公信度高。

普通大宗商品的现货价格往往由于质量等级、交割地点不同而有所差异，在不同产销地、仓库、港口，可能存在多个可交易现货价格。我国大部分商品现货，特别是农产品，不具备统一权威的现货交易平台，缺乏普遍认可的公允价格。以我国大豆商品为例，在中国粮油信息网[①]上，除了公布大连商品交易所大豆期货价格行情外，还有主要产销地以及港口的大豆价格行情，这些价格的统计口径不一，数值各有差异，而且非持续发布。因此使用哪个现货价格作为期权标的物的价格，在不同投资者间存在分歧。这也给商品现货期权投资者在权利金的定价、实物交割等方面带来不便。

即便存在统一公开化的现货价格平台（如石油、黄金拥有自己的现货交易所），跨平台的价格同步以及行权后的实物交割难度也较大。Eurex 和 FTX 的黄金现货期权标的资产的每日结算价是伦敦黄金市场（London Gold Market Fixing Ltd）的定价。伦敦黄金市场每日发布两次定盘价，作为较为公允的市场价格，因此可以同步的价格只能是每天发布的这两次价格，同时也限制了权利金定价比较复杂的期权产品的开发设计，如亚式期权等。因此 Eurex 和 FTX（台湾期货交易所）的黄金现货期权均为较简单的欧式期权。期权行权后跨平台的实物交割难度大，故现有交易所的黄金现货期权均采用现金交割的方式，这也掣肘了需要进行实物交割的部分投资者。

（二）商品期货合约是标准化的合约，标的物市场建设和管理成本低

标的物的标准化程度主要体现在品质易于划分，质量可以评价，属性相对稳定，交割更为便捷。标准化的标的物清晰明确，可以给期权行权后的标的物交割带来便利性。

金融领域的现货标的，如股票，指数，利率等合约标准化程度高，可以直接上市基于金融现货的期权产品。但商品现货中除了极少部分商品（如金、银、铜）外，大部分商品现货的标准化程度较低，期权行权交割时具体品质、属性、仓储等一系列流程问题都需要考虑。而商品期货较商品现货具有更好的稳定性和便利性，没有保质期、品质分级、仓库管理、产品质检等要求，标准化程度高，行权交割便捷，而且期货期权行权后如果获得期货持仓，还可以通过平仓免于进入现货交割环节，操作简便。

如果必须基于标准化低的商品现货上期权，需建设与期货市场类似的一整套交割

① 中国粮油信息网：http：//www.chinagrain.cn/。

配套体系，交割环节可能因为产品品质差异而更加复杂，产品开发成本高。在现有期货合约成熟的条件下，没有必要进行重复建设。

因此，就标的物标准化程度及标准化的建设成本而言，应该首选商品期货作为标的。

（三）标的商品期货合约较好的流动性是期权产品成功的重要保证

较好的流动性是指市场参与客户众多，交易量与持仓量大，换手率高，买卖价差小。当期权行权后转化成标的物市场头寸时，较好的流动性能够保证投资者快速匹配到合适的价格和头寸，自由地进行市场进出，较好达到套期保值、资金风险对冲或策略组合的效果。

商品期货市场经过多年的发展，监管规范，交投活跃，价格稳定合理，投资者进出自由，流动性充足。而且商品期货采取保证金交易，相比商品现货，仅用较少的资金就可以锁定风险或进行投资，资金利用效率高。如果以商品现货作为期权标的物，投资者既需要准备大量资金面对行权，又需要繁琐的买卖手续，自由进出市场难度大，一旦行权进入现货市场，市场流动性还难以预期。

（四）商品现货期权的监管难度远大于商品期货期权

商品期权的监管不仅包括对期权合约在市场交易过程中的监管，还包括对期权行权后可能产生的风险进行监管防范。

商品期权，无论现货期权还是期货期权，在市场交易方面的监管措施基本一致，如权利金的涨跌停板设置、保证金制度、限仓制度、强平强减、大户报告等，市场抗操纵能力强。

而当期权行权转化为标的物头寸后，期货和现货市场的风险监管存在差别。商品期货市场在五位一体的统一监管下，成熟、规范、公正。当期货期权行权后转化为期货头寸后，仍然按照期货市场风险管理模式监管，风险可控。而大多数商品现货不具有监管成熟的交投市场，当市场有大的波动时，容易被市场操控者利用，通过行权逼仓或者价格操纵等造成较大市场风险。同时现货市场容易出现对手方违约等信用风险，缺乏相应的投资者保护措施。因此现货期权行权后的现货市场行为如何实施监管，将是对监管机构的挑战。这也是为何美国至今仍未开放特定农产品的现货期权交易的主要原因。

综上所述，商品期货期权在海外市场上有较多成熟的借鉴经验，且商品期货期权能保证标的合约价格公允、标准化程度高、流动性佳、监管有力，较之商品现货期权具有明显的优势。因此，我国商品期权宜设计基于商品期货的期权合约。

（大连商品交易所 陈安平 吴国珊）

海外场外衍生品市场抵押品管理研究

一、抵押品制度的背景与概念

国际金融危机后，美国《多德—弗兰克法案》（DFA）及《欧洲市场基础设施法案》（EMIR）等监管新规均规定场外衍生品应进行严格的抵押品管理，提高优质抵押品比例。2012 年，73.7% 的场外衍生品交易使用了抵押品协议①。

抵押品是用于覆盖头寸信用风险的保证金的实现形式，分为现金与非现金抵押品，后者由流动性良好的资产②充当。目前现金与政府债券分别占交易商场外集中清算初始保证金的 49.68% 与 47.34%。场外衍生品抵押品管理包括：（1）确立抵押关系。双边清算以 ISDA 主协议《信用支持附件》（CSA）为抵押协议，集中清算抵押规则由清算所制定，通常规定了抵押品数量种类、折价率、估值方式等内容。（2）日常抵押品管理。包括抵押品托管与结算、抵押品估值、追缴保证金、抵押品事件处理③等。

二、抵押品在 OTC 衍生品清算中的重要性及相关海外实践

（一）抵押品在场外衍生品清算中的重要作用

抵押品的重要作用体现在：（1）消除对手方风险；（2）降低信用风险、规避违约损失；（3）有效降低市场系统性风险。然而，大量占用现金资产将提高参与者成本、抑制清算积极性。非现金抵押品因此显示出更为突出的作用：（1）降低交易商资金占用成本；（2）提高交易商业务运营效率，降低经营成本④；（3）有助于交易者灵活管理资产，避免投资组合扭曲。目前，非现金抵押品使用比例已从 2007 的 16.7% 上升到

① 资料来源为 ISDA 于 2013 年 6 月发布的《2013 年 ISDA 保证金调研报告》（*ISDA Margin Survey* 2013），主要汇总了对 ISDA 交易商成员的 2012 年保证金及抵押品调研结果。下文提到的“ISDA 调研报告”来源同此处。其中 CDS 抵押品协议比例为 83%、利率衍生品为 79.2%。

② 政府债券（以十国集团直属债务为主）、抵押贷款支持证券（MBS）、公司债、股票、大宗商品等。

③ 处理抵押品利息/股息支付、公司事件（拆/合股、股票回购等）、赎回（还本付息）、抵押品税务，该环节通常被外包给专业第三方服务机构。

④ 这是由于场外衍生品可与融资融券、回购协议等抵押品处理流程合并以完善效率与风险管理。

2012 年的约 20%[①]。

（二）海外集中清算抵押品制度相关经验

1. 海外 OTC 集中清算抵押品制度发展现状

海外清算所已接受广泛的非现金抵押品作为场外清算保证金，并设置了集中度要求以防范风险。芝加哥商业交易所集团场外清算抵押品种类包括政府机构债、MBS、企业债、货币基金、美欧 12 国国债、黄金等，但单个会员缴纳黄金不得超过 2 亿美元或初始保证金的 20%。洲际交易所接受 110 余种资产作为抵押品，但单个会员以非现金抵押品缴纳担保基金的比例不得超过 50%。NASDAQ OMX 清算所要求作为抵押品的国债发行流通规模不得低于 100 亿瑞典克朗。

2. 海外 OTC 市场抵押品制度

（1）国际金融危机前抵押品制度

场外衍生品的再抵押操作[②]是指抵押品接受方将该抵押品转而抵押给第三方[③]，从而减少抵押品总量、使市场“隐匿”资产得以重新回到市场增加流动性。抵押品转换[④]是指客户将向经纪商缴纳非现金资产[⑤]，经纪商代其向清算对手缴纳现金，完成低质抵押品向高质抵押品的“升级”。两种操作均可加速抵押品流通、降低交易成本，在危机前的欧美市场得到了广泛应用。

（2）国际金融危机后抵押品制度

危机后集中清算的监管改革趋势令场外衍生品逐步具备了优化抵押品管理、贯通管理各环节的条件。

第一，抵押品优化管理是为解决集中清算抵押品稀缺问题而产生的机制。抵押品优化管理技术平台能够确认、跟踪、分配和管理现有的必要及储备抵押品，将结构化[⑥]、半结构化[⑦]与非结构化[⑧]数据整合到单一平台，具有降低交易成本、扩大清算规模的突出优势，中央对手方有必要对该技术进行投入。

第二，再抵押操作与抵押品转换日渐式微。2008 年后，由于 CFTC 与 SEC 认为 CCP 的再抵押操作将增加系统风险，DFA 全面禁止了 CCP 再抵押操作[⑨]，使优质抵押品的可得性大大降低。抵押品转换也逐渐衰落，这主要由于监管方的许可程度尚未明确、CCP 抵押品范围逐步扩大、大部分银行的资产负债表在巴塞尔协议Ⅲ要求下无法

---

① 2012 年 ISDA 报告中将集中清算与非集中清算抵押分离统计，其中前者非现金抵押品比例为 19.1%，后者为 21.3%，因而估计全部场外交易的非现金抵押品占比应在 20% 左右。

② Rehypothecation。

③ 注，此处的再抵押不是指抵押人以同一资产为多项交易作为抵押。

④ Collateral Transformation，也称抵押品升级，Collateral Upgrade。

⑤ 此类金融资产多为清算所或交易对手方不予接受的抵押品。

⑥ 如所有使用抵押品的交易数据。

⑦ 如抵押品可得性、价值变动等。

⑧ 如交易确认信息、所用抵押品类型等。

⑨ 欧洲证券市场管理局（ESMA）到目前为止并未出台再抵押禁止规定，EMIR 中没有取消该操作的相关条款。

承受大规模转换业务。

第三，组合保证金与交叉保证金。国际金融危机后，各 CCP 通过提供场内外头寸冲抵的组合保证金服务①，有效降低了会员抵押品所需规模与交易成本。交叉保证金制度也得到开发，该方法允许会员在不同清算所冲抵相关头寸，清算所通过建立合作协议②显著降低了总信用暴露，从而实现抵押品优化管理，对持有多种资产的参与者具有很强的吸引力。

第四，直通式抵押品处理架构。新监管要求重视抵押品系统灵活性、连通性与可扩展性的趋势推动了自动化抵押品直通式处理③的应用。直通式架构可通过技术组织实现组合对账、异常处理、抵押品调整与库存管理到交收结算的环环相扣，提高整体处理效率。

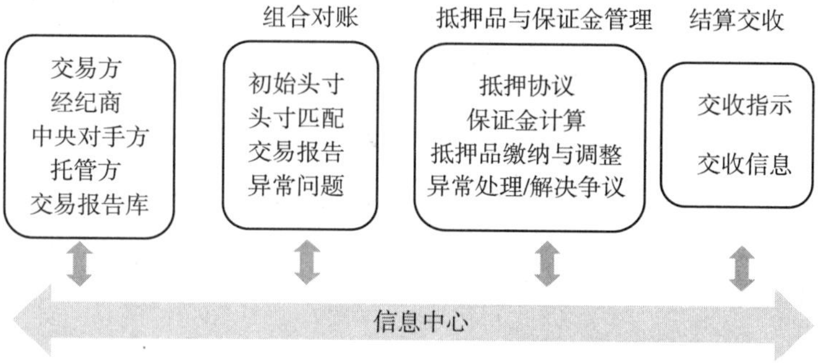

场外抵押品管理直通式自动工作流程图

三、对未来我国开展 OTC 集中清算的启示

第一，突破法律障碍，建立 OTC 衍生品抵押品制度。ISDA 主协议、欧盟《金融抵押品安排指令》等都承认场外衍生品抵押债权人对抵押品直接变现抵债的权利。我国商法现有的禁止流质④规则不应该用于场外集中清算所用的金融抵押品中⑤，应考虑对证券类抵押品的快速处置以立法形式予以支持。

第二，完善保证金制度，逐步扩大抵押品适用范围。抵押品管理与合理高效的保证金设置相互依存。我国可参考海外常用的 VaR 保证金计算模型、设计组合及交叉保证金，从而最小化抵押品占用。同时，我国可从央票、国债等利率债入手，逐步探讨其他抵押品适用性，采用最保守原则确定资产折价率。

---

① 如 CME 及 SGX 的跨场内外产品管理、ICE 的跨监管账户管理等。

② 如 CME 与 LCH Clearnet 签订的跨国域交叉保证金协议。

③ 英文为 straight - through processing。

④ 流质契约是指当事人双方在设立抵押品关系时约定，当债务人违约时，由债权人取得抵押品所有权的合同。我国《物权法》第一百八十六条和第二百一十一条均严格禁止流质契约。

⑤ 传统《物权法》禁止流质主要因为非现金抵押品估值困难，若抵押品直接归属于抵押债权人，可能因价值大大超过抵押债权而令抵押债权人获得暴利；但证券抵押品价值大多存在客观市价标准，且金融抵押往往要求抵押债权人将抵押品变现后的超出金额归还。因而，禁止流质的规则不适用于金融抵押品，但目前我国并未单独对金融抵押品设置专门法律。

第三，建立抵押品优化管理体系，循序渐进实现长期目标。参考海外经验，逐步建立自动化直通式抵押品管理流程是我国建设场外市场的长远路径。直通式架构应具备保证金计算、确立抵押品关系、抵押品自动配置、估值逐日盯市、追缴置换抵押品、返还抵押品收益等功能。

（中国金融期货交易所　尹小为）

海外市场高频交易最新监管趋势

一、海外市场针对高频交易的主要结论与研究局限

根据目前学术界基于真实数据的实证研究，高频交易总体而言提高了市场流动性、降低了交易成本、使得市场中的价格更加有效。然而，高频交易提供的流动性愈加飘忽不定，这反而会造成金融市场结构的脆弱与不稳定。

二、美国市场针对高频交易的最新监管趋势

（一）审计并跟踪合并后的订单簿数据

在美国股票市场，多家传统交易所与新兴交易平台形成了分割的金融市场结构，高频交易的诸多策略正是利用了这种分割的金融市场结构在不同市场间进行交易。监管者需要审计并跟踪不同交易场所合并之后的订单簿数据（例如，如何评估频繁的报单与撤单）才能作出严谨的科学研究与提出合理的监管措施，所以审计并跟踪合并后的订单簿数据成为大势所趋；然而，如何权衡成本与收益、统一美国30余家交易场所的订单簿数据将是监管者面临的巨大挑战。

（二）容量问题与过度指令收费

容量一直都是交易场所需要考虑的重要问题，例如，在2010年5月6日闪电崩盘的下午，纽约泛欧交易所集团（NYSE Euronext）就没有足够的容量来处理非常时期大规模的报单与撤单，高频交易飞速发展带来的频繁交易更是将交易场所处理容量问题提到了刻不容缓的位置。目前，交易场所开始考虑限制指令成交比例（Orders - to - Executions）和过度指令收费。然而，目前针对这种收费模式还没有严谨的学术研究，尚无法确定其是否会损害到市场流动性（尤其是市场深度），监管者在大规模推广此类监管措施之前还需仔细研究与慎重考虑。

（三）指令停留时间限制

美国证监会（SEC）2010年考虑对指令停留的最短时间做出规定；然而，这种规定会导致市场价格的较大变动，同时降低市场流动性。指令停留时间限制相当于流动性提供者给与流动性需求者一个期权，而期权价值就体现在流动性中，具体会表现为买卖价差增大；所以，指令停留时间限制尚存较大争议。

（四）交易税

部分监管机构希望能够通过税收限制高频交易，同时扩大政府收入；然而，税收会增加投资者交易成本、降低市场流动性、增加市场波动性、降低市场中价格的信息含量，最终破坏市场的正常发展路径。

三、欧洲市场针对高频交易的最新监管趋势

2012年9月，德国联邦金融管理局（the German Finanicial Supervisory Authority，BaFin）出台了全球第一部专门针对高频交易的监管草案（Act for the Prevention of Risks and the Abuse of High Frequency Trading），并分别于2013年2月、3月在德国众议院与参议院通过。

（一）将高频交易商纳入监管对象

在当前的德国金融市场，当高频交易商使用自己的账号交易或是没有提供金融服务时（除非高频交易商提供做市业务）无须受到BaFin的批准与监管；然而，在新的高频交易监管草案中，高频交易商都将根据德国银行法案（German Banking Act）的要求纳入监管对象，同时对新设立的高频交易商实行市场准入制，明确高频交易商从事做市业务时的做市义务。

（二）建立有效的风险控制系统

在新的高频交易监管草案中，高频交易商的风险控制系统需要满足以下要求：（1）交易系统要有弹性，能够有足够的容量应对极端情况下的交易。（2）交易系统保证没有错误指令的传输，同时具备市场一旦出现混乱情形时的自我保护功能。（3）交易系统不得干扰市场的正常运行。

（三）界定了高频交易中的市场操纵行为

欧洲证券与市场管理局（The European Securities and Markets Authority，ESMA）认为如下高频交易中的行为可能形成市场操纵：（1）试探性指令（Ping Orders），是指向市场发出少量指令以探明潜在流动性。（2）误导簇交易（Quote Stuffing），是指向市场发出大量的报单或撤单以增加其他参与者判断的不确定性，最终误导并延缓其他参与者交易行为而完成自身交易策略。（3）引发动量交易（Momentum Ignition），是指向市场发出一系列报单或撤单以引导其他市场参与者跟随这一趋势，从而在市场价格形成过程中达到自身的最优交易价格。（4）分层与欺诈交易（Layering and Spoofing），是指提交很多订单分布于整个订单簿，而订单的真实意图只在订单簿的一侧达成交易，一旦交易完成后，另一侧操控性质的订单便撤销。与通常市场操纵行为以是否影响市场价格为标准不同，高频交易中的市场操纵行为判定基于如下几点标准：（1）是否干扰或延迟了交易系统的正常运转；（2）是否使得第三方在交易系统中较难做出买入或卖出的决定；（3）是否对某些金融资产的供求关系造成错误或误导。

（四）交易场所需要建立预防机制

无论是传统交易所还是多边交易设施（MTF）都需要建立预防机制，以应对市场

价格急剧波动情形。

（五）指令成交比例（Order - to - Trade）与最小报价单位（Minimum Tick Sizes）的限制

设置一定的指令成交比例可以防止高频交易频繁报撤单、干扰交易系统的正常运行；降低高频交易的指令成交比例，更容易在市场中形成真实的流动性，而不至于市场中其他参与者无法获得高频交易提供的流动性。最小报价单位对于高频交易来说至关重要，过大的最小报价单位会导致市场流动性降低，过小的最小报价单位会影响市场价格发现过程。

（六）监管机构对高频交易更多的知情权

监管机构需要高频交易商提供更多的信息，包括：高频交易策略的具体内容、参数设置等，以便能够测试交易场所的系统能否承受此类策略，特别是在市场出现极端情形时。

四、发展我国高频交易的监管政策建议

在我国国内商品期货交易、ETF 套利、权证交易以及股指期货交易中，算法交易和程序化交易的应用正在兴起，高频交易也显露端倪，有以下几点监管政策建议。

第一，正确认识高频交易的功能与作用。在海外金融市场，高频交易发展得如火如荼。从直观上看，高频交易的确和实体经济发展没有直接关系，但高频交易作为市场中的流动性提供者，为市场的形成和交易的达成起到了基础性作用，否则实体经济中的套期保值者将无法寻找到交易对手。然而，当高频交易发展过度时，其提供的流动性并不真实，会演变成飘忽不定的流动性，这就需要加以防范。

第二，建立完整的风险防线以发展高频交易。我们可以建立起高频交易的四道风险防线。第一道风险防线是在高频交易商处设立风险管理机制，主要控制交易的规模和频率。第二道风险防线是在交易所内，一是在交易前设立一定标准的前端控制，主要控制下单的规模和频率。二是根据市场波动水平设定中止高频交易的节点，这个波动水平标准需要严格保密以防市场操纵，当市场波动达到这一水准时即可启动中止高频交易的程序以防范风险。三是借鉴海外市场的监管趋势，对准入机制、容量、指令成交比例、最小报价单位等方面加以限制。第三道风险防线是在清算会员，主要检查是否有风险和需要暂停交易。第四道风险防线是指中央对手方管理，其需要结合自身的数据评估好高频交易的潜在风险。

第三，防范高频交易中的市场操纵行为。高频交易中的市场操纵行为判定与传统以是否影响价格的标准不同，是以动机作为判定标准，即是否干扰交易系统、误导投资者、影响金融资产供求关系。我们还需借鉴海外市场的经验，针对试探性指令、误导簇交易、引发动量交易、分层与欺诈交易等行为建立自身的判定指标体系。

（中国金融期货交易所　李　路）

我国期权市场引入做市商制度相关法律问题研究

做市商制度对于提高市场流动性，促进市场效率提高，发挥市场功能具有积极作用。从境外市场来看，在集中交易模式下建立做市商制度已经发展成全球交易所做市商的主流模式。为了平稳推出股指期权产品，通过对相关法律法规的分析，我们认为借鉴境外市场经验，在集中竞价模式下引入指令驱动做市商制度，符合期货市场相关法律法规要求。

一、做市商制度符合期货交易的特征，属于《期货交易管理条例》规定的期货交易

从《期货交易管理条例》（以下简称《条例》）第二条规定来看，期货交易具有两个要件：一个是公开集中交易方式；二是标准化合约交易。在集中交易模式下，做市商通过指令进行报价，参与期货交易，属于期货交易的范畴。

（一）做市商制度是一种公开集中交易方式

首先，从现行《条例》规定来看，做市商交易制度属于公开集中交易方式中的一种。2007 年制定《条例》时考虑到为了给期货交易成交方式预留空间，使得《条例》能够涵盖期转现和做市商制度，以及将来可能出现的其他交易方式，《条例》第三十六条规定“期货交易应当采用公开的集中交易方式”，2012 年修订后的《条例》作了同样的规定。

其次，从国务院相关文件规定来看，做市商也属于公开集中交易方式。2012 年国务院发布《国务院办公厅关于清理整顿各类交易场所的实施意见》（国办发〔2012〕37 号，简称 37 号文），作为开展全国整顿非法交易场所的法律实施依据。37 号文明确了集中交易方式的内涵包括“集合竞价、连续竞价、电子撮合、匿名交易、做市商”等交易方式。

（二）做市商从事标准化合约交易

首先，做市商根据交易所要求进行报价，参加交易所竞价交易。指令驱动做市商模式下，做市商的核心义务是对交易所的期货期权合约进行双边报价，为市场提供流动性。其报价不仅要符合交易所基本的指令要求，其报价数量、价差还需符合交易所针对做市商的特殊规定。对于其报价，通过交易所的竞价交易机制，参与竞价。

其次，做市商按照期货交易集中竞价原则成交。在撮合成交环节，指令驱动做市商制度中的做市商与市场上的其他交易主体没有本质上的差别。在交易过程中，做市商的交易指令通过交易所集中交易，遵循交易所撮合交易的基本原则，买卖申报经撮合成交后，交易即告成立。

二、交易所基于权利和义务对等原则给予做市商开展业务所必需的制度安排不违背期货市场“三公”原则，不损害投资者合法权益

在引入做市商制度时，我们将坚持“三公”原则，对做市商的资格条件、做市商的权利和义务进行设计。同时，我们将平衡做市商与投资者的关系，加强对做市商的监管，防范其滥用市场优势地位，损害投资者合法权益。

（一）合理设定做市商准入条件，防范做市商资格垄断

一是引入竞争性做市商防范市场垄断。出于规避价格垄断与价格操控、维护市场交易公平公正的考虑，目前竞争性做市商制度已成为全球市场做市商制度的主流。竞争性做商制度通过增加做市商的数量引入竞争机制，减小买卖价差，降低市场交易成本，使做市商的报价更加有效，同时，公平竞争机制下单个做市商对市场的控制能力较弱，保证了交易的公开性和公平性。

二是合理设置做市商准入制度。国际成熟期货交易所都设有做市商的准入制度。做市商需要承担调节买卖指令不均衡、随时保证提供买卖双向报价的做市责任，国际成熟期货交易所对做市商的选择非常严格，只有经营规范、资本实力雄厚、自营规模较大、熟悉相关品种期现货市场、风险控制能力较强的期货商，才有可能成为做市商。

（二）交易所给予做市商保证金、持仓限额等方面的优惠体现了权利义务对等原则，不会导致市场不公平

首先，交易所给予做市商开展业务必须的制度优惠属于业务必须，没有明确的法律限制。从法律规定来看，风险控制制度即体现了监管机构对交易所的要求，同时，这些制度也属于交易所自律监管的范畴。交易所可以根据业务要求，对不同的业务类型设置不同的制度安排。

其次，做市商的权利义务设计基本平衡，不会出现做市商特权。在设计做市商制度时，需要合理设定做市商的权利义务。做市商的核心义务，包括回应交易所询价、提供持续报价和回应市场询价。同时，做市商也相应地享有特定的权利。不会出现做市商仅享受优惠而不履行义务，并滥用市场优势地位的现象。同时，交易所会对做市商的交易行为进行单独的实时监控，加强对违规报价和不合理报价行为的监管，及时采取有效措施进行制止和处置。

（三）做市商制度不会损害投资者合法权益

从本质上而言，指令驱动做市商制度采用集中竞价交易方式，进入集中撮合系统交易的做市商交易指令与普通投资者的交易指令一样按照特定的撮合方式交易，并不

享有交易撮合方面的优先权，不会对投资者权益造成损失。此外，为防范做市商交易行为对投资者权益造成影响，交易所对做市商的交易情况进行实时监控与处置，并及时采取纠正措施。交易所对于做市商滥用其身份，涉嫌操纵或干扰市场的行为，将采取取消资格等严厉处罚。

（中国金融期货交易所　程红星　顾益民）

直接接入下单模式下的风险管理研究

为了降低委托指令进入交易所撮合平台的时间，机构投资者直接接入（Direct Market Access）下单在海外运用非常广泛，直接接入为程序化交易和高频交易提供了技术支持，是金融创新的一个重要组成部分。但是，由于减少了结算会员的事前风险检查环节，直接接入下单在提高运行效率的同时，也隐含着巨大的风险，光大证券“8·16事件”是该风险爆发的充分体现。因此，如何在利用直接接入下单系统优势的前提下控制好潜在的风险是一个非常重要的问题。

一、直接接入下单模式在国内应用的现状

在光大证券“8·16事件”的核查中发现，策略投资部门自营业务在使用其独立的套利系统时，由于订单生成系统存在的缺陷，导致在2013年8月16日11时05分08秒之后的2秒内，瞬间生成26082笔预期外的市价委托订单，上述预期外的巨量市价委托订单被直接发送至交易所。从“独立套利系统”和“直接发送至交易所”可以推断该独立交易系统采用类似直接接入的模式。目前，“在国内只有券商自营业务在交易所有独立的交易席位，而保险、私募等机构则需要通过柜台交易”①，这意味着国内只有券商自营有可能采用直接接入的模式。

二、直接接入下单机构的内部风险管理

机构投资者的内部风险管理体系是防范直接接入下单风险的第一道防线，也是最基础的风险控制环节。结合FIA的报告②，主要措施包括：

（1）一致性测试（Conformance Testing）。当交易所的系统进行调整后，机构投资者内部风险管理系统的相关制度和参数也要随之进行调整，使得机构投资者的内部风控系统与交易所的风险控制系统保持一致性。

（2）一键暂停（Kill Button）。机构投资者需要设置一个一键暂停的按钮，当交易系统出现问题时，可以人工按下此键迅速阻止系统生成更多的错误报单，以及撤销剩余还未成交的错误报单。

（3）与交易所正常连接（Heartbeating with the Exchange）。机构投资者要保证交易

① 杨庆婉：《“8·16事件”细节：定制铭创软件去掉风控模块惹祸》，载《证券时报》，2013-08-30。

② FIA，Market Access Risk Management Recommendations，2010.

系统与交易所正常连接，如果交易系统与交易所撮合平台连接中断，则该风险管理制度能够使得其他正在发送或执行的指令全部被撤销。

（4）“乌龙指”数量限制（Fat－Finger Quantity Limits）。机构投资者可以设置每一次发出指令单的规模上限，防止因为交易员的人为失误而导致巨量错误指令进入交易所撮合平台。

（5）重复自动执行限制（Repeated Automated Execution Throttle）。除了某一指令单规模过大导致巨量错误报单外，也可能出现小额指令单持续不断地进入交易所平台，从而使得总的下单规模巨大。通过设定重复指令自动执行的次数上限，可以有效防止这一类风险的发生。

（6）及时复核制度（Near－Time Reconciliation）。机构投资者要建立复核制度，在交易发生后，保证及时对交易所反馈的信息副本进行复核，保证发出的交易指令是机构投资者交易的真实意图，避免错误的指令在交易所达成交易。

除此之外，机构投资者可以根据公司资本金、结算安排、交易方式、风险容忍度等来建立事后（Post－trade）的内部风险控制体系。另外，尽管结算会员减少了对机构投资者的事前风险核查，但是结算会员可以直接进入机构投资者客户内部风险控制体系来进行实时监控，也可以对事后风险进行监控，结算会员仍然是直接接入风险管理体系中的重要成员。

三、交易所对直接接入下单模式的风险管理

交易所的风险管理制度是管理直接接入下单风险的最后一道防线。具体的风险管理措施包括以下几个方面：

（1）指令规模限制（Order Size Limits）。对每条指令的规模进行限制是交易所事前风险管理最基础的工具，该制度能够有效阻止机构投资者“乌龙指”事件的发生。

（2）日内持仓限制（Intraday Position Limits）。交易所可以通过日内持仓限额来避免投资者的持仓量大幅上升，当投资者的持仓量达到限额上限后，只允许平掉已有持仓，限制其开仓。

（3）断开取消制度（Cancel－on－Disconnect）。在机构投资者进行交易时，机构投资者的交易系统有可能意外地与交易所系统出现断开，此时交易所的断开取消制度发挥作用，允许机构投资者对已经发出的指令在“执行”和“撤销”上进行自由选择。

（4）价格带/动态价格限制（Price Banding/Dynamic Price Limits）。价格带/动态价格限制就是对接受的指令价格进行初步的筛选，防止大幅偏离市场成交价格的错误买入价格或卖出价格进入市场。

（5）做市商保护制度（Market Maker Protections）。该制度主要用于期权市场，也可以用于其他市场，目的是保护进行双边报价的做市商。

除此之外，还有需要建立内部交易交叉制度（Internal Trade Crossing）、错单交易处理制度（Error Trade Policy）、一致性/许可证测试等。

导致光大证券“8·16事件”发生的关键在于“铭创科技应光大证券的要求将交易系统中的风控模块去掉”，也就是说直接接入的第一道防线基本撤销，这等于为了追

求速度取消了一切风控，完全依赖程序本身的正确性。结合国外的发展经验，需要从机构投资者、结算会员、交易所三个方面来完善直接接入下单模式的风险管理体系。一是完善机构投资者的风险管理体系；二是完善结算会员的风险管理体系；三是完善交易所的风险管理体系。

（中国金融期货交易所　常鑫鑫）

实体企业外汇风险管理调研报告

——浙江嘉兴的案例

2013 年 7 月中旬，中国金融期货交易所外汇期货开发小组赴浙江省嘉兴市开展进出口企业外汇避险情况调研，现场收集有效问卷 30 份，通过分析企业的外汇风险管理手段和现有的场外外汇衍生产品，提出发展交易所外汇期货产品的政策建议，具体分析如下。

一、汇率变动对企业影响程度分析

（一）企业构成分析

接受问卷调查的 30 家企业大部分为民营和外资企业，年销售额在 2000 万 ~ 5000 万元居多，按照企业类型和年销售额规模分类如图 1 所示：

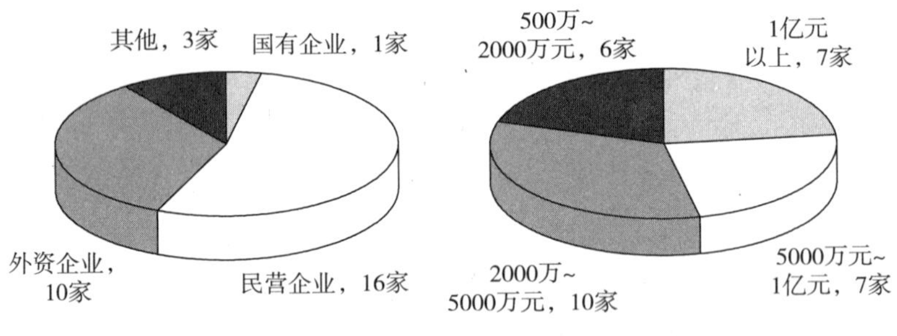

图 1　30 家企业分类统计

（二）汇率承受力分析

因调查企业基本都是出口型企业，人民币汇率升值对大部分企业都存在负面影响，72% 的企业可接受的升值幅度小于 3%，仅有两家企业表示其议价能力强，可接受较大幅度的汇率升值（5% 以上）。

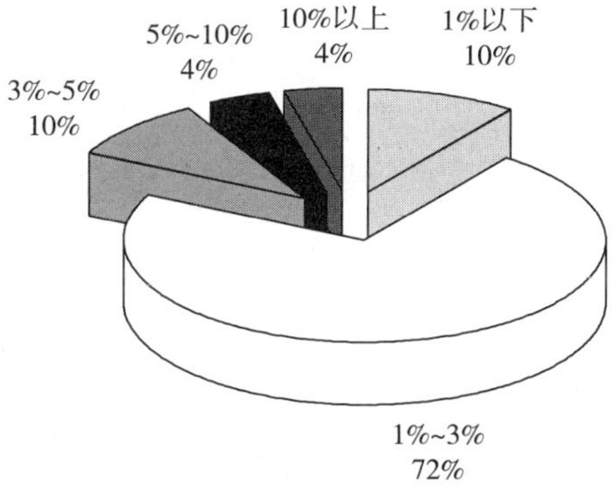

图 2　可承受人民币升值幅度

（三）进出口影响因素

43% 的企业认为人民币汇率波动是影响进出口的最主要的因素，此外分别有 33% 和 22% 的企业认为国际市场需求变化和原材料价格变化也是重要的影响因素。

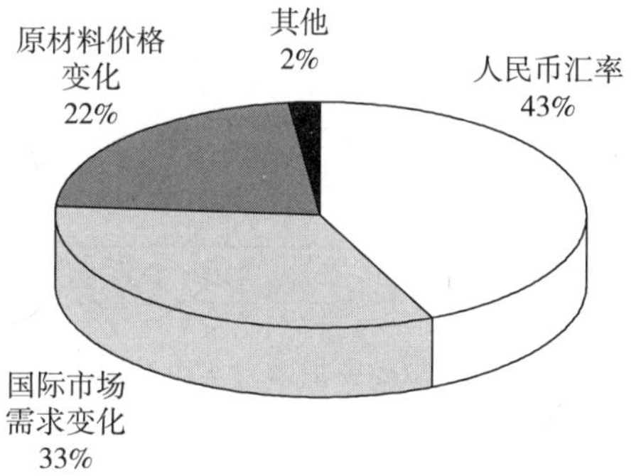

图 3　影响进出口的主要因素

二、企业现有的外汇避险手段分析

（一）目前企业常用的外汇避险产品

目前，远期结售汇协议因其合约简单明了的特点仍是最被企业所熟知的外汇避险工具，近一半的被调查企业选择通过签订远期结售汇协议来规避外汇风险，其中少部分公司会同时采用货币掉期协议。同时有进出口业务的公司可以通过掉期来达到做两笔反向远期的效果，节约费用并简化业务流程。采用规避外汇风险手段的公司中，有 38% 的企业会采用两种或两种以上的避险手段。此外，与客户签订长期供货合同和调整进出口比率也是较为常用的避险手段。

（二）不同外汇避险手段的效果

大多数企业认为选择人民币等货币结算能较好地规避人民币与美元之间的汇率波

动风险，接下来依次是与客户签订长期供货合同、使用外汇避险产品、贸易融资、调整进出口比率。使用人民币结算、与客户签订长期供货合同对于企业来说效果较好，但是具体应用取决于企业所处的贸易地位，对于大多数中小企业来说，很难在谈判中获取有利条件。而在外币结算模式下，进出口企业只能选择现有的场外外汇衍生产品进行汇率避险。

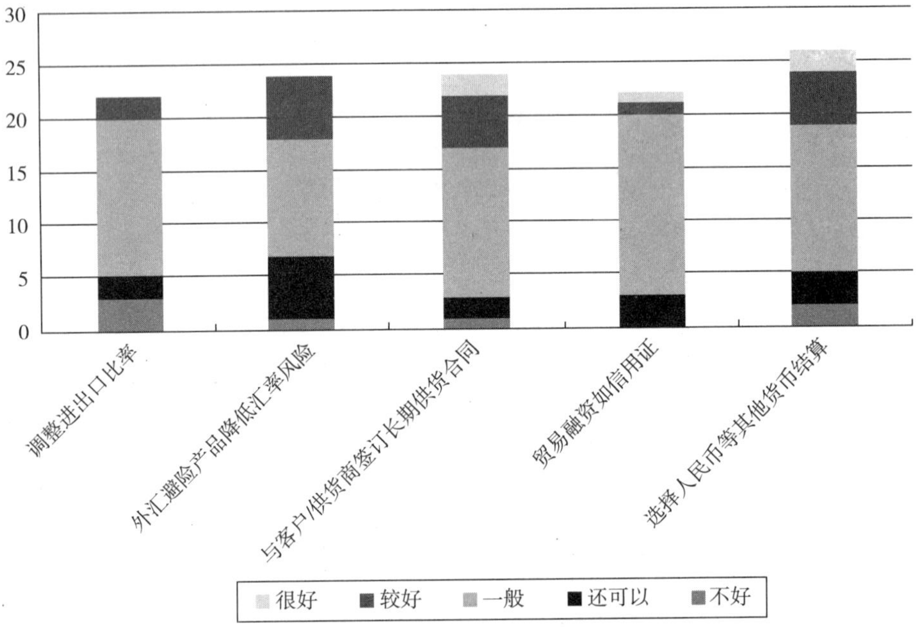

图4　不同外汇避险手段效果

三、企业的外汇风险管理

（一）企业对汇率走势的判断依据

商业银行的引导对企业的汇率走势判断起到了非常重要的作用，同时企业也会参考央行的官方表态及境内外的远期汇率。

（二）企业的外汇管理制度

在当前汇率波动加大的背景下，大多数外贸企业都非常重视汇率避险，基本都设置了专门岗位或部门开展外汇风险管理。但相应地，其风险管理手段还不够完善，一是调查企业中没有一家制定过外汇避险相关的政策或文件；二是只有每次外汇衍生产品签约前才向公司领导报告合同的签约情况；三是企业倾向于不定期评估外汇衍生产品的市场价值，容易引发风险。

因为人民币一直处于升值趋势，所以企业倾向于保留尽可能少的外汇头寸，85%的被调查企业将外汇头寸控制在等值1000万美元以下，其中55%的企业甚至小于100万美元。

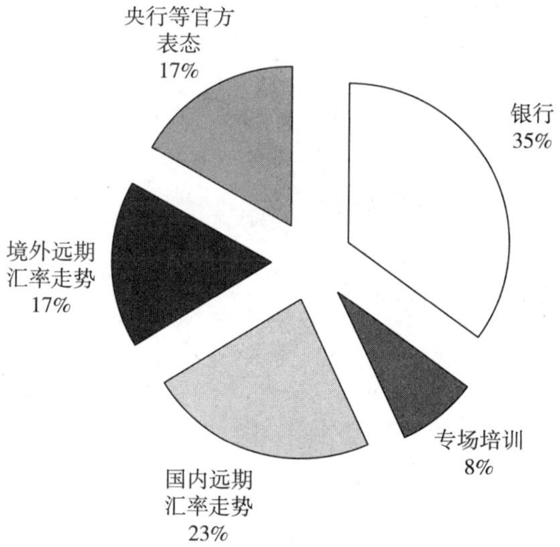

图 5　对未来汇率走势判断的获得渠道

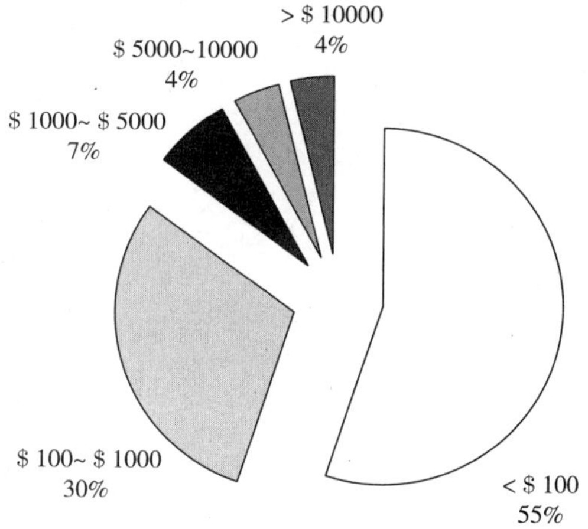

图 6　企业的年外汇风险敞口（万美元）

四、企业对外汇衍生产品的需求

（一）使用产品的目的

60% 的企业使用外汇避险产品的目的在于锁定价格，套期保值，30% 为了资金管理，极少数是出于无风险套利或者长期资产配置的目的。主要原因一方面是企业对外汇避险产品的认识和使用仍然出于避险的基本需求，另一方面也是最重要的原因是基于外汇局“实需原则”使企业必须在有真实贸易的背景下才能运用外汇衍生产品。

（二）企业关注点

企业在使用外汇避险产品更关注交易成本，交易个性化、灵活性，合同规范、标准化，交易对手违约风险这四个方面。

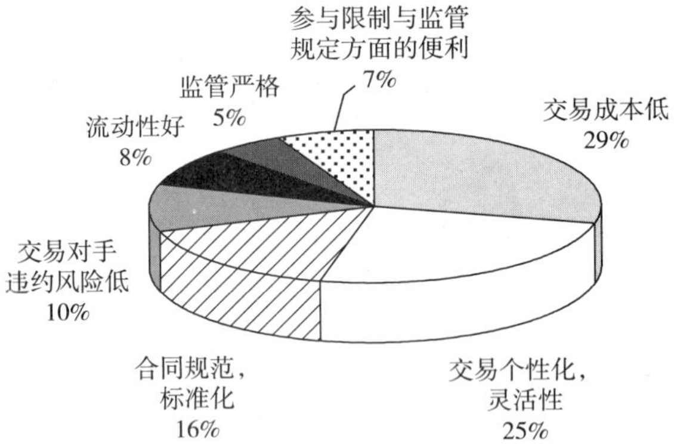

图7　使用外汇避险产品的关注点

（三）结算币种、期限和规模

80%以上的企业采用美元为主要结算货币（结算占比75%以上），使用欧元和日元也较为普遍，跨境贸易人民币结算正被越来越多的企业所接受。调查中所有企业采用的外汇产品期限都在1年之内，主要集中在1～3个月（29%）和3～6个月（38%）。超过90%的企业平均每笔外汇避险规模都在10万美元左右（其中41%的企业小于10万美元，50%的企业规模在10万美元到100万美元之间），其他9%的企业规模都在100万到1000万美元之间。

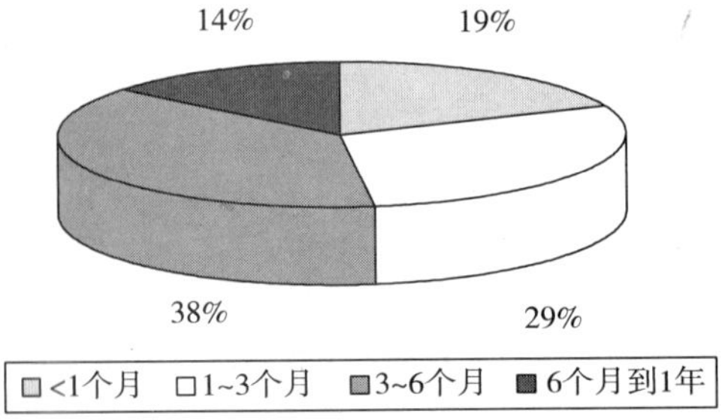

图8　企业应用外汇衍生产品期限

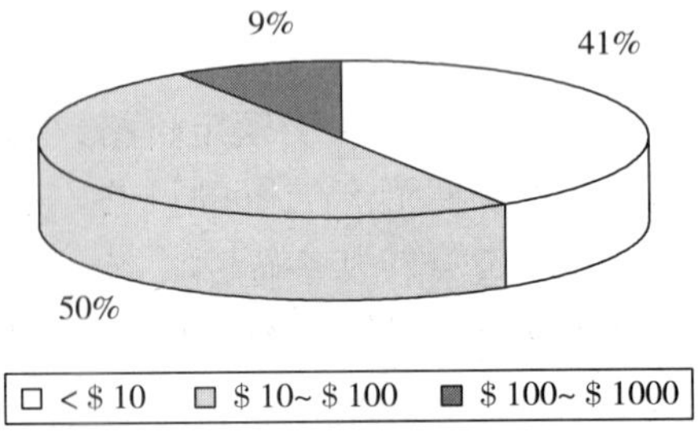

图9　每笔外汇衍生品规模（万美元）

五、关于外汇期货开发的政策建议

（一）随着汇率风险加大，企业迫切需要更多外汇避险工具

随着人民币汇率改革的推进，汇率波动弹性明显加大，人民币汇率双向浮动显著。伴随着欧美市场需求出现萎缩，我国劳动力成本上升，进出口行业的毛利率也出现下滑趋势，人民币汇率对企业利润率的影响越来越大。调研显示，72%的企业表示可承受人民币汇率升值幅度小于3%，而2013年年初至今人民币对美元汇率已升值1.52%，汇率的升值已大大侵蚀了企业的出口利润。

另一方面，现有银行提供的外汇衍生品还难以满足企业需要。银行通常对参与企业有一定交易门槛限制，而且交易成本较高、交易手续复杂，对中小企业还存在规模歧视。被调研企业表示，现有外汇衍生品避险效果较好的仅有25%，一般的占到46%，较差的占到29%。广大中小企业迫切需要更多的汇率风险管理工具，来应对越来越剧烈的汇率波动风险。

（二）贴合企业需要，更加科学合理地设计中国金融期货交易所外汇期货合约

期货市场服务实体经济，本质就是服务实体企业，特别是中小企业。我国是对外贸易大国，但并非强国，有着数量众多但是规模不大的进出口企业。浙江作为我国对外贸易门户，结售汇规模居全国前列。调研的嘉兴外贸企业中，绝大多数为民营和外资企业，销售额在5000万美元左右，是比较典型的外向型中小企业。他们的需求，代表着很大一部分中小企业的需求，是我们外汇期货合约设计时应该重要考量的因素。

结算币种方面，美元占最大比重，接下来依次是欧元、日元。说明企业对于人民币对美元的汇率风险还是最显著的，合约标的设计时应首要考虑人民币对美元、人民币对欧元及人民币对日元等品种。期限方面，企业对外汇避险工具的产品期限需求全部集中在1年以内，特别是1个月到6个月之间，表明合约月份在1年之内基本可以满足企业的需求。合约规模方面，大多数企业现有每笔外汇避险产品规模在小于10万美元（41%）和10万~100万美元之间（50%），相比起银行间外汇市场的交易规模，动辄几千万美元，中小企业的对合约规模要求还是比较小的。

（三）流动性是产品成功的关键

即期、远期、掉期和期权这类场外产品具有可针对客户个性化需求灵活设计等诸多优点，却因标准化程度不高通常存在流动性不足的弱点。而金融衍生产品成功的关键在于流动性，外汇期货若采用国际上主流的电子化集中竞价交易和集中清算模式，将可以较好地克服当前我国场外市场以双边询价和双边清算为主的典型OTC模式的不足，再加上引入做市商机制，产品交易流动性水平将极大提升。

（四）交易所先推外汇期货后推外汇期权是可行的路径

由于期货的价格发现功能，交易所推出外汇期货，可以在市场上确定一个反映各

类投资者对汇率走势判断的基准价格。而这个汇率市场基准价可以成为期权定价的可靠参数，加上市场利率、期权执行价、期限和历史波动率，利用B－S公式就能比较好地为期权定价，让企业在实务操作中有一个参考价格，有利于提升交易流动性，这样能为交易所外汇期权的顺利推出奠定较好的基础。

（中国金融期货交易所　李　莹　梁思嘉）

美国个股期权市场发展监管的启示

美国是现代个股期权市场的发源地，美国个股期权市场发展监管经历了一个复杂、曲折的过程。梳理美国个股期权市场的经验和教训，对于我国当前设计和建设个股期权市场有着积极的参考意义。

一、美国个股期权市场发展及监管的演变

美国个股期权市场的发展及监管大致经历了以下三个阶段。

第一阶段（20 世纪 70 年代之前）：场外市场无序发展，股灾催生监管机构。美国其实早在 18 世纪末就出现了个股期权，不过都是在场外进行交易。个股期权方面，期间成立的期权经纪商与自营商协会（The Put and Call Brokers and Dealers Association）为行业协会组织，目的是为了加强联系，拓展业务。早期美国个股期权市场操纵和欺诈泛滥，市场风险大，许多中小投资者都成了期权交易的牺牲品。1929 年股灾发生后，美国国会举行听证会并由此成立美国证券交易委员会（SEC），负责股票、个股期权等市场的监管。由于对个股期权的认识相对不足，SEC 更多的是授权并通过国家证券商协会（NASD）对参与期权的公司进行监管。美国个股期权市场初步搭建了 SEC、NASD、行业协会等监管架构。从中也可以看出，美国个股期权市场监管是从场外市场发展而来的。

场外商品期权与个股期权基本同期产生，早期也是充满了操纵和欺诈。由于其更直接影响实体经济运行，所以美国国会在 1936 年禁止了场外农产品期权交易，1967 年全面禁止了所有场外商品期权交易。直到 20 世纪 80 年代初才推出场内商品期权交易。

第二阶段（20 世纪 70 年代至 2000 年）：现代期权市场开始发展，监管纷争影响市场创新。1973 年 4 月，芝加哥期货交易所（CBOT）经过 4 年努力说服 SEC 后，设立独立的期权交易平台，即芝加哥期权交易所（CBOE），成功挂牌交易 16 只股票的看涨期权。这标志着现代个股期权市场的诞生，同时也打破了证券、期货的传统界限并导致了相应的监管纷争。当时，美国农业部的商品交易监管局负责监管，而且所监管的“商品”主要指实物商品，因引个股期货形成了由 SEC 监管的路径。

1974 年美国商品期货交易委员会（CFTC）成立后，美国股票市场和期货市场分别由 SEC 和商品期货委员会监管，并分别由《证券交易法》和《商品交易法》进行规范，但这两部法律管辖权的边界比较模糊。尤其是 1974 年《商品交易法》修正案将“商品”的法律内涵变得极为丰富，“商品包括除传统有形商品以外的所有服务、权利

和利益”。对于期货产品，基本形成了由CFTC监管的路径，但由于有了SEC对个股期权监管的事实，加之法律边界模糊，SEC和CFTC对个股期货期权等这一类交叉融合衍生品的管辖权一直存有争议。

在20世纪70年代，美国经济滞胀、股指暴跌，市场急需创新风险管理工具，但管辖权纷争阻碍了个股期权市场的发展。1981年，迫于市场压力以及在行业推动下，新任CFTC主席约翰逊和新任SEC主席夏德达成《约翰逊—夏德协议》（Johnson – Shad Accord）。1982年该协议在美国国会通过，明确了股指期货的监管权归CFTC所有，这是SEC第一次割让以股权为基础的金融产品管辖权给CFTC。

第三阶段（2000年以后）：联合监管格局成型，市场向期货期权等方向发展。1981年达成的《约翰逊—夏德协议》只是解决了股指期货监管权的归属问题。直到2000年，美国国会通过《商品期货现代化法》，该法案规定CFTC和SEC联合监管个股期货产品，CFTC继续监管宽基股指期货，进一步划分了SEC和CFTC具体的监管权限，并形成了延续至今的联合监管格局。目前SEC负责监管个股期权，CFTC负责监管股指期货，CFTC和SEC联合监管股票期货产品（包括个股期货和窄基股指期货）、个股期货期权。2000年前后，美国倡导电子化、网络化交易和交易所之间的电子化连接，大幅提高市场效率。期权和期货结合在一起的期货期权，逐渐成为美国期权市场的主力。市场向电子化、网络化、期货期权等方向发展，推动了美国个股期权等衍生品市场的发展。

二、美国个股期权发展监管演变的主要特点

一是美国现代个股期权市场起源于商品期货，实际上是期货交易模式的变形。美国个股期权的上市交易并没有产生于证券交易所，而是产生于商品期货交易所。1973年CBOT运用场内商品期货交易原理，推动了股票期权的上市交易，才产生了现代个股期权市场（商品期权由于法律明确禁止，难以推动）。个股期权上市采用的基本原则和交易机理与商品场内期货市场相同，个股期权市场的合约标准化、杠杆交易、保证金制度、履约保证等与商品期货类似，而与证券交易所的股票交易机理差别较大。因此，社会和学界通常也认为期权合约把期货合约一劈为二，买合约的获得权利，卖合约的承担义务。可以说，现代期权交易是期货交易的延伸，实际上是一种期货交易模式的变形。

二是衍生品监管分割，美国个股期权市场存在协同监管与发展的难题。1977年，堪萨斯市期货交易所（KCBT）向CFTC提交开展股票指数期货交易的报告。尽管CFTC对此报告非常重视，然而由于SEC与CFTC在谁来监管股指期货问题上产生分歧，造成产品创新无法推出。这是SEC和CFTC之间第一次重大的监管权纷争，结果耗时5年时间通过《约翰逊—夏德协议》得到解决。SEC和CFTC之间第二次重大的监管权纷争是个股期货管辖权的争议，这次纷争耗时近20年时间通过《商品期货现代化法》得到“联合监管”的解决方案。可以想见，股票类衍生品在市场监管、创新发展等领域都存在密切的相关性，但由于对应的监管部门不同以及监管分割，美国个股期权等市场至今仍存在协同监管与发展的难题。

三、启示

（一）统筹考虑，把衍生品市场作为一个整体来建设我国股票期权市场

由于早期人们的认识和法规准备不足，致使美国个股期权市场发展比较曲折，美国至今也仍未解决衍生品的协同监管问题。我们作为后来者，理应充分借鉴其经验教训，统筹国内衍生品市场的建设。现代个股期权市场诞生于商品期货，交易机理与期货相同，虽与股票关系密切，但其本质是期货属性产品。从长远看，我国包括期货、期权在内的衍生品市场发展空间巨大，有必要在统筹考虑衍生品市场整体发展的基础上来设计和建设我国个股期权市场。我们认为个股期权的发展监管框架应遵循以下几个原则：一是管得住，风险可控；二是尽量减少监管摩擦，打开发展空间。三是坚持监管协调，各有侧重。

（二）在我国个股期权市场监管体系构建时，应充分利用现有期货市场监管资源

目前，我国期货市场已经形成五位一体的监管框架并运行良好，与交易所、期货公司、银行建立了期货市场统一开户、保证金核对、市场监测监控的联网系统，积累了丰富的监管经验。个股期权市场监管体系纳入现有的期货市场监管体系，将期权市场监管中相对个性化的部分加以强化完善，可共享网络、技术、人员等资源，不仅节约监管资源、避免重复建设，而且能更好地促进市场的创新发展。在建设个股期权市场时，应充分利用这些资源。

（三）个股期权市场的监管框架和制度体系应充分考虑市场效率

美国的金融机构和投资者普遍同时参与个股期货、个股期权、股指期货、股指期权等场内衍生品，这些产品的功能、交易特性、风险特征是基本相同的。但由于分别由两个部门监管，适用不同的监管法规，中介机构和投资者要适用两套监管体系，接受两种监管，市场机构普遍反映难以应对。这在很大程度上增加了市场的成本，降低了市场运行的效率，也难以避免重复监管和监管空白。我国个股期权及其他场内衍生品的监管框架和制度体系的构建，应当将市场效率和监管成本作为重要的考虑因素，体现和遵循“同样的产品接受同样的监管、同类的产品适用统一的监管要求”的原则。

（期货保证金监控中心　邹田畑）

期货公司创新产品审核与风险评估机制研究

一、期货创新产品风险评估流程与体系分析

期货公司创新产品的第一个步骤就是从期货公司和投资者的角度来识别该创新产品自身所具有的风险与收益特征。期货创新产品从其设计、合规到业务各个方面都会面临不同的风险，风险点主要包括市场风险、法律政策风险、操作风险、流动性风险、创新产品发展风险等。

期货公司创新产品的第二个步骤就是通过设计合理的风险评估体系来全面评价创新的风险。期货公司未来的产品创新涉及投资咨询、资产管理、风险管理和境外代理业务，而这些业务的开展时间和经验都非常得有限，因此有必要根据各种风险设计一个系统的风险评估体系来衡量可能的风险，以达到具有全面风险管理的特征。

二、期货公司创新产品审核与风险评估实践指引

（一）产品初审实践

对于产品初审程序，期货公司因经营管理方式不同而略有差异，但至少应该包括以下两个阶段：一是创新产品的界定。期货公司合规事业部在收到研发人员提交的产品说明书及附件后，应事先对新产品进行初步评估，对新产品进行界定。

二是创新产品的风险评估。期货公司应对各创新产品工作流程中的风险进行评估，对每一项业务或每一个产品工作流程中可能产生的风险进行预测。

（二）产品批准

经过合规部和风控部门适当的初步审核后，期货公司创新产品推出前还应需经过包括公司管理层代表在内的创新产品委员会的正式批准，对于那些结构复杂和风险特殊的产品，通常需要基于某些特定的限制或条件，包括产品的销售对象、培训需求或产品推出所需的市场环境等才能正式批准。

（三）新产品尽职调查

期货公司创新产品在推出市场前，还应对新产品从监管、风险管理和业务层面进行尽职调查。新产品尽职调查内容应主要包括以下内容。

一是了解产品规则。期货公司在开发新产品前应当制定书面的政策和程序，以确保公司及其业务人员遵守了适当性义务和了解产品规则。

二是产品尽职调查问题设计。产品尽职调查表只是对新产品调查提供一些基本依据，期货公司在设计调查问题时可根据公司自身的经营管理方式以及产品的特点设计更详细全面的问题。

三是新产品尽职调查程序。期货公司应当在制定的新产品尽职调查制度中，明确提出新产品方案的书面性及其程序，并确定新产品方案的提出和审查的责任人员和部门及其职责分工和议事规则。

四是尽职调查过程的记录。期货公司应当对尽职调查工作进行记录，重点记录适当性判断的内容、对产品销售的限制性要求、产品的风险、相关培训需求以及尽职调查结论。

（四）后续跟踪机制

期货公司创新产品在得到正式批准并推出市场前，还应当建立对产品后续跟踪机制，内容主要包括：一是对客户提出与产品相关的问题或投诉进行后续跟踪；二是持续对新产品的培训需求进行重新评估；三是对是否遵守了对销售产品的限制性要求进行监控；四是定期对新产品的适当性和风险性进行重新评估。

（五）产品的再评审

对于那些结构复杂和风险特殊的产品，基于某些特定的限制或条件下批准的产品，期货公司应每隔一段时间（六个月或一年）进行再次评审，以评估产品的性能，确定之前的条件和其他后续合规要求是否满足，并评估市场环境是否已经改变产品风险。

三、政策建议

从期货公司层面来看，主要建议如下：

一是加强同业产品创新交流，建立行业内产品创新沟通机制。开展产品创新的公司应在创新的各个阶段加强与监管机构的沟通，及时汇报创新动态，借助监管机构的组织职能召集行业专家对产品架构和风险进行审慎评估。组织成立行业内部的产品创新委员会，由其中成员收集和整理行业创新动态，并以简报形式定期发布。

二是建立产品审查政策和程序，规范新产品发行审核机制。为适应期货市场的快速发展，以及提升自身创新竞争力，期货公司应适时建立新产品的审查政策和程序，进一步规范产品审核机制。

三是制定产品尽职调查制度，履行投资者适当性义务。建议期货公司应事先对新产品从监管、风险管理和业务层面进行尽职调查后再推向市场，并采取适当的措施加强对这一过程的监督和监控。

四是构建产品风险评估体系，优化产品风险揭露机制。建议期货公司可根据不同类型创新产品的特点进行风险分类，区分风险程度，建立产品风险分类评价体系。同时，在产品风险科学评估分类的基础上，完善和优化产品的信息披露机制。

从监管机构层面来看，主要建议如下：

一是规范创新活动，制订产品创新工作指引。建议监管层明确市场各方职责，进而整合行业资源，建立标准化的审批程序。同时，在总结前期工作的基础上成立产品创新专项工作小组并制订相关工作指引。

二是适度提高创新业务审批效率，加快期货公司产品创新步伐。建议在监管层成立产品创新专项小组以后，进一步明确各方在推动期货公司产品创新方面的职责分工，完善产品创新的组织、论证和审核程序，充分利用监管机构的资源优势，扩大期货公司产品创新的范围和影响力。对已经通过论证的业务创新或新品种方案，适当加快审批进度。

（中国期货业协会课题组）

期货市场信用交易与担保制度研究

一、我国期货市场引入信用交易与担保制度的必要性

我国的期货市场自1988年创立以来，有价证券作为担保品充抵保证金，在我国期货市场已有实践。我国期货交易所接受标准仓单、可流通的国债等有价证券充抵保证金，但与欧美等发达市场成熟的担保制度相比，一方面，我国期货市场的担保品范围仍然很有限，而且主要集中在标准仓单充抵保证金的使用上；另一方面，担保品充抵保证金只能用于满足交易保证金要求，而不能用于每日盈亏结算。从国内外理论研究和市场实践来看，完善信用交易和担保制度是改善现有保证金制度从而降低交易成本的重要途径。

二、境外期货市场信用交易与担保制度综述与经验借鉴

一般而言，在境外期货市场上可以用于充抵保证金的担保品，主要有外币资产、政府债券、信用证、公司债、可交割仓单、基金和股票等七类资产。同时，担保品本身的所有权仍属于提出担保的结算会员或期货交易者，故而产生的收益仍归其所有。从美国、中国香港和新加坡期货市场有关信用交易与担保制度的总结来看，境外在设计期货担保制度时一般注重以下三点：

1. 有效控制期货市场风险，维护期货结算中心的利益；
2. 增进市场效率，考虑期货参与者的利益，降低期货交易成本，促进期货市场发展；
3. 构建其他多种风险管控制度，确保担保品能够应对市场紧急情况。

从境外期货市场信用交易与担保制度的实践方面来看，我国期货市场现行制度仍很不完善。借鉴境外市场的经验，我们需着重考虑以下几点：

1. 扩充担保品的范围；
2. 明确担保品的定义；
3. 管理担保品折算比例；
4. 提高担保品充抵保证金的效率。

三、我国期货市场信用交易与担保制度设计

健全的担保品筛选与分类体系是进行有效担保品管理的前提。担保品体系中首先

应剔除有严重特殊风险的担保品；其次，运用流动性指标剔除变现能力最差[①]的候选担保品；再次，将剩余担保品变现能力[②]由高到低排序，排名前三分之一的担保品类称为高级类，其后的三分之一称为中级类，最后三分之一称为中低级类；最后，对各类担保品进行指标调整。

（一）单个担保品的动态折算率计算

折算率的计算主要从市场（价格波动）风险、流动性风险和基本面三方面入手。由于所入选的担保品均有活跃的市场报价，市场风险和流动性风险的度量都可以从交易数据中建模得到。基本面考察了各类担保品的特有属性，对于基本面的调整系数交易所可以根据实际情况灵活选择。

（二）担保品组合的动态折算率计算

当担保品的范围扩展后，期货投资者的保证金账户很可能存在不同类别和属性的担保品，因此，我们需要使用组合风险管理的方法来确定担保品组合的折算比例。对于担保品组合，不仅要考虑各担保品各自的市场风险，还要考虑担保品价值变动之间的相关性。

（三）根据客户信用等级适当调整折算率

交易所需要根据客户的信用等级情况，适当调整其充抵保证金的担保品的折算率，对于管理期货交易的风险，提高资金利用效率，具有十分重要的意义。

四、引入信用交易与担保制度后的风险管理

信用交易与担保制度的交易监管体系，包括两个方面，一是监管主体及其分工协作体系和由此形成的监管协调机制，二是相关法律、法规、规章和市场业务规则组成的法律规则体系。

通过实地调研[③]，期货市场利用国债充抵保证金的业务并未开展，究其原因，主要是就国债的存管登记问题，期货交易所与中央国债登记结算公司[④]（简称中债登）的意见并未达成一致。

将标准仓单充抵保证金在现有期货市场已有实践。期货交易所委托各交割仓库进行标准仓单的登记、存管、划转、注销等业务，由此形成了期货交易所、交割仓库、期货公司以及中国保证金监控中心多方位、一体制的市场监管体系。

在我国证券市场，股票、ETF 基金以及货币基金的登记、存管等业务由中国证券登记结算公司进行承担。当期货市场引入该类担保品时，期货交易所可以委托中国证券登记结算公司进行相关担保品的托管，同时结合期货业协会、中国期货保证金监控

① 本课题规定：以流动性指标排名最后的 10% 为标准。

② 变现能力以流动性指标衡量。

③ 课题组实地调研对象：上海期货交易所结算部，2013 年 9 月。

④ 中央国债登记结算公司负责债券的登记、结算等工作。

中心和期货公司等多方位的市场监管。

对于银行保函和银行承兑汇票担保品类是由中国人民银行的电子商业汇票系统[①]进行统一管理，因此，期货交易所可以委托中国人民银行进行银行保函和银行承兑汇票的登记存管，建立由期货交易所、中国人民银行支付结算司、期货业协会、中国期货保证金监控中心以及期货公司形成的多方监管体系。

（中国期货业协会课题组）

① 该系统由中国人民银行于2009年建成。

期货公司全面风险控制体系研究

当前期货公司的风险管理还处于仅以满足监管需求为目的的初级阶段。随着创新业务的发展，期货公司建设全面风险管理体系势在必行。本课题借鉴国际成熟金融机构的风险管理经验，结合国内期货业务，尤其是创新业务发展的客观实际，探讨了期货公司建立全面风险控制体系的方法。本课题主要包含五方面内容。

一、关于期货公司主要业务风险和风险控制现状

构建适应期货公司的全面风险控制体系，前提是明晰期货公司的各项业务和所面临的风险。期货公司的传统业务是经纪业务，创新业务既包括近年来纳入期货公司业务范围的投资咨询、资产管理、风险管理子公司、基金代销等业务。与传统业务相比，其模式复杂，涉及的风险类型也更多样。

目前期货公司的风控体系比较初级，亟待改进，主要表现在四个方面：（1）风险管理以合规管理为主，仍处于风险管理的初级阶段。（2）风险管理自主性不足，以监管机构推动为主。（3）风险管理平台未健全，以净资本风控系统为主。（4）风险管理手段相对落后，以定性分析判断为主。

二、关于国内外经验的借鉴

本课题重点借鉴了银行和国外证券机构的风控模式。

商业银行风控经验值得借鉴源于以下两点：其一，风控体系最为完善和成熟。2010 年巴塞尔委员会发布的 Basel Ⅲ构建了银行业通用的风险管理标准，囊括了市场风险、信用风险、操作风险，以最低资本要求、监督检查、市场约束为三大支柱。其二，风险管理技术最为先进。违约损失率模型、CreditMetrics 模型、VaR 方法、压力测试等均有采用。

国外证券公司用 VaR 方法进行营运资金的管理，制定投资策略，通过对所持有资产风险值的评估和计量，及时调整投资组合，以分散和规避风险，提高资产运营质量和运作效率。

三、关于期货公司全面风险管理体系的构建

在金融创新和深化的大背景下，期货公司所需建立的全面风险管理体系必须具备以下 5 个特征，即全面性、数量化、系统性、前瞻性与开放性、针对性与实用性。

全面风险管理的流程主要包括风控战略和目标的制定、风险识别、风险的评估与计量指标、风险管理对策的制定和实施、风控效果评价。

常见的风险管理组织架构包括、风险管理部集权模式、事业部模式、矩形模式、网络型模式。

四、关于期货公司全面风险管理体系系统解决方案的设计

为了达成全面风险管理体系的实用性与针对性目标，实现研究成果的落地，课题组尝试设计了期货公司全面风险管理体系的系统解决方案。

在功能上，该系统力图实现业务/流程管理、风险识别、风险评估、风险管理、关键风险指标监测、相应数据库构建和分析、资本计量、监风控报告等功能。

在系统的结构上，课题组设计的解决方案将期货公司全面风险管理体系系统分为四个层级和五个模块。四个层级为管理应用层、数据层、分析层、报告层。五个系统模块包括监管资本计量系统、市场风险管理系统、信用风险管理系统、操作风险管理系统、流动性风险管理系统。

五、将创新业务纳入原有风控体系

原先禁止的业务现在准许从事的一类创新业务，对于期货公司来说可能是创新业务，但对于国外的期货公司或者国内的其他金融机构则可能并不是创新业务。将此类创新业务的风险控制纳入全面风险管理体系过程中所涉及的一些问题，可以在借鉴国外同业经验的基础上予以本土化，或者在借鉴国内其他金融机构经验的基础上本行业化。

对于纯粹的创新业务，没有经验加以借鉴，将此类业务纳入全面风险管理体系主要依靠“摸着石头过河”，即对此类业务的风险管理，更多的是强调风险管理中各组织、各流程互动的及时性，通过动态地实现各个风控流程的交互，达到不断完善风控体系的目的。

（中国期货业协会课题组）

场外衍生产品的开发与设计

近年来，从全球市场的发展来看，场外衍生品市场在市场体系中所占的比例越来越大。场外衍生品在风险管理方面所具备的与场内衍生品不同的特性已经成功地吸引到众多国际大型金融机构的参与。同时，场外衍生品本身具备的合约定制特性可以满足交易双方不同的产业服务及风险管理需求。从国际市场来看，大型金融机构通常以交易商的身份出现在该市场中，这不仅提供了场外衍生品交易必备的流动性，同时也令交易方因此获得巨额收益。如今场外交易市场规模不断扩大，交易工具种类不断创新，各类交易者不断云集，借鉴国外经验并结合我国金融结构，场外交易市场也将在我国迅速发展。

随着金融市场的发展和电子科技的进步，场外衍生品市场的产品种类越来越丰富。国际上根据原生资产将场外衍生产品大致分为外汇、利率、股票、商品以及信用产品五大类，剩余如天气衍生品等无法归类的合约则统一纳入“其他”类。其中，商品类场外衍生品在场外衍生品市场中所占比例相对较低。若从场外衍生品市场各类产品的名义本金比较来看，目前全球市场中商品合约占比仅为0. 5%左右，但考虑到商品类场外合约中，大多为远期和期权合约，而非名义本金较高的互换类产品，更合理的比较方式是以市场价值进行对比。2012 年场外衍生品市场中，占主要份额的是利率类衍生品，占比高达76. 12%。利率类衍生品的参与者大多为资金雄厚的金融机构，这也是为何这一品种能够如此快速发展的基础。相比较之下，商品与股票类衍生品的占比十分微小，仅为1. 45%与2. 44%。

与其他衍生品市场不同，全球商品市场中最常见的交易模式仍然以远期为主，即交易双方达成的在未来某一时间以商定的价格和方式交易某类大宗商品的合约，相当于非标准化的期货合约。商品类场外合约中大多为远期合约，原因在于参与场外交易的终端用户大多是有套保需求的现货企业。他们大多对套保的期限和数量都相当明确，而且有别于互换类产品，他们的本金并非名义本金，所以更倾向于合约相对标准，可以实现风险对冲的远期或是期权类合约。但近年来，随着衍生创新产品的不断推出，场外衍生品市场中的商品类互换数量呈不断上升态势。商品类互换的不同之处在于，交易双方通过交换不同基础资产的收益率来实现收益获取或风险转移。在目前的整个场外衍生品市场中，互换产品已经占据了整个市场份额的75%以上。尽管目前商品类互换产品占比较低，但未来商品互换的比例也将会逐步提高。

同国际场外衍生品市场相比，金融衍生产品在我国金融市场却只有十多年的成长历史，我国商业银行在20世纪80年代末90年代初才开始应用金融衍生产品。我国的场外商品衍生品市场也才准备开始，还存在很多的缺陷。近几年来，我国企业也在不断寻求在场外金融衍生品交易上获利的机会，但是2004年中航油在场外石油衍生品市场上铩羽而归，2008年中信泰富又在外汇市场上折戟，这一系列的惨痛经历似乎在告诉人们场外衍生品市场的凶险。在这一系列的事件当中我们不难看出，正确地理解和利用场外衍生品、适当地动态调整衍生品的结构性对冲策略，有利于阻止和控制意外风险，但是有别于场内产品，不受控制的市场价格风险的暴露可能导致灾难性的后果。

随着我国资本市场的日趋成熟，资本市场的影响力度加大，涉外经济规模增加，利率和汇率市场化程度不断加深，衍生品在国内的运用日益增大，特别是我国的商品期货市场已经成为世界新兴的主要期货市场之一。当前，我国已有众多企业介入制造、加工、生产行业，他们面临原材料和产品双方面的价格波动风险，这使越来越多的企业产生对于商品场外远期定价的需求。

境外商品衍生品市场表明场外衍生产品的本质是风险管理的工具。所以，开发场外商品衍生产品应该从市场和客户的需求出发，建立严谨的程序，以防范交易中可能产生的各类风险，并进行合理定价，进而通过完备的合约条款明确买卖双方的权责关系。针对信用风险，在交易前要调查对交易对手的资信，并且为保证合约的履行，交易合同需要遵照法律文本且有严格的合同文件；针对市场风险和流动性风险，则在产品定价阶段要通过反复的数据论证和情景分析确定合理的价格；针对系统风险和操作风险，则需要机构对开展场外产品设计有严格的内控流程，从合约标的的风险识别和风险敞口授权到相关业务岗位的工作要求都必须有标准化的工作流程。

本课题提出了场外商品衍生品的设计开发原则，并阐述了具有实践操作性的合约类型选取过程，特别是建立了根据客户或是市场需求的合约选取交易分析评估表。然后，在确定合约类型的基础上分别提出场外商品远期、场外商品互换、场外商品期权和场外结构化衍生品的市场需求、设计原则和定价方法。

（中国期货业协会课题组）

后　　记

在年鉴的编撰过程中，我们得到了中国证监会领导的关心和指导，得到了会内外相关单位的大力支持和配合。它们是：中国证监会期货监管部、中国证监会证券基金机构监管部、上海期货交易所、郑州商品交易所、大连商品交易所、中国金融期货交易所、中国期货保证金监控中心、中国期货业协会。中国金融出版社在年鉴的编辑、出版及发行过程中给予了大力支持。在此，我们对上述单位表示衷心的感谢！

具体参与年鉴编撰的人员有：

王　川　王东远　王伟军　王春卿　王雪倩　史　彬　付明明
吕　彬　刘　琛　刘震宇　许国新　许　强　许　鑫　李　铭
李　路　吴晓峰　邱　刚　汪琳力　张　炳　张　晟　张晓刚
陈　阳　陈利军　周小舟　周立超　段立明　姜德高　郭淑华
常鑫鑫　程　莘　程海波　焦　克　焦增军　曾　欣　靳盛雪
颜文俊　潘赛赛　潘翰旻

中国证券监督管理委员会
2014 年 8 月